映画監督　小林正樹

小笠原清　梶山弘子｜編

岩波書店

『食卓のない家』撮影時の小林正樹

映画監督 小林正樹

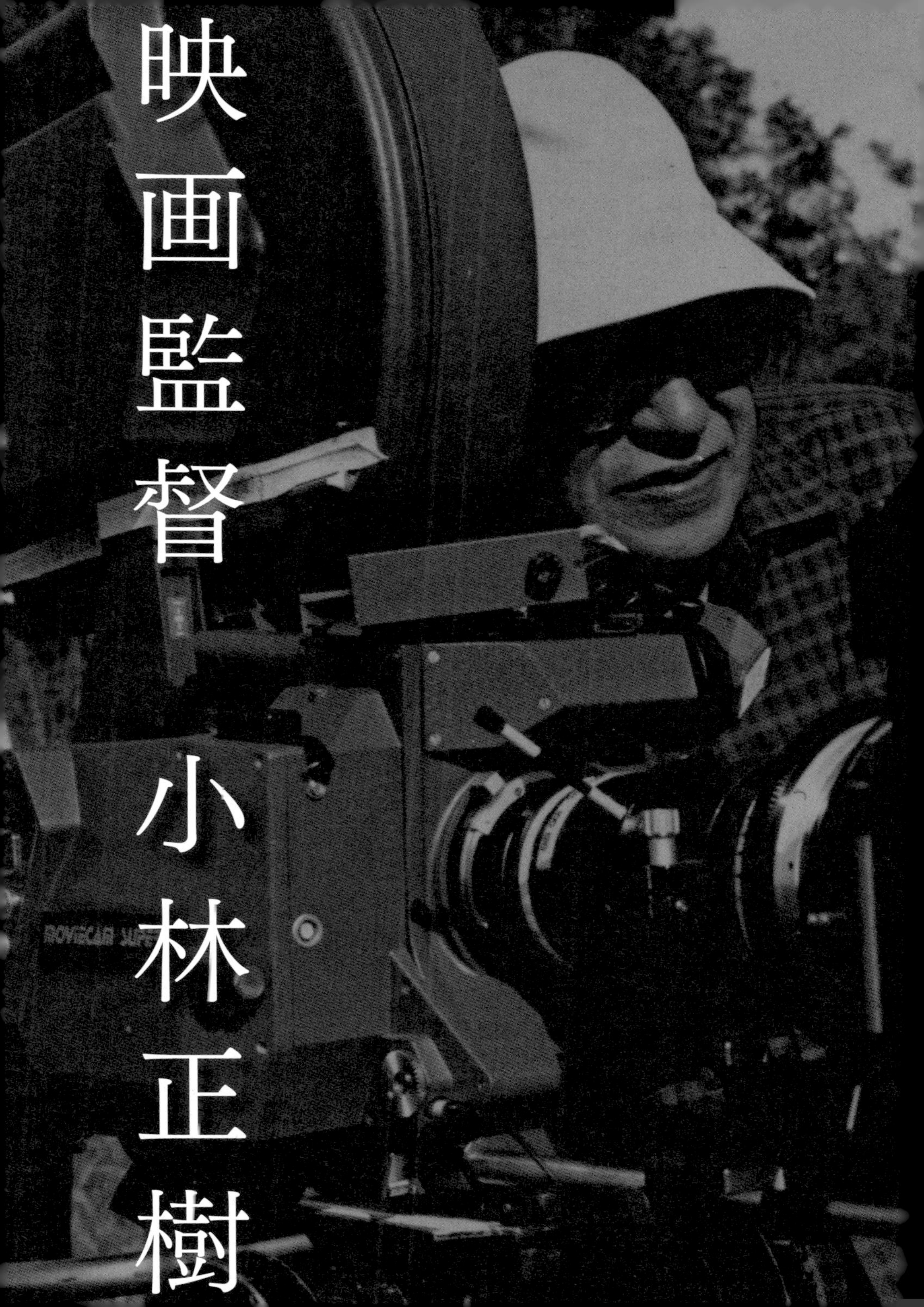

「人間」「愛」を問う

小林映画・クローズアップの視線

『人間の條件』第六部　梶役の仲代達矢

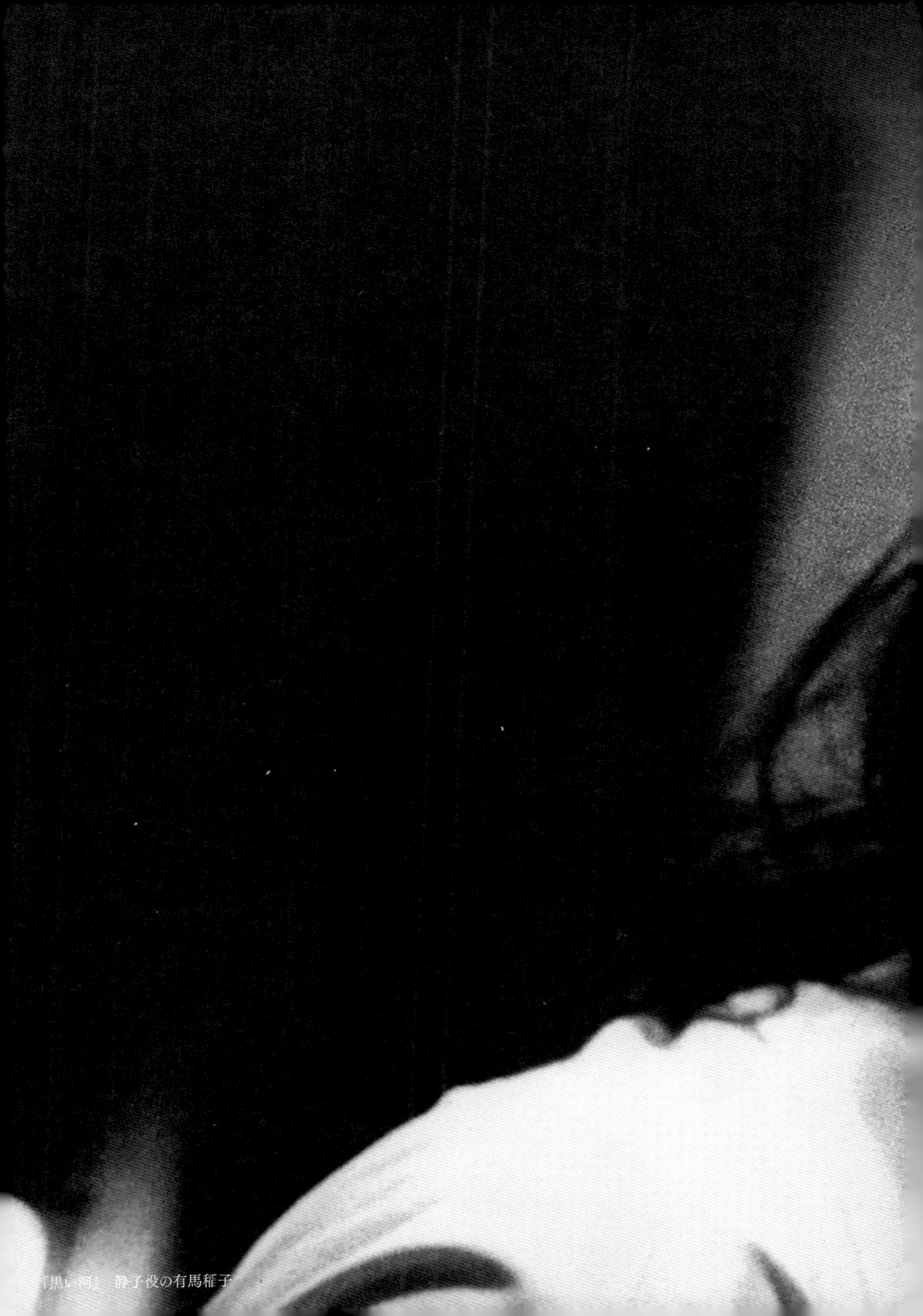

『黒い河』 静子役の有馬稲子

『切腹』　千々岩求女役の石濱朗

『切腹』 美保役の岩下志麻

『日本の青春』　英芳子役の新珠三千代

『怪談』 雪女役の岸惠子

『怪談』　耳無し芳一役の中村賀津雄(嘉葎雄)

目次

II

監督の條件

III

創作の地層

IV

作品を読む 398

V

入魂の軌跡と未遂の夢 480

【小林正樹アルバム】目次

【凡例】

一、映画、演劇、脚本、書籍のタイトルは『　』とし、その中の項目や引用文および特定事項表記等については「　」とした。

二、注記は該当箇所に◉と合番号を付し、一部を除き同箇所の見開きページ内に収めた。
なお第I部では合番号ではなく、注記冒頭に見出しを付した。

注記が単純、補足的な場合は、合番号なしで本文欄外に掲載するか、該当文言のあとに補った。

三、ルビは一部の地名を除き、ひらがなを基本とした。

四、引用文中に今日の基準で差別用語とされる文言がある場合でも、原文を尊重しそのまま掲載した。

五、主な参考文献は巻末にまとめて掲載したが、
個々の論述、記述においては、文献や資料名等は著者の判断で適宜表記した。

六、凡例については、各項において必要が生じた場合、それぞれの冒頭に追記した。

p1写真……ヨーロッパの街角で
P21写真……『東京裁判』ダビング時の小林正樹

映画監督
小林正樹

はじめに

二〇一六(平成二八)年は、映画監督小林正樹の生誕一〇〇年にして没後二〇年にあたる。八〇年の生涯は、幼少時から没年に至るまで映画に収斂されていく大きな流れのようでもあった。

『人間の條件』『切腹』『怪談』『化石』『東京裁判』。内外に高い評価を受けてきた代表作はもとより、全二〇作品それぞれが話題作として注目されてきた。そして、一九六九年、すでに晩年の齢にあった黒澤明、木下恵介、市川崑と共に「四騎《よんき》の会」を立ち上げ、映像多様化時代に、映画の形態を固守しようとする日本映画界の重鎮としての存在感を印象づけた。二年後の一九七一年には、チャールズ・チャップリンやオーソン・ウェルズとともに、カンヌ国際映画祭二五周年を記念して選ばれた、世界で最も功績のあった一〇人の監督の一人としてオマージュトロフィーを贈られ、国際社会においても特段の評価を受ける存在になっている。

「カンヌで、ベニスで、世界で戦える日本映画を作り続けている男〝小林正樹〟」と、東京のテアトル新宿で一九八八年一二月に催された「第一回日本映画の発見　鋼鉄ノ日本映畫　小林正樹ノ世界」の、図録の巻頭にある。主催した映画監督で日本映画学校校長(当時)の今村昌平は、「仕掛人の弁」として「私は小林さんに可成り惚れているのである。「サムライ」だなあといつも思う」と述べている。

松竹大船の優等生的な清冽なホームメロドラマから一転して、人間のエゴと欲望、悪徳を見据える社会派ドラマに挑戦し、自らの軍隊体験に重ね合わせた戦争映画をヒューマニズムの視点で締め括り、また時代劇においては、不条理な階級社会へのリアルな反骨のドラマと表現の様式美を両立させるなど、一概には捉えがたいスケールと振幅を見せた。そこには常に人間の尊厳と品格に期待してやまない心情が脈流している。寡作ではあったが、それぞれの作品に質量的存在感があったことは、異論の余地はないであろう。

小林作品を評価する特集上映は、没後においても東京国立近代美術館フィルムセンターをはじめ、数箇所で催されてきた。しかし、これまで多く出版されてきた映画関係書籍の中に、なぜか《映画監督小林正樹とその作品》に焦点を当てた著作物、単行本の類は一書も存在しない。語られざる映画監督、であるかのような孤立感さえあった。その作風にどこか取り付き難い、あるいは論じ難いといった側面があったのではないか。それにしても、これだけの実績を残してきた作家としては、あるまじき事態ではないかとする声が少なくなかった。

生誕一〇〇年を記念するにあたって、その作品と人となりについての評伝的資料を、総括的文献として集成すべきであろうとする認識は、小林を知る人々のあいだでは自然に盛り上がってきた感があった。こうした趨勢に推され、急遽編纂の機会が整えられた。

本書はⅠからⅤまでの部に分け、冒頭に、その生い立ちに始まる自身の映画人生について語った、一九九三年の小林正樹の長時間インタビューを収載した。その要旨が北海道新聞に連載されたのみで、内容の多くは今回初めて公開になる。これは小林の生涯の全体像を知るうえで、格好の基本情報となるもので、当時の担当記者が本書のために改めて採録テープを整理し、小林の言葉を地の文で補いながら取りまとめたものである。

続くⅡとⅢにおいては、小林正樹を識り、あるいは映画づくりの現場をともにした諸氏の論考や証言から、日本映画界にあっての特異な個性を明らかにし、その位置づけを探る。ここには、映画界での師木下惠介監督の特別講演録や、大船時代からの動静をよく知る篠田正浩監督の論評、そして小林作品の重要なキャラクターを演じ続けた仲代達矢氏の書き下ろしなど、身近にあった人々の貴重な証言がある。さらに、小林組を支えてきたスタッフの報告や回想などにより、創作現場の様子がリアリティをもって伝えられている。

ついでⅣでは、内外の研究者、論者の視点から、小林正樹の背景にあるものや作品に内在する意味を、さまざまな角度から読み解こうとしている。また、映画化に至らなかった企画の脚本検討を通じ、作家の資質に迫ろうとする新たな考察も収めた。

資料編としての性格をもつⅤには、家族、恩師、友人等々と交わした書簡類の一端と、陸軍兵士小林正樹が敗戦を迎えた沖縄・宮古島で書き残した日記の全文を、また、宿願としながらついに自らの手では映画化を果たせなかった井上靖原作『敦煌』の、小林の意図が直接反映されている検討用脚本を収載した。書簡の一部を除き、いずれも本書で初めての公開となる。さらに詳細なフィルモグラフィならびに年譜を付した。この時点における、調べうるかぎりで最も充実した情報の提供を目指した。

本書が、映画監督小林正樹とその作品評価への、さらなる進展に役立てられることを期待するとともに、小林作品が新たに、より多くの観客に出会うことを念願してやまない。

二〇一六年一二月

編者

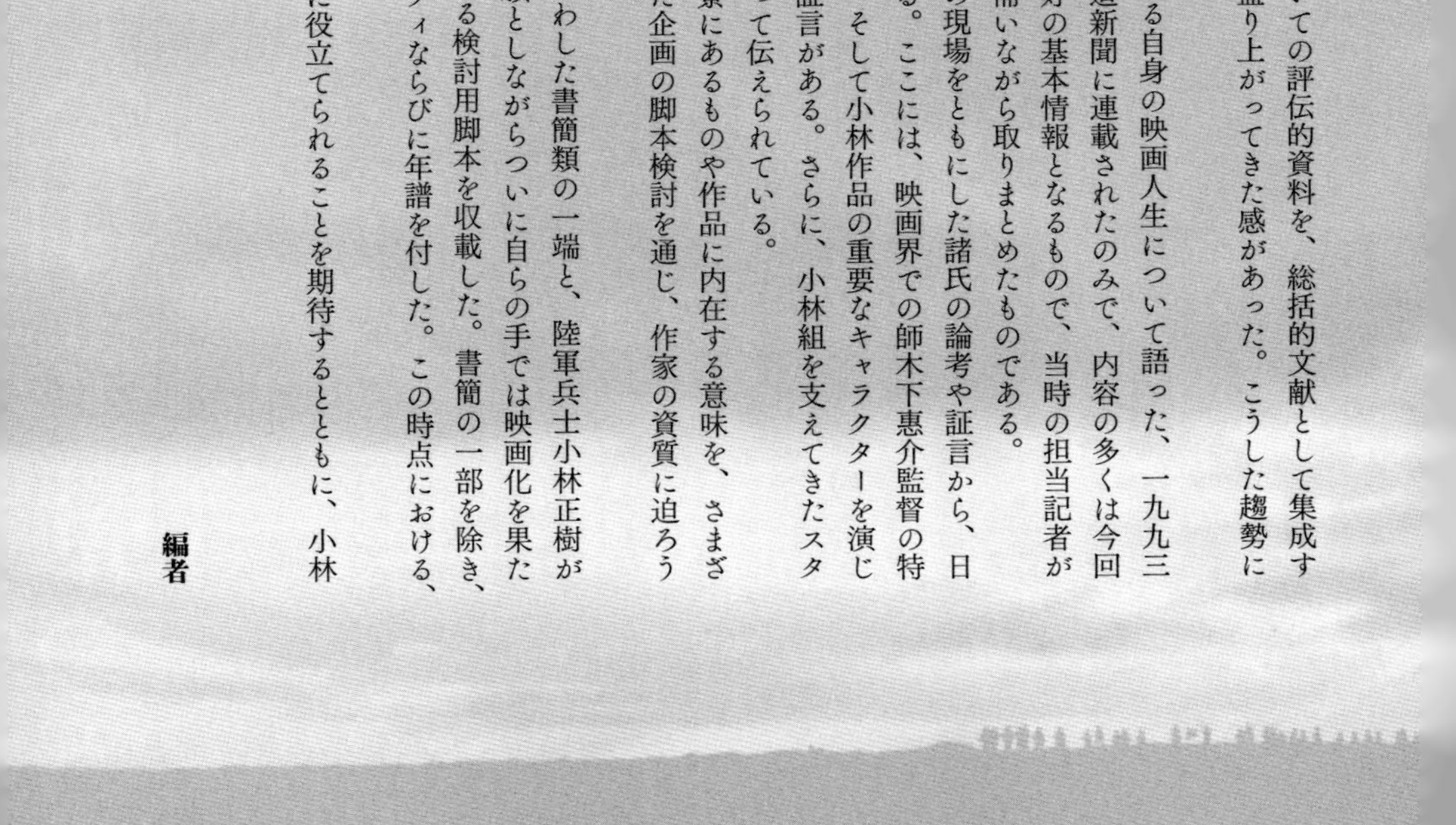

『人間の條件』

I 人間を見つめて

『怪談』撮影時の小林正樹

小林正樹
私が歩いてきた道

聞き手＝関　正喜

本稿は一九九三年六月二九日から七月一六日の間の一一日間、筆者が神奈川県三崎町の旧田中絹代別宅と、東京・梅ヶ丘の小林正樹宅で行った約三七時間のインタビューにもとづく。概要は同年九月、北海道新聞夕刊「私のなかの歴史」欄に全二〇回にわたり掲載された。

本書収録のために、当時のインタビュー録音をすべて起こし直したうえで本稿を作成・編集した。加えて新聞記事をはじめ各種資料を参照した。そのほか録音が止まっている間の会話でメモが残っていた部分も一部で生かしている。

（関正喜・元北海道新聞記者）

1

生い立ち

小林正樹は一九一六（大正五）年二月一四日、北海道小樽市で生まれた。父雄一、母久子。山口県下関市出身の雄一は、小林の出生当時は三井物産小樽支店勤務で、のちに同系列の北海道炭礦汽船（北炭）に移り、同じく小樽で勤務していた。出生時の家は港近くの繁華街に近い稲穂町だったが、小林自身の最初の記憶は鉄道線路を越えて山の手側の富岡町の家だという。

小樽の思い出

富岡町は小樽駅の西のほうで、そこからは港を一望できます。三井銀行や三井物産といった東京の会社の社宅が並んでいた地域で、支店長や次長の家がまとまって建っている、小樽としては一等地です。おやじも北炭の支店長をしていました。あの頃、小林多喜二が港の近くのほうで苦労して生活していたのですね。のちにそれを知って、ずいぶん違う生活だったんだなあと申し訳なく思ったものです。

小樽は坂が多いでしょう。それでものを高いところから見るという習慣がついたのか、ぼくは高い位置からのキャメラポジションが好きなのです。どのシャシンにもそういうポジションが必ず三カ所か四カ所ある。これはやはり、小樽と関係がある気がします。

おやじの家系は、遡れば木曽義仲配下の武士だったといいます。それが都落ちして下関に定着した。宮本武蔵が巌流島に行ったときに泊まった下関の船問屋で小林太郎左衛門という人物がいて、そのあたりからは系図がはっきりしています。武士をやめて船問屋をしていたのですね。小林家はかなりの金持ちになっていたようですが、それが鋼船の時代になり破産してしまう。明治の末頃のことです。おやじは六人兄弟でしたが、そういう事情で養子に行く兄弟もいました。おやじ自身は最初、三井物産の門司支店に入り、小樽支店に転任になって、そこで石川県の商家の出だったおふくろと結婚したというわけです。

小林家は三男一女。長兄靖比古《やすひこ》、次兄珍彦《よしひこ》、妹深雪《みゆき》。正樹は三男で、小樽稲穂尋常小学校から北海道庁立小樽中学校に進み、一七歳まで小樽で育った。

ぼくの小樽時代というのはもう、遊ぶことに夢中でした。

冬はスキーです。家のすぐ上が山ですからもっぱら山スキーで、そうとううまかったも

◉**小林多喜二**…こばやし・たきじ（一九〇三〜三三）プロレタリア文学作家。非合法活動中に逮捕され拷問死。秋田県出身だが〇七年末から三〇年三月まで小樽に住んだ。

◉**シャシン**…小林やその同世代以前の映画人は映画のことを「シャシン」とも通称していた。

◉**北海道庁立小樽中学校**…現北海道立小樽潮陵高校。

のです。橇でもよく遊びました。小樽のいちばん上のほうから港の近くまで滑らせる。下町の連中と山手のわれわれが橇の競争をするわけです。かなりスピードが出ますから、怖くて夜じゃないとできません。鉄道の橋脚のところでは舵をとりながら、一気に滑るのです。

何より小樽の冬の思い出は雪ですよ。夜寝ていると、静かな雪の音が聞こえてくる。朝になると一メートルも積もっていることがあります。中学校は富岡町の家から一里くらい離れていました。歩いて通ったのですが、わが家の近くに女学校があって女学生とよくすれ違います。朝、雪が積もっていて道がないようなことになると、どっちかがよけなきゃならない。そういうときは、ぼくらのほうがばーんと深い雪の中に飛び込む。その脇を「ありがとう」って女の子が通っていく。あの光景は鮮明に残っています。

春になると雪が融け始めて川の流れが急になります。小さな笹舟をつくって学校に行く途中に流れに乗せ、小川に沿って走りながら、誰の笹舟が速いかを競って遊びました。夏は海で、アワビやらウニやらを採っては焚き火で焼いて食べる。焼いて湯気が出ているウニのおいしさといったらなかったですね。中学時代には軟式テニスもやっていました。小樽中学はぼくの一番上の兄貴のときに全道大会で優勝して、ぼくが二年と三年のときも優勝している。地元の新聞に出たほどです。

とにかくぼくは、小樽の風土の中で遊びながら育ったのです。勉強はしなかった。いや、少しはしたのかもしれません。学校の成績はそんなに悪くなかったですからね。学科でいうと歴史が好きでした。

中学にすてきな先生がいました。英語を教えていた榎俊三郎◉という人ですが、ロサンゼルスの大学を出ているので、みんな「ロス」「ロス」って呼んでいました。先生の家にはよく遊びに行ったものです。鉱物収集のためテントを担いで北海道中を隅から隅まで歩いたという、放浪癖のある変わった人でした。ですから榎先生に聞けば北海道のことはだいたい分かります。

のちにぼくが『人間の条件』を撮るのでロケ地探しで先生に相談したことがあります。「こういう感じのところありませんか?」と尋ねると「ここの感じが近い」などとみんな説明してくれました。満州に見

◉**榎俊三郎**…えのき・しゅんざぶろう(一八九〇～一九八五) 旧制小樽中学教諭。北海道帝国大学卒業後、農商務官吏を経て退官して渡米留学。二八年から小樽中学教諭。『潮陵五十年史』(一九五三)は「彼の家庭(農具小屋みたいな小屋)は、若い学生たちの精神上の憩いの場」であり「教室以外のあらゆる場が彼の教場である」と記している。本書IV玉川薫「小林正樹監督と郷里小樽の人々」参照。

立てて重要なロケ地になったサロベツ原野も先生に教えてもらった場所です。

小樽の風土は小林少年の感性形成に基本的な枠組みを与えた。また、小林家に培われていた独特の家庭の雰囲気、父雄一への畏怖とも敬愛ともいえる感情が作品に反映されていることを繰り返し語っている。

小林家の家風

とにかくあれだけ自由な家庭というのはちょっと珍しいんじゃないかと思います。友達と昔話をしていると、ぼくの家から妹が弾いているピアノの音が聞こえてきて「あの雰囲気がなんともいえなかっ

小林正樹アルバム❶

年少期

小林正樹8歳のとき
兄・妹と
左から次兄珍彦
長兄靖比古　正樹
手前が妹深雪
1923年正月

小樽市富岡町にあった
二階建て小林邸

小林正樹
在学当時の
北海道庁立
小樽中学校の全景

た」って言われますし、おやじはあの当時から朝はパン食でした。

そういう家庭の雰囲気も、ぼくのシャシンには強く影響している気がします。『息子の青春』や『まごころ』、『この広い空のどこかに』にしても、あそこで描かれている家庭はわが家の雰囲気に近い。のちの『化石』や『食卓のない家』にまで、それは反映されています。ぼくはある時期から社会派と言われるようになりましたが、小樽の友達にはむしろこういう系列のシャシンのほうが「小林さんらしい」って言ってくれる人もいます。

おやじは何も言わない人だけれど怖かった。ですが叱られたという記憶、何かを強制されたということは一度もありません。『食卓のない家』の鬼童子《きどうじ》信之という主人公がおやじのイメージに近いです。なんというか、人間を中心にした生き方をずうっとしていました。

おふくろさんもまったくの放任主義で、子どもに干渉しない人でした。ですが、自分でも興味があったらしく、ぼくを歌舞伎や展覧会に連れて行ったりしてくれた。そういうときは、なぜか兄貴たちではなくぼくなのです。活動写真にもよく連れて行ってくれました。あの当時は枡席でしたから、家族で買い切って見に行くわけです。

そういうおふくろでしたが、ぼくが一二のとき(一九二八年)に盲腸で亡くなりました。親しかったお医者さんが手術をして、病室ではなくその人の自宅のいい部屋に入れてくれたのです。ところが完璧な消毒ができていなかったのですね。それがもとで亡くなってしまいました。妹深雪の手を引いて病院までの坂を駆け下りたときのことは印象に残っています。葬儀には友達が大勢来ました。まるで自分の家みたいに友達が出入りしていて、そういう連中の世話も全部おふくろがしていましたから、慕われていたのだと思います。

おふくろが亡くなって、なんとなく家に柱がなくなってしまったようでした。おやじなんか、禅寺に籠って一カ月帰ってこなかった。禅寺というのは後から聞いた話で、当時は祖父から「東京に行っている」と聞かされていましたが。その帰りだったか、麻雀の牌を買ってきたのです。家庭麻雀でもやれば

◉**一二、三歳で麻雀を覚えた**…小林の麻雀は映画界でも指折りの強さだったという。

◉**『オーヴァー・ザ・ヒル』**…一九二〇年製作のアメリカ映画。日本封切りは二三年五月一日、浅草キネマ倶楽部。監督・ウィル・カールトン 出演・メリー・カー、ジョニー・ウォーカーら。

少しは気が紛れるだろうと思ったのでしょう。それでぼくは一二、三歳で麻雀を覚えたわけです。◉

小樽で生まれ育った小林だが、尋常小学校に入学したばかりの一九二二年から一年間余、父の雄一の転勤に伴い東京で暮らした。小林が初めて映画に接したのはこのときのことだった。

映画との出会い

おやじに連れられて、たしか浅草で見た『オーヴァー・ゼ・ヒル』◉がぼくの最初の映画だと思います。家族の悲劇みたいな、涙をさそうようなシャシンでしたね、たしか。この映画のことはあまり記憶がはっ

父雄一　小樽時代

母久子

小林正樹アルバム❷

少年から青年へ

冬はスキーに明け暮れた小樽中学時代
右から二人目が小林

小樽の繁華街稲穂町仲見世と
高層の小樽電気館(映画館)の夜景

きりしませんが、関東大震災は鮮明に覚えています。本郷の自宅にいるとき、夜になると朝鮮人がいろいろ暴動を起こすという噂がたち、各家庭から自警団が出て、不思議な雰囲気だった。もう少し大きければいろいろなことがわかったのでしょうが。

震災後、一家は再び小樽に戻る。小樽中学校に入学した頃からは見た映画の記憶を鮮明に語った。

伊藤大輔が大河内伝次郎主演で撮った『忠次旅日記』や『大岡政談』なんていうのは夢中になって見ました。『照る日くもる日』、『若者よなぜ泣くか』も印象深い。田中絹代さんの主演ですが、絹代さんのシャシンがかかるときは家族で行きました。おやじと絹代さんがいとこ同士でしたから。その関係で、慶應に入り上京した長兄の靖比古と絹代さんとの交流が始まり、撮影所にもしょっちゅう見学に行くようになりました。夏休みに小樽に帰ってくると、絹代さんのことや撮影所のことをいろいろと話をしていました。

2 上京、早稲田大学へ——師・會津八一

一九三三(昭和八)年三月、小林は小樽中学を卒業した。しかし大学予科の受験に失敗し、二年間の浪人生活を送る。一年目は東京、二年目は京都で過ごし、受験勉強もさることながら、映画三昧の浪人暮らしだったという。

上京

おやじからは「卒業したらどうするのか」というような話はまったくありませんでした。

●**関東大震災**…一九二三年九月一日午前一一時五八分発生。

●**伊藤大輔**…いとう・だいすけ(一八九八〜一九八一) 映画監督。松竹蒲田撮影所で多数脚本を書いた後、帝国キネマに移り二四年『酒中日記』が監督第一作。『忠次旅日記』三部作、『王将』『反逆児』など。

●**大河内伝次郎**…おおこうち・でんじろう(一八九八〜一九六二) 俳優。伊藤大輔監督とのコンビでスターに。当たり役は丹下左膳。

●**『忠次旅日記』や『大岡政談』**…『忠次旅日記』は一九二七年の三部作(『甲州殺陣篇』『信州血笑篇』『御用篇』)、『大岡政談』は二八年の『新版大岡政談』などがある。

●**『照る日くもる日』**…原作は大仏次郎の新聞連載小説。各社が競って映画化し、一九二六年から翌年にかけてマキノ省三総指揮のマキノ・プロダクション版、衣笠貞之助監督の松竹キネマ版、高橋寿康監督の日活版が製作された。小林がどの版を評価していたかは不明。

●**『若者よなぜ泣くか』**…一九三〇年一一月公開 監督・牛原虚彦 脚本・村上徳三郎 撮影・水谷文二郎 出演・藤野秀夫、鈴木伝明、田中絹代ら。

●**田中絹代**…たなか・きぬよ(一九〇九〜七七) 俳優、映画監督。二四年松竹下賀茂撮影所に入り、同年『元禄女』でデビュー、翌年から同蒲田撮影所に移り『マダムと女房』『愛染かつら』などに次々と主演。戦後も『雨月物語』『楢山節考』など。二八年『恋文』で日本初の女優出身監督になった。

ただ、会社員にとは思っていたのでしょう。おやじの兄弟は三井物産や三井三池炭鉱、三井信託銀行といった三井系が多いのです。

それでまあ、おやじの弟の一人が出ていることもあってなんとなく一橋（当時は東京商科大学）を受けてみたら見事に落ちました。それから第一早稲田高等学院◉文科（大学の予科）に入るまで浪人生活二年です。最初の一年は長兄の靖比古、次兄の珍彦の二人と一緒に東京の蒲田の下宿にいて、二年目は予備校の関係で京都に行きました。

◉**第一早稲田高等学院**…早稲田大学予科の旧制高等学院。第一が三年制、第二が二年制。

小林・田中家系図

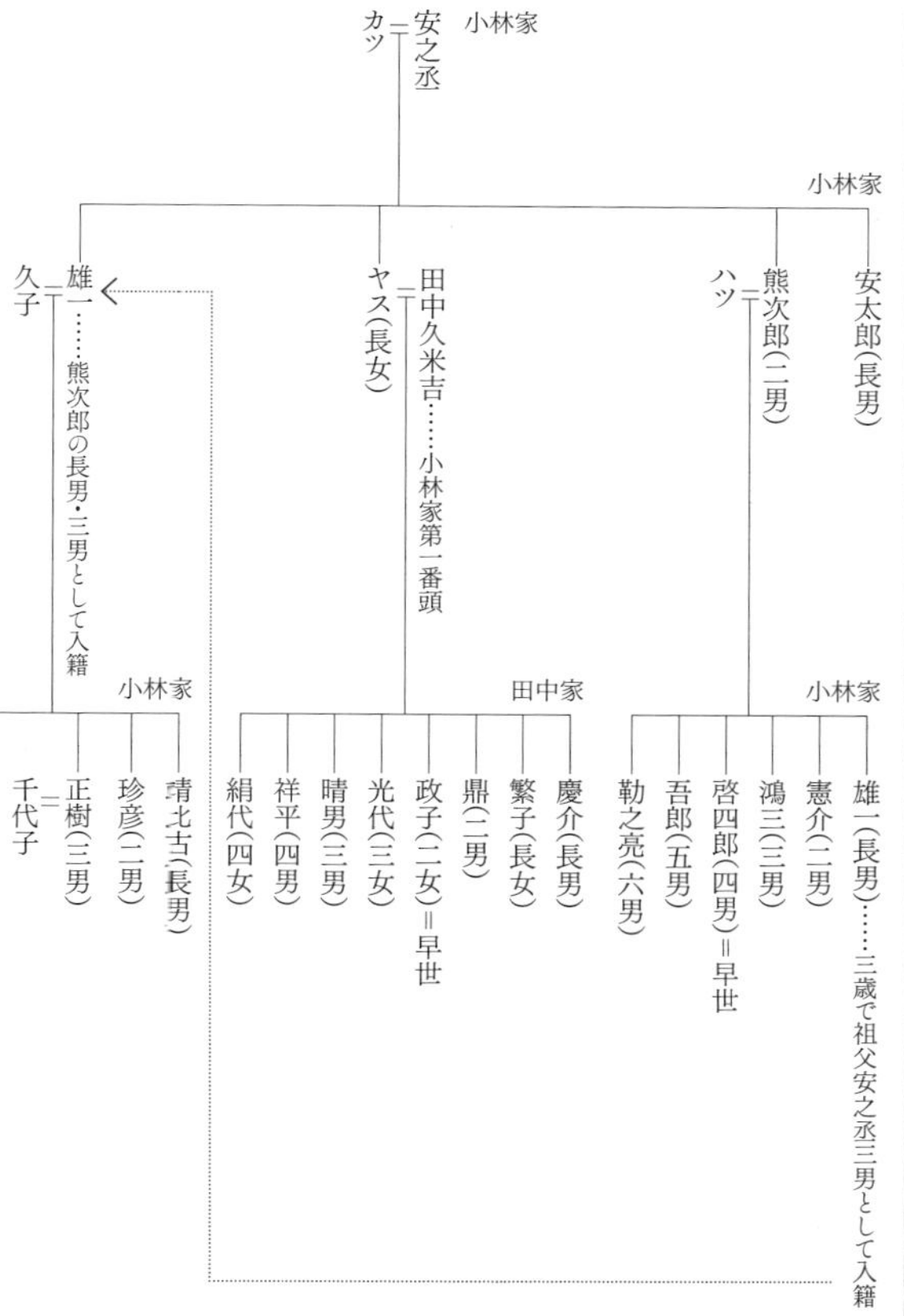

田中絹代と出会いの頃
蒲田の下宿先で
後列左から
次兄・珍彦　田中絹代　正樹
前列左から
絹代の姉・光代　長兄・靖比古
1933年

この浪人時代は映画を見るのが楽しみで、勉強もしないでよく見に行ったものです。

絹代さんと交流のあった靖比古が慶應で映画研究会に入っていて、そうとうに映画に夢中でした。監督がどうの、シナリオがいいの悪いの、キャメラマンがどうだとか、そういうことを言う。当時は小津安二郎◉監督が撮り始めた頃で、兄貴からの影響もあってこれがほんとうの芸術的なシャシンだという印象を受けました。ぼく自身、小津さんのシャシンはすごく好きでしたよ。

絹代さんに初めて会ったのも東京で浪人していたときです。たしか絹代さんのほうが、親戚のぼくたちがどういう下宿生活をしているのか見に来たのでした。そのときの印象といってもあんまり鮮明には覚えていないんですが、とにかく小さなかわいい人だなあという……。それと言葉がすごく丁寧で、ぼくのことを「正樹さま」と呼んでいました。あとになると「正樹ちゃん」、「マサちゃん」になるのですが。

京都に行ってからも、映画にはよく行きました。それに、絹代さんが下賀茂の撮影所にときどき来ると知らせがあり、撮影を見せてくれるわけです。絹代さんという人はとにかく自分に厳しく、仕事に入るともうそれしか見えない。撮影が終わって初めてぼくがいることを意識する、そういう人でした。そのあと一緒に食事をして、今日の自分の芝居はどうだったかとかいろいろ聞いてくる。ぼくとしては、監督の仕事というものにすごく魅力を感じました。兄貴からいろいろ映画の見方を習っていましたから、そういう観点で撮影を見ていたからでしょう。監督になったらすごいだろうなと、そういう気持ちをもち始めたのはその頃だと思います。

早稲田の文科を目指すことは、この京都時代に決めました。将来は映画のほうに行きたい、芸術関係のことをやるなら慶應より早稲田がいい、早稲田に入って映画のほうに行こうと。ところがこれが、早稲田に入って會津八一◉先生に出会うことで、がらっと変わって

◉**小津安二郎**…おづ・やすじろう(一九〇三〜六三) 映画監督。二三年松竹蒲田撮影所に入り、二七年『懺悔の刃』が監督第一作。『戸田家の兄妹』『長屋紳士録』『東京物語』など。映画人初の芸術院会員。

◉**會津八一**…あいづ・やいち(一八八一〜一九五六) 東洋美術史学者、歌人、書家。号は秋艸(しゅうそう)道人など。第一早稲田高等学院教授などを経て三一年早稲田大学教授。戦後は郷里新潟で過ごした。歌集に『南京新唱』『鹿鳴集』など。

◉**住まいは東京・田園調布の高台**…最寄り駅は東急東横線・多摩川園前駅(現・多摩川駅)。

◉**『会議は踊る』**…一九三一年(日本公開は三三年) 出演・リリアン・ハーヴェイ、ヴィリー・フリッチら。

◉**『未完成交響楽』**…一九三三年(日本公開は三五年) 出演・ハンス・ヤーライ、ルイーゼ・ウルリッヒら。

◉**『外人部隊』**…一九三三年(日本公開は三五年) 出演・マリー・ベル、ピエール・リシャール・ウィルムら。

◉**五所平之助**…ごしょ・へいのすけ(一九〇二〜八一) 映画監督。二三年松竹蒲田撮影所に入社し、三一年日本初のトーキー映画『マダムと女房』を監督。『伊豆の踊子』『今ひとたびの』など。

◉**溝口健二**…みぞぐち・けんじ(一八九八〜一九五六) 映画監督。二〇年日活入社。『浪華悲歌』『祇園の姉妹』『西鶴一代女』『山椒大夫』など。

◉**清水宏**…しみず・ひろし(一九〇三〜六六) 映画監督。二一年松竹蒲田撮影所に入社し二四年『峠の彼方』が監督第一作。『風の中の子供』『簪』『蜂の巣の子供たち』『大仏さまと子供たち』など。

しまうのですねえ。

二年間の浪人生活を経た小林は一九三五年第一早稲田高等学院文科に入学した。一九歳になっていた。住まいは東京・田園調布の高台にあり、そこで二人の兄、田中絹代の母親とは義理の姉妹になる祖母ハツとともに暮らした。隣家は絹代宅だったが、翌年一月に松竹の撮影所が蒲田から大船に移ったことに伴い、絹代も鎌倉に引っ越していった。浪人時代にも増して小林が映画に没頭したのが高等学院時代だった。

映画三昧

二番(館)にも通いましたから、封切られた映画はほとんど見ているのではないでしょうか。新宿の武蔵野館が多くて、早稲田全線座、浅草の大勝館にもよく行きました。

いろいろ思い出します。エリック・シャレル(監督、以下同じ)の『会議は踊る』、ヴィリー・フォルストの『未完成交響楽』、ほかにもドイツ映画にはエリッヒ・フォン・シュトロハイムがいました。フランスだと『外人部隊』のジャック・フェデーとかジャン・ルノワール、ルネ・クレール。フランスはその頃黄金時代だったわけです。アメリカではジョセフ・フォン・スタンバーグですね。ですがやはり、フランク・キャプラが一番好きだったな。さらにキング・ヴィドアとかジョン・フォード、それにエドマンド・グールディングですか。英国ではアレクサンダー・コルダ、それにアルフレッド・ヒッチコックが台頭してきた時代でした。日本映画だと五所平之助さん、溝口健二さん、小津安二郎さん、清水宏さん、内田吐夢さん、田坂具隆さん、それに山中貞雄、伊藤大輔……。ほんとうにすごい人たちが出てきた頃です。

考えてみればあの当時は、外国映画を見るということが世界の文化を知ることという時代でした。ですから映画を一本見ると、友人たちと誰かの家でほとんど夜明かしで語り合うわけです。その話が最後は哲学にいき、社会学に広がる。まさしく映画で世界を知る青春でした。

◉内田吐夢…うちだ・とむ(一八九八〜一九七〇) 映画監督。二六年日活に入社し二七年『競争三日間』が監督第一作。『生ける人形』『限りなき前進』『血槍富士』『飢餓海峡』など。

◉田坂具隆…たさか・ともたか(一九〇二〜七四) 映画監督。二四年日活に入社し二六年『かぼちゃ騒動記』が監督第一作。『真実一路』『路傍の石』『五人の斥候兵』『五番町夕霧楼』など。

◉山中貞雄…やまなか・さだお(一九〇九〜三八) 映画監督。二七年マキノ御室撮影所で映画界入り。脚本家を経て三二年『磯の源太　抱寝の長脇差』が監督第一作。『丹下左膳餘話　百萬両の壺』『街の入墨者』『河内山宗俊』『人情紙風船』など。

その頃の友人たちはなかなか優秀で、一人は中村英雄といって早稲田のドイツ文学の教授になった。それに一緒に會津八一先生の下で東洋美術をやった川西信夫。川西は軍隊で亡くなっちゃった。中村、川西とはのちに、ぼくの最初の脚本『われ征かん』を一緒に書きました。奈良を舞台にした少壮の東洋美術研究者の話で、まあ、ぼくがモデルみたいなものです。やはり早稲田の先生になった国史の水野祐、国語学者で文部省に行った天沼寧もいます。こういう人たちとはいまも付き合っているけれど、ほかにも映画好きな人はずいぶんいました。

加えて新劇にも興味を持ちました。築地小劇場ですね、あの頃ですから。滝沢修が出た『北東の風』のときはすごく印象深くて田園調布まで夜通し歩いて帰ったものです。

映画に明け暮れた高等学院時代は、同時に学問に対しても「本気で何かやる気にならなきゃいけないという意識が爆発したように生まれた」時期だったという。そういう小林の前に現れたのが、生涯の師となる會津八一だった。

恩師・會津八一

当時、會津先生はすでに早稲田大学の芸術学専攻科教授でしたが、学院のほうでも英語を教えていました。本を買うためのお金がほしかったのかもしれません。

英語といっても本科ではなくサイドリーダーの講義で、文学的な匂いがしました。つまり、英語の話はおざなりにちょっとやるだけで、あとはほとんど奈良の話なのです。それも先生自身が奈良に引き込まれていくような講義の仕方です。惹かれました。話は即興なのです。急にその話がしたくなって、それがいろいろ広がり、枝葉がついていきます。

先生は風貌が奈良の戒壇院四天王の広目天にそっくり。すばらしい顔をしていました。ですが何より

●**中村英雄**…なかむら・ひでお(一九一六〜八八)ドイツ文学者。著書に『ドイツ語の発音』など。

●**水野祐**…みずの・ゆう(一九一八〜二〇〇〇)日本古代史学者。著書に『日本古代王朝史論序説』など。

●**天沼寧**…あまぬま・やすし(一九一四〜九四)文部省から大妻女子大教授。著書に『日本語音声学』など。

●**築地小劇場**…土方与志と小山内薫が一九二四年に開設した日本初の新劇常設劇場。新劇活動の拠点として多くの演劇人を輩出した。

●**滝沢修**…たきざわ・おさむ(一九〇六〜二〇〇〇)俳優。戦前の築地小劇場などを経て戦後、宇野重吉らと劇団民藝創設、後に代表。舞台出演・演出を中心に映画、テレビへの出演も多い。映画出演は『破戒』『新釈 四谷怪談』『戦争と人間』など。小林作品に『からみ合い』『怪談(茶碗の中)』。

●**『北東の風』**…久板栄二郎作の社会派戯曲。

小林正樹アルバム③

第一早稲田高等学院時代

「悪童クラブ」の仲間
前列左端が小林
一人おいて川西信夫

友人と旅行中のひとコマ
高級蛇腹カメラを
持参していた

同級生と法師温泉への道すがら
左から橋詰戦二　市川　小林　中村英雄

早稲田高等学院時代から富士山麓の軍事演習を課せられ
いやいやながらの参加
前列左端中村英雄　四人目の手前川西信夫　後列右端が小林

人格です。学問、芸術というものはこういう姿勢でやらなくてはいけないんだという迫力、厳しさ。そこから火花が散るような言葉が出てくるのです。学部に進んでからも會津先生と一緒にやりたいと思いました。将来のこと、就職のことなどまったく考えなかったですね。

　ぼくたちの時代は、とにかく学校を出ると軍隊に行かなきゃならないし、軍隊に行けば死ぬだろう。そういうものがついて回りましたから、とにかく卒業するまで残った人生をいかに充実して送るかということしか考えていなかったと思います。

　それで予科を終えると、早稲田大学の文学部哲学科に進み、芸術学を専攻することにしました。東洋美術の学生は当時五人だったでしょうか。芸術学専攻はとても贅沢で、東洋美術が會津先生で西洋美術は坂崎担先生、ほかに美学の方が一人でしたから。會津先生は一回二時間の講義が週に四回。ほかに先生の家に行くこともありました。講義自体は学院とちっとも変わりません。一時間ぐらいは雑談です。美術に関することがちょっと多くなったくらいでした。

　忘れられないのが奈良、大和への旅行です。この旅行には東洋美術専攻の学生のほかにも史学科などから申し込みがある。希望者が多いんです。もちろん坂崎先生も行きますし、ゲストとしてフランス文学の山内義雄さんなんかも同行していました。

　旅程は法隆寺や新薬師寺、東大寺、それから橘寺など大和周辺です。とにかく飛鳥時代の寺は必ず訪れ、それから白鳳、奈良時代、平安時代の初期までのお寺です。それ以外は「バツ、行く必要なし」。先生は何か違うのです。古いお寺をただ回るのではない。たとえば正倉院に行きますね。いろいろ説明しながらだんだん話が高潮してくると、「これを感じてくれ」みたいに思わずそこにある柱に抱きついてしまう。東洋の美術を、学問芸術をとにかく感じとってほしいと、そういう先生の情熱……。もう、感動の連続でした。

　夜になると「古道具屋でも冷やかしに行こうか」と連れて行ってくれて「これは本物だ。鎌倉時代のも

◉坂崎担…さかざき・しずか(一八八七〜一九七八)西洋美術史家。著書に『ドラクロワ』など。

◉山内義雄…やまのうち・よしお(一八九四〜一九七三)　フランス文学者。著書に『遠くにありて』など。訳書にアンドレ・ジッド『狭き門』など多数。

◉感動の連続でした…一九三九年一〇月一五日から二九日までの早稲田大学芸術学科の研修旅行の日程については『會津八一全集』第一二巻(中央公論社、一九八四)に記載があり東大寺、聖林寺、山田寺、浄瑠璃寺、唐招提寺、薬師寺などを巡ってから京都へ向かっている。山内が同行したのもこの旅行。

◉日吉館…奈良市登大路町にあった旅館。一九九五年廃業。小林を含むゆかりの人々による文集、太田博太郎編『奈良の宿・日吉館』(講談社、一九八〇)が刊行されている。同書中にも三九年の旅行について記述があり、室生寺に向かうバスに遅れそうな會津の長話に小林がくってかかったエピソードが紹介されている(青山茂「日吉館の星霜」中の「會津八一の体臭」)。

◉『桑の實は紅い』…一九三九年九月公開　監督・脚本・清水宏　撮影・厚田雄春　出演・田中絹代、上原謙、水戸光子ら。

のだよ。これなら買ってもいい」などと教えてくれます。ぼくも千体仏のひとつを買いました。奈良の宿は日吉館◉でした。文化人や美術史学者、美術を志す者はみなあそこに泊まったものです。ちなみに宿の看板は會津先生の書ですよ。

會津先生の下で学ぶことで、ぼくは美の原点というものの魅力をとても感じるようになっていきました。たとえば仏像というのは中国の漢時代まで遡らないとわからないといわれています。さらに、そういう仏像彫刻の線、衣の線や顔の線を理解するには、同じ時代の印《いん》から入らないとわからないのですね。漢時代の印を実際に見ていると美しさ、線の強さをすごく感じる。実際に印鑑というものは中国の漢時代が一番いいとされています。そういうものが朝鮮を通じて飛鳥時代につながってくる。ですから大陸の東洋美術をやらないと、日本の美もわからないのです。

ぼくの映画づくりの原点は、會津先生の下で学んだそういうものにあると思っています。加えて先生の学問、芸術に対する厳しい姿勢に触れたことは、何ものにも代え難いものでした。

會津八一の下で東洋美術への傾斜を深める一方、映画への関心も失われることはなかった。卒業後の軍隊への徴集が現実のものとして近づいてくる中、進路について思い悩むことになる。

東洋美術か映画界か

會津先生の下でいままで知らなかった世界に夢中になりながら、映画監督になってみたいという気持ちもなくしたわけではありません。その境目で悩んで、当時しょっちゅう交流があった田中絹代さんに相談したのだと思います。

「マサちゃん、映画監督になりたいんなら、一度現場に付いてみない？」

そう言って絹代さんが紹介してくれたのが、清水宏さんの『桑の實は紅い◉』です。それで、学部二年生の夏休みに伊豆のロケーションに付くことになりました。といっても助監督と

1939年10月 研修旅行の折
小林が師の勧めで購入した
僧形の千体仏 一伝に胎内仏とも
(高さ11センチ)
数体の小仏像とともに終生
自室の厨子の中心に安置してあった

小林正樹アルバム❹

早稲田大学時代 會津八一との交流

銀座を歩く會津八一と小林(街頭写真)　この時期
書画骨董店めぐりにもたびたび同行　恩師直伝で審美眼を養う

恩師 會津八一　撮影 三浦寅吉　1943年1月23日

念願の早稲田大学
文学部哲学科に入学

1939年10月「奈良大和研修旅行」で　室生寺本堂への石段を登る會津八一引率の一行　撮影小林

1940年夏
卒業論文「室生寺建立年代の研究」の
対象となった金堂と
滞在中小林の世話をした小坊さん
撮影小林

「奈良大和研修旅行」の一連
正倉院前の池畔にて
撮影小林

小林と川西　撮影中村
奈良旅行のとき　1940年3月

大学時代の銀座街頭写真

早稲田大学卒業時の記念写真
前列左から水野祐　橋詰戦二
後列左から川西信夫　中村英雄　小林正樹　橋詰の弟

かそういうのではなく、脚本だけもらって、ただ一カ月、ずうっと撮影を見ていました。

そこで感じたのは、こんなにいい加減でいいのかという幻滅です。映画の現場というのはもっと近代的で、ものをつくる厳しさがあり、人間的にすばらしい人たちが集まっているところだと想像していました。ところが、清水さんには悪いですが、なんだか稚拙な、非芸術的な感じを受けたわけです。

これはぼくが會津先生を知ったあとだっただけに失望が大きかったのだろうと思います。一カ月だけですから、表面しか見ていなかったのかもしれません。ですがとにかく會津先生の峻厳さ、芸術に対する姿勢というのが強烈だっただけに、これは美術の世界のほうがすばらしいという思いを深くしたわけです。

先生と奈良大和の旅に行ったのはそういうときでしたから、なおさら充実感がありました。そしてあのとき特に強い印象を受けたのが室生寺です。お寺自体のたたずまいも、中の仏像も良かった。平安朝初期のお寺で、密教が最も盛んなときです。仏像も平安前期までがよくて、そのあとはだいぶ芸術的には落ちるような感じを受けます。鎌倉時代にはまた、ルネサンスみたいな形でいいものが出てきますが。

とにかく室生寺に魅力を感じたので調べてみると、わからないことや疑問がずいぶんある。それでこれをちょっと研究してみたいと思い、卒業論文のテーマに室生寺を選びました。当時でもかなり研究されてはいたお寺ですが、ぼくが一番疑問に思ったのは仏像の配置です。初めからあったものなのか、あるいはどこかの寺から持ってきたのか、本当の本尊は別にあったのかどうか。最後の夏休みは室生寺にも泊まり込み、「室生寺建立年代の研究」という論文にまとめました。

のちにぼくが軍隊で満州にいるとき、先生から「あの卒業論文にちょっと手を入れて本にしたいので送ってほしい」という手紙がきました。おやじに頼んで送ってもらったのですが、先生の家が戦災に遭って、そのときにぼくの卒論も焼けてしまいました。

◉**室生寺**…奈良県宇陀市にある真言宗室生寺派の大本山。金堂はじめ多くの建物、仏像が国宝や重要文化財に指定されている。

◉**平安朝初期のお寺**…今日までの研究では創建は奈良時代後期まで遡るとされる。

◉**ぼくの卒論も焼けてしまいました**…會津八一宅で焼失したのは父雄一が清書した論文だが、小林自筆原稿も見つかっていない。

◉**丹羽文雄**…にわ・ふみお(一九〇四～二〇〇五)作家。『蛇と鳩』『顔』など。第一早稲田高等学院で會津八一に師事し、卒業にあたって文学への志を吐露したものらしい。

それほど打ち込んだ東洋美術ですが、考えた末にぼくは松竹の入社試験を受けることにしました。当時はまだ在学中は徴集猶予がありましたが、卒業翌年の一月には軍隊に行かなくてはなりません。いつ死ぬかわからない。それを考えました。美術研究は一生かかっても極められるかどうかという世界です。しかし、新しい芸術である映画の世界なら、脚本ぐらいは残せるのではないか。そう考えたのです。親戚は全部反対でした。陰のほうではおやじにずいぶん「やめさせてくれ」と言っていたようです。当時はとにかく映画界そのものの社会的地位が低かったですから。おやじも内心では反対だったのでしょうが、何も言わなかったですね。

「学規」

しかしぼくとしては親戚の反応より會津八一です。先生が何と言うか、それが問題でした。家を訪ねて考えを話しました。すると「丹羽文雄が同じことを言ったよ」と言って認めてくれたのです。會津先生は、家に訪ねて行くといつも盛りそばしかご馳走してくれません。粗食の人で、そんなお金があったら本を買うという人です。それが卒業のときは、尾頭付きと赤飯を用意してくれていました。その食事のあと、自分から筆をとって学規を書いてくださいました。学規というのは、先生が弟子と認めた人だけに与えてくれる四カ条です。

一、ふかくこの生を愛すべし
一、かへりみて己を知るべし
一、学芸を以て性を養ふべし
一、日日新面目あるべし

戦後、會津先生は新潟に移り、一九五六年に亡くなりました。手紙のやりとりはしていたのですが、とうとう会えずじまいでした。機会はあったのですが、軍隊から帰ってきてからは、失った時間を取り戻そうと必死で、ああいう大事な先生に会うことも忘れて仕事に集中していたのです。

3 映画界へ

小林の松竹入社は一九四一年。採用試験を受けたのは松竹のみで、小林によると二〇〇人ほどの受験者のうち、採用は七、八人だったという。翌年一月に入営を控えた見習い期間が始まった。

大船撮影所

試験に合格すると、田中絹代さんから「今日で親戚としての付き合いは終わりよ」と申し渡されました。「実力の世界だから」ということです。そういうことには厳しい人でした。ぼくが監督になるまで、その態度を通しましたから。

同期には野村芳太郎◉がいます。彼は野村芳亭◉さんの関係で、試験を受けないで入った。芳亭さんといえば松竹のカリスマみたいな人でしたからね。

松竹はディレクター・システムといって、何もかも監督が中心で映画をつくっていく会社です。ですから助監督というのは軍隊で言えば幹部候補生。ですが不思議な会社で、「幹部候補生でいずれ監督になるのだから」助監督の月給は安くていいというので、ほんとうに安かった。大学出なら普通は初任給六五円から七五円ぐらいとっていた時代に、松竹は一五円ですから。あの一五円をもらったときはおやじに申し訳なくて……。おやじもぶ

◉**野村芳太郎**…のむら・よしたろう(一九一九〜二〇〇五) 映画監督。『張込み』『ゼロの焦点』『拝啓天皇陛下様』『砂の器』『鬼畜』『わるいやつら』など。正式には四一年入社だが、撮影所を遊び場として育った野村の意識としては「入る前に(大船撮影所に)入っていた」(日本映画監督協会サイト「わが映画人生」)。

◉**野村芳亭**…のむら・ほうてい(一八八〇〜一九三四) 映画監督、脚本家。日本映画草創期に基礎を築いた一人。『清水次郎長』『女殺油地獄』など。松竹蒲田撮影所長、松竹下賀茂撮影所長を務めた。

◉**組**…「組」の呼び名は撮影所各社共通の慣習。作品の監督の名前をとって、黒澤明なら「黒澤組」、小林正樹なら「小林組」と呼ばれる。

◉**『暁の合唱』**…一九四一年六月公開 脚本・斎藤良輔 撮影・猪飼助太郎 出演・佐分利信、木暮実千代ら。

◉**カチンコ**…映画撮影時に使用する手持ちの道具。英語ではClapper board(メモ板付き拍子木)。ワンカットごとに撮影日、シーンやカットナンバーなど編集の際に必要な情報を記入、フィルム回転と同時にカメラ前で打ち、画音の同期点も記録する。その音で日本では「カチンコ」の名称が普及、現場ではボールドとも呼ぶ。カチンコ叩きは早業が必要とされ、究極は画面三コマ(八分の一秒)以内だった。

◉**雑用ばかりです**…小林の日記には「五月二六日」の日付で「今日初めて仕事に就く」とある。

◉**尺**…フィルムの長さを表すフィート(呎)の基準が日

すっとしていましたよ。本人だってびっくりしたくらいですから、親としてはねえ。

入社式とかそういうものの記憶はなく、とにかく大船の撮影所に行きました。大船に助監督が所属する演出部というのがあり、そこの幹事が、誰それがどこの組の助監督に付くのかを決める権限をもっているのです。

いきなり、清水宏さんの『暁の合唱』に付けと言われました。仕方がないのでそのままセットに行きましたよ。そうしたら清水のオヤジ、「なんだおまえ、背広で仕事なんかできないぞ。すぐ着替えてこい」って。そんなもの持っていないですよ。「じゃあ明日から来い」ということでその日は放免されました。

現場に入ったら、カチンコ叩きとか出番の俳優さんを呼びに行くとか、映画の内容には関与しないほんとうの雑用ばかりです。ですが脚本だけはくれる。それを腰に差して歩く助監督スタイルというのがありますが、ぼくはあれが嫌いで、カバーをきちっとつけて持ち歩いていました。

カチンコはたしか、三コマの中に入るように叩かないといけない。あの当時はフィルムがすごく高いでしょう。ぼやぼやしていると尺が進んじゃう。反射的にやらないといけない。そういうことにはわりと勘が良かったので、失敗はそうなかったと思いますが。

俳優さんを呼びに行くのも重要な仕事です。撮影の進行に関わりますから。ですが意地悪な人もいるのです。わざとご飯をゆっくり食べたり、お茶で一服しているところだから駄目だとか言ったり。助監督いじめです。

とにかく助監督というのは動いてなきゃ駄目。えらいところに入ったと思いました。まさに初年兵という感じ。何のために大学を出たのかと。プライドみたいなものが強かったのかなあ。監督になる夢ばかり見ていたせいかもしれません。不満も始めの一週間ぐらいでしたけれどね。清水さんには『桑の實は紅い』の現場でがっかりしたことがありましたが、そういう気持ちも全部捨てちゃいました。映画で何か残すよりしょうがないという覚悟で入ったわけですから、とにかく働きました。

撮影はもう半分ぐらい進んでいたのだと思います。ですからぼくが付いたのはほんの一カ月ぐらいで

本の尺に近いので、日本の映画現場では尺と通称してきた。ひいてはこの事例のように、映画の長さそのものも「尺」と呼ばれた。

松竹大船撮影所
1935年10月

す。編集からダビングまでの作業には入ってすぐの助監督はタッチしませんから、撮影が終わればすぐ次の現場でした。

失望

それが、北海道の美唄炭鉱の記録映画でした。演出部の幹事を恨みました。もうすぐ兵隊に行かなきゃならないのに、なんで記録映画なんかにと。もっといいシャシン、できれば小津さんのシャシンに付いてみたかった。ただ、そういう希望を言える雰囲気ではないのです。

その記録映画は、助監督の中のある幹部が演出で、キャメラや助手など一〇人ぐらいのスタッフだったと思います。嫌でしたねえ。お金のことはむちゃくちゃだし。炭鉱会社が毎晩のようにご馳走してくれたり、遊ばせてくれたりするわけです。映画をつくるというより、遊びのような雰囲気でした。撮影が終わって、慰労会が登別温泉かどこかであったのですが、これがスタッフ一人ずつ女を抱かせるという形です。監督から「おまえ、どれがいい？」って、そういう屈辱的なことを言われた覚えがあります。それっきりその人とは口を利きませんでした。とにかく嫌な思い出ばかりが残った撮影です。

やっとの思いでその記録映画から戻り、次に付いたのが大庭秀雄監督の『風薫る庭』でした。これもカチンコです。でも楽しかったですよ。入営前の最後のシャシンだとわかっていたし、ぎりぎりの気持ちで仕事をしていたのだとも思います。

大庭さんはとても痩せた方でしたが徹夜に強い。追い込みになると徹夜の連続でした。そして一二月八日の朝クランクアップして、ステージの大きな扉が開いた。まさにそのとき大東亜戦争が始まっていたのです。いよいよか、という感じでした。『風薫る庭』というと思い出すのはそのことです。

このシャシンには河村黎吉さんという、脇役ばかりやっていた人が出ていました。助監督は俳優さん

◉**付いたのはほんの一カ月ぐらい**…公開は六月一二日なので、小林が付いたのは一カ月にも満たないと思われる。

◉**北海道の美唄炭鉱の記録映画**…当時は大船撮影所に文化映画部があり、記録映画を製作して劇場公開を行っていた。一九四一年の公開作には『働くものの体育』『村の保健婦』『海を照らす人々』『貨物列車』など一四作品あるが、翌年公開作も含め、小林が付いた北海道美唄炭鉱の記録映画は松竹社史には記録がない。炭鉱会社一〇〇パーセント出資による請負製作だったのかもしれない。

◉**大庭秀雄**…おおば・ひでお(一九一〇〜九七) 映画監督。三四年松竹蒲田撮影所に入り、三九年『良人の価値』が監督第一作。『帰郷』『命美わし』『君の名は』三部作など。

◉**『風薫る庭』**…一九四二年一月公開 脚本・斎藤良輔、長瀬喜伴 撮影・寺尾清 出演・河村黎吉、水戸光子ら。

◉**そのとき大東亜戦争が始まっていた**…NHKによる最初のラジオ放送は午前七時。

◉**河村黎吉**…かわむら・れいきち(一八九七〜一九五二) 俳優。戦前戦中は松竹で活躍。島津保次郎監督に重用された。戦後はフリーになり主演した『三等重役』が代表作。

を呼びに行くのが役目なので、わりと親しくなることがあるんです。何のときだったか河村さんが「あなたは監督になりますよ。早くなる人です」と言ってくれた。演出部でも監督になれる人はいくらもいません。助監督を七年から一〇年やってなれなければ、あとは職業助監督みたいな形で撮影所に残ることになる。戦争に行くぼくを気の毒に思ってくれたのかもしれませんが、それは嬉しかったですよ。

『風薫る庭』のときはクランクアップ後もダビングまで付きましたから、終わったのは一二月二〇日ぐらいだったのではないかと思います。年が明けて一月一〇日には入営です。ですから現場はこれで最後にするつもりでした。会社からも「あとは自由にしていい」と言われていました。

入営までのわずかな時間、小林は田中絹代や會津八一を訪ねて暇を乞い、思い出の奈良に赴いた。

奈良惜別

奈良のお寺や仏像を心に刻みつけておきたい。決別のつもりでした。それともうひとつ、書きかけの脚本がありました。前にもちょっと話した『われ征かん』という、入営を前にした若い東洋美術研究者の話です。それを奈良で進めたかった。

小林正樹の篆刻帳

刻印の道具・篆刻台

自作刻印の朱肉押印集

その頃兄二人はもう家を出ていたので、田園調布では転勤で東京に出てきていたおやじと二人暮らしでした。奈良に出発したのは正月前だったと思います。昼はお寺を巡って仏像を見て、夜は日吉館に泊まって脚本を書く。戦争に行くのだから何か残しておきたいという、切羽詰まった気持ちだったと思います。一〇日が入営なので一週間ほどで東京に帰ったはずですが、思い出としてはもっと長くいたような気がします。最後に見た仏像が、薬師寺の聖観音菩薩だったことも覚えています。

　奈良旅行に行く前に、絹代さんのところにもお別れに行きました。東洋美術の勉強のため篆刻もやっていましたから、形見のつもりというか、印鑑をつくって持って行きました。小さな、絹代さんらしいかわいい印鑑◉です。絹代さん、これをずうっと大事に使っていたらしいのです。亡くなったあと、銀行の金庫から出てきました。そのときは心を動かされましたよ。

　奈良から東京に戻ると、絹代さんから家に電話がかかってきました。「水戸(光子)さん◉が会いたがっているから訪ねて行きなさい」と言うのです。水戸さんは『風薫る庭』に出ていて、ぼくをかわいがってくれました。食事に誘ってくれたり、お弁当をあれしてくれたり、とても好意的で。入営の前の日、行きましたよ、水戸さんの蒲田の家に。お母さんと弟さんがいたんじゃないかな。夕方から食事をして夜まで、水戸さんの家で過ごしました。

　水戸さんは『暖流』◉なんかでわれわれが学生の頃のアイドルでしたから、そういう映画の話をしたんじゃないかと思います。水戸さんのほうは、ぼくが兵隊に行くことをしきりに「かわいそうだ」と言ってくれました。そして「これをお別れに差し上げます」と、チャコールグレイの手編みのチョッキをくれたのです。香水がふってあって、ぼくはこれを軍隊でもずっと持ってましたが、香りは最後まで抜けなかったなあ。あの日はぼくもぼおっとしていたと思います。あれだけの人ですから。

　そういうことがあったので、明日は入営だというのに散髪にも行っていません。さすがにおやじも心配したのでしょう、家に帰ると「明日の朝に呼んであるからな」って。あとはもう、何か話した記憶はな

◉**かわいい印鑑**…現在は下関市の田中絹代ぶんか館で展示されている。

◉**水戸光子**…みと・みつこ(一九一九〜八一) 俳優。三四年に松竹蒲田撮影所入社。三九年『暖流』でスターとしての地位を確立した。小林作品に『あなた買います』。ほかに『父ありき』『花咲く港』『王将』など。

◉**『暖流』**…一九三九年一二月公開　監督・吉村公三郎　脚本・池田忠雄　撮影・生方敏夫、出演・佐分利信、水戸光子、高峰三枝子ら。

いです。男親との関係って、そういうものでしょう。

翌朝、床屋さんが来て、それでいよいよ入営です。嫌でした。ほんとうに嫌だったなあ。親戚や近所の人なんて呼ばないですよ。見送りはおやじと早稲田の友達が三人。完成できなかった『われ征かん』の脚本のことが心残りで、それを中村(英雄)に託しました。半分ぐらいまで書いてあり、全体の構成もできていましたからそれを伝えて、脚本の話ばかりしていましたね。

4 軍隊時代

一九四二年一月一〇日、歩兵第三連隊(通称・麻布三連隊)に入営、小林の軍隊生活が始まった。

初年兵として

麻布三連隊というのは二・二六事件で決起部隊の中心だった連隊です。事件のときぼくは早稲田高等学院の一年で、たまたま赤坂に友達が下宿していたのでそこに出かけて、あの緊張した雰囲気を直接感じることができました。といっても興味本位で見ていただけですが。

入営するとまず、三カ月間の初年兵教育です。初日は軍服など支給品をもらって着替えると、もうそれまでの生活とは隔絶されます。夜になると毛布を組み合わせてつくる軍隊独特の布団に蓑虫のようにもぐり込むのですが、その冷たいぞっとするような肌触りというのはいまでも忘れません。「いよいよ軍隊生活が始まったんだ」と実感したものです。

軍隊に入ると、やることなすことすべてが無駄であり馬鹿馬鹿しい。耐え難い。心の中は煮えくりかえっていました。学生時代も軍事教練がいやでほとんど出たことがありません。クラス委員が教官に頼み込んでくれて、やっと単位をもらえたほどでした。

しかし、軍隊というのは競争です。入営から一カ月ほどで、ぼくは生き方を変えました。生き延びるために必要なのは肉体で、身体を鍛えるしかない。これは『人間の條件』の梶の心境です。

軍隊の組織に負けていく人というのは、やはり大学出が多かった。そういうものを目の当たりにしました。Ｋという一橋を出ているやつがいて、これがどうにもならない。ぼくも軍隊嫌いでしたが、そいつのほうがもっと嫌いだった。ぜんぜん駄目なのです。運動もやったことないから殴られっぱなし。そういうのを見ていると、軍隊で生き抜いていくには体力だと痛感するわけです。ですから鍛えました。心の中は軍隊への反発で煮えくりかえっていても、その反動として突っ走った感じです。

代々木に練兵場があり◉、そこで演習をしてから麻布まで走って、六〇キロある重機関銃を分解搬送します。ぼくはいつも銃身を持ちました。重いのですが、それを持って先頭のほうで帰ってくると成績がよくなる。一番に入ったこともありました。それくらい鍛えた。初年兵教育が終わって満州に行くときには、初年兵一三〇〇人の最右翼◉になったほどです。これなら生きて帰れるんじゃないかと、そういう感じは持ちました。同じ初年兵だった人に会うと、いまも「小林さん、あのときはよくやりましたねえ」と言われます。

とにかく軍隊というのは人間が裸になるところです。何もかもさらけ出したという経験は軍隊しかありません。ほかの社会ではみな、何かを被って暮らしているでしょう。ほんとうに裸の人間の付き合いというのは軍隊しかない。それも初年兵同士の付き合いです。ぼくはいまも初年兵仲間と付き合っています。一番気が楽です、何もかも知っていますから。軍隊での初年兵の生活というのは、まあ、不思議なものでした。

初年兵時代で一番楽しかった時間は消灯のあとです。中学出以上は幹部候補生の試験を受けることになるので、午後九時から一時間ぐらい、自習の時間がありました。そのときに手紙を書いたり日記を付

◉代々木に練兵場があり…敷地は現在代々木公園になっている。

◉最右翼…もともと旧軍関係の学校で成績順に右から並んだことから、最優秀者をこう呼んだらしい。

けたりができる。もちろん夜間演習もありますし、毎日がそうというわけではありませんが。

本来の勉強はほとんどしませんでしたが、軍人勅諭とかそういうものは一所懸命やりました。「ひとつ、軍人は」を頭から終わりまで覚えておかないと、いつ指名がくるか分かりません。覚えるのも生き延びる知恵でした。

面会日が三週間に一度ぐらいありました。おやじは来ないのですが、友達が来てくれました。ぼくも『われ征かん』の脚本がいつも念頭にありましたから、面会というと、あとを託した中村英雄と打ち合わせをしたものです。


初年兵教育が終わり、満州へ派兵される日が近づく。そういう時期、最後の外出日が与えられた。


田園調布の家に帰ったのですが、そのときに水戸光子さんが来てくれました。入営してからも手紙のやりとりはしていて「外出日で帰るので、もし来るならこの時間にここで」と知らせてはいたのです。ですが本当に来るとは——。

その日、家に帰るとおやじがそわそわしている。日曜日でゴルフに行きたくて仕方ないわけです。ゴルフ気違いでしたからね。好きな人ってそういうものでしょう。さすがにぼくが帰ってくるので行くに行けなかった。「かまわないから行っておいで」と言ったら、喜んで出かけていきましたよ。

それで水戸さんですが、お互いに恋心みたいなものはあったのでしょう。助監督と俳優という階級がありましたから、ぼくとしては向こうの方が上のような感じではいたのですが、入営の前の日の印象というのがそうとう強烈でしたからね。

その日は家に帰ってすぐに着物に着替えました。まさかとは思っていても、もしかしたら来るかもしれません。水戸さんに軍服姿は見せたくなかった。水戸さんはぼくの家を知りませんから、急いで駅のほうに走って行きました。そうしたらちょうど踏切が降りて立ち止まったところで、向こう側に水戸さんが立っていたのです。感激でした。とりあえず家に一緒に行って鰻を食べて、それから多摩川の河原に行きました。あそこにはあの頃温室が点々とあって、そこで花を買っていろいろと話をしました。今撮っている映画のこととかそういう話が多かったと思います。なんかそんな話をずうっと……。ぼくもあんまりしゃべるのはうまくないし。帰営は午後三時頃だったと思うのでわずかな時間ですが、いい思い出です。

いよいよ満州へ出発する間際、無性におやじと会いたくなりました。電報を打ったところ、さすがに来ましたよ。麻布の面会所で一五分ぐらいだったでしょうか。ぼくが呼んだのですから何か話はしたのでしょうが、記憶には残っていない。おやじの表情だけ覚えています。といっても、ふだん通りではあったのですが。

部隊の出発は一九四二年三月二七日。品川から列車で広島県宇品港へ、そこから乗船、四月二日大連に上陸し貨車で移動、四月四日に哈爾浜《ハルビン》郊外の孫家《ソンジャ》に到着、第一機関銃中隊に配属された。

休暇で哈爾浜に出たとき
写真店で撮影
裏面に
上前歯を二本を折り
情けない状態だったとの
メモを記している
1943年7月16日

満州へ

孫家に着くと、少しの間教育期間があって、そのあとで幹部候補生の試験を受けました。中学出以上の義務みたいなものです。学科試験と口頭試問があり、学科は問題なく通りました。ですが口頭試問で助監督の仕事について尋ねられたので説明すると、試験官が「じゃあ、女優のケツを追いかけているようなもんじゃないか」と、そういう失礼なことを言うわけです。ちょっとカチンときて「映画に命を懸けるつもりで入った」というような答え方をしました。当時は命を懸けるべき最上のものは国家という時代です。映画に命を懸けるなど何事かと。それで試験は「終わり！」です。ぼくは世渡りが下手なんです。いまもって下手ですけれど。

幹部候補生の試験に落ちて、あとは二等兵として訓練の毎日でした。ソ連を仮想敵国としたあの訓練は、並大抵ではなくすごかった。夜間演習もあるし渡河演習もある。あれに比べれば麻布での訓練なんて屁みたいなものです。定期的に検閲というものがあって、そこで成績が良い者から一等兵になっていきます。

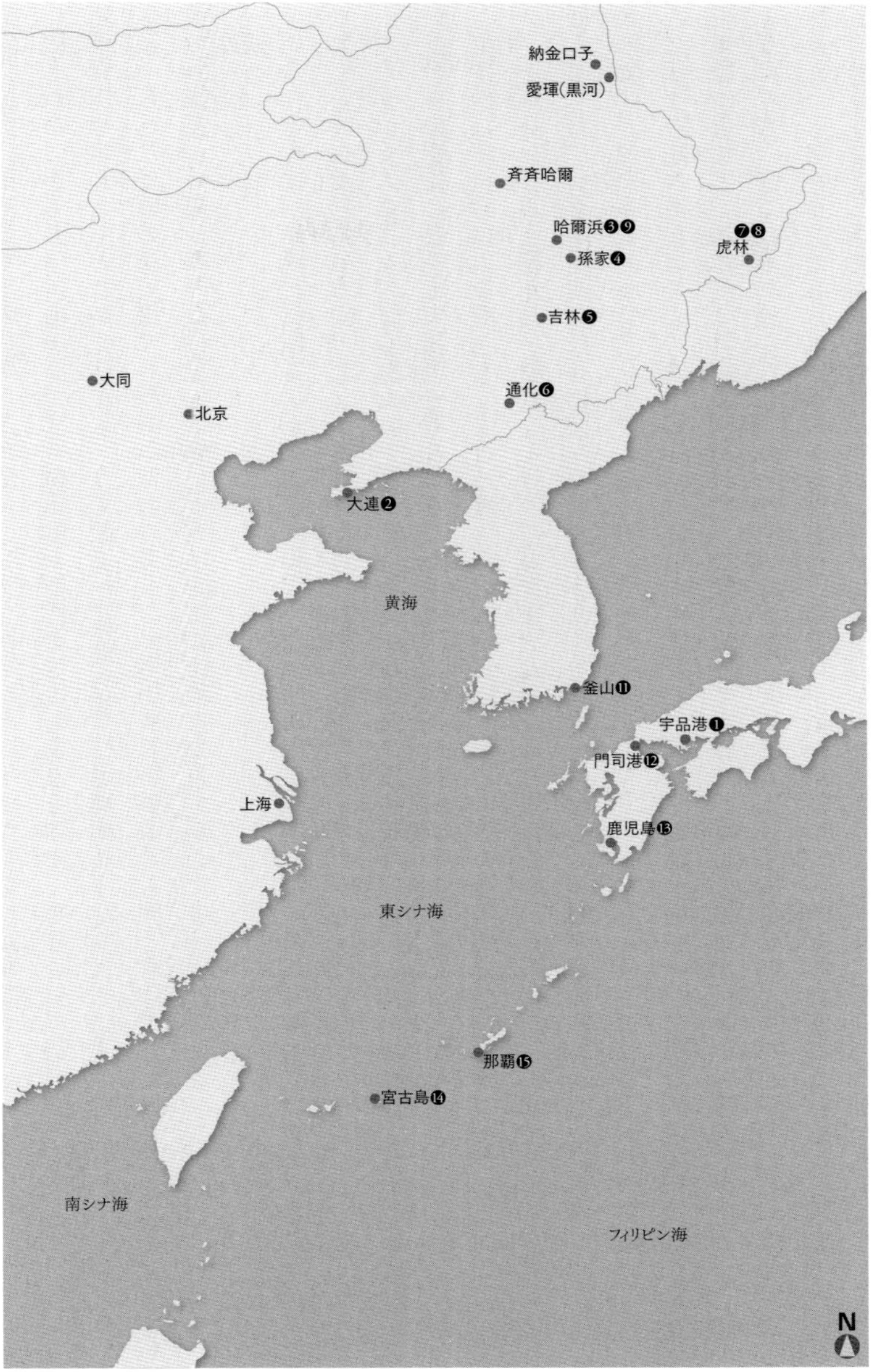

❶宇品港1942年3月出発　❷大連港同年4月2日上陸　❸哈爾浜　貨車で移動　❹孫家　哈爾浜の南5キロメートル、4月4日着　❺吉林・❻通化　1943年2月冬期演習でスキー指導にあたる　❼虎林　1943年8月末。東安省虎林県吉祥屯ウスリー川国境線虎頭を巡察警備　❽1944年3月25日虎林発　❾翌26日哈爾浜着中隊復帰　❿同年4月10日黒河省納金(現在地名は納金口子)着　哈爾浜の北約500キロメートル、ソ満国境愛琿(黒河)市西方約50キロメートルの旧砂金集荷所　⓫7月13日釜山着、7月20日出港　⓬7月22日門司港着、7月25日出港　⓭7月27日鹿児島寄港、8月6日出港　⓮8月12日宮古島上陸　⓯1945年12月20日那覇港着

『人間の條件』第三部で田中邦衛さんが倒れてしまう行軍がありますね。あれが検閲です。

殴られることもしょっちゅうです。個人的な原因のこともありますが、軍隊というのは連帯責任ですから、とにかく何かというと殴る。『人間の條件』で梶がよく殴られていますよね。あれだけ隙のない男でも殴られるわけです。一橋出のKが孫家でも同じ小隊でした。彼の分隊長が気違いみたいに意地の悪いヤツ。とにかく彼をなんとかしなきゃ死んじゃうと思いましたから、そうとうかばいましたよ。

いるんですよ、軍隊には殴るのが商売みたいなヤツが。軍隊が天国みたいな人たちです。故郷の家にいればろくに食べられなかったような連中が軍隊に来て、分隊長や班長になって「お国のためだ」と威張る。そういう人に目を付けられたらどうしようもない。班長の下に三年兵とか四年兵とかの古年次兵がいて班長の手先になって内務班で教育するのですが、これが一番怖かった。

ですがぼく自身は人を殴ったことは一度もありません。それはもう、基本的な姿勢です。一等兵になり、上等兵になると初年兵を教育しなければなりません。逆の立場になるわけですが、一切手を出しませんでした。いま木更津のほうに住んでいて毎年海苔を送ってくれる人がいます。初め名前に覚えがなかったので電話をしたら「私が入営したとき小林さんが二年兵で、ずいぶんかばってくれました。あなたは手をひとつも出さなかった。ほんとうに助かりました。忘れられません」という事情でした。

軍隊でもすごいのは初年兵の時代だけで、二年兵になるとだいぶ楽になります。自分の時間もとれるようになる。ぼくは本を読んだり、おやじや會津先生、友達や親戚に手紙を書いたりしていました。水戸さんにも書きましたし、水戸さんからもわりと頻繁に手紙が来たので、中隊で話題になっちゃいました。本名の「関場」で来るのですが、中に写真が入っているのでばれてしまった。手紙はみんな検閲されますから。

二年兵になってからは外出もできるようになり、気の合った連中と馬に乗って、孫家から四里ほどの哈爾浜に二回行きました。哈爾浜は白系ロシア人の街ですからしゃれていて、いいレストランもありま

◉内務班…兵営内の下士官と兵の居住・生活単位。三〇人前後で構成された。
◉虎頭…現在は中国黒竜江省東部の虎林市虎頭鎮に築かれた旧日本陸軍の要塞。ソ連の参戦で八月一五日以降も攻防戦が続き、民間人を含め籠城した約一八〇〇人がほぼ全滅した。

した。おいしいものを食べて、饅頭を買って、いい気持ちになって孫家に帰ったものです。軍隊の人というのはだいたいみんな慰安所に直行するのですが、ぼくはそういうのはまったく、人間として下の下だと思っていました。

孫家に一年あまりいてから、ソ満国境の警備で虎頭《フートウ》◉に配属されました。このときは上等兵になっていたかもしれません。ウスリー川の沿岸にある望楼と望楼の間を巡察するという任務で演習もほとんどなく、やはり時間はありました。

ですから相変わらず本を読んだり手紙を書いたりです。あるいはメモのようなものをよく書いていました。とにかく何か書いていないと落ち着かなかったのです。篆刻をまた始めたのも虎頭だったと思います。軍隊にも道具を持って行っていて、虎頭にいる間に五つ作りました。「小林」の印や、蔵書印など

巡察隊の
本拠吉祥屯の標識

警備隊本拠吉祥屯の
前進拠点南街基
監視小隊の望楼
高さ10メートル余り

吉祥屯巡察隊の装備　犬を同伴

ソ満国境
虎頭警備地域の情景
当時の警備隊長杉崎栄吉撮影

ソ満国境ウスリー川
（川幅200メートルほど）
対岸のソ連側望楼
1943年

ウスリー川の支流スンガジャ川
（川幅50〜80メートル）
対岸ソ連　川の中心線を国境として
ソ満両国船が航行する
日本の巡察隊が
ソ連のスキー部隊に拉致された
緊張の地点　1942年

です。その印影を會津先生に送ると「なかなかよろしい」とかなんとか返事が来ましたよ。『防人』という脚本を書いたのもその頃です。内容は国境を守っている兵隊たちの苦悩、焦燥が中心で、それはぼく自身の気持ちでもありました。

戦争がどんどん激しくなってくるのに満州には変化がありません。ソ満国境警備というのは第一線とは違って地味な任務です。そこに焦燥感がある。前線に行って死んじゃったほうが気持ちを整理できるんじゃないかというジレンマです。軍のため、日本のために死ぬというあれじゃない。内面的な問題です。そういう辛さを知ってもらいたいと書いた脚本なのです。

冷静に考えれば生き延びたほうがいいと思うのは当然でしょう。しかしそれは平時の考えであって、実際に軍隊にいるとそういう冷静さ、余裕がなくなるのですね。第一線でどんどん人間が死んでいる。そういうことも聞こえてきていましたから。

虎頭にいても映画のことは常につきまとっていました。いっそ第一線にという焦燥感の一方、早く映画の現場に戻って仕事をしたい、戻らないとどんどん取り残されてしまうという思いもありました。

そういうとき、誰かからの手紙で木下惠介さんと黒澤明さんが第一回の監督作品を撮ったということを知ったのです。地団駄踏むような思いでした。ぼくが大船に入ったとき、木下さんは軍隊から帰ってきたばかり。すぐにでも監督にという立場の人で、とても強く印象に残っていました。黒澤さんについても東宝にすごい助監督がいると聞いていたのです。山本嘉次郎さんの『馬』で記録映画的な部分は全部、助監督の黒澤という人が撮ったと。

二人の第一回作品が大変な評判だったとも伝わってきました。『防人』を書き始めたのは、焦りもあったのかもしれません。何かを残しておかなければ、という気持ちですね。

●木下惠介…本書執筆者略歴ページ参照。

●黒澤明…くろさわ・あきら(一九一〇〜九八) 映画監督。三六年PCL入社。五一年『羅生門』でヴェネツィア国際映画祭グランプリ。『生きる』『七人の侍』『乱』など。

●木下惠介さんと黒澤明さんが第一回の監督作品を撮った…ともに第一回作品は一九四三年で、黒澤は『姿三四郎』、木下は『花咲く港』。

●山本嘉次郎…やまもと・かじろう(一九〇二〜七四) 映画監督。俳優として映画界入りした後、監督として『綴方教室』『ハワイ・マレー沖海戦』などを手がけた。

●『馬』…一九四一年三月公開 脚本・山本嘉次郎 撮影・唐沢弘光ら 出演・高峰秀子、藤原鶏太ら。

●それで送ってくれたのでしょう…『われ征かん』『防人』の脚本原本はともに現存(芸游会蔵)。『防人』の扉にはペン書きで宛名が記され、十円札を剥がした跡がある。扉には父雄一宛に脚本をタイプした上で松竹に送ってほしい旨の依頼とともに「永久にあへないかも知れませんが、この脚本が残っただけでも満足です」等が記されている。梶山弘子の調査によると、小林が風呂敷包みを置き残したのは門司港の税関の建物で、包みに気づき送ったのは税関に駐在していた憲兵だったようだ。

宮古島

虎林には一九四四年の春までいて、再び孫家の原隊に復帰しましたが、しばらくして「南方に移動する」という命令が出ました。「南方」というだけでどこだかは分かりません。釜山から輸送船に乗せられて、いったん門司に寄港しました。

とにかく一度内地に寄るはずだとは思っていました。そこであらかじめ風呂敷包みを用意しておきました。中身は會津先生や友人、親戚宛の手紙、日記、そして『われ征かん』と『防人』の脚本です。『防人』の表紙にはおやじの住所と名前を書き、一〇円札を貼りました。満州から送ることもできたのですが、いよいよのときまで肌身離さず持っていたかったのです。門司に入っても郵便局に行くような時間はありません。包みを港の建物の洗面所に置きました。もしかしたら誰か親切な人が発送してくれるかもしれない。それを期待したのです。もちろんあとで知ったことですが、ちゃんと届いていました。包みを見つけた人が「南方に行くので最後になるかも」という中の手紙を読み、それで送ってくれたのでしょう。

結局、行き先は宮古島でした。ほんとうはフィリピンだったのかもしれませんが、潜水艦が多くてとても行かれない。それで沖縄(本島)にいったん入港したのですが、満杯で上陸できなかったらしい。そこで宮古島に向かったようです。フィリピンに行っても沖縄に上陸しても生きてはいなかったでしょう。ぎりぎりのところでした。

着いたのは夏でした。宮古島はぼくには風土的にぜんぜん駄目。満州のほうが良かった。北海道育ちですから、南の風土にはどうしてもなじめないのです。島では主に飛行場建設でした。島全体が珊瑚礁で、穴を掘ってはダイナマイトを詰め込む。爆発させて平らにしていく。大変な重労働だったし、手間がかかる危険な作業でした。

宮古島は珊瑚礁で陸地が低く、ちょっと雲がかかったりすると上空から見えません。ですから空襲は少なかった。でも艦砲射撃はよくありました。空襲は見ているとわかりますが、艦砲射撃というのはどこに弾が飛んでくるのかほんとうにわからない。いきなりダーンって地響きがして「あ、近いな」という

小林正樹アルバム❺

軍隊時代

哈爾浜転任後の小林一等兵

入営前 親戚への挨拶めぐりをした頃
九州の叔父の家にて

九二式重機関銃を前に 小林が配属された麻布三連隊重機関銃中隊所属班の集合写真
後列右から5人目が小林 1942年

哈爾浜郊外孫家の兵営前にて　3列目右から2人目が小林　兵舎はレンガ造り 二重窓で暖房完備

関東軍冬期演習時に吉林・通化で
他部隊のスキー指導にあたった小林(左から2人目)　1943年2月

具合です。艦砲射撃の恐ろしさを宮古島で初めて知りました。
苦しかったのは食糧難ですね。食べるものが何にもないのです。朝は塩水に芋の葉を入れたお汁。あとはイナゴやカタツムリを捕って、それを飯盒に入れて出汁をとり芋の葉を煮たりしていました。宮古島で死んだ人はほとんど栄養失調です。艦砲射撃で死んだというのはほとんどない。ぼくの小隊でも栄養失調で四、五人亡くなっています。

敗戦、捕虜収容所生活、そして復員

宮古島にいたのは一年でした。それで八月一五日ですよ。小隊長から報告がありました。宮古島ではみんな分散していて、ラジオなんかもなかった。中隊長や小隊長のところにはあったのか。とにかく整列させられて小隊長から話があった。天皇陛下からあれがあったと。降伏という言葉は使わなかったと思います。ですが、負けたというニュアンスはたしかに感じ取りました。◉驚きはしません。時間の問題だと思っていましたから。ですが、何ものにも代え難い気持ちでした。やっと帰れる……何かこう、足が宙に浮いたような感じで落ち着かなかった。あとはいつ帰れるのか、どういうふうに帰れるのか、そのことばかりです。

そうこうするうちにアメリカ軍が上陸してきて、輸送船に乗せられました。まっすぐ内地に帰れると思ったら、ぐうっと西へ方向が変わって沖縄本島に向かったのです。あれは大変なショックでした。

沖縄の港に入ると上陸用舟艇が来ていて、陸に上がるとトラックが二〇〇台ぐらい並んでいました。全員乗せられて、連れて行かれた先は嘉手納の収容所です。あとから聞いた話では、宮古島から直接内地に帰った人もいるのです。ただ、旧日本兵のうち八〇〇〇人が使役要員になり、その中にぼくは入ってしまった。ついていませんでした。

収容所での労働自体は、宮古島での飛行場建設よりまったく楽なものです。衣食住も満ち足りています。それでぼくはすぐに演劇団をつくって、◉一週間に一本ずつ公演をしていったものです。孫家にいた

◉**負けたというニュアンス**…インタビュー時の小林の記憶はこのとおりだが、当時の日記には他部隊からの情報で降伏を知ったことが記されている。本書所収V『宮古島戦場日記』参照。

◉**演劇団をつくって**…劇団員安藤嘉一の手記『舞台を踏む』『私たちの舞台』等によると当初「宮古劇団」、後に「嘉手納劇団」。『婦系図』(泉鏡花作)、『太陽の子』(真船豊作、小林脚色)、『浅草の灯』(濱本浩作、林俊二脚色)、『焚火』(小林作)、『晴小袖』(川口松太郎作、林俊二脚色)などを上演した。

◉**『父帰る』**…一九一七年に発表された菊池寛の戯曲。

頃、軍旗祭のときに『父帰る』◉だったかを演出したことがありました。ぼくの初演出ということになります。沖縄では自分でも一五本ぐらい台本を書いたでしょうか。ほかにもう一人、新派がとても好きな人がいて、その人も書いていました。上演はショーの時間も合わせて二時間か三時間ぐらい。稽古は厳しくやりましたよ。お客は収容所の連中のほか、アメリカの兵隊も来ます。女形がタップダンスなんかや

小林正樹アルバム❻

捕虜収容所生活の演劇活動

戦時中宮古島でも軍旗祭の余興などで演劇公演をしていたが、敗戦後は当初の収容所・屋嘉で劇団を編成、間もなく嘉手納に移る。仮設の「カデナ小劇場」を舞台に週一回公演の活動を続け、小林も数作品の演出・脚本を手がけた。

嘉手納劇場バラエティーショー出演者たち
幕前の集合写真　1946年
（同劇団の俳優のひとり安藤嘉一旧蔵の手製本『舞台を踏む』より）

劇団の仲間たちが復員決定順に
小林のために書き残した
寄せ書き「ともがき」

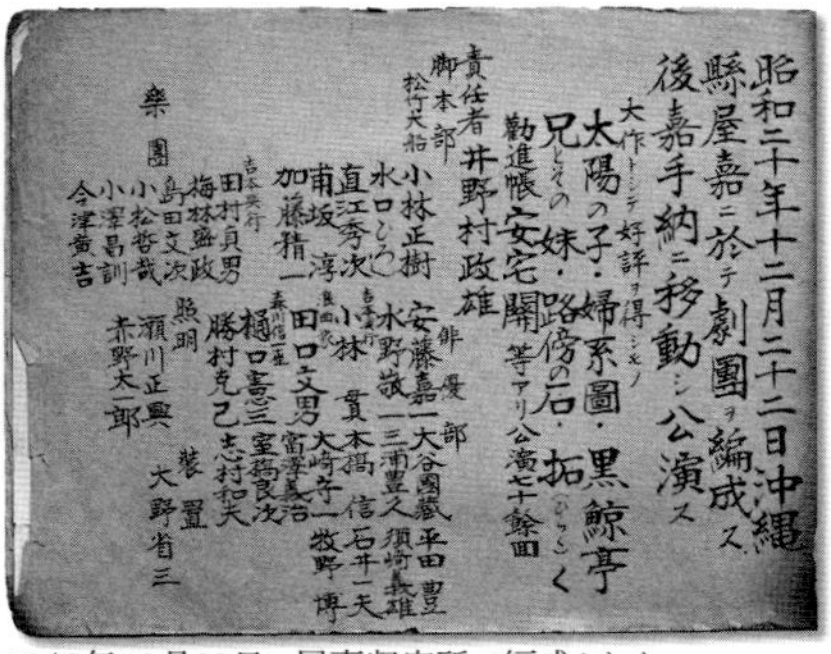

昭和二十年十二月二十二日沖縄縣屋嘉ニ於テ劇團ヲ編成ス
後嘉手納ニ移動シ公演ス
大作トシテ好評ヲ得シモノ
太陽の子・婦系圖・黒鯨亭
兄とその妹・路傍の石・拓《ひらく》く
勧進帳・安宅關 等アリ公演七十餘回
責任者 井野村政雄
脚本部 松竹大船 小林正樹 水口ひろ之 直江秀次 南坂湾 加藤精一 吉本興行 田村貞男 梅林盛政 島田文次 小松哲哉 小澤昌訓 今澤黄吉
俳優部 安藤嘉一 大谷國藏 平田豊 水野敬一 三浦豊久 須崎義雄 小林貫 木獨信 石井一夫 大崎守一 牧野博 田口文男 富澤義治 樋口喜三 室福良次 勝村克己 志村和夫
照明 瀬川正興 赤野太一郎
装置 大野省三
楽團

1945年12月22日に屋嘉収容所で編成された
劇団メンバーの一覧（安藤嘉一『私たちの舞台』より）

米軍側の検閲のために
英文で書かれたプログラムの表紙
中身は英文タイプ

小林が収容所で創作したシナリオ『焚火』の配役表の頁
（安藤嘉一『舞台を踏む』より）

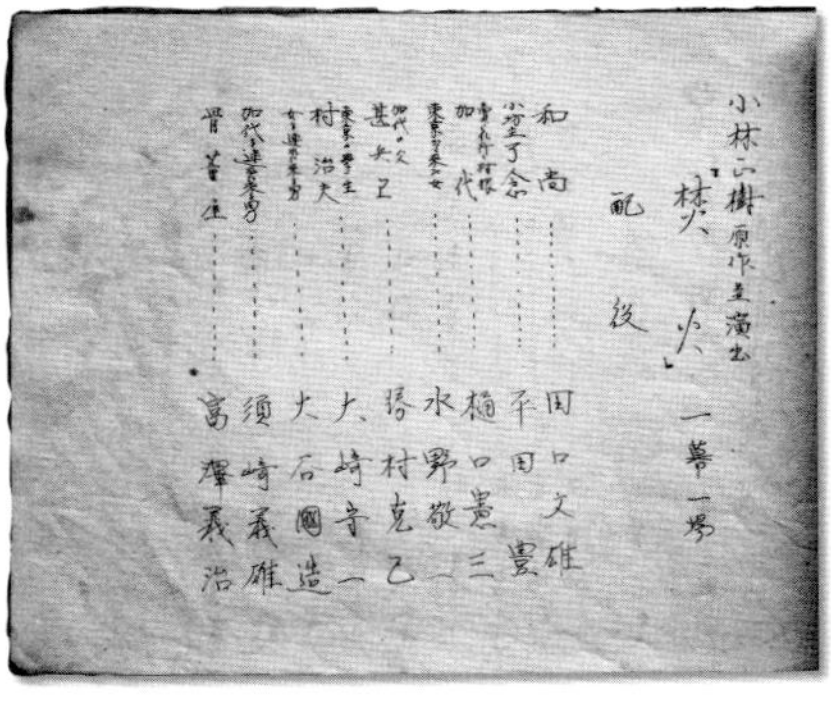

小林正樹原作並演出
焚火
一幕一場
配役
和尚 …… 田口文雄
小学生了念 …… 平田豊
加代 …… 樋口憲三
甚兵ヱ …… 水野敬一
村治大 …… 大崎音一
胃著 …… 高澤義治

るとけっこう受けました。

それにしても収容所の生活というのは不思議な世界でした。収容所の門を入ってPW(Prisoner of War)の判をバンと押された瞬間に、軍の階級が吹き飛んでしまいます。兵は「自由になった」と思うし、それまで威張っていた将校たちは「何をされるかわからない」という怯えをもちます。特に朝鮮系の人たちへの怖れです。将校たちの間には「いつ襲われるか」という空気もありました。

同じ捕虜でも、宮古島で捕虜になった人と沖縄でなった人では違いました。待遇は同じでも、沖縄で捕虜になった人というのはどこか屈辱感のようなものがある。仲間は玉砕しているわけですから肩身が狭いというか、傷を負っているような、そういうものを感じました。

不思議といえば、収容所では衣食住の心配がなく、労働もたいしたことがない。そうすると人間というのはいろいろな本能、欲望が出てくるのです。つまり同性愛です。男性的な男性と女性的な男性に、これはもう見事に分かれてしまう。

劇団にも女形がいますからそういう同性愛の人が出てくる。見ていると夫婦関係です。それも非常に深い関係もあれば、不確実な関係の人もいます。労役では蒲鉾兵舎を造る作業が多かったのですが、その屋根の上で抱き合っていたりする。それをアメリカ兵が見ていて口笛を吹きながら冷やかす。アメリカ兵からお座敷がかかり、行けば卵とか肉とかそういうものをお土産でもらえる。それを亭主の男に貢ぐ。世にも不思議なものでした。

そういうのに閉口している連中というのもいて、それは望楼の下に集まって俳句をひねったり短歌を詠んだりで、ぼくは芝居の台本を書いたりといった具合です。

収容所では博打も盛んでした。同性愛と博打と芝居。そういう世界です。

その収容所生活も一年ほどで、いよいよ日本に帰れることになりました。全員一緒ではなく順番があるわけです。同性愛の連中が一緒に帰れるわけでもなく、「どうしても一緒に」「じゃあ、ぼくも残る」と

●長兄の靖比古の戦死…一九四四年九月三〇日、中国南部で戦病死。

●水戸光子さんが結婚～…キネマ旬報『日本映画俳優全集・女優編』(一九五〇)によれば、水戸光子の結婚は一九四五年で、相手はその前年浅草大勝館における新青年座公演時の座長で俳優の森川信、翌年四月に離婚。小林が嘉手納収容所のラジオで知った情報は時期的に離婚のニュースの可能性もある。

帰国を延ばす人もいれば、別れて帰る愁嘆場もありました。あの悲喜劇といったらありませんでしたよ。負けた日本はどういう状態になっているのか、それは帰ってみなければわかりません。ですが仕事には戻れるだろう、戻りたいという気持ちがぼくの中では大きかったように思います。

内地に復員できたのは一九四六年一一月二一日。船が着いたのは名古屋でした。当時のメモを見ると名古屋に一泊しているはずなのですが、まったく覚えがありません。帰心矢のごとしで列車に乗って品川に着くと、叔母たちが迎えに来てくれました。なんで品川着のことがわかっていたのか、それも記憶にありません。

その品川駅で、おやじが死んだことを知りました。二月二日、終戦の半年前のことでした。脳溢血です。ショックでした。亡くなっては一番困る人が亡くなっていた。思えば満州に行く直前に麻布で会ったのが最後でした。もっと言いたいこと、話したいことがありました。おやじだけではありません。ぼくに映画のことを教えてくれた長兄の靖比古の戦死も、このときに知らされたのです。

ところで沖縄の収容所にいたとき、劇団の誰かが仕入れてきたニュースで水戸光子さんが結婚したことを知りました。がっかりした……。それで水戸さんからの手紙と、いただいてずっともっていたチョッキを焼いてしまいました。これがぼくと水戸さんとのオチというわけですね。

復員した小林は、とりあえず東京・杉並の叔父宅に身を寄せた。着いたその夜は「興奮して寝てなどいられなかった」という。

5 大船へ復帰――伝説の木下組助監督時代

一九四六年一一月二二日に復員した小林は身辺整理を済ませると、翌一二月半ばには松竹大船撮影所に復

職した。演出部の幹事が助監督の仕事を割り振るシステムは以前のままで、小林が付くことになったのは、佐々木啓祐監督の『二連銃の鬼』だった。

がっかりしました。幹事を恨みました。北国の港町が舞台で、アザラシ狩りの猟師が対決するという活劇です。佐々木さんはベテランで人間的にはあれじゃないですが、戦争で苦労してきたぼくがなんでこんなシャシンにと腹が立って腹が立って。新人の助監督と交代でカチンコを叩いていましたが、こんなことをやっている場合じゃないよという気持ちです。それでも仕上げまで付いて、三月頃までかかったのではないでしょうか。

木下組

ですがそういうぼくを、木下惠介さん子飼いの助監督だった川頭義郎さんが見ていたのでしょう。木下さんに推薦してくれたのだと思います。それで付くことになったのが『不死鳥』でした。ふつう、木下さんクラス以上の監督だとチーフとセカンドが専属ということが多いのですが、木下さんはむしろサードぐらいの人を手元に置いて面倒をみていました。川頭さんもあの頃はサードだったと思います。

島津保次郎さんの弟子だった木下さんは第一回作品からシャシンの評価も高く、撮影所での地位もぐんぐんと上がっていました。しかし長続きするチーフ助監督がいません。とにかく好き嫌いが激しい。たとえば、いわゆる助監督スタイルが大嫌い。下駄や雪駄なんかを履いて、手ぬぐいをぶら下げて、腰に台本を挟んでいる、というあれです。ですから付いてみたいという助監督がいる一方、敬遠する人もいました。川頭さんは、ぼくならそういう木下さんにも合うんじゃないかと思ったようです。

それまでぼくが付いた劇映画は『暁の合唱』『風薫る庭』『二連銃の鬼』の三作だけでした

◉**佐々木啓祐**…ささき・けいすけ(一九〇一〜六七) 映画監督。新劇運動から二〇年の松竹キネマ設立に参加。本名恒次郎で撮った二七年『深窓の美女』が監督第一作。三五年啓祐に改名。『荒城の月』『鐘の鳴る丘』など。

◉**『二連銃の鬼』**…一九四七年七月公開 脚本・鈴木兵吾 撮影・厚田雄春 出演・佐分利信、宇佐美淳ら。

◉**川頭義郎**…かわず・よしろう(一九二六〜七二) 映画監督。四五年松竹大船撮影所に入り、カメラマン助手から助監督に転じ、木下組では小林の監督昇進後にチーフ。五五年『お勝手の花嫁』が監督第一作。『体の中を風が吹く』『伊豆の踊子』など。

◉**『不死鳥』**…一九四七年一二月公開 監督・脚色・木下惠介 撮影・楠田浩之 出演・田中絹代、佐田啓二ら。

◉**セカンドの役目です**…一般的にはスクリプターとして助監督とは別に置かれる。映画やテレビドラマの撮影現場で撮影シーンの内容を記録する職種。スタッフを表示する字幕では「記録」と表記されることが多い。

◉**杉原よ志**…すぎはら・よし(一九一二〜二〇〇二) 映画編集者。三二年松竹大船撮影所に入り、木下惠介の第一回作品『花咲く港』で一本立ち、以降ほぼすべての木下作品の編集を担当。小津安二郎作品、山田洋次作品なども手がけた松竹大船撮影所を代表する編集者の一人。小林作品に『まごころ』『この広い空のどこかに』『美わしき歳月』。

が、『不死鳥』ではいきなりセカンド(助監督)になりました。大船にはスクリプターという職種はなく、シートをとるのはセカンドの役目です。撮影後の編集にも関わる仕事ですから、とても勉強になります。『二連銃の鬼』のときもセカンドの人が何をしているのか見てはいましたから、シートをとること自体に不安はありません。気持ちが引き締まる思いでしたし、いよいよ映画の内容に関わる、ほんとうの仕事に入るのだという誇りを感じたことを覚えています。

『二連銃の鬼』を終えて、五月には『不死鳥』の準備に入っていたでしょう。準備というのは、助監督同士がホンをもとに話して、このシーンはどのくらいの長さになるとか、日数がどのくらいとか検討して、それで木下さんが修正していくわけです。もっとも木下さんは打ち合わせが嫌いな人で、助監督が自分たちで決めてはじめて勉強になるという考えでした。

ぼくとしては一人前の監督になるために早く仕事を覚えたい、何かをしなくてはという気持ちがありました。それで考えついたのが〝巻物〟をつくることです(六九頁の写真参照)。

映画の撮影というのはふつう、同じシーンの中でも順番にではなくバラバラに撮っていきますね。それを記録するのがセカンドの役割ですが、ただシートをとるだけでなく木下さんが撮るワンカットごとに、タイミングはもちろんキャメラのポジションからレンズ、どういう台詞が入り、どういう音が入るのか、アフレコにするのかどうか、そういったものをつぶさに区分けした表にしていきました。この表を脚本の順番に貼り足していくと、最後にファーストシーンからラストシーンまで繋がって、ひとつの巻物になるというわけです。

これが仕上げのときにすごく役に立ちました。総ラッシュを見ながら「このカットのおしりをちょっと直して」「ここは少し長い」と、編集の打ち合わせがどんどん進みます。木下さんはめんどくさがり屋ですから「これは便利だね」と、すごく褒めてくれました。大船には杉原よ志さんという天才的な編集者がいましたから、あとはお任せするだけです。

木下組の現場は、俳優さんの心構えもまったく違っていたものです。特に『不死鳥』は早稲田を出たばかりだった佐田啓二さんのデビュー作でしたから、よけいに緊張感があったように思います。佐田さんとは同じ学校を出ていますし、いろいろ話し相手になりました。人間的にとてもすばらしい人ですっかり仲良くなり、ぼくのシャシンにもずいぶん出てもらっています。ただ『不死鳥』のときはさすがに、「ずいぶん下手な人だなあ」と思いましたね。京都弁のなまりもちょっとありました。ですから、人柄はいいけれど役者として大丈夫なのかな、という危惧を持ったことを覚えています。

このシャシンは田中絹代さんが主演です。松竹入社が決まったぼくに「親戚の付き合いは終わりよ」と突き放したような絹代さんです。現場でもあくまで俳優と助監督という関係の態度を崩しませんでした。復員して間もなく絹代さんのところには挨拶がてら遊びに行っています。もちろんそのときは、無事に帰ったことをすごく喜んでくれました。助監督としてのぼくを初めて仕事場で見るわけですし、内心はずいぶん気を遣ってくれていたのだろうとは思います。しかし現場でぼくを呼ぶときは「助監督さん」で、どうしても名前を呼ばなくてはならないときは「小林さん」「小林助監督」でした。

とにかく『不死鳥』で初めて、やっと芸術作品らしいまともなシャシンに出会い、その仕上げまで携わった充実感は格別でした。木下さんもぼくを気に入ってくれたようですし、これからはこの人とやっていくことになるだろうなと予感を持ったものです。実際、この『不死鳥』から一九五三年の『日本の悲劇』まで一四本、木下作品に付くことになるわけです。

もちろん監督になりたいという目標はありますが、木下組の現場に入っているときは、ただもう、いかに監督の力になれるかです。これはシャシンに惚れ込み、監督に惚れ込まないとできません。翌日撮影するシーンをどう撮るのか、助監督同士でいろいろ話し合っては、めいめいがコンテを考えておきました。実際はぜんぜん違っていたり、コンテにわりと近かったりといろいろですが、そういうこともすごく勉強になったものです。

●佐田啓二…さだ・けいじ(一九二六〜六四) 俳優。四六年松竹大船撮影所に入り、『不死鳥』でデビュー、『君の名は』で人気を決定づけた。小林作品に『この広い空のどこかに』『美わしき歳月』『泉』『あなた買います』『人間の條件』第一部・第二部、『人間の條件』第三部・第四部。

●一四本、木下作品に付くことになるわけです…前記『不死鳥』を除く一三作品は次の通り。監督はすべて木下惠介。『女』一九四八年四月公開 脚色・木下惠介 撮影・楠田浩之 出演・水戸光子、小沢栄太郎ら／『肖像』一九四八年八月公開 脚本・黒澤明 撮影・楠田浩之 出演・井川邦子、三宅邦子ら／『破戒』一九四八年一二月公開(松竹京都) 脚本・久板栄二郎 撮影・楠田浩之 出演・池部良、桂木洋子ら／『お嬢さん乾杯』一九四九年三月公開 脚本・新藤兼人 撮影・楠田浩之 出演・佐野周二、原節子ら／『新釈 四谷怪談』前編・後編一九四九年七月公開(松竹京都) 脚色・久板栄二郎 撮影・楠田浩之 出演・田中絹代、上原謙ら／『破れ太鼓』一九四九年一二月公開(松竹京都) 脚本・小林正樹、木下惠介 撮影・楠田浩之 出演・阪東妻三郎、森雅之ら／『婚約指輪エンゲージ・リング』一九五〇年七月公開 脚本・木下惠介 撮影・楠田浩之 出演・田中絹代、三船敏郎ら／『善魔』一九五一年二月公開 脚色・野田高梧、木下惠介 撮影・楠田浩之 出演・森雅之、淡島千景ら／『カルメン故郷に帰る』一九五一年三月公開 脚本・木下惠介 撮影・楠田浩之 出演・高峰秀子、小林トシ子ら／『少年期』一九五一年五木下さんからは、シャシンに入る前の準備にもよく引っ張り出されました。あの人の脚本は口述筆記です。寝ころがったり歩いたりしながら台詞をしゃべり、それを書き取らせていくのです。一区切りつくと読んで直して、また次のシーンを考える。ぼくたち助監督はこういう口述をずいぶん経験しています。

木下組の助監督は三人ほどがいつも同じメンバーで、そこに演出部から新しい人が手伝いに回されてくるという形でした。ぼくと川頭さん、それに木下さんのお気に入りだった松山善三さんの三人が一緒だったときが特に楽しかった。ほかに大槻義一さんが付いたことがありますし、二本松嘉瑞《かずい》さんもいました。ぼくの第一回作品の『息子の青春』でチーフ助監督に付いてくれた人です。

ぼくがチーフになったのは四本目の『破戒』からです。といっても木下組というのは、助監督同士和気あいあいと相談しながらやっていくスタイルです。木下さんは「そういうシステムをつくったのは小林君だよ」と言っていましたが、ぼく自身の家庭の雰囲気や学生時代に味わった自由が、そういうところにも自然と反映したのかもしれません。

演出家・木下惠介

木下さんには一四作品付いたわけですが、それぞれまったく違います。シリアスなものもあればコメディもある。『カルメン故郷に帰る』は日本で初めてのカラー。その続篇の『カルメン純情す』では全部キャメラを斜めにして撮っています。初めてラッシュを見たときは違和感を持ちましたよ、やはり。でもそれで押し通しちゃった。木下さんはキャメラマン出身の人ですから、ポジションはほとんど自分で決めていました。『女』はオールロケで撮ったちょっとすごいシャシンですし、『日本の悲劇』は意識的にニュース映画的なスタイルでつくっていました。とにかく演出の幅がとても広い。そしてそれぞれのシャシンに対する演出スタイルをき

月公開　脚本・木下惠介、田中澄江　撮影・楠田浩之、出演・田村秋子、石濱朗ら／『海の花火』一九五一年一〇月公開　脚本・木下惠介　撮影・楠田浩之　出演・木暮実千代、桂木洋子ら／『カルメン純情す』一九五二年一一月公開　脚本・木下惠介　撮影・楠田浩之　出演・高峰秀子、若原雅夫ら／『日本の悲劇』一九五三年六月公開　脚本・木下惠介　撮影・楠田浩之　出演・望月優子、桂木洋子ら。

●松山善三…まつやま・ぜんぞう（一九二五〜二〇一六）　映画監督、脚本家。四八年松竹大船撮影所に入り、『婚約指輪　エンゲージ・リング』から木下組助監督。六一年『名もなく貧しく美しく』が監督第一作。ほかに『恍惚の人』『典子は、今』など。脚本も多く手がけ、小林作品には『美わしき歳月』『泉』『あなた買います』『黒い河』『人間の條件』。

●大槻義一…おおつき・よしかず（一九二七〜二〇一二）　映画監督。五一年松竹大船撮影所に入り、『カルメン純情す』から『笛吹川』（一九六〇年）までの全木下惠介作品に助監督としてついた。六二年『流し雛』が監督第一作。ほかに『七人の刑事』など。

●二本松嘉瑞…にほんまつ・かずい（一九二二生）　映画監督。四八年松竹大船撮影所に入り、木下惠介、黒澤明らの助監督を務めた。六四年『恋人よ』が監督第一作。ほかに『宇宙大怪獣ギララ』など。

ちっと決める才能は見事なものでした。

典型的な例が『お嬢さん乾杯』です。もともとホン自体はとてもシリアスなものでしたが、それを完全な喜劇にしてしまったのです。最初のホンが気に入らなくて、しかしそこに喜劇に仕立てあげられる何かを思いついたのでしょう。号外が毎日出ましたから現場は大変でしたが。最近、木下さんと飲んだときに、本人も『お嬢さん乾杯』は気に入っていると言っていました。思いがけずシャシンとして膨らんでいったことが嬉しかったのでしょう。やはり喜劇的なシャシンの『破れ太鼓』も木下さんらしい演出です。ある大家族の話で、一家の主は阪東妻三郎さん。土建屋でワンマンという役です。木下さんはこのときの阪妻さんに、思い切り喜劇的な演技をさせました。これがきちっと地に着いていてちっとも浮わつかない。木下さんの頭の中に『破れ太鼓』のスタイルはこうだというものが、しっかりあったからです。

苦労といえば『カルメン故郷に帰る』のカラー撮影もそうです。当時のフィルムでは朝の一〇時から午後二時ぐらいまでの間でしか撮れません。富士フイルムの技術者がつきっきりで「これなら大丈夫だ」とか「もう撮れない」とかでしたから、一日に撮れるカットはほんとうに少なかった。カラーがうまくいかなかったときのため、並行してモノクロでも全部撮っていました。いまだったらカラーからモノクロにするのは簡単ですが、あの当時の技術ではできなかったのですね。当然、モノクロで撮ったもののほうが良かったというカットもあります。ですが役者がみなうまい人たちでしたから、それほど違和感はありませんよ。

一四本の中には、京都の下賀茂撮影所で撮ったシャシンが三本あります。『破戒』、『新釈 四谷怪談』、『破れ太鼓』です。下賀茂は本来、時代劇の撮影所なのですがそれは建前。木下さんというのは会社からの信頼が絶大でしたから、「下賀茂に行って撮りたい」と言えばすぐオーケーです。

木下さんが京都で撮りたがったのは、組合のこともあったのでしょう。当時の大船は戦後の自由を背景に組合の運動が大変に強くて、何かというと集会がありました。撮影が始まるのを延ばして中庭にみ

●号外…スタッフ、キャストに配られていた脚本の一部を監督(もしくは脚本家)が急遽修正し、撮影前日や当日に配る改稿版。

●阪東妻三郎…ばんどう・つまさぶろう(一九〇一〜五三) 俳優。一一代片岡仁左衛門に弟子入り後に映画界入り。『無法松の一生』など多数の映画に主演した。愛称阪妻(ばんつま)。

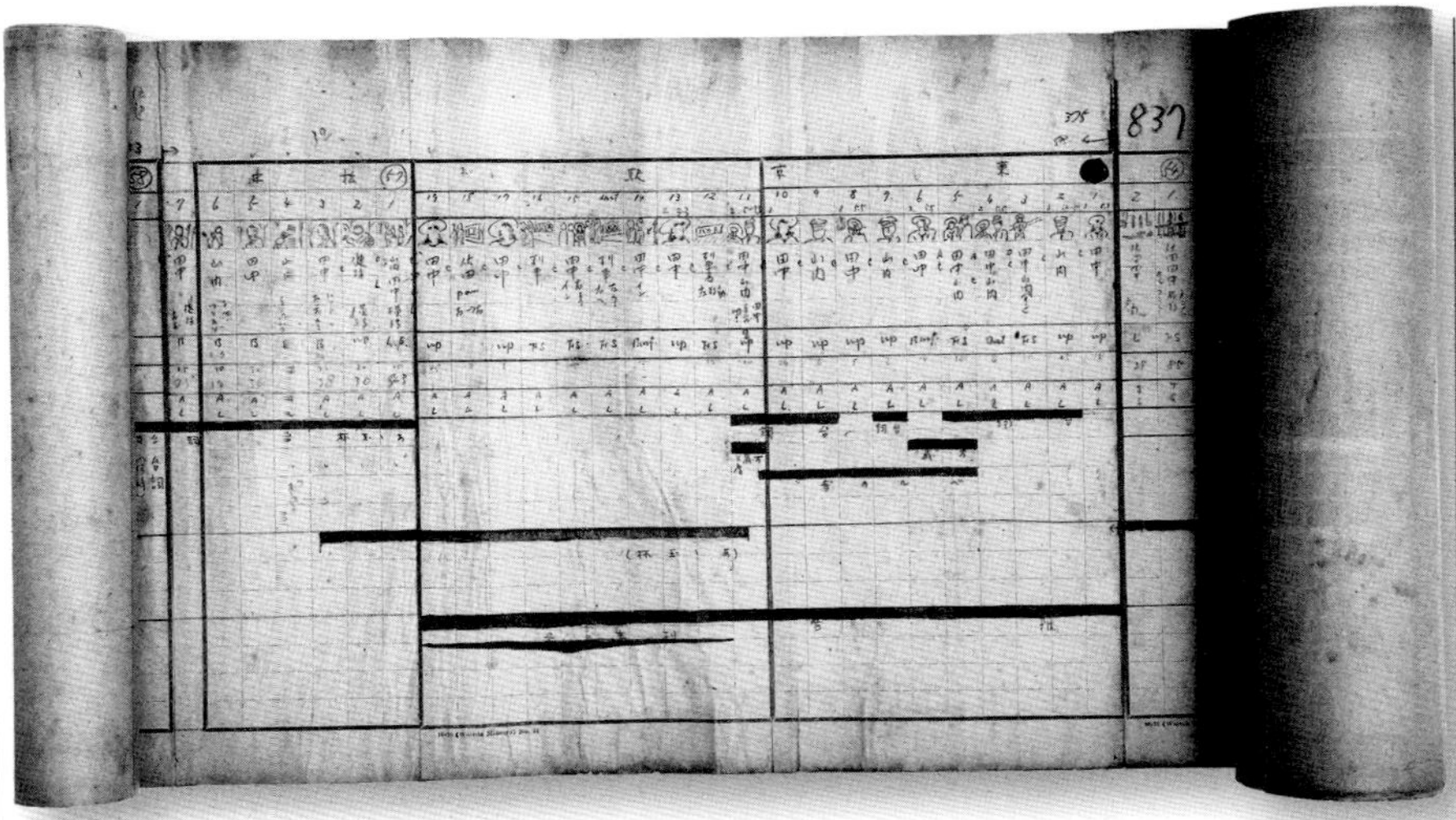

**小林が
“巻物”と称した
カット表のロール**

『不死鳥』カット表のロール

『破れ太鼓』カット表の一部拡大

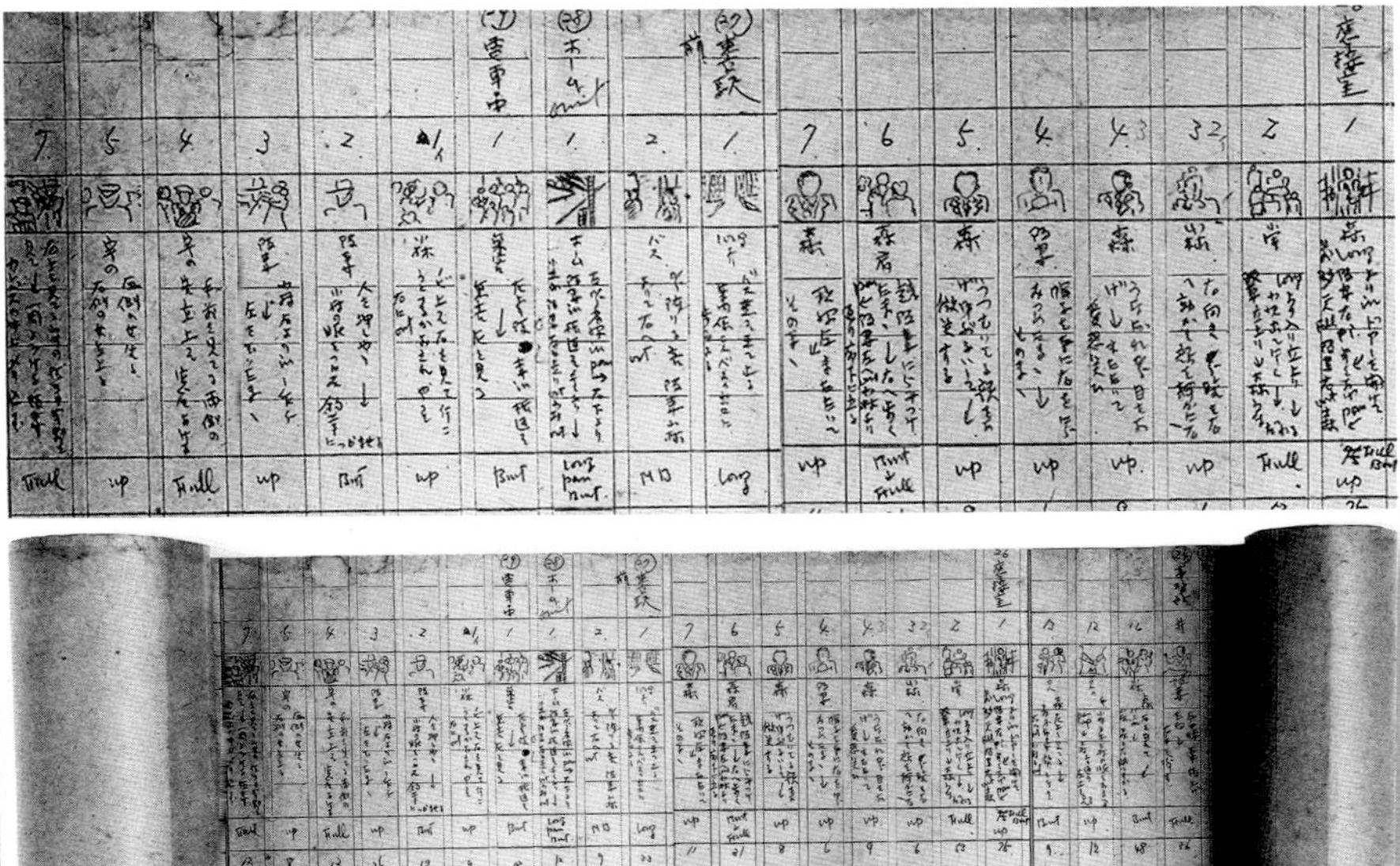

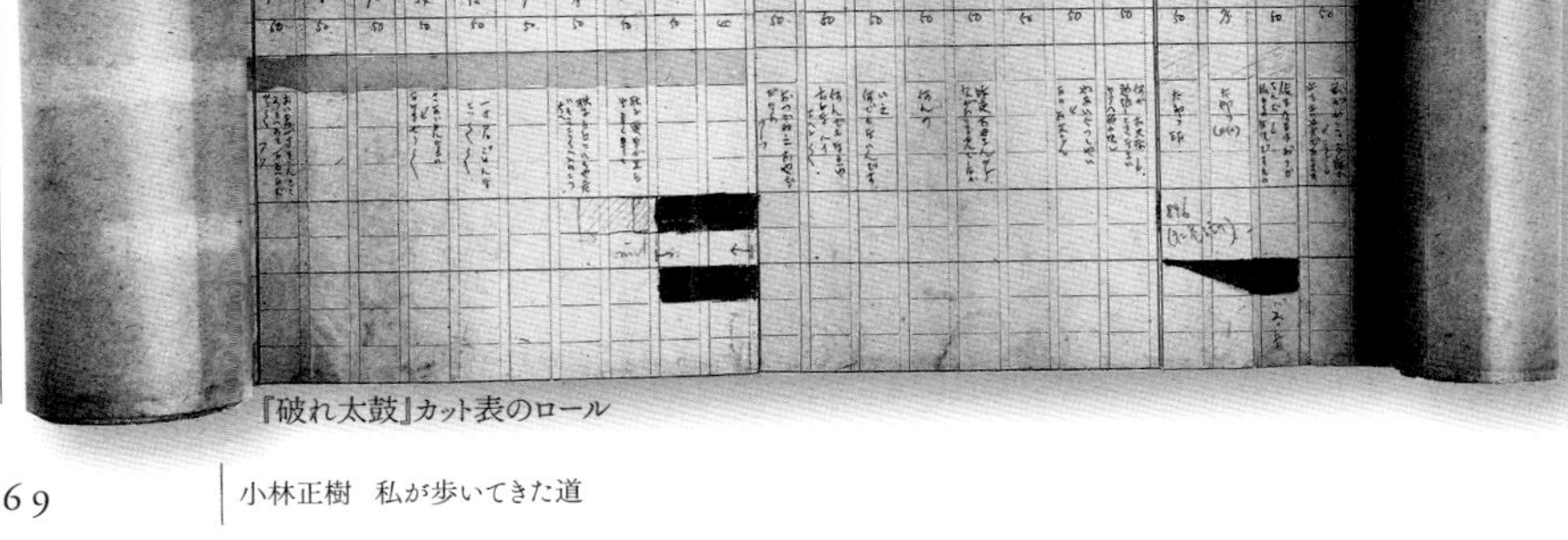

『破れ太鼓』カット表のロール

木下恵介監督作品『カルメン故郷に帰る』の長野ロケで
左から2人目井川邦子　小林　望月優子　高峰秀子

作曲の木下忠司と

小林正樹アルバム⑦

助監督時代

監督昇進記念対談で
野村芳太郎と

松竹と俳優座の野球試合で

戦後助監督復職第一作 佐々木啓祐監督『二連銃の鬼』のスタッフ記念写真
2列目左端が小林 一人おいて井川邦子 佐々木監督 カメラの後ろが撮影の厚田雄春 その右小杉勇

佐田啓二の結婚式(1957年2月28日) 夫婦の左に木下惠介と中村登 右に小津安二郎
左端に立つのが佐野周二 後列右から川頭義郎 小林 松山善三

んなが集まりいろいろやるわけです。そういうときに木下さんは「あ、また組合?」なんて言っていやな顔をしていました。京都は大船のように組合がうるさくないから仕事に集中できるというので、あちらに逃げていったわけです。ぼく自身も、組合にはいやな感じを持ってはいました。戦争中、何もかも戦争のほうに走っていったわけでしょう。それと同じように、戦後はみんなが組合活動に行っている。ただ方向が逆になっただけで、日本人というのは人間の生き方としてちっとも変わっていないじゃないか。そういう反発を感じたのです。

下賀茂ではキャメラマンこそいつもの木下組の楠田浩之さんでしたが、スタッフの大半はあちらの人でした。助監督もぼくと川頭さん以外は京都の人です。ですが木下さんは厳しさの半面、スタッフを非常にかわいがる人でしたから、下賀茂のスタッフも木下組に馴染んでくれて、軋轢のようなものはまったくなかったと思います。

撮影の話ではありませんが、京都では忘れられないことがありました。溝口健二さんに初めて会ったのです。たしか『破戒』が終わったときに、下賀茂の撮影所長だった高橋梧郎さんが料理屋に招待してくれた席です。なぜ溝口さんが来ていたのかはわかりませんが、きちんと背筋を伸ばしていて、非常に端正な人という感じを受けました。京都での浪人時代に撮影所に出入りし、溝口さんの撮影も見たことがありましたが、とても風格がある人という印象は一緒でした。あの人のシャシンにもムラはありますが、『残菊物語』なんかは最高でしょう。あれはもう、日本映画の演出のお手本になるシャシンです。

その席では話はほとんど木下さんと溝口さん、それに高橋さんが中心で、ぼくと川頭さんは聞き役です。溝口さんは京都の美術に詳しい方で、そういう話もずいぶん出ました。木下さんはそういうことはあまり詳しくない。でもぼくは絶対に口を挟みませんでした。人前で顔をつぶすようなことはしません。その辺は心得ていたつもりです。

◉**京都は大船のように組合がうるさくない**…一九四〇年代後半は松竹下賀茂撮影所も大船撮影所の闘争に同調するなど組合活動は盛んだった。しかし小林の印象としては大船に比べると下賀茂の方が撮影に集中できる環境にあったようだ。

◉**楠田浩之**…くすだ・ひろし(一九一六〜二〇〇八)撮影監督。三四年松竹蒲田撮影所に入り、撮影助手を経て四三年に木下恵介監督の第一回作品『花咲く港』で撮影技師。六七年の『なつかしき笛や太鼓』まで経歴の大半を木下作品が占める。小林作品では『壁あつき部屋』。

◉**『残菊物語』**…一九三九年一〇月公開　脚色・依田義賢　撮影・三木滋人、藤洋三　出演・花柳章太郎、高田浩吉、森赫子ら。

◉**シスター映画**…松竹が一九五二年から翌年にかけて製作した四〇〜五〇分の中篇作品。新人監督、俳優のステップ台にすることと、劇場側から要望が強まっていた二本立て興行のための作品確保を目的とした。第一作は西川克己監督『伊豆の艶歌師』。

◉**「あゝ初恋」の脚本**…のちに『まごころ』と改題の上、小林の監督昇進後第一作として映画化された。

『日本の悲劇』が、助監督として木下さんに付いた最後の作品になりました。といってもその前にぼくは中篇のシスター映画で『息子の青春』を撮ってはいたのです。けれど『日本の悲劇』を木下さんが撮るというので、ぼくのほうから「もう一度、記録をやりたい」と志願しました。チーフを川頭さんに押しつけて、あらためて演出の勉強をするためセカンドに付かせてもらったのです。この『日本の悲劇』を撮っている間に、木下さんから「小林くん、次は(監督作品として)これはどお?」といって、木下さんが以前書いた「あゝ初恋」の脚本を渡されたように思います。

というわけで、木下さんには『不死鳥』から『日本の悲劇』まで、期間としては六年弱、助監督に付いたのですが、その間、監督として一本立ちするための教育、アドバイスというようなものは一切ありません。ですが、一度だけぼくのほうから「監督にはどうことが一番大事なのですか」と尋ねたことがあります。「そんなものはないよ」というのが答えでしたが、続いて「監督の技術は半年か一年あればわかる。どうにもならないのは、いかに神経を細かく使うかという感覚的なものだ」「助監督としていかに神経を細かく使うか。そういうことが監督になったときにすごく大事だよ」と話してくれたことを覚えています。

実はそのときは、別にそれが監督としての大事な要件だとはそれほど思えませんでした。でも自分がなってみると、木下さんが言ったのはこういうことかとわかりましたねえ。とにかくもう、すべてにおいて神経を張り巡らすことが大事なのです。撮影に入ったその

木下惠介にとってもっとも気心が知れた助監督チーム
左から木下　川頭義郎　松山善三　小林　『日本の悲劇』製作時

ときに、全神経が隅々まで行き渡らないと完全なカットは撮れません。どこに落ち度があるか、マイナスがあるか、そういうものを助監督のときから見ておかないと、監督になったからといってすぐにできるわけではない。いいかげんな監督の場合は、そういうときにダメを出せないわけです。木下さんはそういう神経というのはすごく鋭くて、それだけ助監督も訓練されました。

そうです。木下さんの目ですよ。目が一番怖かった。木下さんは雰囲気としては女性的で、大変におしゃれでしたが、でも、あれだけ目が怖い人、目がものを言う人は珍しいでしょう。高峰デコちゃん(秀子)◉が「あの目よ、あの目」ってぼくに言ったことを覚えています。あれだけ木下さんと親しんだ人でも、演技をしながら木下さんの目を気にしていたのでしょう。ぼくもやはり木下さんの目を中心に仕事をしていたように思います。そうしているうち、木下さんの目を見ていると何を欲しているのか、何が気に入らないのか、そういうことがすぐ分かるようになったものです。

◉高峰秀子…たかみね・ひでこ(一九二四～二〇一〇) 俳優。子役として一九二九年『母』でデビューし、七九年に引退。小林作品には『この広い空のどこかに』『人間の條件』第五部・第六部。夫は松山善三。

◉『酔いどれ天使』…一九四八年四月公開 脚本・植草圭之助、黒澤明 撮影・伊藤武夫 出演・志村喬、三船敏郎ら。

◉ミカサ…屋号は「MI-CASA」。一九三六年創業のレストランで神奈川県大船市に現存。松竹大船撮影所があった当時は関係者の利用も多かった。

◉松尾…屋号は「松尾食堂」。一九六三年閉店。女主人だった山本若葉に著書『松竹大船撮影所前松尾食堂』(中央公論社、一九八六。のちに中公文庫)がある。

黒澤ショック

アドバイスとは違うのですが、助監督時代に木下さんの言葉で救われたことがありました。

木下組に付いて間もないころですが、黒澤(明)さんの『酔いどれ天使』◉を見てあまりにショックで、もう映画を辞めちゃおうと思ったのです。衝撃でした。ねじ伏せられた感じでした。監督になったとしても、ぼくにあれ以上のものはできない。自分なりにいいものをつくればいいと、そういう考え方もあるでしょう。でもぼくはやはり「あれ以上のものは……」と考えてしまう。一番いいものをつくらなくては意味がないというのは、思えば會津先生のものの考え方ですね。

木下さんに会いに行きました。ぼくが以前から黒澤さんに心酔していることを、木下さんも知っています。たしか撮影所の前のミカサ◉というレストランでした。当時は組によって行く店が違っていて、木下さんの行きつけは松尾という日本食のレストランでしたが、あのときはミカサです。ぼくは「黒澤さんにはかなわない。もう辞めます」に近いことを口走ったと思います。すると木下さんは「そお？　でも、おかしなところ、ずいぶんあるんじゃない？」と、たちまち一〇カットぐらい指摘していく。根本的には黒澤リアリズムの不自然さ、それに演出のパターンが一色だということですね。木下さんは黒澤さんとすごく仲がいいのです。だからそういうことも言えたのでしょう。

それでとりあえず助監督を続けていこうという気持ちにはなりました。そして木下組の仕事をしていくうちに、木下さんの演出の幅のすごさや、黒澤さんとの違いもわかってきました。黒澤さんのほうが悪いというのではなく、ですね。

黒澤さんのリアリズムというのは現実をそのまま描くのではなく、誇張さえリアルに見せてしまう、押し切ってしまう、そういうリアリズムです。現実を歪めてでもねじ伏せてしまう。木下さんはまったく対照的です。絶対に嘘を描かない。現実のままを素直に撮っていく。だから木下さんのシャシンは素直にすっと見ることができる。木下さんの場合、脚本の段階ですべてできていて、そのイメージ通りに撮っていく。総ラッシュを見てからの編集は微調整で、撮ったものとできあがったものとの差がほとんどない。黒澤さんは逆ですね。編集が勝負なのです。だからキャメラを三台も使って撮ったりもする。当時はそういうことをまるで知らなかったですから、できあがったものから感じるリアリズムにびっくりしちゃったわけです。

ぼくの黒澤ショックも、木下さんの下で助監督を続けているうちに薄れていきました。むしろ黒澤映画に対して世間の評価は過大なのではないか、もっと木下恵介という監督が国際的にも注目されるべきではないか、木下演出をもっと学びたい、ということで『日本の悲劇』に付くことを志願したのだと思います。木下さんの助監督をしながら、ぼく自身の中に「これは監督になれるのではないか」という気持ちが膨らんでもいました。その確信のようなものがです。

大船で助監督が監督になるにはふたつのケースがあります。

ひとつは製作部の信用を得て、そこから撮影所長に「そろそろこの人を監督にしてもいいのではないか」と推薦される場合です。大船では、撮影前の製作会議にはじめからチーフ助監督が参加します。所長も経理部の代表も、もちろんプロデューサーも参加する大事な会議で、ここで予算から日程から、エキストラの人数、セットの数とか全部決めていきます。東宝の場合ですと別に製作主任という人がいてお金も全部握っていますが、大船ではチーフが仕切ります。手落ちのないように準備をして、大道具さんなんかとも打ち合わせをして、現場では日程通りに進むよう気を配る。封切り日に間に合わせるのもチーフの手腕です。

こういうことで名助監督といわれたのが野村芳太郎さん。『白痴』のとき、黒澤さんがびっくりしたといいます。大船の助監督は脚本を見ただけで予算がどのくらいか計算ができるというので。典型が野村さんですが、篠田正浩さんも優秀だったらしいですよ。東宝の助監督というのはそういうことはできません。記録をとるにしても別にスクリプターの人がいますでしょう。大船の助監督は仕事の幅が大変に広く、それだけ映画づくりの勉強もできたのです。

そういう中で、撮影所全体の雰囲気として「もうこの人は昇進してもいいんじゃないか」と、そういうことで監督になる。もうひとつは監督が推薦してくれた場合です。もちろん助監督としての能力があってのことですが。

ぼくがどちらだったのかは知りません。ですが先ほどシスター映画を撮った話をしましたが、あれは木下さんが『海の花火』を撮り終わった頃はもう、会社からその話が出ていたのかもしれません。とにかく所長室に呼ばれて、今度シスター映画というものができたから撮ってくれと。表には出しませんが、内心は「いよいよだな」と嬉しかったですよ。

●**『白痴』**…一九五一年五月公開　脚本・久板栄二郎、黒澤明、撮影・生方敏夫、出演・森雅之、三船敏郎ら。

●**篠田正浩**…本書執筆者略歴ページ参照。

●**『息子の青春』**…一九五二年六月二五日公開　脚本・中村定郎　撮影・高村倉太郎　出演・三宅邦子、北龍二、石濱朗、笠智衆ら。

●**林房雄**…はやし・ふさお（一九〇三〜七五）作家、評論家。戦前はプロレタリア作家から転向、六四年『大東亜戦争肯定論』を発表し物議をかもした。

●**『娘はかく抗議する』**…監督・川島雄三　脚本・沢村勉　撮影・竹野治夫　出演・桂木洋子、高橋貞二ら。

●**世評は『息子の青春』の方が高く**…「小林正樹演出は木下恵介調のやわらかい調子で画面を一貫させ、甘美な青春ものとしては成功している」（朝日新聞）、「新人小林正樹は神経の行き届いた演出で気持ちよくまとめた」（毎日新聞）など。

●**今村昌平**…いまむら・しょうへい（一九二六〜二〇〇六）映画監督。五一年松竹大船撮影所に入り助監督。日活に移り五八年『盗まれた欲情』が監督第一作。『豚と軍艦』『にっぽん昆虫記』『楢山節考』『うなぎ』など。八八年の「第一回　日本映画の発見　SINJUKU'88　小林正樹ノ世界」を主宰し（当時日本映画学校校長）、そのプログラムに「エリア・カザンを思わせるような、切れ味の良い凛列な作風で、私は小林さんに可成り惚れているのである。「サムライ」だなあといつも思う」と記した。

6 監督デビュー

一九五二年の監督デビュー作『息子の青春』は、林房雄による小説家・越智英夫を主人公にしたシリーズ中の『息子の青春』と『ガールフレンド』を脚色した作品。社内的な立場は監督助手のまま演出した中編で、メイン作品の長編『娘はかく抗議する』の添え物として二本立てで封切られたが、世評は『息子の青春』のほうが高く、一カ月後に再び番組に組まれたほどだった。

『息子の青春』（一九五二年）

『息子の青春』は会社のほうからの企画です。脚本も中村定郎さんに決まっていましたし、キャスティングにしても会社の言いなりでした。助監督には木下組の二本松嘉瑞さん、川頭義郎さん、松山善三さんが付いてくれて、そうそう、その下に今村昌平さんもいたはずです。

春頃から準備をして五月には撮影に入っていたと思います。撮影期間は二週間ぐらいじゃないですか。ただその前に、出演の人たちにぼくの家に来てもらい、ずいぶんリハーサルを繰り返しています。夫婦と二人の息子の話で、雰囲気がわが家に近かったものですから、自分の青春時代を頭に描きながら演出しました。撮りながら、わりとうまくいっているという感触はもっていました。

ですがただひとつ問題になったのは、できあがりの尺が少し伸びてしまったことです。会社に「これ以上は切れない。何とかならないか」と交渉しましたが「規定だから四〇〇〇フィートに収めなくてはだめだ」と譲ってくれません。交渉相手というのが、のちに『切腹』のプロデューサーになる細谷辰雄さんです。仕方がないので三九九九フィートと二三コマにして出しました。あと一コマで四〇〇〇フィート。いやいや切らされたことというのは、いつまでも覚えているものなのですよ。

◉**五月には撮影に入っていたと思います**…大船撮影所宣伝課の「スタヂオだより」によるとクランクインは五月六日、鎌倉でのロケーションから。

◉**細谷辰雄**…ほそや・たつお（一九〇三〜七六）松竹のプロデューサー。三二年松竹に入り、作品に『大曽根家の朝』『二連銃の鬼』など。小林作品には『人間の條件』第三部・第四部、『切腹』。

木下さんは『息子の青春』の試写を海外に行っていて見ていないのですが、あとで「第一回作品というものはいろいろな意味で忘れられないから」と、一六ミリのプリントにしてぼくに贈ってくれました。一九九〇年にパリのシネマテークでぼくのフェアをするというので引っ張り出して見たのですが、やはりいろいろな意味で下手だとは思いましたよ。それにまったく現代とは違っているし、何かついていけないという感じがします。ですが部分的には新鮮なところもあって、とにかくここから出発したんだなあという感慨はひとしおでした。

ところで『息子の青春』のとき、田中絹代さんが「監督になるんだから家の一軒ぐらい持たなくちゃ」と言って、一〇〇万円をぽーんと出してくれたのです。社内的にはまだ助監督でも、監督昇進の見通しがついたと思ったのでしょう。さすがに当時でも一〇〇万円で家は無理で、絹代さんのお金で麻布笄《こうがい》町に土地を買い、あとは借金をして家を建てました。

結婚

『息子の青春』の準備で忙しかった四月、結婚をしました。相手は文谷千代子◉といって吉村公三郎さん◉のシャシンなんかによく出ていたのですが、何が出合いのきっかけだったか……。とにかく撮影所の雰囲気とはちょっと違った人でした。活動屋に染まらないでぽつんといる、みたいな。それで目にとまったのかもしれない。なんとなく付き合い始めて、すっといっちゃったんじゃないでしょうか。黒澤明さんの『白痴』で北海道ロケに行くというので上野駅まで送っていった。そのあたりではもう、結婚を決めていたと思います。

式は軽井沢で四月一日に挙げました。準備が忙しくて、その日しかありませんでしたし、エイプリル・フールにしておけば、あとで「あれは嘘だった」と言えますからね◉。

と言っても、正式な式というのではないのです。軽井沢にとてもいい教会があり、その前で二人だけ

◉文谷千代子…ふみや・ちよこ（一九二二～二〇〇六）　童謡歌手から女優。三九年松竹大船撮影所に入り、四〇年『木石』（五所平之助）で本格デビュー。出演作に『花』『安城家の舞踏会』（以上吉村公三郎）、『或る女』（渋谷実）、『風の中の牝雞』『晩春』（以上小津安二郎）、『白痴』（黒澤明）など。五五年引退。

◉吉村公三郎…よしむら・こうざぶろう（一九一一～二〇〇〇）　映画監督。二九年松竹に入り、三四年『ぬき足さし足』が監督第一作。『暖流』『安城家の舞踏会』『偽れる盛装』など。

◉「あれは嘘だった」と言えますからね…長時間のインタビューで、これが小林の口から出た唯一のジョークらしいジョークだった。

小林正樹アルバム⑧
『息子の青春』と『まごころ』

『息子の青春』スタッフ集合写真　前から2列目
腰掛けている右から西崎英雄(録音) 笠智衆
小林 井川邦子 北龍二

初監督作『息子の青春』
左から笠智衆 三宅邦子 石濱朗 小林

『まごころ』
石濱朗の姉役
淡路恵子と小林

『まごころ』で思春期の恋愛感情を演出
左から石濱朗 小林 野添ひとみ

撮影所前の
バーで
小林と木下
『まごころ』の
試写のあと

で誓うという形でした。神父さんがいないとなんとなく締まりがないように思え、立ち合ってもらいました。キリスト教の式ではありませんから、教会の外に出てきてもらって。その教会は『不死鳥』のロケーションのときに見てすごく好きになり、なんとなくぼくの結婚に似つかわしいと思ったのです。のちに『三つの愛』の撮影で使ったのもこの教会です。

軽井沢で二人だけで誓い合うという、あとから考えると無茶なことをしたとは思います。家内のおふくろさんにしても、きちんとした花嫁姿を見たかったでしょう。ですがぼくのものの考え方としては、人間的なもので結ばれていれば儀式張ったことはまったくいらないと、そういう信念がはじめからありました。何かプレゼントしなきゃいけないと思って、服部時計店でハンドバッグを買いました。これがその当時の額で四五〇〇、四六〇〇円ぐらい。それを買ったら財布がまったく空っぽでしたよ。

シスター映画として撮った『息子の青春』が好評をもって迎えられ、小林は一九五三年、正式に監督に昇進した。辞令の文面は次のようなものだった。「大船撮影所製作部演出課監督助手　小林正樹／監督を命ず／昭和二十八年八月三十一日」。監督になると、助監督時代までの月給制ではなく、年間の本数契約とそれに伴う報酬が定められた。

辞令は大船の所長室で高村潔さんからもらいました。

昇進第一作の『まごころ』は、この年の一月にもう封切られていますから八月付というのはおかしな話ですが、そのあたりの事情は覚えていません。もちろん『まごころ』の撮影は前の年のことで、待遇も監督としての扱いです。『息子の青春』のあと、木下さんの『日本の悲劇』にもう一度助監督として付き、その間に会社のほうが昇進を決めていたのでしょう。それで『日本の悲劇』をやっている間に、木下さんからこれを撮ったらどうかという話

●服部時計店…店舗は現在の和光。銀座の名所として知られ、そのため怪獣映画などでしばしば破壊される。

●それを買ったら財布がまったく空っぽでしたよ…インタビューの録音には結婚の日取りについて千代子夫人の「日にちがなかったんですものね。仕事中で。忙しくて式も挙げられないって会社に抗議に行ったって話で」という笑い声が入っており、小林の「お金がなかったんだよ」という言葉が続く。

●高村潔…たかむら・きよし（一九〇二〜六七）二八年松竹入社、歌舞伎座支配人、大船撮影所長、製作本部長などを経て専務取締役。プロデューサーとして『カルメン故郷に帰る』『君の名は』など。

●『まごころ』…一九五三年一月二九日公開　撮影・森田俊保　出演・千田是也、田中絹代、石濱朗、野添ひとみら。

●そのあたりの事情は覚えていません…監督昇進の辞令は現物が残っている。実質的に監督に昇進させた半年以上後の日付で交付されたのかは不明。ただ五三年に「大船撮影所内新鋭プロダクション発行」として出された次回作『壁あつき部屋』のプレスリリースには「正式に監督昇進第一回目となる異色野心作」と記されている。

●待遇も監督としての扱いです…一九五二年一二月二三日付報知新聞に小林正樹第一作として『あゝ初恋』が決定したとの記事が掲載されており、撮影期間自体はせいぜい一カ月程度だったようだ。

●『まごころ』は木下さんが「あゝ初恋」という題で書いていた脚本です…木下が助監督だった二七歳の

が出たのだと思います。

『まごころ』（一九五三年）

『まごころ』は木下さんが「あゝ初恋」という題で書いていた脚本です。◉

大学受験を控えた少年が住む裕福な家の隣に日の当たらない貧しいアパートがあり、そこに病身の娘が暮らしている。その少年と娘の初恋を中心に描いたシャシンです。まだわがままを言える立場ではありませんから、いわゆる大船調というものに合わせていくより仕方がない。それでもぼくとしては、その枠の中で演出技術的に新しい感覚を出そうと試みてもいます。

たとえば少年が娘の顔を見たくて、窓から窓へ鏡の反射で向こうに光を送る、ちらちらするので娘がすっと窓を開ける、すると少年が慌てて鏡を伏せてしまう。あるいはクリスマスの夜に病気の床で娘が折り鶴を折っていて、それを寝床の上に吊り下げると、夜になってその影が窓に映る。こういう窓越し

ころの脚本。小林は主人公が打ち込むスポーツを剣道からラグビーに変えるなど、一部手直しした。

小林正樹アルバム⑨ 千代子夫人と

結婚式を挙げた軽井沢の教会前で
1952年4月1日

新婚時代 自宅で千代子夫人と
1953年

文谷千代子の出演映画『乙女のめざめ』
（萩山輝男監督 1953年 松竹）
左手前玉井先生役の文谷 その奥小園蓉子
同列右に一人おいて紙京子

の恋愛感情の表現というのは、わりとうまくいったのではないかと思います。

少年の家庭の雰囲気には、やはりぼくの小樽の家が反映しています。むしろこのシャシンに一番よく出ているかもしれません。ですから大船調ではあっても、技術的にも内容的にもある程度は自分の持ち味が発揮されていたのではないでしょうか。

『まごころ』は田中絹代唯一の小林作品出演作で、公開直前の新聞には「正樹さんだってついこの間まで子供だと思っているうちに、もう映画の監督をするようになってしまって」という談話が掲載された。『息子の青春』に続き、この作品も好評を得ることができた。しかし当時の小林は大船調の枠内の作品、木下惠介の亜流として評価されたことがやや不満だったようで、のちに「これにはいささか反発をおぼえました。それで次に『壁あつき部屋』を作ったんです」と語っている。『壁あつき部屋』は、当時巣鴨プリズンに収容されていたBC級戦犯たちの手記を映画化するという野心作。脚本を新進作家安部公房が担当することでも注目された。しかしこの作品は完成後、思わぬ「あつい壁」に突き当たることになった。

7 「大船調」から「ヌーベル・バーグ」の先駆けへ

『壁あつき部屋』(一九五三／五六年)

こういう企画が松竹で出てきた背景は社会情勢もあったのでしょう。「明るく楽しい松竹映画」でやっていましたが、二本立て興行のうちの一本をたまたま独立プロの進歩的な作品で組んだところ、結果的にとても成績がよかった。それで首脳部が「うちでもこうい

◉**談話が掲載された**…スポーツニッポン。掲載日は不詳だが取材は封切り二日前の一月二七日。

◉**この作品も好評を得ることができた**…「若者の恋物語が、哀しく美しく描き出される」(東京新聞)、「情感あふれる、新人の佳作」(週刊朝日)など。

◉**『壁あつき部屋』**…一九五六年一〇月三一日公開　脚本・安部公房　撮影・楠田浩之　出演・浜田寅彦、三島耕、下元勉、信欣三ら。

◉**「これにはいささか反発をおぼえました。それで次に『壁あつき部屋』を作ったんです」**…キネマ旬報一九六一年七月上旬号〈自作を語る〉(以下、〈自作を語る〉と略記)

◉**巣鴨プリズン**…敗戦後に設置された米軍管轄下の戦犯収容施設。一九五四年の平和条約発効後は日本政府に移管された。五八年に最後の戦犯一八人が釈放され、東京拘置所に衣替えした。一九五二年末の段階ではなお八九〇人が収監されていた(衆議院本会議答弁)。

◉**BC級戦犯たちの手記**…『壁あつき部屋——巣鴨BC級戦犯の人生記』(理論社、一九五三)。

◉**安部公房**…あべ・こうぼう(一九二四〜九三)作家、演出家。小説に『砂の女』『他人の顔』『燃えつきた地図』など、戯曲に『棒になった男』『幽霊はここにいる』など。

◉**小倉武志**…おぐら・たけし(一九〇八〜七七)松竹のプロデューサー。担当作品に『安城家の舞踏会』『海の花火』『カルメン純情す』『張込み』など。

◉**小倉武志の説明**…新大阪紙一九五六年一〇月二七日付。

うシャシンをつくったらいいのではないか」ということになり、ぼくに白羽の矢が立ったのですね。『まごころ』の次の作品として会社から三つぐらい提案があり、そのひとつがこれでした。会社としては、小林は軍隊生活が長いので撮らせたらいいだろうということだったのでしょうが、ぼくとしても一番身近に感じたのが『壁あつき部屋』でした。

ぼくに話があった時点でもう、脚本は安部公房さんでと決まっていたのか、どうも記憶がはっきりしません。とにかく会社のほうで安部さんに会いに行き、やろうという方向になったのでしょう。

製作までの経緯について、作品公開当時に新聞掲載された『壁あつき部屋』プロデューサー小倉武志の説明によると、手記の出版元である理論社の社長・小宮山量平から小倉のもとに映画化案が持ちこまれたのが発端で、強く惹かれた小倉はシノプシスを作成し松竹の企画審議会に諮った。一度は却下されたものの粘り強く折衝を重ね、この間、小宮山の紹介で安部公房にも会い脚色について打ち合わせをした。そういう時期に小林から「どうか自分にやらせてくれ、松竹で不可能なら自分は他社でもいい、やらせてくれるところへ行く」という決意が伝えられた。小倉としては「百万の味方を得た思い」だったという。結局、松竹の外郭独立プロダクションを設立したうえで松竹の資金、大船撮影所を使用して製作するという形で決着した。小倉の奔走のほか、当時企画部長だった細谷辰雄、大船撮影所長高村潔も実現に尽力したようだ。

安部さんにはぼくも会いに行きました。バラックみたいな小さな家でした。安部さんは「私は映画のシナリオって書いたことがない」と言うので、「シナリオということをまったく気にしないで、安部さんがこの手記を読んでやりたいことを小説的に書いてください」とお願いしてみました。素材ができた時点で一緒にシナリオに直そうじゃないかと、そういう話だったと思います。

安部さんが芥川賞をとった「壁—S・カルマ氏の犯罪」は読んでいました。何かとてつもないことを考える作家だという印象でした。BC級戦犯の手記にはある部分、とても幻想的な場面もあります。そういうところを活かしてくれるだろうとも期待しました。戦犯の一人の神経が少しおかしくなっちゃって、巣鴨プリズンの壁が次々に割れてくる幻想を見るところがあります。ああいうのはやはり安部さんらしい発想です。脚本づくりは割合とすんなりといったように記憶しています。

とにかくぼくとしてはこの企画を提示され、自分の生き方に関係のある素材にぶつかったという感じがしました。軍隊で過ごした四年間でいろいろな人間と出会いましたが、その中にはBC級戦犯に近いような過去を持った人もずいぶんいたでしょう。軍隊の傷跡みたいなものを背負って戦犯の立場に追い込まれた人間たちの交錯が『壁あつき部屋』に書かれていたわけですから、戦争のほんとうの責任者は誰なのか、犠牲者は誰なのかを追求したいと思ったのです。

ただ、松竹としては建前上というのかな、会社の色合いではないシャシンということで急ぎ新鋭プロダクションという独立プロをつくったわけです。会長には風見章という人を引っ張り出して、同人の顔ぶれにはわりと左翼系の人が並んでいました。

といっても製作費は松竹が出し、プロデューサーも松竹の小倉武志さん。スタッフもほとんど大船の連中です。キャメラが木下組の楠田浩之さんで、美術が中村公彦さんでした。中村さんは『息子の青春』をやってくれた人です。あとで日活に引き抜かれて行っちゃったのですが、この人が巣鴨プリズンとまったく同じセットをつくってくれました。たしかぼくと楠田さんと中村さんの三人だけ、巣鴨に入って現場を見に行った記憶があります。巣鴨の全景を撮るポジションも探しました。

巣鴨プリズンの撮影や下調べについて、作品公開当時の新聞記事に以下のような小林の談話が掲載されている。「(全景は)助監が(アメリカ側と)交渉している間にカメラをすえてコッソリ撮ったんですよ」「(内部には)ボクと安部さんと美術や大道具の人間があの中にモグリ込んだんです。戦犯が外出先から帰ってきたようなフリをし

●風見章…かざみ・あきら(一八八六〜一九六一) 新聞記者を経て民政党議員、第一次近衛内閣書記官長、第二次近衛内閣法相。戦後は公職追放解除後の五二年に衆院選に無所属で当選し、五五年左派社会党入党。

●左翼系の人が並んでいました…安部公房のほか野間宏、椎名麟三、南博、島尾敏雄ら。

●中村公彦…なかむら・きみひこ(一九一六〜二〇一〇) 美術監督。舞台美術から転じて五一年松竹大船撮影所に入社し『息子の青春』で美術監督、後に日活。『二十四の瞳』『幕末太陽伝』『にっぽん昆虫記』『豚と軍艦』など。

●小林の談話…報知新聞一九五六年一〇月三日付。

小林正樹アルバム⑩
『壁あつき部屋』と『三つの愛』

『壁あつき部屋』 戦後 娼婦に転落する難役にいどんだ
岸惠子

『壁あつき部屋』 BC級戦犯・浜田寅彦が
自分を密告した上官・小沢栄を追い詰める
クライマックスシーンを演出する小林

小林は
現場で使用する
脚本にはいつも
千疋屋など
有名店の
包装紙を使って
装幀していた

『三つの愛』 撮影中のスナップ
左から三島耕 岸惠子 小林

『三つの愛』
出演者たちと
左から三島耕
岸惠子
山田五十鈴
森昭治
小林
細谷一郎
望月優子
伊藤雄之助
山形勲

てね。バラバラに入ったわけです。東條(英機)が死刑になった絞首台も見ましたよ」。

実はぼくしか知らないと思いますが、『壁あつき部屋』の実景部分とセットから二カットほどを、のちに『東京裁判』でも使っているのです。記録映画に使えるくらい、巣鴨の内部まできちっとつくっていたということです。あのときは将来『東京裁判』をやることになるなど思ってもいませんでしたが。

『壁あつき部屋』には主要な人物として六人の戦犯が出てきます。それぞれいろいろな過去がありますが、中でも一番無知で素朴な人間が、上官の命令で一人の現地人を殺した山下という男です。その上官が事実をきちんと証言しなかったため戦犯にされ、殺したいほど憎んでいる。おふくろさんが死んで一時外出を許された山下は、元の上官の家に乗り込み、首を絞めて殺そうとする。しかしまさにその瞬間、「殺すにも値しない」と悟るのです。巣鴨に戻ってきて戦犯仲間に買ってきたキャラメルの箱をぽーんと投げ、鉄格子の中に入っていく。これがラストです。生きるための連帯感が人間にとって大事だということも、このシャシンのテーマだったように思います。

キャスティングはだいたいイメージ通りにできました。山下は浜田寅彦さんで、この人としては一世一代の大役でしょう。素朴な感じが出ていて良かったと思います。朝鮮人戦犯の役が伊藤雄之助さん、神経的におかしくなって幻想を見るのが信欣三さん、それに三井弘次さんの西村もその場その場で飄々としたおもしろい役でした。そして岸惠子さんをこのシャシンで初めて使ったのでしたね。戦争中には素朴な娘だったのが戦後はパンパンになっているという、その両方をできる人でなければ具合がわるい役でした。よくやってくれたと思います。

◉**浜田寅彦**…はまだ・とらひこ(一九一九〜二〇〇九) 俳優。俳優座での舞台活動の一方、多くの映画、テレビに脇役として出演。小林作品はほかに『人間の條件』第一部・第二部、『怪談(雪女)』『食卓のない家』。

◉**伊藤雄之助**…いとう・ゆうのすけ(一九一九〜八〇) 俳優。舞台を経て戦後は個性的な容貌と演技で主に映画で活躍。『巨人と玩具』『ああ爆弾』など。小林作品はほかに『三つの愛』『あなた買います』。

◉**信欣三**…しん・きんぞう(一時期は信欽三 一九一〇〜八八) 俳優。俳優座、民藝などに所属。映画では『帝銀事件 死刑囚』で平沢貞通役。小林作品はほかに『からみ合い』。

◉**三井弘次**…みつい・こうじ(一九一〇〜七九) 俳優。二四年松竹蒲田撮影所入り、『風の中の牝雞』『どん底』など。小林作品はほかに『あなた買います』『人間の條件』第一部・第二部、『からみ合い』。

◉**岸惠子**…きし・けいこ(一九三二生) 俳優、エッセイスト・作家。松竹大船撮影所を見学していてスカウトされ五一年入社、同年『我が家は楽し』でデビュー。『君の名は』の大ヒットで松竹の看板スターになり、以降出演作多数。小林作品はほかに『三つの愛』『あなた買います』『からみ合い』『怪談(雪女)』『化石』。

◉**城戸四郎**…きど・しろう(一八九四〜一九七七) 映画製作者。二二年松竹キネマに入り、二四年蒲田撮影所長。蒲田から大船撮影所時代を通して監督中心のシステムにより小市民映画路線を確立、

一九五三年夏にクランクインした『壁あつき部屋』は一一月に完成、一二月の封切りが予定されていた。しかし――。

ところがこれが封切り中止になってしまったわけです。本社での試写で副社長だった城戸四郎さん◉が見て中止が決まった。翌日だかに「これは公開を延期する」と命令が出たわけです。理由は知らされず、ただ「延期」というだけ。勘ぐるしかありません。内容については初めから承知のわけですから、やはりアメリカ側からの圧力がかかったのではないか。反米的なシャシンでしたから、そうとしか考えられませんでしたが、どうだったのでしょう。

それにしても、そうとうカネもかかっていましたし、まさか三年もお蔵になるとは思いませんでした。『壁あつき部屋』というのは当時の社会情勢を色濃く反映したシャシンですから、あのときに封切ってこそ意味があった。反響も大きかったはずです。三年も経って時機を失しては色褪せてしまう素材でした。もしあのまま封切られていたら、ぼく自身の作品系列も『壁あつき部屋』以降、一気に社会派的なものにいっていたかもしれません。

封切り中止について城戸四郎は著書『日本映画傳――映画製作者の記録』(文藝春秋新社、一九五六)で「僕の責任に於いてオクラ(公開中止)にした」と明記している。「この演出を僕はどうしても高く評価することが出来なかった」「小林の才能の将来に望みを嘱するだけに、オクラを敢えてしたといっても過言ではない」というのが理由だという。しかし当時から紙誌等でもっぱら取りざたされていたのは対米関係への配慮あるいは危惧だった。『壁あつき部屋』撮影中には、東宝製作の米軍基地問題を扱った『赤線基地』◉が一時上映見送りになるという出来事も起こっていた。実際、五六年一〇月の『壁あつき部屋』公開時に松竹が発効したプレスリリースには、高村潔が「その当時の国際情勢を考慮し松竹ではこの作品の公開を中止し今日に至った」「最近の世界情勢からみて、もはや今日ではこの作品の公開も敢えて差支えないものと確信し(中略)公開をいたすこと

『愛染かつら』『君の名は』など多くのヒット作を送り出した。松竹の実力者として君臨し、四六年副社長、五四年社長、七一年から会長。

◉**『赤線基地』**…一九五三年一二月公開　監督・谷口千吉　脚本・谷口千吉、木村武　撮影・飯村正　出演・三國連太郎、金子信雄、広瀬嘉子ら。

に決定しました」と声明を記している。

封切り中止が決まった当時、松竹からは内容を手直しするよう要請があったが、小林は拒否した。ただし五六年の公開にあたり「部分的に残酷なところを五、六十フィート、カットにして四つか五つ切った（だけであとは原形のままです）」。

『三つの愛』（一九五四年）

次のシャシンは社会派的なものとは一八〇度ちがう『三つの愛』になりました。会社も『壁あつき部屋』のことがあったので、すぐ何か小林に撮らせてやれということだったのでしょう。ぼく自身もまったく違うものをやりたいという思いがありました。

助監督時代に書いていたぼくのオリジナル脚本で、特異児童を扱った非常にピューリタンな世界です。それだけに愛着があると言えばある。ですがドラマ的な部分が希薄でしたし、ひとりよがりな部分もずいぶんありました。あとで木下さんも「やはりこれはホンに欠点があるよ、もっとドラマティックな構成にしないと」と言われました。

技術的にも心残りがあります。あの素材は望遠レンズで撮っていくべきでした。望遠なら移動をしなくて済むし、大ロングでもアップで撮れる。たとえば子どもが走っているのを大ロングからバストサイズで撮るということができた。しかし当時はまだ映画で望遠を使うことが一般的ではなく、全部移動で撮っています。望遠を使ったキャメラワークができなかったことに悔いが残りました。そういうこともあって、『三つの愛』は興行的にもまずかったと思います。


『三つの愛』は批評も芳しくなかったが、小林自身は別の機会に欠点を認めつつ、「たいへん好きな作品」と述

◉**部分的に残酷なところを五、六十フィート～**…〈自作を語る〉
◉**『三つの愛』**…一九五四年八月二五日公開　脚本・小林正樹　撮影・井上晴二　出演・森昭治、山形勲、山田五十鈴、伊藤雄之助、三島耕、岸惠子ら。
◉**ピューリタンな**…小林が形容として「ピューリタンな」と語る場合は宗教的な意味というより、原義である「厳格な」「潔癖な」「純粋な」の意味で用いている。
◉**『三つの愛』は批評も芳しくなかった**…「筆法が常識的なのと作者の観察が割合平凡」（東京新聞）など。
◉**「たいへん好きな作品」**…〈自作を語る〉

『この広い空のどこかに』

セットやロケーションでカメラをのせて
上下に動かすイントレ台　今日のクレーンの前身

婚期の遅れた足の悪い酒屋の主人の妹・高峰秀子が
希望を見出して山村へ旅立つ駅頭のシーンを演出する小林

物語の舞台 酒店・森田屋の店先のシーンで
打ち合わせ　左から小林 佐田啓二
浦辺粂子 高峰秀子 石濱朗

べている。公開から間を置かず、小林は五四年一〇月から『この広い空のどこかに』の撮影に入った。

『この広い空のどこかに』（一九五四年）

木下さんが撮るはずの企画が何かで駄目になって、番組の穴埋めとして急拠ピンチヒッターを命じられ、たしか二〇日ぐらいで撮りました。ホンは楠田芳子さん。木下さんの妹さんで、キャメラの楠田さんの奥さんです。酒屋の庶民夫婦のなかなかいい話でした。『まごころ』で「木下恵介の弟子だけある」という評価をされ、それはそれでいいのですが、どこか新しいことをやりたいという意識は常に持っていたものです。『まごころ』の場合はあの窓でのやりとりでしたが、『この広い空のどこかに』では物干し台のシーン、佐田啓二さんと久我美子さんの夫婦が、誰にも見えない魔法のボールを投げるとそれに当たった人が幸せになるという、夢物語のような話をやりとりするところです。

ここでちょっと変わった演出方法を試みたところ、「Q」の名で批評を書いていた朝日新聞の津村秀夫という有名な人に「あそこが甘くていちばんいけない」と書かれてしまいました。でも読者からは「あれが一番いい」という反論もあったので、人さまざまですね。中井貴一さんがこのシャシンをどこかで見たそうで、物干し台のシーンを「感動しました。忘れられません。うちの親父としてはあそこが一番よかったんじゃないですか」と言ってくれたこともありました。

『この広い空のどこかに』は興行的に成功し、作品としての評価も高かった。この時点では『壁あつき部屋』が公開されていないこともあり、「『この広い空のどこかに』で一躍次代監督陣のホープとして認められた小林正樹監督は、いまや引く手あまた」といった記事が掲載された。「引く手あまた」のひとつとして、NHKの人

◉『この広い空のどこかに』…一九五四年一一月二三日公開　撮影・森田俊保　出演・佐田啓二、久我美子、高峰秀子、石濱朗、浦辺粂子ら。

◉楠田芳子…くすだ・よしこ（一九二四〜二〇一三）　脚本家。『この広い空のどこかに』が脚本デビュー作。ほかに『風の視線』『塩狩峠』など。テレビでは「北の家族」など。木下恵介監督は実兄。

◉久我美子…くが・よしこ（一九三一生）　俳優。四六年映画界入り。四七年『四つの恋の物語』でデビュー。『また逢う日まで』『挽歌』など。小林作品はほかに『美わしき歳月』。

◉中井貴一…なかい・きいち（一九六一生）　俳優。父は佐田啓二。「貴一」の名付け親は小津安二郎。大学在学中から本格的に俳優活動を始め八一年『連合艦隊』（松林宗恵）でデビュー。『ビルマの竪琴』『お引越し』など。小林作品に『食卓のない家』。

◉記事が掲載された…一九五五年一月一三日付報知新聞。

小林正樹アルバム⑫
『美わしき歳月』と『泉』

『美わしき歳月』
セットにて
クランクアップ記念
前列右端
録音の西崎
2列目左から
佐田啓二　木村効
小林　久我美子
3列目右から
助監督今井雄五郎
音楽木下忠司

佐田とセリフの確認

『美わしき歳月』　クランクイン前の衣裳合わせ
左から木村功　小林　佐田啓二

『泉』　佐田啓二　有馬稲子の
リハーサルを見守る小林

『泉』ロケにて　前列左から渡辺文雄　内田良平　有馬稲子
後列左から中川弘子　一人おいて小林　佐分利信　佐田啓二

『泉』　セットにて
左から小林　佐田　有馬

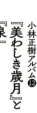

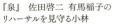

気連続ラジオドラマ『由起子』(菊田一夫作)映画化の依頼を受けたが、「台本を読んだがメロドラマの域を出ない」「『君の名は』ほどひどいものじゃないが、相当無理に引き延ばしている感じ」などと言って断っている。一方で新聞には漱石の『三四郎』映画化への抱負なども語ったが、次の作品は『美わしき歳月』となった。

『美わしき歳月』(一九五五年)

祖母と花屋を営んでいる娘とその恋人を中心にした話で、ホンは松山善三さんです。彼の自信作で「こんなのがあるんだけど」と持ってきたのを、じゃあやろうかとぼくの家で一緒に二晩徹夜して直したのです。小沢栄さんと田村秋子さんが出てくれて、その二人の老いらくの恋みたいな感じがすごく良かった。小沢さんは『壁あつき部屋』でも使いましたが、田村さんは初めて。うまい役者だなあと感心したものです。

ぼくはこのシャシンがとても好きで、パリのシネマテークでぼくのフェアをやってくれたときもニュープリントにして持って行ったくらいです。こちらも続けて文部省特選です。しかし内容が一般的ではなかったので、興行的にはうまくいきませんでした。

『泉』(一九五六年)

『泉』はぼくの企画です。当時は『壁あつき部屋』のことでふてくされちゃって、好きなものしかやらないという気持ちでいましたし、周りも文句を言わない雰囲気でした。『まごころ』『この広い空のどこかに』が興行的にわりと成功したという実績もあり、こういう企画を出したのです。

◉**『美わしき歳月』**…一九五五年五月二五日公開　撮影・森田俊保　出演は久我美子、木村功、佐田啓二、小林トシ子、小沢栄、田村秋子ら。

◉**小沢栄**…おざわ・さかえ(一九〇九〜八八)　俳優。芸名は五六年まで小沢栄、以降は小沢栄太郎(えいたろう)。俳優座の設立に参加し中心的役割を果たした。一方で多くの映画、テレビに出演。小林作品はほかに『壁あつき部屋』『人間の條件』第一部・第二部。

◉**田村秋子**…たむら・あきこ(一九〇五〜八三)　俳優。築地小劇場で演劇界に入り戦後は文学座。映画出演は『少年期』『本日休診』など。

◉**『泉』**…一九五六年二月二六日公開　脚本・松山善三　撮影・森田俊保　出演・佐分利信、有馬稲子、佐田啓二、桂木洋子、渡辺文雄ら。

◉**市川崑**…いちかわ・こん(一九一五〜二〇〇八)　映画監督。アニメーションを志して三三年京都J・O・スタヂオ(東宝の前身)に入り短篇アニメなどを監督。実写映画に転じ四八年『花ひらく』が監督第一作。『ビルマの竪琴』『おとうと』『黒い十人の女』『東京オリンピック』など。

◉**『こころ』が駄目になって**…〈自作を語る〉によると『泉』ロケハン中に松竹から『こころ』の要請があり佐田啓二、杉村春子、高峰秀子らのキャストも決めた。しかし日活との駆け引きで後手を踏み断念したという。

◉**岸田國士**…きしだ・くにお(一八九〇〜一九五四)　劇作家、小説家。戯曲に『牛山ホテル』など、小説に『暖流』など。俳優岸田今日子の父。

あの頃は企画でいろいろ迷っていて、たしか漱石の『こころ』もありました。ですが日活で市川崑さんが撮る話が先行していた。ぼくは競作でもいいと思って同時封切りでやろうという提案もしたのですが、日活がウンと言いません。それはそうです。あちらが先行していて、先に封切ったほうがいいに決まっていますから。『こころ』が駄目になって、それで『泉』にいったのだと思います。

でも岸田國士は学生時代から好きな作家で、『泉』という小説も朝日新聞に連載されていた当時から切り抜きをしていたほどです。あの人は戯曲も書いていますが、小説の『泉』でも台詞がすごくいい。浅間山麓での水資源をめぐる男女を含めた人間関係話ですが、会話が知的なのです。ですから狙いとしては大人の知的な会話、知識人の恋愛の心理、そういったものでした。

封切り当時、河盛好蔵《よしぞう》さんが「近ごろ珍しい、落ち着いた知的な映画」だと誉めてくれたことを覚えています。帝国ホテルで佐田啓二さんと有馬稲子さんがやりとりするクライマックスがあります。河盛さんも誉めてくれましたが、ぼく自身、そうとう力を入れて撮ったシーンでした。系列から言えば『美わしき歳月』から『泉』、そして『化石』につながっていくと思っています。

『泉』の頃も『壁あつき部屋』はお蔵のままでしたから、相変わらず木下さんの路線に近い作家だと見られていました。ですから気持ちの中に、何か吹っ切らなくてはいけない、木下さんの素材にはないものをやらないと、という思いがありました。それで次に出した企画が『あなた買います』だったのです。

『あなた買います』（一九五六年）

プロ野球の新人選手獲得の内幕を描いた『あなた買います』の原作は、毎日オリオンズ（現・千葉ロッテマリーンズ）のスカウトだった小野稔の小説で、ドラフト会議がない時代の札束合戦の対象になる大学野球のスターのモ

●『泉』という小説も〜…単行本は一九四〇年朝日新聞社刊。

●有馬稲子…ありま・いねこ（一九三二生） 俳優。宝塚歌劇団から五一年『寶塚夫人』で映画デビュー。舞台、テレビでも活躍。映画には『晩菊』『東京暮色』『森と湖のまつり』など。小林作品はほかに『黒い河』『人間の条件』第一部・第二部。

●『あなた買います』…一九五六年一月二一日公開 脚本・松山善三 出演・佐田啓二、伊藤雄之助、水戸光子、岸惠子、大木実ら。

デルは、南海ホークス（現・福岡ソフトバンクホークス）に入団した穴吹義男といわれる。スキャンダラスな話題性ある内容で、松竹としては異色の企画であり、当時は従来の小林作品との肌合いの違いも話題になった。それに対して小林は「ほんとの〈監督〉第一作は『壁あつき部屋』だったんです。それがお蔵に入れられてしまったため僕の目指す方向も自分の希望したものとはちがったものになってしまったわけですが『壁あつき部屋』がもし三年前に出ていたら〝ハダあいがちがう〟なんていう人はだれもいないでしょうね」と答えている。

読んですぐにおもしろいと思いました。出てくる人物がみんな悪を持っていて人間的。人間の弱い部分、強い部分、善の部分、悪の部分、それらが入り交じって欲望が渦巻いていく。すぐに「これはやってみたい」と思い、城戸四郎さんに直接持ち込みました。そんなことは初めてでしたが。

撮っていて楽しかったですよ。登場人物それぞれに個性があり、役者もバラエティーに富んでいましたから、どんどん人物像が膨らんでいくのです。伊藤雄之助さんなんていう、一癖も二癖もある人が出ていましたからね。伊藤さんは役者としての心構えをぴしっと持っている人ですが、ちょっとオーバーアクションのところもあるので手綱を締めないといけません。ですが好きな役者さんでした。『壁あつき部屋』でもよかったですからね。

撮影は小津組の厚田雄春さんです。そもそもの縁は『二連銃の鬼』でした。ちょうど小津さんが空いているときで、あれを厚田さんが撮っていた。ぼくは助監督として、編集の浜村義康さんのところにしょっちゅう出入りしていましたが、この人も小津組で厚田さんとはすごく仲がいい。厚田さんも難しい人でしたが、浜村さんがまた助監督泣かせの人でした。ですがなぜかぼくをかわいがってくれたのです。

二人ともそうとうな技術を持った人です。それで『あなた買います』のとき、この際こ

●**ほんとの第一作は『壁あつき部屋』だった〜**…夕刊フクニチ一九五六年一一月一七日付。

●**厚田雄春**…あつた・ゆうはる（一九〇五〜九二）撮影監督。二八年松竹蒲田撮影所に入り撮影助手。三七年『淑女は何を忘れたか』以降、松竹の全小津安二郎作品で撮影を担当。小林作品はほかに『黒い河』。

●**浜村義康**…はまむら・よしやす（一九〇〇〜八五）映画編集者。撮影助手として松竹下賀茂撮影所入りし、後に編集に転じた。編集者として『戸田家の兄妹』『東京物語』『愛染かつら』など多数。小林作品はほかに『三つの愛』『泉』『黒い河』。

●**宮島義勇**…みやじま・よしお（一九〇九〜九八）撮影監督。二九年松竹蒲田撮影所に入り、後に東宝に移り戦後の組合争議で退社。独立プロ作品を多く手がけ、卓越した技術で「宮島天皇」とも呼ばれるほど現場では監督と対等に張り合った。『女の一生』『どっこい生きてる』『若者たち』『赤穂城断絶』など。小林作品には『人間の條件』『切腹』『怪談』。

●**身につまされる思い〜**…新大阪紙一九五六年一一月二〇日付。

●**「あなた買います」の仕事が手につかぬ位〜**…〈自作を語る〉

●**『黒い河』**…一九五七年一〇月二三日公開　脚本・松山善三　撮影・厚田雄春　出演・渡辺文雄、有馬稲子、仲代達矢、山田五十鈴、永井智雄ら。

●**仲代達矢**…本書執筆者略歴ページ参照。

●**若槻繁**…わかつき・しげる（一九一三〜八七）プロデューサー。出版社編集者から文芸プロダクション

の二人とやってみよう、大船で一番うるさいキャメラマン、編集者とやってみようと思ったのです。ぼくにはそういうところがあって、『人間の條件』で宮島義勇さんと組んだのも、「日本で一番うまいキャメラマンとやってみたい」ということでしたから。

厚田さんはすごく一所懸命やってくれました。小津さんはキャメラを全部自分で決めてしまう監督です。しかも移動をやらない、俯瞰をやらない、もちろんズームは使わない。とにかくローアングル。それがぼくと一緒にやると自由にキャメラが動いていいので、解放感があったのでしょう。小津さんのシャシンとはまったく違うキャメラワークです。厚田さんとしても初めて自分の技術で映画を撮ったという感じだったのではないでしょうか。次の『黒い河』も厚田さんで、いまでも会うとこの二作の話がでます。よほど嬉しかったのでしょう。

『あなた買います』の話題性は高く、スポーツ紙が競って記事にした。作品をめぐり現役選手やOBの座談会記事の企画も複数組まれている。穴吹義男が入団した南海ホークスの監督・山本（鶴岡）一人《かずと》は試写を見て「身につまされる思い。上手下手はさておいてよう出来ている。おかげで見ている間退屈しなかった」と語った。『あなた買います』のクランクアップ寸前、『壁あつき部屋』の公開が決まったことが伝えられた。「『あなた買います』の仕事が手につかぬ位、やはりうれしかった」という。

『黒い河』（一九五七年）

つづく『黒い河』は、いろいろな意味でエポックメイキングな作品となった。米軍基地周辺にうごめく愚連隊、安アパートの人々の人間模様を描く内容は、一段と松竹カラーを踏み越える異色作で、これが小林と仲代達矢の出会いの作品ともなった。さらにこの作品で独立系のプロデューサー若槻繁との協働が始まり、『人間の條件』『からみ合い』『怪談』へとつながっていく。若槻は当時「文芸プロダクション にんじんくらぶ」代表。こ

にんじんくらぶ代表に就任。小林作品プロデュースは『人間の條件』『からみ合い』『怪談』。ほかに『もず』『乾いた花』『愛の亡霊』など。

れは、大手映画会社が専属俳優を囲い込む五社協定に反発した岸惠子(松竹)が、久我美子、有馬稲子(ともに東宝)を誘い「俳優のための映画企画」を目指して一九五四年に設立した会社で、岸の親戚で出版社の改造社にいた若槻が乞われて代表になった。また顧問には谷崎潤一郎、井上靖、川端康成といった作家が名を連ね、五社幹部も参加していた。

『黒い河』は「企画」がにんじんくらぶになっています。『三つの愛』が岸惠子さん、『この広い空のどこかに』と『美わしき歳月』が久我美子さんで、ぼく自身がにんじんくらぶとの関係が深くなっていました。にんじんくらぶのほうも自主製作に乗り出そうとしていて、とりあえずそういう形にしたのではなかったかと思います。

ですが企画自体を出したのはぼくのほうです。たまたま富島健夫さん◉の原作を読む機会があり、松竹にだったか若槻繁さんにだったかは忘れましたが持ちこんだのです。米軍基地がある特殊な地域の話で、当時の風俗的なものがよく出ていておもしろかった。国籍不明みたいな感じで、とても魅力がありました。

『黒い河』は仲代達矢さんとの初めてのシャシンです。俳優座で映画部門の仕事をしていた佐藤正之さん◉から「すごいのがいるんだ。小林さんのためにとっておいた」と紹介されたのが最初でした。佐藤さんは小樽中学の後輩で、ぼくが助監督時代から大船に出入りしていて、以前からとても懇意にしていました。

俳優座の近くにあった喫茶店で、佐藤さんが連れてきた仲代さんに初めて会いました。すぐに「これは戦後の俳優だ、戦前にはこういう人はいなかった」と感じたものです。それに、とにかく目がすごくいい。姿もいいですし、これはどんぴしゃりだと即決したと思います。◉

現場に入っても良かったですねえ。俳優座養成所を出ているから基礎がしっかりしています。身体の動きにもすごく柔軟性がありました。米軍ゲートに英語の文字がばあんとあって、その前を白い服を着

●富島健夫…とみしま・たけお(一九三一～九八) 作家。純文学作家として出発し、後にジュニア小説、官能小説に転じた。『黒い河』は長編第一作。

●佐藤正之…さとう・まさゆき(一九一八～九六) プロデューサー。満州映画協会から戦後俳優座入り。映画部門を担当し俳優座映画放送を設立、後に社名を「仕事」とした。小林とは助監督時代から交流があり仲代達矢を紹介。小林作品プロデュースは『日本の青春』『いのち・ぼうにふろう』『化石』『燃える秋』『食卓のない家』。盟友として生涯にわたり小林を支えた。小林作品のほかに『若者たち』『忍ぶ川』『砂の器』『熱海殺人事件』など。元日本映画テレビプロデューサー協会会長。

●どんぴしゃりだと即決した…初対面の時期については仲代の記憶と異なる。佐藤に伴われて引き合わされたのは前年『泉』の「黒岩」役のためで、この時は採用に至らず渡辺文雄が演じた。本書所収の仲代達矢「鬼と仏の迷彩」によると『黒い河』の時には面通しなしで直接指名があった。

小林正樹アルバム⑬
『あなた買います』と『黒い河』

『あなた買います』　有望野球選手後見人役の
伊藤雄之助(左)とスカウトマン・佐田啓二(右)との
駆け引き対話のシーンを演出する小林

『あなた買います』　四国のロケハン
中央左が助監督の今井雄五郎(白シャツ)
右が小林

にんじんくらぶで顔を合わせた同人たち
前列左より
有馬稲子　久我美子　山田五十鈴
後列左より小林　松山善三

『黒い河』
有馬稲子のメイクを
手直しする小林

『黒い河』　ロケ現場
カメラの後ろが撮影の厚田雄春

『黒い河』　仲代達矢

て走っていく「人斬りジョー」と呼ばれる愚連隊の男。仲代さんの雰囲気にぴったりでした。ですがすごく面倒な役者だとも思いましたよ。というのも、人斬りジョーならはまり役なので個性が生きますが、平凡なサラリーマンのような役では個性が強すぎる。役柄を考えて使わないといけない役者だということです。それがまさか、これだけ一緒にやることになるとは、あのときは思いませんでした。

『黒い河』はほかにもいい役者がたくさん出ていました。中でも山田五十鈴さん◉です。「役について話しませんか」と手紙を書いたところ、すぐにぼくの家に来てくれました。話しているうちに「ちょっと変わったことをやりたい。思い切ったことをやっていいですか」と言うのです。あれだけの俳優さんです。ぼくとしても遠慮があったのですが、まさかあれほどのことをしてくるとは思いませんでした。安アパートを牛耳っている家主ですから、イメージとしてはまさに山田さんがつくってきた通りなのです。しかしあのメーキャップで、入れ歯までつくって◉。当時はまだそれほど老けていたわけでもないのに、やはり役に対する取り組み方が違うのです。ホンを読んでずいぶん考えてくれたのでしょう。人斬りジョーと向かい合うにはこのくらいの迫力がなければと、思い切ったことをしてくれました。芝居も良かった。アパートの連中とのやりとりはほんとうにおもしろかった。アパートの方もみんないい人が出ていましたし。

ただ、こういういい俳優さんがたくさん出ているシャシンは、監督としては全体のバランスを考えなくてはいけません。俳優さんというのはそれぞれのカットでどういう芝居をするかだけが頭にあって、全体の繋がりや流れはあまり計算にない、というかできないものです。それは監督の頭の中になければいけないわけで、はみ出した芝居にはやはりちょっと注意する。でなければ編集で思い切って切っちゃう。俳優さんがいい気持ちでやっている芝居にあんまり口を出すと演技がしぼんでしまうことがありますから、そのへんのバランスは監督がチェックしていくより仕方ありません。

◉山田五十鈴…やまだ・いすず(一九一七〜二〇一二) 俳優。三〇年『剣を越えて』で映画デビュー。『浪華悲歌』『祇園の姉妹』で名優・スターとしての地位を確立。戦後は舞台、テレビでも活躍した。小林作品はほかに『三つの愛』。

◉あのメーキャップで〜…山田はこの役のため前歯を三本抜き、代わりに出っ歯の入れ歯を作った。髪型も自分で工夫した。

◉大島渚…おおしま・なぎさ(一九三二〜二〇一三) 映画監督。五四年松竹に入り大庭秀雄監督などの助監督を経て五九年『愛と希望の街』が監督第一作。『絞死刑』『少年』『戦場のメリークリスマス』など。『黒い河』には志願して小林組に付いたといわれる。

◉松竹ヌーベル・バーグ…大島渚監督『青春残酷物語』をきっかけに、一九六〇年代初頭に台頭した松竹の監督らを、フランスのヌーヴェル・ヴァーグ(新しい波)になぞらえてこう称した。

◉『張込み』…一九五八年一月公開 原作・松本清張 脚本・橋本忍 撮影・井上晴二 出演・大木実、宮口精二、高峰秀子ら。

◉行儀が悪くて怒ったという話…石坂昌三『巨匠たちの伝説――映画記者現場日記』(三一書房、一九八八)。

『黒い河』には、助監督に大島渚くんがサードぐらいでついていました。大島くんが言ったのか篠ちゃん、篠田正浩くんなのか、松竹ヌーベル・バーグのはしりは『黒い河』だと。当時の雰囲気として、それほど大船では『あなた買います』や『黒い河』は異色だったのでしょう。

会社に信用がなければ撮りたいものも撮れないということは、木下さんがだいぶ気を遣ってくれていましたし、ぼくもわかってはいました。ですが、『この広い空のどこかに』が興行的に成功して信用を摑めた感触がありましたし、一方で『壁あつき部屋』の封切り中止がありました。ですから『泉』から『あなた買います』のあたりでは、もう好きなことしかやらないつもりでいました。大船では「あいつは完璧主義でうるさい」という目でも見られていたでしょう。ダビングにしても、ふつう二日か三日、早ければ一日で終わるものが、『壁あつき部屋』のときからは一〇日ぐらいかけましたから。

会社の路線ということで言えば、同期の野村芳太郎さんはそれに沿ったシャシンを割合長く撮っていましたよね。あの人の映画をつくるコツというか、観客を摑む才能というのはさすがでした。だからぼくと違って野村さんのシャシンはだいたいみんな興行的にはよかった。あの人がふっと変身したのは『張込み』でしょう。あの頃から野村さんも、自分の好きなものをと意識し始めたのだと思います。ある人が書いた本の中で、ぼくが自分のシャシンの試写のときに新聞記者たちの行儀が悪くて怒ったという話がありますが、自分のシャシンのときはそんなことはしませんよ。あれは野村さんの作品試写のときです。とにかくあの人の演出の力というのは大変なものだと思っていましたよ。

『黒い河』までで監督としてのある種のスタンスと覚悟を確立した小林は、いよいよ日本映画史上最大の巨篇に取り組むことになる。一九五八年から三年がかりで取り組んだ『人間の條件』である。

8 大作への歩み

『人間の條件』は五味川純平の同名大河小説が原作。いちはやく映画化権を獲得した小林は当初から三部作として映画化することを計画、実際に『第一部・第二部』『第三部・第四部』『第五部・第六部』として製作、公開された。合計の上映時間は九時間三八分に及ぶ。

五味川純平さんの原作を読んだのは、にんじんくらぶの若槻繁さんから勧められたのがきっかけでした。『黒い河』を撮っていた頃か終わっていたのかはっきりしませんが、当時は松竹より、にんじんくらぶの方に出入りしていることが多かったのです。

ほとんど一気に読んでしまった記憶があります。あまりにもぼくの軍隊生活、考えていたことが主人公の梶と近かった。ぼくには梶のような勇気はなかったけれど、考え方の基本としては非常に親近感を覚えたのです。

原作を押さえるため、すぐに若槻さんに五味川さんのところへ行ってもらいました。にんじんくらぶもお金がありませんから、若槻さんとぼくと松山善三さんで一〇万円ずつ出し合って権利を押さえた。それから間もなく週刊朝日に「隠れたベストセラー」として特集記事が出て、映画各社から申し込みが相次いだのですが、そのときはもうぼくたちの手に入っていたわけです。

しかしそれからが大変でした。松竹がウンと言いません。『壁あつき部屋』という前例がありますし、本音ではこういう傾向のシャシンはやりたくなかったのでしょう。膨大な原作ですからシノプシスをつくって交渉したけれど埒があきません。若槻さんとは「松竹で撮るのは諦めようか」という話もしていたところ、東映から「松竹で難しいならウチでやらないか」という誘いがあった。そういうことも匂わせたところ、松竹もやっと重い腰を上げたわけです。

第一部・第二部はにんじんくらぶ製作という形ですが、お金を出したのは松竹です。たしか予算は九〇

●五味川純平…ごみかわ・じゅんぺい(一九一六〜九五) 作家。旧満州生まれ、ソ連軍との激烈な戦闘と捕虜生活を経て四八年復員。自身の戦争体験に基づき発表した小説『人間の條件』(三一書房、一九五五)が大ベストセラーになった。ほかに『戦争と人間』など。

●若槻繁さんから勧められた〜…〈自作を語る〉では「或る助監督さんが五味川さんの原作を面白いといって持ってきました」としている。

●「隠れたベストセラー」として特集記事が出て…「週刊朝日」一九五八年二月一六日号。

●『人間の條件』第一部・第二部…一九五九年一月一五日公開　脚本・松山善三　撮影・宮島義勇　出演・仲代達矢、新珠三千代、山村聰、三島雅夫、有馬稲子、小沢栄太郎、淡島千景ら。

〇〇万円で、これだと当時の大船の五、六本分が吹っ飛んでしまう。それで四〇〇〇万を大船の予算から出し、五〇〇〇万は松竹本社の予算から直接出すという方法で捻出したようです。にんじんくらぶはお金を出していませんが、岸惠子のようなスターを抱えていて力がありましたから、製作費は松竹が出しても著作権はにんじんくらぶと半々ということにできたのでしょう。形としては『壁あつき部屋』のように、ぼくはにんじんくらぶという独立プロダクションへの出向で、松竹が配給するということです。

製作費等については若槻繁が著書『スターと日本映画界』(三一書房、一九六八)で明らかにしている。それによると結果的に三部作とも松竹が製作費を出資し、その合計は約三億円。これはにんじんくらぶにとって「請負契約の形」で「全製作費は三億二八〇〇万円余かかったために、(にんじんくらぶとしては)二八〇〇万円余の赤字になった訳だが、(三部作で松竹は約九億円余の配給収入をあげながら)その他の報奨金の支払いはなかった」としている。赤字は第一部・第二部の際に発生したもので、製作費九七六九万円のうち二八二八万円をにんじんくらぶが負担したらしい。これが正しければ、第一部・第二部の松竹出資額は九〇〇〇万円ではなく七〇〇〇万円だったことになる。

『人間の條件』第一部・第二部（一九五九年）

第一部・第二部◉クランクインが一九五八年の夏でした。その時点で翌年一月一五日の封切りは決まっていたと思います。あれだけのシャシンなのにほんとうに厳しいスケジュールでした。脚本は権利を押さえた時点で松山さんが書き始めていて、松竹からオーケーが出るとすぐにロケハンに行きました。北海道にも東北にも雪がなかったから、春になっていたのでしょう。

第一部・第二部の舞台は満州の炭鉱ですから、北海道を中心に炭鉱とおぼしきところは全部回りました。しかし見つかりません。満州を知っているぼくとしては、どこを見ても満足できない。そうしているところに、別班として東北のほうを探していた助監督さんが「見ていない鉱山がひとつあります」と言ってきた。それが気になって、じゃあと秋田まで行って見つけたのが小坂鉱山でした。

　あんな宝物が見つかるのですから、やはり最後まで粘ってみるものです。入り口は「小坂鉱山」と書いた柱が建っているだけなのですが、中に入るとびっくりするほど延々と広い。興奮しました。即決です。映画の中の老虎嶺《ろうこれい》鉱山の場面はぜんぶ小坂鉱山で撮っています。小坂鉱山が見つかったことはほんとうにラッキーでした。

キャスティング

　仲代達矢さんを主人公の梶にしようと決めたのはこのロケハンのときでした。北海道、東北と回っているうちに時間が過ぎて、いよいよキャスティングを決めていかなければいけない。岩手の花巻温泉にいるとき、にんじんくらぶから「もう主人公を決めてくれ」と電話がかかってきたのです。それで温泉のお風呂につかりながら、仲代さんでいくと決心したことを覚えています。

　梶役として松竹は、ある程度人気のある役者がほしい。ですがあの頃の仲代さんは『黒い河』だけです。ぼくも木村功さん、佐田啓二さんを考えましたし、にんじんくらぶとしては売り出し中の南原宏治さんを使ってほしかった。さらに池部良さんを加えた四人が有力候補でした。誰が梶を演じるかは世間的に注目されていましたし、候補者の中にはぼくに手紙をよこした人もいます。

　ぼくの頭の中でもなかなか決まらない。梶という役にはインテリジェンスとともに、ある程度の逞しさが必要です。それから台詞がとても多くて長いので、それをこなせる人でなければいけません。すると佐田さんでは無理だろう。木村さんは俳優座ですから台詞は

●**小坂鉱山**…秋田県鹿角郡小坂町。一八六一年以来の鉱山。金、銀の鉱山として開発され後に銅などが主力になった。一九九〇年に廃鉱になったが、観光施設として整備されている。

●**南原宏治**…なんばら・こうじ(一九二七〜二〇〇一)　俳優。大映ニューフェースとして映画界入り。その後にんじんくらぶ入りし、『人間の條件』までの芸名は伸二(しんじ)。六〇年より宏治に改めた。『網走番外地』など。映画、テレビ出演のほか舞台演出も手がけた。

●**新珠三千代**…あらたま・みちよ(一九三〇〜二〇〇一)　俳優。宝塚歌劇団から映画界入りし、五一年『袴だれ保輔』でデビュー。『洲崎パラダイス赤信号』『私は貝になりたい』『小早川家の秋』など。舞台、テレビでも活躍。小林作品はほかに『怪談(黒髪)』『日本の青春』。

●**『月夜の傘』**…一九五五年八月公開　監督・久松静児　脚本・井出俊郎　撮影・姫田真佐久　出演・田中絹代、宇野重吉ら。

●**『「廓」より無法一代』**…一九五七年三月公開　監督・滝沢英輔　脚本・八住利雄　撮影・横山実　出演・三橋達也、宇野重吉ら。

●**『こころ』**…一九五五年八月公開　脚本・猪俣勝人、長谷部慶次　撮影・伊藤武夫、出演・森雅之、三橋達也ら。

●**梶を仲代さんに決めるよりずっと楽でした**…北海道ロケハン中のインタビューでは「(梶は)佐田啓二、南原伸二、仲代達矢の中から。美千子には新珠三千代が絶対」と答えている(北海道新聞六月二二日)。

こなせるしインテリジェンスもあるけれど、三部作の最後まで押し切る逞しさがどうか。そういうことをロケハン中、ずうっと考えていました。ぼくは割合と決断が遅いほうですからね。仲代さんのことも初めから頭にはありました。仲代さんは戦後派の俳優です。そういう要素もほしかった。結果的には仲代さんでよかったのです。

仲代さんの梶以上に問題だったのが、奥さんの美千子役の新珠三千代さんでした。五味川さんの原作では、もっと肉感的で豊満な感じの女性なのです。若槻さんとしてはにんじんくらぶの有馬稲子さん、岸惠子さん、久我美子さんのうちの誰かをという思いがありますし、松竹もその線を考えていたと思います。仮に三人の中から選ぶなら有馬さんでしょう。でも、ぼくの頭の中ではちょっとちがう。演技の面ではありません。有馬さんは非常に頭がいい人です。彼女がジャーナリストになったらすごかったのではないかと思いますよ。でも、俳優さんとして見た場合、そういう知的な部分が先に立ってしまい、情感がちょっと感じられなかった。

新珠さんとは付き合いはありませんでしたが、『月夜の傘』、『「廓」より無法一代』、それに市川崑さんの『こころ』も見ていていい俳優だなあと思っていました。五味川さんのほうは若槻さんにそうとうしつこく「イメージと違う」と言っていたようです。ですがぼくとしては、梶を仲代さんに決めるよりずっと楽でした。

主役二人以外のキャスティングもうまくいきました。中国人の慰安婦を有馬さん、準主役級の高は南原宏治さんにすることでにんじんくらぶの体面を立て、勘弁してもらいました。山村聰さんがやった沖島も大事な役でしたし、工人代表の王亨立にはどうしてもこの人でなければと宮口精二さん。この二人にはこだわりました。ほかに重要だったのは梶の敵役になる鉱山の所長で、これには三島雅夫さんです。もう一人の敵役で憲兵をやった安部徹さんはのちに「ぼくの一世一代の演技でした」と言っていましたよ。とにかくこれで、仲代さんと新珠さんを中心に心棒ができました。いま考えても見事なキャスティング

◉山村聰…やまむら・そう（一九一〇～二〇〇〇）俳優、映画監督。劇団活動をへて四六年『命ある限り』で映画界入り。『宗方姉妹』『東京物語』など。監督作品は『蟹工船』など四作。小林作品はほかに『からみ合い』。

◉宮口精二…みやぐち・せいじ（一九一三～八五）俳優。文学座から映画界入りし、『七人の侍』など多くの作品で名脇役として活躍した。小林作品はほかに『黒い河』『からみ合い』『怪談（茶碗の中）』『化石』。

◉三島雅夫…みしま・まさお（一九〇六～七三）俳優。築地小劇場を経て戦後は俳優座。映画でも戦前から数多くの作品に出演。小林作品はほかに『切腹』『上意討ち』『日本の青春（ナレーション）』『いのち・ぼうにふろう』。

◉安部徹…あべ・とおる（一九一七～九三）俳優。三九年新興キネマ入りし、同年『結婚問答』でデビュー。『決戦』『許された一夜』はじめ多くの映画、テレビに出演、特に悪役として定評があった。小林作品はほかに『からみ合い』。

だったと思います。

中国語を使うことは、脚本の段階から松山さんと話し合って決めていました。満人や満人と話す日本人が中国語を使うことでシャシンに深みが出るからです。あまり例はなかったと思いますが、字幕付きの外国映画を見るのと同じことですから。俳優さんは大変でしたが、中国の人が聞いて中国語に近いと感じさせたのは有馬さん。実にたいしたもののようですよ。山村さんは聴いた感じではスッといきますが、中国人にはわからないそうです。役者ですねえ、山村さんとか淡島千景さんは。いかにも抵抗なく見せてしまいましたから。

助監督は大船から出ていましたが、ほかのスタッフはほとんどが独立プロ関係の人たちでした。大船とは体質がぜんぜん違います。助監督は間に入ってだいぶ苦労をしたのではないでしょうか。ですがぼくの現場に対する考え方を大きく転換させたのが、この『人間の条件』でした。

大船というところは、ある意味で温室です。ディレクター・システムで、監督がワンマンでいられます。『壁あつき部屋』の場合は外部プロといっても実質的には松竹で、スタッフも大船の連中でしたから、『人間の条件』とは違う。ほんとうの外部で撮る場合どうなるのか、まったく予期していませんでした。それが入ってみると、監督のワンマンでは通らない。映画というものはスタッフみんなでつくっていくのだという、これはキャメラマンの宮島義勇さんを通して感じ取ったことでした。

宮島義勇というキャメラマン

宮島さんの起用はぼくの希望です。同じ監督とあまり長続きしない人とは聞いていましたから半ば楽しみ、半ば不安ではありました。やってみてわかりましたが、宮島さんの一番底には、監督というものに対するコンプレックスがあったのではないでしょうか。いわゆる監督第一主義、監督がワンマンで映画をつくることへの抵抗です。それでいろいろな監督とぶつかっていた。ですがきちんと話をしてキャメラマンとして相応の尊重をすれば、これほど頼りになる人はいません。

◉淡島千景…あわしま・ちかげ(一九二四〜二〇一二) 俳優。宝塚歌劇団を経て松竹入り。五〇年『てんやわんや』でデビューし第一回ブルーリボン主演女優賞受賞。『夫婦善哉』『蛍火』などのほかテレビ、舞台出演も多数。

◉コンテ…どのようなカットを撮影するのかを文字やイラスト(絵コンテとも)などで示したもの。

◉梶が老虎嶺に行く前のくだりをセットで撮影し…大船撮影所ではなく、東京の連合映画撮影所(後に東京映画撮影所)で行われた。

特に『人間の條件』第一部・第二部というのはスケジュール的に厳しく、最後はほんとうに苦しい撮影が続きました。こうした場合、製作部がキャメラマンに圧力をかけてくることがあります。監督が粘ろうとしても、キャメラマンのほうで何とか加減して早く上げてくれというようなことです。そこでキャメラマンがぐらついてしまうケースをずいぶん見ています。極端に言えば、撮影はキャメラマンによって早くも遅くもなる。ですから融通の利くキャメラマンは製作部やプロデューサーからの信用はすごいのです。ですが宮島さんはどれほど追い込まれていてもぐらつかず、最後まで監督と心中してくれる。そういう信頼感がありました。大船でそういうものを感じたことはありません。初めてでした。

それとあの人の偉いところは、人が考えたことを非常に大事にするところです。ぼくがコンテを出すと、しばらくじーっとにらめっこ。あれほど真剣に考えてくれる人はちょっと珍しい。スタッフに対してもそうです。相談されるとそれを真剣に考えている。スタッフに対して厳しいことは厳しいですよ。それはもう、そうとうなものでしたが。

クランクイン

クランクインは何か記念になる日にということで、八月一五日にしました。たしか仲代さんの会社に友人の佐田さんが訪ねてくる場面からだったと思います。最初というのは丁寧に撮りますから、わりと何でもないシーンから入るのが無難です。そういうところをあとに残すと、手を抜いてしまうようなことがありますから。ですからまず梶が老虎嶺に行く前のくだりをセットで撮影し、それから八坂鉱山でのロケーションに出たのでした。

このロケは最初から大変でした。忙しい宮口さんのスケジュールに合わせ、現場に入ってもらえる日程から逆算して、宮口さん中心のカットだけ先に全部撮っていきました。第二部で大勢の満人たちが処刑に抗議するシーンがあるでしょう。あれも宮口さんが入る片側のカットだけをまず撮っています。一五〇—一六〇カットあったと思いますが、とにかく宮口さ

『人間の條件』で
小林を支えた
キャメラマン宮島義勇(左)
第三部・第四部撮影時の現場で

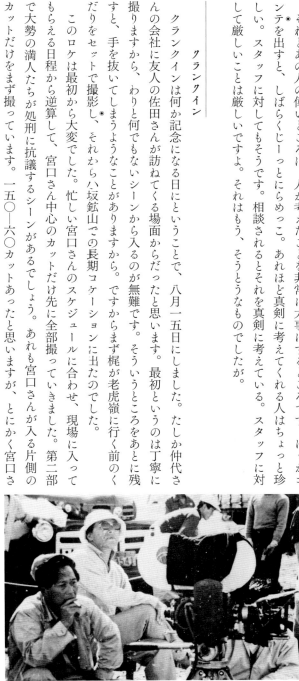

ん押しだけ。といっても、それを撮るにしても逆のほうのコンテまで全部決めておく必要はあります。最初ですし群衆シーンですしほんとうに辛かったですが、そこまでしても宮口さんを使いたかったわけです。

もうひとつ面倒だったのは、宮島さんにほかの仕事があって、最初の三週間ぐらい現場に入れなかったことです。代わって撮ってくれたのが中尾駿一郎さん。ですから宮口さんのシーンも中尾さんです。独立プロでやってきた人というのは、中抜きでどんどん撮っていくやり方には慣れているのですね。遅れて下駄履きでやってきた宮島さんもラッシュを見て、「よく撮っている。少し補うだけでいい」と言っていました。

ぼくがコンテを書き始めたのは『人間の条件』からです。それまでコンテを書くということをせず、だいたい現場で考えて「こう撮ろう」「ああ撮ろう」でした。それが独立プロのスタッフがほとんどだった『人間の条件』に入って、中尾さんから「小林さん、ぼくらはいつもコンテもらってやっているんですが」と言われました。それでも中尾さんには口で説明するだけで撮ってもらいましたが、引き継いだ宮島さんからもあらためて「コンテ、つくってもらえませんかね」と注文されたのです。コンテを渡せば、そのシーンをどういうふうに撮っていくのかスタッフ全員がわかる。パートごとに準備もできる。監督の頭の中にだけあるのでは、スタッフがきちっとわからないので時間も食うしお金も食う。「だから考えてくださいよ」と言うわけです。

なるほどそうかと思い、それからコンテを書くようになりました。いまみたいに便利ではありませんから、前の日に書いて助監督さんに渡し、それを謄写版で刷ってスタッフ全員に配るのです。

映画は全員で撮るものだという意識に変わったというのは、そういうことを通じてです。とにかく監督というのは建前を言うのではなく、その場その場でスタッフが納得するような形で撮っていくことがすべてで、そこにみんなが集中してくる。ものをつくる基本はそういうことじゃないかと思うようにな

◉**中尾駿一郎**…なかお・しゅんいちろう(一九一八～八一) 撮影監督。三六年PCL入社。『真昼の暗黒』『ここに泉あり』など今井正監督とのコンビで知られ、ほかに『日本の熱い日々 謀殺・下山事件』など。記録映画も手がけた。

◉**戸田重昌**…とだ・しげまさ(一九二八～八七) 映画美術監督。伊藤熹朔、水谷浩に師事し、小林作品『からみ合い』から美術監督。他に篠田正浩監督の『乾いた花』『あかね雲』、大島渚監督『絞死刑』『戦場のメリークリスマス』など。小林作品は『切腹』『怪談』『食卓のない家』。

◉**平高主計**…ひらたか・かずえ(一九一九～七四) 美術監督。手がけた作品のほぼすべてが松竹大船作品。小林作品は『まごころ』『三つの愛』『この広い空のどこかに』『美わしき歳月』『泉』『あなた買います』『黒い河』『人間の条件』。ほかに『お勝手の花嫁』など。

◉**松尾鉱山**…岩手県八幡平市。明治から大正にかけて本格的な開発が進んだ硫黄鉱山。七二年閉山。

りました。ワンカットにこめる監督、キャメラマン、スタッフの情熱、そこに俳優さんも加わって、そういうものが全体を統率していく力になる。映画づくりというのはそのあたりが基本だろうと思うのです。

小坂鉱山には七〇日以上いて、そのまま北海道ロケに向かいました。捕虜受領シーンを撮るため道北の豊富《とよとみ》町まで行ったのですが、着いたのは夜でスタッフはみんな疲れ果てていましたよ。ぼくのほうはこれからどう撮るか、いろいろなことで頭がいっぱいで疲れたとか帰りたいとかなくても、スタッフは大変だったと思います。

それから小樽に回りました。これはファーストシーン、城門があって雪の中で梶と美千子が話をする場面の撮影です。初めから小樽で撮るつもりで、港町の倉庫街に中国の城門を建てました。先乗りしてこれをつくったのは戸田重昌さんです。このときの美術は平高主計さんで、戸田さんは助手としてぼくの組に初めて付いていました。

小樽からさらに岩手県の松尾鉱山に行って工人が使役されている坑内場面を撮り、それでやっと帰ることができました。予定よりだいぶ延びて一一月末近くになっていたと思います。エキストラも大勢だし、あれだけいろいろな人が出ていましたから、東京との往復で俳優さんの出入りも多い。なかなか順調にはいきません。小林組がロケに出ていると東京に俳優がガラ空きで撮影ができないなどという、そんなとてつもない評判が立つほどでした。

「狂気」の追い込み

しかしセットに戻った時点で状態は絶望的です。ロケ部分というのは全体の五分の二程度でしょう。半分までありません。封切りが一月一五日と決まっているのに、五分の三の撮影が残っていました。

助手時代の戸田重昌が小樽市で築いた城門のオープンセット

それからはもう、狂気ですよ。狂気のあれだった……。ぼくもスタッフも撮影所に泊まり込みです。それでも自分の納得がいくものは撮っていきました。納得しなければオーケーは出しません。そのへんです、勝負どころは。

極限状態の撮影では、やはり宮島さんだからよかった。キャメラマンの中には、監督が粘ろうとしているのに「まだやるの?」という不満を態度に出す人もいる。ふだんはそうでなくても、肉体の限界を越えてくると。宮島さんは鋼鉄の人でした。妥協をしません。むしろ「小林さんの思うとおり存分にやれ」と励ましてくれた。筋金入りの共産党の人(当時)は違うものだと思いましたよ。

その撮影も暮れの三一日に終わりました。しかしまだ編集とダビングが残っています。撮影中は部分的にしかラッシュを見ることができません。ですから除夜の鐘とともにラッシュを見始めて、終わったのが午前五時です。その日はそのままスタッフがぼくの家に来て水炊きを食べました。正月料理も少しはあったのでしょうが、何と言ってもみんなで食べたあの水炊きが印象に残っています。

しかし封切りが一五日に迫っています。ダビングに少なくとも三、四日はみなきゃいけないとすると、編集に使えるのは一〇日あるかないか。編集の浦岡敬一さんも真っ青になるし、あれにはまいりました。

でもやらないわけにはいかない。それからはもう、浦岡さんと二人でほとんど寝ないでの編集でした。ですから一番辛かったのは編集と録音だったでしょう。とにかく時間がない。音というのは一番最後ですから、西崎英雄さんもほんとうに大変だったと思います。

時間が足りず、この第一部・第二部だけは完全な編集ができなかった。その点でぼくにとって一番不満が残るシャシンではあります。西崎さんにも「ああしたかった、こうしたかった」というのがずいぶん残ったのではないでしょうか。とにかくできたそばからどんどんプリント

●**浦岡敬一**…うらおか・けいいち(一九三〇〜二〇〇八) 映画編集者。四八年松竹入りし、助手を経て『人間の條件』で編集技師。小林作品は『人間の條件』のほか『からみ合い』『化石』『燃える秋』『東京裁判』。ほかに『日本の夜と霧』『馬鹿が戦車でやって来る』『書を捨てよ町へ出よう』など多数。日本映画編集者協会初代会長を務めた。

●**西崎英雄**…にしざき・ひでお(一九一八〜二〇〇〇) 録音技師。三九年松竹大船撮影所に入り、小林の『息子の青春』で技師。以降、『美わしき歳月』『泉』『黒い河』『人間の條件』『からみ合い』『切腹』『怪談』『いのち・ぼうにふろう』『燃える秋』『東京裁判』『食卓のない家』を担当。ほかに『日本春歌考』『儀式』『伽耶子のために』など。

●**『人間の條件』第三部・第四部**…一九五九年一一月二〇日公開 脚本・松山善三、小林正樹 撮影・宮島義勇 出演・仲代達矢、新珠三千代、佐藤慶、田中邦衛、岩崎加根子ら。

●**松竹が新たに人間プロというのをつくって〜**…「鋼鉄の映画人 小林正樹」(一九九八 市立小樽文学館)所収の略年譜(自筆年譜、日記、手帳等をもとに作成)によると、松竹とにんじんぷろの共同出資で人間プロを設立した。

●**青松明**…あおまつ・あきら(不詳) 照明技師。五六年『つゆのあとさき』で技師。『東京暮色』など。小林作品はほかに『人間の條件』第五部・第六部、『からみ合い』『怪談』。

して、地方の館に運んでいったのだと思います。それが完全に終わったのは一四日になっていました。封切りの数日後のことです。俳優座の佐藤正之さんが日本に来ていた東ドイツのベルリナー・アンサンブルの芝居を取ってくれて、チェーホフの「三人姉妹」を観に行きました。前から四列目ぐらいのいい席で、なかなか見られるものではないし期待して行ったのですが全部寝てしまいました。よほどこたえていたのでしょう。

『人間の條件』第一部・第二部は興行的に大成功を収めた。『松竹百年史』には「内容は暗く、主演配役は地味であったが」「ひたむきな小林演出が効を奏し」「全国配収において本年度第一位の二億四七〇〇万円をあげたのである」とある。さらに一九六〇年のヴェネツィア映画祭ではサン・ジョルジョ賞(銀賞)と映画批評家協会パシネッティ賞を受賞した。しかしこの出品が日本映画製作者連盟を通さない、西ドイツのバイヤーによるものだったため、事実上松竹を含む大手五社で構成されていた映連が横槍を入れるという一幕もあった。

『人間の條件』第三部・第四部(一九五九年)

第三部・第四部というのは、前作から一年ぐらい空けてつくったという印象なのですが、封切りが『第一部・第二部』と同じ年の秋なのですね。やっぱりお客が入ったからでしょう。松竹もああいう商売人ですから。第三部・第四部は若槻さんが「製作」ではなく「企画」として入っています。一部・二部にお客が入ったので、松竹が新たに人間プロというのをつくって著作権を全部持つという形になったのだと思います。そのへん、若槻さんが負けちゃったのかどうかわかりませんが、著作権を半分でも持っていればあとあと違っていたでしょうね。

スタッフは第一部・第二部と同じです。たしか照明がここからアオマっちゃん、青松明さんになった。よく働く人で厚田さんにかわいがられていて、それで推薦されて来たのだと思います。撮影助手のチー

第一部　小林と憲兵軍曹役の安部徹

第六部　森林の彷徨のシーンの撮影現場に向かう
左からスチール担当梶原高男 1人おいて岸田今日子 仲代達矢 チーフ助監督稲垣公一

小林正樹アルバム⑭『人間の條件』

完結篇 御殿場でのクランクアップ記念 前列左より川津祐介 照明青松明 小林 撮影宮島義勇 笠智衆 仲代
カメラの後ろ左から1人おいて北原文枝 高峰秀子 美術平高主計

『人間の條件』
パンフレットの表紙

第16回（1961年）
毎日映画コンクール
受賞者記念写真
前列より左から
1人おいて小林
新珠三千代
三國連太郎
高峰秀子 仲代達矢
後列左から宮島義勇
2人おいて武満徹
（『もず』『不良少年』の
音楽で受賞）

フには川又昂さんがなりました。何しろ第五部・第六部まで通して三年間も宮島さんの下で大変だったでしょうが、自信にもなったはずです。

この第三部・第四部もロケハンが重要でした。北海道の中で満州に近いところを探さなければいけないわけです。まずソ満国境に近い湿地帯のようなところは、サロベツ原野に決めました。第一部・第二部のときに見ていた場所で、そこに望楼を建てたり湿地の沼を掘ったりしたのですが、その掘る作業が、木の根はあるし水は出てくるしで大ごとでした。ハルピンの兵舎のオープンセットを建てたのは、稚内に近い猿払《さるふつ》村で陸軍の飛行場があったところです。ところがそこが風の一番通り抜けるところで、兵舎がみんなやられてしまった。おかげで二度建て直しています。セットそのものの出来は、ぼくの軍隊友達が見ても「そっくりだ」と言ったほどよく出来ていて満足だったのですがね。

戦闘場面には戦車が出てきます。自衛隊の協力を得ることができるかが大問題でしたが、これは伝手をたどって取り付けることができました。ロケを行ったのは自衛隊の島松演習場です。演習場でしか戦車を自由に動かせませんからね。

第三部・第四部では新しい俳優さんが二人、大事な役で出ています。新城一等兵の佐藤慶さんと小原二等兵の田中邦衛さんです。慶さん、たしか病気でずっと仕事をしていなくて、仲代さんが「こういう人がいますが会ってくれませんか」というのでぼくの家に連れてきた。これは新城にぴったりのいい役者だと、文句なしで役に付けました。

これもクランクインは夏でした。大船のセットからだったと思います。

ハルピンの内務班のシーンもこのセットです。第三部のはじめで古年兵が初年兵を三〇人ぐらい並ばせて一人ずつ、仲代さんも含めてぶん殴るシーンがありますが、撮影はいきなりここから入りました。殴るのは植村謙二郎さんという軍隊経験がある人で、絶対に手加減しないでやってくれと言って殴ってもらいました。これでみんなぴりっとしたもので

●川又昂…かわまた・たかし(一九二六生)　撮影監督。四五年松竹に入り、小津作品の撮影助手を経て五九年『どんといこうぜ』で技師。『砂の器』など野村芳太郎監督作品を多く手がけた。小林作品はほかに『からみ合い』。

●三年間も宮島さんの下で〜…川又武久『キャメラを振り回した男　撮影監督・川又昂の仕事』(ボイジャー、二〇一〇)によると、このときは『どんといこうぜ』で技師になった直後だったが、日本映画学校時代の師だった宮島からB班チーフとして呼ばれた。

●島松演習場…正式には札幌市、恵庭市、北広島市、千歳市にまたがる北海道大演習場の島松地区(恵庭市)。

●佐藤慶…さとう・けい(一九二八〜二〇一〇)　俳優。五二年俳優座入団。仲代とは同期。『白昼の通り魔』『鬼婆』『儀式』『日本の悪霊』など。小林作品はほかに『からみ合い』『切腹』『怪談(茶碗の中)』『日本の青春』『いのち・ぼうにふろう』『東京裁判(ナレーション)』。

●田中邦衛…たなか・くにえ(一九三二生)　俳優。五五年俳優座養成所入り。『エレキの若大将』『仁義なき戦い』など。小林作品はほかに『からみ合い』『怪談(耳無し芳一の話)』『日本の青春』。テレビの代表作に倉本聰「北の国から」シリーズ。

●植村謙二郎…うえむら・けんじろう(一九一四〜七九)　俳優。新興キネマから映画界入り。『幕末太陽伝』など。南方戦線経験者。

●絶対に手加減しないで〜…殴り役はほかに多々

す。軍隊経験がない俳優さんが多くなっていましたが、「軍隊ってこういうところか」という感じがわかったようで、内務班がぱっと締まった。なんというか、軍隊の急所、軍隊精神の中にいささかでも入ってくれたように思います。

戦後の人は軍隊のことを知りません。ですから軍隊と同じように初年兵教育係をつくりました。配役表には出ていませんが、軍隊経験のある人二人ぐらいに頼んでロケのときなどは朝早く、一時間か一時間半ぐらい初年兵訓練みたいな教育をしてもらったのです。

ロケで苦労したのは、第三部の最後になるサロベツ原野で撮った野火のシーンと、慶さんの新城がソ満国境を越そうとして、それを追った梶と敵役の南道郎◉さんが泥沼にはまるところですね。しかし一番大変だったのは、島松に行ってからの第四部の戦闘シーンです。戦車が出てくる、爆破がある、明け方、昼間、夜のシーンがそれぞれある。全部で百何十カットありますから、ぎりぎりの明け方を狙い、昼の戦闘場面を撮ってナイトシーンも撮るので、それで二〇日ぐらいかかっているのではないでしょうか。

良純、南道郎も。

◉**南道郎**……みなみ・みちろう（一九二六〜二〇〇七）俳優。漫才から俳優に転向。主に悪役で活躍した。陸軍航空士官学校経験者。

仲代達矢は自著『未完。仲代達矢』（KADOKAWA、二〇一四）で、内務班でのシーンについて「思い切り殴られた（中略）頭の中で火花が弾け、視界が歪み、なんとか踏ん張ったところで、次の拳が飛んでくる。そしてまた、火花。口の中が切れ、鉄の味の血が噴きだした（中略）瞼がつぶれ、顔が腫れ上がっていく様子を、宮島義勇カメラマンのレンズが執拗に舐めていった」と記している。また、島松での戦闘シーンでは「死を意識した」。タコツボに飛び込んだところを戦車が越していく。リハーサルは一度だけで、巨大な戦車が向かってきて「恐怖で筋肉が硬直していった」ところを、小林の「早く飛び込め！」の絶叫で飛び込んだ。「あわや轢かれるというところで、間一髪、タコツボに飛び込んだ（中略）穴の上を重く嫌な音がして、戦車がゆっくりと過ぎていった（中略）胃液だけが喉元まで上がってきた」。有名なエピソードだが、小林としては特別視するほどの撮影ではなかったようで、このインタビューでは言及がなかった。

第三部・第四部を撮っているときに、ひとつ忘れられないことがあるんですよ。たまたま札幌の本屋で井上靖の『敦煌』(一九五九年、講談社)を見つけ、買って読んだんです。そのとき、もうこれは僕が撮るんだと決めたんです。

第三部・第四部もギリギリではありましたが、それでも第一部・第二部みたいなことはなかった。きちっと完全編集をして、納得がいったところでダビングができました。第一部・第二部は光学(録音)でしたが、第三部・第四部では初めて磁気テープを使いました。戦車の音、鉄砲とか爆弾の音とかいろいろあって、西崎さんも大変だったと思います。

ダビングといえば、これは第五部・第六部の話になりますが、そこで日本映画で初めてステレオを使ったことも言っておきたいと思います。

第五部・第六部の録音については、西崎英雄が当時のプレスリリースで以下のように説明している。「日本の劇映画では初めての「四条磁気立体音響システム」を採用した(4トラック磁気録音のこと)」「ロケーション撮影は全篇の九〇パーセントに及んだので、従ってアフ・レコされた音響部分は九〇パーセントをはるかに上廻る大量であった」「全てのサウンド・フィルムは最終的にはアオイスタジオに搬入され、新設された八連のミキシング・コンソールにより、常時、五人の技術者が音響の処理に当たった。このミキシング・コンソールは価格六〇〇万円、特にこの作品のため新設された最新鋭の機材である」。

『人間の条件』第五部・第六部(一九六一年)

松竹からはできるだけ早く第五部・第六部のホンを書いてくれとせっつかれていました。松山さんのホンはできてはいたのです。しかし『あなた買います』『黒い河』あたりから、松山さんのホンはどうもきれいに流れすぎると感じていました。『人間の条件』でも、五味川さんのごつごつした台詞の魅力が出て

◉**光学録音**…音声信号をフィルム上に面積や濃淡で焼き付ける録音システム。

◉**『人間の条件』第五部・第六部**…一九六一年一月二八日公開　脚本・松山善三、小林正樹、稲垣公一　撮影・宮島義勇　出演・仲代達矢、新珠三千代、内藤武敏、岸田今日子、笠智衆、高峰秀子ら。

◉**稲垣公一**…いながき・こういち(一九二九生)　脚本家。『人間の条件』第三部・第四部でチーフ助監督。小林作品の脚本は『人間の条件』第五部・第六部、『からみ合い』『化石』(稲垣俊名義、以下同)『燃える秋』。ほかに『東京裁判』で脚本「原案」。脚本家としては六六年から「俊」名義を用いた。

◉**賞をとった**…受賞は一九六〇年九月。

こない。ですから第三部・第四部では松山さんに断って、ぼくがほとんど直しています。ですから第五部・第六部でも助監督の稲垣公一さんと箱根に泊まり込んでホンを直しました。

ですが、この直しができる前に撮っておかないといけないシーンがありました。梶が雪に埋もれていくラストシーンです。あれもサロベツ原野でのロケですが、どうしても雪がある三月のうちに北海道に行く必要がある。ホンはまだできていませんから五味川さんの原作を持って、宮島さんや助監督と少人数で行って撮影したのがあのラストシーンです。そのロケから戻ってホンの直しに取りかかり、それからあらためて撮影に入りました。ぼくだってそういう器用なことはできるのです。

第五部・第六部のロケの最中に、第一部・第二部がヴェネツィアの国際映画祭で賞をとったというニュースが流れてきました。どんな賞なのかぼくもよくわからなかったけれど、まだ大変な撮影が残っているところでしたから、スタッフ全体が「よ〜し」っていう励みになったのは確かです。

当時の新聞記事によると、このロケは約二〇人のスタッフで、一九六〇年三月中旬から二週間にわたって行われた。力尽きた梶に雪が降り積もっていくラストシーンについて、仲代は前掲『未完。仲代達矢』で「雪の上で手足がしびれていった。自暴自棄というか、どうでもいい気がしてきた。凍えるほど冷たいのを通り越して、変な気持ちになってくる。――なんていい気持ちなんだ〔中略〕無性に眠たかった。意識が遠ざかっていった。「カット」。声がかかった〔中略〕「凍死寸前だったな」と誰かが言った」と振り返っている。

あのラストシーンですが、梶が雪に埋もれて死んでいくのは、日本人が背負った罪に対する罰なのです。そういうものを背負って梶は死んでいった。第五部・第六部で梶は、人間の原罪のようなものを背負い放浪します。それは日本人全部が感じなければいけない罪です。世間には「梶を殺さないで」という声もありました。しかし、ぼくの考えでは、梶は死ぬことで永遠に生きるのです。

第一部・第二部が公開されたとき、梶について「ありえないスーパーマンだ」とか「青臭い」といった批判がありました。しかしあそこでは梶は青臭い人間、観念的な人間でなければああいう行動はとれない。それが第三部以降で成長していくわけです。ですから批判に対しては、映画を最後まで見ればわかると思っていました。

人間には生きるためのぎりぎりの権利がある。その線を持ちこたえた男、守り続けた男。ぼくは梶をそのようにとらえています。その背後には美千子という存在もある。左翼的なイデオロギーから五味川さんの『人間の條件』をとらえた場合はまったく違ったものになったでしょう。ぼくの『人間の條件』にも左翼的、反戦的な部分は随所にありますが、あくまで人間性を重んじて生き抜いた梶の生き方がテーマになっています。これは間違っていなかったと思います。

クランクアップは一九六〇年一二月です。第五部・第六部は順調すぎるくらい順調でした。しかしぼくの気持ちの中に、何か時代に取り残されているのではないか、何か違ったことをやらなくてはいけないのではないか、そういうものがありました。大島さんの『青春残酷物語』があって、あの頃いろいろな若手監督が撮り始めていた。ぼくは『人間の條件』で島流しみたいな形で、そういうものからまったく遠ざかっていましたから。

『人間の條件』第五部・第六部が一九六一年一月に封切られ、大きな荷物を降ろした小林は、その年の秋に現代劇『からみ合い』の撮影に入った。小林自身、リラックスしながら取り組んだことを認めており、超大作『人間の條件』と緊張感漲る次回作『切腹』に挟まれた間奏曲のような存在とも言える。しかしこの作品では、以降のすべての作品に関わる重要な出会いがあった。武満徹である。武満はこの後、小林作品に楽曲を提供するのみならず音響全般に関わり、小林のブレーンとして脚本の検討にも参加していくことになる。

●クランクアップは一九六〇年一二月です…製作主任だった森山善平は自分宛に「人間の條件十二月十七日十三時二十分撮影完了す」と電報を打ったという(東京新聞一九六〇年一二月二二日付)。

●『青春残酷物語』…一九六〇年六月公開　監督、脚本・大島渚　撮影・川又昂　出演・桑野みゆき、川津祐介。松竹はこの作品から宣伝として「松竹ヌーベル・バーグ」の語を用いた。

●『からみ合い』…一九六二年二月一七日公開　脚本・稲垣公一　撮影・川又昂　出演・山村聰、渡辺美佐子、千秋実、岸惠子、宮口精二、仲代達矢、滝沢修、平幹二朗、芳村真理ら。

●武満徹…本書執筆者略歴ページ参照。

●南條範夫…なんじょう・のりお(一九〇八〜二〇〇四)　作家。本名の古賀英正では国学院大、立正大教授(経済学)。『燈台鬼』『細香日記』など。『からみ合い』(光文社、一九五九)は後に徳間文庫。

●平幹二朗…ひら・みきじろう(一九三三〜二〇一六)　俳優。五三年俳優座養成所入所。舞台、映画、テレビで活躍。演出も手がける。映画出演は『三匹の侍』『徳川一族の崩壊』など。小林作品はほかに『食卓のない家』。

●音楽もいままでと違う人と〜…『人間の條件』までの小林作品の音楽はすべて木下忠司。

●木下忠司…きのした・ちゅうじ(一九一六生)。武蔵野音楽学校(現武蔵野音楽大学)卒。戦後復員して松竹に入り、実兄の惠介作品はじめ大量の映画音楽を作曲した。

●武満さんとはどういうことで知り合ったのか〜…

『からみ合い』（一九六二年）

さすがに『人間の條件』が終わってひと休みしなければ身体がもちませんから、しばらくは息抜きをしていたと思います。そういうときに南條範夫さんの『からみ合い』を読んで、軽い気持ちと言うと語弊がありますが「このくらいなら恰好の素材じゃないかな」と思ったわけです。ちょっとサスペンスものをやってみたい気持ちもありました。いろいろ欲の絡んだ話ですから、ぼくとしては『あなた買います』に近い傾向のシャシンでしょう。

これは稲垣公一さんのホンがわりと早くできて撮影にも余裕があり、楽しみながらやったという印象です。役者もぼくのシャシンに出ていた人が多く、仲間で撮っているという感じがありました。平幹二朗さんと滝沢修さんが初めてでしたが、滝沢さんとは木下さんのシャシンでずいぶんやっていましたからね。

この『からみ合い』から音楽が武満徹さんです。当時のぼくの中に「このあたりで何かを打開したい、違ったことをしてみたい」という気持ちがあり、音楽もいままで（木下忠司）と違う人とやってみたくなったのだと思います。

武満さんとはどういうことで知り合ったのかよく覚えていませんが、あの頃から武満さんは映画音楽をずいぶんやっていましたよね。中でも『不良少年』は強く印象に残りました。武満さんはずっと大船に出入りしていて、「『人間の條件』を撮っているとき、小林さんが一所懸命に脚本を見て考えていたのを覚えています」と言ってくれましたよ。

武満さんはセット撮影にも来ましたしラッシュもよく見ていた。どんな音楽を書いてくれるのか、それはもう楽しみでした。案の定、とてもモダンでしゃれていて、主人公の岸惠子さんの心理に食い込むような音楽でした。武満さんは、映画全体をきちっと摑んで音楽をつくる人です。音楽ばかりでなく、録音の西崎（英雄）さんと一緒に、効果音も含めて映画の音響全体に責任を持ってくれました。

立花隆『武満徹・音楽創造への旅』（文藝春秋、二〇一六）に小林が『もず』を見て、ぜひ自分の映画にとたのんできたわけです」との武満の言葉がある。『もず』はにんじんくらぶの製作で、若槻繁がプロデューサー。

●『不良少年』…一九六一年三月公開　監督、脚本・羽仁進　撮影・金宇満司、出演・山田幸男、吉武広和ら。武満の音楽は、ギターはじめ小編成の楽器を用いた繊細な音づくりで第一六回毎日映画コンクール音楽賞。

●**武満さんはずっと大船に出入りしていて〜**…武満は『からみ合い』以前、松竹大船では中村登の『朱と緑』（一九五六）で初めて仕事をし、続けて中村の『つゆのあとさき』『土砂降り』『噛みつかれた顔役』『春を待つ人々』『危険旅行』『いたづら』『斑女』を担当、ほかに篠田正浩『乾いた湖』、渋谷実『もず』も担当していた。

撮影は川又昂さんです。宮島さんが何かほかの仕事にかかっていたのかもしれません。それで宮島さんに「川又さんを使っていい？　大丈夫かな」って相談したところ「大丈夫、大丈夫、使いなさい」と推薦してくれました。川又さんのキャメラ、なかなかよかったですよ。のちに松竹が『からみ合い』をビデオ化するときには現像所に来てくれて、ミキサーにいろいろ注文を出していました。こういうことをしてくれるスタッフというのはありがたいですよ。

『からみ合い』の興行成績は、まあ可もなし不可もなしといったところだったと思います。ですがぼくとしては、わりあいきちっとまとまり、バランスがすごくよくとれたシャシンだと思っています。

小林作品の中では目立たない一作だが、キネマ旬報一九七三年一一月二〇日増刊『日本映画作品全集』では浅野潜が「発表当時そう高い評価は与えられなかったが、実験的なこころみの成功が随所にあり、記憶されて良い佳作」と論評している。

『からみ合い』の撮影に入る間際、急にカナダの映画祭に行ってくれないかという話がありました。予定されていた監督が行けなくなったというのです。それで『人間の條件』(第五部・第六部)を持って行ったのですが、急な話で英語の字幕が付いていません。苦肉の策で、映画祭での上映の間、持参した英語台本をぼくが場面ごとに指さしていき、それを現地のナショナル・フィルム・ボードのギー・コテーさんという人が読んでいった。そういうことを三時間、つきっきりでやりました。不完全な上映でしたが、終わるとものすごい拍手でしたよ。一人、頭をかかえてじっと動かない人がいた。しばらくしてぼくのところに来て「感動した」と手を握ってきました。ロック・ドメールさんという人でした。

●**カナダの映画祭**…一九六一年八月のモントリオール国際映画祭。黒澤明の代わりで参加した。
●**ロック・ドメール**…本書執筆者略歴ページ参照。
●**橋本忍**…本書執筆者略歴ページ参照。
●『**切腹**』…一九六二年九月一六日公開　撮影・宮島義勇　出演・仲代達矢、岩下志麻、石濱朗、三國連太郎、丹波哲郎ら。
●『**用心棒**』…一九六一年四月公開　脚本・菊島隆三、黒澤明　撮影・宮川一夫　出演・三船敏郎、仲代達矢ら。
●『**椿三十郎**』…一九六二年一月公開　脚本・菊島隆三、黒澤明、小国英雄　撮影・小泉福造、斎藤孝雄　出演・三船敏郎、加山雄三ら。

これはまさに、橋本忍さんのシナリオに対する挑戦でした。

『切腹』（一九六二年）

自ら代表作だという『切腹』について、小林はインタビューでこう語りはじめた。小林はこの脚本を松竹のプロデューサー細谷辰雄もしくは俳優座の佐藤正之から持ち込まれたものと語った。一方、橋本の本書のための書き下ろし『切腹』によると事情が異なる。詳しくは同稿に譲るが、あるとき橋本の脳裏に「切腹の座につき、今から切腹する、ある一人の浪人者の恨み節」というイメージが閃き、一気に時代劇の脚本を書きあげた。これが「井伊家覚書」つまり「切腹」で、これを別件の依頼で訪ねてきた小林に見せたところ、すぐに松竹の了解も取り付けてきたという。

いいホンでした。構成が見事でした。井伊家の白州での、浪人者と家老の張り詰めた対決。そこに過去が入り込んでくる。これをどう演出するか。

ぼく自身、ちょっと時代劇をやってみたいと思っていたところでした。黒澤明さんへの挑戦という意識もありました。やりようによっては、黒澤リアリズムとは別のものができるのではないか。あの頃『用心棒』も『椿三十郎』も見ていて、それはもう面白くて迫力もある。ですがぼくには物足りなかった。大仰で娯楽的な要素が強すぎるのです。『切腹』では違ったことをやりたい、やらなければいけないという気持ちでした。そのための恰好の舞台が白州です。あそこを非常に様式的にやっていったら、黒澤リアリズムとは別のものができる——。

掃き清められた白州がある。中央に浪人が一人。周りを井伊家の侍が取り囲み、家老の後ろには井伊家の紋。とても厳しい画面です。みなじっとしていて動かない。家老が手にした扇子だけがバチッと響く。人物が動くときは一斉、井伊家の侍たちを揃って動かす。静と動の対比です。

余計な小道具は除けてしまい、大道具はぜんぶ新しい材料できちっとつくった。京都の撮影所にあったのは使い古した材料ばかりで、それでは厳しさが出ないからです。

白州に落ちる影が重要でした。中央に座る浪人の影、取り囲む壁や屋敷の影。これが時間の経過とともに、だんだんと深くなっていく。気象台に問い合わせ、何刻には影はどのくらいになるか全部調べて、シーンごとにライティングでつくっていきました。

美術の様式化、演技の様式化、静と動のコントラスト。そこに武満徹さんがつくった琵琶の音が鮮烈に入ります。『切腹』には日本の、東洋の美を意識的に凝縮していきました。會津八一先生から教育を受けたぼくの美の原点のような作品です。

『切腹』は松竹京都撮影所(当時は太秦)にとって二年ぶりの時代劇だった。小林も黒澤明への対抗意識を語っているが、『切腹』が製作された一九六二(昭和三七)年一月には『椿三十郎』が公開されており、撮影所にも「三十郎に負けるな」と士気が高かったという。◉

主人公の津雲半四郎は、実年齢では仲代(達矢)さんより三〇歳ぐらい上ですから、ずいぶん迷いました。踏ん切らせたのは台詞です。そうとう長い台詞があるのですが、そこは『人間の條件』で絶対に大丈夫だとわかっていましたから。テストでメーキャップをしてみると、若い仲代さんがだんだん津雲半四郎になっていく。撮っていても、まったく違和感がありませんでした。宮島義勇さんは『人間の條件』で三年も仲代さんの顔を撮り続けて、それでまた『切腹』だったでしょう。「う〜ん、長かったなあ」って言っていましたが。

家老の三國連太郎さん◉もなかなかうまかった。あの人は役に対してすごく貪欲で、衣装調べにしてもほかの人のときにも出てきて、周りの人が全部決まってから自分の衣装を決める。そういうところがある人です。

◉**撮影所も「三十郎に負けるな」と士気が高かった**…日刊スポーツ一九六二年五月二四日付。

◉**三國連太郎**…みくに・れんたろう(一九二三〜二〇一三) 俳優。スカウトされ松竹大船撮影所に入り、五一年『善魔』でデビュー。『飢餓海峡』『利休』など。小林作品はほかに『怪談(黒髪)』。

小林正樹アルバム⑮
『からみ合い』と『切腹』

『からみ合い』 スタッフ集合写真
前列左から西崎英雄(録音) 仲代達矢 芳村真理 小林 岸惠子
南條範夫 若槻繁(にんじんくらぶ代表) 渡辺美佐子 川又昂(撮影)
2列目左から4人目滝沢修 宮口精二 山村聰 千秋実 青松明(照明)
3列目左端吉田剛(助監督)

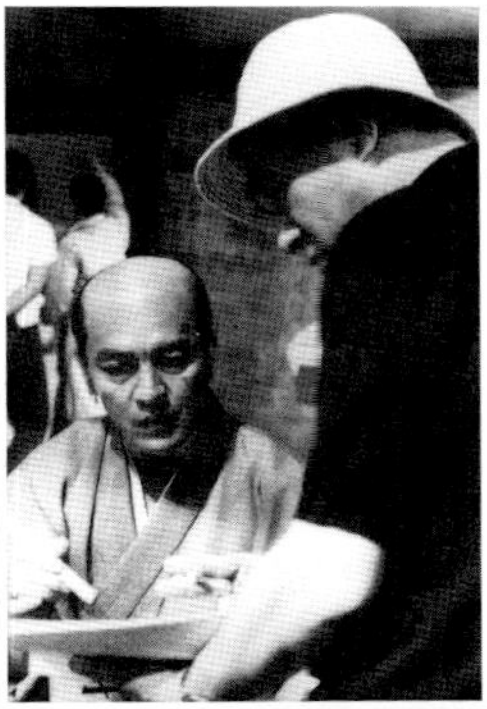

『切腹』
三國連太郎と
セリフを確認する
小林

『からみ合い』 カメラを前に
左から撮影川又昂 小林 原作者南條範夫

『切腹』 井伊家の中庭
殿上の家老・三國連太郎との対話で
浪人・仲代(右側背中)と
打ち合わせする小林

撮影所は京都です。木下さんの助監督時代に京都でやっていますから知り合いもいました。小林組のペースというものは知れ渡っていましたから、スタッフも全員納得してやってくれたし、製作部からの口出しもありませんでした。大道具の材料を新しく買った話をしましたね。あのあと、篠田正浩さんがあそこで時代劇を撮ったのですが「小林さんのおかげでいい材料が残っていて助かりました」と言っていましたよ。

撮影で苦労したといえば、やはり白州でのやりとりです。ライティングでつくった影のほかに、人物の動きにもキャメラワークにもいろいろなテクニックを使っています。座っている仲代さんは動けませんから、三國さんのほうをいろいろと動かすといったことですね。

橋本さんというのはト書きが多い作家で、少しでも演出家にわからせるために細かく書きこんでいます。たとえば最後に津雲半四郎が討ち取られるまで、三國さんの家老がぽつねんと独り座っている。その歯がゆく苛々した感情を延々と書いているわけです。

まともにやったらフィルムが何本あっても足りません。そこはメーキャップで処理していきました。アップになるたびに、顔が化石のように変化していく。あれはなかなかよかった。あの長いト書きを六カットぐらいで収めてしまっていると思います。

それにもまして困ったのは、石濱朗さんが竹光で切腹するところです。竹光で腹を切るというのは、どうにもやりようがない。そこも橋本さんは長々とト書きを書いているのですが、コンテをいろいろ考えてみても竹光ではどうしても刺さらないんだなあ。仕方がないから久しぶりにお酒でもと思って飲んでいて、ハッと閃きました。竹光の上に身体がのしかかるとズブッと刺さるんじゃないか。それからコンテがすっとできていったのです。飲んでいたせいか、残酷なコンテができあがった。しらふのときに漠然と考えていたコンテもあったので、宮島義勇さんに「どっちがいい?」って両方見せたところ「飲んでいるときのほうがいい」。それでまた、宮島さんのキャメラがコンテ以上に残酷に撮るわけですよ。

予想外に時間がかかったのは、御殿場で撮った仲代さんと丹波哲郎さんの対決の場面です。曇り空と

●篠田正浩さんがあそこで時代劇を撮った…『暗殺』一九六四年七月公開　脚本・山田信夫　撮影・小杉正雄　出演・丹波哲郎、岩下志麻ら。

●石濱朗…本書執筆者略歴ページ参照。

●丹波哲郎…たんば・てつろう（一九二二〜二〇〇六）　俳優。劇団活動を経て新東宝で映画界入りし五二年『殺人容疑者』でデビュー。『豚と軍艦』『御用金』など出演作多数。テレビドラマでも活躍。小林作品はほかに『怪談（耳無し芳一の話）』。

●刀は本身を使っています…当時の新聞記事によると真剣の使用は丹波哲郎からの提案だった。

●ちょっと意外でしたが…この年のグランプリ（パルム・ドール）はルキノ・ヴィスコンティ『山猫』。

風が必要で、風を吹かせるのには大きいのから小さいのまで扇風機をたくさん持って行ったのですが、雲のほうがぜんぜん出ない。もともと御殿場は曇ってばかりで、ふだんはロケーションのときに苦労する場所でしたからあそこならと選んだのに、たしか一週間ぐらい雲が出なかった。あのときの細谷辰雄さん(プロデューサー)の顔がいまでも目に浮かびます。大勢の人がいて、毎日何もしないでお金がかかっていくのですから。あそこでは刀は本身(真剣)を使っています。見てもらうと、いかにもその時代の侍という感じがするのではないでしょうか。

『切腹』は、ぼくのものとしては一番密度が濃いシャシンだと思っています。撮り終わってそれまでにないきちっとした時代劇を撮ったという手応えがありました。橋本さんのホンがよかったし、宮島さんの白黒のキャメラも最高だった。そしてあの武満さんの音楽です。ぼくも含めてみんなの代表作になったと言えるのではないでしょうか。

『切腹』の評価は高く、一九六三年のカンヌ映画祭にも出品された。小林は、仲代達矢夫妻とともにカンヌに赴いた。

カンヌで上映が始まると、例の竹光の切腹のところでは「なんて残酷な」という非難の口笛が会場に響きました。しかし映画が進むにつれて内容が理解されていき、最後は拍手です。上映後の記者会見でも、竹光の場面にいろいろ質問が出て、記者同士で論争になるほどでした。ああいう記者会見というのは日本では珍しい。昼のプレスの試写会に続いて、夜は正式な招待上映で観客はみんな正装をして映画を見る。知識人の社交の場になっていて、これも日本とはずいぶん違うなあと思いました。映画芸術に対する国民の感情、感覚がまったく違うということですね。

このときは審査員特別賞というのを受賞しました。前評判ではグランプリとも言われていたのでちょっと意外でしたが、その後カンヌに何回か行っているうちに、グランプリには芸術性もさることながらある程度の大衆性、興行的にもそこそこ見通せることが必要だということがわかってきました。一方、審査員特別賞というのは芸術性を中心に見た賞なのです。

ところでこのときのカンヌへの旅は映画祭そのものより、ぼくとしては初めてのヨーロッパを見るというのが一番の目的でした。当時の日程表を見ると五月八日に出発して、帰ってきたのが七月八日です。

それでカンヌでの上映が終わるとまず、審査が終わるまでの何日間かで、仲代さんと彼の奥さんと三人でポルトガル、スペインを回りました。映画祭が終わると今度は仲代さんと二人でロンドンからエディンバラ、グラスゴーに行き、そこからコペンハーゲン、さらに予定にはないストックホルムにも行きました。カンヌである女性プロデューサーから「ぜひ寄ってくれ」と言われて、ベルイマンの撮影を見に行ったのです。話はほとんどできませんでしたが、セットの雰囲気は小津組と似ていました。背の高い女の人が出ている喜劇でしたが、スタジオの空気が張り詰めていて、みんなおかしいんだけど笑えないでシーンとしているのです。そんなことがあってからハンブルク、ベルリン、アムステルダムと回ってパリで仲代さんの奥さんとまた一緒になりました。

パリは学生時代にフランス映画でずいぶん見ていた街です。ですからどういうところで撮影したのか見たくて歩き回りました。『北ホテル』の舞台になったところとか、モンパルナス界隈とかです。フランスというのは名所旧跡が、日本と違ってぜんぶ芸術になっている、芸術的な色合いが濃くて、文化都市だなあと思ったものです。パリには二週間いたのですが、これはのちに『化石』を撮るときにずいぶん役に立ちました。

そのあとは仲代さん夫妻といったん別れ、ぼくはチューリヒからウィーンに足を延ばしました。ここにはブルグ劇場の思い出があります。路面電車に乗ってウィーンの街を回りました。それからイタリアに出てミラノ、ヴェネツィア、フィレンツェを回ってローマ。そこ

●仲代さんの奥さん…宮崎恭子(みやざき・やすこ、筆名・隆巴＝りゅう・ともえ　一九三一〜九六)俳優座で女優として活動し、仲代と結婚後は脚本家、演出家に転じた。仲代とともに俳優育成のための無名塾を主宰。小林作品では『いのち・ぼうにふろう』脚本のほか、クレジットでは表示されていないが『食卓のない家』の初期稿を執筆した。

●みんなおかしいんだけど笑えないでシーンとしている…一九六四年の"För att inte tala om alla dessa kvinnor"(『この女たちのすべてを語らないために』＝日本未公開)のことと思われる。

●『北ホテル』…一九三八年(日本公開は一九四九年)　監督・マルセル・カルネ。舞台はサン・マルタン運河ほとりのホテル。

●小泉八雲…こいずみ・やくも(本名Patrick Lafcadio Hearn　一八五〇〜一九〇四)　ジャーナリスト、民俗学者、作家。アイルランド人の父とギリシャ人の母の間に生まれジャーナリストとして一八九〇年に来日、日本国籍を取得し英語教師をしながら海外への日本文化紹介に努めた。『怪談』は妻節子から日本各地に伝わる怪異譚を採話して文学化した作品集。小林が映画化した「雪女」「耳無し芳一の話」は『怪談』(一九〇四)所収、「黒髪」は『影』(一九〇〇)所収の「和解」、「茶碗の中」は『骨董』(一九〇二)所収。

●『怪談』…一九六四年一二月二九日公開　撮影・宮島義勇　出演・新珠三千代、三國連太郎ら(以上「黒髪」)、岸惠子、仲代達矢ら(「雪女」)、中村嘉津雄、丹波哲郎、志村喬ら(「耳無芳一の話」)、

で再び仲代夫妻と合流し、最後はナポリに寄って香港経由で帰って来るという旅でした。

仲代さんもぼくも英語があまり得意じゃないのに、地図と案内書をたよりによくあれだけいろいろ行ったものです。お金だってなかった。「ぼくは助監督時代にそんなことばかりだったから」と会計係を押しつけたので、仲代さんがその日に使ったお金を全部書き出してくれました。外国旅行というと、このときが一番の思い出です。


小泉八雲◉の映画化は小林がかねて、にんじんくらぶの若槻繁との間で温めていた企画だった。当初は松竹でスタッフ編成や配役準備が進んでいたところ、一九六三年になって城戸四郎から「待った」がかかった。入れ替わるように東宝から出資ならびに配給の申し入れがあり、『怪談』◉の製作が動き出す。当初の製作費予算は約一億円。このうち七〇〇〇万円を東宝、三〇〇〇万円をにんじんくらぶが負担する契約で、若槻はこれを融資を受けることで調達した。しかし実際の製作費は三倍にも膨らみ、にんじんくらぶを破綻に追い込むとともに、小林自身にも多額の借金を背負わせることになる。その内幕は、若槻の前掲『スターと日本映画界』に詳しい。

『怪談』（一九六四年）

小泉八雲は学生時代から好きでした。とりわけ一連の怪談話というのがおもしろく、日本人が理解している日本の美しさより、外国人である八雲が表現した日本の美のほうが純粋なのではないかと感じていたのですね。

ですから『怪談』は以前からやりたくて、『切腹』を撮っているときから若槻さんとは話し合っていた企画です。脚本を頼むなら水木洋子◉さんがいいんじゃないかという話もしていました。

決心がついたのはカンヌ映画祭に行ったときです。『切腹』の日本の様式美というものを外国人が高く

中村翫右衛門、奈良岡朋子ら（「茶碗の中」）。
◉**水木洋子**…みずき・ようこ（一九一〇〜二〇〇三）　脚本家。八住利雄に師事し舞台、ラジオドラマの脚本を経て四九年『女の一生』が映画第一作。『浮雲』『おとうと』など文芸作品の脚色に定評があった。

評価してくれたことが自信になりました。そこで、あれとはまた違った形で日本の美を追究してみたいと思ったのです。

これはぼくにとって初めてのカラーでした。実はカラーというのはあまり好きではありません。実際にぼくはほとんど撮っていない。色が役者の芝居を邪魔してしまうのがいやなのです。それに日本の街というのは汚ならしくて、そこに色が入るとよけい汚さが目立つでしょう。

ですが『怪談』の場合は、はじめからカラーありきでした。色による様式美ということを考えたのです。そのため、美術の戸田重昌さんとじっくり色の設計から始めました。第一話から第四話まで、それぞれをどういう色の基調にするかに始まり、人物の衣装から何から全部固めていったのです。色彩設計図録というものをつくりました（三〇八頁、小林正樹アルバム㉖参照）。クレーやダリの画集も参考にしながら、美術雑誌や一般誌のカラーページを切り抜きして、脚本を見ながら「この色はここで使えるんじゃないか」「この衣装はこの色で」などとはめ込んで貼っていった。助監督や美術の助手さんも一緒に泊まり込み、これに時間をかけました。衣装も全部こちらで決めてしまいましたから、俳優さんを呼んでの衣装合わせはありません。衣装合わせがない映画というのも珍しいと思います。

こうして色彩設計をしていくうち、ロケーションは全部やめることに決めました。ロケ撮影では一時間ごとに色が変わってしまい、狙った色で撮影することが不可能です。それで全部セットで撮ることにしたのですが◉、そうなると今度は既存のステージはどれも狭くて、われわれが狙っているようなものが撮れません。野外の場面も多いため、膨大なホリゾント◉が必要になりますが、これは普通のステージでは無理なのです。

撮影ができそうな建物を京都周辺でしらみつぶしに探しました。そして宇治市で見つけたのが、戦争中は陸軍の飛行機格納庫で、当時は日産車体が倉庫として持っていた建物です。

◉**全部セットで撮ることにした**…「黒髪」の流鏑馬のシーン、「耳無し芳一の話」の浜辺のシーンなどごく一部にロケーション撮影がある。

◉**ホリゾント**…撮影用の背景を描く壁ないし幕。

◉**全部セット**…この部分は太秦の日本京映撮影所（旧宝スタジオ）で処理。

建物探しはセスナ機まで使って行った。若槻によるとこの建物は高さ約一八メートル、広さが約一万四四〇〇平方メートル。その内部に、二〇〇〇平方メートルの白帆布を縫い合わせて大小ホリゾントを架設した。もともと廃屋に近い状態だったようで、当時の新聞記事によると電気設備や水道を引くなどだけで一〇〇〇万円以上かかったともいわれる。一九六四年三月二二日にクランクイン。当初は太秦の日本京映撮影所でスタートし、間もなく宇治の仮設巨大ステージに移動した。その移動にも費用がかかった。

そういう建物ですから、ホリゾントからつくっていかなくてはなりません。そこに吹きつけで背景を描いていく。ワンカット、ワンシーン終わるたびにそれを白に塗って、また新しく描いていく作業の繰り返しです。

大変だったのは照明です。天井が高いので、特製の足場を組まないと怖くて照明部が乗れません。鳶の人を頼んで下準備をして、それから命綱を付けた照明部が乗っかる。天井からの距離がありますからそれだけ光量も必要で、大きなライトを持ち上げないといけない。発電のジェネレータがもたないので、普通なら一台で済むところが二台も三台も必要になりました。

セットを組むのも大仕事です。たとえば「雪女」で仲代達矢さんが吹雪の中をさまようところも、雪女が出てくるあの不思議な小屋の周囲も全部セット。林は材木を一本一本天井から吊し、笹は丹波からトラック二〇台分を運んで小屋の周囲に埋め込みました。

すべてが初体験で、何をするにも時間がかかります。ホリゾントの問題もあるし、天井から吊り下げた木にしてもキャメラが「もう少し右」「ちょっと左」と注文するたびに手間がかかる。朝九時スタートで最初のカットの準備ができるのが午後三時頃、その日はもうあと二つか三つという、それくらいワンカットを撮るのが大変でした。

こうした状況から撮影は遅れに遅れた。東宝は当初、この年のお盆興行での公開を予定していたが、八月半ばの段階で撮影は七割程度しか終わっていない。当時のメディアは競うように、六三年暮れから東京の東宝・砧撮影所で撮影に入っていた黒澤明監督の『赤ひげ』と対比して、「製作日数おかまいなし　東の天皇(黒澤監督)　西の法皇(小林監督)」などと報じた。しかし『怪談』の製作遅れは小林の粘り腰だけでなく、多数に及ぶ出演者のスケジュール調整が困難を極め、同じ東宝の別作品のために俳優が長期不在になるといった事態まで起こったことにも起因する。さらに出演者のケガ、現像所のミスによる撮り直しまで生じるなど不測の事態が重なった。いきおい、製作費も雪だるま式に膨らんでいった。

撮影が進むにつれ「これはえらいことだ」という危機感はありました。しかし、映画っていうのは始まったら必ず終わる、その間にどんなことがあろうと必ず終わらせるという覚悟がありましたし、スタッフもみんなそう思っていたと思いますよ。

ですがついに若槻さんのサイドから「もう駄目です。お金がありません。借金ばっかりです」と言ってきました。映画というのは毎日毎日、出て行く現金がある。そういうお金が尽きたのです。

あれは「耳無し芳一の話」の最後のほうです。壇ノ浦で戦死した平家の武者たちの前で芳一が琵琶を弾いている。周りに煙が立ちこめるのですが、そこでドライアイスを使います。あまりに大量なので、寒い時期なのに何でだ、とドライアイス屋さんが見に来たほどでした。そのシーンの撮影が続く間はいつも大量のドライアイスが必要ですが、これは現金でないとなかなか売ってくれない。そのためのお金もないのです。

こうなってくると「じゃあぼくが集めるより仕方がないなあ」というので、とりあえず持っていたゴルフ場の会員権を売りました。割といいところばかり入っていましたから、それなりにはなりました。

それにこういうときに頼りになるのはやはり木下(惠介)さんです。電話して状況を説明し「一〇〇〇万

●**製作日数おかまいなし**…日刊スポーツ一九六四年八月二一日付。

●**秋山邦晴**…あきやま・くにはる(一九二九〜九六)　音楽評論家、プロデューサー、作曲家。五一年、武満らと実験工房を結成。現代音楽論、映画音楽論に多くの著作がある。

●**奥山重之助**…おくやま・じゅうのすけ(一九三〇生)　音響技師。大映京都撮影所を経てフリー。映画のほか草月アートセンターの活動などに参加。現代音楽の音響創造にも携わった。小林作品はほかに『上意討ち』『化石』。

●**武満の映画における仕事の中でも『怪談』は〜**…『怪談』の音楽・音響については本書III所収の柴田康太郎「武満徹と西崎英雄の協働——小林組の音づくり」参照。ほかに秋山邦晴『現代音楽をどう聴くか』(晶文社、一九七三)所収の研究報告「武満徹—映画音楽〈怪談〉を中心に」、『武満徹全集第3巻　映画音楽1』(小学館、二〇〇三)など。

●**京都で初めて仕上がりを見ました**…若槻の著書によると作品の完成は一二月二四日、二六日に京都で映倫試写、二八日に有楽座試写。

円ぐらいお願いします」と頼んだら、「うん、まあお金を貸すのはいいけれど、一〇〇〇万円だとあとで苦労するのはあなただよ」と、そこまで見通したうえで五〇〇万円送ってきてくれました。

そのほかこちらの苦労をわかって脚本の水木さんや仲代さんもお金を出してくれ、それで日ごとに必要な費用を支払っていったのです。こうしてクランクアップにこぎ着けたのが一二月一五日でした。

しかしまだ、ダビングがあります。まだまだ肩の荷は下りません、これは。

武満徹は『怪談』で、現実音を含む一切を任され「音楽音響」の肩書きでクレジットされ、さらに「音響助手」として秋山邦晴、奥山重之助も加わっている。ここで武満は生の楽器の音をほとんど使わず、テープ録音を加工するなど当時のテクノロジーを駆使したミュージック・コンクレートの技法で処理した。たとえば「雪女」における吹雪の音は尺八の音をさまざまな手法で変形して用いており、芳一が弾く琵琶も生の音そのままではない。武満の映画における仕事の中でも『怪談』は特筆されるべき作品となっている。

武満さんはしょっちゅう京都の撮影現場に来て、最初に撮り始めた「雪女」が終わってからは東京の草月会館にこもって、奥山重之助さんと音づくりを始めていました。ぼくにも最初に「まず「雪女」の風の音からいきましょう。だいたいこういう感じの音楽です」と聴かせてくれたことを覚えています。

しかし東京のアオイスタジオでのダビングで、音の仕上げはとても面倒でした。メロディーなんかまったくない、けれど複雑な音です。「耳無し芳一の話」の平家の亡霊の音などほんとうに繊細で、実際の上映でもそれがきちんと出てこないと効果がありません。

『怪談』の一般公開は六五年一月六日と決まっていましたが、東京の有楽座での先行公開が一二月二九日にありました。その前日には同じ有楽座での試写会も予定されていました。その試写会の前、京都で初めて仕上がりを見ました。

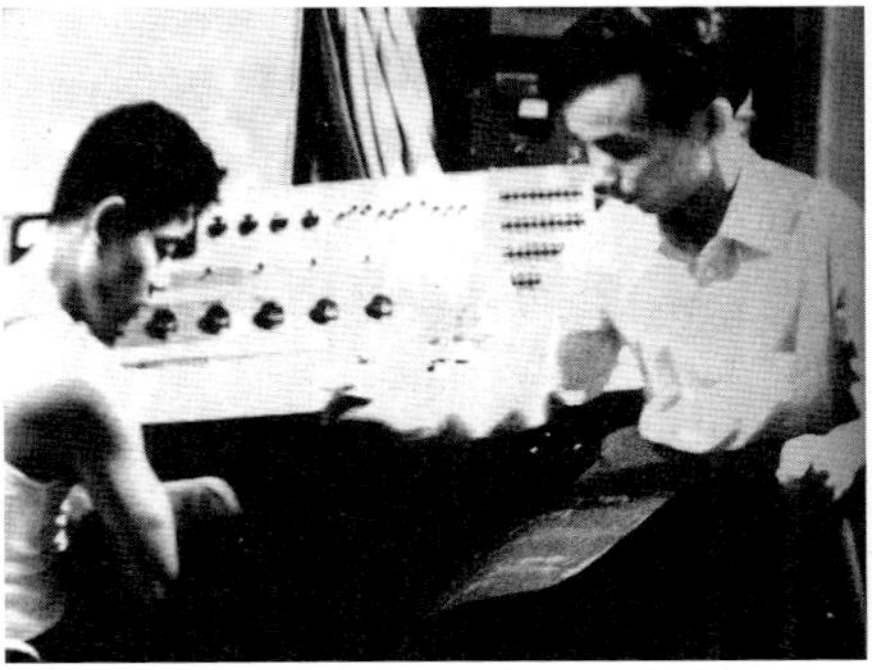

草月会館録音室で
テープ音楽作曲中の
武満徹(右)と
奥山重之助

『怪談』勅使河原蒼風のタイトル案に見入る小林

小林正樹アルバム⑯『怪談』

小林が現場で使用した
脚本の表紙
松竹作品の文字が
印刷されているが
破れかけた表紙のふちは
東宝マーク入りの
ビニールテープで
補強されている
この作品の流転を
象徴している

『怪談』のステージとして探し当てた
日産車体の巨大倉庫

第三話「耳無し芳一の話」　壇ノ浦合戦の巨大セット　安徳天皇の御座船を護衛する平家の軍船

『怪談』第二話「雪女」の巳之吉の家の大セット　吹雪のシーンに備えてのライトの配置を準備中

駄目でした。ぜんぜん気に入らない。音がきれいに出ていなかった。現像した直後はフィルムが乾いていないため音がロスする場合もあるので、もう一度映写機に掛けたらきちっとした音が出るかとも思いやってみましたが、やはり駄目でした。

東京に帰ると手紙が届いていました。武満さんからです。「思った音が出ていない」と、絶望したようなことが書いてありました。あれだけ苦労してつくった音がきちっと出ていない。それならダビングをやり直そう。音の素材そのものはあるわけですから。武満さんの手紙を読んでそう決意したのです。会って「ダビングをやり直しましょう」と言うと、武満さんも「ありがたいなあ。お願いします」と。一般封切りに間に合うよう、一二月三〇日から作業を始めました。とにかく六日の封切りに間に合わせなければいけない。終わったのは一月三日ぐらいだったと思います。それでやっと満足のいくレベルまでいきました。お金はかかりました。若槻さんは絶対反対でしたから、ぼくが全部出しましたよ。◉

最初にちゃんと音が出なかった原因はよくわかりません。とにかく満足できる音、映画になって、六日の封切りは安心して迎えることができました。

◉**ぼくが全部出しました**…若槻の著書によると小林の「金策」は人件費分で、スタジオレンタル料、機材費、スタジオ側人件費などは後に若槻にスタジオから請求が回ったという。なお若槻によると再ダビングは大晦日から。

◉**撮影現場の苛酷さ**…本書III所収の吉田剛「小林正樹というカオス」、小笠原清「「終」マークなき『東京裁判』への道程」参照。

「これほど非凡な作品はちょっと例を見ない」（読売新聞）など『怪談』の作品としての評価は高く、興行的にも東京・スカラ座、大阪・北野劇場で劇場の新記録をつくるなど成功を収めた。しかし製作費は約三億二〇〇〇万円にまで脹らみ、健康を損ないながら金策に駆け回った若槻も力尽きて、にんじんくらぶは倒産に追い込まれた。東宝は最終的に一億円まで出資したものの、残りはすべてにんじんくらぶの負債となり、配給収入からの取り分も七対三と不利な取り決めで、到底埋まるものではなかったのだ。『怪談』は作品的評価の一方、撮影現場の苛酷さ◉と資金破綻でも日本映画史の伝説のひとつになっている。若槻の著書には当初の予算と、公開時点まで実際にかかった製作費が明示されているので別表で示した。当初予算の段階では「耳無し芳一の話」の壇ノ浦合戦の撮影規模が未定だったことをはじめ算出不能要素が多く、

「(果たして予算内に収まるのか)自信がなかった」という。一方、にんじんくらぶとは別に、小林個人にも債務が残った。

木下さんからの五〇〇万円やら何やらで、ぼくの借金も一〇〇〇万円ぐらいはあったと思います。それを覚悟でやってきたとはいえ、奥さん(千代子夫人)にはずいぶん迷惑をかけました。
その処理に追われたわけですが、いまとなるとぼくがそういうことにいかに無知だったかという反省が残ります。やろうと思えば別の処理の仕方もあったでしょう。家を担保にして銀行からお金を借りて、とりあえず木下さんたちに返すこともできたのですが、そういう才覚がない。それで麻布笄町の家を手

費目	当初予算（64年2月15日作成）	製作費内訳（65年1月20日現在）
フィルム費	3,916,000	4,311,582
現像費	1,479,000	5,357,262
録音費	992,000	3,348,486
ロケ費	1,500,000	3,542,770
大道具費	20,000,000	70,441,002
小道具費	3,000,000	6,186,670
衣粧費	3,000,000	
美粧費	1,500,000	
照明費	1,800,000	35,907,145
美術費	300,000	
字幕費	80,000	
音楽費	2,000,000	3,361,437
エキストラ費	300,000	
特殊撮影費	500,000	
企画費	3,000,000	4,793,892
宿泊滞在費	9,000,000	
交通費	2,000,000	
通信費	50,000	4,113,954
消耗品費	50,000	
渉外費	150,000	
ステージ賃借料	3,500,000	26,197,621
雑費	50,000	11,077,881
臨時人件費	20,000	
機材借用料	2,080,000	
編集費	700,000	648,153
俳優費、スタッフ費	37,500,000	
俳優費		37,607,988
スタッフ人件費		44,161,841
製作準備費		836,581
美術雑費		1,027,696
結髪費		3,601,319
特技・タイトル費		338,845
自動車費		10,588,995
食事費		3,201,613
宿泊費		2,039,005
滞在費		19,103,326
ダビング費		5,161,799
撮影費		5,723,350
効果費		250,000
製作宣伝費		1,660,781
完成後の諸費		30,000
合計	99,997,000	318,661,704

『怪談』製作費予算と実製作費
❖若槻繁著『スターと日本映画界』から作成　単位は万円

放してしまいました。監督になったときに、(田中)絹代さんが一〇〇万円を出してくれて買った家です。それをあの人に相談もせずに売ってしまいました。ずっとあとに話をしたときには「わかっている、わかっているわよ」と笑って言ってくれましたが。

東宝に出向の形で撮った『怪談』を終えた小林を待っていたのは、松竹からの契約打ち切りの通告だった。これを理不尽と感じた小林は、松竹を相手に訴訟を起こした。

『怪談』の後始末をいろいろやって休養もして、四月だったと思いますが大船の撮影所に行くと、契約解除の辞令が用意されていました。そこで本社の城戸さんに会いに行くと、笑いながら「駄目だよあんた、カネばかり使って。そういう人はウチはなあ」って。『怪談』で松竹はまったくお金を出していません。しかし「小林を使い続けると大変なお荷物になる」という危機感があったのでしょう。ぼく自身、会社には何の未練もなかったし、『怪談』を東宝に渡した時点で何かあるなという感じは持っていました。

ですが、監督契約では一年に撮る本数が決まっています。『怪談』は松竹から東宝への出向という形で撮ったわけで、契約書を細かく見ても、一銭もくれないで契約解除というのはちょっと困る。

だいたい松竹と監督との契約は「なあなあ」みたいな形がずいぶんとありました。ぼくは城戸さんとは割と気楽に話せる仲でしたが、会社と監督との契約というものがこれでいいのか。今後も会社を辞めさせられる監督が出てくるような情勢でもありました。そういう人たちのためにも、このへんでやらなくてはという気持ちで、弁護士と相談して訴訟に踏み切ったのです。

ぼくとしては、ある意味で正義感から起こした裁判でした。実際、喜んでくれる人も

◉**東京映画**…東宝の関連会社として一九五二年に設立された製作会社。八三年に改組で東京映画新社となり映画製作から撤退、さらに二〇〇四年に東宝と合併し消滅した。

◉**幾つかの企画が～立ち消えになった**…井上光晴原作『他国の死』、石原プロから持ちこまれた『黒部の太陽』など。ベトナム帰休兵を扱ったオリジナル『日本の休日』などについては本書IV収録の岡田秀則「《つかの間の猶予》をめぐって―小林正樹の未映画化脚本を読む」参照。

◉**三船プロダクション**…俳優三船敏郎が一九六二年に設立した製作プロダクション・芸能事務所。六六年には撮影所を開設し、映画やテレビドラマを製作した。後に規模を縮小して撮影所も閉鎖した。

◉**『上意討ち―拝領妻始末―』**…一九六七年五月二七日公開　脚本・橋本忍　撮影・山田一夫　出演・三船敏郎、加藤剛、司葉子、仲代達矢ら。

◉**三船敏郎**…みふね・としろう(一九二〇～九七)俳優。四六年に撮影部要員として東宝に入ったが、翌四七年『銀嶺の果て』で俳優デビュー。四八年『酔いどれ天使』を皮切りに黒澤明作品に次々と主演、国際的にも活躍した。

◉**椎野英之**…しいの・ひでゆき(一九二四～七六)映画プロデューサー。文学座、ジャーナリスト経験を経て五二年東宝、後に東京映画。『御用金』『忍ぶ川』などを担当。小林作品に『日本の青春』『いのち・ぼうにふろう』。

◉**藤本真澄**…ふじもと・さねずみ(一九一〇～七九)映画プロデューサー、東宝株式会社取締役。三六

いたのです。けれど、あの裁判で一番ショックを受けたのは絹代さんだったと思います。ずっと松竹で育ち、重役連中ともずいぶんと親しかった。それなのに親戚のぼくが裁判を起こしたというので、立場としてかなり辛かったのではないか。悪いことをしたなあという気持ちは、いまも残っています。

裁判は一九六九年三月二八日付最高裁第二小法廷の松竹側上告棄却判決で決着。松竹が小林に一〇八四万円を支払うよう命じる内容で確定した。

9　自立と新たな展開

松竹を離れた小林は一九六五年、東京映画と契約した。以降、幾つかの企画が浮かび、中には報道されたものもあったが多くは立ち消えになった。しかしその中で東宝＝三船プロダクション製作による『上意討ち――拝領妻始末――』が本決まりになり、三船敏郎との初顔合わせが実現する。

『上意討ち――拝領妻始末――』（一九六七年）

『怪談』の後始末や松竹との契約の問題があったので、いろいろな動きが出てきたのは一九六六年になってからでしょう。東京映画との間をつないでくれたのはプロデューサーの椎野英之さんで、俳優座の佐藤正之さんとも仲が良かった人です。その椎野さん、佐藤さんといろいろ企画を考えているときに、東宝の藤本真澄さんから呼ばれて「やってくれないか」と言われたのが『日本のいちばん長い日』でした。ホンは橋本忍さんで、三船敏郎さんが主役の阿南陸将という企画です。

年ＰＣＬに入り、プロデューサーとして日本映画の黄金期を演出した。『青い山脈』『プーサン』『隠し砦の三悪人』などプロデュース作品多数。
◉**『日本のいちばん長い日』**…半藤一利原作。岡本喜八監督により六七年映画化された。

もちろんぼくとしても興味がある企画です。その年の夏公開という予定で準備を始めました。ですが三船さんに急な外国映画出演が入り◉、延期になってしまったのです。

ほかにも幾つか企画を考えていましたが、そのうちまた東宝のほうから『日本のいちばん長い日』は後回しにして、三船プロが新しくつくったスタジオの第一回作品をという話が来たのです。これが『上意討ち』です。藤本さんとしても『日本のいちばん長い日』へのブランクを考えてくれたのでしょう。『切腹』を撮っているし、こちらのほうが向いているだろうとの判断もあったのかもしれません◉。

『上意討ち』は『切腹』と同じ橋本さんのホンで同系統の内容です。ぼくとしては様式美の追究は『怪談』までである程度やった気がしていたので、ことさら狙う気持ちはありませんでした◉。ですがやはり、意識しなくてもそういうものは出るものですね。小道具さんなんかも『切腹』のときの人が付いてくれましたし。

スタッフの多くは三船プロ・東宝サイドの人たちでした。キャメラマンの山田一夫さん◉もあちらからの指名で、ぼくには初めての人です。稲垣浩さん◉のシャシンをだいぶやったベテランですが、長年の仕事でツーカーのところがあった宮島義勇さんとのようにはいかず、ポジションにしてもある程度ぼくが決めなければいけない面はありました。稲垣さんという巨匠に付いていたので、キャメラマンとして意見を言うという習慣がなかったのでしょう。ですが人柄は大変にいい人です。年賀状で「『上意討ち』が懐かしい。ああいうシャシンをまたやりたいですね」と書いてきてくれたことがありました。一所懸命やってくれたのだと思います。

『上意討ち』は一九六七年二月二二日、東京・世田谷の三船プロ新スタジオでクランクインした。しかし新スタジオは設備、スタッフとも万全ではなく特機(移動機材)の専門家がいなかったほ

◉**三船さんに急な外国映画出演が入り**…『グラン・プリ』(ジョン・フランケンハイマー)。

◉**こちらのほうが向いている〜**…『日本のいちばん長い日』が岡本喜八により映画化されたことについて、橋本忍は本書編集者に「藤本さんが小林さんとけんかをして降板させた。岡本さんはぼくの推薦。小林さんが浮いてしまったので、ぼくが企画していた『上意討ち』を三船さんに提案した」と話した。同じ内容を松田美智子『サムライ——評伝三船敏郎』(文藝春秋、二〇一四)で語っている。

◉**ことさら狙う気持ちはありませんでした**…当時の各種インタビューで小林は「今回は直木賞のおもしろさを狙った」と語っている。

◉**山田一夫**…やまだ・かずお(一九一九〜二〇〇六) 撮影監督。四四年東宝入社。『無法松の一生』『忠臣蔵 花の巻・雪の巻』など。

◉**稲垣浩**…いながき・ひろし(一九〇五〜八〇) 映画監督。二二年日活に俳優として入り、後に松竹入りし助監督。二八年『天下太平記』が監督第一作。時代劇の代表的監督の一人。『無法松の一生』『日本誕生』『風林火山』など。

◉**山田は電力について〜**…前掲松田『サムライ』引用の演劇専門誌「浪漫工房」より。

◉**責任を小林のいつもの粘りに帰す記述も多い**…松田『サムライ』など。

◉**司葉子**…つかさ・ようこ(一九三四生) 会社勤めからスカウトで東宝と契約、五四年『君死に給うことなかれ』でデビュー。映画からテレビ、舞台まで活動を広げた。映画は『小早川家の秋』『紀ノ川』など。

か、撮影の山田は電力について「二〇〇キロワットまでしか使用できない為セット撮影は苦しいものでした。おおきなライトが使えませんので、五〇〇ワット、一キロワットといった小さいライトを集めてのライティングですから、能率が上がらないこともあります」と語っている。この作品も撮影スケジュールが延びた。責任を小林のいつもの粘りに帰す記述も多いが、このような条件のほか、主要出演者のスケジュールもタイトだった。当時の撮影日誌によると仲代達矢は他作品出演、舞台公演の稽古とその本番の三つどもえ、司葉子はテレビドラマのため毎週水、木の夜と金曜日は不可、加藤剛に至っては「松竹映画、テレビ、舞台公演入り乱れてあくひまなし。午後は三時三〇分まで、夜間は一一時四五分イン（現場入り）の状態続く」というありさまだった。こうした厳しい撮影状況、さらにオープンセット撮影の障害となる天候不順が重なって撮影が遅れたことでプロダクション社長としての三船が苛立ち、メディアでも監督と主演俳優の不仲が取り沙汰されることになった。

●加藤剛…かとう・ごう（一九三八生）　俳優養成所を経て六四年俳優座入団。映画『忍ぶ川』、テレビ「大岡越前」など。小林作品はほかに『化石（ナレーション）』。

●三船が苛立ち…撮影日誌の三月二六日付に「三船氏、怒鳴る。夜話し合う」の記載がある。

自分の新しいスタジオで初めての作品ということもあったのでしょう。三船さんはほんとうに神経質な人でした。朝、ぼくがスタジオに行くと自分で玄関を掃いているのです。そういう細かい神経まで使っていた。ですから当然、予算に対して神経過敏になっていました。そういうことも何となくわかるものです。

三船さんの息子役の加藤剛さんが他の仕事の都合で夜は出られないという制約もありました。屋敷での斬り合いのシーンでは加藤さんも出ずっぱりですが、そういう事情で撮影が順調にいきません。あの屋敷は三船プロの敷地に建てたオープンセットですが、雨が降ると地面が乾くまで撮れません。すると三船さんは乾くまでの間、陰のほうで「なんでやらないんだ」とぶつぶつ言っていたらしい。スタッフもだいたい三船プロの側ですから、ぼくに撮らせようとしている気配はわかります。ですがぼくは乾くまで撮らない。ぼくだって加藤さんが出ていないところは中抜きで撮っていますし、そう無理なことをしていたわけではありません。

しかしそういうことで、三船さんとはだんだん険悪になってきたんだなあ。最後の段階ではついに藤本さんまで出てきて「おい、封切りが決まっているんだから仕上げてくれよ」って言ってきました。ですから、御殿場でロケをした最後の三船さんと仲代達矢さんとの決闘の場面も大車輪で撮りました。

それとダビングです。例によってぼくのダビングは時間がかかる。ですが東宝や三船プロの人たちには、ダビングというのは簡単に終わるものという通念があるから、そこでまたイライラする。

ところでそのダビングの前には台詞だけの総ラッシュがあるのですが、これを見て藤本さんが「おい、三船さんの台詞がぜんぶ聞こえるじゃないか！」って奇声を上げるということがありました。どういうことかというと、これも武満徹さんの仕事です。

三船さんの台詞というのは明瞭ではありません。黒澤さんの映画を見てもそうです。『上意討ち』の録音は、『怪談』にも参加してくれた奥山重之助さんで、武満さんは奥山さんと二人でスタジオにこもって、三船さんの声を録音した素材から、音(の成分)として悪い要素だけぜんぶ抜き取っていった。これができる機械は当時はＮＨＫにしかなくて、武満さんはそういうことまで知っているわけです。こちら側としてはそこまでして、三船さんをよく見せようと苦労していたのです。

しかし役者としての三船さんは、期待していた通りでした。あの人はキャメラを通して見るとすごくいい。それに聞き取りにくくはあっても、あのぼそぼそって言う台詞にまた何ともいえない魅力がありました。仲代さんとはまったく対照的ですが、やはりすごい役者です。加藤さんもよかった。だから、あの親子はとてもよかったですね。

ただ、問題は司葉子さんでした。起用は東宝からの要請で、人柄はいいのですが役者としては手こずりました。ぼくはあまり役者には注文をつけないのですが、立ち居振る舞いを手取り足取りでやりました。それに発声が時代劇とは違う。台詞が口先だけで細くて軽いのです。ずいぶん細かくやりました。それでまた周りがイライラするわけです。ですがよく耐えてくれました。この人の一番いいのは素直と

◉**遠藤周作**…えんどう・しゅうさく(一九二三〜九六)　作家。『海と毒薬』『私が・棄てた・女』など映画化、テレビドラマ化された作品も多い。

いうところかな。一所懸命に集中してやる意欲は立派だったと思います。相手役の加藤さんがまた、飽きもせずに付き合ってくれました。ですから作品には、司さんのいい部分がずいぶん出ているのではないでしょうか。

『上意討ち──拝領妻始末──』の完成は予定よりやや遅れたものの、キネマ旬報誌のベスト・テンでは『切腹』が三位にとどまっていたのに対し、本作は一位に支持されるなど高く評価され、興行面でも上々の成績を上げている。

わからないものだと思いましたよ。まさかキネ旬で一位になるとは。ぼくとしては『切腹』を上回るほどのものとは思っていなかった。もちろん出来が悪いとは思いませんが、やり尽くせない部分もあった。ぼくとしては『切腹』のほうが高く評価されなければいけないという思いはありました。しかし『上意討ち』は英国でも映画協会賞というものをもらい、評価が高かったのです。英国人気質に合うのですね。『切腹』は彼らには強烈すぎたのかもしれません。『上意討ち』は組織に反抗する話で、三船さんと加藤さんの親子の感情もある。そういうものが合ったのではないでしょうか。

毎日映画コンクールでも日本映画大賞をもらいましたし、考えてみると三船プロでこれだけいろいろ賞を獲ったのは『上意討ち』だけでしょう。三船さんも内心嬉しかったのではないですか。藤本さんが和解の場を設けてくれて何かのパーティーで三船さんと話をしましたし、のちに三船プロを訪ねたこともありました。

『日本の青春』（一九六八年）

重厚な時代劇『上意討ち』の次に小林が取り組んだ素材は遠藤周作の小説『どっこいショ』だった。映画化に

あたって『日本の青春』と改題された。小林にとって、『からみ合い』以来の現代劇である。

このあたりの企画というのは、いろいろと錯綜しています。佐藤正之さんや椎野英之さんと集まっては、いつも次は何をやろうか話していましたからね。遠藤さんの『どっこいショ』は、ぼくが「これはやり方によってはちょっとおもしろいよ」と、東京映画用の企画として提案しました。自分で撮る気持ちはなかったのです。「誰かに撮らせてみたら?」くらいのつもりで。それが東宝のほうで「小林が撮るならやろう」ということになり、佐藤さんも椎野さんも乗り気です。ぼくとしても原作に魅力があって薦めたわけですから、それではと廣澤榮さんに脚本を書いてもらいました。

ですが、できあがったホンはシリアスドラマになっていて、イメージと違うのです。ぼくとしては喜劇的なものを入れないと遠藤さんの持ち味が生きないし、藤田まことさんを使う意味もない。ええ、第一稿ができる前にはもう、遠藤さんの原作に合う人ということで藤田さんのキャスティングは決まっていましたから。それでぼくが加わって、廣澤さんと一緒にホンを直したわけです。

藤田さんは好きな俳優さんというわけではなかった。でも主人公の中年男のしょぼくれた感じが、あの人なら出せるのではないかと思ったわけです。藤田さんの喜劇的な部分を活かしたいし、非常にシリアスな部分も引き出さなければいけない。両方が必要なので、かなり丁寧にリハーサルもやりました。入念にということでは息子役の黒沢年男さん、その恋人の酒井和歌子さんもそうでした。あの頃はまだ二人とも、それほど売り出していなかったでしょう。

一方、藤田さんの奥さん役の奈良岡朋子さんは前からチャンスを狙っていた人です。『怪談』の「茶碗の中」に出てもらいましたが、やはりさすがでした。もう一度使いたくて文句なしに決めました。藤田

●『日本の青春』…一九六八年六月八日公開　脚本・廣澤榮、撮影・岡崎宏三　出演・藤田まこと、奈良岡朋子、新珠三千代、黒沢年男、酒井和歌子、佐藤慶ら。

●廣澤榮…ひろさわ・さかえ(一九二四〜九六)脚本家。四四年東宝に入り助監督、後に脚本家。『筑豊のこどもたち』『サンダカン八番娼館　望郷』など。

●藤田まこと…ふじた・まこと(一九三三〜二〇一〇)俳優、コメディアン。舞台役者、歌手、司会などの下積みを経てテレビの時代劇コメディ「てなもんや三度笠」で人気を確立、後にテレビ「必殺」シリーズで新境地。『野獣刑事』など映画出演も多数。

●黒沢年男…くろさわ・としお(一九四四年生)俳優。六四年ニューフェースとして東宝入り。同年『三人よれば』でデビュー。『日本のいちばん長い日』など。テレビ出演も多数。

●酒井和歌子…さかい・わかこ(一九四九生)俳優。劇団若草出身。六一年『あいつと私』で映画デビュー。六四年東宝入りし『めぐりあい』『妻と女の間』など。テレビ出演も多数。小林作品はほかに『いのち・ぼうにふろう』。

●奈良岡朋子…ならおか・ともこ(一九二九生)俳優。劇団民藝創設団員。映画出演も『原爆の子』『はなれ瞽女おりん』など多数。小林作品はほかに『怪談(茶碗の中)』。

小林正樹アルバム⑰
『上意討ち』と『日本の青春』

『上意討ち』　立ち廻りの段取りをつける
小林と仲代達矢（左手前）三船

『上意討ち』の小林と司葉子
本番前の緊張の打ち合わせ

『日本の青春』
現場訪問の三プロデューサー
後列右から
椎野英之 佐藤一郎 佐藤正之を
迎えての記念写真
前列正面手前二人が
藤田まことと小林
左端がチーフ助監督 渥美和明
後列左から照明の榊原庸介 新珠三千代
撮影の岡崎宏三 脚本の廣澤榮

『日本の青春』で
左から黒沢年男 奥に酒井和歌子 小林 佐藤慶

小林は藤田の喜劇的要素とシリアスな側面の
両方を引き出そうとした

さんとの対照がおもしろく、これは配役の妙だと自分ながら思いますよ。ほかでは新珠三千代さんも佐藤慶さんもずっとやっている人ですから、これも問題なくいっています。

音楽はいつもの武満さん。『日本の青春』では『からみ合い』以来の、いわゆる地というか、武満さんの心がもろにすっと出た音楽です。それまでいろいろ機械を通したりしてやった音が多かったですけど、これはもう、若干手は入れているのだろうと思いますが、楽器そのままの音ですね。

撮影の岡崎宏三◉さんとは初めてでした。岡崎さんはあの頃、松山善三さんのシャシンをだいぶ撮っていたし、東京映画の作品も多かった。そういう関係で見る機会がずいぶんありました。白と黒のコントラストをすごく活かせる人だし、望遠レンズの効果の使い方がとてもうまいと思っていました。ぼくも東京映画と契約しましたし、いずれ岡崎さんとやりたいとは思っていたところでした。黒沢さんと酒井さんが横浜の港で話をしているシーンなど、すごくうまく望遠の効果を使ってくれています。これ以後、岡崎さんとの付き合いがずっと続くわけです。

ところで、新珠さんがやっているバーの食器など小道具一式は、全部ぼくの家から持って行った品物です。現代劇の場合は特にそうですが、ぼくは小道具が本物でなければ気に入りません。美術は小島基司◉さん。東京映画の美術はほとんど小島さんでしたが、もとは松竹で平高主計さんの上にいた人です。あまり出しゃばってはいけないとは思いながらも、やはり気に入らないものは気に入らない。それで小道具を持ち込んだのですが、そのことで小島さんが東京映画に「なんでこれくらいのものを買わない。監督に持ってこさせるなんてもってのほかだ」と文句を言ったそうです。これ以降、ぼくの現代劇に出てくる小道具の多くは家から持って行ったもので、『化石』にしてもほとんどそうです。

『日本の青春』というのは、とてもおもしろいシャシンだと思います。ある意味で『人間の條件』と繋がっている。藤田さんがやった親父さんは、戦争で悩み苦しんだ世代です。その息子が自衛隊に入りたいというのは、（軍隊で障害を負った）親父にとっては大変なショックです。つまり、親子の断絶の問題が戦

◉**岡崎宏三**…本書執筆者略歴ページ参照。

◉**小島基司**…こじま・もとじ（一九一七〜七三）美術監督。松竹大船撮影所に入り、四三年『家に三男二女あり』からチーフ。『お嬢さん乾杯』『蟹工船』『恍惚の人』など。

◉**二五日には記者発表**…四監督そろっての発表記者会見を東京の高輪プリンスホテルで開いた。企画から製作資金手当、配給まで四監督が協力して新しい映画づくりを実現させることが趣旨とされ、席上「共同脚本、監督で年内に一作、来年（七〇年）はそれぞれ一作」との方針を示した。

争と自衛隊の問題に絡まっているわけです。親子の家庭劇としては、『息子の青春』や『まごころ』、『この広い空のどこかに』の系譜ですが、ぼくもいろいろなシャシンを撮って大きく変わりました。人間を描くという基本は変わらなくても、社会や歴史の中で人間をつかまえ位置づけるということが、『日本の青春』ではとても大きく表れていると思うのです。

ですが、ぼくとしてはタイトルはあくまでも「どっこいショ」。藤本真澄さんがプロデューサーの椎野さんに「それではスケールが小さいから『日本の青春』に変えろ」とだいぶ言ったらしい。ぼくはおよそ合っていないと思い、絶対に反対でした。ファーストシーンで主人公が満員の井の頭線から出てきます。それから自分のしょぼくれた事務所にたどり着いて、椅子にどんと腰掛け「ああ、どっこいしょ」、そこでタイトルを出すというつもりでしたから。『日本の青春』というタイトルは、大変に不満です。

『日本の青春』が一九六八年六月に公開されると、小林はこの年のタシュケント国際映画祭、翌年春はカンヌ映画祭からロンドン映画祭、六月にベルリン国際映画祭、七月がモスクワ国際映画祭に出席と海外旅行が続いた。帰国した小林を待っていたのが黒澤明、木下恵介、市川崑の三監督と共同での「四騎《よんき》の会」設立だった。

四騎の会

ぼくが向こうに行っている間、黒澤さんたちで話し合っていたようです。沈滞している日本映画の刷新が目的だったのでしょう。黒澤さんが『日本の青春』を見て「小林さんもメンバーに」ということだったようです。

とにかく七月一九日にモスクワから戻ってきたところを椎野(英之)さんに捕まって「すぐに四騎の会に入ってくれ」と。二五日には記者発表で、そうとう大きく報道されましたね。

それからは四人でよく集まっては、第一回作品を何にしようかいろいろ話をしました。決まったのが山本周五郎の「町奉行日記」で、スーパーマンの世直しみたいな話です。これを『どら平太』という題名にして四人で演出するという、企画としてはおもしろくても無茶な話です。

それでも九月にはみんなで箱根の旅館（実際は湯河原の山香荘）に籠もって脚本づくりに取りかかりました。ですが毎晩飲みながら、黒澤さんを中心に昔の映画の裏話みたいなことに夢中になってしまいホンが進みません。原作のどの部分を誰がやるかという分担は決まりましたが、木下さんが用事で帰ってしまうし、市川さんもいなくなっちゃって、なんだかまとまらないのです。

せめて第一稿ぐらいは仕上げようと、橋本忍さんにも加わってもらい何とかできあがったのですが、やはりどうもうまくない、そのホンが。そのうちになんか、みんなやる気がなくなってきてしまった。それじゃあもう、各自がやりたいものをやろうということになった。それなら黒澤さんが四騎の会の第一回をやるのが当然だということになり、それで撮ったのが『どですかでん』でした。

そしてぼくのほうは四騎の会とは別に、東宝と俳優座の提携で『いのち・ぼうにふろう』の準備に入ったわけです。


山本周五郎…やまもと・しゅうごろう（一九〇三〜六七）作家。人間味ある時代小説、歴史小説の大家。『樅ノ木は残った』『赤ひげ診療譚』『おさん』など映画化された作品も多い。

『どら平太』…この時は実現せず、後に市川崑監督が四監督共同の脚本を改稿した上で完成させ二〇〇〇年公開。撮影・五十畑幸勇、出演・役所広司、浅野ゆう子ら。

『どですかでん』…一九七〇年一〇月公開　脚本・黒澤明、小国英雄、橋本忍、撮影・斎藤孝雄、福沢康道、出演・頭師佳孝、菅井きん、加藤和夫ら。

『いのち・ぼうにふろう』（一九七一年）

『いのち・ぼうにふろう』は原作が山本周五郎の『深川安楽亭』。仲代夫人の隆巴（宮崎恭子）がこの数年前から脚本化に取り組み、キネマ旬報に発表して評判になっていた。これに佐藤正之が注目し、小林に映画化を勧めた。

安楽亭という飲み屋に吹きだまって、裏で禁制の抜け荷を稼業にしている人間のカスみたいなならず

小林正樹アルバム⑱『いのち・ぼうにふろう』

美術監督水谷浩のスケッチによる安楽亭と周辺のオープンセット

安楽亭建て込み準備段階では
舟橋を仮設して中州を往来した

相模川河畔で
小林(左)に
オープンセットの
説明をする
水谷

相模川中州に建てられた安楽亭のオープンセット
舟上からローアングルで確かめる小林

安楽亭前の橋上で　メインスタッフ・キャストの集合写真
左列手前下から佐藤慶　一人おいて近藤洋介　仲代達矢
植田峻　山谷初男　右列下より草野大悟　岸田森
一人おいて山本圭　隆巴(脚本)　小林監督　西崎英雄(録音)
佐藤正之(製作)　中列手前より一人おいて栗原小巻　岡崎宏三(撮影)
中村翫右衛門　椎野英之(製作)　その左下村一夫(照明)

橋上の人の往来を
舟上から撮影するための準備

話題となった異色の顔合わせ
仲代(左)と勝新太郎

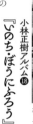

者集団が、あることから無償の行為に引きずられていってしまうという話です。

安楽亭は深川堀の中州にあり、陸とは橋一本でつながっている設定でした。安楽亭のオープンセットをどこにつくるか。水があり葦やススキが茂っているような場所を、琵琶湖周辺から関東一帯まで一カ月ぐらいかけて探しました。やっと見つけたのが、相模川を少し上った場所の中州です。

これは美術が、溝口健二さんとずっとやっていた水谷浩さんで、大変にいいオープンセットでした。あの頃、横浜の市電が廃止になるというので、その敷石を買ってきてきちっとした土台をつくりました。建物の丸太も全部本物です。それだけのセットなので、安楽亭の内部のシーンも、全部そこで撮ることができました。

ですが相模川が問題でした。上流で堤防を切るとすぐ水が溢れてしまう。しょっちゅう「いまはちょっと待ってくれ」と頼んだり、逆に「水が少し足りないから流してくれ」と注文して、そういう連絡をする担当の係までつくりました。

それと安楽亭周囲の葦、ススキです。その枯れた原が安楽亭の周囲に広がっている墨絵のような感じが絶対の狙いでした。ところが撮影しているうちに駄目になっていってしまう。冬から春にかけての撮影で、しょっちゅう補充しなければなりませんでした。

キャスティングには佐藤(正之)さんの好みが強く出ています。仲代さんはじめ栗原小巻さんや近藤洋介さん、山本圭さん、中谷一郎さん、滝田裕介さん、三島雅夫さんと、みんな俳優座です。栗原さん、ほんとうにきれいでしたねえ。俳優座以外ですと、草野大悟さんはぼくの作品系列の中では出てこなかったような俳優さんですが、会ってすぐに「これはいい」と思いました。山谷初男さんもおもしろかった。

ですが何といっても中村翫右衛門さんです。ぼくは学生時代からすごいファンでした。山中貞雄の『街の入墨者』には強い印象がありましたし、『逢魔の辻　江戸の巻』での翫右衛

◉**『いのち・ぼうにふろう』**…一九七一年九月一一日公開　脚本・隆巴　撮影・岡崎宏三　出演・中村翫右衛門、栗原小巻、佐藤慶、仲代達矢、近藤洋介、勝新太郎ら。

◉**水谷浩**…みずたに・ひろし(一九〇七〜七一)　美術監督。東京美術学校(現東京芸術大学)在学中の二七年松竹蒲田撮影所に入り、『残菊物語』(溝口健二)、『偽れる盛装』(吉村公三郎)などを担当。『いのち・ぼうにふろう』は六年ぶりの映画で最後の作品となった。

◉**全部そこで撮ることができました**…安楽亭のセットは中州に丸太を打ち込んで基礎を固めた本建築。当時の新聞記事は費用を二五〇〇万円と伝えている。

◉**墨絵のような感じが絶対の狙いでした**…この効果を出すため、撮影の岡崎宏三は、日本映画としては初めて英イルフォード社の高感度モノクロフィルムを使用した。

◉**栗原小巻**…くりはら・こまき(一九四五生)　俳優。六三年俳優座入団。六七年『ゴメスの名はゴメス』で映画デビュー。『忍ぶ川』『サンダカン八番娼館望郷』など。小林作品はほかに『化石』。

◉**近藤洋介**…こんどう・ようすけ(一九三三生)　俳優。俳優座養成所から五七年座員。六三年『白と黒』で映画デビュー。小林作品はほかに『怪談(耳無し芳一の話)』『化石』。

◉**山本圭**…やまもと・けい(一九四〇生)　俳優。俳優座養成所から六三年座員。六二年『乳房を抱く娘たち』で映画デビュー。『氷点』『若者たち』など。

門さんもとてもよかったのです。『怪談（茶碗の中）』で初めて出てもらいましたが、あの武士の役ではあれしかないという、すごい演技をしてくれました。

翫右衛門さんには自由にやってもらいました。安楽亭の柱のような役です。その翫右衛門さんを中心に、たむろするならず者たちや、「名のない男」役の勝新太郎さんという、あの組み合わせから生まれる雰囲気、俳優さん同士の呼吸というのでしょうか、そういうものが大変に魅力的でおもしろかったシャシンです。

この現場は楽しめました。俳優さんがやり過ぎるのをむしろセーブするような形でしたが、セーブするのは割合と楽なのです。遠慮してしまう内向型の役者さんというのは、演出家としてすごく辛いものです。思い切ってやってもらったほうがいい。集団の芝居は呼吸が面倒ですが、全体のことは監督の仕事で、俳優さんがそういうことを計算すると具合が悪いこともあるのです。

集団劇のアンサンブルは、やっていくうちにできていきます。ディスカッションをしたりリハーサルをしたりして、その間に俳優さんの中に膨らみが出てくるし、監督の中にも芝居を見ているうちにプラスアルファが生まれてくる。そういうものが重なってワンカット、そしてひとつのシーンができあがっていきます。映画のつくり方というのは、そういうものだとぼくは思っています。

黒澤明の『どですかでん』を製作しただけで足踏みを続けていた四騎の会は一九七一年秋、新たにフジテレビと契約を結び、各監督が一時間枠の連続ドラマシリーズを演出することになった。年明け放送予定の木下惠介作品に続き、小林は二番手として一月三一日放送から三月二一日までの八週分を担当することになり、井上靖原作『化石』のドラマ化準備が慌ただしく始まった。小林には初めから、テレビドラマ版を再編集して映画『化石』として完成させることが念頭にあった。

小林作品はほかに『化石』。

●**中谷一郎**…なかたに・いちろう（一九三〇〜二〇〇四） 俳優。五二年俳優座入団。五六年『囚人船』で映画デビュー。『独立愚連隊』『ああ爆弾』など出演多数。テレビ「水戸黄門」にレギュラー出演。小林作品はほかに『切腹』『怪談（耳無し芳一の話）』『化石』。

●**滝田裕介**…たきた・ゆうすけ（一九三〇〜二〇一五） 俳優。五三年俳優座養成所入り。テレビドラマ「事件記者」で人気を得た。五四年『勲章』で映画デビュー。「事件記者」シリーズなど。小林作品はほかに『化石』。

●**草野大悟**…くさの・だいご（一九三九〜九一） 俳優。研究所から六二年文学座入団。『ゴジラ対メカゴジラ』『最も危険な遊戯』など。

●**山谷初男**…やまや・はつお（一九三三生） 俳優。劇団東芸から六四年『ケチまるだし』で映画デビュー。『胎児が密猟する時』『八つ墓村』など出演多数。

●**中村翫右衛門**…なかむら・かんえもん（三代目 一九〇一〜八二） 俳優。二〇年に三代目翫右衛門襲名。三一年に二代目河原崎長十郎らと前進座を結成。映画にも戦前から出演し『人情紙風船』『元禄忠臣蔵』など。小林作品はほかに『怪談（茶碗の中）』。

テレビ映画『化石』(一九七二年)

『どら平太』は箱根(湯河原)に泊まり込んで脚本を書こうとしたのに、ものにならない。黒澤さんの『どですかでん』の収入もまだ還元されない。それで四騎の会にお金がなくなってしまった。そこで一本ずつテレビを撮って稼ごうと、黒澤さんと木下さんがフジテレビと話を決めました。

本来なら黒澤さんが一番手だとよかったのですが「ちょっと間に合わないから二番手で」というので、木下さんの次に黒澤さんというはずでした。

三番手のぼくも、いろいろ探しました。それで、以前朝日新聞に連載されたときに読んだ井上靖さんの『化石』はどうだろうと思った。初老の男の癌の話ですから映画化には無理な素材です。しかしテレビなら企画が通るかもしれないということで、ぼくのブレーンの佐藤正之さんと椎野英之さん、武満徹さんにも小説を読んでもらいました。そのうえで決めたのですが、お金は大変です。フジテレビからは一時間枠八本分として、たしか三〇〇〇万しか出ない。それでフランス・ロケまでしようというのですから。

そうしているうち、黒澤さんが「二番手も無理だ。もっとあとにしてくれ」と言いだし、ぼくがやらざるを得なくなりました。これは大変と、稲垣公一さんと熱海にこもって脚本を書き始めましたが、三話か四話しかできないうちに、もうパリに行かなければどうにも間に合いません。ということで、シナリオハンティングもロケハンも兼ねて、とにかく行ってしまおうと、そういう無理を承知で始めた製作でした。『怪談』で懲りたはずなのに、またこういう無謀なことをしてしまったわけです。

しかしこれははじめから、いずれ編集し直して映画にする腹づもりでした。ですから人数は限られましたがスタッフもみな映画の人間です。テレビなのでフィルムは一六ミリで

●『街の入墨者』…一九三五年一一月公開　監督脚本・山中貞雄　撮影・松村禎三　出演・河原崎長十郎、中村翫右衛門、深水藤子ら。本作はフィルムが現存しない。

●『逢魔の辻　江戸の巻』…一九三八年六月公開　監督・滝沢英輔　脚本・八住利雄、岸松雄　撮影・三村明　出演・河原崎長十郎、中村翫右衛門、花井蘭子ら。

●勝新太郎…かつ・しんたろう(一九三一〜九七)俳優、映画監督、プロデューサー。五四年に大映と契約し同年『花の白虎隊』でデビュー。代表作に「座頭市」シリーズ、「兵隊やくざ」シリーズ、『王将』など。小林作品は本作のみだが「(この役を)オレにやらせるなんて、いい役者を選んだ」(サンケイスポーツ一九七〇年四月一六日付)と上機嫌で演じた。

●連続ドラマシリーズを演出することになった…一九七二年一月から七月にかけての毎週月曜夜、「四騎の会ドラマシリーズ」として四シリーズを放送した。木下が『でっかい母ちゃん』『愛子よ眠れ』の二作を担当したが企画・監修の立場にとどまり、演出はしていない。市川崑は『ただいま浪人』を自ら演出した。黒澤は参加しなかった。

●井上靖…いのうえ・やすし(一九〇七〜九一)作家。五〇年「闘牛」で芥川賞。『氷壁』『天平の甍』『本覚坊遺文』など。

●映画『化石』…一九七五年一〇月四日公開　脚本・稲垣俊、よしだたけし(吉田剛)　撮影・岡崎宏三　出演・佐分利信、岸惠子、小川真由美、杉村春子、井川比佐志、栗原小巻ら。

すが、映画にするには三五ミリにブローアップする必要があり、そのためには最初からきちっと撮っておかないといけません。それでキャメラは岡崎宏三さんにやってもらうことにしました。

ぼくと主要スタッフが一〇月一一日に出発、一週間後には本隊も合流しました。しかし冬のパリというのは日照時間が少なくてどうにもなりません。朝一〇時にならないとキャメラを回せないし、午後二時を過ぎるともう暗くなってきます。しかも現地のフランス人スタッフは、昼食にたっぷり二時間とるわけです。

それでも井上さんがモデルに使ったセント・ジェームス・アンド・アルバニー◉というホテルの一部を借り切ることができたのは幸いでした。撮影に使う主人公の部屋も、ぼくやスタッフの部屋も全部そのホテルにあるので、外のロケができないときはホテルの中で撮りましたし、夜間も撮影ができたのです。

撮っている間も稲垣さんは部屋に籠もってホンをどんどん書き、ぼくに渡してきます。それを読んで打ち合わせをして、書き直してもらったり次をどうするか話し合ったりして、また撮影に戻る。まったく『人間の條件』にも匹敵する重労働でした。

パリの郊外やスペインのグラナダにもロケに行きました。中でも忘れられないのはヴェズレー◉です。あそこの教会の中の彫刻をひとつひとつ撮っていったのですが、その寒かったのなんの。井上さんの美術観が表れている大事なところなので延々と撮ったのですが、あまりの寒さにさすがの岡崎さんが音を上げたほどです。それでも映画にするつもりですから、ほんとうに丁寧に撮りました。

パリで年を越して元日もキャメラを回し、なかなか許可が出なかったロダン美術館の内部もようやく撮ることができ、日本に帰ったのは一月一一日です。それからは国内撮影と並行して編集作業にも入り、やっと第一回の放送に間に合わせました。思い出してもぞっとするような仕事でした。

ところで、パリで撮影している最中、黒澤さんが自殺を図ったというびっくりする知らせが入りました。一二月二二日のことですね。パリに発つ前ですが、黒澤さんの様子がちょっと気がかりだったので、

◉**セント・ジェームス・アンド・アルバニー**…パリ一六区の高級住宅街に現存する。チュイルリー公園をはさんでルーヴル美術館がある。

◉**ヴェズレー**…ブルゴーニュ地方の古都。サント＝マドレーヌ大聖堂と周辺の丘陵がユネスコの世界遺産に指定されている。

訪ねて行って「黒澤さん、テレビやりたくないんでしょ？　いまだったらこの企画は全部壊すことができる。やりたくないのだったらやめましょう」と話していたのです。フジテレビとの契約書はできていて、あとはそれぞれが判をつくだけでした。黒澤さんははっきりした返事はしませんでしたが、とにかく判を押しました。結局ああいうことになったので、木下さんが「しょうがないからぼくがやるよ」とまた新たにホンを書き、演出はピンチヒッターとして中村登さん◉にやってもらい、四騎の会としてフジテレビとの契約を守ったわけです。

黒澤は結局テレビドラマを撮ることがなかったが、小林も大のテレビ嫌いだった。『化石』を撮る一年半ほど前、雑誌のインタビューで次のように話している。「テレビの仕事はゼッタイにしない。映像と音響の完ぺきな一致を要求するボクの映画づくりの姿勢は、テレビとゼッタイにあいいれないものがあるんです。メシを食いながら、音量を好き勝手に調節したり、テレビっていうのはそれがきくでしょう。映画館にいって映写技師に音量まで注文をつけるボクなんかには、それが耐えられないんだなあ」◉。

映画『化石』（一九七五年）

「そろそろ映画にしようか」。佐藤さんたちとその話を始めたのは、放送から一年ほど経った頃でした。そこでまず放送しなかったフィルムも含めて全部見直して、編集の浦岡敬一さんや記録の梶山弘子さん◉と作業を始めたのです。最初は俳優座で作業をしていたのですが、なかなか集中できません。そこで長野県で民家を借り、そこに籠もって仕事をしました。映画としての封切りが決まっているわけではありません。いろいろ話し合いながら、納得がいくまでやりました。この編集は楽しかった。浦岡さんとし

●**中村登**…なかむら・のぼる（一九一三〜八一）映画監督。三六年松竹大船撮影所に入り、四一年『生活とリズム』が監督第一作。『我が家は楽し』『古都』『紀ノ川』など。

●**テレビの仕事はゼッタイにしない〜**…週刊朝日一九七〇年四月一七日号。

●**梶山弘子**…本書編者略歴ページ参照。

●**ぜいたくなダビングをした覚えがあります**…公開当時のパンフレットに小林が寄せた文章によると、ダビングには一カ月をかけ、それは「私たちの映画『化石』に対するすべてのものが結集された愉しい時間だった」という。

●**『生きる』**…一九五二年一〇月公開　脚本・黒澤明、橋本忍、小国英雄　撮影・中井朝一　出演・志村喬、小田切みきら。

ても、あれだけゆっくりと時間をかけた仕事は初めてでしょう。

ダビングにも時間をかけています。武満さんが放送時の音楽に加え、新たに書いてくれましたし、とにかく心おきなく、ぜいたくなダビングをした覚えがあります。

ナレーションも、録音だけで一〇日ぐらいかけています。これほどふんだんにナレーションを使った日本映画は初めてでしょう。井上さんの小説もずいぶん映画になっていましたが、ぼくが見た限り「井上さんらしい」と感じたものがありませんでした。それだけ映画化が難しい。ぼくは井上さんの細かい心理的な内容を表現するには、ナレーションを主体にするのがいいのではと、ずっと考えていたのです。結果として『化石』のナレーションは、第二の主役とも言えるものになっていると思います。

初号試写が一二月で、その後も手直しをしていますから、編集からダビングまでほとんど一年かけたことになります。予算はもともとフジテレビの三〇〇〇万しかないわけですから当然持ち出しです。素材に惚れ込まないとできないことでした。

映画の公開は一九七五年一〇月です。それまでの間、『化石』を七四年のカンヌ映画祭や翌年のアムステルダムでのぼくの作品フェア、ロンドン映画祭にも持って行くなどいろいろ動きがありました。公開が決まってからは、前売り券を売るので走り回り、ぼく自身も七〇〇〇枚売りました。

映画のテーマとして『化石』は大変描きにくいものではありました。功成り名遂げ何不自由ない主人公の男が、癌の宣告を受けて死に直面する。そのとき、あらためてこの世界を死というものを通して見ることになります。いままで感じなかったことが、いろいろな形で見えてくる。死に直面した、このいまの時間こそ自分の人生の中で一番美しい、それを化石として残しておきたい——。

内容的に深いものです。海外では黒澤さんの『生きる』との比較で評価してくれました。死に直面した男の苦悩を外国の風景、続く後半の日本の美しさの中に置いて、主人公が悩みながら生きている姿をうまく描けたのではないかと思います。

パリのホテルの中庭で、主人公が独り、先だった妻を思い出すところがあります。「おれは何もしてやれなかった」。佐分利信さんが泣くのです。『化石』で佐分利さんが泣くのはそこだけ。いまでも忘れられないシーンです。

試写に井上さんをお招きしました。とても喜んでくれました。そのときに「小林さん、『敦煌』はいつまでも待ちますよ」と言ってくださったのです。

井上靖の歴史小説『敦煌』は一九五九年に発表された。小林は『人間の條件』第三部・第四部撮影中の札幌で読んで魅了されて以来、その映画化が念願となり、六三年には井上から映画化の許諾をとりつけた。しかし巨額の製作費が見込まれることや、文化大革命期の中国でのロケーションは到底不可能なことなどから、実現をみないまま時が過ぎていた。文化大革命は七七年に終結し、それとともに日中の人的交流も活発化する。同年、木下恵介を団長とする日本映画人訪中団が組織され小林も参加、映画『敦煌』実現のイメージを探った。帰国した小林を待っていたのが、東宝の藤本真澄だった。

『燃える秋』(一九七八年)

羽田空港に帰ってくると、その場で訪中団の帰国記者会見がありました。そこに藤本真澄さんが来ていて、「これを読んでくれ」とぼくに五木寛之さんの『燃える秋』を渡すのです。それも「明日までにやるかやらないか決めてくれ」というのだからひどい話でしょう。あの人、せっかちなのです。

『燃える秋』は三越からの企画だったようです。あの当時イランの絨毯を扱っていて、そのため乗り気になっていました。藤本さんと懇意だった佐藤(正之)さんも「『敦煌』はいつになるかわからないんだし、とにかくやっとけよ」と言うわけです。

◉**佐分利信**…さぶり・しん(一九〇九〜八二) 俳優。戦前上原謙、佐野周二とともに松竹大船の若手男優三羽烏としてスターに。代表作に『暖流』『戸田家の姉妹』『彼岸花』『華麗なる一族』など。小林作品に『泉』『化石』『燃える秋』。また自らの監督作品に『執行猶予』『広場の孤独』など。

◉**日本映画人訪中団**…一〇月三一日〜一一月一六日。木下、小林のほか木下忠司、佐藤正之、岡崎宏三、松山善三、熊井啓、仲代達矢、吉永小百合が参加。

◉**五木寛之**…いつき・ひろゆき(一九三二生) 作家。六七年「蒼ざめた馬を見よ」で直木賞。『青春の門』『四季・奈津子』『親鸞』など作品多数。

◉**『燃える秋』**…一九七八年一二月二三日公開 脚本・稲垣俊 撮影・岡崎宏三 出演・佐分利信、真野響子、北大路欣也、小川真由美、三田佳子、芦田伸介ら。

◉**三越からの企画**…「企画」として当時の三越社長岡田茂がクレジットされている。

◉**イランの絨毯を扱っていて〜**…『燃える秋』は物語上ペルシャ絨毯が重要な意味をもち、後半では主人公がイランに向かう。

小林正樹アルバム⑲
『化石』と『燃える秋』

『化石』　パリ凱旋門前でのロケ

『化石』　パリのホテルのロビーにて

『燃える秋』　イランロケ
遺跡をめぐるヒロイン亜希の車内撮影では
小林がカチンコを打った

『燃える秋』のロケ
ペルシャ絨毯の産地で

東宝の
エースプロデューサー
藤本真澄(左)は
自身最後の企画
『燃える秋』を
小林に託し
ロケハンにも
同行した

ぼくも五木さんの小説は好きでいろいろ読んではいました。ですが「これはちょっと違うなあ」と感じた。ほとんどストーリーがなく、非常にムード的なのです。それで「ぼくには向かない」と断りました。ですが藤本さんは口説くのがうまい。「いや、わかった。でも、とにかく五木に会ってくれ」という。五木さんに会ったら、何となくやることになってしまいました。

ぼくとしても、イランという風土には魅力がありました。ホメイニが台頭して王室が崩壊寸前という雰囲気でしたから、イランで撮影できる最後の機会かもしれないとも感じていました。それで年明け早々の一月にイランまでシナリオハンティングに行き、二月から稲垣公一(後)さんがホンづくりにかかって三月末に一応完成、四月一六日にはあらためてイランに行き、岡崎宏三さんとロケハンであちこち回りました。五月初めには本隊もやってきてクランクインです。とにかく慌ただしく、何かこう、ひとつ物足りないという感じはしていました。

ラッシュになっても、やはり違和感があります。物語が希薄で、亜希という主人公の女性の心理についていくのが難しい。これは構成を大幅に組み替えなければと、ずいぶん編集をやりなおし、そこにだいぶ時間がかかりました。

ぼくは真野響子さんがやった亜希と佐分利信さんの初老の男の、特異な性的関係というものに非常に興味がありました。描き方によってはおもしろくなると思い、初めからそういうところに焦点を合わせたシャシンです。佐分利さんの奥さん役というのが、出番は少ないけれど大事な役なので三田佳子さんに出てもらったのですが、その三田さんが「この亜希という役、いいですねえ」と話していましたし、岩下志麻さんもそういうことを言っていました。女性にとって魅力のある役なのですね。

興行的にはあまりよくなかったと思います。ホンの段階で、そうとう原作から離れてド

◉**ホメイニ**…アーヤトッラー・ルーホッラー・ホメイニー(一九〇二〜八九) イランにおけるイスラム教シーア派指導者。パフラヴィー(パーレビ)皇帝を追放した七九年のイラン革命を主導した。

◉**真野響子**…まや・きょうこ(一九五二生) 俳優。七三年劇団民藝に入団。映画デビューは七三年『忍ぶ糸』。『豪姫』『疑惑』など。

◉**三田佳子**…みた・よしこ(一九四一生) 俳優。六〇年に第二東映『殺られてたまるか』でデビュー。『沈黙』『Wの悲劇』『魂萌え!』など。

◉**岩下志麻**…いわした・しま(一九四一生) 俳優。五八年のNHK『バス通り裏』後、六〇年の松竹『笛吹川』で映画デビュー。『五瓣の椿』『心中天網島』など。小林作品は『切腹』『食卓のない家』。

◉**武満徹さんも〜ぼやいていました**…五木作詞で武満作曲の主題歌はヒットソングになった。

◉**カルティエのライターを贈ってくれました**…九月二四日付の藤本の小林宛手紙が残っている。文面は以下の通り。「体調思わしくなく何のお役にもたてず申訳け《ママ》なくおもって居ります。私の長かった映画製作者としての最後の仕事(?・)《ママ》に大兄と御一緒出来るとは思ってもいませんでした 『燃える秋』をおひきうけ下さった事に心より感謝いたして居ります　もう煙草を喫る事もないと思いますので、使用していたライターを記念にお贈りいたします　御愛用頂ければ嬉しく存じます」。

◉『**東京裁判**』…一九八三年六月四日公開　編集・浦岡敬一　ナレーター・佐藤慶。

◉**井上勝太郎**…いのうえ・かつたろう(生年等不

ラマを付け加えていくべきだったのでしょう。撮影の岡崎宏三さんも、音楽の武満徹さんも、最初から「これはめんどうだなあ」とぼやいていましたから。ですがなかなかきれいなシャシンです。ぼくとしてはそんなに悪いものではないと思っていますよ。

藤本さんはこれの仕上げのときにはもう体調が悪く、翌年亡くなりました。『燃える秋』が製作者として彼の最後の作品です。亡くなる前、ぼくにカルティエのライターを贈ってくれました。

『燃える秋』が公開された一九七八年一二月、小林のもとに講談社の意向を受けた一人のプロデューサーから、記録映画の企画が持ちこまれた。アメリカ国防省が撮影し公文書館が保管していた極東軍事裁判＝東京裁判関係の膨大な記録フィルムを入手したので、これを一般の視聴に構成してもらいたいという申し出だった。これがのちに四時間三七分という長尺にまとめられた『東京裁判』の、足かけ五年におよぶ製作のスタートだった。

10 戦争映画の総括

『東京裁判』（一九八三年）

井上勝太郎さんという人だったと思います。東京裁判の実写フィルムを記録映画として完成させたいという執念を持った人で、とりあえずフィルムの一部でも見てほしいというのです。とにかく見てみないことにはわからないので、稲垣公一さんや浦岡敬一さん、西崎英雄さん、武満徹さん、佐藤正之さんたちと一緒にラッシュを見ました。このときは三〇分ぐらいのものですから、全体のごく一部だけです。

詳）五八年記録映画『第二次世界大戦の悲劇』で構成、編集。七九年当時は日本ユニーク・フィルム代表。ベトナム戦争を扱った六六年記録映画『血と涙と墓場』などに携わり七九年当時はアイディアワーク・ジャパン代表だった江田和雄（えだ・かずお、一九三〇生）とともに、講談社の委託で当初『東京裁判』のプロデューサーを務めた。井上、江田は一九七〇年代からそれぞれ独自に東京裁判関係フィルムの入手に奔走し、曲折を経て講談社による製作で合流した。

●ラッシュを見ました…浦岡敬一『映画編集とは何か』（平凡社、一九九四）の記述によると、短いラッシュを見たのは七八年秋。いきなりA級戦犯が次々と絞首刑に処せられ絶命する場面が映し出され、途中から不快感が募ってラッシュを見るのを中止したという。映画化については「映写を見た全員が反対した」。

東京裁判には昔から興味があり、一度は劇映画の企画として八住利雄さんに脚本を書いてもらったこともあったほどです。一九六八年でした。タシュケントの映画祭から帰ってきて、次に何をやろうかと佐藤さんたちと相談していたとき、「『東京裁判』はどうだ」という話になった。文官として一人だけ死刑になった広田弘毅さんとその家庭を中心に、裁判を絡ませていく構想でした。そのときに児島襄さんの『東京裁判』なども読み、いろいろ調べてもいます。

ですから前向きに考えたいとは思いました。思いましたが、ごく一部のラッシュを見ただけでは判断のしようがありません。とにかく素材になるフィルムを全部見てみよう、見ているうちに糸口がみつかるかもしれない、ということで、一応取り組むつもりがあることを井上さんと講談社側に伝えました。

それにしても一五〇時間分という膨大なフィルムですから、見るとなるときちっとした仕事場を用意して、機械も据える必要があります。そこで講談社には、都内にマンションの部屋を用意してもらいました。

そのマンションで仕事を始めたのが一九七九年の二月一三日です。全部のフィルムを棚にずらっと収め、一方で東京裁判関係の資料や速記録を運び込みました。見るといっても、ただ漫然と見るのではありません。編集の浦岡さん、脚本の稲垣さんと一緒に、通訳の人にも入ってもらって、見ているフィルムが裁判速記録のどの部分にあたるのかを全部記録していくわけです。

見るのは一日にせいぜい五時間が限度です。それ以外の時間は資料や本を集めて読み込んでいく作業です。こういうことがきちんとできていないと、とても脚本にはかかれません。講談社とは一応、一年後に完成という話ではありましたが、フィルムを見て記録をつくり、資料を調べる作業に延々と時間がかかってしまいました。

●**八住利雄**…やすみ・としお(一九〇三〜九一) 脚本家。三六年PCL入社。『夫婦善哉』『四谷怪談』など。元日本シナリオ作家協会理事長。

●**広田弘毅さんとその家庭を中心に、裁判を絡ませていく構想でした**…「検討用台本」と記された七一年六月一日付脚本が現存する。小林の企画で八住が脚本を執筆した未映画化作品は七三年の『日本を凍らせた四日間 二・二六事件』もある。

●**児島襄**…こじま・のぼる(一九二七〜二〇〇一) 評論家、戦史研究家、作家。『太平洋戦争』など著書多数。

●**足澤禎吉**…たるさわ・ていきち(一九二〇〜八一) 講談社専務。八一年二月副社長。

●**荒木正也**…あらき・せいや(一九三〇生) プロデューサー。五四年松竹入社。後に博報堂、フリー。『蛍川』『死の棘』など。

小林らが作業を始めてから約半年後、一九七九年八月の各紙誌は「よみがえる東京裁判　公開待つ幻のフィルム」などの見出しで、この取り組みを報道した。公開について記事の多くは「できれば来年夏」「来年秋ごろ」の見通しを伝えている。とはいえ、到底そのスケジュールで可能な作業ではなかった。一方、当初から映画化に関わっていた独立系プロデューサーの井上勝太郎、江田和雄の製作請負い体制が早々に挫折し、その後も脚本の遅延などで完成の見通しがたたず、製作は一時、頓挫する懸念も生じた。

続行するのかやめるのか、講談社の首脳と話し合いました。そのときに「いや、これは講談社の責任としてやります」と言ってくれたのが足澤禎吉◉さんです。そこで井上さんたちには引いてもらい、新しく荒木正也◉さんにプロデューサーとして付いてもらう形になりました。荒木さんは当時博報堂ですが、もともと松竹の人で『人間の条件』ではプロデューサー補でしたから気心が知れています。こうして再スタートを切る一方、作品としての構成もだんだんと見通しが立ってきました。

東京裁判というのは、一九二八年のパリ不戦条約から一九四五年のポツダム宣言受諾までの日本の戦争の歴史が裁かれた裁判です。そうなると、この期間の戦争シーンというのは当然必要になってくる。そればかりでなく、時代の社会情勢や世界情勢というものが裁判の進行に沿って挟まってこなくてはいけない。一番大きな問題は冷戦です。そういう中で日本の社会情勢も変化していくわけです。こうしたことをすべて立体的に構成していくと、意外にドラマティックになるのではないか。そういう手応えが摑めてきました。

しかしそうなると、最初に渡されたフィルムだけでは足りません。イギリスやドイツ、フランス、台湾、中国からもできるだけ集めましたし、日本のニュースもNHKから借りてずいぶん見ました。

それでもまだ、アメリカの材料が足りません。それでぼく自身がアメリカに渡って、あら

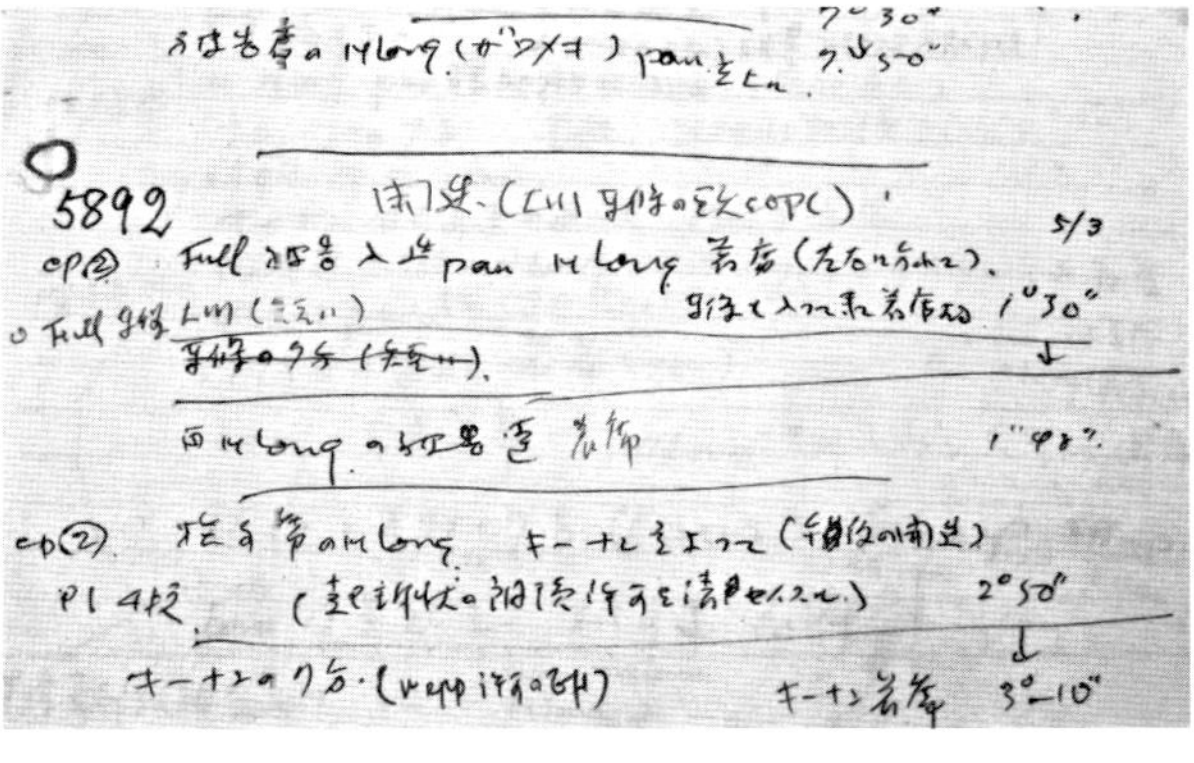

米軍によって撮影された
膨大なフィルムの内容を
詳細にメモした
小林のノートの一部

ためて公文書館で探したり、民間会社が持っているニュース映画のリストをチェックして、必要なものを日本に送るよう手配したりしました。このときに一緒に行ってもらったのが安武龍さん。『燃える秋』のプロデューサーをやってくれた人で、英語がぺらぺらなのです。安武さんにもこのときからプロデューサーとして参加してもらいました。

見通しが立ったところで、稲垣さんが脚本を書き始めていました。しかしこれが、袋小路に入ってしまう。稲垣さんは、本を読んでものを調べることがすごく好きな人で、それでやっているうちに映像から離れ、「映像化するにも材料がないから無理」というところへはまり込んでしまったのです。

そういう間、荒木さんと安武さんは講談社にしょっちゅう呼び出されては「いつできるんだ」「いや、ちょっと待ってくれ」というやりとりを続けていたのだと思います。

講談社としても痺れを切らせていた。もともと『東京裁判』映画化は一九七九年の講談社創業七〇年記念事業としての企画で、それが当初予定していた八〇年中の公開どころか、未だに完成の目処が立たない。八一年一月から、あらためて小林側と講談社側が協議を行った結果、稲垣俊の降板やむなしの結論に至る。ただし労多い稲垣の名は「原案」として作品にクレジットされた。代わって脚本ならびに監督補の立場で『化石』で助監督を務めた小笠原清が加わる。素材集めの方は三月中に当時の新聞紙面などの実写撮影を行い、ほぼ完了した。しかし、いよいよ完成に向けて走り出そうとする四月、企画当初から講談社側の責任者として製作を支持し、二月に副社長に昇格したばかりの足澤禎吉が急逝する。

「小林さん、眠くならない記録映画にしてください」

それが足澤さんの要望でした。だからこそ、劇映画の監督であるぼくに頼んだのでしょう。ぼく自身も劇映画の監督がつくった記録映画をという意識でしたから思いは同じです。いろいろと圧力がかかる中、支えになってくれていたのが足澤さんでした。その人が亡くなってマンションにも居られなくなり、

●安武龍…やすたけ・りゅう(一九三三生) プロデューサー。五七年東宝入社。後にフリー。『野獣狩り』など。小林作品はほかに『燃える秋』。
●小笠原清…本書編者略歴ページ参照。

録音作業用に小分けされた
ダビングロールフィルム

米国立公文書館をはじめ関係各国各地からのフィルムを集積　鳥居坂マンションの
特設編集室と壁面棚　編集担当の浦岡敬一がケムで画像を確認

小林正樹アルバム⑳
『東京裁判』

『東京裁判』の
企画製作の責任者となった
講談社副社長足澤禎吉（右）と
小林

『東京裁判速記録』全10巻と
フィルムとの照合箇所が
デルマでマーキングされた頁
これが最初の難作業となった

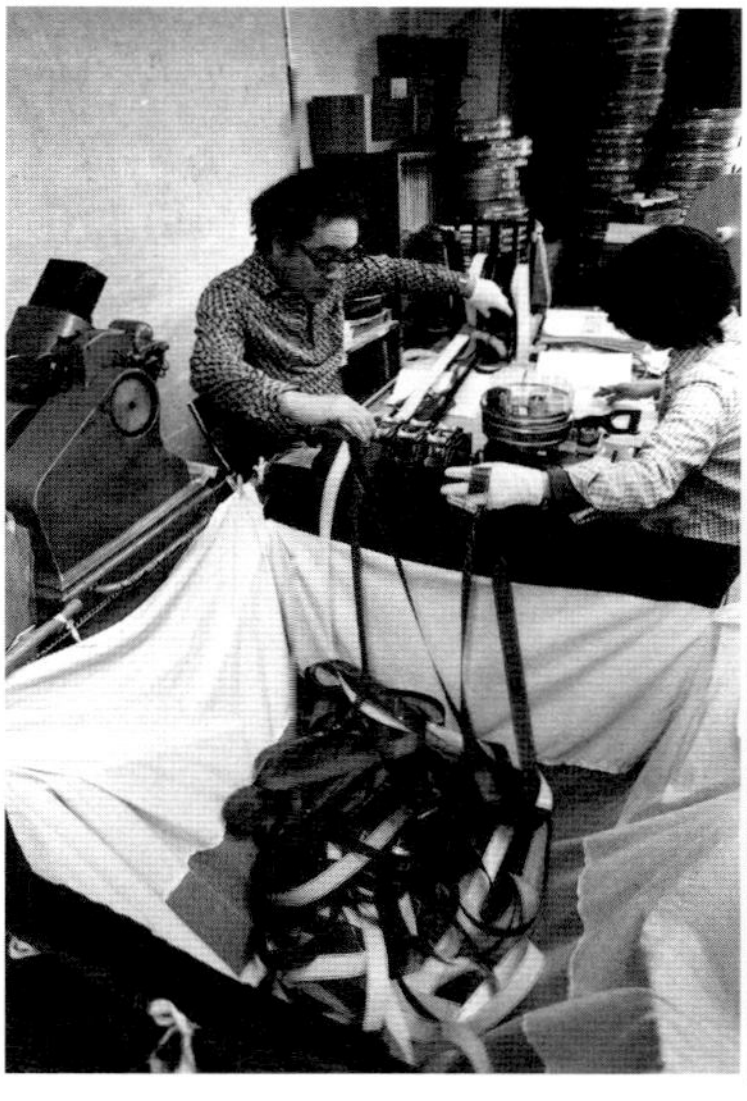

編集中の浦岡と
助手の津本悦子
画像とナレーション
効果音　音楽それぞれの
フィルムとテープを同期させ
ながらの編集作業
1カットの加除にも複雑な
手間と集中力を要した

アオイスタジオミキシングルーム
左から録音助手浦田和治　小林
録音西崎英雄　効果助手安藤邦男

仕事場をアオイスタジオに移しました。

ですがこの四月からです。足澤さんを失なった危機感から、ほんとうにやる気になって仕事を始めたのは。いや、初めからやる気はあったのですが、構成が固まり素材も集まって、「やれる」という感触を摑めてきたのです。長いトンネルを抜けて、明かりが見えたという感じでした。この後はもう、粘るしかありません。推敲に推敲を重ねれば必ずよくなるという確信がぼくの中にできました。

そういうぼくの下で、小笠原さんが一所懸命に脚本を進めてくれました。浦岡さんも途中、ほかの仕事で抜けてからまた戻ってきて、その年の一二月には総ラッシュ、翌年の三月にゼロ号試写までこぎ着けたのです。

脚本ができていく途中からは、ナレーションもどんどん録音していきました。その点は、アオイスタジオに移って便利でしたね。ナレーターは佐藤慶さん。『化石』のナレーションがよかった加藤剛さんも候補でしたが、佐藤正之さんに相談すると「剛は忙しいんだよ。あんたがやるとちょっとやそっとじゃ終わらないし」と言うのです。それでは慶さんにしようと。あの人とも付き合いが長いですからね。

最後には上映時間が問題になりました。プロデューサー・サイドとしてはせいぜい二時間半ぐらい、長くても三時間以内に収めたい。脚本直しもずいぶんやりました。ですが、小笠原さんとぼくでこれだけ苦労したのに、そこまで縮めてしまっては意味がありません。あれだけ膨大なものを二時間半では内容がなくなってしまいます。それで最終的には四時間三七分で押し切ったわけです。

もうひとつお話しすると、これはネガ編集が南とめさん◉です。あの膨大なフィルムですから、あの人の苦労もまた、大変なものでした。

●南とめ…みなみ・とめ(一九一〇～二〇〇四)　映画ネガ編集者。三三年PCL録音部に入社。日本のネガ編集者の草分けの一人。ネガ編集はクレジットされないことが多いが、手がけた作品は六〇〇作品以上といわれる。

●敦煌…中国北部甘粛省の都市。かつてシルクロードの要衝として栄えた。一九〇〇年に近郊の莫高窟から、一一世紀初頭までに成立したものと思われる大量の古文書が発見され注目を集め、日本を含む各国の探検家等が文書を持ち去った。数万点といわれる文書は「敦煌文献」「敦煌文書」と呼ばれ、研究がすすんでいる。莫高窟は一九八七年に世界遺産として登録された。井上靖の『敦煌』はこれら文書が莫高窟に封印された経緯を、一人の青年を主人公に描いた歴史ロマン。

●カナダ資本による製作が具体化しかけた～…一九六七年夏までに、小林とは『人間の條件』が上映されたモントリオール国際映画祭以来懇意にしていたロック・ドメールから正式に製作の申し入れがあり、新聞報道等もされた。しかし資金繰りがつかないことから二年後に断念している。

●大映…一九七一年に倒産した旧大映の再建に向けて活動していた労働組合が、徳間康快と法人設立で合意、徳間書店の子会社として七四年新たに発足した。

●徳間康快…とくま・やすよし(一九二一～二〇〇〇)　実業家、映画プロデューサー。読売新聞を経て五四年以降、徳間書店、東京タイムズ、大映などの社長を務めた。映画製作者として『未完の対局』『風の谷のナウシカ』『まあだだよ』など。出版、映画事業を通じて築いた中国との強いパイプでも知られていた。

『東京裁判』は八二年三月に0号試写、九月には東京・有楽座、みゆき座で各界著名人を招いての試写会を行い、翌八三年六月に一般公開となった。

公開後の劇場で、忘れられないことがあります。気になるので劇場にはよく行っていたのですが、あるとき小学校五、六年生ぐらいの女の子を連れたお母さんが来ていました。さすがにぼくは「この子には難しくてちょっと分からないですよ」と声をかけました。すると「かまいません。わからなくてもこういう映画を見せておいたほうが後々のためになるし、ある部分はわかるはずです」と言ってくれたのです。

翌年、海外向けに英語ナレーション版をつくりました。西崎さんとオーディションで選んだのがフランク・ステュワート・アトキンというシェイクスピア劇の劇団にいた人で、とてもオーソドックスな英語を使う人でした。映画を見て感動し、とても情熱をもって真剣に取り組んでくれました。

11 『敦煌』――見果てぬ夢

敦煌に対する小林の情熱は、會津八一の下で東洋美術を学んだ学生時代にまで遡る。井上靖『敦煌』の映画化は「これが実現したら映画監督をやめてもいい」「死んでもいい」とまで公言していた企画。一九六〇年代後半にはカナダ資本による製作が具体化しかけたものの実を結ばず、一方で小林は『上意討ち』(六七)、『日本の青春』(六八)、『いのち・ぼうにふろう』(七一)、『化石』(七四)を完成させた。七七年、なお『敦煌』映画化を模索する小林のもとへ、新たなスポンサーが名乗り出た。徳間書店を中核とする徳間グループを率い、新会社となった大映を通して映画事業にも乗り出した徳間康快である。以後、『敦煌』実現に向けた動きは『燃える秋』(七八)、『東京裁判』(八三)をまたいで続くことになった。

井上靖さんと初めてお会いしたのは、一九六八年の夏だったと思います。以前から、井上さんと親しい小谷正一さんを通じて『敦煌』映画化の希望を伝えていました。カナダ資本で撮る話が出てきたところで、井上さんのほうから「軽井沢にいるから一緒にゴルフでもやって、ひと晩いろいろ話し合おうじゃないか」と誘いがあり、井上さんの別荘に一晩泊まったのです。脚本はできていなくても、構成は頭の中にありましたから、ぼくなりの考え方を話した覚えがあります。

カナダの話は結局流れてしまい、それからは国内でやる道を探っていくわけですが、具体的なスポンサーのあてはありません。ですので『敦煌』について具体的には動けないまま一年、二年と過ぎ、そのうち四騎の会のことが出てきたり、急いで『化石』を撮ったりでいろいろ大変でした。ですが、井上さんの小説の映画化にはなかなか面倒なところがあるので、『敦煌』の前に別の井上作品をやっておきたいと思っていたところ、うまく『化石』を撮る機会にぶつかったということでもあるわけです。『化石』の試写を見た井上さんからは、「『敦煌』はいつまでも待ちますよ」と言ってもらえました。感動しましたよ。ぼくの映画のつくり方や原作者に対する姿勢に好感を持ってくれたのだと思います。

ですが『敦煌』はなかなか具体化の目処が立たず、また何年も過ぎました。スポンサーとして名乗りを上げた人が二、三いなかったわけではありません。しかしやる気はあっても、それだけの資力がなかった。ぼくとしては五〇億円ぐらいかけたいと思っていましたから、手に負えないという感じでうやむやになっていきました。

そういう状態のところで、徳間康快さんがぼくに「会いたい」と言ってきた。大映でも映画化を考え井上さんに会ったところ「あれは小林さんに渡してあるので、小林さんと話し合ってほしい」と言われたという話でした。初めて会ったのは一九七七年の春か初夏、たしか日比谷のプレスセンターにあった徳間さんの事務所です。

ぼくたちは以前から、細々ながら『敦煌』製作準備委員会という形をつくっていました。メンバーは佐

◉小谷正一…こたに・まさかず（一九一二〜九二）大阪毎日新聞社などを経てイベントプロデューサー。大阪毎日時代の同僚だった井上靖と親しく、芥川賞受賞作「闘牛」のモデルになった。

藤正之さんたちです。徳間さんと大映側の意向は、そこに参加させてほしいというものでした。これはぼくたちとしても歓迎できる話です。というのも、『敦煌』では製作費のほか中国ロケが大きなネックでしたが、徳間さんには資金力があるし、中国側とパイプもある。そういう人が入ることで、実現に向けて進むのではないかと思ったのです。

それではとりあえずシナリオをつくろうと、七月ごろから稲垣公一さんと鎌倉にこもって書き始めました。一〇月には第一稿ができあがっていたと思います。

その後、先に話した日本映画人代表団の訪中というのが一〇月末から一一月にかけてあり、そのときに原作とシナリオを持参して、撮影の可能性も少し探ってはみました。そして羽田に帰ってきたところ、藤本真澄さんが待ち構えていて、しばらく『燃える秋』の方にいってしまったわけです。

このあと『敦煌』の動きは、小林・俳優座映画放送側と徳間・大映という枠組みを維持したまま、断続的な打ち合わせ程度でしばらく途絶える。それでも小林は七九年五月から六月にかけ、井上靖の伝手で考古学研究者の訪中(日本敦煌美術研究者友好訪中団)に同行する機会を得て、敦煌とその周辺も含め、シルクロードの風土を経験することができた。徳間側から小林に、あらためて「会いたい」と連絡があったのは、『東京裁判』の有楽座試写を無事に終えた一九八二年の暮れに近い頃だったという。

井上さんの家でお会いしましょうということになり、井上さん、徳間さんと大映関係の人、佐藤正之さんとぼくで会合を持ちました。八二年の暮れか、年明けだったかもしれません。ともかくこれは、非常に大事な会合だったと思います。というのも、このときに徳間さんから、「中国側との話も具体的になってきたし、製作費の目処もついた」ので、いよいよスタートしようという話があったのです。井上さんも交えてのことですから、とうとう実現性が高い話です。

そこでまず、脚本の検討から始めました。ぼくと稲垣さんで書いたホンがありますから、向こうの注文を聞いてそれを直し、またあらためて検討するという作業を続けたのです。大映側の中心は武田敦◉さんでした。徳間さんは製作者といっても、もともと別の畑の人ですから、映画の実務やホンのことはあまりわからなかったのだと思います。

ぼくたちのホンに対する武田さんの意見は、全体としては「娯楽性が足りない」「歴史的なものを重視しすぎていて、ドラマ的なものが不足だ」というものでした。それで、ぼくの家で稲垣さんとずいぶん直しました。そうしているうち四月六日、徳間さんが『敦煌』の製作を記者発表したわけです。

夢、破れる

ですが何カ月も話し合っていても、どうしても武田さん側と意見が合いません。向こうは相変わらず「娯楽性が足りない」と言うのですが、ぼくとしては、このシャシンの基本には中国の歴史と風土というものがなければ駄目で、そうでなければつくる意味がない。そこは絶対に譲れません。「これ以上は直せません。この線でなければ『敦煌』はできない」と、そういう感じの対立になりました。八三年の半ばです。以降は交渉ごとを佐藤さんに任せてしまい、ぼくはもう武田さんとはまったく会っていません。

『敦煌』が撮れなくなるという危惧は、その時点ではもっていませんでした。原作の権利はぼくにあるわけです。それが一二月二一日になって、佐藤さんから「大映との交渉が決裂した」という連絡が入りました。「原作を向こうに渡すかどうか、その辺りを考えておいてほしい」というのです。

ショックなんていうもんじゃなかった。とにかく「考える時間がほしい」と待ってもらい、いろいろ考えました。突っぱねることはできます。しかしそれでいいのか？　もしここで拒否すれば、おそらく井上さんが生きている間に『敦煌』はできない。井上さんに『敦煌』を見てもらうのはこの機会しかないのではないか……。もうひとつは佐藤さんのことです。『敦煌』のためにずいぶんお金を使っていました。一

◉**武田敦**…たけだ・あつし（一九二七〜二〇一二）プロデューサー。今井正、山本薩夫監督らの独立プロダクション新星映画社に入社し、劇映画、記録映画を監督。七四年に徳間康快が大映を買収した際に専務として入社し、徳間の右腕としてプロデューサーを務め『金環蝕』『ダイナマイトどんどん』『未完の対局』などを手がけた。

◉**深作欣二の起用を発表した**…後に深作から佐藤純彌に監督が交代し八八年公開。脚本・吉田剛、撮影・椎塚彰、出演・佐藤浩市、西田敏行、中川安奈ら。

◉**今でも作りたい気持ちはある〜**…報知新聞一九八四年四月四日付。

◉**『アラビアのロレンス』**…一九六二年（六三年日本公開）　監督・デヴィッド・リーン　出演・ピーター・オトゥールら。アカデミー賞作品賞、監督賞など。

度きちっと整理してあげたい。そのことも考えました。

その両方を含めて………遠慮したわけです。たしか、二月いっぱいまで迷って返事をしたのだったと思います。

断念したいきさつは、これ以上はいろいろと差し障りがあって話せません。ただ、大映との関係で、人間としての信頼を踏みにじられるようなことがあった。それはもう、ぼくとしては映画界全体に対する不信感になってしまいました。よくこんな世界で生きてきたものだという、そういう不信感です。


徳間康快はこの年四月三日、東京で記者会見を開き『敦煌』映画化決定と小林の降板、代わって深作欣二の起用を発表した。この席で徳間側は小林降板の理由を「脚本が文学的すぎる」などと説明した。一方小林は新聞記者の質問に、「井上さんが満足する作品を作らなければ二十年間小林は何をしていたんだと思われる。その意味で妥協はできない。放棄したのではなく、今でも作りたい気持ちはある」と胸中を語っている。

悔い

ぼくの『敦煌』は、ファーストシーンが敦煌文書を収蔵している大英博物館の正面です。そこから博物館の中へ入っていきます。次に砂漠を探検隊のキャラバンが敦煌に向かって進んでいくシーン。そして回想的に物語に入っていきます。

大映が言う「脚本について意見が合わない」というのはあくまで建前で、もっとほかの理由があったのでしょう。脚本の検討といってもいいかげんで、ただ「娯楽性がない」という曖昧な言い方をするだけ。核心を摑んだうえで検討し尽くしたわけではないのです。

おそらく大映側には「小林にやらせたらどれだけカネを使い、日数がかかるかわからない」という危機感が募っていったのではないか。そういうことを吹き込む人もいたのでしょう。それはいままでやってきた仕事のなせるわざで仕方がないことではありますが、ぼくとしては『アラビアのロレンス』に負けないシャシンを撮ることがひとつの目標でした。ですが大映側の意図は少しでも安く上げて、娯楽性ある映画で資金を回収しようということだったのではないですか。

当時はあれしか結論はなかったとは思います。ですが、ほんとうによかったのか。いまになってみると、間違っていたかもしれないという気持ちが無きにしもあらずです。

ぼくの『敦煌』を楽しみにしてくれる人が大勢いたことは知っています。映画の世界でも松林宗恵さん、五社英雄さんは「小林さんが『敦煌』を撮るときは助監督で付きます」と言ってくれていました。完成した映画を見た人の話を聞いたり、その後の井上さんの話が何となく耳に入ってきたりすると、やはり武満徹さんが言うようにぼくが撮るべきだったのかもしれません。ぼくがもっていた権利を最後まで押し通していけば、違った製作の形で『敦煌』はできていたようにも思うのです。井上さんはじめ、好意をもってくれていた人たちにぼくの『敦煌』を見せることができなかった。悔恨は、やはり残っています。

12 実現しなかった企画

企画が実現に至らないことは、映画の世界では珍しいことではない。その中でも『敦煌』は特別な例で、小林の心情に残した傷跡も大きかった。しかしこのほかにも実現しなかった企画は少なくない。一九五五年頃の『こころ』、六五年の『日本のいちばん長い日』、六八年の劇映画版『東京裁判』等への言及を紹介したが、ここではそれ以外の企画に関する小林の断片的な言葉を紹介する。

●松林宗恵…まつばやし・しゅうえ(一九二〇〜二〇〇九) 映画監督。四二年東宝に入り、五二年『東京のえくぼ』が監督第一作。東宝「社長」シリーズや『連合艦隊』など。小林と個人的に親しく、小林に代わりNHKのドキュメンタリー『會津八一の世界 奈良の佛たち』を演出した。

●五社英雄…ごしゃ・ひでお(一九二九〜九二) 映画監督。ニッポン放送からフジテレビに出向しドラマディレクター。『三匹の侍』がヒットし六四年、同名作品で映画監督第一作。『鬼龍院花子の生涯』『吉原炎上』など。

●ぼくが撮るべきだったのかもしれません…「第一回 日本映画の発見 SINJUKU88 小林正樹ノ世界」プログラム(日本映画学校、一九八八)に寄せた「小林正樹と映画音楽」で武満は「他のひとによって完成された『敦煌』を観て、小林さんがこれを撮らなかったのは、やはり、間違いだと思った」と書いた。この文章は本書II所収の武満徹「小林正樹と映画音楽」参照。

●それ以外の企画に関する小林の断片的な言葉を紹介する…本書所収の岡田秀則《つかの間の猶予》をめぐって——小林正樹の未映画化脚本を読む」参照。

●『二十四時間の情事』…一九五九年(同年日本公開) 原題は「Hiroshima, mon Amour(広島、私の愛)」。監督・アラン・レネ 出演・エマニュエル・リヴァ、岡田英次ら。

●田向正健…たむかい・せいけん(一九三六〜二〇一〇) 脚本家。六一年松竹大船撮影所に助監督として入り、木下惠介プロに移籍して脚本家。主にテレビで活躍し、連続テレビ小説「雲のじゅうたん」、大河ドラマ「武田信玄」など。

『日本の休日』（一九六六年頃）

稲垣俊（公二）による一九六六年九月一三日付検討用脚本が現存する。脚本協力として小林正樹と武満徹の名前が記されている。六七年には小林が検討中の企画として『東京の休日』の題名で新聞報道されたことがある。オリジナル企画。

これはやりたかった。ぼくのシャシンの系列として、大事な作品になったような気がします。ベトナム戦争から休暇で日本に来た三人のアメリカ兵の話です。あの頃はそういう兵隊がずいぶん日本に出入りしていました。三人というのは白人と黒人と日系人。三人はそれぞれ違います。白人の兵隊は枯れ葉剤の後遺症で悩まされながら、最後は精神がおかしくなっちゃう。黒人兵は横浜で、朝鮮戦争の落とし子のような女の子と仲良くなる。日系人の兵隊は誰よりもアメリカに忠誠を尽くす。そういう三人が日本と出会うという話を、『二十四時間の情事』◉をちょっと意識したタッチで描いてみたいと思っていました。ぼくはこの企画に大変乗り気で、そういうこともあり『日本の青春』のほうはあまり気が進まなかったわけです。

『あおによし　奈良の都は』（一九六七年頃）

田向正健◉によるオリジナル脚本が現存する（日付等なし）。

松山善三さんが推薦してくれたので読んだのですが、これがいいのです。奈良で墨を作っている老舗の一家の話です。その平凡な日常で、突然、世界核戦争が起こる。桜が満開の奈良の都に、死の灰が静かに降ってくるというのがラストシーン。武満さんがとても乗り気でした。ですが撮影までもっていけませんでした。『日本の休日』もそうですが、完成できていれば大事なシャシンになっていたと思います。

シーンは奈良の一家の情景からほとんど離れず、淡々とその日常を描く。映画半ばでテレビのニュースが一家に核戦争勃発を知らせるが、庶民としてはなすすべもないまま核汚染が浸潤してくる日々が続き、小林が語るようなラストシーンに至って死に覆い尽くされる。平和で平凡な日常が、ある日突然、凶悪な暴力によって断ち切られるという意味で、二一世紀的な恐怖を先取りした企画とも言える。

『戦争と人間』（一九六八年から一九七九年頃にかけて）

企画書などが現存するほか、大映と日活（いずれも俳優座映画放送提携）**でテレビドラマとして企画された際の準備稿等が現存する。**

五味川純平さんの『戦争と人間』◉はあの頃、まだ一巻ずつ出ている途中から、「これはいいなあ」と思いながら読んでいました。一九六八年にタシュケント映画祭に出かけたときのことですが、一緒に映画祭に参加していた人で当時は民藝の映画部門にいた大塚和さん◉に「いま、これを読んでいるんだけどすごいんだよ」と、何気なく言ってしまった。あれだけ膨大な原作ですから、まさかやる人なんていないだろうと油断したのです。

日本に帰ってきて椎野英之さんを通じて東宝に企画を出してみました。数カ月経ってそれを藤本真澄さんが見て「なんでこんないいもの、いままでもってこなかった」と怒鳴られたそうです。椎野さんはとっくに出していたのに、藤本さんが見ていなかっただけらしい

◉**『戦争と人間』**…三一書房から一九六五〜八二年刊。全一八巻。後に光文社文庫。新興財閥の興亡を軸に一九二八年から四五年までの昭和史を描いた大河小説。

◉**大塚和**…おおつか・かのう（一九一五〜九〇）映画プロデューサー。劇団民藝所属で日活とプロデューサー契約を結んだ。後に独立。『豚と軍艦』『けんかえれじい』『海と毒薬』などを製作。

◉**山本薩夫**…やまもと・さつお（一九一〇〜八三）映画監督。三三年松竹蒲田撮影所に入り、PCLに移籍して三七年『お嬢さん』で初監督。戦後の東宝争議で退社した後は独立プロを中心に活躍。『白い巨塔』『金環蝕』など。

◉**ほんとうに惜しいことをしました**…小林はこう記憶しているが、当時の新聞記事によると、日活も申し入れだけで原作料は支払っておらず、東宝も正式に五味川純平に映画化を申し込んだ。五味川も「迷っている」と談話をだしたが、最終的には日活＝山本薩夫で映画化された。

◉**松本清張**…まつもと・せいちょう（一九〇九〜九二）作家。「或る『小倉日記』伝」で芥川賞。社会派推理小説、現代史ノンフィクションでも活躍。『砂の器』など野村芳太郎監督によって映画化された作品も多い。

◉**磯部浅一**…いそべ・あさいち（一九〇五〜三七）皇道派青年将校グループの一人。陸軍免官後、二・二六事件を主導し、銃殺刑に処せられた。獄中で「獄中手記」などを執筆。

ですがね。

それでとにかく藤本さんと一緒に五味川さんのところに行きました。そうしたら五味川さんが「駄目なんだよ、ひと月前に山本薩夫さんに約束しちゃって」と言うのです。ほんとうに惜しいことをしました。山本さんの『戦争と人間』を見て、ちょっと違うんじゃないかと思いました。左翼的な見方から、「財閥は悪だ」という前提で撮っていますからね。それなりにきちっとした立派なシャシンだとは思いますが。それに第三部までで終わってしまいましたが、あれはやはり最後まで撮り進めるべき作品です。

しかしぼくも迂闊でした。大塚さんに話したことが失敗。惜しいことをしました。


『日本を凍らせた四日間　二・二六事件』(一九七三年頃)

八住利雄による一九七三年八月二二日付脚本が現存する。表紙に「東宝映画作品」と印刷されている。その他企画書、キャスト予定表などが残っている。


二・二六事件には関心を持っていたので、椎野英之さん、佐藤正之さんと企画しました。松本清張さんの『昭和史発掘』、それに五味川純平さんの『戦争と人間』を採り入れようとしていろいろ直したのですが、できあがった八住さんの脚本には、あまりぼくの意見は入っていません。

検討しながら、これは駄目だなとは思ったのです。ぼくの考えでは、あくまで天皇批判みたいなことになる。磯部浅一というのがいるでしょう。天皇を批判した彼の獄中記が大変にいいのです。ぼくのイメージでは、冒頭のシーンで天皇が葉山で海水浴をしている。場面が変わり、永田鉄山(陸軍軍務局長)が相沢(三郎)中佐にばっと斬られる。そして最後は青年将校たちが銃殺され、ラストシーンで骸骨が宮城全体にころがるという、そういう強烈なことを考えていました。

八住脚本のラストシーンでは、ナレーションで事件に参加した初年兵のほとんどが戦死したことを述べ、さらに「巨大な天皇制はもはや天皇個人の意志とは無関係に、国民をまきこみ、太平洋戦争へ曳きずって行ったのである」としたうえで、以下の記述が続く。

「戦場　戦死者の白骨が立上がり、軍服をきて、銃をもち、列を組んで、東方をさし行進をはじめる。ナレ「彼等は限りなき怨念と怒りをこめて、日本へ逆上陸したかったであろう、祖国日本こそ、その攻撃目標である」。逆方向に行進をつづける軍服をつけた白骨たち。（終）」

『伯林――一八八八年』（一九八六年頃）

海渡英祐◉の同名小説の映画化企画。概略を記した企画提案書と稲垣俊によるシノプシスが現存する。

森鷗外が北里柴三郎と一緒にドイツに留学していた若い頃の話で、そこに当時の宰相ビスマルクが絡んでくる密室殺人事件です。ドイツとの合作でできないかと思い、一九八六年にカールスルーエでぼくのフェアがあって向こうに行ったとき、ミュンヘンの撮影所に話をしたことがあります。鷗外役は中井貴一さん。彼、若い頃の鷗外に似ているのです。ですが、シノちゃん（篠田正浩監督）が『舞姫』を撮るというので、諦めました。内容は違いますが、同じ鷗外で同じ時代の話ですからね。

『真説・阿部一族』（一九八九年）

松竹の社長になっていた奥山融さんから、誰かの結婚式のときに「何かいい企画はないですか？」う

◉**海渡英祐**…かいと・えいすけ（一九三四生）作家。『伯林――一八八八年』で江戸川乱歩賞。

◉**井手雅人**…いで・まさと（一九二〇～八九）脚本家。『赤ひげ』『鬼畜』など。テレビの「鬼平犯科帳」シリーズも手がけた。

◉**升本喜年**…ますもと・のぶとし（一九二九生）映画プロデューサー。五四年松竹入社。『激流』『彩り河』など松竹大船で多くの作品を担当した。

◉**隆慶一郎**…りゅう・けいいちろう（一九二三～八九）作家。本名・池田一朗。中央大学などでフランス語を教える一方、本名で脚本を多数手がけ、映画には『赤い波止場』『にあんちゃん』など、テレビでは「鬼平犯科帳」シリーズなど。八四年に隆慶一郎名で作家としてデビュー。『影武者徳川家康』『一夢庵風流記』など。

◉**雑誌に発表しました**…単行本としては一九九二年に新人物往来社から刊行。

◉**『食卓のない家』**…一九八五年一一月二日公開　脚本・小林正樹　撮影・岡崎宏三　出演・仲代達矢、小川真由美、中井貴一、中井貴恵、真野あずさ、平幹二朗、大竹しのぶ。

ちでも一本撮ってくださいよ」という話をされたのです。佐藤正之さんも一緒でしたし、松竹がそういうなら何か出してみようと、それで考えたのが鷗外の『阿部一族』です。

脚本は井手雅人さんに頼みました。以前から「一度やりましょう」と言われていたのです。同時に松竹のプロデューサーだった升本喜年さんがこの企画にとても乗り気で「資料的なことは私が調べますから」と、阿部一族の史実に関する資料を集めてくれることになり、それを井手さんに渡して始めようという話までいきました。

ところがこの年の夏に、井手さんが亡くなってしまった。ライターを誰にしようという話になって、池田一朗という人の名前が出てきた。椎野さんと親しく、ぼくもお会いしたことはありました。ですがプログラムピクチャーのホンが行き詰まったときに頼むとさっさとやってくれる便利な人という認識で、それほど買っていたわけではなかったのです。

ところがいまは小説を書いていて、それがおもしろいから読んでみろと、みんなが推薦します。読んでみたら、これが確かにおもしろい。大変な人だと見直しました。小説の方は隆慶一郎という名前で書いているのですね。そこで升本さんが会いに行き、あらためて始めようということになりました。

ところが池田さんも一一月に亡くなってしまうのです。『阿部一族』は何かの怨霊が祟っているんじゃないかってみんな言い始めてね。ですが升本さんが「これはどうしてもやりたい。私が集めた材料で、まず小説を書いてみる」と言って雑誌に発表しました。これを土台にして、鷗外の『阿部一族』も盛り込んで脚本を書こうという方針で松竹に企画を出したのですが、「内容が暗い」とか何とかでうまくいかない。ホンにする直前までいったのですが、最終的には駄目になりました。

この『真説・阿部一族』がぼくの劇映画の企画としては最後になりました。

一九八五年の『食卓のない家』は、劇映画監督としての小林の最後の作品となった。企画から製作に至る期間は、『東京裁判』の作業が徐々に本格化し、一方で『敦煌』をめぐる大映との協議が暗礁に乗り上げ、自らの手による映画化を断念した時期と重なる。『敦煌』降板が決定した年の秋頃から、小林は失意の中で『食卓のない家』の準備にとりかかっていった。

13 ホームドラマへの回帰

『食卓のない家』（一九八五年）

（「敦煌」ショックから）立ち直る気になどまったくなれませんでした。映画界そのものに不信感を抱いてしまいましたからね。

ですが『食卓のない家』は川本源司郎さん◉という映画界の外の人から資金が出るし、佐藤正之さん、岡崎宏三さん、戸田重昌さん、武満徹さん、西崎英雄さんといった小林ファミリーでつくるシャシンでもありました。ぼくの『敦煌』の傷を癒やそうという気持ちだったのか、佐藤さんがしきりに後押ししてくれました。これは最初の脚本が仲代さんの奥さんの隆巴さんでしたし、そういう意味で佐藤さんと仲代さんが推進力になって動かしていったという感じです。

最初に佐藤さんから円地文子さん◉の『食卓のない家』の話があったのは八〇年の二月でした。『東京裁判』の構成にやっと目処が立ち始めたものの、まだ見通しがついたとまではいえない、という時期です。そういうときに佐藤さんが「『東京裁判』はいつできるかわからないし、『敦煌』も撮影まではそうとうかかる。生活のこともあるし、一本撮っておかないか」ということで原作を持ってきてくれました。

読んでみるとすごくおもしろいのです。円地さんがあの年齢でよくこんなに若い世代の問題に取り組んだものだと、そのエネルギーに感動しました。手回しよく佐藤さんは「いま、隆さんに脚本書いても

◉**川本源司郎**…かわもと・げんしろう（一九三二生）実業家。東京・銀座や福岡に「丸源ビル」の名称で多くの不動産を所有。有数の資産家として知られ、一時期映画製作のスポンサーとして『食卓のない家』のほか『地平線』（新藤兼人、八四年）、『鹿鳴館』（市川崑、八六年）を製作した。

◉**円地文子**…えんち・ふみこ（一九〇五～八六）作家。『女坂』『朱を奪うもの』『遊魂』などの一方、源氏物語の現代語訳も完成させた。七九年発表の『食卓のない家』は晩年の異色作。連合赤軍メンバーによる浅間山荘事件、日本赤軍のよど号ハイジャック事件をベースに家族の問題に斬り込んでいる。

◉**臥龍閣**…栃木県烏山城カントリークラブ所有。山形県にあった寛延元年（一七四八年）建設の庄屋の屋敷を移設した。現在は和食レストランとして利用されている。

◉**脚本が隆巴さんと折り合いがつかず～**…完成作品のクレジットでは隆巴の名前は外れ、脚本は小林名になっている。

らっているから」というわけです。

このあと小林は『東京裁判』の完成を急ぎ、これが八二年三月頃までかかった。その年の暮からは『敦煌』の準備が本格的に始まり、八三年は大映側との脚本すり合わせ作業が続いた。その一方で、『食卓のない家』も具体的に動き出す。

八三年というのは『敦煌』のシナリオについて、ぼくと大映の武田敦さんの意見がどうしても合わず、年の半ばからはその件をすっかり佐藤さんに任せていました。同時に『東京裁判』の外国語版をつくるという作業にも取りかかっていた時期です。

川本さんに会ったのは八月一五日で、佐藤さんや松竹関係の人も一緒でした。ここから『食卓のない家』も進行していきます。秋から冬にかけて、隆さんの脚本について打ち合わせを重ねていたのですが、そういうさなかに一二月二一日、『敦煌』について大映と決裂した、という連絡があったわけですねえ。

この前後は小林の記憶も曖昧だったが、やはり『敦煌』ショックから『食卓のない家』にはしばらく手を付ける気になれなかったようだ。

しかしとにかく、佐藤さんも仲代さん夫妻もぼくに撮らせようとしてくれるわけです。それであらためて夏か秋ごろから準備を始めたのでしょう。暮れにはロケハンにも行きました。それで見つけたのが、主人公一家の自宅として使った栃木県の臥龍閣◉という合掌造りの建物です。そこを美術の戸田重昌さんが、がっちりとロケセットとして使えるようにしてくれたのです。

しかし脚本について隆さんと折り合いがつかず、これはもう降りようとまで考えました。◉仲代さんが演じた鬼童子《きどうじ》信之という主人公のイメージが、ぼくと隆さんでは違うことが一番の問題でした。

『食卓のない家』は封切り後、製作者の意向で現在にいたるまで、ビデオや放送を含めまったく日の目を見ることを封じられているため、以下に簡単に内容を記す。

大手電機メーカー研究者の鬼童子信之は、妻と二男一女との円満な家庭を営んでいた。ところが大学生になった長男乙彦が学生運動にのめり込み、やがて同志リンチ事件とそれに続く山荘立てこもり事件に加わり、警察に逮捕される。鬼童子家は世論の非難を浴びるが、信之は「家族は関係ない。乙彦の犯罪は乙彦個人の問題だ」として世間への謝罪を拒否し、息子の面会にも行かない。妻由美子は「親がそんな風に冷酷だから、息子がああなるんだって、(長女との婚約を破棄した)あちらの家では言っているそうよ」と迫るが、信之は「冷酷ではない。けじめだ!」と突き放す。そういう信之に由美子の精神は均衡を失していく。

信之という主人公というのはある意味でぼくの分身みたいなものです。最後まで民主主義のルールを守り抜いたという、あのあたりです。現実の浅間山荘事件に関連した家族は大勢いて、自殺したり釈明をしたりいろいろでしたが、信之は一切語ることなく自分の生き方を押し通しました。最終的に『食卓のない家』をやる気になったのも、突き詰めていけば、そういう信之の考え方に強く惹かれたからでした。

当時ラストシーンを撮影しクランクアップした北海道のロケ先で、小林は以下のように語っている。「僕自身のリベラリストとしての生き方を信之の原点としてとらえたい。信之は自分も自由だが相手も束縛しない。実は僕が生まれ育った小樽の家庭がこれに非常に近いんですよ。僕は信之に理想の男性を見ます」。小林は本インタビュー冒頭で信之について、自身の父雄一のイメージに「非常に近い」としている。信之を「自分の分身」であり「父雄一」とも語る小林の意識における父の存在の大きさを物語っているように思われる。

このシャシンには、佐田啓二さんの遺児二人、中井貴一君と中井貴恵さんを共演させています。佐田

●**僕は信之に理想の男性を見ます**…北海道新聞一九八五年六月二十七日付。

●**中井貴恵**…なかい・きえ(一九五七生) 俳優。七七年『女王蜂』でデビュー。『制覇』など。本名「貴恵」の名付け親は木下恵介。

小林正樹アルバム㉑『食卓のない家』

北海道のロケ現場　海外に去った長男の恋人と
その子供(孫)を　父・仲代達矢が訪ねるラストシーン

鬼童子家居間のセット　妻の姉・岩下志麻(左)と
長女・中井貴恵のリハーサルを見守る小林

精神を病んで
妻が不在となった
鬼童子家の居間
父の仲代(右)と
妻の姉・岩下(左)の
対話シーンを
演出する小林

スタッフ・キャスト記念写真
メイン舞台鬼童子家の
ロケセットとなった
栃木県烏山城
カントリークラブ臥龍閣前
前列右から撮影岡崎宏三
プロデューサー岸本吟一
企画佐藤正之　岩下志麻
小林　仲代達矢　中井貴恵
二人おいて照明下村一夫

さんは木下惠介さんの『不死鳥』でデビューしたときから、ほんとうによく知っていました。これからというときのあの人の死は残念でならなかった。小さい貴一君を小津(安二郎)さんが抱いて、ほんとうの孫のようにかわいがりながらスーダラ節を歌っていたことを覚えています。

二人を出すという案はぼくが出しました。周囲からは「不可能だ、絶対に二人は出ないよ」とずいぶん言われましたが、とにかく(佐田啓二さんの)奥さんに会ってみようと思って訪ねたら二つ返事で。

二人がどの程度やれるのか、どういう芝居をするのか、まったくわかりません。ですが実際に貴一君の芝居を見て「これは佐田啓二よりずっと素質が上。大変な役者になるだろう」と感心したものです。ぼくはおやじさんのデビューを知っていますからね。

お姉さんの貴恵さんも勘がいい人です。はじめは真野あずささん◉がやった、年上の信之に関心を寄せる香苗役で考えましたが、まだどういう芝居をするかわからなかったので姉役にしました。ですがあとから考えると、香苗役も十分できました。

それにしてもぼくはいま、『食卓のない家』を何か虚ろな気持ちで振り返っています。それはやはり、『敦煌』のショックというものが尾を引いているんだなあ。できあがった『食卓のない家』に対する感情が、振り返ってもまったく湧いてこない。『敦煌』後遺症の中でつくったからなのでしょう。公開当時を別にすれば、『食卓のない家』について話すのもこれが初めてです。

ですが、インタビューを受けるので久しぶりに当時ぼくがこのシャシンについて書いたり答えたりしているのを読み返してみたら、それなりにきちんと情熱をもって取り組んでいる。もしかしたら、思っているほど出来は悪くないのかもしれません。そうとういい作品かもしれない。もういちど見てみたいと思うのですが、川本さんという人が変わった人で、まったく外に出してくれないのです。不思議な人がいるものです。

◉真野あずさ…まの・あずさ(一九五七生) 俳優。八二年テレビドラマ『風の鳴る国境』でデビュー。映画には『はぐれ刑事純情派』など。

◉笠智衆…りゅう・ちしゅう(一九〇四〜九三) 俳優。松竹で大部屋俳優だったところを小津安二郎に見いだされ、続いて多くの名監督の作品に起用された。田中絹代とは同じ松竹の俳優として長い交流があった。七六年二月放送のテレビドラマ『幻の町』では田中とともに主演。小林作品には『息子の青春』『人間の条件』第五部・第六部がある。

小林が述べている通り、『食卓のない家』は製作者として著作権者とされる川本源次郎がビデオ化はもとより、封切りを除いてその後の公開を一切許さないため、二〇一六年夏現在、〝幻の作品〟となっている。川本製作の他の二作品、『地平線』(新藤兼人)、『鹿鳴館』(市川崑)も同様の状態にある。

14 敬姉 絹代さん——最期の七〇日間

時間は遡る。一九七七年が明けた一月、笠智衆から小林に電話があった。田中絹代が順天堂病院に入院したという知らせだった。小林にとっては青天の霹靂。その日から、千代子夫人とともに連日病院に通い、病床の絹代に付き添った。

電話があったのが入院当日の一二日夜で、とにかくすぐに駆けつけました。病気(脳腫瘍)のことなど、まったく知りませんでした。
病室に着いたときには頭痛はもう止まっていたようです。顔を見合わせた瞬間、にこっと笑ってくれました。今までのご無沙汰での垣根がぱっととれたような感じの、ほんとうにいい笑顔でした。

絹代は小林が正式に監督に昇進してからの第一回作品『まごころ』に出演したのみで、以降は仕事をともにしていない。

『まごころ』にはお祝いのつもりで出てくれたのでしょう。息子役の石濱朗さんと撮ったスチールを「この映画らしい、親子の感じが一番出ている」と言ってとても喜んでいたことを覚えています。
それ以降はもう、絹代さんに出てもらうことは考えませんでした。多くの監督さんからかわいがられ、まったく順調に歩んでいたからです。ひょっこりこちらの撮影を訪ねて来たり、パーティーで顔を合わせたりということはありましたし、ぼくも絹代さんのセットを覗きに行くぐらいのことはありました。ですがお互いに忙しかったし、手紙のやりとりもほとんどしていませんでした。絹代さんも、距離を置いてぼくを見ていたのでしょう。松竹から契約を解除されてぼくが起こした裁判にしても、絹代さんには「なんてばかなことを」という気持ちがあったとは思います。

ですが内心思っていたことはあります。もし絹代さんに女優としての仕事が来なくなったら、そのときは絹代さんを主役にして撮ろう――そういう気持ちをずうっと持っていました。結果としてその必要はなかったわけですが、ある意味では熊井啓さんが『サンダカン八番娼館　望郷』でその仕事をしてくれたように思います。あれは佐藤正之さんと椎野英之さんの製作でした。

絹代さん、最高の仕事をしていました。あの年齢でよくここまでと感激したものです。絹代さんのシャシンを見るときは、どうしても親戚として見る目と、映画に映っている役の絹代さんの両方が、どうしても入り交じってしまいます。そういう目で見ても、「よかったなあ」と思えたのが『サンダカン』でした。あれだけ多くの監督にかわいがられ、『サンダカン』で終わったというのはすばらしいことで、結局、ぼくが手を出す余地はなかったのです。

ですが絹代さんは私生活の面では大変辛いこともありました。寂しいとき、苦しいときがあったでしょう。ぼくは忙しさにかまけて何もしてあげられなかった。そういう思いがあり、入院したと聞いて飛んで行きました。付きっきりで最後まで見守ろう、そう思ったのです。

絹代の入院は約七〇日間に及んだ。その間、小林は介護と生活の世話に専念することになった。それは二人の間にいつの間にかできていた「空間をいろいろな話で埋める」時間だったという。

●熊井啓…くまい・けい（一九三〇〜二〇〇七）映画監督。五四年日活に入り、六四年『帝銀事件　死刑囚』が監督第一作。『黒部の太陽』『千利休　本覺坊遺文』など。

●『サンダカン八番娼館　望郷』…一九七四年一一月公開　脚本・廣澤榮、熊井啓　撮影・金宇満司　出演・栗原小巻、高橋洋子、田中絹代ら。

一日も欠かさなかったように思います。お互いの映画の話、親戚の話が尽きません。ぼくのことを「マサちゃん」と呼ぶのです。そして「マサちゃん、足が動かない、手が動かない、座ったままで映画俳優として大丈夫？　やれる？」って。「背中の芝居が一番面倒なんだよ。背中の芝居ができるようにまで治れば大丈夫だから」と、そういう慰め方をしたように覚えています。

食べるものも持って行きました。一月なので、わが家でつくった北海道ふうの正月料理です。「鰻が食べたい」と言い出すこともありました。それも両国の鰻。買いに行って、冷めないうちにと急いで戻ります。そういうときのあの人の笑い方、とてもかわいいんだなあ。もう箸は持てなくなっていて、手でつかんで食べて……。

小林正樹アルバム㉒ 田中絹代

『まごころ』
監督昇進第一作に出演する喜びの田中

神奈川県三浦三崎諸磯海岸の岩礁上に
孤立するように建つ旧田中絹代邸

旧田中絹代邸内部
右手床の間は表千家残月亭にならい二畳敷き
天井は細竹の簀の子　左手に茶の湯のための水屋と
畳の下に切り炉のしつらえがある
正面の座卓は
小林が『食卓のない家』で使用したテーブルを
脚を短くして据えた

「神田の天政の天丼がほしい」と言うときもありました。ぼくも小津(安二郎)さんに連れられて行ったことがありましたが、絹代さんもきっと小津先生と行ったことがあったのでしょうね。神田に行くと、小さな店だったのが立派な料亭になっていました。もちろん天丼なんかありません。ですが事情を話したところ「わかりました」と作ってくれて、そのときも絹代さんはとても喜んでくれました。

それと有名な立田野のみつ豆。しょっちゅう頼まれました。寒天と豆が好きで、「あんこはあんまり入れないで」って。食べ物というと鰻、天丼、みつ豆、そしてわが家の家庭料理。それを喜んでくれた。主治医から病状を聞いて、時間の問題だとはわかっていました。ですから食べたいものは食べさせてあげたかった。

会いたい人にも会わせてあげようと思っていましたが、絹代さんは面会をほとんど断っていました。ですがある日、ぼくが病室に入ると倉本聰さんが来ていました。無条件で会っていたのが倉本さん。テレビドラマの『幻の町』がずっと心に残っていたのでしょう。

亡くなる間際でしたが、城戸四郎さんが「おい、会わせろよ」とひょっこり現れたことがあります。絹代さんもまだ意識があって、しばらく話をしていましたよ。ぼくが城戸さんと会ったのは裁判以来でしたが、その城戸さんも、それから間もない四月(一八日)に亡くなったのですよねえ。

田中絹代は一九七七年三月二一日に永眠した。

絹代さんには借金がありました。二〇〇〇万円近かったかなあ。三浦半島の先の三崎町に別荘を持っていたので、本人としてはいざとなったらそれを売るつもりだったのでしょう。ですが手続きをきちんとしなければ、ぼくらが故人の財産に勝手に手を付けることはできません。

病院の費用も大変なものでした。入院していたのは順天堂の一番いい部屋です。亡くなることはわ

◉倉本聰…くらもと・そう(一九三五生) 劇作家、脚本家、演出家。ニッポン放送を経てフリー。映画脚本に『冬の華』『駅 STATION』など。テレビドラマに『北の国から』『前略おふくろ様』など。

◉『幻の町』…一九七六年二月八日放送。北海道放送製作。演出・守分寿男、脚本・倉本聰、出演・笠智衆、田中絹代ほか。七六年度芸術祭優秀賞。

◉川喜多さんご夫妻…川喜多長政(かわきた・ながまさ 一九〇三〜八一)、かしこ(一九〇八〜九三) 長政は二八年東和商事(後に東和映画、東宝東和)を設立、多くの優れた欧米映画を輸入、小林作品を含む日本映画輸出にも多大な貢献をした。かしこは東和商事副社長を経て社長。夫とともに名画輸入に尽力し、後に川喜多記念映画文化財団を設立。夫妻とも小林作品の世界的評価に力を尽くした。

かっていたので、最後までそこで過ごさせてあげたい。ですがそれには現金がいります。わが家も破産寸前でした。そういうときに相談に乗ってくれたのが倉本さんや川喜多さんご夫妻、そして佐藤正之さんです。力になってくれました。ぼくにもうお金がない事情も聞いて「そうか。じゃあ、小林さん、ある程度足りない分はなんとかするよ」と佐藤さんが助けてくれたのです。

こういう人がいて、ぼくも『怪談』のときにも売らないで最後まで持っていたゴルフ場の会員権を売り、弁護士にも入ってもらい、最終的には絹代さんの思い出が残る三崎の別荘も手放さずに済ませることができました。

あの病院での七〇日間を含め、ぼくなりに最善を尽くしたとは言えると思います。

小林は晩年、田中絹代の業績を顕彰する記念館を建設するため奔走した。生前には実現をみなかったが、関係者の尽力で二〇一〇年、「下関市立近代先人顕彰館　田中絹代ぶんか館」が開館した。

15　よくぞここまで

いま振り返ってみると、よくぞここまで撮ったという感じが一番です。苦労した映画が多いですから、それぞれにみんなかわいい。

ぼくにはいつも、會津八一先生と木下惠介監督という二人の恩人に見

『泉』　撮影中の帝国ホテルのロケ現場に陣中見舞い　左から有馬稲子 佐田啓二 田中 小林　1956年

せて恥ずかしくないものをという気持ちがありました。完璧主義で通したのも、そういう支えがあったからです。ですから、年代が経っても色褪せない映画をつくってくることができた。

それとともに、ぼくの映画の背景にあるのはやはり、生まれ育った小樽の風土と、自由に伸び伸びと育ててくれた家庭の雰囲気だろうと思います。

作品個々をとれば、ああもしたかった、こうもしたかったという悔いが残るのは当然で、完璧にいったと言えるのはほんとうに少ない。その中で『切腹』と『日本の青春』、『化石』は仕上げまで思う存分時間をかけることができた、監督冥利に尽きるシャシンではないかと思います。全体を通してみれば、やはりどれもやることはきちっとやっていて、いま見てもおかしくないはずで、フェアなどでの上映の機会があると、一番夢中になって見ているのはぼくなのです。

やるべきことはやりました。心残りはありません。

ですが記録映画でやってみたい企画があります。

ひとつは中国の大同石窟◉の記録映画です。會津八一先生の講義で聴いて以来の憧れで、一九七七年に日本映画人代表団として訪中したときには現地を見ることもできました。一緒に行った仲代達矢さんから「目の色が変わりましたね」と冷やかされましたが、傷みがひどい状態で、何とか記録映画にして残しておきたいという気持ちを持っています。

もうひとつが、會津先生の記録映画です。先生には『鹿鳴集』という奈良をうたった歌集があります。その中から三〇首ほどを選んで、それを先生が書いた書と奈良の寺、仏像、風土をミックスさせながら、會津先生の芸術の世界を描いてみたい。結局、ぼくの美意識の根源は會津八一先生なのです。

小林が念願とした會津八一が主人公の記録映画は、この後、NHKハイビジョン番組のドキュメンタリードラマ『會津八一の世界　奈良の佛たち』として実現した。しかし製作決定後の体調がすぐれず、小林は監修

◉**大同石窟**…山西省大同市西方にある雲崗石窟。五世紀の石仏が残る遺跡。ユネスコの世界遺産に登録されている。

の立場にとどまり、松林宗恵が監督として完成させた。會津八一は、仲代達矢が演じている。番組は一九九六年一〇月一三日に放送された。

小林はこの放送を見ることなく、一〇月四日午後九時、心筋梗塞により自宅にて永眠した。

後記

本稿作成においては、もとより小林の言葉を最大限尊重すべく努めたが、書籍として読者に供することを考え、言い回しや話の順番などは大幅に手を加え編集した。また、原録音は古いカセットテープ収録であるため聴き取れない個所があり、一部は前後の関係と資料から推測して記述したが、重要と思われるものの誤りを避けるため割愛した部分もある。

本稿では語り口を「です」「ます」体にしているが、これは小林の口調を生かすためである。小林は一一日間のインタビューにおいて、年若い記者(筆者)に対して終始対等な相手として尊重する口調を崩さず、話に登場する人物についても、たとえ意に染まない事件の当事者であっても「さん」付けで語り、人間的な感情について節度を保った。

最晩年のインタビューということもあり、小林の話には思い違い、記憶の誤りが少なからずあり、時系列が錯綜することもままあった。本稿作成にあたり、軽微なものは注釈なく修正し、記憶違い自体が意味を持つと思われるものは本文で補い、あるいは注を付した。

そのうえで事実関係の誤り、小林の意図の取り違えなどがあれば、すべてインタビュアーであり筆記者である私の責任である。

なお、当インタビューの録音はデジタルファイル化し、小林の遺品、資料を多数収蔵している世田谷文学館に寄贈した。

スチール写真でみる

小林正樹フィルモグラフィ

『息子の青春』
（1952）
監督昇進テストケースの
第一作は
大船調ホームドラマ
思春期の子供たちを
中心にした
中流家庭の物語

越智家団欒のシーン　左から父親英夫（北龍二）
母千代子（三宅邦子）息子春彦（石濱朗）

ガールフレンドの両親から歌舞伎に招待された息子（石濱朗）を
送り出す母（三宅邦子）

『まごころ』
（1953）
前作に続く大船調メロドラマ
裕福な家庭に育つ高校生と
隣のアパートに引越してきた薄幸の少女との
交流が主題

ヒロインは
病で余命いくばくもない
少女ふみ子（野添ひとみ）

少女の救済に心を砕く
高校生弘（石濱朗・右）と
相談相手の
ラグビー部顧問
坂本（須賀不二夫）

『壁あつき部屋』（1953／56）

それまでの大船調とは一転して
BC級戦犯に問われた
兵卒と軍属たちの葛藤を描く
戦争問題を扱った社会派のドラマ

戦地で上官に原住民殺害を強要された
兵士山下（浜田寅彦）

BC級戦犯として取調べを受ける
山下（浜田寅彦）

『三つの愛』（1954）
小林のオリジナル脚本
軽井沢に住む三家族をめぐる
それぞれの愛のかたち

自然や小鳥と交わる時に
心開かれる
障碍児志摩平太（森昭治）と
慈しむ母幸（山田五十鈴）

夫の友人であり
平太を温かく見守ってくれる
八杉神父（伊藤雄之助・左）は
妻の裏切りに苦悩
心情を理解しながらも
許しをすすめる幸（山田五十鈴）

貧しさゆえに求婚をためらった
画家西田（三島耕）が
教師里見（岸惠子）との
結婚を決意

働き者の酒屋の主人良一(佐田啓二)と
夫の励ましに助けられる妻ひろ子(久我美子)

『この広い空のどこかに』(1954)

酒屋を営む若い夫婦と夫の義母と兄妹が同居する一家
幸せをめぐる家族問題の物語

祖母と二人暮しの
桜子(久我美子)は
兄の戦友で医師の今西(木村功)と
相思相愛だったが……

戦災で足を負傷した義妹（高峰秀子・左）を
気遣うひろ子（久我美子）

『美わしき歳月』
（1955）
戦争から帰還した青年達の
仕事と愛をめぐる青春群像

青年たちとの交わりの中で老いらくの恋を育む
紳士（小沢栄）と桜子の祖母（田村秋子）

『泉』（1956）
浅間山麓の水源地をめぐる
事業家と地元農民の紛争
これに絡む複数男女の
恋愛メロドラマ

紛争の水源地にある
元伯爵で事業家の立花公房（佐分利信）の別荘で
開発阻止を訴える住民たち

立花の秘書
その後開発土建業者田沢の秘書となる
美貌の女性斉木素子（有馬稲子）

ラストの
クライマックスシーン
新しい水源地候補に
ダイナマイトを仕掛け
成否を見守る村人たち
左から清村耕二
佐田啓二
中川弘子
内田良平

『あなた買います』(1956)

プロ野球の大型新人獲得をめぐる
欲と野心が渦まく社会派ドラマ

栗田獲得を命じられ　思惑と駆け引きに翻弄される
プロ野球東洋フラワーズのスカウト岸本大介(佐田啓二)

大学野球の花形選手栗田五郎(大木実)と
恋人谷口笛子(岸惠子)

栗田選手育ての親で球団選定のキーマン球気一平(伊藤雄之助)と
その愛人で旅館の女将谷口涼子(水戸光子)

土地買収と住民追い出しを
ジョーから持ちかけられて喜ぶ
おんぼろアパート「月光荘」の
家主の幹子(山田五十鈴)

『黒い河』(1957)
米軍基地周辺の底辺社会で
欲得と暴力にうごめく人間群像を
浮き彫りにした社会派ドラマ

界隈のぐれん隊を仕切る
人斬りジョー(仲代達矢)と
力づくで情婦にされた
静子(有馬稲子)

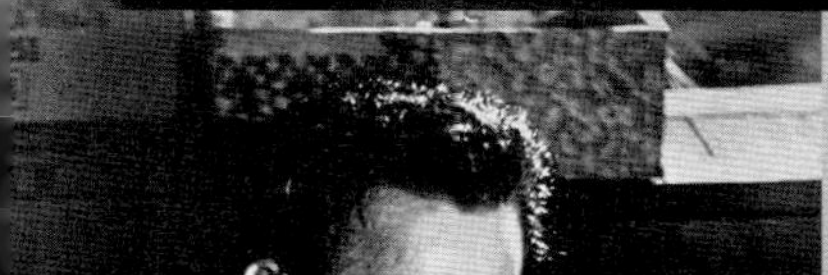

米兵相手のポン引き
栗原(東野英治郎)

アパートの住人パアのかあさん
(菅井きん)

おんぼろアパートの住人たち
左から菅井きん
小笠原章二郎
東野英治郎
宮口精二

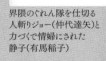

『人間の條件』第一部・第二部(1959)

満州鉱山の労務管理者となった梶は
劣悪な条件下にある現地の工人を擁護するうちに
逃亡者の処刑中止を求めて憲兵と対立する

逃亡工人の
処刑中止を訴える
梶(仲代達矢・左)に
激怒する憲兵(安部徹)

鉱山での強制労働者・特殊工人として北支から送られてきた捕虜たち
そのリーダー格・王亨立(宮口精二)

特殊工人のリーダーの一人
高（南原伸二・左）と結婚の約束をしている
慰安婦の楊（有馬稲子）の逢瀬

梶（仲代達矢）が召集令状を受け
不安におののく妻美千子（新珠三千代）

古参兵から新兵までの
共同生活体制が内務班
新兵は常に上級兵からの
制裁の恐怖にさらされる
中央手前正面が
吉田上等兵役の南道郎
左手前が板内上等兵役の
植村謙二郎
共に軍隊経験者で
迫真の鬼古参兵を演じる

『人間の條件』第三部・第四部（1959）

関東軍配属となった梶は　厳しい新兵教育の後
ソ満国境の任地で理不尽な軍隊生活を体験
やがてソ連軍侵攻の前に部隊は潰走

任地の梶（仲代達矢）の元へ
訪ねてきた
妻美千子（新珠三千代）

脱走兵捜索中
沼地にはまって沈む
吉田上等兵（南道郎）

ソ連軍の圧倒的な
戦車攻撃の前に
抵抗虚しく潰滅する
日本軍のタコ壺陣地

部隊は崩壊
梶は戦況不明のままに
彷徨を余儀なくされる

避難行中　若い娘（中村玉緒・左）とその弟を
保護して同行した梶（仲代達矢）のひとときの安らぎ

女と老人だけが残る開拓民村で
ソ連兵に囲まれ
梶（仲代達矢）の率いる日本兵が投降

ソ連捕捕虜収容所での
重労働にあえぐ
梶（中央）と寺田二等兵（右）

雨中　疲労困憊の避難民（岸田今日子）を
励ます梶（仲代達矢）

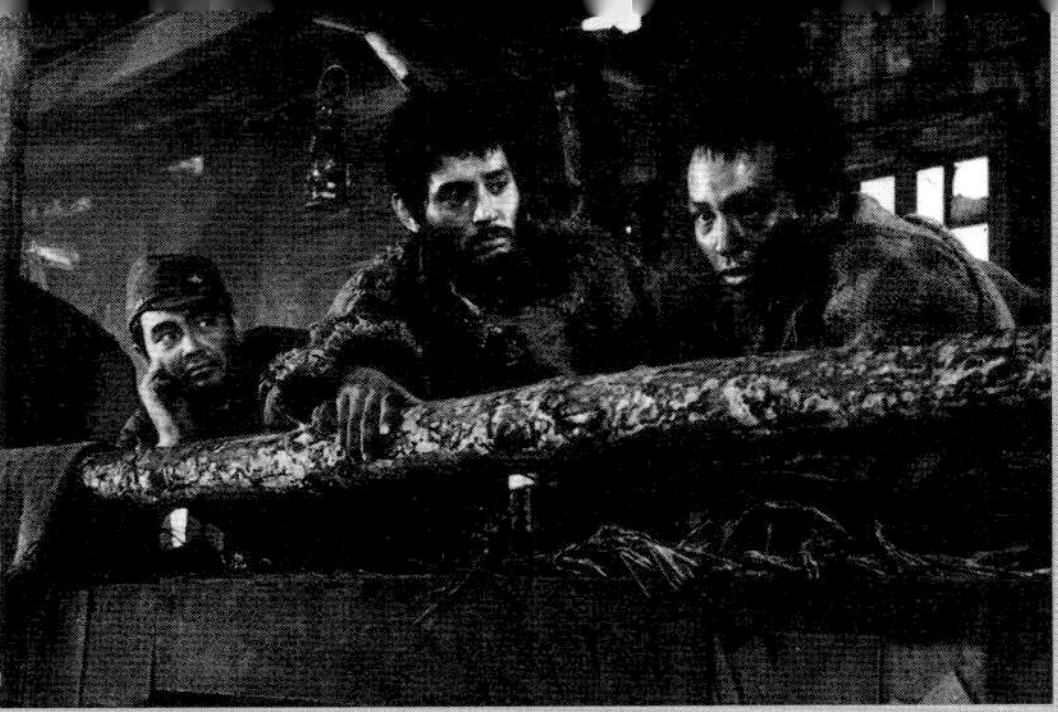

ソ連の捕虜収容所で日本人管理者に虐待される
寺田二等兵（川津祐介・右）を慰める梶（仲代達矢）
その左　吉良上等兵（山内明）

『人間の條件』第五部・第六部（1961）

戦況不明下で　梶は敗残部隊　避難民と共に
混乱の逃避行　そして投降
ソ連の収容所では日本人管理者の非道に抗い脱走
雪原に斃れる

『切腹』(1962)

娘婿が竹光で無惨な切腹を強いられた
浪人津雲半四郎の
名門井伊家の非道と封建社会の不条理に対する
復讐のドラマ

井伊家の中庭　切腹の儀を整え
娘婿の切腹の顛末を物語り始める
津雲半四郎(仲代達矢)

『からみ合い』(1962)

癌で余命半年と宣告された
社長の遺産相続をめぐり
近親・とりまき男女の欲望と
大胆な陰謀が展開する
モダンスリラー

相続人確認のシーン
左から社長の妻里枝(渡辺美佐子)
里枝との間に隠し子のあった秘書課長藤井(千秋実)
素行の悪い息子定夫(川津祐介)　弁護士の部下古川(仲代達矢)
顧問弁護士吉田(宮口精二)　社長河原(山村聰)
右端は娘になりすまして出現した神尾マリ(芳村真理)

社長(山村聰)の欲望に応じて　妊娠と偽る
美貌の秘書宮川やす子(岸惠子)

『切腹』(1962)つづき

娘美保(岩下志麻)と婿千々岩求女(石濱朗)の婚儀回想のシーン

娘婿への竹光切腹を強要した沢潟彦九郎(丹波哲郎・左)と
護持院ヶ原で対決する津雲半四郎(仲代達矢・右)

井伊家中庭
津雲半四郎(仲代達矢)が
家老齋藤勘解由(三國連太郎)
に向かって
事の次第を語りはじめると
切腹検分の場は次第に
緊張対決の空間に変貌する

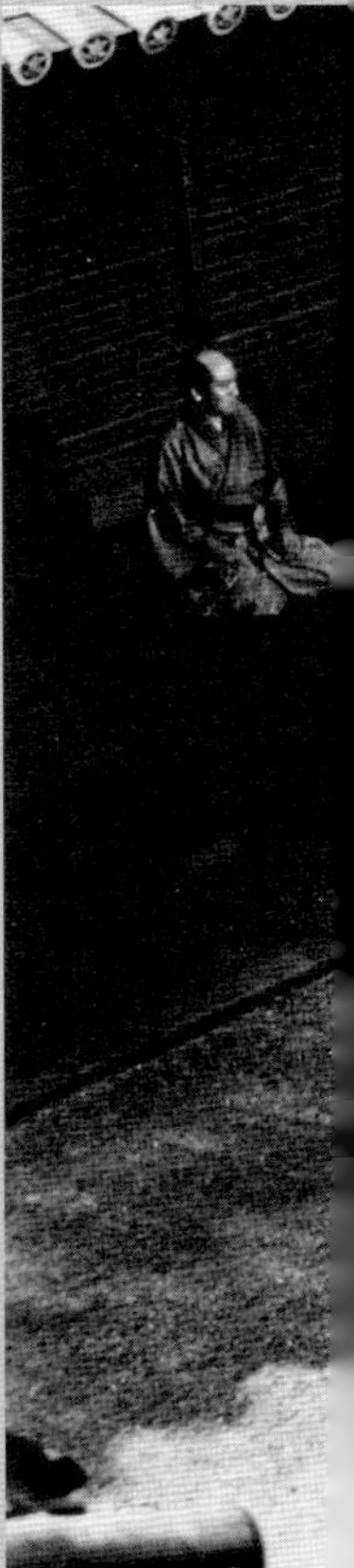

井伊家の家紋を背に　同家家臣の総攻撃に捨て身で挑む津雲半四郎

『怪談』(1965)
人間の性・業のもたらす悲しみをたたえた
「黒髪」「雪女」「耳無し芳一の話」「茶碗の中」の
四話のオムニバス

第二話「雪女」のラストシーン
誓いを破られた悲しみを胸に
山に帰る雪女

第三話「耳無し芳一の話」 亡霊から身を守るため
全身に隈なく般若心経を書き込まれた琵琶法師芳一
左から寺僧呑海(友竹正則) 住職(志村喬) 芳一(中村賀津雄)

第三話 夜な夜な姿を消す芳一の行方を怪しむ 左から
寺僧呑海(友竹正則) 寺男の松造(花澤徳衛)と矢作(田中邦衛)

凄みと哀切をたたえた雪女(岸惠子)
恐怖の記憶がよみがえる木こりの巳之吉(仲代達矢)

第一話「黒髪」　裏切った夫(三國連太郎)を
優しく迎えた妻(新珠三千代)だったが……

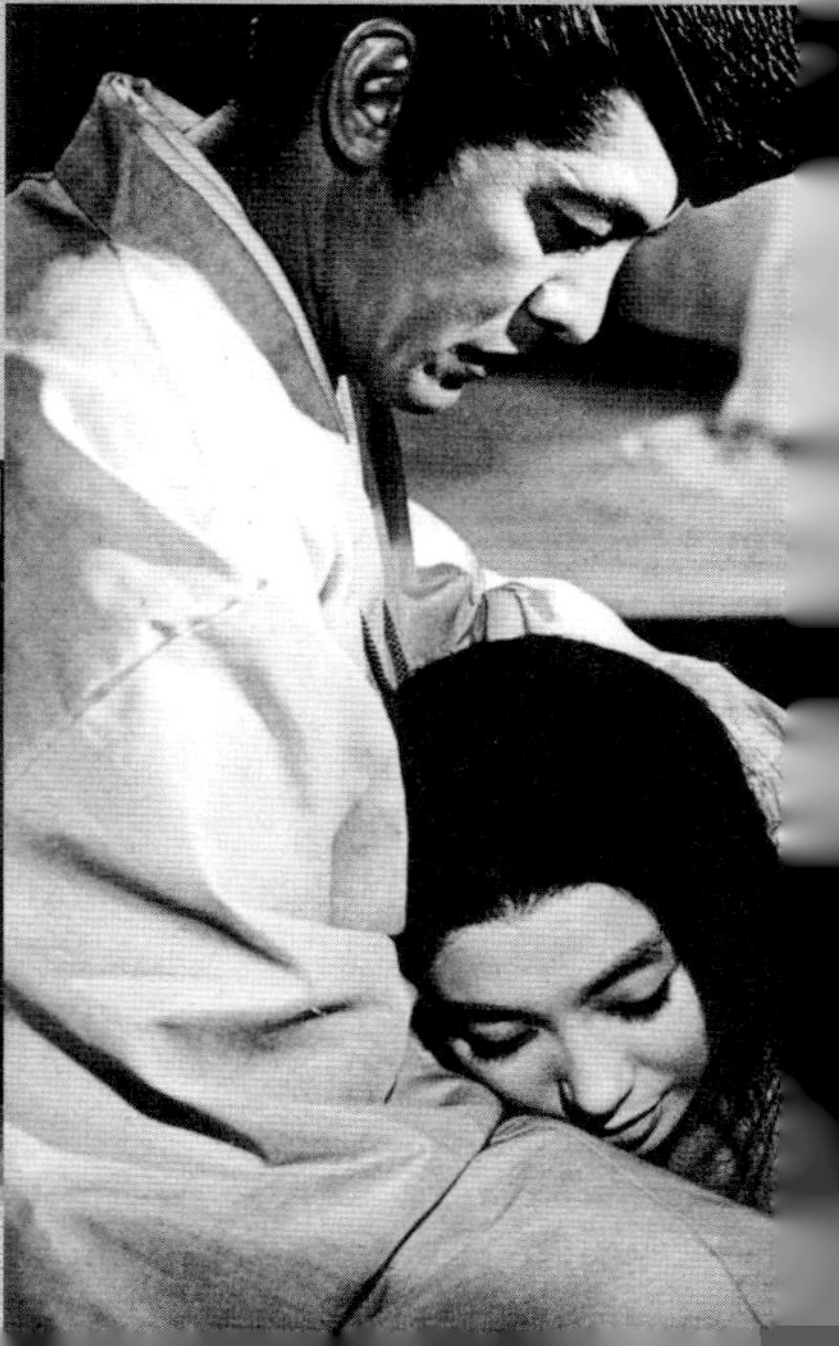

第四話「茶碗の中」
得体の知れない侍(奥左から天本英世　佐藤慶　玉川伊佐男)の出没に
心を乱す武士関内(中村翫右衛門・左)

拝領妻いち(司葉子)を迎えた馬廻三百石の藩士笹原伊三郎(三船敏郎・左)と
嫡男与五郎(加藤剛)

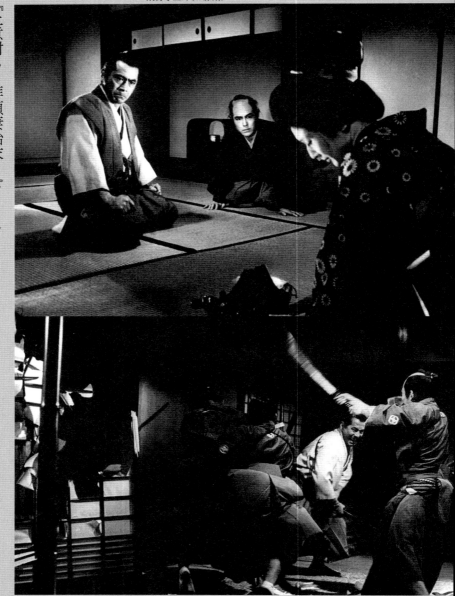

『上意討ち——拝領妻始末——』(1967)

藩主から嫡男の妻に側室を押しつけられた上
今度は世継ぎの都合で妻を召し上げられた家臣の
家庭崩壊と権力の非道を問う悲劇

拝領妻召し上げを拒絶して
藩士たちから上意討ちの襲撃を受ける伊三郎(三船敏郎)

学生時代の恋人
今はバーのマダム英芳子(新珠三千代)に
復縁を迫られ動揺する善作(藤田まこと)

浪人中の息子廉二(黒沢年男)の防衛大学志望に
釈然としない父向坂善作(藤田まこと)

『日本の青春』(1968)

学徒動員で応召し　上官の暴力で左耳の聴力を失い
戦後は手堅くサラリーマン生活を送る中年男の
戦前戦後のしがらみに揺れるコメディ調のホームドラマ

『いのち・ぼうにふろう』（1971）

深川中州の一膳飯屋安楽亭
抜け荷常習のならず者たちが
売られた娘を助けようとして捕り方の罠にはまる
人情絡みの悪党挽歌

御用提灯に囲まれ
進退きわまる定七（仲代達矢）

左から安楽亭主人幾造（中村翫右衛門）と娘のおみつ（栗原小巻）
ならず者定七（仲代達矢）

安楽亭にやってきた謎の男（勝新太郎・左）から
売られた娘の身請け金を与えられる富次郎（山本圭）

マルセラン夫人に生き写しで登場する「死の同伴者」(岸惠子)

異国の地でひとり苦悩する
一鬼太治平(佐分利信)

『化石』(1975)

一代で建設会社を築き上げた男が 休息の旅行先パリで癌の宣告を受けた
幻影のように現れた喪服姿の死の同伴者との対話を重ね 余命の生き方を探る

一鬼(佐分利信・右)がパリで出会った
マルセラン夫人(岸惠子・左)との
ブルゴーニュでの夢のような旅

『燃える秋』（1978）
若き女性デザイナーが老若男性との愛の間に悩みながら
祇園祭で見たペルシャ絨毯の真の価値を現地で確かめ
自立の道を選択する

デザイナー亜希（真野響子）は
祇園祭の宵山で出会った
若い商社マン岸田（北大路欣也）が熱く語る
ペルシャ絨毯の魅力に触れる

老紳士影山（佐分利信・右）の官能的な愛撫から
逃れようと悩む亜希（真野響子）

東京裁判市ヶ谷法廷の初日
起立して判事を迎える弁護団(手前)と
二八名の戦犯被告(間仕切りの奥の二列)

『東京裁判』(1983)

アジア太平洋戦争の責任を問われた
A級戦争犯罪人裁判の流れを
公判当時の世相と起訴状の時代背景を重ねて検証し
戦争と平和の本質的課題を
ドキュメンタリーで掘り起こす

開廷早々 後方の座席から
東條英機被告(元首相)の頭を叩こうとする
大川周明被告

『食卓のない家』
（1985）

「連合共赤軍」の
八ヶ岳山荘事件に
長男が連座した家族の
家庭崩壊の危機に直面した
苦悶と葛藤のドラマ

世論の批判に耐える父鬼童子信之（仲代達矢）と
動揺する家庭を陰で支える妻由美子の姉喜和（岩下志麻）

事件に連座して収監中の
長男乙彦（中井貴一）
父の友人で弁護士の
川辺（平幹二朗・手前）との接見

衝撃にゆれる家族
左から母由美子（小川真由美）
次男修（竹本孝之）　長女珠江（中井貴恵）

『怪談(「雪女」)』撮影台本の見開き

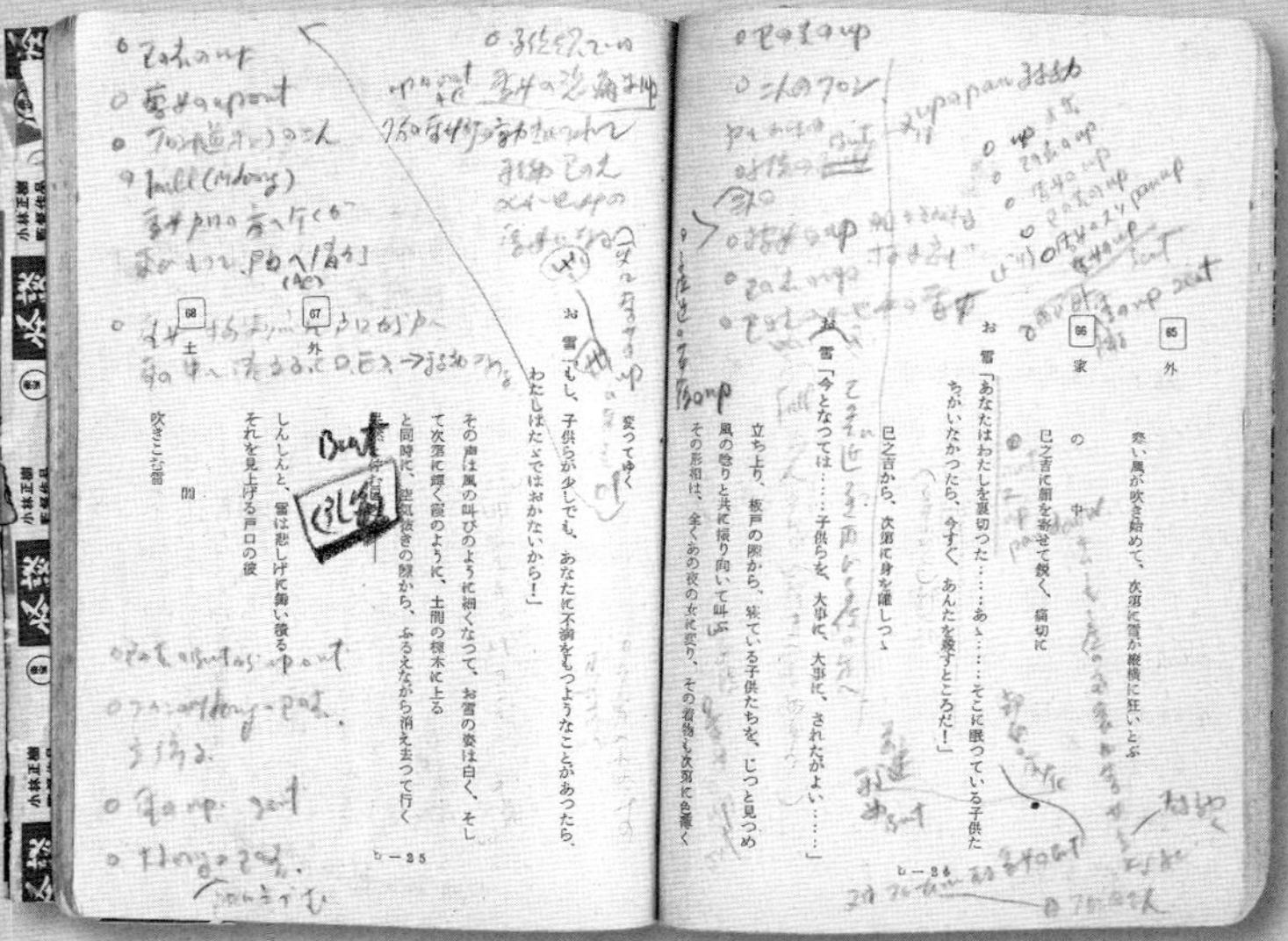

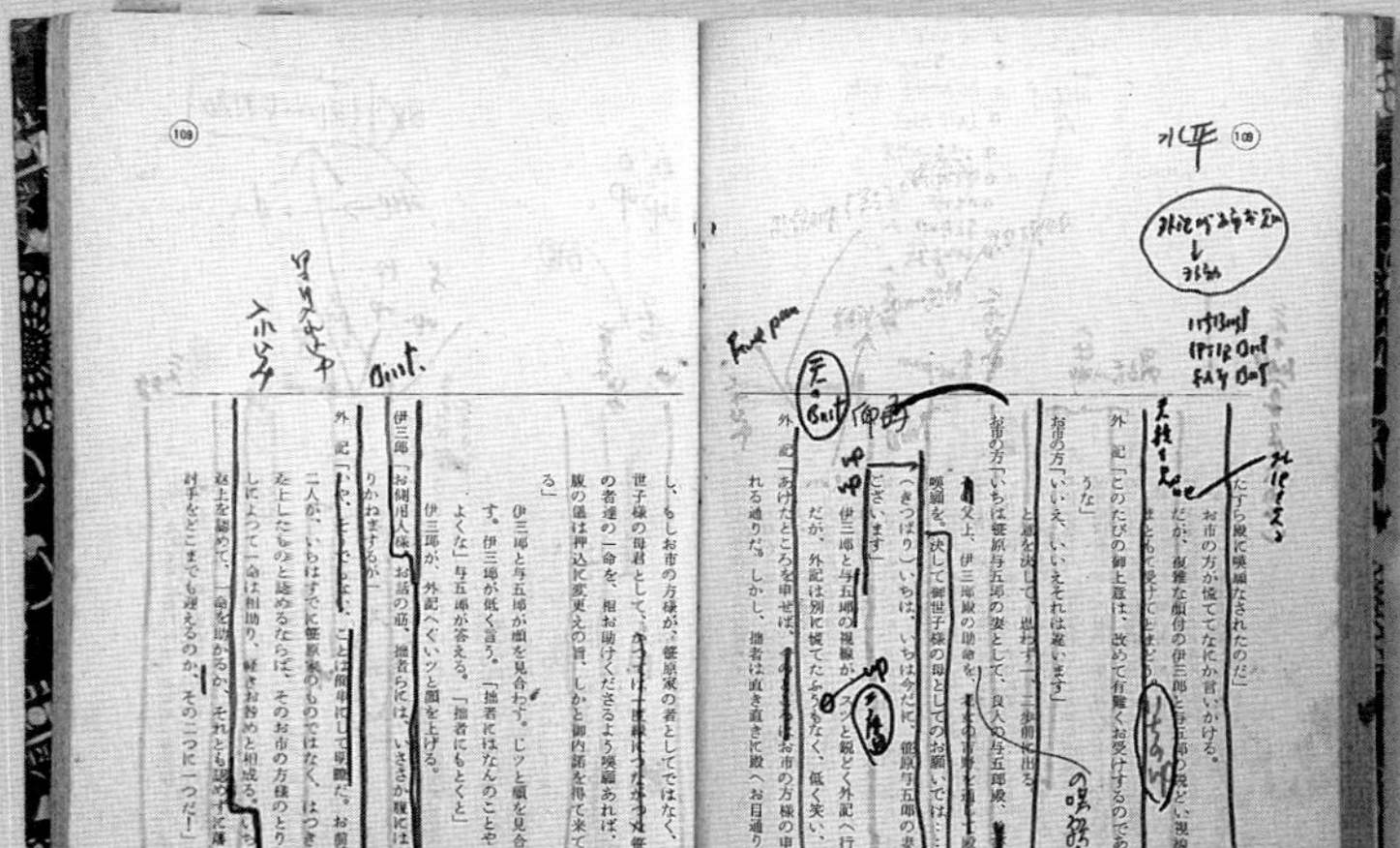

『上意討ち』撮影台本の見開き

『人間の條件』第六部
ソ連捕虜収容所における
森林鉄道撤去の重労働シーン

II

監督の條件

木下惠介、小林正樹を語る

書き起こし＝関正喜

⊙本稿は一九八八年一二月三日—九日、テアトル新宿にて開催された「第一回　日本映画の発見　SINJUKU '88　小林正樹ノ世界」(主催・日本映画学校)に際し、「木下映画と小林正樹」と題して行われた特別講演の書き起こしによる。

小林君との出会い

木下恵介です。何から話していいか迷っちゃうんですけれど。何しろ小林君とのつき合いは長くて、しかもずいぶん昔になっちゃいましたもんですからね、思い出もうろ覚えみたいになっちゃってますけど。たしか小林君が兵隊から解放されて帰ってきましたとき、私、その頃、助監督さんがちょっといなくなってたんです。

『花咲く港』(一九四三)から皆さんもご存知の家城《いえき》巳代治《みよじ》さんが付いててくれたんですけど、『陸軍』(一九四四)の撮影で助監督同士が揉めまして、家城君が私のところを離れざるを得なくなりましてね、その次のヘッドも松竹を辞めたりして、それで若い川頭《かわず》義郎《よしろう》君という青年がヘッドみたいに付いていたんです。彼が私の所では一番最初の組付きだったかもしれない。彼はあの、草月流の宗家の勅使河原宏君が友達で、私の組にぜひというので付いた人なんですけれど、彼があるとき「木下さん、いい助監督さんがいる」って言うんですね。それが兵隊から帰ったばっかりの小林正樹君で。彼が戦前松竹に入った頃は、私も召集で戦地行ってましたんで、会えていなかったんです。ですから小林正樹っていう人がどういう人だかさっぱり知りませんでしたけれど、川頭君が「あんなすごい人はないから、うちの組に」って言うんで、「そんな気に入ってんなら、その人に付いてもらいなさい」っていうのがきっかけで、小林君がうちの組に付いて。それでヘッドをやってもらったんです。◉1

いま考えますとね、川頭義郎というのも偉いと思うんですよ。自分がヘッドでやってる組へ、よそから、途中から助監督さん呼んできてね、自分はセカンドになって小林君をヘッドで迎えるってことは、年齢が若いせいもありましたけど、根性がなかなかいいと思いました。この川頭君もその後、監督になったんですけれど、若くして亡くなって惜しいことしました。たしか、先ほど見ていただきました『まごころ』(一九五三)ですか、あの映

画の脚本執筆したのは川頭君だと思います。◉2

私は体小さいもんですから、小林君と初めて会ったときね、ずいぶん大きな、立派な体格の男だなと思いまして、見てすぐ、これはいいぞと思ったんです。利口そうな顔してますしね。

私の助監督時代

で、本当にいまでも小林君には感謝していることがあるんです。と言いますのは、私の助監督時代からお話ししないと分かっていただけないんですけど、私の付いた島津保次郎監督という人が大変厳しい人でしてね、私は小道具の担当なんかよくしたんですけれども、翌日のことを何か聞きにいくと、非常に機嫌が悪くなっちゃうんです。機嫌が悪いよりも何よりも、そんなこといちいち監督に聞くのかって言うんですね。

例をあげますとね、お客さん来るっていうシーンがありますと、そのお客さんに「紅茶を出すんですか、日本茶を出すんですか」って聞きますよ。お茶菓子も違いますよね、日本茶と紅茶では。そうしますと「そんなこと自分でわからんのか」って言うんです。そんなことわかりませんよ。でも「自分で考えろ」なんですね。そうしといてね、翌日の撮影で日本茶を出しますと、「おまえ、俳優さんの衣装見ればわかるだろ、この人はコーヒーだ」と、こうなっちゃう。用意しといた和菓子はぜーんぶダメ。大急ぎで洋菓子を揃えなきゃならないんです。

そういうこといっぱいあるんです。座布団でも「この座布団ですか、こっちですか、どっちでしょう」なんて言うと、「そんなこといちいち監督に聞くな」ですからね。そして、自分が翌日競馬行きたくなると、「この座布団でどうですか」って言ったって「そんなもんじゃダメだ」で競馬行っちゃって、「考えとけ」です。明日まで撮影中止になるんですよ。料理の場面になったらもう大変です。どうやってみたって、この茶碗じゃ気に入らない、この皿をここで出すか？　ですから。箸の長さ、箸を包んでいる袋まで、それが一切ダメなんです。「どういうのにしますか？　こういうの？」「おまえ、銀座の一流行って食べてこい」って言うんですよ。だけどね、あなたね、銀座の一流料理屋なんて助監督の月給で行けるとこじゃありませんよ。いまなんかもっとそうかもしれませんけどねえ。

ひどいときはこういうことあったんです。『朱と緑』（一九三七）という映画でね、大阪のホテルのシーンがありました。ヘッドは吉村公三郎監督ですけれど、あの人がまだ助監督で。ベッドルームのセットに入ってきてね、布団をパンパンとやって、「ホテルにこんな布団があるかっ」てはがしちゃうんです。それで「すぐ探してこい」って。だけど大船なんてね、いまだからマーケットありますけど、当時なんか何もないイナカですから。もう大慌てで小道具と一緒に横浜に飛んでいって、デパートから買ってくるんですな。それでもう中止になってきて、撮影は。

それでその「中止」って言ってステージを出ていくときの言い

◉1…小林によると、初めて木下組の助監督に付いたのは『不死鳥』（一九四七）で、ポジションはセカンド。チーフになったのは『破戒』（一九四八）から。

◉2…『まごころ』は木下が書いていた「初恋」をもとに、川頭が直した脚本を用いた。

ぐさがですよ、「大森の山王ホテルに行って見てこい」って。それで吉村さんが大森の山王ホテルに行きますとね、「島津監督、ゆんべお泊まりになりましたよ」って。自分はね、明日ホテルのシーンだからホテルに泊まるんです。一流なんです、大森の山王ホテル。この布団でいこうと思ったら、ちょっと助監督に準備させてくれりゃいいんですけど、いきなりセットにきて「ダメだ」と言って中止ですよ。もうそれで、泣くほどひどい目に遭ったんです。

ま、監督の悪口ばっかり言ってるみたいだけど、実はそれで自分で考えろって助監督を仕込んでくれたんで、私、いまではありがたい人だったなと思うんですけれどね。ですから一事が万事その調子。レストランの場面がありますでしょ。「先生、明日、テーブルが一五出てますけど、どれくらい客座らせますか?」「そんなこといちいち監督に聞くのか」って。それからレストランのガラスの外の通行人の数。そんなもんいっさい、聞いたらやられちゃうんですね。そうかといって多すぎますとね、「こんなたくさん呼んじゃってもったいない。お前は馬鹿だ」ってんですよ。

もうね、毎日それ。だから私ね、会社行く朝の電車ったらいつも、今日こそあのオヤジにひと言も文句言わせないでやろうと、もう監督との勝負なんですよ。文句つけられるか、つけられないか。ダンナがうちへ帰ってご飯を食べるシーンがあるとする。そうすると、トンカツを出すのか、魚を出すなら煮魚か焼き魚か。わかりませんよ、聞かなければ。だけどまあ、これぐらいのサラリーマンの家庭ならこんなもんだろうと思って置くのだけれど、必ず反対のこと言われちゃうんです。

いつでも、こういえばああ言う。で、何かにあるでしょ、奥さんの心得とかで、主人に魚を出すつもりなら、焼き魚と煮魚と両方用意して、主人が焼き魚食べたら奥さんが煮魚食べればいいなんて言いますわね。もう、あれとおんなじ。トンカツと焼き魚と煮魚を用意するんですよ。それでセンセイがね、「なんでいく?」「これでいきます」と言って出して「ダメだ、これは」ってなると、準備していた別のを出す。それがまた癪に障るんですよね。

名助監督・小林正樹

そういう話をね、あの、小林正樹君が『破戒』(一九四八)という映画で初めて私に付いてくれたんです。[3] それでこの『破戒』は京都で撮影したんです。宿屋は違っていましたけど、よくぼくの部屋に、毎晩だったかな、まあ麻雀が始まったら毎晩でしたけどね、来るもんですから。そのときにお酒を飲みながら、監督にひどい目に遭ったぼくの助監督時代の話をしたんですよ。そうしたら小林正樹っていうのはね、強情な男ですよ。ひと言も言わないで、それ以来いっさい私に相談しないで予定出しちゃうんです、全部。そのね、監督にひと言も言わせないで、自分で全部用意しちゃおうとね。

それ以来、ぼくは楽でしたよ。もうね、宿屋で夕飯のときは飲んでりゃいいし、「ねえ、誰か来ない?」って言って麻雀で遊

大船撮影所前での小林と木下
『まごころ』の試写のあと
1953年

んでりゃいい。明日のことは、俳優さんの演出だけを考えればいいんです。そういう細かい周りのことは全部、小林君がやってくれるもんですから。エキストラの人数から料理から皿からどんぶりから全部、監督が気に入るように翌日の撮影開始までに揃えといてくれますからね。その間には、今日は飲み相手がいないだろうと思うと飲みに来てくれるしね、好きな麻雀も、ぼくが困らないように(面子を)揃えてきてくれますしね。あのね、小林君ていうのはものすごい麻雀好きなんですよ。映画見ててわかりませんでしょ? 勝負事好きなんです。ま〝鬼の正樹〟と言われている。強いんです。

監督に演出以外のわずらわしいことは一切相談しないし、何にもさせない。京都みたいなところですと(スタッフや俳優が)一軒で泊まれないですから、いろんな俳優が別々の宿屋にね、京都は小さな宿屋が多くて、いまみたいにホテルいっぱいあるわけじゃないですから分散してますでしょ。ですから、夜行列車で着いた俳優さんのマネジャーがぼくの所に直接電話かけてきて、「あしたうちのは何時に出ますか?」って聞いてくる。映画の撮影というのは一日に何シーンもやるんです。だから宿屋の一室をやったかと思うと、お昼からは喫茶店をやったり、そういうのあるわけです。だから二番目のシーンに出る人も、前の晩に来てしまうんです。「朝九時開始だけど、君んとこの出番が何時になるか、知らないね」って言うと、「まさかそんなことないでしょ。監督さんが明日撮るとこ知らないなんて」と。でもほんとにね、小林正樹君は前の日別れるとき、翌日一番先に撮るシーンしか言わないんですよ。「明日はシーン幾つから入りますよ」って。その後こうやって、(次に)こうやってっていう説明一切しない。最初のシーンだけ。だから監督は何にも知ら

◉3…『破戒』は四作目。初めてチーフ助監督として付いたことの意。

ない。だから夜は呑気に寝られるし、飲めるし、打てるしね、監督を楽させよう、楽させようとしてくれるんです。

ぼくの方はね、どのシーンやるのか知らなくても大丈夫なんです。だって自分でホン（脚本）書いてますから。そのシーンがどういうシーンでどういうロングから撮るか、どういうアップで出るか、移動からかってこと、ホン書きながら全部計算してますから。ただ、ぼくだからあれで困らないんだけど、ほかの監督さんじゃ困るんじゃないかと思いますよ。自分でホン書いてるぼくはね、どんどんこなしてっちゃうわけ。俳優さんの方は「翌日撮るとこ監督が知らないなんて、あれ嘘言ってんだ」って言うんですけど、ほんとうに知らない。それぐらいね、小林君は前へ前へそのホンを分析して、きちんと出番からエキストラの数から全部ね、ちゃんとやってるんです。ほかの助監督やなんかはね、小林君の指図で落ち度なく用意する。陰で大変な苦労していてくれたと思います。そういうふうにね、その当時の木下組ってどっちが監督かわからないくらい、彼、貫禄あるんですよ。

だからそれが木下組の習慣になっちゃいまして。小林君が監督に昇進して出ていきますと、またほかのヘッドさん、松山善三とか、山田太一とか吉田喜重君、それがね、木下組のやり方はそういうもんだと。そのシステムを作ってくれたのが小林君です。みんなそれに従って。ほんとに小林君はありがたい助監督さんでしたよ。

小林君、（会場の）どっかにいるんでしょ。どうもありがとうございました。

彼はね、ハラが座っているっていうか、慌てるっていうことがないからね、監督としては非常に頼もしく頼りになりますから。小林君は九本、ぼくの映画を手伝ってくださったんですけど。[4] そうそう、『破れ太鼓』（一九四九）、あの脚本はね、小林君と熱海の旅館で二人で書いたんです。私ね、二人で書くっていう

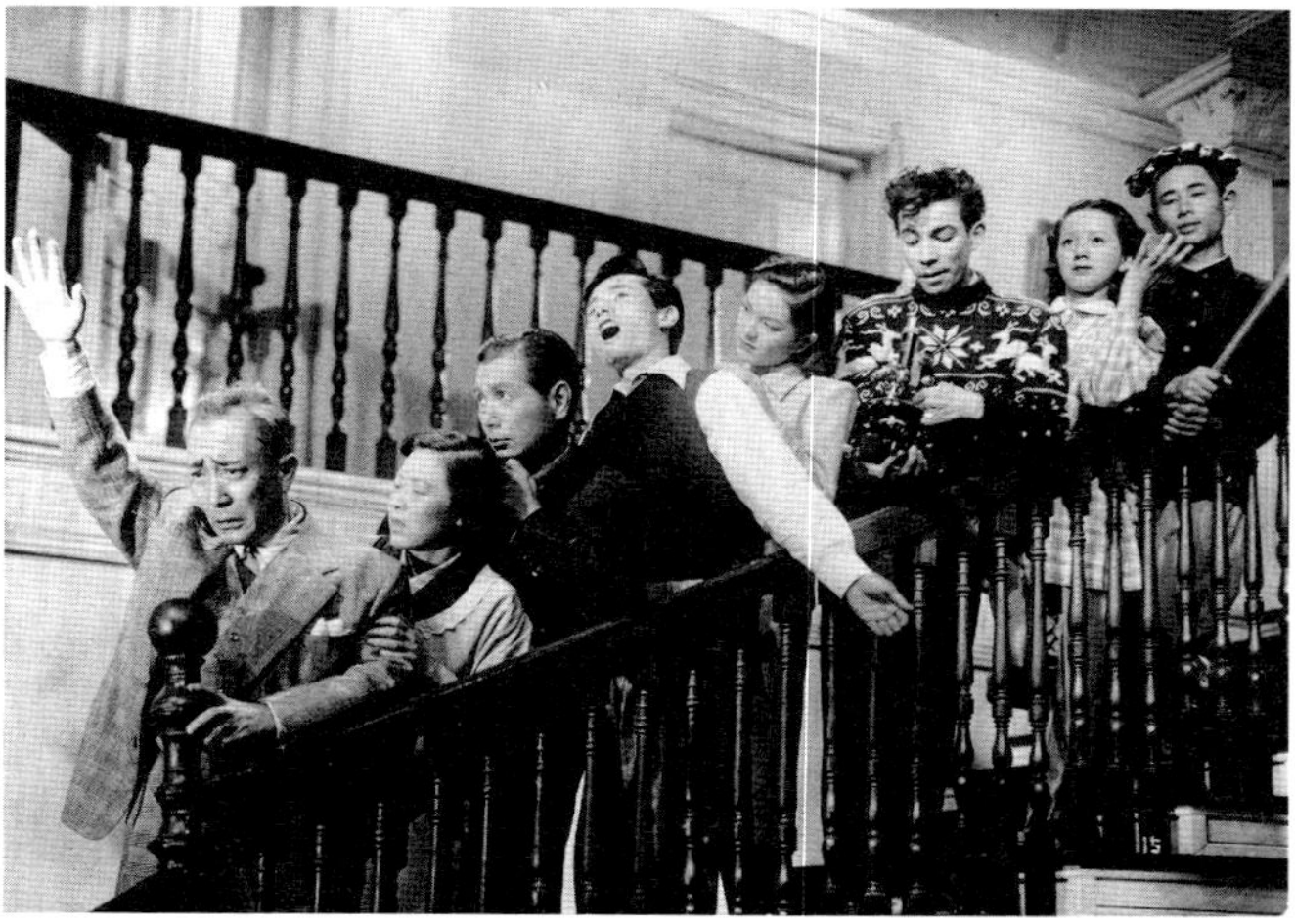

木下・小林共同脚本の『破れ太鼓』　左から阪東妻三郎
村瀬幸子　森雅之　木下忠司　小林トシ子　大泉滉　桂木洋子　大塚正義

ことあまりしたことないんですけど、『破れ太鼓』は話が外の部分と家(庭)の部分がはっきり分かれているもんですから、私が家ん中を書いて小林君が外を書いて。別々の部屋で書いては翌日合わせるんですけどね、そういう書き方で。二人の合作のホンていうのは私、あれだけです。もう一本あるんですけど、それは私の演出じゃなく松山善三が演出した『山河あり』(一九六二)という、ハワイの二世部隊の話を書いたもんでしてね。高峰秀子なんか出て。あれは松山善三がくれって言うもんだからやっちゃったんです。あのホンもたしか小林君と書きました。[5] まだほかに何かあるかもしれないんですけど、いまちょっと思い出せません。

彼とは苦労する映画をずいぶんやりました。『破戒』のあとの『お嬢さん乾杯』(一九四九)。これもね、彼に苦労させたんですよ。新藤兼人君のホンになってますけど、このホンをね、私気に入らなくて。私の全映画作品の中でこれだけです。毎晩ね、翌日の分のホンを書き直して、翌日助監督さんに渡して、それをガリ版で印刷して「号外」を俳優さん、裏方さんに全部配るんです。あれは原節子さんと佐田啓二、それから誰だっけ、佐野周二君出た映画ですけど。毎日号外を渡すから、俳優さんもその日の朝渡されてせりふ暗記して、(登場する)人間の心つくって、で、それで毎日撮影していくんですからね。ぼくも一気に全部ホンに目を通して書き直せないもんですからね、毎日号外出したんです。これもう、たいへん。俳優さん文句言うだろうし、小林君たいへんだったろうと思いますよ、これは。

そのあとが『新釈　四谷怪談』(前編・後編、一九四九)。これも小林君苦労したでしょうね。初めてのあんな娯楽時代劇ですからね。その次が『破れ太鼓』で、『婚約指輪　エンゲージリング』(一九五〇)、それから『善魔』(一九五一)、『カルメン故郷に帰る』(一九五一)、『少年期』(一九五一)、『海の花火』(一九五一)が最後じゃないかと思います。[6]

ぼくはだからね、助監督さん、松山善三にしても山田太一にしても、吉田喜重君にしても、小林正樹君はもちろんですけど、あの、助監督っていうふうに思ったことないですね。友達なんですよ、友達。もう、本当に友達に恵まれたと思いますね。みんなの知恵を借りて、どうにか映画撮ってきたんだと思いますよ。

見たくなかった『切腹』

そうそう、あのねえ、先だって上映したんですか？『切腹』(一九六二)っていう映画。あのときにね、私は何の撮影か京都にいたんですけどね、彼も『切腹』(の撮影)で京都にいて。そのときに、こんど正樹、何やるんだろうと思って脚本読みましたらね、あの、竹光で切腹しますね、石濱朗君が。あすこね、無駄に残酷に書いてあるんですよ。

それで、その当時思いましたね。『人間の條件』(一九五九―

◉4…四七年の『不死鳥』から五三年の『日本の悲劇』まで一四本(『新釈　四谷怪談』の前・後編を合わせて一本として)。
◉5…クレジットされている脚本は松山善三、久板栄二郎。
◉6…『日本の悲劇』が最後。詳しくは本書I「人間を見つめて」参照。

六二あたりからそうなったように思うんですけど、小林正樹君が目指していたライバルはね、黒澤明さんですよ。だから、黒澤君のああいう演出法でこの竹光の切腹んところをホン通りに押したら見るも無惨で、芸術作品というものじゃなくなっちゃう。これはね、絶対小林君に言っとかなきゃいけないと思って、撮影前に宿屋に呼びまして、「ここだけは押しちゃだめだよ」って言ったんです。想像しただけだって気持ちが悪いシーンで。そういう無惨な死に方を無惨に描写しないところが芸術というものなんでね。無惨を無惨で写すことなんて馬鹿だってできますから。馬鹿な映画によくあるでしょって。血が飛び出したりさ、ねえ。そういう撮り方しちゃいけないって言ったんですけど、彼は黙って聞いてました。

だけどそんなこと、彼、聞くもんですか。そのまま撮っちゃったらしいですよ。それでね、ほかの助監督さんに聞いたの。どうやって撮ってたのって。「あすこはねえ、やっぱり気持ち悪いけどいいですよ」って言う。何がいいんだって。あのまま撮ったらいいわけがないと思ってね、私、見なかったの、あの映画。

それで、十年ぐらい経ってから初めて見て、驚きましたね。あれほど素晴らしい映画をね、日本映画で見たことがないと言ってもいいでしょう。過去の日本映画五本いいの挙げてくれっていったら挙げます。あれほどきちんと、無駄のない品格があってね、あれほどの映画っていうのは時代劇ではなかったかと思いますよ。あれでね、あらためて小林君には敬服しました。もう、たいした映画です。

今度の小林君の全作品はここでやってますわね。中でも一番好きなの、あれが最高傑作だと思います。あれほどいい映画は、昔の人を考えてもないんじゃないかと思うほどいいですね。

ま、小林君は『人間の條件』とか『怪談』(一九六四)とか好きでしょうけど、私は『切腹』をナンバーワンにします。もう、なんちゅうんですか、小林君ていう人はこう、育ちがいいんでしょうね、プライドもあるし品格もあるし、上品だし、押しは強いし自信はあるしで、ちょっと珍しい人格者ですよね。あのね、ちょっと珍しい人です。

それでまあ、今日見てくれた『まごころ』なんていうのは、あれはまあ、小林君のものじゃないように思われるかもしれませんけど、あれたしか、小林君の二作目でしょ。とにかく助監督さんが監督になって、監督でずーっと伸びていくってためには、会社をだまさなきゃだめですからね。会社から嫌われたらもう、あと撮らしてもらえなくなる。だから私がね、会社に気に入られなくちゃ駄目だと思って書いたホンが『まごころ』なんです。どうしても小林君に監督になってもらいたいから。で、まあ、皆さんどう見てくださったか知りませんけど、ああいう心優しい映画っていうのはその後の小林君にはあんまりないんじゃないですか? おっかない映画が多くて。

私は、それはそれでいいと思うんです。私になんかに似ちゃだめですからね。そりゃ私だから弱々しくても生きてこれたんで、体格見たって小林君には合いませんもんね。小林君は小林君の道をずうっと押し通してきたところは、本当に立派ですよ。

私を乗り越えていった人

今日、これから『化石』(一九七五)をやるじゃないですか。一六ミリでテレビ映画に撮ったもんだと思うんですけど、あれはなかなかいい映画ですね。それに『化石』を見て、一六ミリであの美しさに撮れるキャメラマンてすばらしい人だと思ってね。それから岡崎宏三さん狙ってたんですけど、忙しい方で空きがなくて、ずうっと仕事できなかった。『衝動殺人、息子よ』(一九七九)ですか、あれで初めておつき合いできまして。(その前に)小林君にどういう人って聞いたら「すばらしい、すごい人ですよ。いっぺんやってごらんなさい」って、小林君に勧められて。で、私もすっかり乗り気になって。岡崎キャメラマンとはその後ずっと付き合っているんです。

ほんとうに、あの、映画監督っていうのは一人だけ表に浮かび上がっているみたいなところありますけどね、なかなかどうして、裏方のいい人が付いててくれなかったら、いい映画はできません。それでどれだけ、監督が余計な気持ちを使わなくて済むかわからないですからね。ですから私は、映画撮るときのスタッフは全部友達だと思っています。

あの、小林君のボリューム、なんて言うんですか、彼の映画からくる圧力たるや、たいへんなもんです。珍しい監督ですよね。私は尊敬しています。どんどん私なんか乗り越えて、私と別な道行った、それでとても成功したんじゃないかと。その後もずっと、いまだに気持ちのいいつき合いができるっていうのは、やっぱりこう、人間が立派だからだと思いますね。私は人間のできっていうのは恐いもんだなって思います。作品に出ますもんね。

『切腹』なんかあの、几帳面な……。そうそう、『切腹』見ますとね、小林正樹君が會津八一先生と昵懇で、親密におつき合いしたのか教わったのか、それの影響が大きいんじゃないかと思いますね。彼は仏像なんかに造詣が深いですから。あのじいっとしている仏像がいっぱい語りかけてくる、ああいうもんがね、『切腹』にはありますね。こないだご覧にならなかった方はぜひ、あれは見て、あれこそね、小林正樹を知る一番のもんだと思います。『人間の條件』ではまだ、あそこまで達していないと私は思うんですけどね。

まあ、あんまり褒めすぎても嘘言ってるみたいになるから、これぐらいにしておきますけど、とにかく、りっぱな監督です。彼のことをこれからも注意して、皆さんで声援してやっていただきたいと思います。どうも失礼いたしました。

日本映画の中の小林正樹

篠田正浩

初期の小林正樹

私が松竹大船撮影所に入ったのは一九五三年のことで、小林正樹と初めて会ったのもその年だった。木下惠介が撮っていた『日本の悲劇』の助監督として、熱海でのロケーションから帰ってきたときだった。すでに『息子の青春』を監督として撮っていたのにもう一度、志願して助監督についたというので、物好きな人がいるものだと思ったことを覚えている。第一作である『息子の青春』は見ていないが、監督として二作目になる『まごころ』を作っているのは遠くから見ていた。その『まごころ』から『この広い空のどこかに』までというのはとてもリリカルで極めて清潔な映画だ。その後の小林正樹の作品系譜とはカラーが異なるが、監督としての出発点において、松竹という会社の路線が念頭にあったのだろう。

これらの小林正樹の初期作品を見ていて、私は当時、非常にプチブル的な印象をもったものだった。小林は小樽中学時代、テニスとスキーに熱中したと聞いていた。やはりそういうものをたしなんだ監督だと思ったのだ。

ただ、テニスとスキーの経験は、映画のリズムにも影響していたのではないだろうか。小林の映画にはものすごく「ボディーがある」という感じがある。あのボディーがどうやって鍛えられたか。それがテニスとスキーということになると、あまり日本的な風土の肉体ではない。小林の映画は日本の素材を扱っていても、日本を見つめる目がちょっと異邦人のような感じがする。そのポジションの大きさ、深さ、広がりは北海道小樽で少年期を過ごした体験の影響が大きいのだろう。日本は文明開化から西洋文化を採り入れた。その先端が神戸や横浜のような港湾都市だった。小樽もまたしかりだ。そういうところに日本のハイカラ趣味、別の言い方をすると近代的な思想や風俗を生みだす源があったわけだが、小林の映画はどこまでも行き届いたある種の新しい風俗性というか、身だしなみが新しい。どんな古い素材を撮っても新しく感じさせるものがあった。

そしてまた、私はこの一連の作品に現れている小林監督の純粋さというのは、松竹大船調がもっていた清純さと全然違うとは思った。さらに小林正樹という人と大船調は合わないのではないかと、予感したものだ。当時、僕自身も助監督として仕事をしていて、いつまでも大船調の中に安住はできないと思い始めていた。大船調という極限はもう、小津安二郎がなしとげてしまっていた。その後追いをしてどうするのだという気持ちがあった。

小林正樹が安部公房の脚本で『壁あつき部屋』を撮り始めたのはそういうときだ。

「何事が起きたのか」と思った。無罪にもかかわらずBC級戦犯として無名の兵士たちが不条理な裁判に出会っていく。それは日本人の戦争体験で受けた不条理だが、それが松竹という場所で作られている……。その小林正樹の仕事のやりっぷりは、ライティングひとつとってもそれまでの大船調のシステムとは全然流れ方が違った。撮影のスケジュールが立たないとも聞いた。それはおそらく、イメージの摑み方がそれまでの撮影所の経験やルーティンではとうてい対応できなかったからだろう。仕上げの段階でも普通は二、三日なのに、小林組は撮影所のダビングルームに一〇日間も立てこもっていた。いやあ、すごい人が現れたと思った。木下恵介という監督は極めて合理的に仕事を運ぶ人だった。その一門の中から、なんであんな人が現れたのかと僕らには思ったものだ。こういう映画の作り方があるんだということに、私を含め助監督たちは打ちのめされた。

そのあと小林は『あなた買います』というラディカルな風俗映画をつ

『壁あつき部屋』
戦地での現地人殺害の責任を
部下に押しつけ
戦犯をまぬがれた
上官役を演ずる小沢栄(栄太郎)

くる。プロ野球の、スカウトというある種人身売買をテーマにした作品で、人間が人間を売り買いする滑稽さ、醜さが表れた映画だ。『壁あつき部屋』から『あなた買います』に至って、私は「ああ、もう完全に小林監督は松竹から浮いてしまった」と思った。

そして一九五七年、『黒い河』という映画が現れる。あの作品のとき大島渚や田村孟は、助監督の配置を差配する演出部の幹事をくどいて、小林組に志願して付いた。私自身はといえば、彼らのグループとは離れたところにいて、自分の世界にひきこもっていた時期だった。助監督として次々と受け取るシナリオを読んで、もう監督になるのをやめよう、おれはこういうものでは絶対に監督にはなれない、なりたくもない、助監督という隠居仕事、世捨て人になろうと思っていた頃だった。そういうときに小林組が動き出すとちょっとドキドキしはじめて、大島や田村が「おい、今度小林組に付くぞ」と。それが『黒い河』だった。『黒い河』は本当に、新しい映画の旗が松竹に翻ったっていう感じがしたものだ。

その『黒い河』で鮮烈にデビューしたのが仲代達矢である。小林正樹と仲代達矢の関係というのはホモセクシャルに思えるほど、感性が行き届いた美しさにあふれていてすごく良かった。これはえらい新人が現れたと思った。仲代はまだあの頃、『七人の侍』でちょっとエキストラみたいに出ているくらいだったろう。映画の世界では、その監督にとって絶対に自分が出会わなくてはいけない新人を育てないと、その監督は本当の監督ではないといわれる。そういう俳優をもっていないとその監督の作品の宇宙は形成できないと、私も思う。その意味で、仲代達矢と出会ったことは、この後の小林正樹作品の運命を決定した。

『人間の條件』

一九五九年から『人間の條件』が世に出て行く。日本の戦争映画で完成度とメッセージを抱えたものとして、一番のピークにある作品だ。小林正樹の肉体に記憶された戦争体験が仲代達矢という肉体を通して集約されたのだ。『人間の條件』で仲代が演じた梶こそ、私は小林の全作品の中で最も小林自身を背負っている人物ではないかと思う。

小林正樹は一九一六年生まれである。つまり成人になったら、二〇歳になったら軍隊に召集されて戦場に送られる運命のジェネレーションだったわけだ。小林正樹は大学卒のキャリアで陸軍にリクルートされた。陸軍では大学出身者は士官になる資格があるというので、試験を受けて士官になれるという機会に、彼は面接での答え方が試験官の意に沿わず不合格とされ、ただの一兵卒として通すことになった。ただの一兵卒として、普通の市民としてこの戦争をともに担おうと考えたのだと思う。

『人間の條件』の梶も大学を卒業しエリートとして満州の鉱山会社に勤務しているわけだが、戦争になってもまったくの一兵卒であり、絶対に上官の位置にならない。古参兵になっても一兵卒と同じく振る舞い、軍隊の階級制を拒絶した生き方をする。ここには明らかに、社会主義の平等社会というものを理想にした日本の戦前左翼の知識人の一人だった原作者五味川純平のマインドが反映されている。

小林正樹も、はじめはそうであったろう。ところが復員して日本に帰ると、沖縄でアメリカ軍の捕虜収容所で過ごしたときの自分の体験と、シベリアから帰ってきたソビエト軍の捕虜体験とがものすごく違うことを知った。どうも日本の戦後を社会主義で救うという幻想に成り立たないのではないかということが、一九五〇年ごろから小林の中に芽生えていたのではないかと思う。

小林正樹は戦争体験を通じて、決定的に自尊心

『黒い河』のロケスナップ
米軍基地を抱える街の
特殊な空気をつくりあげた

『黒い河』のロケスナップ
右端は助監督大島渚

——日本人としての自尊心である前に、人間としての自尊心を傷つけられた。終戦を迎えたのは宮古島だが、そこから復員できるはずがアメリカ軍の労働要員として沖縄・嘉手納の捕虜収容所に移送された、その不条理。『人間の條件』では中国人が塀の中に閉じ込められ鉱山で強制労働をさせられる場面が描かれるが、強制的に自由を奪われる不条理を、小林もまた体験していたわけだ。

あの戦争で体験した不条理というものこそ、小林正樹にとって作品を作るモチーフにならざるを得なかったと思う。個人の問題が自分個人では解決がつかない、外からの要因で自分に襲いかかってくる不条理。この関係をドラマにしないと自分も見つからないし、自分の不条理の因果を見つけることはできない。それこそ終生を貫く小林のテーマになったのだろう。

『人間の條件』では、中国大陸での戦争の実相がかなり正確に再現されていると思う。一九五〇年代末期。あの作品が製作された当時の日本人には、戦争に対する罪の意識、戦争に対する嫌悪感があった。したがって日本のナショナリズムというものがあまり強くなく、あの戦争を美化するということもなかった時代だ。だから、あのように正確に作ることができた。あの時代の日本人の戦争観、そして原作の五味川純平、映画化した小林正樹が目撃した戦場の風景が偽りなく再現されたと思う。原作は膨大な長編で、それとパラレルにあのような長時間の映画を作るということは、私には信じられないことだ。しかしそれは、原作の主題から絶対離れまいとする小林の意志だったと思う。

五味川純平の原作に基づいて、戦争を体験した一人の知識人の青年がいったい何にたどり着こうとしているか、この映画はいわばロードムーヴィーの形をとっている。場面転換もたくさんあって、飽きさせることはない。映画の中で梶はいつも歩いている。小林正樹にとっても戦争というものは、ほとんど歩くことだった。それは戦うために歩くというより、何かから逃れようとして歩いている。そしてもうひとつ、どうやって食べ物を探すか。歩くことと飢餓。これはやはり戦争を主宰した人間とは違う、戦争という苛酷な不条理に巻き込まれた兵士たちが直面した圧倒的な日常だろうと思う。

『人間の條件』には、大きくドラマとしてのグランドデザインに向かって動いていく氷河の動きのような大きな流れがある。一方で場面のひとつひとつには、ディテールにこだわった小林正樹のリアリズムがある。それはまるで氷河の動きの中で潰されていく氷の悲鳴のようであり、それがこの映画の力、表現力になっている。

『人間の條件』はまさに第二次世界大戦からもたらされた作品だが、同じ意味で第一次世界大戦から生まれた傑作にジャン・ルノワールの『大いなる幻影』(一九三七)がある。たぶん小林はその影響も受けたと思う。『大いなる幻影』には多国籍の人間の戦争体験がある。ジャン・ギャバンが演じた労働者の物語から支配層の貴族まで、戦争をどう受けとめるかが描かれていた。『人間の條件』からもある意味でそういう、さまざまな階級が戦争をどういう受け止め方をしたのかが分かってくる。ただコスチュームがみんなぼろぼろの服なので、外見からは階級が見えない。階級は見えないが、言葉によってその人の知性や階級や境遇が見えてくる。これは大変みごとに扱われたと思う。

とにかく『人間の條件』の兵士たちが味わった苦難は、この現代文明、ハイテクに囲まれたわれわれの社会でも無縁とはいえない。同じような「ペイン(痛み)」というものが、われわれをも襲っていると私は思う。その意味でこの映画は単なる戦争映画ではなく、人間というものがつくりあげる社会のアレゴリーとなっていると思う。

この映画には善玉と悪玉の対立はある。しかしそれは、ルーティンとしての善悪の対立ではない。悪の中にも「われわれだってあの(加害者の)立場になるぞ」という不安がちゃんと存在している。虐待をする側は悪で、受ける方は善の側の被害者だ。しかし映画の観客は、「虐待を受けるよりは、それから逃れる側に逃げ込みたい」という気持ちが生じることを否定できないだろう。『人間の條件』からは「虐待している悪の人間も、それは俺ではないのか」という公平な感覚が生じてくる。これは五味川純平の原作、小林正樹の映画が、読者や観客に受け入れられた大きな理由のひとつだろう。

第一部、第二部では満州にある日本企業の炭鉱で強制労働をさせられる中国人への虐待が描かれる。日本人の悪と中国人の善という、善と悪が対立する関係だ。虐待に対してついに異議申し立てをする中国人の群衆は、小林正樹の世代がもっている中国に対する罪の意識が非常に強く現れている光景だと思う。あれはそれまでの日本の映画では見られなかった光景だった。その意味で『人間の條件』は初めて日本という枠から離れて、中国人が日本をどう見ているかということを、日本人の手で初めて描いた映画だったのだ。その当時、日中は国交断絶であったから、中国人を演じたのは宮口精二や山茶花究らの芸達者であった。

さらに『人間の條件』は、日本人自身における、人間が人間らしく生きる条件とは何かということを問いつめていく。この主題は『壁あつき部屋』でも扱っていた。スパイをやる人間がいる、裏切る人間、あるいは強圧する人間がいる。それらの人間の存在の中に小林は、強そうに見えて実は人間的な弱点、人間的な哀れを見透かしている。演じている俳優もそういうところをよくわかっていた。みんなあの時代の人間は経験していたのだ。普通の人間が突然、兵隊の宿舎の中で暴君になれてしまう、普通の人間が残虐になれてしまうというこの怖さというものを。陸軍の体質、軍国主義、天皇主義というものからもたらされるサディスティックな恐ろしさ。それに対する被害体験というものが、実は日本の中国に対する戦争犯罪の根底に存在している。そこを小林正樹は『人間の條件』にきちんと採り入れている。これが実は『人間の條件』の大きな一番のテーマではなかったか。

そういう意味では第五部、第六部というのは、われわれにとってこの『人間の條件』という映画で考えなければいけない問題を扱っている。

この映画のキャメラマンである宮島義勇は、ソビエト社会主義の信奉者だった人だ。小林正樹はガチガチのコミュニストのキャメラマンと一緒に仕事をして、その影響は受けたのだろうか。答えは否である。

映画はどんどん反スターリニズムの主張を強めていくのだ。ソビエトと満洲の国境のところで、「この国境を渡ると向こうに理想がある」「いや待てよ、そんなに簡単に理想なんていうのは、この軍隊を見ていて思うのはあまりにも幼稚に過ぎる」という、ぎりぎりの会話が描かれる。梶はソビエト軍の捕虜になるが、取り調べの部屋に大きくスターリンの肖像が掲げられている。ソビエト連邦という国家の本質を、映画はくっきりと浮かび上がらせる。これは日本映画が初めて「ソビエトは危ない」ということをアピールするショットになった。一九五〇年代の日本の知識人には、スターリニズムに関するレポートをすでに多く知っていた西欧知識人とは異なり、未だソビエトというものを美化する風潮があった。それに対して深い疑いを打ち出したのが『人間の條件』という映画であり、それが第三部では大きなモチーフになっている。

また第五部、第六部についての若い人たちの感想を調べてみると、「美千子という奥さんに、あんなにひたむきな人間など、いまどきいるのだろうか」「恋愛に対してロマンティックに考えすぎているんじゃないか」という辛辣な意見が出てくる。

実は私も当時見て、同じように思った。『人間の條件』が戦争反対というスローガンではなく、「女は美しい」というところに向かっていくことに、「え？そんなわけねえだろう」と。私たちの世代は「そっちの方はもっとエロティックにやってくれよ」と思うわけだ。小林正樹が追及しようとしたのは日本の帝国主義や軍国主義ではなかったのか。梶はただ美千子を求めて彷徨《さまよ》ったにすぎず、戦争を拒絶するための行軍ではなかったのか。梶は結局、ロマンティシズムを邪魔する軍国主義が許せなかったのであり、『人間の條件』は結局、恋愛を成就できなかった人間の悲劇であると同時に、男女の恋愛に対する讃歌だったのか。

『人間の條件』第一部　悪条件のもとで重労働を強いた南満州の鉱山のシーン
手前は現場監督役の小沢栄太郎(小沢栄)

『人間の條件』第六部
ソ連軍の捕虜取り調べ室とそこに掲げられたスターリンの肖像写真

しかし小林正樹も五味川純平もともに一九一六年生まれであり、その世代の日本人が経験した戦前の青春というのは、ある種ロマンティックな時代だった。たとえばフランス映画が日本の知識人、学生の心をつかまえていたわけで、ジュリアン・デュヴィヴィエ、ジャック・フェデー、ジャン・ルノワールといった作家たちの映画がもてはやされた時代で、『人間の條件』の美千子という女性に対するあの限りない愛というのにもそういう青春が投影されている。だから一概にこれはあり得ない話だ、ロマンティックすぎるという批判は我々の世代のドライな人間が言うことであって、小林正樹が恋愛に殉じることを自分の映画の主題にしたということを咎める筋合いはないと、いまは思う。

ところで戦争映画というものはどうしても、どちらかのサイドに立った利害ないしは正義のアピールが行われるものだ。

日本は戦争に負けた。私は、負けたことによって情況を正確に見るポジションがとれるようになったと思う。勝った側の人間の驕れる位置からは、戦争の現実は正確には見えまい。自分たちの勝った世界の光景は見えても、負けた者についてのシンパシーはよほどの理性と想像力がなければ理解できまい。負けた側の世界を勝った側は記録しないのだ。負けたことによって世界が見えてくるのだ。

日本の敗北が、ナショナリストではなく、五味川純平、小林正樹という、敗北を責任を持って引き受けようとした知性によって描かれた『人間の條件』は、世界中の人々に戦争というものの愚かしさ、そういう愚かしさの中でも人間は自分の理性と精神の強さによってここまで生きられるという実証であり、われわれをとても勇気づける。

『切腹』から『怪談』へ

前述したように『人間の條件』のキャメラマンは宮島義勇で、小林正樹はこのとき初めて組んだ。宮島は非常に厳密な撮影技術と感性をもっていた名手だった。そして大変男性的な人物で、いつも下駄履きで過ごしていたから、ダンディな小林さんといったいどういうコミュニケーションをしていたのか、撮影所で私など傍から不思議に思って見ていたものだ。宮島が大船の撮影所に来てカメラをセットしていたときのことを思い出す。三角台ではなくてトライポート◉で据え付けていた。三角台だと微妙な上下がある程度限定されるが、トライポートだと完全に、厳密に仰角俯角のアングル、水平のレベルまできちっと決められる。その厳密さは松竹になかったものだった。

その宮島義勇と小林正樹のコンビネーションが一九六二年、『切腹』で再現された。これは決定的に、小林と宮島の美意識が結集した作品でないかと思う。二人がもっている時代に対するある悲劇的な気分というものが、非常に強く画面に表れていた。一九六〇年の安保闘争直後という日本の政治の季節の中にあって、どこかで政治は人間を救わないという絶望を、私たちも共有していた。さらにまた、『切腹』を見て津雲半四郎という浪人の悲劇的な最後に、どこかで私は、映画監督というのはこうして斬り死にするのかと思ったものだ。それくらい、あのラストシーンは印象に残った。また、石濱朗が竹光で腹を切るところのあの残酷さ。「これは、目を背けたらこの監督に負ける」と思ったものだ。映画にはいろいろな人間の死の描写はあるが、あそこまで死ぬということをまともに撮ったのは、これはやはり小林の姿勢なのだと思った。

『切腹』という作品は、溝口健二、山中貞雄が作りあげてきた時代劇、あるいは森一生や稲垣浩が作った時代劇活劇というものの、そのどちらにも入らないスタイルで登場した。小林正樹は自分でも『切腹』について、自作の中で一番密度の濃いもの、意識的な美を凝縮した作品だと語っている。確かに小林の監督としての生理、世界観というものが本当にひとつになっている。津雲が最後に斬り込むことになる井伊家の門。あのぼかんとした門を作る美術的なセンスに、「あ、溝口健二以来のスペクタクルを始めたな」と直感したことを覚えている。美術に大角純一と戸田重昌という非常に素晴らしいダブルキャストで、戸田にここから美術監督として大きく羽ばたいていく。

◉トライポート…「三角台」はキャメラをその上に据えるため、三角形の枠組みを積み重ねた木製の台座。その上にキャメラを据える。「トライポート」は三脚(tripod)のこと。

武満徹という作曲家がこの『切腹』で映画音楽家として登場してきた衝撃も大きかった。私は武満に、『切腹』の音楽をつけるときに彼が味わった創作的な苦しみを聞いたことがある。浪人の仲代達矢が障子を開けて座る場面に、とても音楽的な衝動を感じた。そこに音楽をつけたい。ところがその行動は一五秒しかない。一五秒の音楽が必要だと思った。しかし従前の西洋音楽の音の出し方ではとてもおっつかない。それで武満は、初めて琵琶の弾弦を使う。あの音楽、音響を聴いたときは、私にも震えがきた。

武満徹はあの映画で、西洋音楽に日本の楽器がどうやって併存するかという問題に直面したのだ。琵琶のもっているチューン＝音階と西洋音楽の楽器の音階とは違う。それを両方、どうやって存立させるか。ものすごく大きな問題に、このとき彼は直面した。あの映画はそういう意味で、大きな結節点だったと思う。私がその後つくった『暗殺』では武満は尺八を使っている。さらに尺八と琵琶を組み合わせて《エクリプス》という音楽作品を作り、それが《ノヴェンバー・ステップス》という交響作品に発展していく。つまり武満徹は音楽の実験を、映画の場で大きく展開してきたわけだ。そういう素晴らしい例が『切腹』だった。

思えば『切腹』には作品の素材に見合った才能が揃っていた。脚本は橋本忍、キャメラの宮島義勇、美術の大角純一と戸田重昌、音楽の武満徹。『切腹』は映画として本当にすみずみまで目が行き届いていた。障子の桟、瓦の枚数までフレームにどれくらい入るかが計算され尽くされているような気がした。残酷だが、ほんとうにうっとりとさせる映画だった。

その成功をジャンプ台に、小林正樹は『怪談』に突入することになる。

映画のキャメラというのは、ものをリアルに写してしまうものだが、作家としてはそこから突き抜けたいという欲望がある。『人間の条件』はリアリズムの映画だった。そうしたら『切腹』が様式性を帯びて登場した。そして『怪談』だ。ここまでくるとシュールレアリズムというか、現実から遠ざかった世界へまっしぐらという感じだった。

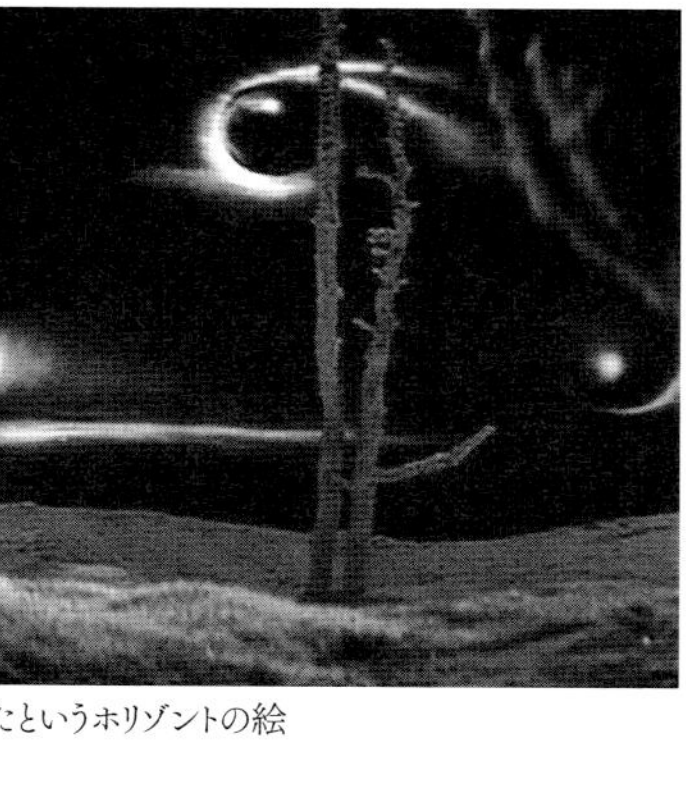
『怪談』第二話「雪女」の雪道のシーン　雪女の視線をイメージしたというホリゾントの絵

空から巨大な目が見ているという、私はあれを見たときにチベットの密教を思った。仏の第三の目を。ああ、こういうふうにして宗教的世界が見えるのかと。チベットの曼荼羅や、宗教密画がもっている世界と『怪談』は非常に近い。結局、小林正樹はアジア的な闇の奥へ入っていくのかと思ったものだ。

あの巨大な背景というかパースペクティヴを出せる場所は、日本の撮影所にはなかった。京都にある戦争中に飛行機の格納庫として使われていた建物をスタジオとして使ったそうだが、それは従来の撮影所の機能を持ちこんで、そこで一から組み立てて、いままでの寸法とは違う桁外れの背景（ホリゾント）に明かりをあてなければならないということだ。そうしないとあのイメージが手に入らない。だいたい、映画監督が自分のスタジオをもつと破産する。『地獄の黙示録』のコッポラ監督のように。小林正樹も『怪談』を経済的には破滅的な情況の中で作った。あの映画を小林が撮っているとき私も京都で映画を二本も作ったけれど、小林組はまだ終わっていなかった。

『怪談』は予算の上でも無謀な企画だった。しかし『切腹』の成功というものがあって、そこには弾むような力とイメージと技術が蓄えられていて、どうしても『怪談』に向かってダイビングしなければならない、ある種絶体絶命の運命が待っていたというふうに見える。人間には魔に憑かれたようにのめり込んでいくことがあるが、映画監督は映画の魔的なものに惹かれて、いつの間にか本当に死線を彷徨うことがあるのだ。小林正樹の『怪談』を見ていると、これはまさに怪談そのもので、日本の怨霊に取り憑かれているというようなすさまじさを傍から感じる。何が小林をあそこに駆り立てていたのか、実に不思議なものを見るような思いがするのである。『怪談』のスタッフの悪戦苦闘は日本の映画史に残る、映画人の壮絶な戦いのひとつだと思う。武満徹はこの映画でも、本当に血のにじむような音の積み上げをやっていた。映画音楽の中であれだけスケールの大きな音響を作ったのは、あとにも先にもあれしかないのではないか。あれは音楽だけ、ひとつの武満徹の作品として聴いても圧倒される。CDにもなったし、いま聴いてもすごくいい。

『上意討ち』以降

小林正樹はこの『怪談』を機に松竹を辞めてフリーになった。そして東宝系の三船プロで作ったのが一九六七年の『上意討ち――拝領妻始末――』だ。『切腹』と同じ橋本忍とのコンビで原作者も同じ。これは『怪談』のあととは思えない、大変手慣れてみずみずしい、いい酒を飲んだような映画だった。イギリスで評判がよかったというが、それもわかるような気がする。アングロサクソン好みの理性で統一された作品だ。

この『上意討ち』からあとの小林正樹作品には、ある意味で『怪談』で撮り残してきた映画の素材をもういっぺんやろうとしている印象がある。『日本の青春』『いのち・ぼうにふろう』、そして井上靖原作の『化石』、そして『燃える秋』という、この辺の一連の作品は並べてみると、小林正樹という人の一種の教養の背景が作品の一つ一つに現れてきているようだ。中でも『化石』では、小林正樹の心象と佐分利信が演じた主人公の男の心象が、『人間の條件』の梶とはまた違った側面で一致している印象がある。この映画はもとはテレビのため、一六ミリで撮っている。私はテレビのバージョンと映画になってからのバージョンを両方見ているが、やはり映画になってから作品の本質がよく見えるようになった。都市の中に古生代の化石があるというイメージが小林を強く刺激したのだろう。

『東京裁判』から『食卓のない家』へ

小林正樹の映画には、歴史の中に置かれた一人という視点が強く感じられる。歴史というものは、一人の個人として選ぶわけにいかない。出会ってしまうものだ。そこに非常に不条理な関係が生まれる。

そういう地点に立つと『東京裁判』という記録映画には、歴史と人間が遭遇したさまざまな極限状況がすべて映像として表れてくる。東京裁判は小林正樹自身の歴史体験とまったく同時代性をもっていたし、あの素材にはリアルに対面できると思ったことだろう。

そして、この映画の中で、東條英機が明らかに「天皇陛下のご許可なしに戦争を始められるわけがない」という証言で、みなが狼狽するところが出てくる。ああいうものはやはりああいうことできちっと示さないと、なかなか日本人は知ることができなかった。

あの映画では満州事変の背景がずいぶん発掘されて、画面で見ることができるようになったのも価値あることだ。満州事変から支那事変に入っていく歴史がニュース・リールや写真で示され、それと裁判での言葉のやりとりがカットバックするところなど、なかなか見事なものだ。裁判というのは完全な言語世界なので演劇に近いドラマがあり、劇映画以上に劇的だ。アメリカ国務省にあった大量のフィルムをあしてまとめたことで、われわれが歴史を見ることができる。とても大きな仕事だった。

ところで小林正樹は一九五三年にBC級戦犯を扱った『壁あつき部屋』を作っている。A級戦犯のような主宰者ではなく、もっと戦争の不条理に直に出会った人間の極限状態が出てくる映画だ。だからあれを作ったときにはもう、映画作家として『人間の條件』、そしていずれは『東京裁判』になだれ込んでいくということが、すでに決まっていたように思えてくる。実際に小林は東京裁判を、広田弘毅を主人公にした劇映画として撮る企画も温めていたという。実際には記録映画『東京裁判』として完成させるわけだが、それらはひとつの大きな円環になって小林正樹の世界を作っているように思う。

その『東京裁判』を一九八三年に仕上げ、一九八五年に撮った円地文子原作の『食卓のない家』という映画が最後の作品になった。これは学生運動で傷ついた家族の物語だ。ある意味で日本の最も知的な家庭が背負わなくてはならなかった日本の問題ととらえてみることができる。ホームドラマの形態をとっているが、非常に象徴的なストーリーと構成で、私は好きな映画のひとつだ。井上靖さんといい円地文子さんといい、その文学の中には人間の終末光景というか、文明の終末、文化が滅んでいく美しさ、そういうはかなさがある。それは小林正樹の世界観と通じるのではないか。

小林正樹の位置

小林正樹の映画には大きなテーマがある。

小林が撮り始めた頃の映画製作の環境というのは、自分の周辺だけを描くドラマだった。せいぜい広げても日本という国に属している哀しみとか、そこに取り囲まれているおかしさ、滑稽さまではとらえることができても、世界で何が起きているか、その中で我々はいったいどんなポジションに立っているのかということを、撮影所の映画は追究していなかった。極めて風俗的な映画といっていい。

その中で小林作品はどの映画を見ても、ドラマのパルスがとても大きな世界を目指して発せられている。映画のグランドデザインのスケールがとても大きく、他の監督と違う性格を備えていた。また小林の映画にはたくさんの登場人物を必要とするドラマが多い。登場人物が少ない恋愛映画より、曼荼羅のようにさまざまな人物がぶつかりあって人間の本性が向かい合うというドラマこそが、とても得手なのではないかと思う。それを表現するために、一方で小林は小さなエピソードを正確に、そしてリアリスティックに描こうとした。そのための時間を使う、撮影で時間を浪費することを少しも恐れなかった。会社のスケジュールを無視して、本当にディテールにこだわって撮影しているというのが、当時撮影所にいた我々のゴシップになったし、それが小林正樹という作家の本質ではないかと、私は思うようになった。

小林正樹は青年期に戦争と遭遇し、映画界に戻ってからもさまざまな極限状況を強いられている。だから、少し上の世代である木下惠介や黒澤明といった監督たちと少し性格が違うように思う。こういう時代の差は、やはり大きいのではないか。

木下惠介や黒澤明、あるいは小津安二郎や溝口健二もそうだが、人間を描くということに演出家として「これはこう思う」という確信をもっていた。映画監督というのは人間を描けるのだと、監督はそういう技量をもてるのだという楽観があったと思う。

一方、私や大島渚の世代はいろいろな人間の光景を見ていて、どんなにドラマに仕組んでも、人間というのは描ききれない存在ではないかという絶望があった。だからひょっとしてキャメラにはそれが切り取れるかもしれない、思いもかけないものとして映像から自分は知ることができるかもしれないと、そのためにキャメラを回そうというところがあったと思う。そういう意味で、私たちの世代は、監督としては自分を悲観的に見ているところがある。

そういう構図で小林正樹の映画を見てみると、我々のニヒリズムと、巨匠たちの楽天主義との間にちょうど位置していると思う。抒情的であると同時に、観念的に考えてもいる。自信をもって撮っているようでも、どこかで「これだけじゃないんじゃないかな」という問いが小林の映画にはいつも生起している。小津の映画だと「はい、ここで終わりますよ」とはっきりとフィニッシュが見えるし、黒澤のドラマはどこへ行くにせよ、きっちりとそれに向かって歩み始める。しかし『怪談』を見ても『切腹』を見ても、やはり小林は最終的に人間について明確な回答はしていないと思う。考えてみると小林の監督作品は全部お葬式をやっているようなもの、全部登場人物たちを埋葬しているではないか。梶も埋葬され、『怪談』はすべてが埋葬者の物語といえるし、『食卓のない家』の主人公の父親の像も、絶対に歴史の中で自分自身を変更できない、変更しないぞという、あの「絶対」や「永遠」というものをどこかでかかえている。小林正樹はそういうものが人間を美しくすると思っていたのではないか。

小林正樹本人からこう尋ねられたことがある。

「僕たち、僕や野村（芳太郎）さんは木下さんの延長なのか、篠ちゃんとか大島さんとかああいうヌーヴェルヴァーグの前触れなのか、どっちに入るのだろう?」

私の答えははっきりしている。松竹ヌーヴェルヴァーグというものは、小林正樹という存在がなかったらああいう展開はなかった。我々は助監督時代、いろいろな監督に出会ったが、小林だけは、松竹という枠から離れた世界に踏み出していった。『壁あつき部屋』『あなた買います』そして『黒い河』。小林はそこで映画というものの可能性を我々に示し、非常に大きな影響を与えた。小林正樹はやはり映画の魔にとりつかれて魔境に入った監督だった。

⊙本稿は、日本映画監督協会による記録映像『わが映画人生』のため一九九三年一〇月一四日に私が小林正樹に対して行ったインタビューの私の発言部分、ならびに『人間の條件』英語版DVD（The Human Condition　THE CRITERION COLLECTION　二〇〇九）に収録された私のインタビューから編集部が再構成した文章に加筆修正したものである。

（篠田正浩）

インタビュー時の小林と篠田
俳優座劇場にて

鬼と仏の迷彩

仲代達矢

昨年（二〇一五年）の無名塾の入塾試験のあと、五月の半ば頃からニューヨークのブロードウェーに行ってきた。二、三年に一度は、仕事が休みの時期を利用してこれまでずっと続けてきたことで、それほど珍しいことでもないのだが、今回はちょっとした企画の催しがあり、それに招かれてのものだった。その催しというのは、ニューヨークにある映像博物館と日本の国際交流基金が共同で企画したもので、「小林正樹と仲代達矢の映画」というタイトルでの特集上映が行われたのである。映像博物館の中にあるキャパ八〇〇ぐらいの上映会場だったが、五月十五日から二十四日まで、私の出演した九本の映画（日にち順に）『上意討ち──拝領妻始末──』『人間の條件（第一部・第二部）』『人間の條件（第三部・第四部）』『人間の條件（完結編＝第五部・第六部）』『黒い河』『からみ合い』『いのち・ぼうにふろう』『切腹』『怪談』が、「人種のルツボ」と言われるあの雰囲気の中で上映された。

戦後七十年ということもあってか、私は十六日の『人間の條件』上映時に招かれ、午前中は米ジャーナリストの取材を受け、午後は上映の合間に会場の舞台に上がり、当地のインタビュアーからの質問に答え、また観客の問いにも応ずる形となった。そのときにも話したことなのだが、俳優としての私を見い出してくれたのは──埋もれた地脈の中からただ真っ黒なだけの原石をつかみ出し、辛抱強く磨き上げてそれなりに見ばえのある役者の宝石にしてくれたのは──まぎれもなく小林正樹監督である。昨年の十二月で八三歳になった私だが、十九歳で俳優座養成所の門を叩いてから今日に至るまで、六十四年間の長きにわたって何とか俳優を続けてこられたのも、出だしの若い頃に監督から教わったことが土台としてあったからである。あらためて感謝したいと思う。

小林監督との最初の出会いは、俳優座近くのビルの一階にあった「たなぐら」という喫茶店だった。監督は、岸田國士原作の次回作『泉』に出演する若い男性を探していて、私は俳優座映画放送の佐藤正之さんに連れられてその喫茶店へと出向いた。その店のカウンターに三人並んで腰かけ(監督と佐藤さんは隣合わせ、その佐藤さんの横に私といったように)、コーヒーを飲みながら話したのを覚えているが、何を話したのかはまったく記憶にない。監督もそう多弁な方ではなかっただろうし、当時の私も無口を絵に描いたような男だったから、あるいは、ほとんど言葉を交さなかったのかもしれない。佐藤さんと小林さんは同じ小樽出身ということもあってか、もう気心の知れた間柄のようで、ボソリボソリと何か話していたが、結局それだけで終わった。『泉』のその青年の役は渡辺文雄さんが演ずることになったとあとで知るが、監督が私に抱いたイメージは陰影が深くシャープすぎて、もう少し柔らかいもの(暖かいもの)が欲しいとのことだったようだ。

それでも、私のことはちゃんと覚えていて、翌年の『黒い河』(一九五七)では「面通し(オーディション)」もなく、名指しで私にキャスティングがきた。これにはいくらか伏線があり、佐藤さんが「うちには隠し玉がいる」「うちには隠し玉がいる」と吹聴してくれていたからである。この〝隠し玉〟には理由があって、私が養成所三年のときにきた戦争英雄映画の主役を断ったことによるものだ。私には幼少の頃からの戦争体験の悲惨さが浸み込んでいて、そこに英雄や偉業などあり得ないという思いがあった。佐藤さんには「おまえ食えもしないのに、何でこんな良い話を断わるんだ?」と言われたが、いくら金のためでもやりたくない作品だったのだ。それからは佐藤さんも私についての考えを変えたのか、「うちには隠し玉がいる」と言い始めたのである。「たなぐら」での小林さんとの初対面のときにも、おそらく、それは監督の耳に入っていたはずである。だからこそ、佐藤さんは私を小林さんに引き合わせもしたのだろう。

『黒い河』での私の役は、基地の街に住むチンピラ「人斬りジョー」である。米軍基地があるおかげで甘い汁を吸い、買い取ったアパートの住民を追い出すために女をも食いものにし、揚げ句にその女に殺されるという男だ――。それまでにない人物造型がくっきりしている役で、人間の芯に悪がイキイキと息づいていて、私はこの役柄にとても魅せられた。ところが、撮影期間の最初の方が劇団の『りこうなお嫁さん』の公演時期と重なっていて、俳優座の劇団員である私にはなかなか許可が下りない。劇団トップの千田(是也)先生の御自宅に押しかけて、その玄関の前で土下座してまで頼んだが、やはり駄目だった。そんな折り、大先輩の東野英治郎さんが、こう言ってくれたのである。「モヤ(私のニックネーム)、そんなにその映画に出たいんなら、劇団の方はおれが代役をやってやるよ」と。その一言で出演が決まった。東野さんがそう言ってくれなかったら、私の『黒い河』出演もなかっただろうし、映画批評家の皆さんの目にとまることも、ましてや、翌々年の『人間の條件』に主役として抜擢されることも有り得なかっただろう。数知れない沢山の方々の情に囲まれ、支えられて、いまがあるのをつくづくと考える所以である。

『黒い河』に出演して以降、私は小林監督がメガホンを取った二十二作の作品のうちの十本に出演していることになる。冒頭に紹介した九作品に、最晩年の遺作『食卓のない家』が加わってのものだ。寡作な監督の総作品のほぼ半数を占めるわけだ。それだけに監督の方でも思い入れは深かっただろうし、誰憚《はばか》ることなく私が「育ての親」と公言できるのも〝宜《むべ》なる哉〟なのである。

私の出演した小林正樹作品について、これからひとつずつ記憶を辿りながら記して行こうと思う。

『人間の條件(第一部・第二部)』(一九五九年)
『人間の條件(第三部・第四部)』(一九五九年)
『人間の條件(完結編)』(一九六一年)

準備期間も含めれば、私が二十六歳から二十九歳まで、足かけ四年かかった映画である。二十代の後半をほとんどこの映画で埋めてしまったわけで、フィルムに映し出される私の顔が、過酷な状況下で歴然と変貌して行ったのを覚えている。小林さんの方も四十三歳から四十六歳と、四十代のいちばん脂の乗り切った頃だっただろう。伸びざかりの青春時代を戦争で奪われた監督にとって、この作品をつくることはその憎き戦争への仇討ちに似たようなものだったかもしれない。ご自分の軍隊経験をもとに、独自の美的感覚で、丹念に、そして、執拗に、透徹したリアリズムを追求された。

昨年のニューヨークでの小林監督特集の上映会でも、観客の中から「黒澤監督の現場と、小林監督の現場では、どう違いますか?」という質問が出たりしたが、おふたりとも確固とした自分のイメージする「絵」を持っていて執念深くそれをたぐり寄せようとするところは同じなのだが、黒澤さんは怒鳴ってでも荒技でそこに漕ぎ着けようとするタイプ、小林さんはそれが滲み出してくるのをじっと黙って待つタイプ、と言えるかと思う。従って、小林組の撮影現場は、怒鳴り声も飛び交うことなく、きわめて静かなものだ。ただ「待つ」と言っても、そこに消極的な意味は少しもなく、イメージしたものが絵に出てこないからといって諦めることも妥協することもなく、あくまで〝鬼〟の執念で待ち続けるのである。「鬼の小林」「鋼鉄《はがね》の映画」と言われたりするのも、そうしたことに起因するものだろう。

『黒い河』のときにはそれほどでもなかったが、この『人間の条件』の撮影時には監督のそういう映画づくりの姿勢をいたく意識させられた。たとえば初年兵教育の場面では本当に拳で殴らせ、私の顔が膨れ上がるの

『人間の条件』第三部　凄絶をきわめた内務班のビンタ制裁は
迫真の演技 小瀬朗(正面)の殴打に倒れかかる田中邦衛(背面)

『人間の条件』第六部のラストシーン
雪原に行き倒れた梶の上に雪が降り積もる
凍死寸前の1時間

『人間の条件』第六部の雪原に倒れるラストシーンの撮影に備える
仲代達矢(右)と小林

を待ってフィルムに納めたし、やって来る戦車の下に飛び込むシーンでも、一歩間違えば役者の命に関わることで、撮影前の一週間ほど私は飯が咽喉を通らなかった。そして、極めつきは、完結編のラストシーンである。主人公の梶が雪の原野で倒れ、その体の上に本当の雪が降り積もって雪の小山となるのを、ゆっくりと待ったのである。時間にして、約一時間。意識が朦朧としてきて、凍死寸前とはこういう感じかと思った瞬間、やっと「カット!」の声がかかった。私は助監督たちに雪の中から掘り出され、服を脱がされて肌の上からバシバシ叩かれた。血行を良くし体温を取り戻させるためである。それからだ、火に当たらせてもらえたのは。そうしないと凍傷になるのだ。やっと私服に着がえて監督たちの待つ車に乗ったときでも、小林さんはねぎらいの言葉さえ私にはかけようとしなかった。それは〝仕事〟として当然のことであり、何も特別なことをさせたという感覚がなかったからだ。当時は内心かすかに恨んだりもしたが、将来の礎となる掛け替えのないものを小林先生は教えてくれたように思う。

『切腹』(一九六二年)

あなたにとって代表作は? と問われれば、まちがいなく私はこの作品を挙げる。何を以て代表作とするかにはいろいろ難しい問題もあるだろうが、単に役者の出来が良いとかそういうことではなく、シナリオの橋本忍さんの〝語り〟による展開方法、昼日中から夕刻への時の移りや日の翳りを刻明にライティングによって表示した宮島義勇カメラマンの手法、和楽器だけによる演奏で隙のない映像世界を作り上げた武満徹さんの音楽……すべてが良いのだ。作品の完成度の高さとも言えるだろう。常々思うのだが、俳優とて結局はその作品に殉ずるパートのひとつに過ぎない。小林さんの師匠である木下惠介監督は、この作品を見て「品格があり、無駄がない」とおっしゃったそうだが、まさに的を射ている表現だと思う。小林さんならではの「東洋美」が純度高く結実した作品でもあり、それに参加させていただけたことが、われわれにとっては何よりの誇りである。

私の演じた津雲半四郎だが、二十九歳にして設定年齢五十歳というのも、床山さんの工夫した風貌でそれほど難なくやってのけられた。ただ、「孫」を抱かされたときには、さすが私もいささか違和感を覚えたものだが……。白州に端座しての〝語り〟に入ってからは、日常の口語とはちがう歌舞伎調の誇張した表現に近いものを使った。それまでにも浪曲や古典芸能での語りの口調については勉強してきていたが、台本を読みスクリーンになったときのことを想像してみて、それがいちばんピッタリ来るものと感じたからだ。また、半四郎が語る相手(三國連太郎さん演ずる家老)の位置からしても、ほぼ十メートルは離れているのだから、少し大きめの声が自然に思えたのである。ところが、それで三國さんとの〝大論争〟となった。三國さんは「ここにマイクがあるんだから、そんな大きな声で言わなくていい」と言う。私は私で「しかし、あなたとの間にはこれだけの距離があるんだから、小さい声では届かない」と。撮影は中断され、監督以下、撮影・美術・録音・照明、錚々たるスタッフたちが居並ぶ中で、ふたりが口角泡を飛ばしながら主張して譲らない。監督もさすがに呆れ果てたものか、「君たち、ずっとその論争を続けたいのなら、存分に」と言って、スタッフを引きつれ宿に帰ってしまった。何ともおおらかな時代だったものである。低予算と過密スケジュールで効率よく撮ろうとするいまの現場では、俳優が演技論を戦わせる余裕などどこにもないはずだ。が、それが許された、幸福で豊かな時代もあったのである。

この作品はカンヌ映画祭にも出品され、下馬評ではグランプリの予想も出ていたのだが、そのグランプリを獲得したのは、ヴィスコンティの映画『山猫』だった。われわれ日本側は残念会のようなものをとあるレストランで開いたが、その店の一角にはイタリアのヴィスコンティ組がいて受賞の勢いで大いに盛り上がっている。それを横目で睨みながら、製作会社のスタッフのひとりがこう呟いた。

「ちぇッ、イタリアのやつら、いい気になりやがって。三国同盟の中じゃ、いちばん先に降伏しやがったくせに」

◉**床山**…歌舞伎、舞台、映画、テレビ、日本舞踊などで使われる「かつら」の専門職を指す。

『切腹』
発声のボリューム論争となった
井伊家「中庭」のシーン
右手前　三國連太郎
座しているのが仲代達矢

一九六〇年頃といえば、まだまだ第二次大戦の影を強く引きずっていた時代で、そう呟かれた一言をやけに印象深く覚えている。

『怪談』(一九六四年)

「近現代日本がどこかに置き忘れて来たものを提示してみたかった」という意図でつくられた作品だったと思う。いわゆるオムニバス映画だが、四つの話の中で私が出演した「雪女」はすべて大きな倉庫を改造したセットの中での撮影だった。カメラマンの宮島義勇さんが小林監督のもと様式美の人工的な光と色合いを追求した作品でもあったらしい。少し話はとぶが、この宮島さんというのは実に特徴ある方で、私が初めてお会いしたのは、家城巳代治《いえきみよじ》監督の『裸の太陽』(一九五八)のときだった。カメラの横にはバンカラふうの下駄ばきのオヤジが立っていて、「おい、こら……ちょっと来い!」と、私を手招きして呼ぶのである。何の用があるのかもわからず、それでも素直に近づいて行くと、私の顔をアゴをしゃくるように見あげながら、「撮れるのかねえ、こいつが?」と呟くのである。あとで判ったことなのだが、そのとき私は既に『人間の條件』の主役が決まっていて、その撮影監督でもあった宮島さんは、アップのスクリーンを想像しながら私の顔を吟味しておきたかったとのこと。後刻、『人間の條件』の撮影に入ってからも、宮島さんはかなり厳しい注文を出した。「おまえな、新劇じゃ有名かもしれねえけど、映画は違うぞ。アングルだ、アングル。ファインダーから外れたりしたら、芝居にも何もなりゃしねえんだからな」と。遠くから走ってきて何かの表情を残して横に切れる場合など、少しでも体がぐらついてファインダーの外に出ようものなら、狙った表情がカメラに捉えられなくなる。その難しさだ。監督のOKが出ても、宮島さんのOKが出ないことがしばしばあった。私も気をつけてその術を身につけていったが、カメラの位置とアングルを頭に入れ、それをほとんど皮膚感覚のようにして演技しなければならないのだ。宮島さんの言葉は乱暴だったけれど、実に良い薬だったように思うのである。

話は戻るが、この『怪談』は『切腹』と同様カンヌ映画祭に出品され、同じ審査員特別賞をもらった。その出品に際し、映画祭の事務局から少し上映時間が長いので、四つの話のうちどれか一つを切って欲しいとの要請がきたらしく、監督は決断を迫られた。さんざん迷われたようだが、最終的には、私と岸惠子さんの出ている「雪女」を切ることにした。フランスの映画監督と結婚しパリに住んでいた岸さんは、『怪談』のカンヌ招聘にかなり尽力したはずだが、その御本人の出演している「雪女」をバッサリと切ったのである。監督の芸術至上主義の一面を見たような気がした。

セットの作り変えでかなり出費がかさんだようで、結局この映画は大赤字となり、製作したにんじんく

グランプリを争った『山猫』の
ルキノ・ヴィスコンティ監督と握手
1963年5月

イタリア・ポンペイの遺跡をめぐる
左から仲代 小林 宮崎

らぶの解散へとつながっていく。私たち役者はノーギャラだったし、小林さんも麻布の邸宅を売り払って、知人の家の離れにある二階の二間暮らしとなった。私も、いくらかでも焦げついた資金の補助になればと、できる限りの出資をしてみたが、まったくどうにもならなかったことを覚えている。

『上意討ち—拝領妻始末—』(一九六七年)

『切腹』と同じ滝口康彦氏の原作で、武家社会の不条理を衝いたものだ。シナリオも同じ橋本忍さんである。三船敏郎さんが主演し、私は敵役に回った。

この頃、三船さんはもう東宝を離れて独立していただろうから、こういう言い方はやや正確さを欠くかもしれないが、小林さんが黒澤さんから三船さんを借り受けて映画をつくったようなものだろう。と言うのも、かつて三船さんは黒澤映画にずっと主演し続けて来た人だからだ。この逆パターンが、その十年ほど前にあった。私が小林監督のもとで『人間の條件』を撮っていたときのことだ。一部二部を撮り終えて、三部四部の準備期間に入ろうとしたとき、黒澤さんは小林さんに少し私を貸してくれと言って来た。『用心棒』の三船さんの敵役で欲しいのだと。どうせ空いてるんだし、悪い話ではないからと小林さんはすぐにOKを出した。次の『椿三十郎』もまた然りである。これは三部・四部を撮り終って、完結編への準備期間にである。当時こうして、それぞれの監督は、たがいに俳優たちを都合し合った。五社協定はあったものの、映画界全体がそうやって俳優を育て合いながら、上昇気流に乗ってピークの峰を更新していた時代だったのである。何とも懐かしい。

少し余談になるが、私が小林さんと連日のようにゴルフに興じていたのも、この『上意討ち』の頃のことである。一九六五年から一九七〇年頃までの五年間、三十代半ばだっただろうか。一般的な人生の表現を使えば、中だるみのような時期だった。ゴルフの師匠も小林さんで、私はじかに手ほどきを受けた。ときには佐田啓二さんが、このゴルフ通いに加わることもあった。

いま考えてみると、こうした〝中だるみ〟にも、それなりの理由はあったのである。二十九歳で完成度の高い傑作『切腹』を撮り終えてからというもの、オファーの来る映画の台本が何とも味気なくて堪らなかった。『切腹』を超えるものを――いやいや、そこまでは望まなくても、せめてあの作品に匹敵するぐらいのものを――と考えてはいても、当て外れのものばかりだったのである。ときには、「まあ、これぐらいなら」と思えるものもあって、それは受けて演らせていただいたが、最終的にはオファーのくる台本を読むのさえ苦痛になってきた。若くして乗り越えた峰の高さが、この失望を生んだと言えるかもしれない。というわけで、パタリと台本を閉じて、ゴルフ通いに精を出し始めたのである。それも五年間ほどで、やっぱり空しくなってきて、もう一度芝居に本腰を入れて取り組んでみようという気持が起こってきた。やがて、それが無名塾の創立へと繋がっていくのである。

『上意討ち』 クランクインを前に三船プロダクション前で
左から三船敏郎 小林 司葉子 仲代達矢

小林から
ゴルフの手ほどきを受ける

『いのち・ぼうにふろう』（一九七一年）

たしか、黒澤明監督、木下惠介監督、市川崑監督、小林正樹監督の〝四騎《よんき》の会〟ができて、その一番バッターを小林監督が担うことになり俳優座映放の佐藤正之社長も絡んで企画されたものだった。シナリオは、それまでにテレビ脚本を何本か書いていた私の妻（女優宮崎恭子、ペンネーム隆巴《りゅうともえ》）が請け負うことになった。原作の山本周五郎先生の作品の脚色を何本か手がけていて、先生にも気に入ってもらっていたからである。そうした関係からか、主演していた私も本来の俳優業だけに専念しているわけにもいかず、各方面の進行状況にいつも気を配りながら、ある意味で半ばプロデューサーの感覚で乗り切らざるを得なかった。資金が尽きてスタッフのストライキに遭い撮影を中断することになったり、当時は七〇年安保の波と同時に松竹ヌーベルヴァーグの若い監督たちも出てきていて、俳優としてはそちらの映画に魅かれる人たちも居たから、無事にクランクアップさせるのはひと苦労だった。しかし、どうにか漕ぎつけて封切りになるや、毎日映画コンクールでスタッフが受賞し、イタリアの第二八回（一九六七年）ヴェネツィア国際映画祭国際映画批評家連盟賞賞をもらうという快挙を成し遂げた。

あとで小林さんの映画づくりの手法については、もう少しまとめて書かせてもらうことになるかと思うが、いくらか雑駁《ざっぱく》に言ってしまえば、小手先を弄することなく、真正面からズドーンと攻め込んで行く〝正攻法〟である。しかも、この作品は周五郎ものであって、人情的なものを基軸として展開している。松竹ヌーベルヴァーグ派の人たちから見れば、もうこうした映画は古いと思われたのかもしれない。それを知りながら敢えて乗りこえて撮り終えたところに、小林さんの偉大さがあるように思うのである。

『食卓のない家』（一九八五年）

本作の少し前（一九八三年）に『東京裁判』を封切らせているが、小林さんにとって〝戦争〟は終生身にまといついて離れないテーマだったのだろう。二〇代の大事な時期を兵隊にとられた先生は、北のソ満国境の警備の任にあたり、やがて南方派遣によって沖縄の宮古島へと移る。そして、そこで終戦を迎えたのである。早稲田卒業の先生には、もちろん将校となる道もあったのだろうが、敢えてその道は選ばなかった。時のファシズムに抗し切れなかった負い目だろうか、せめてもの良心の証しのように、終戦まで一兵卒を貫き通したのである。『人間の條件』の主人公・梶の核は、先生の中にも確かにあったのだ。

小林さんといっしょに仕事させていただいて、いつも共感していたのはその部分である。私も幼くして空襲の中を逃げまどい、悲惨な体験を数多く持っている。時の権力や政治に無関心でいられないのは、そのせいなのである。

この『食卓のない家』も、そうした政治に絡んだ話である。確かに連合赤軍のやったことは、重い罪に値す

『いのち・ぼうにふろう』
安楽亭セットにて
小林と仲代

『食卓のない家』
連合共赤軍事件に連座した長男の息子を
北海道で探しあてた父(仲代)

るものだ。しかし、その罪を極悪非道だと責めたてるだけでは、この日本の何の解決にもならない。もっと深い根を探らなければならないのだ。こうしたことの起こってくる病巣や歪みを——。おそらく小林さんにもそうした思いがあったのではないだろうか。

これで私の参加した小林正樹作品をおおよそ語らせていただいたわけだが、先生が創作意欲をかき立てられながら、製作に着手できなかった作品がひとつある。井上靖原作の『敦煌』である。日本でデビッド・リーンの『アラビアのロレンス』が公開されたときも、「日本であの映画に匹敵するスケールの大きさで描けるのは『敦煌』だなァ」と、よくおっしゃっていた。一九六五年頃のことである。そのときには、私にも、「主人公の趙行徳《ちょうぎょうとく》はもちろん君だ。やってくれるよね?」と言い、私も「そりゃ、もう」と意気込んではいたものの、その話はなかなか進展しなかった。あるいは製作費の大きさがネックになっていたのかもしれないが、ひとつには中国側が現地敦煌での撮影を許さなかったことが大きな原因のようだ。不許可の理由は、「貴重な仏教教典が生き残った経緯として、小説の設定は歴史的事実と認められない」ということだった。一九七七年、日中友好の訪中団の一人として、小林さんも私もともに中国へと渡ったが、中国側の態度は変わらず、何ら打開策は見い出せなかった。そうこうしているうちに、映画化権は徳間書店へ持っていかれ、小林さんにとっては幻の映画に終ったのである。ああいう感じじゃなく、小林さんなりの別な『敦煌』を撮りましょうよと誘ってみたが、先生はもう動かなかった。

「小林さんなりの」に拘わったのは、やはり東洋美術への造詣の深さである。それは、師匠の會津八一先生ゆずりのものだ。そう言えば、小林さんの晩年、亡くなるその年のことだったと思うが、NHKで『會津八一の世界　奈良の佛たち』という作品を収録した。もともとこの作品は小林さんが撮ることになっていたのだが、体力の衰弱が甚だしくてそれが叶わず、他の方の演出で私が會津八一を演じたのだった。中国の古書と陶器と仏像に埋もれつつ家でくつろぐ風景や、奈良の寺々を思いにまかせて歩きめぐる様子など、はるか遠い異国の過去に思いを馳せながら撮影期間を過ごした。放送が十月頃だっただろうか、その放送数日前に、小林先生は旅立たれたのである。

私は、『リチャード三世』の旅公演中に、小林さんの訃報に接した。従って、その葬儀にも顔を出せず、ひと区切りついて東京へ帰った日、漸く先生のご自宅へ伺うことになった。小さな仏壇には、先生の遺骨と位牌。その前で、夫人の千代子氏は語られた。「お昼に天丼を取ったんですけどね、全部食べ切れなくて、晩にでも食うかって残して置いたんですけど……気がついてみたら、夕方返事もしなくなっていて」と。私は返す言葉も見つからなかった。

この年(一九九六年)というのは、考えてみると不思議な年だった。不思議というか、何と言うのか、六月二十七日に妻の恭子が亡くなり、十月には小林監督、そして年末の十二月には、私を映画界に売り出してくれた㈱仕事(旧俳優座映画放送)の社長・佐藤正之氏が亡くなった。三人とも、私を支え、育ててくれた人たちである。その三人が一年のうちに一挙に逝ってしまったのである。片腕どころか、両腕両脚を捥がれた感すらしたものだ。

1977年「日本映画人訪中代表団」に参加して
大同雲崗石窟を訪れた
左から小林 佐藤 仲代

NHK『會津八一の世界　奈良の佛たち』で
會津八一に扮する仲代

ときどき昔の映画を探して街のレンタルビデオ屋をのぞいてみることがあるが、日本の監督別のところに回ってみても小林正樹監督のコーナーがない。『人間の條件』や『切腹』はときおり単発で見かけることもあるが、あれだけ良い仕事を続けた監督のコーナーがないというのは、何とも寂しい限りである。一昨年だったか、フランスのパリで私の映画祭をやっていただけるということで、舞台挨拶に伺ったことがある。小林さんの作品も何本か上映されたが、観終ったあとに熱狂的な拍手が多かった。「世界のKOBAYASHI」は、まだまだ根づよく生き残っているのを感じたものだ。あれだけ国の誇りとなる映画を世界に向けて発信し続けた監督だけに、晩年の二階の二間暮らしといい、日本の国は何かもっと処遇の仕方があったはずである。映画界の斜陽を言いわけにした、わが国の文化行政の貧弱さを感じてならないのだ。

最後に、小林さんの作風について、少し述べておきたいと思う。これは私の一人の役者としての感想にすぎないのだが、六十四年間という俳優生活を経て最近とみに感じることでもある。私は小林さんや黒澤さんたち大御所の映画をやらせていただくと同時に、勅使河原宏さんの『他人の顔』や、篠田正浩さんの『無頼漢』など、やや実験的な映画と言うか、異色の作品にも出させていただいた。芝居の方でも寺山修司さんや唐十郎さんの自由奔放な芝居にはずいぶん魅せられたし、実際何年かは安部公房スタジオの活動に参加し、即興劇の感覚を養っていくつかの試み的な作品にも出演したことがある。そうしたこと自体は無駄ではなかったし、役者として良い勉強になったことは事実だ。決して後悔はしていない。いや、俳優人生の貴重な一ページを彩るものとして、とても有難かったとさえ思っている。ただ、そのあとで、必ず揺り戻しがくるのである。〝揺り戻し〟と言ってもわからないかもしれないが、普通のことを普通にやりたいと言うか、小林さんのように正面からズドーンと押して行く「正攻法」がやたらと恋しくなるのである。作品づくりの「王道」とでも言うのか、オーソドックスな手法と言うのか、奇を衒《てら》わず、小細工もせず、あくまで剛直球一本で行くようなつくり方……が、いちばん居心地の良いものに思えてくるのである。古いように思えても、内容さえしっかりしていれば、作品づくりの基本というのはやっぱりこれだなァと……

一九八八年、小林さんがまだご存命の頃に、「鋼鉄の日本映画——小林正樹の世界」という上映特集が組まれたことがあった。私は、そのパンフレットに、こう書かせていただいた記憶がある。

今、三十年余りの歳月を経て気付くのは、先生と共に仕事した歳月の中で……ものをつくるというのはどういう事なのか……その姿勢を身をもって体験出来た事の貴さである。有難さである。〔中略〕

軽やかに、気のむくままに、あっと云う間につくっても素晴らしいものが生れる事がある。それは才能と環境がもたらす結晶の華だが、この結晶の華は、時の華、時が過ぎ、風向きが変れば初雪のように、すぐ道端の泥の中に消えてしまう。一生涯よりよきものをつくり続けようということは、結局人間の気迫と執念、集中力と持続力、情熱と純粋性の問題だと五十才を過ぎてはっきりと思う。

小林正樹という人は、その総てを持っていて、しかもそうした凄い個性のもたらす、やっかいさ、人の世の中での生きにくさに一歩もたじろがず、厳然として自分を貫いている人だ。

どんな時代にも流行廃《はやりすた》れはあるものだが、小林さんの作品が現代にあっても決して色褪せないのは、こうした剛直球の作風に依るものが大きいのではないだろうか。そして、忘れてならないのは、その作風の背景、バックボーンには、長年にわたって培った東洋美術への造詣があるということだ。それは監督自身の美的感覚を研ぎ澄ませていっただろうし、コンテやスクリーンにも必ずそういうものは現われている。「王道」というのは、太古の東洋に発した言葉だと思うが、科学の発達しない時代に、この天と地と海を見ながら遥か古《いにしえ》の人々が直観的に把握したものもあったはずである。人類の歴史をひもといてみれば、まだ科学的知識が敷衍《ふえん》していない時代だけに、深い洞察が可能な場合も往々にしてあるのだ。そして、それは西洋で言うならばこの自然の懐の深さや宇宙の摂理にも通じ、決してわれわれのリアリズムと相容れないものではないのである。太古の「王道」は、そうしたものを意味しているように思えてならない。

『會津八一の世界』の撮影で、奈良の仏像たちをいくつか巡らせていただいたが、あの仏像たちの目が、小林さんの〝時代を見つめる目〟にも重なって来るのである。

小林正樹アルバム㉓ 海外の旅

小林は一九六三年のカンヌ映画祭における『切腹』受賞後に仲代とヨーロッパ旅行に出た。次いで一九六五年同映画祭での『怪談』受賞後、単独でヨーロッパ・中東旅行に出かけ、週刊誌向けの取材までしており、この時初めてカラー写真を撮った。

ロンドン・ビッグベン前
テムズ河の橋を渡る
仲代(右端)
5月24日

スコットランド・
エディンバラ城にて
仲代達矢
1963年5月26日

オランダ・アムステルダムの大運河の前に
佇む小林 撮影仲代 6月7日

二回目の旅で『サンデー毎日』連載の「カラー・ドキュメント 世界」に寄稿した写真とリポート記事

キブツ見学の帰途 イスラエル独立の歌を美しい二部合唱で
行進する婦人部隊を見送った(1965年10月10日号)

新興国イスラエルの近代化を拒否する
砂漠の民・ベドウィン族の老婆に
滅びゆく民族の孤独な美しさを感じた
としている(10月3日号)

ヴェネツィア・サンマルコ広場
「世界中でベニスほどとことんまで徹底した観光都市はない」
と報告している(10月31日号)

小林正樹アルバム㉔
国際映画祭にて

国際映画祭では常に陰の支援者だったマダム・カワキタ（川喜多かしこ）と小林　1965年カンヌ映画祭にて

1965年第18回カンヌ国際映画祭で『怪談』が審査員特別賞受賞
左から司会のロベール・オッセン監督　小林　新珠三千代
川喜多長政　右端がプレゼンターのキャロル・ベイカー

同年カンヌ映画祭レセプションにて
左から小林　新珠三千代　市川崑（『東京オリンピック』出品）
夫人で脚本家の和田夏十

映画祭当局のきびしい上映時間規制で割愛された
第二話「雪女」の上映を求めて抗議する観客（右手3名）と
弁解に努める川喜多長政
その左心配する新珠三千代と武満徹

1985年『東京裁判』を出品したロンドン国際映画祭での
シンポジウム会場にて　左から司会　通訳羽山みさお　小林

1985年『食卓のない家』を出品した
ヴェネツィア国際映画祭で
インタビューを受ける小林

小林正樹監督と私

石濱 朗

小林正樹監督と初めて会ったのは一九五一年(昭和二六年)三月、私の映画初出演作品である木下恵介監督の『少年期』だった。私は一六歳、小林正樹さんはこのとき助監督のチーフでした。撮影初日は山の上にある湖で、アイススケートのシーン。私をスケートに慣らそうと思ったのか、正樹さんは私の両手を持ち、後ろ向きになって滑りながら、湖の氷の上をあちこちへと引っ張って行ってくれた。宿に帰り温泉風呂から上がると、スタンドバー風の所に居た正樹さんは、「疲れたろ、サイダーを飲むかい。これから毎日一本飲んでいいよ」と言ってくれました。

『息子の青春』から『人間の條件』へ

小林正樹監督の映画作品には全部で五本出演した。

第一作目は『息子の青春』(一九五二)で一七歳春、監督にとってもデビュー作品だった。何度か麻布にあった家に呼ばれて稽古をした。或る日の帰りに虎ノ門から皇居の方へ歩いて行くと、大勢のメーデーの人々と出会った。自動車が転がされ燃えていたのを思い出す。大船撮影所で撮影に入ってからでも共演者の青年と裏山に行き、よく稽古をした。稽古が大切だということを、このときに覚えた。

二作目は『まごころ』(一九五三)で、同じく一七歳。実はこの年の秋口に、黒澤明監督から『七人の侍』の出演を依頼されていた。だが木下監督が撮影所長と相談し、「黒澤さんは撮影が長いから高校を留年する可能性がある。石濱の先を考えるなら学校を優先にした方が良い」と断った。可哀そうに思ったのか、「今でしかできない題材の映画だからこれをやっておくれ」と木下監督からシナリオが届いた。「受験、初恋、貧富、不治の病、家族愛」等の話だ。配役は木下監督が頼んだのか東山千栄子、千田是也、田中絹代、淡路恵子、高橋貞二、津島恵子、三橋達也、そしてデビューしたばかりの野添ひとみで、これだけの人たちが若い新人の私に付き合ってくれるなんて恐れ多く、夢のようだった。

失敗してはいけないと思い一生懸命にやった。正樹さんは分かりやすく丁寧にカット割りを説明してくれて、好きなように芝居をさせてくれた。新人だった私は、ヨーイハイのスタートですぐ芝居に入れない場合がある。そういう時は、その気になってできるようになるまでキャメラを回したまま待ってくれた。当時はまだフィルムは高く、社内の規則で作品ごとの尺数が決まっていたはずなのに、気にしない泰然自若とした監督だったので、私は助かった。

三作目は『この広い空のどこかに』(一九五四)、一九歳。この映画での私の役は学生で、家族の中での狂言回しという立場だった。そのためこの映画でも好きなようにやらせてもらっていた。二階で兄嫁(久我美子)と私が世間話をしながら田舎に居る姉(高峰秀子)に持って行く荷物を作っていると、下にいる兄(佐田啓二)から大きな声で「何やっているんだ、遅くなるぞ」と言われ、返事をするシーンがある。ここで私も、まず大きな声で「ハーイ」と返事をしたあと続けて「ハイハイハイハイハイ」と段々小さくしていき、すぐまた世間話に戻るようにしてみた。本番になった瞬間、この方が良いと急に頭の中をよぎったので、ついやってしまったのだ。もちろんOKになったが、正樹さんからは「テストのときにもやってくれ

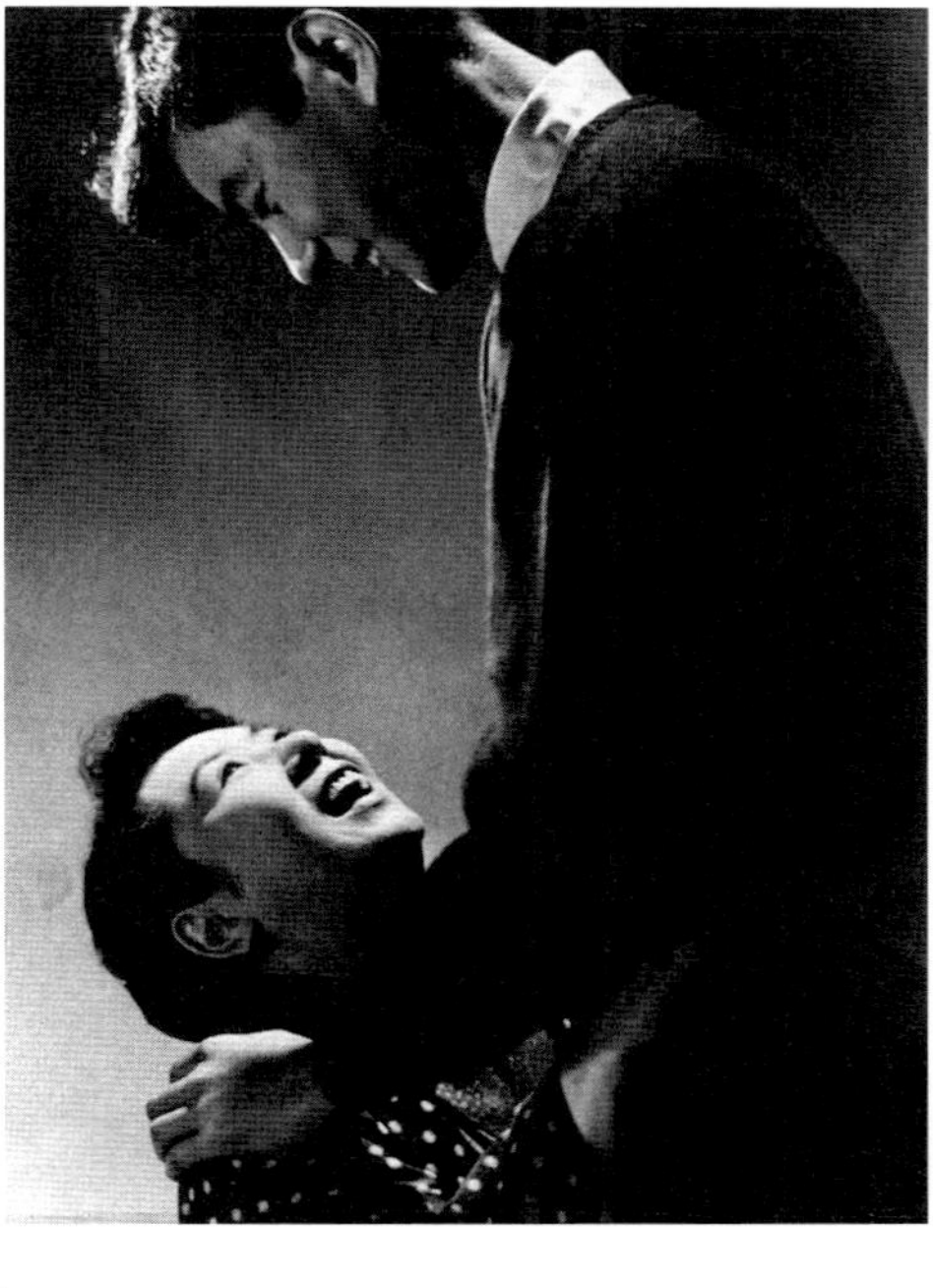

『まごころ』
大船調ホームドラマの
母(田中絹代)と息子(石濱)
ポスターにもなったスチール

◉…占領が解かれた直後の一九五二年のメーデーでは皇居前広場で警官隊がデモ隊を襲いデモ隊側も抵抗、死者二人、負傷者は約一五〇〇人に及んだ。「血のメーデー事件」と言われる。

よな」と言われた。それほど自由に演じさせてくれていたのだ。

正樹さんには厳しい、譲らない面もあった。『この広い空のどこかに』では久我さんの旧友役の男優がなかなか決まらなかった。ある俳優さんが、テストまでだったのか、一度は撮影まで行ったのか、とにかくOKが出ない。最後に内田良平さんに決まった。アフレコのとき正樹さんは私の隣に座り、画面に映っている良平さんを見て「どうだい、なかなか良いだろ彼、声も良いしね」と話しかけてきた。ほっとしたのだろう。

四作目『人間の條件(第一部・第二部)』(一九五九)では二三歳になっていた。夏、青森のロケーションに呼ばれた。どこの場面でも撮れるようにと、出演者がみんな呼ばれたようだった。だが撮影が一向にはかどらない。主役の仲代達矢さんも時間を持て余して、夜は酒盛りだ。大きな宿がない町だったので、四カ所に分散して泊まっている。我々の泊まっている地域では〝バー〟が二軒もできてしまった。正樹さんは粘っている、妥協しないで撮っている感じだった。私の青春の時間が流されて行きそうだった。ある日、正樹さんから「実は三部・四部に出てくる将校の役をやってもらいたいんだよ」と言われた。あー僕の青春が、私の役は第二部で死ぬのに。「一度死んだ人間がまた出てくるのはおかしい」と脚本の松山善三さんが言いだしてこの話は流れた。

『切腹』

五作目が『切腹』(一九六二)だ。私は二七歳になっていた。台本が送られてきた。素晴らしいホンでびっくりぽんだった。その頃テレビの仕事で一緒になった内田良平さんは「もしも、もしもだよ、千々岩求女の役を頼まれたら俺は断るね」とはっきり言われた。事実、私は困った、難しい役である。嘘になってはいけない、芝居になってはいけない。嘘でない芝居とはどうする、私は考えた。

小林正樹監督からはいつものように段取りやカット割りを教えてもらい、それに従って、芝居を組み立てた。求女は自分の意思で腹を切るのではない、外から強い力が加わって切腹をさせられるのだ、しかし自分は武士である——それらを加味して、芝居を組み立てた。

切腹の場面の撮影は予定では一週間だったが、介錯役の丹波哲郎さんが忙しく、三日間で撮ることになり、ほとんど半徹夜だった。テストは通常通り二、三回だった。井伊家家老役の三國連太郎さんが長々と話したあと、求女が最後の願いとして「決して逃げも隠れも致さず、必ずこの場に戻って参る」と訴える場面。私は正座しているので、大きな声、身体全体を使っての表現では心情を訴え切ることができない。そこで、キャメラが右側なので「必ずこの場に戻って参る」のセリフのとき、右手で強く畳を叩かせてもらった。ここまでを普通の人間として演じ、二度と家族のもとへは戻れないと悟った求女の左側に丹波さんが立ったときからは、「武士の求女」に変えた。竹光の脇差しを載せた三方《さんぼう》が求女の前に置かれる。それを見る求女。

切腹の場面の撮影は血が飛ぶので、ここまでを先に撮り、模様変えのための小休止に入った。見ると三國さんが手招きで呼んでいる。そばへ行くと「今のカット、もう少しはっきり表現しておいた方が良いと思うよ」と言う。言われてみると、確かにそんな気もしないではない。

映画の観客にはそれが竹光であることがわかっているから、三方の竹光を見た求女が強く反応すると、それは余計な表現、邪魔な表現になって、画面上の流れやリズムにそぐわないと考え、私はそういう芝居を避けた。しかし演じる側が間違いのない表現だと思っていても、見ている人との差が生じる場合がある。私としてはこの切腹場面は何としても成功させたい、場合によっては撮り直しをしてもらってでもとの思いで、監督に三國さんの意見を伝えに行った。監督は「三國さんが何を言ってるんだ。監督の私がOKを出したんだ、あのままでいい」と大きな声で言った。

私はこの場までを「静」とし、それから先を「動」に

『切腹』
残酷性が話題になった
竹光での切腹シーンの準備

変える芝居を考えていた。理不尽な竹光での切腹の強要に対し、監督との合意のうえで「ここからは暴れよう」と、肩衣と小袖を勢いよく脱ぎ、三方は思い切り強く白州に投げつけ、竹光を腹に刺す。が、なかなか入らない。舌を咬み切り、さらに竹光に体重を乗せて腹に刺し込む、苦しさを段々と大きくしていった。撮影が終わって血糊を拭き取ってみると、腹は大きなアザになっていた。

何日か経ち、他の場面の打ち合わせのため監督の宿に行ったときのことだ。「石濱君、切腹の場面は音楽を入れる予定だったんだけど、止めにして、素でいくことにしたよ」と言われた。音楽の助けは要らないのだと思い、この映画での自分の役目は半分以上終わったなと感じた。

この年は『酔っ払い天国』に出演した。俳優に厳しい渋谷実監督から「お前上手くなったな」と初めて言われ、『山河あり』では松山善三さんから「石濱君、これからは自分の企画を持ってやって行きなさいよ」とエールをいただいた。しかしその頃の松竹はこの先どのような映画を製作したら良いのか分からなくなったようで、私は松竹を去らねばならなくなった。映画界はヌーベルバーグからポルノ、ヤクザの世界になってしまった。

それから何年か経ち、東京12チャンネル(現テレビ東京)で『人間の條件』全編を放映することとなり(一九七九年一月二日)、関係者一同が集まった。このとき何年ぶりかで正樹さんと出会ったら、「石濱君、ぼくの映画に出た君はみんな良かったね。それはどうしてなのだい」と、不思議に思える質問をされた。私は「監督のことが良く分かるからですよ。この作品をどのような映画につくり上げようとしているか、それならこのシーンはどのようなシーンにするか、ではこのカットはこうしなければいけない、と思ってやってきたのですよ」と答えたら正樹さんはにっこりと笑っていました。

私という俳優は通常、監督の指導(注文、駄目出し、要求等)の下で演技していたと思われているようだが、シリアスな映画ではいつも自分の考えで芝居をしてきた。特に小林正樹監督との仕事ではすべて任されていたような感じだった。正樹さんとお会いしたのはこのときが最後で、いちばん身近にいた監督さんでした。懐かしい思い出で、いっぱいです。

出会いの宝石

ロック・ドメール

私の日本滞在とカナダへの帰還

一九六〇年四月、私はフランスのメサジェリ・マリティーム社(MMF)の船で東京に到着した(ひと月前にムンバイで乗船)。出産を一五日後に控えた先妻と一緒だった。東京はパリ—東京の一三カ月の旅の到着点で、はるかパリ—東京間の行程を走破するのに歩いては泊まった(だけではなく、車に乗っては泊まったり、トラックやバスに乗って泊まり、馬やラクダで踏破した末に泊まり、あげくに船中でも過ごしたのだった!)。

偶然にも船上で日本語を話すシーク教徒の大学生と知り合いになり、日本到着までの一カ月の間、日本についていろいろと教えてもらった。到着の翌日、(偶然ある日刊紙の広告を目にして)世田谷区に住むヤマモトさんとかいうお宅の「西洋式の賃貸アパート」を訪ねた。部屋を見せてもらったあと、ヤマモトさんは妻と私、通訳がわりの新しい友人を離れの端正な小さな和室(畳、障子、襖、和紙の壁紙、庭に面した窓など)に招き、茶を点ててくださった。話をする中で、この大家さんはダンス教室やら生花教室、語学教室などを備えた大人のための夜間教室を経営していることがわかったが、数日後に新学期が始まるのに、まだ「英語の先生」を見つけていないのだった。その場で即決。何カ月間か私がその「英語の先生」になり、かわりに彼の「和室」を我々がタダで借りることになった。加えて、給料もくれるというのだ。私は教師を始めた。息子が聖母病院で生まれた。ジャン・ドミニク・イチロウと名づけた。ヤマモトさんの奥さんと三人の一〇代のお子さんたちが私たち夫妻と息子を見守ってくれた。息子が生まれて数週間後、ヤマモトさんは映画に誘ってくれ、私も喜んでついて行った。私は三時間強のその日本映画を、満員の映画館で字幕も翻訳もなしに見た。最初から最後まで夢中になった。会話はわからなかったけれども、映画の真髄は理解した。

力強く勇敢なその映画は、いまでも私の記憶にある。しかし、題名も監督の名前も記憶に留めておいたわけではない。

一九六〇年八月、三年ぶりに私はカナダに戻った。慌ただしく再会してまわったのは、ともにカナダで初めての映画雑誌『IMAGE』を作った友人たちで、その発刊はパリに留学する数年前のことだったが、留学後、私は長い旅をすることになったのだった。友人たちはモントリオール国際映画祭(MIFF)を創設したところで、第一回の映画祭が私の帰国した八月半ばに大々的に開催された。

九月には私は友人たちに誘われ、同映画祭の結果を評価する評議委員会に参加し、一九六一年の八月半ばに開催予定の第二回映画祭に向けてのプラン作りに着手することとなった。その後、五大陸から才能豊かな映画監督を一二名ほど招待し、カナダの若い監督たちと議論してもらおうということになった。当時カナダの映画術は揺籃期にあった。

日本からは黒澤明監督を招待し、承諾してもらったが、予定の一五日前になって、映画の完成が遅れているので行けないと知らせてきた。しかし、彼は代わりに若い監督を推薦してくれた。こうして、一九六一年八月一〇日木曜日、小林正樹が自身の最新作をひっさげてモントリオールにやってきた。

モントリオールの小林正樹

次の日曜の朝、映画祭の幹部、招待監督(トリュフォー、ゴダール、スコリモフスキ、バルディなど)とカナダの映画監督数名が参加して、その映画の非公式の上映会を催した。字幕もない日本語版で、三時間を越すものだった。にもかかわらず、上映後には自分たちが見たばかりのものにショックを受け、少なくとも一〇分ほどは席に座ったままで、その後ようやく観客(二〇人ほど)が少しずつ退室していった。私といえば、腰を抜かして立ち上がることができず、とうとう最後の一人になってしまった。突然肩に誰かが優しく手を置いた。小林正樹監督だった。私が出てこないのがわかって、何が起こったのか心配して見にきてくれたのだった。彼はポケットから白い真珠がついたネクタイピンを取り出して何も言わずに差し出した……。私はそれをいまも肌身離さず持っている。それが私たちの長い友情の始まりだった。私たちが見た映画は『人間の條件・完結篇』だった。映画を見ている間に、私はそれが一五カ月前に東京でヤモトさんと見た映画(『人間の條件・第一部・第二部』の続き)に違いないとわかった。

ひとたび映画のショックから立ち直ると、映画祭の主催者は市の中心にある三二〇〇席のローズ・シネマで、この映画を一般観客にサプライズ上映することにした。それは水曜日の真夜中、最後の映画の上映後のこととなった。以前日本で宣教師をしていた日本語堪能なケベック人に連絡して、映写室でフランス語に同時通訳をしてもらうことにした。日曜、月曜、火曜、水曜と上映のたびに観客に、上映スケジュールにない「サプライズ映画」が水曜日の夜中に上映される旨を知らせた。

水曜日の真夜中、約一五〇〇人の「物好き」が映画館に集まってきた。上映前には映画の製作国、上映時間、映写の条件がアナウンスされた。監督が舞台に招かれ観客に挨拶した。上映中、退出した人は一人もいなかった。上映終了の午前三時二〇分、長い沈黙のあと、拍手の嵐が起こった。観客が監督を取り巻き、胴上げをして映画館をあとにすると、そのまま上映に立ち会ったばかりの感動と興奮の中、外を一〇分間ほど歩いた。こうしてケベックの大衆は小林正樹を知ることになった。

この真夜中のサプライズ上映は一九六一年の一大事件となったのみならず、一九六〇年から最後となった六七年までのモントリオール国際映画祭中でも、大きな出来事となった。

カナダでの小林作品人気

このようにして、『人間の條件・完結篇』上映の衝撃を受けて、モントリオール国際映画祭の主催者の一人、フェルナン・カデューは一九六一年九月に東京に行き『人間の條件』のカナダでの配給権を交渉することを決めた。さらに、三部作の上映を引き立てるために東京のある画廊を説得し、モントリオールで日本の現代版画の大回顧展をすることになった。モントリオール美術学院での展覧会は大成功を収め、三部作の一般公開への地ならしとなった。

もちろん、マトモな番組編成者なら六五〇分もの映画を上映したいなんて思うわけがない！　一九六二年春、我々はおよそ三五〇席の映画館(オルフェウム座)を借りて、自分たちで資金集めをし、組織を作り、宣伝をし、休憩を二回入れて一日一回の上映を三〇日間興行することにした。休憩には箱寿司とお茶を客に出した。三部作は結果的には五週間の上映となり、財政面でも批評面でも大成功だった。その後、一日、あるいは二日の上映を数都市で行った。

こうした上映の折に、クロード・ブルーアンが巨匠小林と日本映画に夢中になってしまい、日本映画を通して日本語を勉強し、日本映画や小林監督についての本や文章を書いた。もう一人の友人、ジル・テリアンは小林監督を招待して、ケベック大学モントリオール校(UQAM)の映画学部の学生を相手に四日間の集中講義を企画し、彼の映画を何本か見せて長い質疑応答の時間を組んだ。

言うまでもないが、一九六二年から六七年までの映画祭に小林は毎回、最新作の『切腹』『怪談』『上意討ち—拝領妻始末—』を携え、主賓として招かれた。カナダの配給会社、アート・フィルム社とフィルム・JAラポワント社の二社が一般公開を保証してくれた。『怪談』を初めて見たとき、人類がこれほど壮大な映画作品を思いつくことができるものかと仰天したことを思い出す。

一九六七年(モントリオール万国博覧会の年)、小林は常連の仲代達矢と武満徹とともにモントリオール国際映画祭に招かれた。この年には他にもフリッツ・ラング、ジョン・フォード、ジャン・ルノワール、アーサー・ペン、ミロシュ・フォアマン、セルゲイ・ボンダルチュク、カレル・ゼマンなど著名な招待客がいた。

一九六八年に私はモントリオール国際映画祭を辞め、配給会社を立ち上げた。一九七五年にはもちろん『化石』の配給権を取得し、ベルリン映画祭のマーケットやカンヌ映画祭の監督週間や、そしてマサキ同伴でロサンゼルス映画祭へ出品するなど大忙しだった。

マサキとともに

『化石』をパリで内輪で試写したときのことを覚えている。農夫である六五歳の私の父、五〇代の裕福なビジネスマン、クロード・ジルー、二〇代のシネフィル、ポール・カデュー(前述したフェルナン・カデューの息子)、フランス人プロデューサー、クロード・ネジャール、そして私の妻。年齢も財産も教育も、人生の経験も異なっていたが、全員が『化石』に心を鷲摑みにされた。

この日、クロード・ジルー(アメリカのアライド・アーティスト社の前社長)のパーティのあと、夜半というか未明、霧の煙るパリの街頭でマサキは二度目に『敦煌』について長く話してくれた。初めて情熱を込めて話してくれたのは一九六八年のことだったが、当時はカナダ資本との合作は実現しなかった。英語がそれほど堪能ではなかったにもかかわらず、彼の話しぶりから、彼の演出のもと、この企画から珠玉の映像作品が生まれるのは明らかだった。四〇年も経っているのに、そのときすれ違った何人かの人びとや街灯が灯ったこと、春雨のあとの街路の照り返し、霧、温度、まだ眠たげな鳩など、マサキが『敦煌』について話してくれたそのときの風景がいまなおありありと蘇るのは不思議なほどだ。翌週、私はこの小説のフランス語訳を入手して読み、この映画化を成功させる適任者は、小林監督以外にはいないとますます確信した。

我が友マサキがこの映画を作るのに力になりたかった。しかし、当時私は映画製作の経験もなく、この企画を支援してくれそうな投資家を説得する術もなかった。もし、あのとき思い切ってフランシス・フォード・コッポラに製作を頼むだけの厚かましさが私にあれば、彼ならこの気高い冒険に己を投げうち、取り組んでくれていたかもしれない、といまも思う。のちに知ったところでは、彼は日本映画に対して敬意を抱いており、とりわけ黒澤作品と小林作品を敬愛しているとのこと。でも私はそうしなかった。……そのことはずっと悔やんでいる。

マサキを「我が友」と呼ぶのは、一九六一年に出会って以来、東京、カンヌ、モントリオールなどの都市で、何度となく会っているからだ。東京でのある夕べ、彼は私と『化石』のプロデューサーを新宿のこじんまりした飲み屋でご馳走してくれて、世田谷(偶然にも私が一九六一年に住んでいた地区だ)の自宅に帰るまでの時間をともに過ごした。珍しい海の幸がたくさん並べられ、酒もたっぷりと振る舞われた。それで私は酔いつぶれてひどい消化不良になり、小林家の手洗いでもどしてしまった。その惨状を繕おうとしている自分の姿がいまでも見える……しかも奥さんの手助けで。なんとも面目ない！

逆に、もっと愉快な思い出もある。一緒にロサンゼルスに向けて発つため、マサキはケベック州で冬真只中の三月に一〇日間ほど過ごさなければならなかった。それで私は最初の週末に、田舎の丘の上にぽつんと建っている我が家に彼を招待した。月曜の朝、三、四日の間一人で残ってもいいしモントリオールに戻ってもいいが、どちらにするかと尋ねた。彼は一人残り、自分で食事を作り、自ら薪で家の暖をとることにした。

ところが翌日に雪が降り始め、さらに暴風雪となった。暴風雪は二日間続き、家の前は雪が屋根の高さまで降り積もり(以後そういう事態は二度と起こったことがない！)窓も玄関も完全に塞がってしまった。私が木曜の夜に戻ったときに知ってびっくりしたことに、マサキはショベルを見つけ出し、背丈ほどの高さのトンネルを長さ五、六メートルも掘って、積もった雪の中を通って外に出、陽のさんさんと差す雪景色や山の森林の景色を楽しんでいたという(きっと彼の生まれ故郷の北海道を思い出したに違いない)。彼はこの成果に大満足で、私と妻を迎えるためにご飯を炊いて、すばらしい料理を作ってくれているところだった。だがご飯は炊き上がるまで蓋を開けてはいけなかった。「開けようとすると、妻が僕の指を叩くんだ」と言っていた。

私にとっての小林正樹作品

一九八五年、『東京裁判』の完成を伝えられ、私は急いでモントリオール世界映画祭(FFM)のディレクター、セルジュ・ロジークにそのことを知らせ、映画と監督を招待するよう勧めた。同映画祭は、我々のモントリオール国際映画祭(MIFF)が終わって一〇年後に創設された。映画祭当初からロジーク氏は日本映画の招待作品について川喜多かしこ夫人に助言を仰いでいたが、彼女は私の提案を即座に支持してくれた。六〇年代から私は川喜多夫妻とお嬢さん(柴田駿氏夫人)と親交があった。川喜多夫人もまた、小林監督の作品の熱心な支持者だった。

『東京裁判』の話に戻ると、試写会での観客の反応を覚えている。(パリの映画館では)上映に来てくれた映画ファンが映画をとても気に入って、意欲作をまた作ってくれたお礼をわざわざ小林監督に言ってくれた。しかしケベックではアメリカ映画がますますスクリーンを占拠するようになり、配給会社や映画館を説得して『東京裁判』を組むのは、その上映時間やセリフの多

『上意討ち―拝領妻始末―』をモントリオール映画祭(1967年)に出品　レセプションではフリッツ・ラングと隣り合わせた

小林とドメール氏(右)
『切腹』を出品した彼の2変目のモントリオール映画祭(1963年)で

1968年　ドメール氏の山荘に招かれたときは大雪に見舞われた

さやその内容の深刻さから、非常に難しかった。思うにそれが、小林正樹がモントリオールに来た最後ではなかったか。

今日でも六〇年代、七〇年代の映画ファンは小林の映画を覚えているし、出会えば必ず小林の名前が口の端に上り、作品にひとことでも言及する。残念ながら若者には彼の名前はほとんど知られていない。カナダのシネマテークで彼の作品が一、二本でも上映されることはたまにしかない。しかし、いまもって、『人間の条件』はカナダのフランス語圏の六〇年代―九〇年代の映画ファンの大多数派の琴線に触れた映画であり、『化石』もそれに近い位置にある。

私にとって小林正樹は第七芸術の巨人であり続ける。親しく付き合った最も重要な映画監督だ。人情味に溢れ、飾り気がなく、聡明で、意志が強く、勇敢で、誠実でしかも珍しいほどの思いやりのある人である。彼の作品すべてに、個人的、専門的、社会的、政治的、道徳的側面で「人間である」ということについて最も深い考察がある。

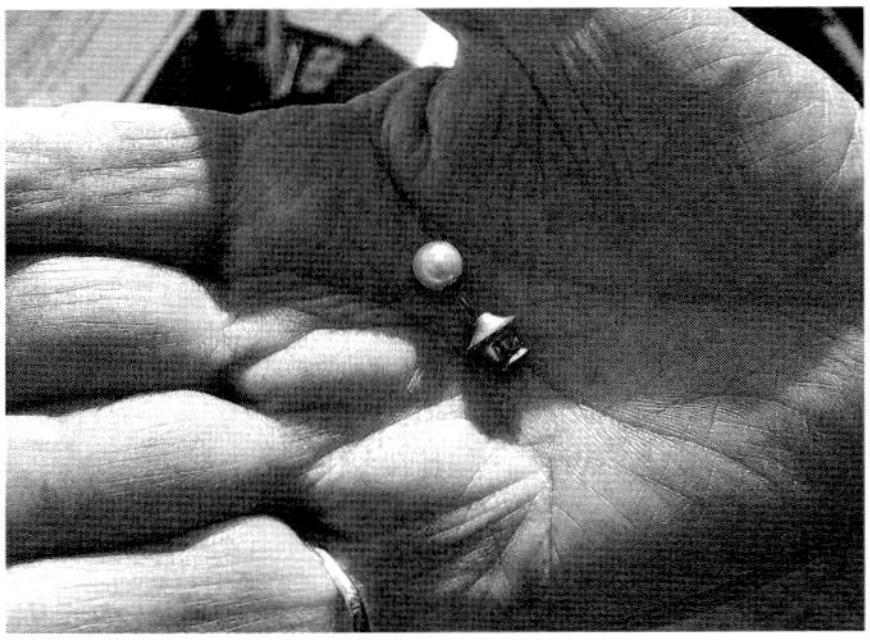
小林正樹がドメールに贈った真珠のついたネクタイピン

映画の中の人物で『人間の条件』の主人公・梶ほど深く私が影響を受けた人物はいない。自分の人生の難しい局面で、もし梶だったらどう決断するのか、と自問することがしばしばだった。

東京を訪れたときのこと、スタジオで撮影していた小林監督は私をセットに呼んでくれた。私はアイダホの丸紅で働いている友人を連れて行った。彼は映画のことはほとんど何も知らないが、小林監督の名前は知っていた。セットに何時間かいて、小林がスタッフに指示し、俳優たちを演出するのを見たあと、彼は私にこう言った、「この人が我が社にいたら、間違いなく社長になっていただろう！」と。

二〇一六年三月二日　ロック・ドメール

追伸

聞いたところでは『人間の条件』の日本公開後、何年もの間、同作品は毎年一日か二日は劇場公開されていたとか。そんなことはもう続いていないかもしれないが、もしそうなら、残念なことではないだろうか。

（冨田三起子訳）

小林正樹アルバム㉕

欧州著名監督との交流

功労者オマージュ授与に
ミレーヌ・ドモンジョも祝福

1971年カンヌ国際映画祭25周年記念の
世界で最も功績のあった10人の監督の1人に選ばれた小林
左はプレゼンターのミア・ファロー

1965年カンヌ国際映画祭後
ローマのチネチッタ撮影所に
フェデリコ・フェリーニを訪ねた

1965年
ローマのミケランジェロ・アントニオーニ邸を訪問

1963年カンヌ映画祭で『切腹』受賞後
イングマール・ベルイマンをスウェーデンの撮影所に訪ねる
左から2人目ベルイマン　小林　仲代

小林正樹と映画音楽

武満 徹

⊙本稿は一九八八年一二月三日—九日、テアトル新宿にて開催された「第一回　日本映画の発見　SINJUKU'88　小林正樹ノ世界」(主催・日本映画学校)に際し製作されたプログラム『鋼鉄ノ日本映画　小林正樹ノ世界』への寄稿を再録したものである。

小林正樹さんと仕事をするようになって、二五年余りになる。その間、一〇本の映画に作曲したが、『切腹』と『怪談』は、思うような試みと実験をしたことで、忘れ難い。

日本映画は、概して、仕上げに思うような時間をかけない。ポスト・プロダクションにこそ、時間も知恵も注がれなければならない筈なのに、その点で、欧米から大きく水をあけられている。小林組では、例外的に、いつも、仕上げには余裕《ゆとり》があった。

映画音楽で最も重要なのは、監督と作曲家との信頼関係だろう。音楽を言葉で言い表すのは厄介なことだし、また難しいから、互いの暗黙の理解というものが大きな意味をもつ。イメージに対しての適確な音響。それが決定されるのは、必ずしも、文学的な意味づけ等ではない。そうしたものを超えた、ある意味では、予期しえないような結果が生ずるところに、映画の面白さはある。そのためにも、時間は必要なのだ。

小林さんのイメージの構築は厳格で、それ自体に、既に、張り詰めた響きが内在している。特に、『切腹』での禁欲的なまでの画像《イメージ》の推移は、例えば、バッハの音楽に自然と備わっているような、古典的な格調と、揺るぎない均衡を失うことがない。

あの映画に琵琶という楽器を用いたのは、そうした内在する響きを顕わすのに、琵琶の弾弦こそ、最も簡潔で適切なものに思われたからだ。弾《はじ》かれた一音が、陰翳に充《と》み、暗示的である響きという点で、琵琶ほどそれに似合ったものはない。宮島義勇さんの撮影が、見事なまでに、白黒のグラデーションを顕在させ、そのために、一音の余韻は、いっそう沈黙を印象的なものにしたと思う。

羽仁進さんの『不良少年』の音楽を担当し、そして『切腹』を手掛けたことで、音楽家として、私は、ずいぶんと成長したように思う。

小林さんは、音楽に対して、口煩いことを言わない。私たちの会話では、映画のこと、美術や文学のことが主だが、そのなかから、私は、監督の音楽的意図を汲み得るようになった。他のスタッフに対しても同様、かれらの自発性を尊重し、それが充分に発揮されるような方向へ、つねに緩やかに、クルー全体の雰囲気がつくられて行く。私たちの信頼もそこに生まれる。

小林さんの繪作りは、いつも、とても厳しいものだが、それが観る側を疲れさせるようなことはない。楷書のような、相称《シンメトリ》なコンポジションが、単調に陥らず、観る者を倦きさせないのは、その底に柔軟な視点(精神)が潜んでいるからである。

『東京裁判』音楽録り時の武満徹
アバコスタジオにて

氏が学生時代を會津八一に師事し、佛教美術を専攻されていたことは、氏の映画を理解するうえで、かなり重要な事柄に思われる。會津八一の、あの典雅な、假名文字の書に親しんだ小林さんとしては、それに影響を受けなかった筈はない。氏の映画の独特な香気は、そのことを私に思い出させる。

それだけに、小林さんが、念願していた、『敦煌』が撮れなかったことは、残念でならない。映画の商業主義というのは、残酷なものである。他のひとによって完成された『敦煌』を観て、小林さんがこれを撮らなかったのは、やはり、間違いだと思った。

だが小林正樹は、美にだけかまけている作家ではない。私が小林正樹を映画作家として強く意識したのは、『壁あつき部屋』や『あなた買います』に強く印象づけられたからだ。最近の作品にはともすると喪われてしまったようにも見える、リアルでシャープな感触。もちろん、氏の現実を見据える眼が失われよう筈はない。完成に数年を費した『東京裁判』での歴史の不条理を告発する氏のヒューマンな視線は、あの『壁あつき部屋』でのように、曇りない透徹したものであり、また、言いようもない悲哀に満ちていた。

小林正樹の全作品が上映される機会に、私たちは、この大型の映画作家が辿った足跡を(それはかならずしも単純なものではないが)、現在という時間に重ねて検証すべきであろう。

小林正樹は、回顧のなかに安んじて在るような作家ではない。私は、音楽家として、小林さんと仕事ができたことを幸福に思うし、また一緒に、新しい映画をつくって行きたい。

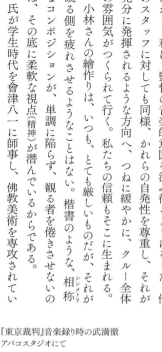

『切腹』

橋本 忍

南フランスのカンヌの突堤から見た、地中海は――限りない紺碧の広がりでどこまでも明るく温容だった。

しかし、美しく綺麗だけなら、もっと凄い凄絶美の海もある。例えばミクロネシアのパラオの裏(北側)で、海の底まで見える透明度は、晴れた青空の下の摩周湖(北海道)を、何十、何百倍にも広げ、折り重ねたような海で、見ているうちに吸い込まれ、引き込まれるような怪しい畏怖にかられる。

地元の漁師が船で漁に来るが、毎年一人か二人は鰐《ワニ》に食われ姿が見えなくなるとかで、ここは観光客を一切寄せ付けない。地元の人でよほどの熟練者の案内でないと、うっかりジャングルに迷い込んだら、抜けられず、慌てふためき、水際まで行くと、待っている鰐が飛び掛かる。

だがこの地中海は――怪しく引き込むような畏怖の感じは片鱗もなく、底抜けの紺碧の明るさと、あらゆるものを暖かく優しく包み込む包容力に充ち、夏になればヨーロッパでも最大の観光客を呼び寄せる。その海は、時折の嵐に飛沫を上げるが、その白い飛沫と紺色の波のコントラストが、幾何学的な長い視野一杯の横一線になり、幾重にも水平線まで折り重なる。

問題はその風だ。肌に触れる感触が、なんだか生きている感じで、えもいえぬ心地よさである。

私がカンヌに着いたのは――昨日の夕方だった。

ホテルに入り、六階の部屋に案内されると、直ぐにシャワーを浴び、テラスに出てみた。海は真正面だが、もう夕方過ぎでぼんやりしか見えないが、海からの風が凄く気持ちがいい。

服を着て一階に降り、食堂に入ると、いきなり声を掛けられた。

「橋本さん！　橋本さん！」

慌てて見回すと、食堂の片隅で、川喜多かしこさんが立ち上がり、手招きしている。同じテーブルにはご亭主の東宝東和の社長の川喜多長政氏と娘の和子ちゃん、それに東宝東和のパリの駐在員の白洲君がいる。

私がテーブルに近付くと、白洲君が立ち上がり、ボーイに椅子を持ってこさせ、席をしつらえてくれた。私は思わぬ場所で川喜多一家と晩餐を共にすることになったのだ。

私が椅子に腰を下ろすのを待ち兼ねたように、かしこ夫人が尋ねた。

「橋本さんは、カンヌの映画祭に見えたのですね」

私は首を横に振った。

「いや、パリにいたんです」

「パリに？」

「ええ、大映がフランスの映画社と合作映画を作ることになり、そのシナリオを書くため、十日ほど前からパリに来てたんですが……その打ち合わせの折り合いが、どうももう一つなので、暫くは間を置き、改めてのこととし、一応東京へ帰ることにしたんです」

　私は川喜多一家の人々や白洲君に仕事の事情と、カンヌへやって来た訳を簡単に説明した。プロデュウサーとの間で、仕事を一時的に見合わせにする約束が終ったので、彼のオフィスを出て、ホテルの方へ歩いていると、道端に新聞のスタンドがあったので、覗き込むと、フランス語は分からないが、第一面にカンヌの映画祭開催らしい大きな記事と写真が出ている。ハッとした。カンヌの映画祭には行ったことがない。折角フランスまで来ているのだし、ぜひ行って見たい。地中海に面しているのだから、海も大きく、クサクサしている胸が晴れるかも知れない。そこで映画を二、三見て、パリにはもう立ち寄らず、真っ直ぐに東京へ帰る。

　かしこ夫人が私を慰めた。

「折角お仕事で見えたのに、それは残念ですね」

「いや、もともとあまり乗ってる仕事でもないし、打ち切りか、中止になったほうが有り難いですよ」

　ボーイが料理を運んで来たので、食事が始まったが、魚の料理がとてもおいしかった。白洲君が私に聞く。

「橋本先生、パリのホテルの料理と比べてどうですか？」

「断然こっち、こっちだ、こっちのほうが旨いよ」

　といって私は正面の川喜多氏を見た。

「ところで川喜多さん、僕はカンヌは初めてですけど、チェックインして、シャワーを浴び、テラスに出ると、吹いてくる風が凄く気持ちがいい。カンヌはひどく空気の爽やかなとこですね」

「それですよ、橋本さん」

　川喜多氏がナイフとフォークを握りしめたまま体を乗り出した。

「風は地中海から吹いてくる」

　私が頷いた。

「その地中海の向こうにはアフリカ大陸がある」

　私は黙り込んだまま川喜多氏を見つめていた。

「そこにはサハラ砂漠という、巨大な砂漠があって、空気は途方もない、その大きな砂漠にさらされ、猛烈に熱くカンカンに乾燥し、顕微鏡でも見えない細かい粒子になる。そして地球の回転の空気の底流で、地中海に流れてくるが……地中海に入った途端に、熱くカンカンに乾燥していた粒子が、海の水で冷やされ始め、ヨーロッパにまで来た時には、地中海の冷蔵庫に冷やし尽くされ、ひどく冷たい粒子となり我々の体に触れるが……それはあたかも太陽の光の粉《こな》、金プンのようなもので。これほど人間にとって気持ちのいいものはない」

　私は思わず無意識に呟いた。

「太陽の光の粉、光の金プン……」

　川喜多氏は続けていた。

「だからこの付近を中心に、イタリーへの左の方向、右へのスペイン方向の地帯を、コートダジュールといいまして、世界中の大富豪、大金持ち、資産家などが、自分の人生の終焉の地として、このコートダジュールを選び、別荘を建てたがる。言わば、この地帯は、人間にとっては地球上での唯一つの理想郷……日本流に言えば、明るく爽やかな法悦の極楽地帯ではないでしょうか」

翌日、私は朝の食事を部屋で済ますと、手早く背広に着替えホテルを出た。

初めての街だから道は分からないが、目指すのは海だから、その方向へ進めばいい。真っ直ぐにズンズン南へ歩いていると、防波堤の堤防の道に出た。

堤防は幅のある街路になっていて、左側は海だが、右は商店街で、所々の商店のウインドーや、数多い照明灯の支柱には、世界各国から出品する色とりどりの、さまざまな映画のポスターが飾られ、胸のときめく華やかな雰囲気だった。映画の仕事をする者には、自分の関係した作品をぜひ参加させたい、浮き浮きした気分にもなる、映画のお祭り――カンヌの映画祭である。

道を更に南へ進むと右側には市街が大きく開け、左側の海は、南に行けば行くほど眺望が広くなる。

私が防波堤の南の端まで行くと、堤防の突き当たりは少し膨らんだ形の広場になり、岸壁の近くには折り畳みの椅子十脚ほどが三列に並んでいた。座って海を見るには最高の場所だが、まだ朝のせいか、座っている人は誰もいない。私はヅカヅカ進み、並んでいる先頭の右端の椅子に腰掛けた。

風はなく無風だったが、暫くすると吹きだした。川喜多氏の言った通り。光の粉、金プンだ。私は上着を脱ぎワイシャツをまくり上げ、ムキ出した腕を風に晒した。何ともいえぬ気持ちのいい夢見心地になっていると、いつの間にか、太ったフランスのおばちゃんがやって来て傍らに立っている。首から黒い鞄をブラさげているおばちゃんは、太い右手を突き出し、私に怒鳴った。

「二十フラン！」

私は吃驚した。この椅子は、カンヌ市または観光団体が、観光客優遇のために置いたものと思い込んでいたが、そうではなく、業者が椅子を並べ席料を取っているのだ。私が慌てて財布を出し、二十フランを取り出して渡すと、おばちゃんは黒い鞄から切符の束を取り出し、一枚抜いてパチンとハサミを入れ私に渡した。切符にはフランス語でなにか書いてあるが、私には読めないので、ズボンのポケットにねじ込んだ。

しかし、お金を払うとなんだかホッとした。この切符さえ持っていれば、誰からも文句を言われず、特等場所で半日でも一日でも、好きなだけ海を見ておれる。私は改めて煙草を取り出し、一服吸い付け、あたりを見回した。

すると背後の照明灯の支柱に映画祭の大きなポスターが立て掛けてある。我が国では見たことのない細長い縦型のポスターで、監督は私が期待し嘱望する超一流の演出家カヴァレロヴィッチ、ポーランド映画『尼僧ヨアンナ』のポスターである。

　ここへ来るまでに、途中で何度も眼にし、凡百のポスターの中では群を抜く存在だったが、落ち着いて改めてここで見ると、監督の優れた映像感覚をそのままに反映し、実に斬新で見事な出来栄えである。

　私が魅入られたようにポスターを見つめている脳裏を、ある想念が走った。想念と言うよりも願望である。私の書き込んだシナリオに依る映画を作り、なんとかこのカンヌの映画祭に出品したい。

（それには、モノは時代劇、時代劇以外には考えられないが……だとすると、侍が切腹するあの話……あれを無理矢理にでも強引に脚本化して映画にし、ここへ出すとすれば……どんなポスターを作ればいいのかな？）

　私は振り返って体を元に戻し、正面の地中海を改めて見た。

　相変わらず紺碧の海には白い飛沫が立ち、気持ちのいい光の粉の風が続いている。

　その風が少し強く、また弱くなったりの緩やかな呼吸で、広い海面に触れ、白い波頭と紺色の波の縞模様を華麗な色に染め変えつつある、『尼僧ヨアンナ』のポスターに。だが風が少し弱まると、華麗な色が急に崩れ、『尼僧ヨアンナ』にはならず、地味な鼠色になって白と黒に変色し始め、一枚の白黒のポスターが次第に滲んで浮き上がって来る。そこには一人の侍が切腹の座につき、じっと正座したまま黙り込んでいる。

私は思わずバネ仕掛けのように椅子から離れ、飛び上がった。まるで落雷にでも打たれたような衝撃だった。

（そうだ！　そう！　そのままで！……今から切腹する浪人者が、切腹の座についての恨み節！　そ、それでいいのだッ!!）

　私は強烈な衝撃の中で、夢中で呻くように迸った自分の言葉に強く頷いた。

　思わぬ場所、思いもせぬ現象から、忽然と派生した映画脚本のテーマ、それはテーマだけでなく、ストリーの全容をも包含し、作るべき作品の内容と、出来栄えを決定する、動かぬ指針であり絶対的な指標なのだ。

（切腹の座につき、今から切腹する、ある一人の浪人者の恨み節ッ!!）

　二、三年前、もうちょっと前だったかもしれないが、当時はサンデー毎日が大衆文芸の懸賞募集を行い、新人作家の登竜門の様相を呈していたが、ある年、その当選作を読んだ事がある。一等当選は、なかなか出来のいいものだったが、私には佳作になった「切腹」を主題にした「異聞浪人記」という作品に強く引かれた。

　九州佐賀県の滝口康彦という人の書いた、徳川時代初期の江戸における物語である。

　江戸の外桜田にある、彦根藩・井伊家の江戸上屋敷へ、落ちぶれた五〇年配の浪人者が現れた。そして、浪々の身で仕官もままならず、この上生き長らえても何の望みもない、願わくば当家の玄関先、または庭先をお借りし、腹かっさばき最後を遂げたいと申し出たのである。

当時の江戸では、関ヶ原の合戦以降西軍に与し、その敗戦で発生した大量の浪人が仕官の道を求め、江戸に集中していた。

しかし、徳川政権は藩の淘汰が幕制の基本であり、各藩も侍の数はなるべく抑える方針で、新規の採用などはあり得る筈がなく、糊口に窮した浪人者の一人が、ある藩の門前に現れ、これ以上生き長らえ、恥晒しをしても仕方がない。ここで切腹するから、玄関先、もしくは庭先を貸してほしいと申し出た。藩主がそれを聞き、なかなかの心掛けある者と褒めたたえ、馬《うま》廻《まわり》組に召し抱えたのだ。

これを耳にした浪人達が我も我もと諸家の玄関先に立ち、切腹を唱え始めたが、諸家としては玄関や庭先で切腹させる訳にもいかず、扱いに窮し、なにがしかの金銭を包んで与え、追い払う奇妙な風習が江戸で広がり始めた時期のことである。

彦根藩井伊家の江戸屋敷の門前に立った五〇年配の男は、芸州広島福島藩の家臣で、主家の滅亡後江戸に出て来た、津雲半四郎と称する浪人だった。

彦根藩では藩主は在府でなく、国許なので、江戸屋敷を切り盛りする家老が、津雲半四郎を御用部屋へ上げ自ら応対した。

家老は津雲半四郎に申し出の無謀を諄々と諭した。誠の武士なら、他家にそのような無理無体の押しつけは横道に過ぎる。何らかの咎め立てあってしかるべきだが、我々には貴殿方の身の上の察しもある。今日のところは内々のこととし、このままお帰りなされ。

家老の言葉を平然として聞き流していた津雲半四郎がいう。

「拙者は無理無体などは申しておらぬ。晴れの死に場所として、当家の玄関先、または庭先のお借りを、お願いをしているだけだ」

その口吻からはテコでも動かぬ感じだった。

家老は「されば」と膝を少し乗り出した。

「今年の春三月に当家の門先に現れ、切腹のため玄関先または庭先をお貸しくだされという、若い浪人者が来たが、この浪人者のことはご存じかな？」

「いや、知らぬ。仲間からも聞いたことがない」

飢餓に瀕した浪人者が諸家の玄関先に立ち始めたのは、昨年の夏頃からだが、そうした浪人者も外桜田の井伊家の上屋敷の門前にだけは立たなかった。

井伊家の武威——関ヶ原と続く大阪落城の夏と冬の陣で、鎧兜を真っ赤にした赤備えの勇武が今だに尾を引き、浪人者も無法な申し入れに対する、井伊家の反発や、仕返しの恐れに畏怖を感じていたのである。

ところが今年の春三月。その井伊家の門前に立つ浪人者が現れた。

眉目の整った、まだ若い青年の浪人である。

直ちに家老を中心に主だった家臣が集まり対応を協議した。

他家と同様なにがしかの金銭を与え、追い払えとする者もいたが、赤備えの武闘派が承知せず、金銭を与え、追い返せば、次々と新しいのがやってくる。どこかでケリをつけねばとすれば、この際に思い切って腹を切らせば、今後は来る者もなくなると主張し、次第に同調する者が増え、門際に立つ若い浪人者は、申し出の通りに、切腹と決まったのだ。

だがここで思わぬ問題が派生した。若い浪人に死に装束の白無垢を着せるため、湯浴みをさせている間に、持ち物の大小を調べて見ると、それが竹光だったのである。これには家臣達が激怒した。武士が腰にするものは我が魂である。いかに困窮したとはいえ、それまで売り払い、竹光をたばさんでおりながら、おこがましく腹を切るなどとは、あまりにも人を小馬鹿にし過ぎておる。ならば、その竹光で腹を切って貰おう！　いや、なんとしても竹光で腹を切らせる！

若い浪人者は切腹するため井伊家を訪れたのでなく、なにがしかの金にありつくためである。それがこと志と違い、切腹する羽目になってしまったのだ。しかし、幼少から武士の子として、厳しく育てられて来ただけに、ことここに至れば、切腹も致し方なしとして、覚悟はすでに決めていた。

湯浴みを済ますと、白無垢に着替え、白い麻の上下《かみしも》を付け、用意の食膳を前にした。小さな酒壺と杯、他には香の物(漬物)三切れ、全ては古式通りである。若い浪人者は杯三杯の酒を飲み、香の物三切れを口にすると、家臣の案内で、切腹の座がしつらえてある庭先に向かった。コの字形の庭には青畳を敷き並べ、白布で覆い、背後には八層の屏風が逆さに立てられている。

若い浪人者が切腹の座に着くと、袴の股《もも》立ちをとり、襷十文字に綾取り、白鉢巻きを締めた屈強の武士が現れ、切腹の座の浪人に一礼し、姓名を告げ、未熟ながら介錯を仕ると声を上げる。すると三方を捧げ持つ小姓が現れるが、三方には浪人者の大小が載せられており、小姓はその三方を、切腹の座の若い浪人の前におく。浪人は三方の大小を見た途端、覚悟を決めていた青白い顔からさらに血の気が引き、驚愕のおののきで顔が引き攣ってしまう。

介錯の侍が声を上げる。

「刑死の者、罪科ある者の切腹には藩庫の短刀を使用する。しかし、御貴殿には何の罪科《つみとが》もなく、自ら申し出られた切腹、さすればおのが腰にある、武士の魂を使うのが定法……いざ、お心おきなく、いざッ!!」

若い浪人者は、井伊家の人々が縁先や庭先に群がる衆人環視の中で、衝動的に上下の片袖をハネ上げ、凄まじい必死の形相になり、腹をくつろげ、大小の短いのを取り上げ抜き放ち、腹を切ろうとする。だが竹光で腹の切れる訳がない。

両手で小刀を握って力を込め、突き立てる。しかし、刃物でない竹光で腹を切り裂くことは出来ない。竹光を抜き、違うところへ突き立てる。だがどこへ突き刺しても引き回しは出来ない。介錯の侍が抜き放った大刀を大上段に振り翳《かざ》したまま叫ぶ。

「まだまだ！　引け！　もっと引け！　引き回すのだ!!」

突き刺した数々の傷口から噴き出す血で、下半身も切腹の座も血まみれになり、若い浪人者は鬼気迫る悪鬼のような形相でのたうち、尚も腹を切ろうとモガキ続けるが——急に動かなくなり、不自然にゆっくり前へ倒れる。

検死の侍が走り寄り抱き起こすと、唇の両端から血が流れ出している。若い浪人者は苦しきに耐え兼ね、舌を歯で噛み切り絶命したのだ。

庭先や縁先に群がる井伊家の人々は粛然と息を殺したままで動かない。


「この話……どう思われるかな?」

家老が津雲半四郎に聞く。

「どう思うとは、如何なことに?」

「切腹の儀も、いざとなればなにが起こるか分からず、ことと次第に依ってはこの世の生き地獄……さればこのままお立ち帰りになるのが分別とな」

「御家老……」

津雲半四郎の頬には苦笑が浮かんだ。

「異なことを仰せられる。拙者、腰のもの、竹光ではござらぬ。備前兼平《びぜんかねひら》の大業物《おおわざもの》……お疑いあるのならお確かめを」

といって左の小脇の大刀を鞘ごと握り、家老の眼の前にぐッと突き出す。

傍若無人なその有様に家老はむッとする。耐えに耐えていたものが一時にふッ切れる。無法な申し出には諄々と諭したが馬の耳に念仏、さればと生き地獄の切腹の仕儀を述べても、当方の情けや思いやりには、露ほども感じなく、帰る意識などは毛頭もない。

家老は津雲半四郎に声を上げた。

「津雲とやら、それでは貴殿の申し通りに庭先をお貸しする!」

家老は家臣達に凛然と声を上げ叱咤した。

「芸州広島、元福島藩の浪士、津雲半四郎殿、切腹のため当家の庭先をお貸しする。諸事万端、古式通りに遺漏なく執り行なえ!!」


津雲半四郎は井伊家申し出の白無垢への着替えは遠慮した。

「ご厚意は有り難いが、食い詰め者のス浪人には、馬子に衣装……垢に塗れた普段着のほうがよく似合う。このままにて、結構、結構」

津雲半四郎は普段着で、備前兼平を左手に摑んだまま、案内の武士の先導で、座敷から縁に出て庭に降り、切腹の座に近付く。庭先や、縁先には、若い浪人の切腹の時と全く同じで、井伊家の人々が目白押しに居並び、その異常なまでの強烈な興味の視線の中で、津雲半四郎が切腹の座に付く。


津雲半四郎は切腹の座に付くと、自分の首を斬る、介錯人の所望を切っ掛けに——あまりにも奇想天外なドンデン返し、そして、それがさらに鬼哭啾々《きこくしゅうしゅう》の物語りになって続き、涙を誘う哀艶切々の話にも飛躍し、最後は悲壮を越える雄渾な怒りのラストへと向かう、これまでの時代劇にはかつてない面白い話である。

私はこの作品を何としてでも映画にしたかった。だが、どこの映画会社に持ち込んでも、こんなに暗くて残酷なものは取り上げない。

しかし、企画ではなく、完成したシナリオ(決定稿)として持ち込めば、各社が激しい争奪戦を演じるのは間違いない。

では、企画としては成立しないものが、決定稿となれば、なぜ人々が先を争うようなものになるのだろうか、そうした二律背反がなぜ起きるのだろうか。それは映画会社の製作機構がもたらす宿命でもある。

通常、映画製作は、プロデュウサーなどの持ち込んだものや、企画部独自で選んだ原作物その他から、映画になりそうなものを拾い上げ、企画部員が企画書を書く。半ペラ(二〇〇字詰め原稿用紙)で、冒頭に製作意図とかテーマなどを書き、続いてストリーを三〇枚にきちんと仕上げる。

企画部員は企画書には慣れていて、ストリーは実に巧妙に書く。会社の首脳部は原作などを読む暇がないから、映画化の決定はこの企画書で行う。

切腹の企画を映画会社に持ち込んだ場合、企画部員は企画としては取り上げない。もし取り上げ企画書を作れば、重役から、こんな物が映画にならないのは分かっている、それなのに手間暇かけ、なぜ企画書を作るのだと怒鳴られるのがオチである。だが、それを敢えて企画書を作ったとする。

ストリーは慣れているから、実に面白く書くだろう。しかし、原作の「異聞浪人記」と同じで、暗さや残酷は拭えない。なぜなら、小説も企画書も、同じ過去形の文章で出来上がっているからだ。

過去形の文章は、読む人の想像力に、どのようなインパクトを与えるかだが、その想像力の基本は理性であり、理性は暗さや残酷を明確に知覚する。

しかし、映画脚本は映画の設計書だから、過去形の文字や文章は一語もない現実形である。現実形の文章はそれに触れる人の感覚に、どのようなインパクトを与えるかであるだけに、ドラマの根底さえしっかりしておけば、それらの芝居を必然とするから、暗さや残酷を感じさせる余裕がない。だから脚本の形にすれば、逆にそれらはドラマの強い部分となり、作品を重厚にし分厚くすることさえある。

だとすれば、迷うことなく、映画会社の企画部などはスッとばし、さっさと自分で脚本を書けばということになるが、そうは簡単にはいかない。脚本を作るには大きな壁が立ちはだかっているのだ。

前に、映画の企画と完成した脚本は、二律背反といったが、実はそうではなく、過去形の原作や企画書を、種類や種別の違う、正反対の現実形の文章の脚本に作り替えるのだから、これは全く新しい作品を作ることになる(過去形の作品と現実形の作品は、遺伝子の異なる別々の生きものなのだ)。

従って映画会社の製作機構が映画の製作を決定すると、プロデュウサーや企画部、脚本部が脚本家の選定を行い、作品発注をするが、受注した脚本作家としては、全く新しい作品を作るのだから、原作があろうと、なかろうと(オリジナル物には原作がない）、また中身が面白かろうと、つまらないものであろうと、そんなことには一切関係なく、自分が作るべき現実形の新しい作品のテーマを設定し、ストリーと構成を行い、仕事に入る。

出来上がった映画は色とりどりで、千差万別だが、面白いもの、出来のいいもの、素晴らしい作品は、脚本の基本のテーマとストリー次第であることを、当の脚本作家が身に染みて一番よく知っている。

いいかえれば、映画脚本の三原則、テーマ、ストリー、構成のうちの、テーマとストリーが作品成功の鍵であり、脚本作家が一番頭を使うところ、考えどころだが……なかなか適切なものが思いつかず、結局は場当たり的な、当たり障りのないものを選ぶ事例が多くなり、これがため、ズバ抜けた作品や、面白い優れたものの出てこないのが映画界の現状でもある。

私にとって小説「異聞浪人記」は凄く面白いし、ぜひ映画にしたい。だがそれを脚本にするには、最も重要なテーマがどうしても思いつかず、従ってストリーも出来ない。もし、これらを中途半端な設定にすれば、ドラマの土台の腰が脆弱なため、腰砕けのくだらないものにしかならないことが眼に見えている。

ではテーマとストリーが、なぜ作品そのものを決定してしまうのか、具体的に、その典型的な例を上げてみる。

戦前戦後を通じ、我が国での最高の映画脚本は、私の恩師、伊丹万作氏が書かれた『無法松の一生』である。当時は戦争中で、先生は肺結核で病臥中だったが、体が快方に向かえば、自分が自ら監督する作品として『無法松』を選ばれたのだ。私は臥床している先生の枕元で、九州小倉の人で岩下俊作氏の書かれた『富島松五郎伝』という小説を、先生の指示で読んだが、とても面白かった。読み終わると先生が私に確かめた。

「面白いか？」「面白い……凄く面白いですよ。これを脚本に？」「ああ、体がよくなったら、自分で監督をと思ってね」「原作がここまで出来ているんだから、シナリオは簡単……十日から二週間で上がりますよ」

「そんな気もするけど、それはやってみないとな」

私が京都の伊丹邸を訪れるのは二ヶ月に一度程度で、習作シナリオについて忌憚のない批判と意見を受ける。だから『富島松五郎伝』を読んだ二ヶ月後に行くと、真っ先に聞いた。「先生、無法松は出来ましたか？」「それがね、橋本君、俳優さんのことがゴタついてな」「俳優さんって、阪妻のことですか？」

当時の大映の主演俳優は、片岡千恵蔵、阪東妻三郎、市川右太衛門、嵐寛寿郎の四人だったが、伊丹先生は無法松は阪妻以外にはないと決めていたので、プロデュウサーが阪妻に原作を読ませた。すると阪妻がいきり立ち、下賤な人力車夫などが演れるか、お断りだ！「役者がこんなふうにゴテゴテするもんだから、つい、シナリオにはかかれなくてね」

二ヶ月後、私は伊丹邸を訪れると、臥床している先生の枕元に座り込み、声を弾ませた。「先生、無法松は出来たんでしょうね！」

先生は黙って臥床したまま天井を見つめていた。なにも言わなかった。その顔には少し沈痛で、ひどく生真面目なものがある。伊丹先生は何時までたってもなにも言わない。沈黙が続いた、長い沈黙だった。やがて先生がポツンと言う。

「橋本君……君は『富島松五郎伝』を読んだよね」「読みました。随分前のことですが」「君はその時、確か面白いといったが、本当に面白かったのかね」。私はギクッとして伊丹先生を見た。言葉の意味がよく分からない。

「僕は近頃、読めば読むほど詰まらなくなってくる」。私は思わず夢中で声を上げた。「先生！ それは違います。先生のように毎日毎日同じものを読んでたらアキがきますよ。前にも先生がおっしゃったじゃないですか。過去形の文章も、現在形の文章も、インパクトは最初の一度だけだと……映画も面白いのは最初の一度目で、二度、三度となると面白くなくなる。小説も同じで、一番大切なのは最初に読んだ時の感覚ですよ」。私は無我夢中だった。

「この時に真実面白いと思ったのかどうか、私はひどく面白いと思ったし、先生もこれを脚本にして、監督をと思われたのだから、よほど優れた面白いものの筈ですよ、その最初の感覚を信じ、仕事にさえ掛かれば、必ず優れたものが出来上がります」。黙り込んでいた伊丹先生がぼそっと言う。「その通りだと思ったことは二度や三度じゃないよ、だけどな、問題は切り口、切り口がどうしても見つからず、分からないのだ」。切り口とは我々の間ではテーマとストリーを意味する熟語である。

その後、私が伊丹邸を訪れたのは、いつもより一ヶ月早かった。所用があって京都まで来たので、ついでだと思って立ち寄ったのである。

しかし、私は無法松のことはもう聞かなかった。伊丹先生には病状もあり、まだ悩まれているのではと気にしていたのだ。ところが奥さんが「あなた！ 橋本さんよ！」と声を掛けると、先生はむっくり布団の上へ半身を起こし、「おう、橋本君か」と声を掛け「無法松、出来たよ！」。私は吃驚した。「え、出来ました!?」「ああ、出来た、今、プリント屋へ回っている」。

私がホッとして、「よかったですね」といって腰を下ろすと、伊丹先生は布団に仰臥した。ニコニコ笑っている。「いや、どうしても出来ないもんだから、ヤケッパちになってな、テーマとストリーをガシャッとぶつけ一緒にしてみたんだよ。すると、頭の中が、シーンと真空のようになってね、暫くすると自分の声が出てくる。慌てて腹這いになりメモを取ってみたんだが、それがこれだよ」といって枕元に置いていた半ペラ一枚を私に差し出されるので受け取って見た。

ある一人の人力車夫が、未亡人に恋する、風変わりな恋愛映画

私は強烈なショックで、全身が震えた。まるで雷に打たれたように体の震えが止まらない。テーマと凝縮したストリーが渾然と一体化し、これ以上はない、作品に対する冷徹な直視で、作るべきものの指標になっている。

このテーマとストリーなら、脚本はこれまでにない最高のものになるし、映画になった場合には、誰もがこれまでには見た

ことのない、全く新しい最高の映画になる。それらはすべてがこのテーマとストリーにある。

伊丹先生の阪妻の件での愚痴や、原作が詰まらないなどのぼやきは、テーマとストリーの見当が付かないため、作品に取り掛かることの出来ない、自分自身への苦しい言い訳に過ぎなかったのだ。テーマとストリーさえ出来上がれば、病床にありながら、作品は一ヶ月足らずで出来上がっている。

私は半ぺラに書かれた文字を何度も何度も際限なく読み返した。

これは伊丹万作先生の果てしない苦悩の末に現出した一種の閃きかとも思ったが、直ぐにそうではなく、伊丹先生の才能や考えや洞察力からの言葉ではなく、もし、この世に神の存在があるのなら、その神の啓示、もしくは摂理のような気がしないでもない。

シナリオライターが一番嬉しいのは、必ずしも自分の書いた脚本が映画になり、出来映えが素晴らしく、大当たりをした時ではない。自分の書こうとしているもののテーマとストリーが、自分の想像や願いよりも、遥かに鮮明であり、力強いものになって巡り合った時である。この時ほどシナリオライターの生きがい、醍醐味、法悦に近い満足感はない。

通常、シナリオライターは、自己の作品のテーマを第三者には口外しない。何を書くのか、作品を書く心構えやコツ、その考え方の基本は人によって違う。野球のバッターのフォームが一人一人違うようなものだ。従ってそれを第三者に喋っても意味がないし、同時に自分の秘技を第三者に明らかにするには抵抗感も強い。時折に新聞記者や映画記者からの取材で、作品のテーマを訊かれることもあるが、その時の答えは宣伝部が作った宣伝用のテーマで巧妙に胡麻化してしまい、本音には触れない。もし本音を洩らしたりすると、秘匿すべき自分の秘技があからさまになってしまう。

しかし、伊丹先生は心の広い人だった。監督として著名だが、ライターとしても押しも押されもせぬ第一人者であり、自分の一挙手一投足がいかに我が国のライター全部に及ぶかを心得ている。

従って貴重な体験で会得した、テーマとストリーの合一も、自分一人の秘匿するものにはせず、映画界の脚本製作の効率化と飛躍を願うためか、『無法松の一生』の脚本作りの詳細を映画雑誌に発表してしまったのである。

映画界の人々、プロデュウサーや監督、俳優などは、その記事には何の興味も関心も示さなかったが、シナリオライターの全員には、密かな大センセーションを巻き起こした。映画始まって以来の脚本の鉄則、テーマ、ストリー、構成の三原則にまで固執することなく、テーマとストリーを一緒にすることも可能であり、また、出来ればそうしたほうが『無法松の一生』のように、効果がある場合もある。

この伊丹さんの提案が、ライターの全員に喧々諤々《けんけんがくがく》の混乱と動揺をもたらしたが、結果的には、テーマとストリーは昔からの通り、厳然と区別すべきとする者が約半数で、伊丹さんの主張のように、それらを合一し、書くべきものの指針や、指標を確実に明確にする、新しい方式に積極的な者が半数だった。

　中にはこの伊丹万作のシナリオ理論に傾倒し、生涯に渡り、一徹なまでそれを踏襲し、世界的な名作映画を作り上げた者もいる。東宝の映画監督、黒澤明氏である。テーマとストリーを一緒にするだけでなく、それをさらに縮め、一口で言える言葉にまで凝縮する、『生きる』のテーマ、あと、七十五日しか生きられない男や、筆舌にも尽くし難い、苦難と辛酸をなめ尽くした『七人の侍』のテーマとストリー、百姓が侍七人を雇い、向こうの山から襲ってくる山賊と戦い勝利する話、これらの経緯は波乱に富み、出来上がった映画より面白いかも知れないが、話が少し長くなるので割愛する。

　いずれにしても、書くべきもののテーマ及びストリーの発見や、その巡り逢いには、シナリライターは有頂天になる。

　私はカンヌの防波堤の突端で、折り畳み椅子から離れ棒立ちのまま突っ立っていた。なんだか強烈な感動で、今にも胸がハチ切れそうに躍動していた。

　私に天来の福音のようなものをもたらしたもの――その地中海はどこまでも紺碧に広く、風は相変わらず光の粉のように爽かで、空には雲一つなく、すべてが広く明るい光に満ち満ちている。

　全身が愉悦の夢見心地の中で、私はさっき閃いた、ストリーとテーマが渾然と一体化した、揺るぎのない適確な指標に、改めてその確証を求めてなのか、無我夢中で本能的に声上げ海へ叫んだ。

（切腹の座につき、今から切腹する、ある一人の浪人者の恨み節ッ!!）

　私は一足飛びに東京へ帰り、『切腹』の脚本に取組み仕上げたかった。

　だが『尼僧ヨアンナ』だけは見ておきたい。

　私は折り畳み椅子から離れ足早に歩き出した。二十フランで切符を買った時は、今日一日……少なくとも午前中一杯はここで海を見て、吹いてくる風に当たるつもりだったが、そんなことはもうすッ飛んでしまっていた。

　私は映画祭一色の街へ出て、スタスタ歩き、公衆電話のボックスに入り、宿泊しているホテルに電話し、白洲君を呼び出そうとした。だが白洲君は外出していていなかった。川喜多長政氏が日本映画団の団長だから、白洲君はさしづめ事務局長であり、映画祭の事務所、どこかのメーンの映画館にいる筈だが、私にはその映画館の名前も住所も分からない。仕方がないので、川喜多和子ちゃんの部屋に電話すると、都合よく彼女がいたので、白洲君への伝言を依頼した。

　ホテルに帰り、鍵ボックスに行くと、鍵掛かりが私のボックスから鍵と一緒に突っ込んであったメモ用紙を二枚渡してくれた。メモは和子ちゃんが私の依頼を白洲君に告げ、その答えを走り書きしてくれていたのだ。

　私はロビーに立ったままでメモを読んだ。

『尼僧ヨアンナ』の上映——この作品は大作で、映画祭の目玉でもあるため、明後日と次の日と二回上映される。

　東京へ早く帰る方法——初日の『尼僧ヨアンナ』見て、その足でタクシーに乗り飛行場に行けば、パリ郊外のオルリ到着の飛行便に間に合う。ただし、オルリからエア・フランスのアンカレッジ経由、羽田直行便は二日後でないと飛ばない。

　しかし、どうしても早く帰りたいのなら、オルリから小さな航空会社の四、五十人乗りの小型機で、デンマークのコペンハーゲンに飛べば、サス(スカンジナビヤ航空)のアンカレッジ経由、羽田直行便に接続している。サスには北欧系美女のスチュワーデス多数の搭乗あり、眼の保養にもなる。

　さすがに東京パリ間を絶えず往復する白洲君らしい旅の知識である。

　私は二日後に『尼僧ヨアンナ』を見て、後は白洲君の指示通りに飛行機を乗り継ぎ、東京へ帰ると、次の日から『切腹』のシナリオに取り掛かった。

　作品に着手から終了までの執筆作業や、その他は、コペンハーゲンから羽田までの間に、綿密に計画し、予定を立てていたのでその通りにした。

　執筆開始は午前九時、一二時までの三時間は休みなし。昼の昼食と休憩は一二時から一時。午後は一時開始で五時ないし五時三〇分まで。午後の休憩は適宜行うが、時間は一五分、目覚まし時計と、ストップウオッチの用意、入浴は六時三〇分、夕食は七時から七時半、テレビは一切見ないで就寝は九時三〇分を厳守する。

　尚、電話は書斎から居間に切り替え、外部からの電話はすべて妻が取り上げ、主人は大映とフランスとの合作映画でパリに行っており、今は東京にはいないと告げさせ、電話には一切でない。

　当初、サスの中では、行きつけの熱海か伊豆の温泉旅館も考えたが、旅館では団体客の都合で、朝食の時間が不規則になったり、温泉への入浴時間が制限されることもあり、執筆時間の厳守が難しいので作業は自宅にした。

　今回の仕事上の注意点は、いかなることがあれ、作業時間に変更のないこと。それはこの作品は意外に早く出来上がる可能性があるからだ。

　私がシナリオライターになってから、これまでに一番早くシナリオを書いたのは、一本に一一日間である。

　ところが、この仕事はカンヌでテーマ兼ストリーを発見した時から、東京に帰り仕事に入れば、一週間、もしくは一〇日で出来る確信に近いものがあり、胸が高鳴りしていた。もし、その通りにことが運べば新記録の達成になる。

　だが作業に入った一週間目に計算すると、ラストまでは残りがまだ半分近くあり、これでは残りの日数によほどの馬力を掛けないと、新記録の達成などは覚束ない。

私は気落ちして少しがっかりした。

もともと私は芸術家といわれるのが大嫌いで、人々には腕のいい職人だと思って欲しかった。まるまる二年掛け『七人の侍』も書くが、しかし、時には、商売物であれば、一週間でキチンと仕上げ、見るからに腕のある鮮やかな職人芸を誇りたかった。しかし、そうした優れた職人仕事には、仕上げに対し、時間の早さが必須条件なので、作品ごとにいろいろ苦心惨憺するのだが、どうしてもその早さが私の身には付かない。

取り敢えず作業時間の延長を考えたが、能率が上がるのは一日二日で、逆に疲れが出て来て遅くなる傾向も否定出来ず、仕方がないので予定通りに進めていくしかなく……結局、出来上がったのは、一二日目の夕方だった。

半ペラの原稿用紙三〇二枚、表に「井伊家覚書」、傍らには棒線で――切腹――の字の副題をつけ、クリップでとめ机の上に置き、両腕を組んだ。従来の記録は一一日だから、新記録の達成どころか、過去の記録にすら及ばなかったのだ。所詮は職人仕事だし、万全を期し、綿密な計画を立て、労苦さえ厭わず、ただひたすら忠実にそれを守り切れば、なんとかなるのではと、書き続けたが――結果として新記録などは、夢のまた夢に過ぎなかったのだ。

私はシナリオを早く書くライターが羨ましかった。銀座や有楽町へ出かけた際、東宝の製作本部へ立ち寄ると、ライターの誰彼がとぐろを巻き、文芸部員と談笑したりしている。

ある時、早書きの名手といわれる達人の顔があったので、私は正面から向かい合い頭を下げた。「僕ももう少し早く書きたいのですが、早く書くには、それなりのコツがあるのでしょうね」「ああ、それはいろいろある」「何とかその方法を一つだけでも、教えていただけませんか?」

早書きの達人は苦笑した。苦っポイ苦笑だった。「君はそんなに遅筆でもないし、早書きの必要などは……」といって、改めて私の顔を見て、

「橋本君、君は四番バッターだよ。むしろどっしり腰を下ろし、ゆっくり時間をかけ、ピッチャーの球を自分の好きなコースに誘い込み、思いきりバットでぶッ叩き、ホームランを打つことだよ」。先輩の達人はさらに言う。「君が流し打ちを覚え、セカンドやショートの頭越しに綺麗なヒットを数打ち、打率を上げたところで、誰か喜ぶ者があるとでも思う? 君にはホームランしか誰もが期待してないんだよ」

私は達人に芸術家と職人芸の話をしたかった。だがそれを口にすることは、自分のヒケラカシにもなるので黙り込んでいると、先輩の達人は尚も続けた。「しかし、僕の趣味でいうとね、空高く舞い上がり、外野席へ落ちるホームランより、君には二塁打か三塁打にしかならんが、低い弾道で外野のフェンスに突き刺さるようなライナーを打って欲しい。それが君の持ち味……いつも荒々しい、エキセントリックな素材しか扱わぬくせに、作品は作り話でなく、真実感、その話の実在感に圧倒されるもの……それが君の本質だからね」

私は手を伸ばし、机の上の三〇二枚の原稿用紙を取り上げ、

右手の掌に載せ、軽く上下に二、三度揺らし、目方を計るような仕草をした。

書き上げた原稿を直ぐに読み返しても、いいのか悪いのかは分からない。だが掌に載せ少し上下に揺さぶると、成功か、失敗か、思う通りにいったのか、いかなかったかが奇妙に分かる。『生きる』の時、黒澤さんがやっていたので、妙なことをと思ったが、作品を重ねているうちに、いつか自分にも奇妙な癖がついてしまったのだ。

右手の掌の感触では、仕掛けそのものの大小からいって、ホームランにはならない。だが二塁打か三塁打かは分からないが、外野のフェンスを突き刺さすようなライナーにはなってはいるような気が……いや、なんとかそうなっていて欲しいと願い、改めて原稿の束を机の上に置いた。

翌日は仕事からの解放か、朝寝坊し、書斎に入ったのは十時だった。出来上がった原稿は昨日のままで机の上にある。

「さて、これをどこへ、どのようにして売るかだな」

先ずプリントを五〇部……いや、五〇は多い。三〇でいい。プリント屋の吉川印刷の親父に電話し、個人の費用で作るのだからといって、値段を半値に値切り三〇部作らせる。それを五部づつ、東宝と東映、大映……いや、大映は合作映画の経緯もあり駄目、とすると松竹かな？　日活はこの種の映画は作らないから、無視するとして……いずれにしても、一番高値のところへ売り渡す。この企画に一番可能性が強いのは東映だろうが、マキノさん(マキノ光雄氏)は嫌な顔をするだろうな。

「橋本よ、お前は、この脚本は東宝や大映にも回しているんだろう」

私は頷き、

「値段の一番高い所へ売りたいので、各社に配っております」

「お前もエゲツナイ商売するようになったな」

「そんなエゲツナイなんてないですよ。だってこの種の作品は、映画会社の製作機構からは出て来ませんよ」

マキノさんは不承不承に頷く。これは同氏にしても認めざるを得ない。

「いうならば稀少品ですよ。稀少品に公定の価格などはなく、買い手の値段次第です。しかし、買い手が一人だと安く買い叩かれるから、買い手が二人以上でないと、この商売は成り立たん。だから自分としては、映画会社が一つでも多いほど助かる……それにこの稀少品だと、脚本の間接費がゼロになるから、製作会計は大助かり、買い手はひどく分がいい」

「脚本の間接費がかからん？」

「貴方方はライターに払う脚本料とか、旅館の籠り代とか、直接費ばかり気にし、間接費のことは忘れてしまっている。通常の企画作品には、企画部や脚本部、製作本部の費用などが間接費として丸々かかる」

私は戦時中、海軍の管理工場で原価計算をやっていたので、直接費と間接費との割り振りや、複雑な間接費の賦課《ふか》などはお手のものである。

「企画部や製作本部だけじゃない。宣伝部や営業の全般。それに第二間接費として東西の撮影所の膨大な人員の費用までかかり、まさに天文学的ですよ。しかし、それが稀少品だと、予算に計上の必要がないから一銭もかからず、まるで棚からのボタ餅……脚本料は倍にしたって、バチは当たらんと思いますがね」

東映はいいが、東宝はちょっとした難物だ。阪急資本の関西商法には一癖のある寝技があり、それに私は東宝の契約者でもある。東宝は私が脚本を各社に配っていることを確認すると、平然として、それじゃ、東映や大映さんが値段を入れて来たら、その数字を教えてください。東宝としては一番高い金額を提示した会社の数字に、一〇万円を上乗せします。でもこれは法外な値段ですよ。

「橋本さん、貴方と私どもとの間には、年間に四本の本数契約がある。ところが現在までの消化は一本だけで、三本は未消化です。もし、これが他社の作品になれば、三本の未消化が表面化し、私どもも経理もネを上げ、来年度の契約が大問題になります。従って何としてでもこの作品は他社じゃなく、我が社でやるしか仕方がない。だから一〇万の上乗せを決めたんです」

あの脚本で素晴らしい映画を作りたいとか、あの脚本独自の鮮烈なイメージで、野心的な時代劇を我が社のレパートリーになどとは、オクビにも口にせず、得意の寝技で一本勝ちを狙ってくる。

「橋本さん、この作品はもともと、わが社との契約の一本消化とすべきものです。それを契約外の特注にし、規定より高い法外な脚本料まで払うのは、橋本さんとの従来の関係を考慮し、また今後のこともあるからで、東宝としては、ここまで思い切ったのだから、橋本さんにもかなりの見返りはしていただかないとね」

「見返りって、どんなことです?」

「文芸部が確認している橋本さんのスケジュールでは、朝日新聞の夕刊小説を書かれるので、約半年は仕方がない。だから小説の終わるのを待ち、文芸部が持ち込んでいるものを、確実なスケジュールに入れて頂くことです」

「しかし、小説が終わっても、大映とフランスの合作物のケリがまだだし」

「いや、あれは流れる!」

「流れる?」

「監督の市川崑さんの話では、あれだけ意見の食い違いが双方にあっては、合作などにはならんといわれている」

とかなんとか応酬してくるが、それはまァ、その時の話として――取り敢えずは、プリントを作らなければいけないが、吉川の電話番号を忘れたので、東宝の文芸部へ問い合わせの電話を入れることにした。

だが電話機は昨日までのまんま、居間へ切り変えたままだったので、書斎に切り換えると、途端に電話が鳴りだした。

受話器を取り上げると、

「もしもし、橋本さんでしょうか?」

前に一度どこかで聞いたことがあるような声だが、どこの誰だか分からない。

「そうですが？」

と答えると、

「僕は松竹の監督の小林正樹ですが、橋本さんにお会いし、ぜひお願いしたいことがあるので、これからお宅へお伺いしたいと思いますが、ご都合はいかがでしょうか？」

松竹の小林正樹さんなら、以前にキネマ旬報で対談をしたことがあり、知っているので、

「今日は仕事をしてないし、来客の予定もありません、どうぞ……」

と反射的に答えた。

松竹の大船で二度仕事をしたことのある黒澤さん(黒澤明氏)の話では、小林正樹さんは、木下惠介氏の優秀な助監督で、一本立ちになってからは、『人間の條件』など、硬派の作品が目立ち、将来を嘱望されている有力な監督の一人である。

用件は多分持ち込みの企画を提示し、脚本執筆の依頼以外に考えられない。馴染みの深い知り合いの監督なら、誰それの小説が面白い、あれ映画にならないかとか、気軽に電話など架けてくるが、一度しか面識がなく、普段は全く行き来のない監督だと、仕事にはプロデュウサーを介するのが業界の常識であり、監督の直接は珍しい。

しかし、松竹の大船からだと二時間近くかかり、見えるのは昼頃と思っていたが、小林さんがやって来たのは電話が終って間もなしの三、四〇分後だったので吃驚した。後で聞いた話だが、小林さんの住居は大船の付近ではなく、東京の麻布笄町で、私の家は世田谷区の羽根木だったのである。

私は玄関で小林さんを迎えた。

小林さんは相変らず大柄な六尺近いラグビーの選手のような体軀で、手には海老茶色の鞄を持ち、眉目の整った闊達な風貌だった。

書斎に招じ、テーブルを挟み、二人が向かい合うと、小林さんは手にしていた鞄から一冊の単行本を取り出した。

「松本清張さんの作品集ですが、この中に……」

といってページを開いて差し出し、

「佐渡の金掘り人足の話があります。これをぜひ映画にしたいので、橋本さんに脚本を書いていただきたく、お願いに来ました」

私は清張さんの単行本を受け取った。

「内容を読んだ上で、私に出来るかどうか判断します。しかし、脚本化の可能性があるものだとしても、スケジュール的にはかなりきついですね」

「きついといいますと？」

「私は朝日の夕刊小説を引き受けており、来週の頭から取材に入ります」

連載は六ヶ月の予定だが、小説は初めてなので、自分としてもその間は、シナリオには一切手を付けず、小説一本で行く。

小林さんが問い返した。

「連載は六ヶ月、半年ですね？」

「その六ヶ月が終っても、大映とフランスとの合作映画が残っ

ており、これはフランスへ行ったり来たりもあるので、さらに半年はかかります」

小林さんの顔が少し強張り青ざめてきた。

「それでは、一年、一年先ですか?」

私は事情を説明した。フランスとの合作映画は流れる風評や気配もある。しかし、その場合には、前から約束済みの東宝との契約未消化のものや、その他が目白押しなのだ。新聞小説とか、外国との合作物とか、拘束期間の見当のつかないものを入れ込んだ結果、スケジュールがガタガタに狂ってしまったのだ。

「あれやこれやが重なり、一年先まではどうしようもないんです」

小林さんが溜め息をついた。強張っていた顔がさらに強張り、暗澹とした表情になる。しかし、私としても、このスケジュールだけはどうしようもない。二人とも黙り込み、何も言わず、気まずい沈黙が続く。

私はふと机の上のクリップでとめた半ペラの原稿を見た。

「小林さん、清張さんの佐渡の金掘り人足の話は時代劇ですね?」

「そうです」

「時代劇なら、昨日一杯で書き上げたモノが一本あるんですが」

といって立ち上がり、机の上の原稿の束を手に取りテーブルの上に置いた。

小林さんの目が半ペラの原稿の束へキラッと光った。

「これを持って帰り、お読みになり、もし、気に入れば、おやりになったらどうでしょうか」

「これ、これを……読ませて頂いていいんですね?」

「どうぞ、どうぞ」

小林さんはそそくさと原稿を海老茶色の鞄に入れ、

「ご返事は……」

といって言葉を切り、ちょっと首を傾げて考え、

「今日でなく、明日の昼前になりますが、それでもよろしゅうございますか」

「ああ、いいですよ」

小林さんが立ち上がったので、私も席を立ち、玄関まで一緒で見送った。

そして書斎へ戻り、煙草を一本取り出し火をつけていると、妻がお盆の上に用意の茶を載せ入って来たが、「アラ、もうお帰りに?」。私が頷くと、

「早く終ったのね」

「ああ、早かった」


小林さんは律義な人だった。

約束通りに、翌日の午前十一時にきちんと電話してきた。

「早速に脚本を読ませて頂きましたが、凄く面白いので、ぜひ映画にと思いました。今は、築地の松竹の本社にいるのですが……製作担当の重役が脚本を読み終えたところで、これは面白い、いける! といっており、あの脚本は松竹で映画化させて頂くことになりました」

私もいきなり映画化の決定には、いささか不意をつかれた感

じだった。

「そうですか、それはよかったですね」

とはいったものの声が少しうわずっていた。

小林さんは思いの他果断の人である。そしてヨミが深く鋭い実行力がある。

通常は脚本を提出し、映画化の希望を会社に申し出ると、会社ではいろいろな手続きや会議を繰り返し、ようやく決定となるのだが、そんな四角四面の面倒臭い手続きは一切合切スッ飛ばしてしまっている。

昨日、書斎のテーブルに私が置く、半ペラの原稿の束を見るのと同時に、鋭い直感のヨミで、これはイケルと踏み、そして今日は自分が時間を掛け詳細に読み、会社への手続きは明日の午前中に終えるので、私への返事を明日の午前十一時とし、それを告げたのである。

小林さんは電話を続けていた。

「それから橋本さん、御願いが一つあるのですが……脚本はよく出来ているので、修正すべき所は一ヶ所もありません。ただ題名をちょっと考えて頂きたいんです、題名は『井伊家覚書』がメーンで、切腹は副題で棒線になっておりますが、これを切腹をメーンにし、『井伊家覚書』を棒線の副題にしたほうが強くなるような気がしますが、橋本さんのご意見はどうでしょう?」

「あ、それはそうして頂いて結構です。僕も最初はそうしていたが、ちょっとムクツケになり過ぎるかと遠慮したもんですから……思い切った切腹のほうがいいと思います」

「それから橋本さん、この作品は大船でなく、京都の撮影所でやります」

「京都? 京都の下加茂はなくなったんじゃないですか?」

「下加茂はなくなったが、太秦の大映の近くに、小さなのがあるんです。時代劇で、ロケーションが多いし、衣装小道具なども揃っており、大船よりは仕事がやりやすいんです。それから……俳優さんを決めたのでお伝えします。主役の津雲半四郎は、仲代達矢君です。他の俳優さんは決まり次第に、プロデュウサーから連絡させます。プロデュウサーはこれから選考して決めますので、明日には顔見せがてら、御挨拶に伺わせます」

「小林さん、プロデュウサーは電話で名前だけ伺えば結構で、わざわざは」

「いや、これからも橋本さんにはいろいろお世話になる事も多いので、お宅へ伺わせます。京都でのスタート前後はゴタゴタするが、撮影が軌道に乗れば連絡しますので、ぜひ一度は遊びに来てください」

私が京都で前日に一泊し、翌日、松竹の京都撮影所を訪れたのはそれから二ヶ月ほど過ぎた時だった。なるほど大映の撮影所の直ぐ近くに松竹の撮影所がある。大映には仕事の関係で何度となく来たことがあるのに、どうして松竹の撮影所に気がつかなかったのだろう。

撮影所に着くと、小林さん以下に迎えられ、午前中にはこれまでのラッシュ、午後には撮影の現場を見た。ラッシュは思っていた通り、土性ッ骨の強い強烈な絵だった。現場では中抜きを一切せず、カットを一枚一枚重ねる慎重な仕事だった。

私は撮影所からの帰り間際に小林さんにいった。

「小林さん、映画が出来上がったら、カンヌの映画祭に出したいですね」

「そうですね、ぜひカンヌに出品したいですね」

その後のある日——新聞を見ていると、映画『切腹』が、カンヌの映画祭に出品され、栄誉ある審査員特別賞を獲得したとする記事があった。

カンヌの映画祭の賞は数多いが、審査員特別賞は最も権威ある賞で、小林さんの果断と、ヨミの深い鋭い切れ味の画面が、審査員達に感銘を与え唸らせたのだ。いずれにしても小林さんの力量——演出力のお手柄である。

私は嬉しかった。本当に嬉しかった。海外での賞は『羅生門』『生きる』『七人の侍』と数多いので、それほどの目新しさや感激、喜びは感じない。しかし、カンヌでの『切腹』の受賞だけは他のものとはまるで違い、飛び上がるほど嬉しかった。そして私の目には——視野一杯に紺碧の地中海が浮かび、光の粉のような感触の風、波間に滲んで浮かぶ『尼僧ヨアンナ』のポスター、それにW《ダブ》って浮き上がってくる、切腹の座についた侍のポスター、それらが醸し出す一瞬の閃き——それが『切腹』を生み出したのだ。それらのうち、どれが欠けても、『切腹』なる映画は存在しない。

『切腹』は地中海の風と波と二枚のポスターの化身である。途方もない紺碧の海の明るさと、光の粉のような風が、陰湿なものすべてを消し去り、暗い残酷なものを、生きている人々の息吹の力強さにまで鮮やかに変貌させたのだ。

私は飛び立つ思いで、カンヌへ行きたかった。

もう一度あの埠頭に自分の足で立ち、海からの風に全身を晒したかった。だが暫くして諦めた。

映画がスタートして以来、そして出来上がり、人々から『切腹』の言葉を聞く度に、新聞や雑誌の何らかの記事を見る度に、もう一度行きたい、行く、いや、行かないの繰り返しだった。しかし、今回のカンヌでの受賞は、これまでのものと比較にならない、大きな出来事であり、その衝動は私にはあまりにも大きかった。しかし、やっぱり自制した。

行きたい、行く、いや、行く必要がない。行かなくてもいい。私の脳裏には——あの風と波と二枚のポスターが、忘れることなく、鮮やかに永遠に刻みこまれている。

補筆

小林さんが私のところへ最初に持ち込まれた、松本清張さん原作の佐渡の金掘り人足の話は、編集部が調べたところ、小林さんが急遽『切腹』を監督することに決まったので、企画を辞退されたのか、または放棄をなさったのか、その点は不明だが、松竹としては松本清張さんとの間で既に映画化の決定していたものだけに、改めて脚本を小国英雄氏に依頼し、監督は井上和男氏で『無宿人別帳』として製作し、『切腹』の公開一年後の一九六三年に松竹系で公開された。

『怪談』第二話「雪女」
吹雪の一夜が明けて
渡し舟のもやいがとかれるシーン

III

創作の地層

小林正樹というカオス

吉田　剛

プロローグ

小林正樹は、北海道小樽出身である。

スキーの、ジャンプの選手だった、という。たぶん、旧制中学の頃だったろう。満州事変勃発で中止になった東京オリンピックが開催されてたら、選手として出場していたのは確実、だったと聞いた。[1]

そして、高所恐怖症だった。三フィートの俯瞰台、いわゆるイントレに乗るのすら厭がったのを私は実見している。オカシイでしょ。

この二点を思い較べると小林さんが見エル。あの雄偉な体格、風貌、大胆さを、繊細さが支えていた、ということである。

これが小林正樹の基本的な性格、作品性なのではないか。

映画監督デビューの頃

その師・木下惠介は、使っている助監督を見込むと、必ず脚本を書かせた。たとえば松山善三、山田太一[2]である。女嫌いと言われた木下さん（断っておくが女を愛さない人ではなかったようで、愛弟子の松山氏と高峰秀子さんの結婚が決まった夜、凄まじい、孤独な形相で独酌してた、と、かの有名な大船撮影所近くの食堂「松尾」の長女和可菜さんが実見し語ってる）は、オトコの才能を愛した人だった。その木下作品を二本、小林さんは脚本を共作している。確か阪東妻三郎の『破れ太鼓』（一九四九）と『二世部隊』[3]。バンツマと木下さんの交流は一作で深まり、『破れ太鼓パリへ行く』という、パリロケの幻の企画があったらしい。パリは日本の当時の映画人あこがれの地だったのだ。のち、『化石』（一九七五）で、小林さんが長期のパリロケをやったのも、その火照りの名残り、か。

小林正樹のデビューは、当時、松竹大船が東映に続いて始めた二本立て興行だった。その短いほう（約四五分）の「シスター映画」と通称された一本、原作林房雄の『息子の青春』（一九五二、北龍二、三宅邦子、石濱朗主演）。その頃、新派で伊志井寛[4]があてたホームドラマもの。第二作も確か野添ひとみ[5]主演、脚本木下惠介の『まごころ』（一九五三）。つまり、木下惠介の直弟子らしい純愛路線だったのである。

ところが、このあと、小林さんは大胆な企画を出す。BC級戦犯[6]たちの手記に拠る安部公房の脚本『壁あつき部屋』（製作一九五三）。その戦犯たちが登場人物。そしてこれがちゃんとクランクインしてアップした。だが封切られなかった。マッカーサー司令部から暗黙裏に差し止められたとの噂がある。[7]公開は三年後の一九五六年一〇月、日本文化人会議の平和文化賞を受賞した。

まるで大船調とは別物の『壁あつき部屋』が実現したのは、城戸四郎がGHQから受けていた公職追放令の解除から間もない頃だった。製作部門を預かっていた高村潔常務がなかなかの人物であり、その下の大船撮影所長・月森仙之助がこれまた傑物だった。[8] 京都撮影所長代理時代、巨匠・伊藤大輔にある部分を短く切れと要請したとき、伊藤に「判ってないね、あれは〈間〉だよ」と一蹴されたのへ、「尺の調整を命じるのは私の権限、先生が切れないなら私が切ります」と言ってのけた人だ。

大船でも、小津安二郎にぜひ年二本撮ってくれと要請、「俺は年寄り、夏一本で精一杯だよ」と言われると、じゃあ秋に入ったらもう一本撮れるはずだと迫ったヒトで、彼がこの小林企画を実現させたようだ。

「にんじんくらぶ」若槻繁、そして『人間の條件』

その後の『黒い河』(一九五七)の企画が確か、若槻繁。当時は雑

◉1…小林自身は「家のすぐ上が山でしたから、山スキーが多かった。相当うまかった」と自認しているが、ジャンプ競技については何もふれていない。兵役中北満通化で、他部隊にスキー訓練を施した。そのときの引率者からの礼状が残されており、山スキーの技量は高かったようだ。戦後、大船撮影所でスキー上手の噂がオリンピック選手の伝説に嵩じたのか。

◉2 **山田太一**…やまだ・たいち(一九三四〜) 脚本家。大船撮影所時代、助監督の控え室に突然木下恵介監督が入ってきて「ここに山田太一君という人いる?」「はい」と言って立ち上がると、「君のあの脚本読んだけど良かったよ」(同室だった吉田剛の記憶による)。以来木下監督に師事、フリーとなってからもテレビ、映画に秀作、話題作を発表、第一四回日本アカデミー賞最優秀脚本賞ほか受賞作多数。

◉3…この作品は松山善三監督『山河あり』として一九六二年公開、脚本は松山善三、久板栄二郎。一九八八年一二月テアトル新宿の「小林正樹の世界」フェアにおける木下恵介講演録では、当初は木下、小林が執筆したとされている(本書II「木下恵介、小林正樹を語る」参照)。

◉4 **伊志井寛**…いしい・かん(一九〇一〜七二) 松竹蒲田撮影所、帝国キネマなどを経て、新派の花形役者として活躍。泉鏡花『婦系図』の主税が当たり役となった。

◉5 **野添ひとみ**…のぞえ・ひとみ(一九三七〜九五) 『まごころ』はデビュー二作目。窓越しに知り合った隣の高校生に淡い恋心を寄せる「病む少女に扮した松竹歌劇団出身の野添は、この作品から一躍人気スターになった」(『松竹百年史本史』)。のち大映に移籍、作家で大映の重役だった川口松太郎の子息で俳優・川口浩と結婚。

◉6…第二次世界大戦後、連合国によって制定された類型B項「通常の戦争犯罪」とC項「人道に対する罪」に該当する戦争犯罪人の裁判。大半は捕虜や一般市民に対する暴行虐待問題であったが、事実関係や責任所在の認定をめぐる混乱もあり、不条理な犠牲や悲劇が少なからず指摘されてきた。

◉7…『壁あつき部屋』の上映中止をめぐってGHQの圧力とする見方も当時から根強くあったが、マッカーサーは二年前の一九五一年四月に連合国軍総司令官を罷免されて帰国、翌年四月、講和条約発行によりGHQは廃止となっていて、巷で言われる圧力の主体は存在していない。小林は城戸副社長が試写を見たあと、一日を経て延期の命令が月森大船撮影所長から伝えられたと語っており(本書I「人間を見つめて」参照)、『松竹百年史本史』(六四八頁)には「昭和二八年に完成したまま公開を遠慮していた『壁あつき部屋』が(後略)」とある。心理的には占領政策の余韻がまだ残っていた時期でもあった。なお城戸四郎本人は自著『日本映画傳——映画製作者の記録』(文藝春秋新社、一九五六)において、延期の理由を作品の未熟性にあったとしている。

◉8…一九四七年一二月城戸四郎副社長ら役員三名が公職追放令で離職、三年後の五〇年一〇月に解除となり、城戸は相談役に復帰、翌年副社長再任となった。『壁あつき部屋』の企画製作は五二年、城戸副社長、高村潔常務、大船撮影所長・月森仙之助の体制下で成立している。

誌編集長。この人が岸惠子の知己で、岸・久我美子・有馬稲子三人の「にんじんくらぶ」(大根デハナイヨの寓意)を設立[9]、大谷竹次郎設立の「歌舞伎座プロ」にも関わる。大谷は、映画は城戸四郎に任せていたが、東宝大争議で失職した五所平之助監督(もともとは松竹出身)を使うため設立したプロダクションである[10]。

五所はここで、隠れた大ベストセラー、原田康子原作、久我美子主演の『挽歌』(一九五七)を、京都太秦では有馬稲子主演、井上靖原作『通夜の客』、映画化題名『わが愛』(一九六〇)などを撮る。その流れの中で、これも隠れた大ベストセラー五味川純平の『人間の條件』を、有馬稲子・南原伸二(宏治)が共同企画として主催者若槻繁のにんじんくらぶに提出したという。若槻は、高見順原作、家城巳代治監督の『胸より胸に』(一九五五)の映画化を実現して、製作者としてのスタートをしていた。そして一九五七年に『人間の條件』の映画化権を取得して、歌舞伎座プロへ持ち込んだのだ。

この第一部・第二部での若槻繁は企画者。主人公を南原が、妻を有馬が演ずるはずだったが小林正樹はこれを拒否、仲代達矢と新珠三千代に決めて押し通す。親友佐田啓二という妥協案も、小林は拒む。主人公梶の親友という重要な役にはつけた。キャスティングは多彩で、これを陰で助けたのは俳優座映画プロの佐藤正之(愛称マーちゃん)で、小林とは、木下惠介のチーフ時代の『女』(一九四八)以来の親交があった。

ロケ地は秋田県の、閉山したばかりの小坂鉱山[11]。鉱石を運ぶトロッコ軌道やクレーンがまだ残っており、荒れた山肌とマッチしたぴったりのロケ地だったようだ。第一部のモブシーンはこの鉱山の重労働で使役された大勢の中国人鉱夫たち。製作が始まると、松竹・東宝・新東宝・大映の各社で必要とされていた新劇系脇役陣が払底し、製作に支障を来し始める。なにせ俳優たちが小林組の現場に行ききりで戻ってこないのだ。宮口精二など、その最たる存在だった。鉱山の叛乱指導者役の宮口精二は、『七人の侍』(一九五四)の剣豪役で一気に注目を浴びていた。そういう名のある脇役たちが秋田の小坂へ集められ、撮影の遅延で帰ってこない。あとで宮口に聞いたところ、ロケ先では待ちが多くてマージャンばかりしてたらしい。松竹も含め映画各社では撮影スケジュールがメチャメチャになり、パニックになった。東北新幹線も航空便もない時代でしたからねえ。

その頃私が大船で付いていた川頭義郎監督の『有楽町0番地』(一九五八)でも、ヒロイン瞳麗子の相手である巷の詩人役、南原宏治が小林組から帰ってこない、大恐慌。しかたなく、脚本共作者の勅使河原宏が急遽出演した。草月流へ前売り券が捌ける、って狙いもあり、松竹が起用した。彼はタイトル撮影も担当、映画にノメリ込んだのはこれがキッカケ。夫人の、女優小林トシ子[12]が「すっかり入れ込んでるわよ、あのヒト」と喜んでた。まさかこれが映画作家としての彼を生もうとはねえ。つまり、日本映画界に良き実りをもたらした勅使河原宏の映画界への進出は、小林正樹が引き金を引いたのです。

戦場シーンのロケ地へ――『人間の條件』第三部・第四部

それで『人間の條件』は大ヒット。松竹はすぐ三・四部（第二部）を大船作品としてインさせる。チーフ助監督に稲垣公一（これが初チーフ！　その度胸に感心する）、シートマン（大船では記録をセカンドの助監督が取る）を水沼一郎（のち大谷竹次郎秘書・歌舞伎演出に転ずるが夭折）、サードがのちに田村孟監督の『悪人志願』（一九六〇）の脚本を共作した成田孝雄、これにフォースとして、のちに『にっぽんぱらだいす』（一九六四）ほか主にライトコメディものを監督した前田陽一が、そして戦闘などのモブシーンが多いため、応援で前田と同期の私が加わる。

大変だった！　まず内務班一つがキャスティングされる。それが、第五部・第六部ともで二班。若手劇団員の写真を撮って来て（まだインスタントもデジカメもなくて大変）、そこから選ぶキャスティング。中古の軍服、軍靴を合わせる。革帯（バンド）革靴の、身体の寸法に合ったのを付けさせる。敬礼、整列、執銃、射撃姿勢や軍歌の演習まで。我々もすっかり覚えちゃいましたね。巻脚絆（ゲートル）の正しい巻き方、軍靴の履き方まで。現場のエキストラに指導、軍装させなきゃならないから、そのときは必要不可欠だから覚えて、一生忘れないかもと思ったけど。昼間エキストラに軍歌を教え、録音する作業があった夜、助監督前田陽一は寝言で「万朶《ばんだ》の桜か襟の色～」（『歩兵の本領』）の一番を全部高唱し、宿屋の二階に寝ていたスタッフ全員の目を覚まさせたっけ。

上野発正午の特急で北海道へ出発。妻や女性の見送り多数。長い別離だからなあ。青森から連絡船。夜だった。札幌で一泊、そして稚内方面へ。朝が白々と明ける頃、車窓の左に広漠とした原野が拡がり始める。サロベツ原野[13]。東西も広いが、南北は地平線まで目を遮るものがないツンドラ湿原で、放牧の馬や牛がごろごろ寝ていた。馬の足の毛が刈られてないのって、初めて見たなあ。

豊富《とよとみ》に到着。駅から小一時間の豊富温泉の宿へ入る。大勢泊れるトコがそこしかないのだ。温泉、ってので喜んだが、湯は

◉9…にんじんくらぶ製作に関わる小林監督作品は、『黒い河』『人間の條件』『からみ合い』であるが、一九六四年製作の『怪談』では多額の負債を抱えることになり、倒産という事態に至った。

◉10…歌舞伎座プロダクションは一九五六年六月の設立。五九年までの四年間に、松竹配給を補完するかたちで二二作品を製作。松竹から東宝へ移籍し、東宝争議のあとフリーの立場にあった五所平之助監督が招致され、中心的存在として『黄色いからす』『挽歌』（ともに一九五七）など五作品を手がけた。他に山本薩夫監督『赤い陣羽織』、宇野重吉監督『真夜中の顔』（ともに一九五八）など。

◉11…幕末一八一六（文化一三）年に開発された金銀鉱山。明治中期頃から銅、亜鉛、鉛の生産で大鉱山に発展した。戦後は資源枯渇で一時閉山となったが、一九六〇年代に新鉱脈が発見され、一九九〇年まで操業された。『人間の條件』のロケは一時閉山期にあたる。

◉12 **小林トシ子**…こばやし・としこ（一九三二～）　日劇ダンシングチーム出身、木下恵介に見出され『破れ太鼓』（一九四九）でデビュー。『カルメン故郷に帰る』（一九五一）では高峰秀子の相棒ダンサー役を好演。他に『君の名は』（一九五三）、『二十四の瞳』（一九五四）など多数。一九五六年映画監督・勅使河原宏と結婚。

◉13…日本最北稚内市に南接する豊富町と幌延町の、日本海沿岸に二〇〇平方キロにわたって展開する長大な湿原地帯。一部はサロベツ原生花園とされ、植生が豊富。二〇〇五年ラムサール条約に登録された。国立公園、特別鳥獣保護区にも指定されている。

真っ黒、水道水も黒く、蛇口に遮し袋がついているのに驚く。

兵営などの大オープンセットは稚内近く、猿払村《さるふつむら》鬼志別《おにしべつ》の、オホーツク海に臨む村営牧場に建てられた。村と言っても、香川県と同じ広さである。◉14 ふつうロケでは見物人をカメラアングルから退がってもらう〈人よけ〉が大仕事なのだが、ここでは人なんか来ず、牧場の牛や馬をどける牛よけ馬よけが大変だった。どなっても叫んでもドカない。走って行って追っても悠然。遂には棒切れで尻を叩いて追っ払ったっけ。

『人間の條件』第三部
満州の大地　行軍のシーン

エキストラによる急造の軍隊を
それらしく仕立てあげていくことも
助監督の任務
助監督も兵卒に扮装して隊列に入り
行動の指示を出す
右が吉田剛

『人間の條件』第四部
自衛隊の島松演習場で撮影された
日本軍タコ壺陣地全滅の戦闘シーン

翌日からは、原野と、近隣の放牧場を借りての野火と、野火に乗じてのコミュニスト兵士新城の越境脱走のスペクタクルシーンを撮る。新城は仲代氏推挙の、親友佐藤慶(当時は本名の慶之助、この映画のクレジットから「慶」に)。脱走兵を追う古参兵・南道郎、それをまた追う仲代。谷地坊主《やちぼうず》と呼ばれる沼の浮草◉15を飛び伝う逃走と追跡の場面だが、そこは原野で沼はない。掘って沼にする。一メートル近い厚さの苔を、スコップで切って掘ると水が湧いてくる。人力だけの大作業である。芦と苔が厚く茂ったのが浮かぶ沼地で脱走と追跡を、原野とも草原ともつかぬ牧畜地で、重油を撒いて野火の中で撮る。風向き次第で、突然野火が遠ざかったりカメラ前に迫ったりする、危険な撮影になった。役者もスタッフも、陽灼けと火熱で真っ黒になる。こんな動きは、指呼《しこ》の近さの樺太《からふと》からはっきり見えたはずだ。ソ連は日本が再軍備を始めた、と思うんじゃないか、とマジメに心配するスタッフもいたね。

　戦闘シーンは札幌近郊千歳の自衛隊島松演習場の丘陵と原野で、米国製の中古戦車を一六台駆使して撮影される。タコ壺陣地◉16の日本軍がソ連の戦車部隊に蹂躙され、全滅するという設定だ。タコ壺陣地を掘り、スモークを焚き、古タイヤを燃やし、花火の寸玉から尺玉に至るまでをあちこちで爆発させ、着弾の花火玉を仕掛け、戦車が走り廻る。デイシーン、ナイトシーンのほかに早朝、夕景狙い。札幌の宿を夜明け前に出発し、帰るのが深夜。こんな撮影が確か二週間続いた。尾籠な話だが、宿屋で食事もうんこもしたことがない。小林さん以下全員、撮影現場で野糞である。あとで聞くとその演習地は熊見が原と呼ばれ、熊の名所だったらしい。よくまあ熊に襲われなかったものだと、ぞっとする。ケガ人が出なかったのも奇蹟としか言いようがない。

原作への回帰――『人間の條件』五部・六部

『人間の條件』は、第一部・第二部は大ヒット、歌舞伎座プロの利益になり、ここで若槻繁と小林正樹は、「人間プロダクション」によって第三部・第四部を製作し、正月に封切り、これも大ヒット、松竹も儲けた。ついでにんじんくらぶの製作で第五部・第六部に入る。敗走、密林の彷徨、開拓村での投降、捕虜の行進(ただ、エキストラを頼める人口がない。日本人捕虜集結のシーンは、近くの炭坑の組合から組合員を動員してもらった)、収容所を兼ねた接収工場での労役、脱走、雪の中の死と、どれも大変な現場続きだった。夏の網走湖呼人《よびと》半島から始まり、網走刑務所の畑、再びサロベツ原野、苫小牧貯木場、勇払《ゆうふつ》鉄道道路、室蘭富士鉄工工場、富士山麓青木ヶ原樹海、御殿場の開拓村のシーンが終ったときは雪が降っていたなあ。

◉14…猿払村は稚内市南東に隣接する北海道最大の村。八割が森林で産業は炭鉱(撮影当時)、漁業、林業と広大な原野を利用した酪農が中心。

◉15…やっちぼうず、ともいう。スゲ草の集積根の丸く盛り上った株。北海道などの寒冷地湿原に多く、小動物育成の生態系環境を作るが、開拓者泣かせでもあった。

◉16…野戦における塹壕の一形態。個人用の小規模のものをタコ壺陣地と呼んだ。砲撃や衝撃には弱く、応急、臨時の構築物。

『人間の条件』六部作は、第一部・第二部がクランクインしたとき、松山善三の手によって全脚本が出来ていた。小林さんらしい完璧主義であり、また、キャスティングのためでもあったろう。その、第五部・第六部の松山脚本をたまたま読んだことがある。現行の映画化されたものとはまったく違っていた。日中戦争を強く弾劾するという形がはっきりとられていて、第一部・第二部で出た有馬稲子扮する中国人娼婦が再び登場、ボロをまとって彷徨する日本人敗残兵仲代達矢の梶に向って、日本と日本人を糾弾するというシーンがラスト近くにあった。いわば、アタマと照応し、首尾一貫しているのである。ドラマになっていた、とも言える。

完成された映画のほうは、小林さんと、チーフ助監督であり脚本協力の稲垣公一によって、梶の内面に入っていくモノドラマになっている。ナレーションとイリュージョンが多用され、梶の経てきた生き方が〈自己犠牲〉によって完結し、愛の究極の姿を描く。原作に回帰したものになった。

苫小牧近郊の線路沿いの道路、無舗装のまっすぐな砂利道での三〇〇人の捕虜の行進、餓えと疲れで倒れるのを見かねて、仲代が停止、休憩を命じ、軍規違反で軍事裁判にかけられ、ソ連の〈正義〉にも絶望し、脱走、雪の曠野を妻の美千子の許へ、ひたすら帰ろうとする梶、遂に倒れ、雪に埋もれて死ぬ。

これは戦争と人間のドラマのようだが、愛を求め続け、妻のもとへ帰ろうとし続けた男の、ドラマではないか。

その視点に立つと、小林作品のすべてが、このキイで解ける。

岩波写真文庫『日本の映画―社会心理的にみた―』(1954年刊)では
主に木下組が取材対象となり その中に助監督としてついていた小林の姿もある
(見開き右頁中段の写真の左端)

『人間の条件』小林監督とスタッフ、キャストのこと

監督・小林正樹

戦争シーンの撮影も、仕上げの作業も過酷な修羅場だったが、小林さんは現場ではだいたい黙っている人である。信頼して任せれば口を出さない、仕事が誠実に遂行されていれば、そのためにスケジュールが遅れても、冷静に待っている。製作会社やプロデューサーには突っ張ってくれる。信頼されていれば、これほどやりやすい、いい監督はいない。任せてもらえる喜びがある。

『人間の条件』のロケで、スタッフは猿払村鬼志別ってトコに泊ったが、俳優たちは浜頓別《はまとんべつ》ってちょっとした町に泊ってた。小林さんも、そこだったはずだ。毎夜どう過ごしてただろう。読書してたのは見たことがない。マージャンは好きで、博才のあった人だと思うが、一人ではできない。手の指の毛をむしるのが無意識の癖だった。現場での〈待ち〉のときの癖だった。もう一つ、フシギな習癖があるのを、美術の戸田重昌が目敏《めざと》く発見している。煙草(いつも「富士」だった)を喫うと、吸い殻は丁寧に揉み消し、捨てていた。かつて何かのロケで吸い殻から出火、消防が来る騒ぎになり、小林さんは警察に出頭を命じられ、始末書を取られたらしい。そういうとき、統括責任者として監督が呼ばれるのだ。それで、懲りた、と言うが、ホントかなあ？もともととても慎重な人なんだけどな。

大雪山の風倒木林をロケしに行ったときの夜、小林監督としてはめずらしいことに、われわれ助監督を連れて町へ飲みに出た。そこでさらにめずらしいことに、助監督時代の自慢話を聞いた。大船では、助監督がスクリプト(シートと呼んでました)をとる習慣があり、たいていはセカンドが取り、そして編集に立会い、ダビングミックス(音声の整合作業)のためのフィルムのロール作りをし、最後、上映のためにフィルム全編を一二巻程度に分割するのに立ち会う。音の流れを熟知しているからで、つまり、上映で音や音楽が断ち切られないようにするためである(現在は全巻一ロールなので、この巻別け作業はない)。ダビングミックスのために、原稿用紙のマス目に映画の一コマ一コマ全カットをすべて書き込み、つなげたものをロール表(巻子状)にして壁に貼ったところ、木下恵介監督から「これは便利だねえ」とホメられたということだった。小林さんの作ったこのロール表[17]は、現在世田谷文学館に五作品分が収蔵されている(本書I「人間を見つめて」六九頁)。なお、岩波写真文庫『日本の映画—社会心理的にみた—』(一九五四)は羽仁進の編集で全編木下恵介の『日本の悲劇』の撮影状況に拠ってい、スナップにシートマン(記録係)としての小林さんが写っています(右頁)。

●17…小林監督の説明では「シート表の巻物」。特定の名称はない。

撮影・宮島義勇

ロケ宿での宮島義勇。いつもコンテを前以て求めたので、カット割りした小林監督のこまかいコンテを私など助監督が筆写し、前夜の内に部屋に届けにいくと、トランプの一人占いをしてた。何時も一人占い。孤独が好きなのか、人嫌いか。あのあとどう過ごしてたのか。読書か。しかし、あまり他事に心を惑わす人ではない。

カメラマン宮島義勇は現場では一筋縄では納まらない。前述サロベツ原野の谷地坊主の沼地作りでは、美術部が予め一定の範囲を決めて悪戦苦闘しながら野地坊主風の情景舞台を作った。ところが宮島はポジションを変えるごとに、カメラの方向を変えて新たな沼を掘らせる。そのつど放牧地の持ち主を探して走り廻り、了解をとってはまた掘る。スタッフは休むにも、腰を下ろすと尻が濡れるので休めない。しかし宮島は平気でやらせた。そういう苦役に、宮島はスタッフに慰労の一言もかけなかったな。こんなのがよく東宝大争議[18]の組合番長(最高幹部)、やってたもんだ、と思ったなあ。

美術助手・戸田重昌

『人間の條件』六部作の美術は、ずっと小林と組んでいた平高《ひらたか》主計《かずえ》である。美術の仕事で、デザイナーとチーフ助手の仕事は混ざり合って分ちにくい。これは戸田の仕事だ、と明確にできない。しかしデザイナーとなってからの戸田の特色が、常にその映画のそのシーンの主題を「語る」ことであったこと、かつ、助監督として私が戸田の発想、考え方を知り得る親しさにあったこと、それから類推は、できる。

調査に同行した
戸田重昌(左下)と吉田剛

たとえば、三部・四部の、ソ満国境の前進基地の兵舎が、半分地下になっている発想である。また、五部・六部の日本軍捕虜の集結地は、脚本上は「草原」との指定しかない。そこに、黒焦げになって墜落、地中に首を突っ込んでいる日本機を作った発想である。さらにまた、俘虜が強制労働させられる満州の旧日本の軍需工場は、室蘭の一千坪の大製鉄工場[19]の、撮影当時なお太平洋戦争中の米軍の艦砲射撃による被害の残っていた部分でのロケだったが、そこの工場の壁に戦時中の「八紘一宇」の大スローガンを大きく書き、それを粗雑に消してなおそれが読めるまま、上にロシア語で平和のスローガンを書いた発想である。鮮やかに状況を語り、しかも脚本にないこれらの発想は、戸田重昌のものではないか、と思われる。

録音・西崎英雄

西崎英雄（通称ザキさん）は『大曽根家の朝』（一九四六）以来木下組のチーフで、小林作品では第一作『息子の青春』から遺作『食卓のない家』（一九八五）まで大半の作品に関わった最古の常連だった。

『人間の條件』五部・六部は日本初のステレオ効果の作品としても話題になった。小林さんが言い出したのではなく、製作者若槻繁が言い出したのでもない。録音の西崎英雄がいわば勝手に遂行したのだ。おかげで現場は大変だった。ソニーの前身・東京通信工業が協力、試作段階のテープレコーダーを技術者付きでロケ地持参。大荷物になった。ダビング用のステレオ設備は、アオイスタジオがこのために開発したものだったが、編集関連の機材はまだ対応できていなかった。そんな条件下で、よく千数百カット、それも複数のロールをオチもなくつないだものだ。奇蹟、と言いたくなるくらいである。

役名ない役で出演・高峰秀子

高峰秀子さんは、『人間の條件』五部・六部、梶がソ連兵の捕虜になる重要なシーンの、役名はないがそのシーンのキイ・パーソンである避難民の女として出演した。「出るわけないよ、役名もないのに」。これが私の、いやスタッフ全体のフンイキでした。ところが、衣装合わせとスチール（メインスチール＝宣伝用）撮影に、松竹常用の築地の旅館・厚生館にひょいと現れて、びっくりしましたねえ。

どうも、大谷竹次郎の声かけだあったらしい。「デコちゃん

『人間の條件』第三部・第四部　ソ満国境を想定して設定された半地下式の兵舎

『人間の條件』第五部・第六部
日本人開拓者部落に残された女たちの一人が
ソ連軍への抵抗を思いとどまらせたシーン　仲代達矢と高峰秀子

◉18…戦後の社会主義運動高揚の中、東宝撮影所で一九四六年から四八年にかけて三次にわたって発生した大規模な労働争議。特に第三次では組合側が撮影所を占拠、会社救済のため警察予備隊や米軍まで出動する事態となり、組合側は撤退を余儀なくされた。撤収にあたり会社側と最後の交渉にあたった最高幹部が伊藤武郎と宮島義勇だった。

◉19…室蘭港にある新日鉄住金室蘭製鉄所。操業は一九〇九（明治四二）年、北海道炭礦汽船の溶鉱炉建設に始まる。五一年に室蘭製鉄所となり、二〇一三年から現称。

にしなさい」とすでに指令は出てて、私たち信じられなかったんですが——。

思い出してもオカシイのは、小林さんとの関係だ。木下恵介監督の『カルメン故郷に帰る』(一九五一)のとき、小林さんはチーフ助監督だった。軽井沢ロケで、高峰さんと小林トシ子さんが、草原の丘で歌い踊るロケがあった。その夜、小林さんのとこへ高峰さんが現れ、「芝の刺をちゃんと調べといてよ、私、ケガしたのよ」といきなり足を突き出したらしい。小林さん、むっとしたけど「それは大変でしたねえ、医者を呼びましょうか、それとも行きますか」とさりげなく受け流した、と雑談で語ってたなあ。

高峰秀子は子役＝天才子役として、松竹の大船撮影所でデビューしている。私、偶然にもその子役時代の作品を発掘したのです。野村芳太郎監督『拝啓天皇陛下様』(一九六三)に助監督としてついていたとき、時代説明に古い映画を使おうと、当時裏山に穴を掘って倉庫にし(タダの土の穴だけど)、放り込んであった古いフィルム缶をあさり、小津安二郎監督『東京の合唱《コーラス》』(一九三一)と、有名な与太者シリーズの一篇、野村浩将監督『与太者と海水浴』(一九三三)を掘り出したのです。前者はサイレント映画での音楽映画というので、どうしたんだろうかと調べたら、主題歌をレコード演奏してたんですねえ。そしてなんと、後者はまた、日本映画初の水中シーン、という珍品でした。水中撮影はオカシかった。大きな水槽の向こう側で、ハイスピード演技をしてた秀子さん、じつにカワイかった。ハイティーンになったとき東宝へ移り、山本嘉次郎監督『馬』(一九四一)でオトナの役として再デビュー、チーフ助監督黒澤明との交情も、そこで生まれます。この初恋は、実らなかった。養母が「助監督なんか——」と交際を禁じたため、と、たしか高峰さんが自伝[20]で書いてるはずです。

で、その後、東宝大争議で高峰さんは東宝を離れ、フリーとなる。そのあたりから、どうやら大谷竹次郎がバックアップしたらしい。そういう〈筋〉から、高峰秀子の『人間の條件』出演が実現したんですねえ。

撮影現場の御殿場へ現れたときは、静かな出現だった。珍しく小林さんが現場での本直しをし、前夜私がそれを高峰秀子の宿へ届けても、はい、と受けとってさっと眼を通す。それでおしまい。そのシーンは、満州の日本人部落でソ連兵が来ると聞き、仲代さんたちが隠れて狙撃しようとしていた。あわや、という瞬間に走り出て「やめて下さい、私たちが全部殺されます」と高峰さんが叫ぶ。凄くハイテンションな演技。それをさらっとやってのけた。飛び出ない、走らない、身をよじるようによろめき出て、絞り出すように叫ぶ。すばらしかった。未だに眼に残ってる。

『からみ合い』

この原作の提案者は脚本の稲垣公一(後の筆名は俊)、チーフ助監督。稲垣さんはアラン・レネ『二十四時間の情事(イロシマ・モナムール)』[21](一九五九)の、モノローグの全面的な使用という、一人称映画の初の試みに衝撃を受け、製作・配給の大映へ直接赴き、脚本を入手し研究、この南條範夫原作の『からみ合い』(一九六二)で実現させる。この原作は私もテレビで脚本を書いたが、プロットの巧みさ、キャラクターの面白さ、どんでん返しの衝撃、すべて抜群だがつまりはサスペンス。『からみ合い』は岸惠子主演のもの、という、にんじんくらぶ製作の狙いに合い、主演岸惠子の資質、抒情性をよく活かし、川又昂の撮影もよく、日本では稀な、フィルムノワールの佳作となる。

『からみ合い』の美術は、クールな美しさに充ちた、従来の大船に見ない異色のものだった。この作品から、戸田重昌が美術のデザイナーとなる。主人公山村聰の経営する会社の冷ややかな虚無感、自宅の広壮さが醸しだす豪奢な虚無感。セットの、その会社にも自宅にもポイントに能面が掛けられ、主人公を見詰める「死」を象徴する。ヒロイン岸惠子が山村聰に犯される茶室のセットは壁が総銀箔で、これはハレーションを心配する川又昂によって拒否されたが、この映画の世界を鮮やかに語っていた。

また、武満徹との出会いを小林さんにもたらした。それまでは、音楽はずっと木下忠司さんだった。武満の音楽は、これも武満にとって珍しい、モダンジャズを用いたものだった。小林さんにとって新しい収穫となる。

『切腹』

『からみ合い』に続くのは、のち国際的な評価、受賞をもたらした『切腹』(一九六二)。

これは、まだ無名に近かった作家滝口康彦の原作を橋本忍が発掘して脚色。読んだ小林さんが惚れ込み、城戸四郎に直談判、実現させたものだ。撮影は指名して宮島義勇、美術と音楽、録音はこれも指名して戸田重昌、武満徹、西崎英雄と、『からみ合い』に続いての起用となる。

『切腹』のセットは傑作だった。シナリオでは、単に〈井伊家の庭先〉とあるシーンを、回廊に囲まれた白砂の庭とし、その中央に主人公の浪人仲代達矢が、正面に家老三國連太郎が、回廊に井伊家家臣たちが座す。犠牲《いけにえ》の牡牛《トロ》を、屠殺者闘牛士たちが囲む暗示。そして仲代を日時計の針として時が移ろい、陽の翳りにつれて風が吹き始め、それは回想と現実の両方で吹き荒《すさ》ぶ。双方で剣戟が進行、鮮血の飛び散る中で夜となり、家老の相貌の不気味な変容を挟んで主人公の斬り死に、篝火を点けての跡始末で終る。

仲代と丹波哲郎の最後の決闘は富士の裾野の大草原、数日にわたる夕景狙いで撮影された。『人間の條件』では曇天続きで苦しんだから、曇天狙い。ところが夏の御殿場は富士山の山影がくっきり見えるピーカン続き、ちっとも曇らず、夕景狙いに切

●20…『わたしの渡世日記』朝日新聞社、一九七六。

●21…戦後『ヴァン・ゴッホ』(一九四八)、『ゲルニカ』(一九五〇)、『夜と霧』(一九五五)の短編話題作で注目されていたアラン・レネ初の長編劇映画。広島の原爆とナチス、戦争で深く傷ついた日仏男女の情事形式を通じて心の内面を描く手法は、日本の映画作家にも大きな刺激を与えた。

り換える。丹波哲郎は実際に剣道の段位を持っていたから、真剣を使った立ち廻りは迫力満点。ただし、振り回すと腰と足を取られ、スピード感は絶無。

風吹く草原のイメージで風待ち。大船から、イヴ・シャンピ監督が一九五六年の日仏合作映画『忘れえぬ慕情』[22]のときに作った航空機エンジンのプロペラ利用の巨大な扇風機を借り、風を起こしたが自然のそよ風には負ける。それに合わせて吹かせたが、そよ風がそよ、とも吹かず〈待ち〉ばかり。一日せいぜい一—三カット。三日くらいの撮影予定が一週間を越えたっけ。当時丹波氏は東宝の芸術座で『がめつい奴』に出演していたから、東京との〈縫い〉[23]になっていた。あの豪快な人がさすがに心配して、ミンナ俺ノ〈縫い〉ノコト知ッテンノ？ト聞イテキタッケ。

『切腹』の武満徹の音楽はすばらしかった。音楽の打合せに京都へ来て、夜、食事をしながら説明したのだが、いきなり割り箸を折り、今度はコレダ！と言い、短い竹簡を糸で数本吊るし、両手でパシャ、と打合せ、コレデス、と言い、酔うと大ヒットした橋幸夫のデビュー作「潮来の伊太郎」を歌い、コレデス、またノタマウ。小林さん以下、ぽかん。実に風変わりな説明だったが、まさにその通りで、音楽はベースが主、そして牛の顎骨で作ったメキシコの打楽器キハーダを打ち加え、そのうえ、録音したそれを、別スタジオでテープを速めたり遅くしたり、変形キャプスタンをさまざまに使って音質を変え、これが三日かかった。入れる箇所をコマ数まで計算、ぴったり合わせる。つまりミュージック・コンクレート[24]の原始的なものだ。当時はそんな名称もなかったから、その新しさにみんな驚いた。私、ずっと傍にいて、武満さんの要求する尺数(時間に換算するため)を編集で計らせて伝えた。三日、かかった。完成。試写でみんな衝撃を受けたなあ。強くて、簡潔、武士の悲劇をまっすぐ表現してた。スケールが大きかった。こんな作業ヲ黙ッテ見守ッテイク小林さんも〈大きな人〉だった。良き組み合せが生まれたのだ。

『怪談』——逆風、超大作への旅立ち

『怪談』(一九六五)。水木洋子脚本。この企画、また原作からのオムニバス四話の挿話選びは誰が主導したのだろう。私はそろそろ小林さんが次をやるだろう、と探りに、にんじんくらぶへ行ってこの企画を知った。まだ松竹と契約していた小林さんは、松竹へこの企画を出していて、水木洋子さんの脚本もできてたようだ。しかし松竹は、決断を下さなかった。クランクインのメドがなかなか立てられなかったらしい。

「雪女」に出演を予定してた岸恵子が業を煮やしてフランスへ帰ってしまい、帰国の予定がわからない。私、キャスティングを変更しないと、クランクインできなくてステージも押さえられず、全体のスケジュールも必ず狂うと心配し、雪女に高峰秀子さんを、と発議したのです。日常性＝百姓の妻としての生活感、そして雪女になったときのコワさ。絶対にいいキャスティングだ、と思った。

小林さんも乗り、高峰さんにひそかに打診したらしい。私が

やると〈雪女〉でなくて、〈雪ダルマ〉かもよと笑いながらも、その気にはなったらしい。だが、にんじんくらぶの若槻さんとして、それでは岸惠子の役がなくなってしまうので、猛反対。岸さんを急遽帰国させた。私はいまでも、〈雪女〉は高峰さんが良かった、と思っているし、岸さんは、「黒髪」の人妻であり得た、と思う。ただ、小林さんにとっては、新珠三千代の出演が絶対、であり、それはたぶん、「雪女」でも「黒髪」でも良かったのだろう、と思いますね。お好みのタイプだったんです。『人間の條件』のヒロインとしての新珠三千代に、主役を仲代達矢に決めた強引さ、つまりは、小林キャスティングが貫かれたのです。

初のカラー作品――色彩設計

『怪談』は小林監督初のカラー作品だった。慎重な小林さんとしては、色彩設計用の「コラージュ」を作成することにした。携わったのは小林さん、戸田重昌(美術)、吉田剛(助監督)、そして随時参加で青松明(照明)、これが全メンバーです。神田の古書街へ、材料集めに通ったのは吉田。当時の日本の絵画複製はきわめて色が悪かったので、スキーラ版[25]の複製画集を買う(日本では新版の入手に時間がかかり古書でも高価だった)。この書店はいまも美術古書専門店として在る。時代考証、セットデザイン考証の参考書購入のときは、戸田も同行したが、小林さんが加わったことはなかった。さらに、海外のファッション雑誌の古書を、これも専門店で集め、そこからの切り抜きで、四つのエピソードのカラープランを、美術の戸田重昌と立てた。これらの材料から参考にしたい〈色〉を見つけだして切りぬき、コラージュしながら色彩設計に入った。静かなトーキングだった。照明の青松氏はほとんど説明を聞くだけ、小林さんは、意見、意図をよく聞く人でしたから、決定はすべてなさっても、陣頭指揮などというオオゲサなことはしなかった。二週間ほどかかった。これは撮影の宮島義勇が『チョンリマ〈千里馬〉』(一九六四)の監督・撮影で北朝鮮ロケで不在だったので、彼や衣装担当の上野芳生氏(京都衣装)に見せて説明するためでもあった。宮島氏の知友であり、大映でイーストマンカラーでの撮影の緒を切り開いた碧川道夫(『地獄門』〔一九五三〕の色彩技術監督)さんを招いて、プランを見

◉22…『忘れえぬ慕情』は松竹による日仏合作映画。ジャン・マレー、ダニエル・ダリュー、岸惠子、野添ひとみらの出演。監督イヴ・シャンピがのちに岸と結婚することになった馴れ初めの映画。劇中台風シーンで、フランス側が持ち込んだ大掛かりな扇風機が日本側スタッフを驚かせた。『切腹』で再利用されたのがこれ。

◉25…俳優が複数の作品にかけ持ちで出演をするとき、各々の仕事が成立するように時間調整した、時限往復のスケジュール。

◉24…録音されたさまざまな音を素材として作成された音楽。一九四〇年代フランスのラジオ局の音響技師P・シェフェールが創始。人や動物の声、自然音、騒音などを機械的、電気的に変質させ構成したもの。具体音楽と訳される。日本では一九五〇年代頃から黛敏郎、武満徹、湯浅譲二らが手がけていた。

◉25 スイスの美術書専門出版社の美しい印刷の出版物。創業者で社長のアルベール・スキラが第二次大戦後に色彩図版複製に新分野を開き、その印刷効果はスキラ調として世界的に高い評価を得た。

てもらった。碧川氏はコラージュの説明を聞き、要所で小林さんと戸田さんに質問しながら、宮島さんのための撮影効果上のプラニングを考えておられた。

最終的なイメージ説明は、帰国後の宮島氏、衣装製作・調整の上野芳生氏、そして『怪談』のために壇ノ浦の源平海戦絵巻を描いた日本画家・中村正義氏[26]、主演俳優各氏になされ、すべて、小林さん、戸田氏の立会いで吉田が行った。

そのプランを製作担当メンバーが、実行段階で切りつめてからスタートすべきだった。だが、にんじんくらぶはクランクインを急いだ。若槻繁さんから、私、直接に、いつクランクインできるのか急かされました。インの年の二月だった。どうも、製作費を手にしたかったらしい。にんじんくらぶなりの内部事情があったのでしょう。つまりは、「急いてはことを仕損じる」というコトワザ通りになってシマッタのですね。

時代劇は製作費が高くつく。カヅラをのせるから床山と美粧[27]のスタッフが必須、大道具小道具の製作、調達、それは衣装に及び、着付、というスタッフも必要となる。三割は割高になるのが常識だ。だから拠点として撮影所は不可欠。製作を降りた松竹の協力はない。関西での東宝のそれは宝塚映画製作所。その使用を申し入れ、当初は好意的だったが突然に断られた。どうも東宝プロデューサー藤本真澄は若槻繁をライヴァル視して

小林正樹アルバム㉖

『怪談』色彩設計図録

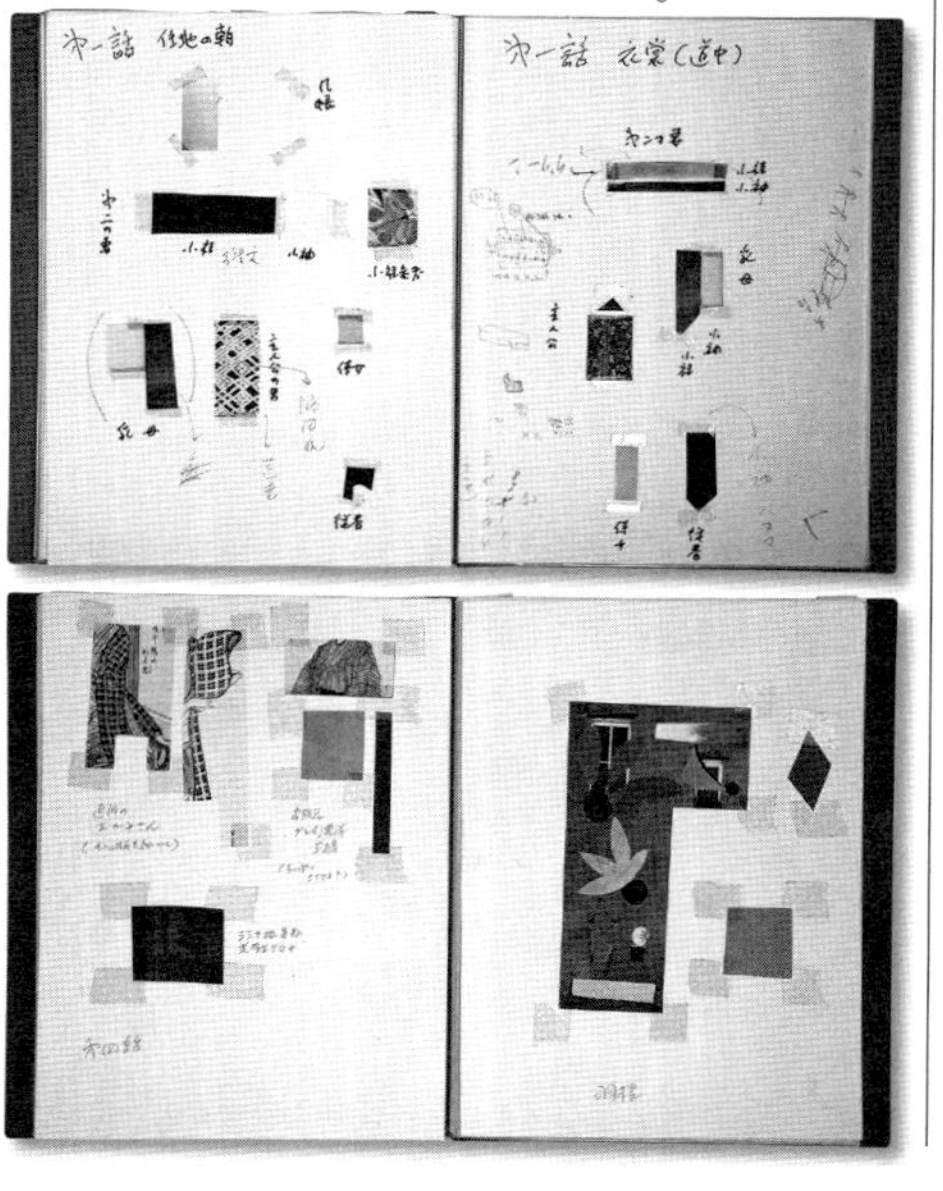

上＝にんじんくらぶ近くの旅館の一室に陣どり、四話それぞれの色彩イメージを固める小林。下＝高級美術書の絵画を切りぬいて貼り込んだ、色彩設計図録の見開き。

いたらしいという話、も聞いた。

それで、最初の撮影所は太秦安井、御室川《おむろがわ》沿いの宝スタジオ（旧名。『怪談』当時は日本京映撮影所）となった。ステージ数二つの名門スタジオで、前年、今井正『夜の鼓』（一九五八）が作られている。

照明などの編成は森本組。京都映画界ではトップの大手で、大映の永田雅一はここの流れの人、また、林長二郎が長谷川一夫として東宝に引き抜かれたとき、その顔を切った人もここの流れ、らしい。映画の古都でもある京都はここととマキノ一門が根を張ってい、『怪談』インの日、マキノ雅弘がふらっとセットを訪れたのを私は見ている。

空前の巨大ステージへ

『怪談』第二話「雪女」の雪女と主人公・巳之吉の出会い、巳之吉の住まいの中は撮れたが、その後のスタジオがなかった。宝塚映画は貸してくれず、京都映画も東宝配給になった以上、借りにくい。製作部は飛行機でハンティング、遂に、宇治市北郊大久保地区に、日産車体の完成車置場とされていた巨大木造建築を見つける。もと陸軍が飛行機格納庫に使っていたもので、戦時は鉄不足でオール木造だった。ここはエコー（館内反響）が少なく同時録音が可能。天井からの照明用の釣り足場もOK、直ちに借りて撮影がイン。背景用の布製特大ホリゾントをめぐらせてステージとし、巳之吉の家の外景、吹雪のシーンからの撮影が開始された。

巨大ステージの影響は至るところで現れた。雪のシーンでは雪は、降るのも積もるのもカポックというのを使う。大粒と小粒。高価だ。雪の予算もたちまち払底して「何とかならないか」と製作部が嘆く。たまたま大久保ステージの前の道路を、大型ダンプがカポックに似た白いものを満載して通った。「おっ、あれは何だ」と聞いてみると、石鹸を作った滓だった。湿ってる。しめた、と発送元を訊く。京都東山区の南。早速駆けつけて購入。安かった。敷きつめた。ところがこれ、濡れてる。照明用の太いコードが何本も床を這っていて、そのつなぎ目のジョイント盤は金属が高電圧で露出して、漏電している。気がつかずにその上の雪を践むと凄いショックだ。私、感電して飛び上がったっけ。気をつけないと死ぬよ、と、照明さんから真顔で忠告されたけど、コレハ避ケヨウがない。

「雪女」の、主人公・巳之吉の住まう農家の建つ谷間の大セットに誘われてか、宮島カメラマンがクレーンの俯瞰移動で寄ると言い出した。松竹京都の撮影所から、溝口健二が『元禄忠臣蔵』（一九四一）で作らせ、使った大クレーンを借りたが、載せて運べるトラックが無く、何とそれを牛が曳いてきたっけ。セットにそれを据えると宮島さんが、高所恐怖症の小林さんを乗せ

●26 **中村正義**…なかむら・まさよし（一九二四〜七七）日本画家。中村岳陵の画塾に学び将来を嘱望されながら、洋画の前衛的表現に惹かれるなど破天荒な画風に進んだため、画壇で異端視された。

●27…化粧。映画、テレビ、舞台等ではメイクアップの意、またはその職種をいう。

た。仕方なく乗ったが、じつにじつに嫌がっているのが判りましたねえ。気の毒だけど笑っちゃったなあ。

「耳無し芳一の話」の経文

第三話「耳無し芳一の話」。寺の本堂、準国宝の阿弥陀仏を借りて祀る。その前の庭と池まで作る。それほどでかいセットがそっくり入るホリゾントセット。ホリゾントに夜の闇と仄めく稲妻が描かれる。すべてのエピソードのホリゾントを描いたのが、西田真さんというホリゾントの専門家、みごとな技でした。

亡霊よけのため、芳一の全身に経を書く。草書でさらさら書くのだろう、と思っていたら、小林さんのイメージは強烈だった。楷書でびっしり書け、というのだ。刺青などを撮影用に描く人は京都に居る。しかし、小林さんの指示通りに書く書家は、居ない。紙には書けても人体には書けない。探す。宝塚映画に、居た。人肌に墨はノラない。マジックペンのインクで書くのだ。当時、それの瓶詰めはない。マジックペンを買って来て、下のミニタンクから抜く。そして書くのに、初日、なんと四時間かかった。翌日からは、早朝六時から始める。それでもセット撮影は一〇時開始になる。いやもう、参った。賀津雄ちゃん(中村嘉葎雄)、ほんとによく堪えた。兄の錦ちゃん(中村錦之助)がスゴく気味悪がったらしい。

親友佐田啓二の訃報

小林さんは佐田啓二(本名・中井寛一)とは親友で、晩年遂に仕

『怪談』「耳無し芳一の話」
早朝から4時間がかりで全身に経文を書く　書く方も書かれる方も修行並の写経となる

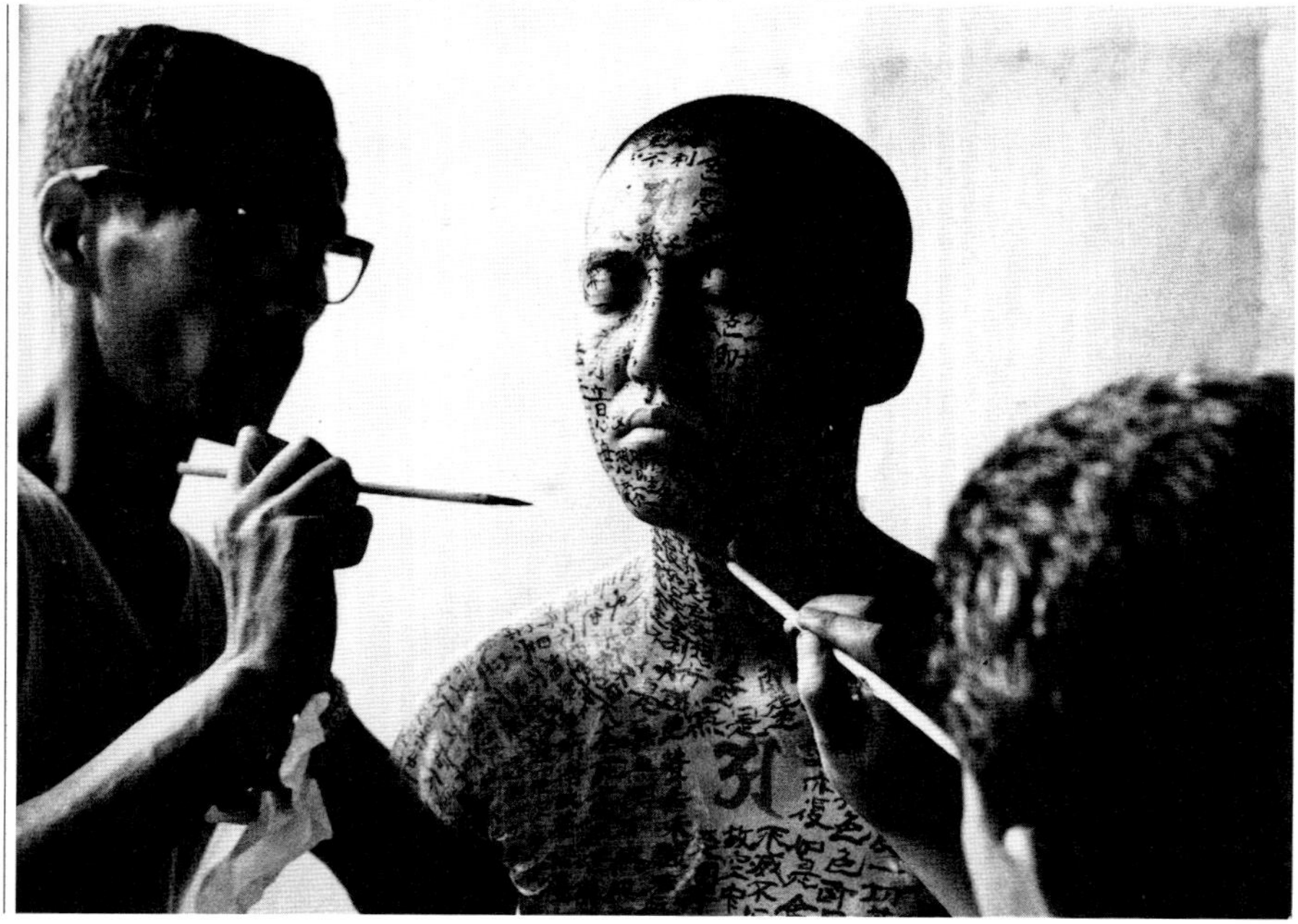

事を共にできなかったことに、ずいぶん心を痛めてた、と思う。佐田さんが蓼科の別荘からの帰り、自動車事故で急死した(一九六四年八月一七日)。その知らせを受けたときは『怪談』の撮影中、あれは宇治大久保の「耳無し芳一」のセットだったと思う

『怪談』で打合せをする
撮影の宮島義勇と小林
宝スタジオにて

が、思わず声を上げて驚き、「ショックだなあ」と繰り返していた。すぐに弔電を打ったが、その電文を、私は覚えている。「カンチャンガ　シンダ　ナンテシンジ　ラレナイ　ウソデ　アッテホシイ　ウソデ　アッテホシイトオモウバ　カリ」。

宮島義勇の流儀

宮島義勇は名カメラマンだし、『切腹』『怪談』ともにいい仕事だった。『切腹』の前年、宮島は、京都太秦撮影所で田中絹代監督『お吟さま』(一九六二)を担当している。田中は小林さんに、宮島と組みたいと斡旋を依頼、小林さんは「仕事はもっと楽にやる方がいいですよ」と、真顔で言った、という。二人は親戚だった。

『お吟さま』で小林さんの予言通り、宮島は田中をイジメ抜き、遂にはコンテをすべて自分が書いた。現場でも、脚本もイジった。それはいい、としよう。しかし宮島は夜、必ず飲む人で、当然本直しは当日の朝、または撮影中になる。『怪談』のときの撮影プラン、コンテ研究と同じだったわけで、当然田中は苦しむ。「私、どうしたらいいんでございましょう」と、現場で、カメラ脇でしばしば泣いたという。宮島の、弱いものイジメの本領発揮だったようだ。映画の出来は良くなかった。このとき助監督でつき、『切腹』にもついたKさん(のち監督になった)など、宮島がゴテツキ出すと「オーバーギャラが欲しいんですよ」と、こんな見限りをされる弱さがあったね。

『怪談』では、宮島のキャメラワークの欠点がはっきり見えた。夢幻性が、ファンタジーがまったく無い。美術の戸田重昌もそ

う感じたらしい。ただクリアなのだ。しかも現場では撮影の段取りもはかどらない。コンテは出来ているのだから照明準備の打合せを前もってやってくれれば、スケジュールはもっと短縮できたはずだ。だがこの人は、前の夜は飲んだくれ、翌日来てからすべてを始める。

そこへ、赤旗からの依頼で『チョンリマ』撮影ルポの執筆が加わった。それは日本共産党全面支援の初の北朝鮮紹介映画で、日本でヒットした。現場の準備中、原稿書きでスタジオの自室にこもることもたびたびだった。

ちょうどその頃、共産党員またはシンパだった十人の会という有志が、宮本賢治委員長と党執行部へ党の現状への批判を込めた意見書を出した。中野重治、朝倉摂たち、宮島も加わっていた。私は彼らが、宮島に会いに京都へ集まったのを見ている。即時に全員除名される。ところが、仲間なのに宮島のみ、免れた。党に利益をもたらしていた作品の監督・撮影者を除名できかねたのだ。これが、宮島には恥だった。だが、何処にも鬱憤の晴らしようがない。最もあたりやすい私に当たり散らしてきた。判ってたが、私は堪えるしかなかった。見かねて、監督ハイヤーに雇ってあったドライバーが、宇治の方へドライブに連れ出してくれた。まったくの第三者の彼がそうしてくれるほど、ひどくイジメられた。小林さんは、知ってたと思う。とても気配りのある人だったから。しかし、また、仕事となると非情を貫き通す人だから、そんなことは私の耐えるべき問題だ、と判断したのか、黙ってた。

創意と実験の帳尻

『怪談』は膨大な赤字を出す。美術費である。製作予算は六〇〇〇万円、当時映画一本の通常予算が四〇〇〇万、余裕ある額だった。しかし、それを美術が使い切った。何しろ、壇ノ浦合戦まで再現したのだから。

こういう巨大なセットプランを戸田重昌が描いたのを、本来、製作部の段階でチェックし止めなくてはならない。できなかったのは、予算実行者、製作担当・内山義重は五所平之助の作品をやってた人で[28]、いかに監督の意志を通し、実現するかを仕事、とし、製作実務・高島道吉は近代映画協会[29]で新藤兼人[30]の作品をやってた人で、炊き出しと共同食事、共同宿舎でいかに予算を少なくアゲるか、を仕事としてきた。この大作をコナすノウハウを二人とも持ってなかった。二人が実行力を見せたのは、航空機を使ってのステージ探しのみ、と言える。私が撮影所をベースにすることにコダワったのは、本能的な、撮影所というものの監督や美術の巨大なプランを、実現・実行可能なものにして行く事務能力。ステージ使用能力を持ってる、という実感的、経験的な勘、からだったが、結果的には不幸な的中となった。日本映画界空前絶後のホリゾント、巨大セットは、予算的には不幸な〈実現〉と〈実験〉になったのだ。

ダビング。これがまた大変だった。音楽、タイトルは〈音響〉。武満徹があらかじめ用意していた音や楽器演奏を重ね、作り上げていた。たとえば「黒髪」では糸車の廻る音と琴が、「雪女」では讃岐の安山岩サヌカイトを吊してぶつけ、衝撃音を除いた反響のみ拡大したものが、「耳無し芳一」では読経のコーラスを重ね、変形したものが、「茶碗の中」の妖怪乱舞には義太夫の太棹（演奏・野沢松之輔）の乱れ弾きをサウンドブレークしたのが、使われた。壇ノ浦合戦では、琵琶の演奏、語りに矢走り、弦の弾き、武者たちの雄叫びが混ざりつつ巨大な挽歌となった。私、予告編を作りましたが、これらのテストが、予告編の音楽で行われた。東宝で試写したとき、大入り満員だった。予告編であんな事態、初体験デシタ。

そういうものだから、クレジット表示は〈音響〉。録音の西崎さんとダビング打合せで武満さんが作業中だった勅使河原スタジオ[31]へ訪ねたとき、疲れた表情の武満さんからいきなり、作った音響をそのまま渡すからそのまま使ってほしい、打合せは必要ない、って主旨をぶっきらぼうに言われた。西崎さんは顔色を変えて立ち去り、私はどう収拾したらいいか困りきって小林さんに報告したところ、そんなことをいま考えても仕方がない、流れを見ていよう、だった。ダビングでまた喧嘩になっては、という私の心配は杞憂で、冷静に行われた。ただ、効果音、そういう現実音は一切カット、音楽とセリフだけでいい、という武満論に対し、私は、とにかく通常の、現実音を入れたものも作っておこうと主張し、二通り用意した。そして、武満氏意見の通りの音響での0号[32]が仕上げられたが、やはりへんなものだったので、私が用意させた方で再号が作られた。カネはかかったろう。にんじんくらぶにとっては大きな痛手だったはずだ。武満さんさえ、錯乱したのだ。

『上意討ち―拝領妻始末―』と『日本の青春』

『怪談』が東宝配給となったのが原因で小林さんは松竹から契約を解かれ、フリーになる。次の仕事は三船プロの『上意討ち』（一九六七）。三船さんのキマジメな気質、小心さが小林さんには意外だったようだ。撮影現場では、人物のバストサイズの画面

◉28 **内山義重**…うちやま・よししげ（一九二五～八八）映画プロデューサー。一九五三年から七四年まで一三作品に関わり、五所平之助監督『煙突の見える場所』（一九五三）、『黄色いからす』『挽歌』（一九五七）、今井正監督の『橋のない川』一・二部（一九六九、七〇）、『婉という女』（一九七一）、『海軍特別年少兵』（一九七二）などがある。

◉29…略称「近代映協」。一九五〇年、自主的な企画製作をめざし、新藤兼人、吉村公三郎、殿山泰司、絲屋寿雄らが設立、のちに乙羽信子も参加。新藤兼人主導のもと、少ない製作費で良質の映画づくりを目指し、スタッフ・キャストの合宿撮影がマスコミでも話題にされた。日本の独立プロにおける映画製作のモデルケースにもなった。新藤兼人監督『原爆の子』（一九五二）、『縮図』（一九五三）、『裸の島』（一九六〇）、『鬼婆』（一九六四）、『午後の遺言状』（一九九五）ほか。

◉30 **新藤兼人**…しんどう・かねと（一九一二～二〇一二）映画監督・脚本家。近代映画協会会長として独立プロによる映画製作を続け、一〇〇歳に至るまで現役で活動した。

◉31…旧草月会館（一九五八～七五）地下にあった、草月アートセンターホール付属の当時最新の設備を備えた録音・整音室。勅使河原蒼風・宏父子の創作活動に使われ、またその好意で、『怪談』における武満徹の音声加工（本書I「人間を見つめて」一二九頁写真参照）など、音楽家や友人の創作活動にも無償で提供されたという。仲間内では「勅使河原スタジオ」とも愛称された。映画監督勅使河原宏のプロダクションも同会館内にあり、製作時には調音作業の拠点となっていた。

◉32…映画の編集用語。ダビング終了後、完成品を仕上げる前の確認作業をするためのプリントを0号と呼ぶ。

にマイクが写ってしまうという、初歩的なミスが出たりして、小林さんとしてはスタッフの仕事に不安があったようだ。この作品は、時代劇におけるホームドラマ、というトライを為し得るものだった。監督スタート時の作品を見ても、小林さんは重厚なホームドラマを撮れる人だったが、橋本忍は、それが書けない作家だった。三船さんもムリだった。僅かに、加藤剛の出演部分に、それがある。

　小林さんはこのあと、東京映画で『日本の青春』(一九六八、主演・藤田まこと、新珠三千代)を撮る。題名がどうもコケオドシみたいだが、久しぶりのホームドラマ、父親ドラマ、いい脚本だった。だが小林さんは物足りなかったようだ。私はこのあたりから「必殺シリーズ」の脚本をやり、藤田さんとツキ合ったのだが、彼が苦笑してたエピソードがある。

　最後大空襲の中を逃げまどうというシーンがあって、上から火が落ちてきたりする大変危険な撮影だった。いよいよ本番になったとき、小林さんがつかつかと傍へ来て「マコちゃん」て言うから、「気を付けてね」と言ってくれるかと思ったら「マコちゃん、NG出さないでね」って言ったって。小林さんてやさしい人なんですけれども、仕事のときはほんとによく解らない、人か、魔かというところが出る。

　そして、仕事に間があく。毎日、俳優座映画放送へ、親友佐藤マーちゃんを訪ね、夜はマージャン。

『いのち・ぼうにふろう』と『化石』

その頃、仲代達矢夫人、隆巴さんがテレビドラマへ進出していた。才筆の人。マーちゃんか、仲代さんからの要望で、隆さんが山本周五郎「深川安楽亭」を脚色、小林さんがやることになる。撮影・岡崎宏三、美術は戸田重昌の師・水谷浩。小林さんは、いままでのスタッフを一変したかったのか。このとき、稲垣公一さんが私と共に撮影現場、厚木の相模川の河川敷の広大な芦原に建てたオープンセットを訪ねた。

　芦原をロケハンしたとき、ここで決めたいが送電線の巨大な鉄塔が邪魔だ、ってことになりかけたが、水谷さんが、その真下に安楽亭を建てればいいですよ、と鮮やかに解決。撮影は『日本の青春』についで二本目の岡崎宏三さんで、格段にスピードアップしてた。以後、『東京裁判』(一九八三)を除き『食卓のない家』(一九八五)まで、岡崎さんとのコンビが続く。こういうワンセットドラマでは、俳優の地力がモノを言う。中村翫右衛門《かんえもん》、仲代達矢、勝新太郎のオトコぶりはみごと。栗原小巻の清楚な色っぽさも生きた。ユニークなキャスティング、撮影現場、ということでマスコミの話題になったが、「ふつうの時代劇だよ」というのが、小林さんの、稲垣氏と私への感想デシタ。

　あとの作品群は、『化石』を除いて、印象に残っていない。『化石』は、いい作品だった。四騎《よんき》の会に連続テレビドラマを撮らせよう、というフジテレビの企画は、市川崑、木下恵介はソツなくコナし、黒澤明は挫折、そして小林正樹は、稲垣公一のすすめで、稲垣脚本で井上靖『化石』を撮る。成功し、映画にもエ

麻布笄町の自宅の居間
くつろぐ時は和服・浴衣姿になった

ンラージした。佐分利信という大きな俳優に最後の輝きをもたらし、岸惠子を再び映画の世界に蘇らせた。

家庭、千代子夫人、そして住まいのこと

小林さんはお子さんがなかった。骨細で痩身の夫人の身を気遣われたのか。カワイがってた犬、家飼いのテリアだったっけ、がいたが、小林さんが帰ると飛びついて喜び、失禁までしてた。ふだんのカワイがりかたが偲ばれる。

夫人・文谷千代子は新協＝青俳[33]の流れの女優で、黒澤明『白痴』(一九五一)の、ムイシュキン＝森雅之に惹かれる純な女の子・久我美子の姉、として、森を軽んじるノーブルな女を演じた。たいへんシンの強い女性だった。テネシー・ウィリアムズ『ガラスの動物園』が実験劇場公演として上演[34]されたとき、ヒロインのローラを演じている。そのとき、小林さんは花束を持って通い詰めたらしい。あの逞しい長身、容貌魁偉、多分その頃若はげが兆してたかもしれない小林さんが、毛ムクジャラの手に花束を持って通いつめた、のを想像すると、とてもオカシく、とてもイジラしくなる。「困るのよ、私、助監督さんとは結婚したくないのよ」と、夫人は旧知の殿山泰司夫人・晃世さんに言ってたらしい。まだ、松山善三、高峰秀子夫妻の誕生する前であ

◉33…一九五二年、岡田英次、織本順吉、金子信雄、木村功らが青年俳優クラブを結成、五四年劇団青俳と改称し、演劇活動とともに映画製作にも関与した。一時は、蜷川幸雄、西村晃、小松方正、蟹江敬三、宮本信子らも在籍したが、六八年に分裂、七九年に解散。

◉34…『欲望という名の電車』で知られるテネシー・ウィリアムズの戯曲。一九四四年にシカゴで初演され、翌年からニューヨークブロードウェイ公演でロングランヒット。日本では一九五〇年四月一日から一カ月間、毎日新聞社ピカデリー実験劇場第五回公演として上演され、足の不自由な娘ローラ役に扮した文谷千代子が当たり役として評判になった。

『ガラスの動物園』のヒロイン
ローラ役を演じて話題になった
文谷千代子

る。小林さんはそれを押し切った。

実はローラのもとに足繁く通った人士がもう一人いた。文学座の俳優加藤武[35]である。大学卒論のテーマがテネシー・ウィリアムズ。研究のつもりで見た『ガラスの動物園』で文谷ローラに一目惚れ、至上の佳人に見えたラシイ。便箋一冊に思いのたけを連ねたファンレターを送ったところ思いがけず面会許可となり、千秋楽の楽屋にケーキを届け、月島の自宅には好みの夏みかんを自転車に積んで通い詰めた。加藤の自宅は日本橋でわりと近かった。が、佳人はいたって寡黙、物理の教師で二枚目のお兄さんがもっぱらの話し相手だったという。「あれから幾星霜、佳人が結婚したと風の便りに聞いて、目の前が一瞬暗くなった。佳人のご主人こそ、誰あろう、映画監督、小林正樹氏その人である」と、自著『昭和悪友伝』(話の特集、一九七六)の「夢見る人・文谷千代子」の項を終えている。ちなみに項頭では「今回はタイトルから〝悪友〟を取ります」と、断りまでしてあったね。私の知ってる頃のご夫妻は、奥さんは「正樹さん、正樹さん」と甘え、小林さんはむっつり対応。仲睦マジイが、フシギなご夫婦、だった。『人間の條件』のヒロインに新珠三千代を選んだのも、どうやら夫人のイメージかららしい。

住まいは麻布笄《こうがい》町、長谷寺という古刹の手前の高台で、いい家、だったな。下は玄関・便所・浴室、続いて板敷きのサロン、手前にタタミの小上り、奥がキッチンに続く小食堂が一つにつながり、あとで知るが岩田豊雄(獅子文六)の住まいがぴったり同じ作りだ。二階の書斎・寝室は、私、未見。

この住まいを、『怪談』のあと、木下惠介への借金を返すため売却。ユックリでいいよ、家は持ってなさい、と、生活上の知恵者であった木下さんは言ったそうだが、きっぱり、手放す。あとは梅ヶ丘、だったっけ。もう忘れたが、民芸の女優・高田敏江さんの住まいの二階、下と別個の住まい、に移る。なかなかいい住まいで、左が客間、居間、書斎、寝室、右はトイレ、バスルーム、ダイニングキッチン、ゆったりしてた。ただ階段の上り下りがちょっと心配だった。はたして、足が弱ってた晩年、細い夫人が介添えで苦労したようだ。そして、その頃は家主が住まいの奥の三分の一を切り売り、小林さん宅も手狭になっていて、そこで遺骸と対面したときは淋しかった。その頃私は腸が急激に痛む奇病に罹ってい、妻に扶けられてようやく行った。妻も小林さんとは旧知だったのだ。翌日の正葬には遂に行けず妻のみ。「剛チャンドウシテ来ナイノ?」ってミンナに聞かれたらしい。まあ、〈可愛ガラレテタ〉のです。辛かった。悲しかった。

エピローグ——映画はカオス

人の値打ちは、〈棺ヲ蓋《おお》ウテ定マル〉のだそうだ。小林さんへの評価は、その最後の、『敦煌』の、無念の挫折、テレビドラマ化、そしてその映画化への再編集作業まで含めて、定まっているのだろう。そんな評価は、しかし、私にとってはヨソゴトである。

作家を解く、というのは、じつは全部、迷蒙の業である。解けないものを解こうとし続けるのが作家のテーマであり、業、なのだろう。それをまだ解こうとする、というのは、アホ、だ。そういうのは批評家の飯の種であり、映画はじつは混沌たるカオスである。監督のもがき、迷い、それが生んだカオスを、おもしろがって見ることが、つまり、淀川長治[36]的なのが最良の批評カモシレナイ。真四角に取り組むと骨折り損になりかねない。自分がUFOになっちまう。小林正樹はきわめて稀な、真四角に取り組める対象、だ。それでもなお、この人は何を表現したかったのだろう、と戸惑うかもしれない。小林さんが最後に取り組もうとしたのは、彼を解くキイになるかならないかは判らないが、會津八一の生涯と芸術を語るノンフィクション、だったようである。

私にとっての小林正樹は『人間の條件』第三部・第四部、第五部・第六部、宮島義勇の撮影、浦岡敬一の編集、平高主計・戸田重昌の美術、音楽の武満徹、西崎英雄の録音、それに関わっての助監督としての私——の仕事の記憶として、その私たちの仕事の綜合者であった記憶として、いまもなお、生き続けている。

●35 **加藤武**…かとう・たけし(一九二九～二〇一五) 早稲田大学演劇研究会を経て劇団文学座へ。舞台、映画、テレビで活躍。脇役、準主役的役柄が多いが、個性的な存在、演技で印象を残す。『悪い奴ほどよく眠る』(一九六〇)など黒澤作品や深作欣二監督『仁義なき戦い 代理戦争』(一九七三)、市川崑監督「金田一耕助」シリーズ、栗山富夫監督「釣りバカ日誌」シリーズほか出演作多数。

●36 **淀川長治**…よどがわ・ながはる(一九〇九～九八) 雑誌「映画の友」編集長を経て、映画解説者、映画評論家として活躍。幅広い視野と柔軟な発想で常に庶民的な視線に立った語り口が身上。テレビ出演では、映画への愛情溢れる解説の終わりに「さよなら」を繰り返すパフォーマンスでお茶の間の人気を呼んだ。

「終《エンド》」マークなき『東京裁判』への道程

小笠原 清

はじめに――『怪談』『化石』そして『東京裁判』

私の小林作品との関わりはこの三作である。いずれも一筋縄では納まらない現場とされていた小林作品の中でも、予測を超えた変動や波乱がついてまわった作品ばかりであった。小林監督の作品との関わり方だけではなく、想定外の要因もからんだ結果であったが、監督は危機的と思われるときでも苦渋や焦燥といった表情をほとんど見せない。泰然とした感があった。そういう存在感が困難な状況を切り抜ける牽引力の作用をなし、スタッフは多少の無理は承知で前に進むことだけに集中し、作品完成をめざした。が、ときには達成感として締めくくるには重すぎる道程だったな、という印象を残した局面もあった。ともあれ、その軌跡にはいつも、人並み外れたスケールの存在感があった。

にんじんくらぶと『怪談』の時代

夢が託されたプロダクション

一九六一年に私が入社したとき、文芸プロダクションにんじんくらぶはバラ色に輝いて見えた。岸惠子、久我美子、有馬稲子という三大スターの華やかな看板のもとに、すでに少なからずの話題作の企画や製作に実績を残しており、良心作とされた戦争映画の大作『人間の條件』六部作が公開されて間もない頃だった。また、志向にそったよりよい作品への出演、という期待感もあって、所属する俳優は二〇名近くに達していて、すでに一大俳優集団的にもなっていた。加えて企画製作に関与する同人として小林正樹、松山善三、武満徹、羽仁進、成沢昌茂が、そして顧問団として井上靖、川端康成など著名作家のほか、松竹、東宝など映画各社の重役十数人が名を連ねていた。[1] 傍目には創立わずか七年目のプロダクションとは思えない、華麗な映画文化サロンの集団に見えたかもしれない。独立プロに夢を託したい、そういう世相と時勢の波に乗った存在であった。

事務所は新橋駅からほど近い、港区田村町一丁目の国道筋から入った細い路地（いまはビル敷地に再編されて跡形もない）の奥にあった。ビルに囲まれたしもた屋の一階、元喫茶店を改造したその外観はちょっと小洒落た感じがあって、くらぶのイメージにも似合っていた。手前に俳優マネージメント部門のデスク群と経理室、奥に代表執務室兼応接室と傍系別社にんじんアドと称するPR誌編集室があった。俳優、同人、来客、スタッフの出入りも頻繁で、いつも小忙しいながら事務所には楽しい活気があった。

その頃の映画産業は全盛期に見えながら頭打ち状態にあり、すでに大手映画五社の助監督公募はなかった。知人の紹介で若槻繁代表を訪ねると「製作部門はないけどここにいなさい、そのうちチャンスがあるでしょう」と鷹揚に受け入れてもらい、にんじんアドの企業PR誌の編集兼カメラマンとなって機会を待った。

若槻さんは来客対応で多忙だった。時おり、小林監督は洒落たシャツ姿で颯爽と現れ、若槻さんと小一時間ほど歓談すると、ご機嫌よろしく事務所をあとにした。『からみ合い』製作中の頃は、武満徹もよく姿を見せた。小柄で、気さくで、天衣無縫に見えた。ある日帰り際にドアの前で「そういえば若槻さん、僕はいまボクシングを習い始めたんですよ」と言って、突然スパーリングをして見せ周囲を笑わせた。「天才とはこんなに自由に振る舞えるのか」と目を見張った。三年後『怪談』のダビング中に見せた近寄りがたい神経質な表情など、想像もつかなかった。

「今度『怪談』に入るから、小林君に頼んでおくよ」と若槻さんから話があったのは一九六三年の暮の頃だった。比較的クールな調整役を得意としていたように見えた若槻さんだったが、『怪談』への入れ込みようは特別だった。近所の旅館の一室を借り、小林監督、美術の戸田重昌、助監督の吉田剛が、美術書などを集めて色彩設計に取りかかるなど、準備段階での相当の先行投資もあった。マスコミでも超大作として話題となり、順調にスタートするかに見えた。が、年末年始あたりから歯車がずれ始めた。出資配給元の松竹が製作費超過を恐れて土壇場で手を引いた。若槻さんは急遽東宝に肩代わりを取りつけ、翌年三月二二日、予定より一カ月あまり遅れて京都太秦の宝（日本京映）スタジオでクランクインとなる。私は京都出張、親戚筋の家に下宿して撮影所通いとなった。

撮影開始、そして暗転

『怪談』は、ほぼ全編セット撮影にしたと東京で聞いたとき、それがどんなものか想像もつかなかった。撮影はオムニバス四話の第二話「雪女」から始まる。衣装合わせのとき、小林監督はジョルジュ・サドゥール[2]と映画評論家登川直樹の取材訪問を受け、岸惠子、仲代達矢とともに和やかに記念写真に収まった。前作『切腹』がカンヌ映画祭で圧倒的な賞賛を受けた「世界のコバヤシ」は、近寄りがたい巨人のように見えた。

撮影開始。木こりの巳之吉と茂作が森の中で猛吹雪に見舞われ、遭難寸前河畔の船小屋に倒れこむ。夜更けに不審な気配、目覚めた巳之吉の前で雪女が……、という冒頭の数ジーンであ

◉1…「1961にんじんくらぶの暦」および一九六三年頃の「にんじんくらぶ同人名簿」カード等による。

◉2 **ジョルジュ・サドゥール**…一九〇四〜六七。パリ大学卒、シュルリアリズム運動を経て映画史家、評論家。著書に『世界映画全史』『フランス映画史』など。

る。雪女が登場するまではセリフなし。森の道に荒れ狂う吹雪、和船を浮かべた川べりの舟小屋、どちらも美術戸田重昌のデザインによる迫真的な雪景色の大セットだ。そこに大扇風機を四、五台配置して人工雪を舞い上がらせる。風向きによっては目も開けられない。森の木には助監督や美術助手ほか手伝いが張りつき嵐のつもりで揺さぶるが、重すぎて思うように動かせたものではない。「もっと風の気持ちになって木を揺すれ！」と撮影の宮島義勇からゲキの声。のっけから大撮影である。

次は舟小屋の中。風で突然戸が押し開けられ、白装束の雪女がスーッと入ってくる。昏睡している茂作の前にかがむと、顔に凍りの息を吹きかける。雪女の顔の陰から、息を吹く口元に合わせて、霧吹きで白い霧を吹き出す特撮的細工も実見した。大わざ小わざも体験して撮影は終了、小林監督も満足気の様子だった。スタートは遅れたものの、現場は順調に動き出したかに見えた。が、事態は想定外の方向に暗転した。

このあと宝スタジオには別作品の予約があったので、宝塚スタジオに拠点を移すことになっていた。それが突然断られた。裏情報によると東宝の指示があったという。大手をさしおいて、一介の小プロダクションが華々しくこんな大作を手がけた、ということへの反発らしい。松竹東宝両系の施設からは遮断され、土壇場では他のスタジオにも空きがない。四面楚歌。『怪談』は拠点を失い漂流、頓挫の危機に瀕した。

製作部は窮余の一策として、セスナ機でスタジオに代わる大型建造物の空中探査に及んだ。荒唐無稽のごとき挙であったが、宇治大久保に旧海軍（陸海軍の諸説あり）の零戦格納庫、当時日産自動車の完成車置き場（日産車体）を見つけた。借用許可となった。そこまでは不幸中の幸いだった。

私の漠然とした記憶によれば、格納庫は幅六〇—七〇メートル、長さ一五〇メートル以上はあったろうか。天井も高い。これを撮影に適したスタジオ仕様に改造する。セットを囲む帆布の壁面ホリゾント、天井に吊すライトの足場、照明用の電源を確保する超大型トランス、それに関わる諸々の資材と器具、内部の設定ができるまで一カ月あまりを要した。その間のスタッフ人件費、滞在費も含めるとそれだけでも余分かつ莫大な出費となる。

五月上旬頃だったろうか、俳優待ちによる休日に、京都出身のチーフ助監督吉田剛に連れられて街へ出た。昼頃、四条大橋を渡っていたとき、ジーパン姿の篠田正浩監督に出あった。松竹太秦撮影所で『暗殺』の撮影中である。「今日はお休みですか」と吉田が声をかけると「もう撮影は終わったんだ、ワンカットだけだったから」「ワンカットだけ？」「そう、寺田屋騒動のシーンを、クレーンでワンカットで撮っちゃった」と晴れやかな笑顔だった。この作品は『怪談』の「黒髪」「雪女」の二話分もまだ撮り終えていなかった七月上旬に封切られ、私は京都で見た。歯切れのいいテンポの傑作だった。幕末伏見の薩摩藩の常宿寺田屋で謀議する尊皇の志士を、鎮撫派が急襲する殺戮のシーンは、刺客の動きに合わせて階下から二階へ、そして階下に戻る鮮やかなワンカット処理だった。……そしてそれから、われらが『怪談』は、苦闘の日々が続く。

創作意欲果てしなく

広々とした大久保の新ステージは、美術の戸田重昌の創意をいたく刺激したようであった。セットを思うように拡大できる。建て前を受けもつ大道具が、そのつど「オーッ」と唸る壮大なデザインが渡された。第一話「黒髪」の落ちぶれた武士の屋敷、とはいえ大寺院回廊もどきの長廊下とその先の式台(玄関)、京の街を遠望する朽ちかけた門。居室の前の大きな湧水井戸。任地先の舞楽風の舞台を設えた居館の中庭。リアリズムを基調にイメージは自由に飛躍して魅力的ではあった。第二話「雪女」では

G・サドゥールを迎えて
左から登川直樹 小林 宮島義勇 G・サドゥール
仲代達矢 岸惠子

『怪談』「雪女」
巳之吉が雪女に見初められる
冒頭シーン

『怪談』「耳無し芳一の話」
平家亡霊御殿で
琵琶を披露する芳一(中央)

山麓の巳之吉の住まい全景、川岸の長い土手と村の共同洗濯場。第三話「耳無し芳一の話」ではさらにエスカレートする。阿弥陀堂の前に池を配した浄土寺院の再現。芳一の琵琶に聞き入る平家の亡霊たちが並ぶ舞台は、池上に建つ神殿風の広壮な御殿。そして軍船の激突する壇ノ浦海戦用の巨大な水槽。第四話「茶碗の中」では豪壮な大名屋敷と人力車が走る明治の街並も出現した。ホリゾントの高さも、通常の映画スタジオの二倍近くになる。大久保ステージに初めて入ったある俳優は「うわー、サーカスのテントみたいだなあ」と驚きの声をあげた。大セット続きで建て込み日程の遅れは常態化し、費用の累積はそろばんを弾くまでもなかった。のちの集計で美術費だけでも製作総予算を超えたという。

大ステージはまた忌まわしき連鎖反応を招いた。天井が高すぎるのでライトの足場づくりはとび職に頼む。その数も半端ではない。撮影は天皇の異名をもつ宮島義勇となれば、それなりにライト機材も人員も増える。キーライトを確認中の宮島カメラマンが、天井に向かって声をはりあげる。「おーい、そこのライト五キロじゃ弱いぞ、一〇キロに変えてくれ」「これは一〇キロです」、一瞬絶句。「しょうがねえな、じゃ一〇キロをもう一台あげろ」。一〇キロライトは素人では担げない重量だ。天井の足場も補強が必要になる。命綱もつけず足場を渡りあるく照明スタッフは危険だった。あれやこれやでライトの配置がやっと決まり一斉点灯、セット全体が明るく浮かび上がった。ホッとした途端に真っ暗になった。「トランスが容量オーバーで落ちました」と闇の奥で声が上がる。追加を関西電力に依頼、早くても三、四日先だ。そんな日程ロスは珍しくなかった。

現場はおおむね宮島天皇の采配で進んだ。入念、緻密ではあったが時間がかかった。納得がいくまでは特段に気難しく、周囲は腫れ物に触る気遣いだ。ご機嫌が悪いと、美術の設えにたびたびクレームが及ぶ。「雪女」の母子の墓参シーンでのこと、土饅頭墓の位置が低く事実にそぐわないとする宮島流考証学で作り替えとなり、何日か撮影休止。これはまだ序の口。「耳無し芳一」では源平海戦のプール大セット最終確認の日、ファインダーを低く構え眺めていた宮島天皇から、奥のホリゾントの高さが二メートル足りないとしてかさ上げの指令が出た。単にその分の布を上に足して同じ色を塗れば済むというものではない。これまでの仕立てはすべてご破算。足場を高く組み直し、シートを継ぎ足し、もう一度下塗りからやり直す。乾燥の時間をとりながらデザイン通りに上書き塗装を繰り返す。ロスタイムは二週間あまりに及んだ。数百万単位の無駄金が流れ、俳優のスケジュールはすべて組み直しとなる。製作主任の高島道吉がぼやいた。「宮島さんもちょっと考えてくれればなあ、カメラの位置をもう少し高くすれば済むのに」。やっとカメラが座ったところで、小林監督が超然と「よーい、はい」の声をかける。そんな流れに誰も忠告、進言はしなかったし、できなかった。

完成はしたけれど

たびたびのスケジュール立て直しの負担は助監督の吉田チー

フにかかった。当初は松竹から応援が来るはずだったが現れず、私以下、素人助手三人を率いての気の毒な奮戦となったが、仕事のさばきは機敏で的確だった。吉田チーフの悩みは大型セットデザインを野放しにした製作部の弱体ぶりだった。若槻プロデューサーは現場対応にはズブの素人だったし、何よりも金策に忙殺されていた。代行すべき製作補佐の内山義重と主任の高島は、小林監督やメインスタッフに気圧されしたかのように、予算に見合う枠組み規制をかけられなかった。宮島義勇をはじめ小林監督の別格的信任のもとにある戸田重昌、録音の西崎英雄、音楽の武満徹には、他からの意見物言いが憚られる聖域のような雰囲気があった。吉田はチーフといえども監督と製作部を差し置いて、製作費規制をあからさまに提起できなかったようだ。猫の首に鈴をつける役が不在だった。

やがて、金策行き詰まりの噂は現実となり、にんじんくらぶからの送金は途絶えた。

第三話の撮影中、製作部から「撮影中止やむなし」と告げられ、いよいよこれまでかと思った。が、撮影は続いた。小林監督が資金を用意したという。事態を心配した仲代達矢と脚本の水木洋子から相当の資金提供を受けたとも、木下恵介監督からも多額の借用に及んだらしいとも聞いた。七月の予定が一二月半ばにクランクアップ。仕上げ費は若槻さんが何とか工面し、年末のダビングにこぎつけたが、創作意欲はここでも極限に及んだ。武満徹は作品全体の音楽と音響を自作のみで構成することを望んでいた。西崎英雄が自信をもって用意した音響をも拒否したため、一時は険悪な対立を生じ、吉田チーフが調整に苦慮していた。二四日の完成プリントは西崎音響とのミックス版だった。二八、二九日の有楽座、スカラ座での試写はすこぶる好評で、正月六日からのロードショー公開に関係者は期待した。が、武満から強い不満のメモが届けられ、監督は年内の再ダビング[3]を指示した。年の瀬の資金繰りは無理という若槻さんに監督は激怒、自ら費用の一部を用意して作業をしたという。しかし武満音響のみのプリントは公開用の成果品には至らず、吉田チーフが念のためと用意した西崎音響とのミックスで完成品とされた。結果として小林監督のメインスタッフの創意尊重は、ほとんど裏目に作用した感があった。『怪談』における創作競合ぶりは、「魔がさした」かのような現象を呈し、その経費負担はひとえに若槻さんに集中した。弱小プロを承知でにんじんくらぶに夢を託したプロ集団が、なぜ素人プロデューサーの弱味をカバーしようとしなかったのか、スタッフの末席にあって悲しい疑問を抱かざるをえなかった。それでも、そういう采配を貫いた小林さんの姿は、当時の私にはやはり巨人のように見えた。

夢破れてのち

『怪談』は、公開後高い評価を受けた。毎日映画コンクール作

◉3…年末再ダビングの一件に関しては、若槻繁『スターと日本映画界』(三一書房、一九六八)二三二―二三四頁、本書I「人間を見つめて」『怪談』一二九―一三二頁、III吉田剛「小林正樹というカオス」三一二―三一三頁、III柴田康太郎「作曲家・武満徹と録音技師・西崎英雄の仕事」三五六―三五八頁に関連記事がある。

品賞のほか、脚本、撮影、美術、音楽、録音の各部門でも受賞、カンヌ国際映画祭では審査員特別賞の栄誉に輝いた。しかし、ロードショー公開ではいっとき盛況に見えたが、興行全体としては不作に終わった。最後の望みとした配収の期待は夢と消えた。にんじんくらぶには二億数千万円の債務が課せられ、若槻さんは悪戦苦闘の日々を送ることになった。そのダメージは俳優マネージメント業務にも決定的な影響を及ぼし、ほどなく俳優プロダクションとしての実態も喪失した。『怪談』完成後二年足らずの一九六六年一月三〇日、倒産。若槻代表は新会社にんじんプロダクションを立ち上げ、映画製作を続け再起を図ろうと執念を燃やし続ける。何本かの作品の企画製作を手掛けていたが、収益につながるほどの仕事にはならなかった。

　小林監督が自宅を手放すなどして立て替えた製作費も、結局は負債のままで終わった。自身の調達分を決済するかたちで、債務の一端を担ったことになる。

　その後、新プロダクションでは映画製作の金ヅル探しの協力者として、従来とはまったく異なるタイプの人たちが出入りし、妙に活気めいた時期があった。しかし少々筋違いの人脈に一縷の望みをつなぐ若槻さんの苦衷を見兼ね、資金繰りの一助にと私は自宅を担保提供した。感情の高ぶりとはいえ向こう見ずの所業であった。優先返済の約束も空手形に終わった。こうした一連の動きの中で、若槻さんに同情し、某歌舞伎俳優未亡人や銀座のバーのマダムまでが、一時金のつもりで家屋担保や貯金の提供に応じた。結果、負債のしわ寄せ、大口資金調達の見込み違いなどが重なり、映画業務にはまったく関わりのない善意の協力者たちの、愁歎の悲劇まで招くことになってしまった。[4]

　状況は次第に先細りとなり、手弁当で事務所を支えた若い女性社員の給料は未払いが常態化した。私も生活が逼迫してきた。ある日出がけに「子供のミルク代がないけど、どうしよう」と女房に告げられ、身のふり方を余儀なくされた。いっとき、ある業界新聞の写真部に身を寄せたが水が合わず、映画界に戻ってフリーとなる。

　折しも、松竹を退社し自主企画の旗印のもとに篠田正浩監督が独立プロ表現社を立ち上げ、その第一回作品『あかね雲』[5]（松竹配給）の製作が始動していた。参加していた戸田重昌と西崎英雄の声がかりで、サード助監督につけてもらった。早稲田大学で箱根駅伝の選手だった篠田監督は、陣頭指揮に立ってきびきびと現場を牽引し、監督としてのイメージ追求にも意欲的だった。それでも、意向に添った準備がととのわなかった場合でも即座に対処を切り替え、日程を滞らせることなく撮影を進めた。プロデューサーの肩書きはつけていなくても、事実上財政責任を負っての仕事ぶりにはおのずから緊張感がにじんでいて、それは言わずもがなにスタッフに伝わるものがあった。

　次いで大島渚監督のATG作品『絞死刑』[6]についた。総予算一〇〇〇万円の超低予算である。大島監督は一九六一年に松竹を退社して創造社を設立、ヌーベルバーグ独立プロの先陣を切って低予算で製作に臨んできた。この作品では俳優、スタッフ全員一律一〇万円という前代未聞のギャラ配分を設定、みんな大笑いで受入れ、心意気で参加していた。余裕はないはずなのに、酒豪ぞろいの大島組の「死刑場」のセットの陰にはいつも芋焼酎の一升瓶が並んでいて、撮影が終わると持ち寄りの肴を並べて意気高く酒盛りになった。いずれも『怪談』とは対極にある低予算であったが、現場にはおのずからの納得感、あるいは爽快感といったものがあった。

監督プロダクションについて言えば、黒澤明、木下恵介両監督も自らのプロダクションで自作を監督した。小林さんは一切それをせず、監督だけの立場を貫いた。それができた人であり、そういう立場をとり続けることに恵まれた監督でもあった。

『化石』——一六ミリ映画の超大作

少数精鋭という現場

『怪談』から一〇年後、遠景の彼方にあった小林組から突然声がかかった。八回シリーズのフジテレビ番組『化石』のロケで一週間後にパリに出発だという。小林監督が少数精鋭主義でテレビ映画を撮る。信じがたい話だったが、一興でもあった。六本木の俳優座映画放送室に小林さんを訪ねると、「ずいぶん大きくなったねえ」と言われ返答に窮す。巨人の風貌はそのままであったが、『怪談』のときの威圧感は薄れ、穏やかな笑みがあった。

一一月一七日にフランスへ出発、パリを拠点にブルゴーニュ地方ロケをし、年末にスペインロケ、パリへ戻って年明けに補足撮影をすると一月九日に帰国、ただちにナレーション録音をしてから国内・信州ロケを並行し、一月三一日に第一回放送、三月二一日の第八話の放送をもって完了した。二カ月半足らずのうちに八話分の撮影をして納品にこぎつける、小林組でなくても容易ではない。第一話の編集中、日程を心配した代理店プロデューサーが二人現場を訪ねてきた。監督に督促したところ「そんなにせっつかれてもできないものはできませんよ、放送を延ばせばいいじゃないの」と言われたらしい。小林さんが言いそうなセリフである。二人は血相を変えて私のところにきた。「そんな非常識なことはできないことぐらい、テレビをやってる君はわかっているよね」と迫ってきた。「でも監督がそう言うなら仕方がないでしょ」「冗談じゃない、監督にスケジュールを守らせるのは助監督の、あなたの責任だからね」。「やるだけのことはやりますが、プロデューサーの責任で監督には念を押してくださいよ」と、少々意地悪な返答をした。きわどい日程だったが、全編徹夜ダビングで何とか納まった。作業中、疲労気味の脳に、武満音楽のスウィートな音色が快かった。こんなメロディも書く人だったのだ。

海外ロケの陣容はロケハンで先発の監督、製作の岸本吟一、

●4…若槻繁『スターと日本映画界』二四一—二四四頁。筆者もにんじんくらぶ在籍当時、関係債権者が悲嘆の修羅場を呈したという話を聞いている。
●5…モノクロ・パートカラー、一九六七年九月公開、原作・水上勉、脚本・鈴木尚之、出演・岩下志麻、山崎努、佐藤慶ら。
●6…一九六八年二月公開、アートシアター・ギルド提携一〇〇〇万映画第一号。死刑制度、在日朝鮮人差別問題を扱った風刺喜劇。出演・佐藤慶、渡辺文雄、尹隆道ら。

撮影岡崎宏三、脚本稲垣俊、後発組は製作主任松永英、照明大西美津男、録音奥山重之助、撮影助手松下時男、記録梶山弘子そして私。渡航スタッフは全九名。俳優陣は佐分利信、井川比佐志、山本圭、佐藤オリエの四名が後発に同行し、パリ在住の岸恵子と合流した。これに仏側スタッフが通訳を含めて製作四名、照明と録音の助手、移動車係、小道具、メークアップ等で計九名。現場では最大二〇名前後の体制となった。

コンテは大作主義

現場での小林監督は『怪談』時に比べると、見違えるほどの軽快なフットワークになっていた。それは明らかに岡崎宏三カメラマンの作業テンポの影響であった。タクシー内撮影では大きな体を折り曲げて助手席にカメラマンと詰め、ロケ先ではポジション探しに忙しく歩き廻っていた。岡崎は撮影の条件設定には一流の厳しい基準があったが、それを素早くクリアしていく合理的な技術も豊富に持ち合わせていて、本番へ行き着くまでの段取りが早い。それでも思わぬ障害に何度か悩まされた。

その一つが当時のフィルム撮影に必要な日中の光量時間が、冬のパリでは極端に短いことだった。午前一〇時にやっとカメラがまわり、午後二時半を過ぎると、露出計をかざしていた助手が「はい、今日はもうダメです」という。加えてレストランでの昼食が仏側スタッフの待遇に合わせると二時間かかる。一日の実質撮影、わずか二時間余。重なるスケジュール崩壊で私は怒り心頭に発した。製作部が仏側に申し入れ、昼食は各自一時間で済ませて現場再集合とし、辛うじて午後の一時間を確保した。

屋内撮影の拠点が、原作の舞台となったホテルであったことは、職住一体、ロケセット完備という両面において救いであった。佐分利信の部屋は主人公の部屋の舞台となり、隣接の監督やカメラマンの私室は準備室も兼ね、他のスタッフの部屋も近間にあって仕事の利便性が高かった。監督にとってもこのうえない居心地となったらしい。夕食はスタッフ各自外食としていたが、監督はあらかじめ持参した日本食素材を使って、岡崎とスクリプターの梶山の三人で毎晩自炊ディナーを楽しんでいた。岡崎は撮影以外のことでも実にタフでこまめであった。ハードな撮影をこなしたあと、休む間もなくせっせと調理を始め、宝塚映画時代から岡崎と師弟同様の関係にあった梶山が、準備や後片づけなど諸々の雑事を受けもった。梶山は現場では物怖じせずにあれこれ注進したり、伝達役を果たしたりするので多くの監督から重宝されていた。小林監督のお気に入りにもなった。これがのちの小林監督の遺品継承の伏線になる。

主人公の舞台となったクラシックな広い部屋は、ほぼそのままの調度で事足りた。小林監督はそんな設定をフルに活用した。テレビ映画用のコンテで早撮りする考えなど微塵もない。俳優は前後左右自由に動き回り、カメラはときに一八〇度近いパンを強いられた。ホテル内では電源にも照明機材の数にも限度があった。どうやって光をまわすのか心配になり、カメラマンを見るとさすがに困惑顔だった。目が合うとニッと笑って「こんなのテレビ映画じゃない、超大作だよ」とつぶやいた。それでも手抜きはなく、ツボどころを抑えたライティングでドラマを仕立てた。その成果は、本編映画のスクリーンで遺憾なく証明されている。「最初から本編を撮るつもりだ」という小林監督の本音を、岡崎も正面から受けて立っていた。また、実写シーンの多いこの作品で、多様な表現力をもつ岡崎カメラワークは、それにふさわしい豊かなイメージを添えていた。

『化石』はわが分身

テレビ放送の翌年から監督は本編の編集にかかり、年末にはいったん仕上げたはずであった。が、それからも手直しが続き、一九七五年の一般公開版の完成までに三年半ほどを要した。この間、海外での公開試写を経ながら改編作業は二度、三度に及んだという。監督自身の納得を極めるまでの執着と渾身の作業であったようだ。それはまた、本編カットからのスチル用の写真の選定や、パンフレットやチラシのデザイン、編集などの宣材づくりにまで及んだ。小林監督が自作のイメージ世界に没頭できた、無上に楽しい仕事であったにちがいない。監督が『化石』はわが分身」と語りえたのは、こういう過程を踏まえてのことではないか。

贅を極めたこういう吟味は、とても余人のなしうることではない。これら一連の経費は、編集・ダビングなどの仕上げなどともに、俳優座映画放送の佐藤正之プロデューサーの、長期にわたる辛抱強い支えによるものであったと思われる。

私は本編作業にはまったく関わりをもたなかったが、試写会

『化石』撮影時
パリのホテルで自炊ディナー
左から小林　岡崎　梶山

小林がこだわり通した『化石』パンフレットの表紙と
類似のデザインによる試写会案内状
イラストは生沢朗の描きおろし

に招かれた。高い評価を受けての完成パーティは盛況で、主役の小林さんは、思いの丈を出し切った充足感によるものか、終始愛想よく、にこやかにホスト役を務めていた。

『東京裁判』――模索の果てに

日本人の命題

それからさらに一〇年、小林監督とは『東京裁判』で三度目のご縁となる。

『東京裁判』は試写の段階から興奮現象が現れた。一九八二年三月、東洋現像所での関係者試写会のあと、配給元の東宝東和は「これは映画を超えた映画だ」として、自社の試写室や全国主要都市映画館での試写による宣伝活動を先行させ、秋には有楽座やみゆき座で、政財界はじめ各界二〇〇〇人の人士を招待して盛大な試写会を開催した。

ある会場で試写のあと、初老の男性が講談社社員に声をかけてきた。「このとき私は海軍士官で何も知らずに一生懸命戦っていましたが、世の中はこんな動きをしていたんですね。よくわかりました。ありがとうございました」。これは当時の多くの日本人の率直な感想であろう。審理の是非は別として、東京裁判から発信された情報は、おしなべて「目から鱗」という極めて大きな影響を日本人にもたらした。三五年後のこの映画でもまた同様の感があった。戦時中は海軍主計将校であった中曽根康弘首相は、上気した面持ちで試写室から現れたというし、三木武夫元首相は秘書に対し「君はいままでで一番よい仕事した、それはこの映画を私に推薦したことだ」と語ったという。

七月七日、講談社は関係者を招いて試写会と製作打上げパーティを開催した。講談社代表、小林監督をはじめ配給・協力関係者のひと通りの挨拶が終わってからあとの歓談が凄まじかった。立食会場に大小いくつもの輪ができて、映画についての熱い感想はやがて、東京裁判の是非、戦争体験、内外の政治論へと高揚していった。それまで語るに語れなかったそれぞれの思いの、口角泡を飛ばしての論じ合いとなり、中締めの声がかかっても興奮冷めやらずの態であった。お説拝聴に疲れた私は隣の控え室に退避すると小林さんも入ってきた。ため息をついてソファに腰を沈め、タバコに火をつけると「『東京裁判』はもう独り歩きして行っちゃったねえ」と苦笑した。東京裁判にはあらゆる話題が鬱積していた。大半の日本人にとって、何らかの総括をせずにはいられない命題が共有されていて、映画はその噴出の導火線になった感があった。

翌年六月四日の一般公開にあたり、東宝東和は新聞一面や見開きページに大広告をうった。メディアでも大きな話題となり、新聞では芸能欄だけでなく、家庭欄、社会面から政治、経済欄にまで幅広く取り上げられた。製作開始段階から、国際映画祭での上映が終了する頃まで、新聞、雑誌、諸書に掲載された関連記事は、スクラップブックに残されている分だけでも三三九点にのぼる。世論環境にも変化が見られた。ともすれば右翼保守系から強い牽制を受けがちだった東京裁判論議は、ほぼ完全にフリートーキングの場を得たように見えた。この後の学界では東京裁判に関する優れた論文発表が相つぎ、また、裁判当時のレーリング判事（オランダ）やファーネス弁護人（米）を招いての「国際シンポジウム東京裁判」が開催された[◉7]こともあって、学者・文化人の論壇参加にも開放感が出てきた。

結果として、小林監督は日本中に潜在していた東京裁判に関する日本人のさまざまな思いや疑念の表出を、映画で一手に引き受けていた、ということになるだろう。

始動——偶然と必然

前年一九八一年二月、小林組から呼び出しの電話が入った。ノンフィクション系の作品に携わっていたことから、役に立つだろうということだったらしい。作業拠点は六本木鳥居坂の、

『東京裁判』　新聞の全面広告
1982年8月25日
朝日新聞夕刊

二階利用の豪華マンションだった。一階のキッチン付きの広い居間が編集室、壁三面の棚には膨大な量のフィルム缶が天井近くまで何段にも並んでいる。二階が小林監督の執務室と脚本稲垣さんの書斎兼寝室、スタッフルームである。

手渡された脚本は冒頭の「ポツダム会談」から、裁判開廷時の「管轄権問題」まで、全体の二割程度ができていた。前年一〇月に上がり、一二月初旬に、佐藤慶によるその分のナレーション録音が済んでいた。画像と音声の基本素材も整い、近々残りの脚本も仕上がるということで、二月から浦岡敬一が編集を開始した。ついては補足の実景や資料、小物撮影をしながら、全体の作業進行にあたってもらいたい、ということであった。完成予定は六月末だった。小林組でこの日程はちょっと無理かなと直感したが、受けることにした。……いまをおいて『東京裁判』と向き合える機会は、もうないだろう。

講談社の『東京裁判』[◉8]所轄部署は宣伝局、上野俊朗局長のもとに臨時の事務局が併設されていた。製作事務担当が森直也部長、

◉7…一九八三（昭和五八）年五月二八、二九日の二日間、池袋サンシャインビルの会議室で、学者、研究者、法律家らが中心となって開催。五月二六日付の朝日新聞に関連記事が掲載されている。

◉8…講談社宣伝局に併設された映画製作事務局は、まったく未知の分野の変則的、流動的な製作現場に冷静着実に対処し、完成への下支えをまっとうした。その折々の動きと製作全般の推移については、小笠原清「東京裁判」の製作現場から——その製作過程をめぐって」（日本映画テレビ技術協会『映画テレビ技術』一九八三年七月—一九八四年二月六回連載）、および杉山捷三「記録映画『東京裁判』製作あれこれ」（二〇一五年一月講談社「社友会」誌）に具体的な記載がある。

現場担当が副部長の杉山捷三、その下に光森忠勝が進行係としてついていた。杉山と光森は実質的な製作部として鳥居坂に日参していたので、なりゆき上私と協働関係が密接になった。そしてほどなく、映画『東京裁判』の仕掛けの張本人が、杉山捷三その人であることを知ることになった。彼自身もまた、東京裁判に強いこだわりをもち続けてきた一人だった。

　ことの次第は、講談社創立七〇年記念事業計画に始まる。杉山のもとに東京裁判の映画フィルムの話がもち込まれたのは、一九七七年のことであった。映画化の支援者を探していたアイディアワークジャパンの江田和雄とユニークフィルムの井上勝太郎からの相談で、当時週刊誌の記者だった光森の引合せによる。これをもとに東京裁判の写真集を刊行してはいかがか、というものであった。

　素材は、米国防総省に保管されていた膨大な東京裁判の記録フィルムと資料の一部だった。四年前の一九七三年、米国の法律による二五年経過解禁の機密文書に含まれていたものである。いち早く注目した当時大蔵省在籍の橋本某が、井上の協力を得て、米国立公文書館から五八二巻のコピーを取得、作品化を企図してユニークフィルムを設立したという。橋本某についての詳細は不明だが、映画門外漢でありながら、そこまで個人投資の挙に出たのは、やはり相当の「東京裁判」検証こだわり派であったかも知れない。ところが翌年、橋本の急死という思わぬ展開になってしまった。遺されたフィルムは井上が引き継ぎ、さらにそれを戦争フィルム収集の知友であった江田が買取り、共同で自主製作を目論んだ。そして『東京裁判』(中公新書)の著者児島襄《こじまのぼる》に構成まで依頼したものの、資金難で行き詰まっていたという。

　翌年早々、杉山は素材を確認し、写真集より映画製作のほうが記念事業としてアピール性が高いと考え、企画責任者であった足澤禎吉専務に相談した。沖縄戦の実写も含むその一部を試写して見ると足澤は強い反応を示し、映画製作案が始動した。杉山は週刊誌記者時代の縁から野間惟道社長と、また社内剣道部での交流を通じ服部副社長とも私的な側近関係にあった。映画計画の話をすると「専務が良いと言うなら」と、すんなり賛意が得られたという。

　一二月、江田、井上両名をプロデューサーとし、そのプロダクションに製作を委託する体制を整えた。さて、監督は誰にするのか。杉山によれば、恥ずかしながら黒澤明の名前しか思いつかなかったので、早速井上に交渉を依頼。黒澤監督は即座に「その話なら僕よりずっと適任者がいるよ」と、以前に劇映画『東京裁判』を企画していたとして「四騎の会」の同志小林監督の名を挙げたという。

　講談社の要請を受けた小林監督は、常連の数名のスタッフとともに、裁判関連フィルムの抜粋試写に臨んだ。同席した編集の浦岡からのちに聞いた話では、延々と続く退屈な裁判実写、気色の悪いBC級戦犯の処刑シーン、海のものとも山のものともつかず、スタッフはそろって反対だったという。しばらくあって監督から電話が入った。「浦ちゃん、あれはやることにしたからね」。有無を言わせぬ宣言で、年明けから小林組が始動した。結局、映画『東京裁判』の製作は、偶然と必然がからみ合い、小林監督のもとに収斂していくという宿命であったのか、と思えるような流れになっていた。

その後の推移については、監督がインタビュー等でもたびたび語っているので省略するが、この企画を成立させた講談社側のキーマンについて触れておきたい。その第一は、この契機をつくり製作現場を終始取り仕切った杉山捷三である。ついで東京裁判に強い問題意識をもち、記念事業としての企画を主導してくれた足澤禎吉専務である。表向きはこの二人になるが、さらにこの陰には野間惟道社長の存在があった。社長は終戦時、敗戦の責任を取って介錯なしの壮絶な割腹自決を遂げた阿南惟幾陸軍大臣の三男で、のち野間家に入った人物である。『東京裁判』の製作が危機にあったとき、杉山は社長に呼ばれた。状況を報告すると「いざとなったら俺の小遣いのつもりでやればいい。親の立場上俺の名前は絶対出せないが、ぜひやれ」と激励されたという。社長は作品の内容については「中立(偏るな)」を求める以外口を出すことはなかった。完成試写では満足そうであったという。足澤専務も同様で、完成日程の厳守と「退屈なものにならないように」という注文だけで、「監督にすべてお任せします」と自由な創作を容認していた。[9] 既存の映画会社やテレビ局ではありえない、講談社製作によるこのような信任環境は、小林監督と映画『東京裁判』にとって、特記されてよい最高の幸せではなかったか。

挫折の危機と再編

しかし、製作の現実は予想外の問題にたびたび遭遇し、挫折の危機と再編を繰り返すことになった。当初の江田・井上プロデュース体制では、製作期間一年の予定で六本木鳥居坂マンションを製作拠点・兼編集室とした。監督と脚本の稲垣俊が早速法廷シーンと速記録の照合調査を始めたが、これが想定外の難作業となり、結果として一年四カ月かかってしまった。この間、製作委託を受けた江田、井上両者の会社が一年足らずのうちに揃って破綻する事態となり、講談社直接製作体制に切り替えられた。その後稲垣の勧めで博報堂から荒木正也を、ついで東宝から安武龍を出向プロデューサーとして迎える中で、関連フィルムの整理作業や各種文献資料の目通しが進められた。その過程で、裁判の推移、裁判当時の日本と世界の情勢、審理内容に関わる戦時中の歴史事象を三本の柱とする脚本の基本構想が決まり、裁判と関連歴史フィルムの、追加渡米収集が江田・井上時代と講談社体制初期の二回行われた。素材フィルムの総数は一〇八〇巻、二〇〇〇時間超に達していた。これらの整理にはさらに想定外の手間を要し、その結果、作品完成の契約期限をたびたび延長することになり、講談社には底知れぬ不安を与えることになった。当面の六月末の完成予定は、四回目の変更になる。これ以上の先延ばしは考えられない。

●9…杉山捷三の会社最上層部との関わりについては、当時は筆者が本人から折々聞いていたことであるが、近年前注の講談社「社友会」誌にも本人の回想として記述されている。

資料・実写撮影班
左から小笠原 撮影奥村佑治 撮影助手瓜生敏彦
監督助手戸井田克彦 小林 撮影チーフ助手北村徳男

当時の新聞記事や終戦の詔勅、調印降伏文書などの資料や実景の撮影は、小林監督立会いのもと奥村祐治[10]の撮影で進められた。一片の記事、資料でも陰影をつけた奥村流の丁寧な撮影は時間がかかる。私はネジを巻きたかったが、小林さんは満足であった。

三月下旬、専務から昇進した足澤副社長が突然編集室に現れた。スケジュールが心配だったのであろう。作業が進行中であることを確認して安堵し、監督・スタッフと機嫌よく記念写真に収まった。アオイスタジオでの第一回の編集ラッシュ試写にこぎつけたのが三月三〇日。まだ裁判導入部分までに過ぎないが、製作開始から二年四カ月目でようやく映画の形をなしてきたことで、講談社事務局はホッとしたようだった。冒頭のポツダム会談シーンは秀逸な出だしで、監督も自身の目論見に手応えを感じたようだった。

そして翌四月一日、第二次の脚本が上がってきた。全体の六割程度までの分量である。それなりの進展ではあるが、すでに喜べる段階ではない。第一次の脚本から六カ月、このペースで予測すると次回の脚本の上がりは早くても九月になる。六月完成などあり得るはずがない。誰も口には出せなかった。しかし杉山は直感的に不安を抱いていた。日々の仕事が終わる頃、私は杉山から慰労と称してたびたび誘いを受けた。小柄ながら楽しい飲みっぷりの酒豪である。幾分酔いがまわると決まって本音が出た。「六月の完成、大丈夫でしょうね」「それはプロデューサーに聞いて下さいよ、僕も六月完成という約束で手伝っているんだ」「いや現場を把握しているあなたの確認が欲しいんだ」「私はそんなことに答えられる立場じゃない」と押し問答になる。が、酒の勢いにかこつけて六月はまず無理とほのめかす。「じゃあ、本音はいつ頃？」「早くて一〇月、もっとずれ込むかも」「冗談じゃない、それじゃうちはお手上げだ！」。日頃は磊落的に見える杉山であったが、事実上の企画者、現場責任者として内心すでに必死だった。

悪いことは重なる。四月九日足澤副社長が、新入社員訓示中に心筋梗塞で急逝した。一時は製作続行を危ぶむ声も出たが、幸い須藤博副社長が後任となった。のちに聞いた話であるが、須藤副社長はそのとき小林監督と会談し、六月末完成の約束を再確認したという。監督もこの期に及んで「実は難しい」などとは言えなかったのであろう。

五月に入ると編集のペースが鈍ってきた。浦岡はフィルム素材の原型を崩さず、使用分には丁寧に整理番号を刻む緻密な作業を前提とした。膨大な素材フィルムの混乱を避けるためであったが、このことにより未使用フィルムの素材価値と資料性も保全された。一流の律儀な仕事ぶりである。これが映画『東京裁判』編集の現実でもあった。スケジュール破綻の露見は目前に迫ってくる。講談社はプロデューサーに進捗状況の報告を求めた。

五月二八日、杉山が鳥居坂にご機嫌で現れた。「七月一〇日に完成だそうですね」。「そんなバカな！　一体どこから出た話ですか」「荒木さんが三〇日の重役会議でそう報告すると事務局に言ってきましたよ」「まだ脚本もできてないのに何が完成だ、監督も私も聞いていませんよ」「困っちゃうなあ、そんなにバラバラじゃ。責任者はいったい誰なんですか。重役会でそう報告して完成しなかったら、副社長だって立場がなくなって大変なことになる」。要するに責任者はみな建前の袋小路に入って身動きがつかず、事態は完全に行き詰まっていた。打開の猶予は今日明日の内ではないか。土壇場議論の結果、責任者という立場にはない杉山と私とで、起死回生大転換の謀略を実行する、という羽目になった。諸条件を整理し、体制再編に向けて次のように提案した。

六月完成は不可能とする共通認識を確認のうえ、現実的な製作見通しのもとに、抜本的な体制再編を図る。編集の浦岡、録音の西崎は七月から二カ月、篠田組の『悪霊島』に入る約束があるので、現場作業は一時中断しスタッフは解散。九月に改めて再編し、作業を再開する。その間、監督部が責任をもって脚本を仕上げておく、とするものだった。

「完成は一〇月ですね」と、杉山に念を押される。「と言いたいけど、一二月がいいところかな」と本音で押える。「それじゃ、うちの稟議がきりにくい」「いまさら嘘の日程なんて嫌ですよ」「いや、作品の形が見えてくれば多少はなんとかなる。いまは一〇月にしておいてよ」と言う。すでに敵を欺き、味方も欺くという世界に入っていた。

杉山は即日事務局をこの方向で説得し、副社長と重役にも根回しがされた。監督には私が報告をした。「講談社はそれで納得しますかね」「杉山さんがやると言っていますから任せましょう」。講談社側の現場への最大の不信の要因は脚本の遅れにあったので、今後は監督部での責任対処とすることを確認にして杉山に伝えた。杉山は事前に荒木を呼び、事務局はこの方向で肚を決めたと伝えた。重役会議での荒木の報告は新たな筋書き通りで了承された。[11]

◉10 **奥村祐治**…おくむら・ゆうじ（一九三五－二〇〇八）。岩波映画社で『楽しい科学』（NTV）『日本発見』（NET）の撮影を担当、のちフリーとなり『炎の女』（松竹）『さらば夏の光』（ATG）『茗荷村見聞記』（東映）ほか。

◉11…この一連の経緯については、前掲「『東京裁判』の製作現場から――その製作過程をめぐって」第四回目の中・続II（『映画テレビ技術』一九八三年一〇月）において、より詳しく報告されている。

東京裁判市ヶ谷法廷
左下が検察席
間仕切の奥が
被告人席
その背後の高い位置に
映画撮影用の
特設ブースがあった

罪状認否で
起立答弁する
東條英機被告

『人間の条件』につながった

七月一日、これまでの編集分に、使用予定分のフィルムを粗つなぎした七時間半の総ラッシュを講談社側に見せて、当面の作業を終了。そして経費節減、環境一新のため、鳥居坂マンションを七月で引き払い、八月から拠点をアオイスタジオに移すことにした。

その間、脚本仕上げについて監督、プロデューサーと私が協議に入った。日頃、私ならこんな脚本は二週間で仕上げて見せると豪語していた荒木は、プロデューサーの責任として自分が書き上げると強く主張してきた。監督は最終的には監督部の責任仕上げを条件として任せることにし、一方で稲垣脚本についても自宅での仕上げを督促した。

二週間後、荒木は宣言通りに書き上げてきた。稲垣脚本では膨らみがちであった歴史事象の説明などは要領よくまとめられ、ダイジェスト的には鮮やかな仕上がりになっている。監督も要約の手腕は高く評価した。が、語るべき対象への向き合い方に決定的な違和感があった。監督は素材が記録フィルムであっても劇映画作りの効果を志向していた。選択された映像に抽出される人間模様と不条理社会、そのありさまと葛藤に生身の手応えが得られなければ、小林ドラマとしての意味がない。その違和感は社会観、作品としての資質に関わるもので、字句の補足訂正だけで補完できるものではなかった。加えて、講談社からは児島襄の『東京裁判』の要約的な印象が強すぎるとして難色が示された。二週間作業としては、児島本は格好の拠りどころではあったのであろう。荒木としては自信作だっただけに、このような否定的な評価に激怒し、監督には強い抗議で臨んだらしい。脚本の仕上げは改めて監督部の全面預かりとなった。

九月中旬、編集、録音を含むスタッフが再編され、作業再開。監督は使用フィルムの選択と編集部との打ち合わせ、私は諸々の作業進行、挿入地図や説明用字幕タイトルの作成を並行させながら、下旬から脚本作成に着手、昼はアオイスタジオを、夜は講談社の赤坂別館(旧吉川英治邸)を脚本作業の詰所として往来した。法廷シーンに特定した稲垣脚本も東條被告部分まで仕上ってきたので、これらをベースに監督と取捨選択、修正、変更、追加、そして新規作成分について概略を打ち合わせ、再構成に入った。

　裁判速記録のフィルム照合部分を通読して、同時録音で使用可能な部分が極めて限定的であったことに驚いた。クライマックスとなる東條尋問シーンについては、東條の個性と責任自覚に関わる項目に焦点を当て、「誤訳に対する東條の抗議」「開戦直前交渉の指示責任」「天皇の免責問題」の三件に絞った。裁判進行時と戦時中の社会事象については、私が折々まとめおいた年表を参考に関連深いと思われる問題、話題を挿入した。最大の課題はエンディングである。いまさらここで裁判の是非論でもない。小林監督もそういう論争にはあまり興味を示さなかった。「戦争の責任と犯罪」を問われた日本人が裁判国に問えることは、この裁判が目指した平和実現のゆくえと、その遂行責任の所在、それに尽きるのではないか。裁判終了後間もなくトルーマン米大統領が再選され、首都ワシントンで華やかな祝賀パレードが展開された。そのフィルムがある。戦後の平和を問うナレーションを受け止められる映像は、これをおいてほかにない。

　脚本全体の流れと歴史事象の映像照合を、監督に確認してもらうことにした。各シーンのタイトルを書きつけたB４の紙を、赤坂別館の座敷の長押《なげし》に順番に貼り付けておいた。小林さんはいつものように、畳に寝そべったままの格好で、長押に下がる紙を繰り返し目で追っていた。沈黙約一〇分。「うむ、これで僕の『人間の條件』につながったようだね」とひと言。胸をなでおろした。

「玉音放送」と「ガンディーの死」

　当初の段階からもそうであったが、脚本を書きながら編集ラッシュをたびたび見ているうちに、小林監督の追加フィルム収集の視点と、画像選択の審美眼の確かさを次第に実感できるようになった。その代表事例を二題。

終戦の詔勅

　編集初期段階のこと、監督、荒木、小笠原の何かの協議の場で、ポツダム会談に続くシーン２「玉音放送」、すなわち「終戦の詔勅」の扱いが論争になった。稲垣脚本は五分を要するその全文を採録していた。終戦を追体験する核心的な状況を後世に伝え残す意味で、私も必要不可欠なものと納得していた。ところが、この作品は二時間半以内で収めるべきだと強固に主張していた荒木が、玉音はさわりだけを聞かせ、時間短縮を優先すべきだとして監督に迫ったのである。私は全文採用を譲らなかった。監督は「僕は沖縄宮古島にいて、玉音放送は聞いていないので実感はわからない」と黙っていたが、頃合いを見はからって「全文を使うとすれば、背景の映像は日本軍の負け戦の流れになるだろうね」とその場を収め、編集の結果を見ることにした。

　結果、敗戦必然のイメージが歴然と展開されることになった。

ギルバート諸島に始まる西太平洋の島々、ビルマや東南アジアの戦線から沖縄までの、連合軍側のフィルムに映し出された悲惨な戦場の実態、そして最後に長々と被弾の煙を引いて海上に墜落する航空機は、大日本帝国の終焉を象徴して観る者に沈思を促した。戦争体験の裏づけのもとに選定、配列された画像の流れには、切実な重みがある。詔勅の全文はこの作品の前提認識として欠かせないものになった。

ガンディー暗殺

東條の「天皇免責問題」の審理が終わって間もなく、インドのマハトマ・ガンディー[12]暗殺のニュースが伝えられた。非暴力、反植民地主義の神話的存在は本編にも挿入したい歴史事象である。第二次大戦への関わりはどうだったのか。格好の素材があった。「すべての日本人への手紙」と題する一九四二年のメッセージである。列強に肩を並べようとする野心は容認するが、侵略には全力を挙げて抵抗するという内容である。「こういうものが使えそうですが、ガンディーの映像はありますか」と監督に聞いた。「あるよ、大丈夫です」と短い返答だけだった。

中学生の頃だったろうか、ライフという写真報道誌に掲載されたマーガレット・バーク＝ホワイト[13]の写真「糸を紡ぐガンディー」に、いたく感動した記憶があった。AP通信社を通じてそれを取り寄せ、小林さんに見せた。その後の編集試写でガンディーのシーンを見た。冒頭に糸紡ぎの写真が、続いて民衆の中を歩き回るガンディーの映像、その中でナレーション全文が収まっていた。が、これで終わらず、続いて大河に浮かぶ数艘の船が、やや遠景で眩しく映し出された。ときどき船から川面に向かって何かの粒が撒き散らされている。見覚えのある画面だ。少年時代に見たガンディーの葬儀を伝えるニュース映画の「散骨」の一コマであった(小林さんはこんな素材まで集めていたのか!)。当時はインドの土俗的な風習という奇異な思いで見過ごしていたが、齢を経ていまこのように編集されて見ると、鮮烈な意味をもってよみがえる。東西の列強主義に抗しつづけて逝ったガンディーの遺骨が、ガンジス川の大自然に回帰する。軍事裁判と重なるその時期、責任追及と責任逃れの法廷論議への無言の鎮静剤、一服の清涼剤の作用をなす。監督は「借用フィルムでも何度も見ていると、自分が撮ったような気がしてくる」と語っていたが、このシーンにも小林選画、編集の、周到な目配りと感性の深さを見る思いがした。

「終」なくして「レクエイム」

ナレーション録音の再開は作品完成約束の一〇月、中旬になってからであった。ところが「初めから全部録音し直しをしたい」という恐るべき要求が出た。「半年以上も前の声と、いまの声と音質が違うから」と、音の聞き分けでは武満徹も一目おいた録音西崎の判断である。『人間の條件』以来の付き合いの佐藤慶は「西崎さんがそう言うなら」とすんなり応じた。終了したのが一一月下旬。脚本が仕上がっていたこともあり、講談社はたびたび稟議を書き直し、翌年一月末の完成を辛抱強く待ってくれるまでになった。

脚本は最終段階のエンディングの扱いが壁となる。裁判は世界平和を標榜したが、その足元から米ソの代理戦争、植民地解放、民族自立など連合国絡みの局地紛争が相ついだ。その事実を端的に表現し、どのように評価すべきか。この期に及んでまた戦争の映像を続けるのも芸がない。たまたま戸田重昌に会うことがあって、そのことを話題にしたとき、明晰な答えが返ってきた。「あとは年表でいいじゃないの」。年表は朝鮮戦争に始まり、ベトナム戦争までで十分だった。残るは、その流れを受けての総括メッセージである。難題だ。仮に著名識者のそれらしい提言を引用例示して、ひとまず脚本を終えることにした。

さて、「終」……と書こうとして手が止まった。「終」って何が「終」なのか！　それは「完」でも「了」でもさらさらない。法廷が裁ききれなかった問題も、平和実現の期待も、そして戦争その

打ち合わせ中の小林と小笠原
アオイスタジオにて

長時間にわたるナレーション録りに緊張したという佐藤慶

すぐれたキングズ・イングリッシュナレーター　S・アットキン

◉12 **マハトマ・ガンディー**…一八六九～一九四八。インド独立の父、弁護士、宗教家。公民権運動、非暴力不服従提唱で英国に対峙した政治指導者。念願のヒンドゥーとイスラムの融合ならず、一九四七年八月インドとパキスタンが分離独立、その後ヒンドゥー民族主義者に暗殺される。享年七八。国葬後、遺灰はガンジス河、ヤムナー河、南アの海に散布。

◉13 **マーガレット・バーク＝ホワイト**…一九〇四～七一。一世を風靡した写真雑誌ライフ創刊号の表紙を飾り、主に同誌を舞台に活躍した米女性写真家。戦後はインド、パキスタン、南アなど発展途上国を取材。一九八二年英印合作映画『ガンジー』では、キャンディス・バーゲン扮するバーク＝ホワイトの、糸を紡ぐガンディー撮影シーンが再現されている。

ものも、何も終わったわけではないことを、映画『東京裁判』は再認識してきたはずである。「終」……とは、不遜ではないか。監督には「終」を入れずに原稿を見せた。締めは検討事項として脚本はひとまず了となった。

「それで「終」の字がないけど、どこに入れるの?」と問われた。ことの経緯を報告。「ああ、そう」としばらく最終ページに目をおとしていた。「そうすると、終わり方はどうなる?」「最後の画面をフェイドアウトして、資料提供のローリングタイトルを流せばわかると思います」。一二月四日、関係者を集めて、初めてエンドまでの編集試写をした。監督はこのとき「この映画にはエンドタイトルは入れません」と宣言した。試写後、違和感の声は出なかった。

五時間二五分。まだ長すぎた。試写室を出た皆さんはややお疲れの様子でしばし無言、反応が心配だった。武満徹の声が聞こえた。「それにしても、人類社会は何という愚かな歴史をたどってきたのだろうなあ」と。願ってもない感想だった。

残る課題はエンディングショット。「総括にふさわしい言葉がありますかねえ?」と監督はメッセージ案には懐疑的であった。「象徴的な決め手になる映像があればいいですけどね」「そのほうがいいですね」「たとえばピューリッツァ賞を受賞した、米軍の北爆で〈全裸で逃げ惑う少女〉[14]のような写真ならいいですね。でも太平洋戦争の話の締めには無理かも、……」「うーむ」「参考までに取り寄せてみますか」「そうだね」。

メッセージタイトル案と北爆ベトナム少女の写真を入れた編集ラッシュが上がった。引用メッセージ案はどれも、映画『東京裁判』の内容には共鳴しえなかった。これに対し、時代の異なる素材と思われた「ベトナムの少女」の写真は、不思議なほど違和感なく同期していた。第二次大戦の延長線上に、連合国が平和を担保しえなかった戦争が続き、ベトナム戦争までの年表の流れにごく自然に連なっていた。正邪にかかわりなく、戦争暴力の実態を訴える少女の生身の姿には、時代を超える無限のメッセージが備わっていた。小林監督の美意識は、すでにこの写真一点に集中していた。

四時間三七分の完成ラッシュにこぎつけたのは翌年二月三日、あとは音声ダビングを残すのみ。講談社関係者とともにスタッフが安堵の思いで試写室を出たとき、武満徹がスッと寄ってきた。「ねえ小笠原君、いろいろ考えたけど、僕はこの映画につける音楽がどうしても書けないんだ。だから、僕の音楽はないことにしてください」。仕上げを目前にして何たること! うなずけど声も出ない。監督にどう報告したらよいか……思い悩む暇もなく今度は小林さんから声をかけられた。すでに話は聞いていたようだ。さすがに動揺の態であった。「まあ、武満さんのことですから、このままということはないでしょう、一〇日か二週間ぐらい様子を見ましょうか」と苦し紛れに取り繕った。が、あるいはそれもありそうだと思えてきた。果たして一〇日を過ぎた頃、アオイスタジオに電話が入った。「このあいだ僕はこの作品に音楽は書けないと言ったけど、もし書くとすればレクエイムしかないと思うので、戦争被害者のシーンの時間を教えてください」。

さらに一〇日後、早稲田のアバコスタジオで、東京コンサーツによる全七曲、九分の鎮魂曲が奏でられた。テスト中、楽譜を前に武満と入念な打ち合わせをした指揮者の田中信昭[15]が、「うーん、これは難しいわ」と首を大きく振っていた。やがてタクトが振りおろされ、ダビングルームは荘重にして清澄な弦楽の響きに満たされた。音楽録りの醍醐味のひとときである。これほど完璧な充足感が、ほかにあるだろうか。小林監督は誰とも会話をせず、パイプをくわえたまま穏やかに、その幸せ感にひとり陶然としているように見えた。

そして翌月、ダビング。エンディングで戦後の国際紛争の年表が流れると、レクエイムが静かに湧き上がり、悲愁を湛えた祈りに高まる。やがて全裸で逃げ惑うベトナムの少女にその音色が重なり、溶暗とともに消えた。……「ふかくこの生を愛すべし」。青春期に恩師會津八一の「学規」から啓示を受けた「生の尊厳」。戦いの場を経て、いまそれが世界の戦争被害者に、そして加害者にも共有されるべきものとして、ラストシーンに暗示的に捧げられているようだった。これは、小林美学の最高の結実ではないか。

国際映画祭の舞台で

一九八四年後半期、大きな話題を残して全国上映がひと通り終わり、翌年には多くの映画賞を受賞した。その反響は海外の

打ち合わせ中の武満徹と指揮者・田中信昭

アバコスタジオでの音楽録音準備 ミキシングルームより

●14…ベトナム人記者フィン・コン・ウト撮影。一九七三年ピューリッツァ賞受賞写真の正式表題は「戦争の恐怖」。ナパーム爆弾を浴びて逃げる子供たちの一人。一〇年後無事成長し、化学の教師をめざして勉強中と新聞で報道され(八二年一一月六日AP＝共同通信)話題になった。

●15 **田中信昭**…たなか・のぶあき(一九二八〜)。東京藝術大学卒、東京混声合唱団を創立、常任指揮者。作曲家と協力し、数多くの合唱曲初演の指揮をとる。毎日文化賞他受賞。

日本人社会にも及び、米国ではジャパンソサエティの主催で、ワシントンやニューヨークで日本語版の上映会が催された。素材が素材だけに、講談社も小林さんも映画祭や海外上映用のプリントは用意するつもりはなかったが、思いがけずベルリン映画祭に出品してはどうか、という話が東宝東和筋から出てきた。副社長の川喜多かしこさんが、『東京裁判』を同映画祭への正式招待作品にするという話を内定してきたらしい。

ありがたいお誘いだったが、この作品の海外版は単に英語字幕を張り付ければ済むというものではなかった。観客は長時間のナレーションを聞き通すだけでも大変である。それを字幕で見せるとなれば苦痛は必至である。画像を説明する字幕との競合も避けられない。監督と相談し、出品するなら、費用はかかるが英語ナレーション版で、ということにした。杉山が須藤副社長、小林監督、川喜多副社長の三者会談のお膳立てをして、そこで決定された。

英語版ナレーター選任はオーディションによった。オックスフォード大学国語科出身、スチュウット・アットキンのソフトで力強いキングズ・イングリッシュに、監督は手放しの喜びようだった。これが大当たりとなり、ロンドン映画祭では「英語のナレーションが美しい」とする新聞評(ロンドン・サンデー・タイムズ)まで出た。

一九八五年二月のベルリン映画祭には小林監督も出席し、会期中、三回上映された。四時間半あまりの極東の特殊な素材のドキュメンタリーが、果たしてどこまで共感されるのか？　反響は予想以上であった。ナチスの罪状を裁かれ類似の体験をもつドイツでは、二月一九日の国営テレビADRのニュース番組で特集を組み、欧米各国の映画、報道関係者の関心も集まった。その結果、諸国の映画祭やイベント上映会から出品依頼が相つぎ、私が知る限りでもこの年から翌年にかけて、テレビ放映も含めて一五カ国二四都市で上映され、[16] ニューヨーク・フィルムフォーラムでは三週間の公開となった。[17]

欧米の新聞、雑誌にも多く取り上げられ、賛否両論が展開された。「歴史事象としての東京裁判は間違っていた。その理由の一つは連合国が天皇を罰しなかったこと、その第二は裁判官たちが〝我々は勝った、だからお前たちは死ね〟と言わなかったこと……」(米ボイス紙)といった戦勝国の正直な感情論から、「いまも国際紛争が繰り返されているように、罪ははるかに根深いところにあり(中略)法律、人道的な問題は未だ未解決のままなのだ」(豪ファイナンシャル・レビュー紙)とする冷静な理解論まで幅広い。その大半は「(相容れない見解もあるとしながらも)それにもましてこの作品が刺激的で力強く、我々の気持ちを掻き乱さずにはおかない注目すべき作品であることには変わりはない」(米ディリーニューズ紙)、「(小林監督が)決して退屈させない見事な要約に成功した」(カナダ・シネビュル誌)といった好意的な反応であった。

小林監督はベルリンのほかモントリオールとロンドンの映画祭にも招致され、事務的対応もあって杉山と私も随行した。小林監督はどこでも最高の敬意をもって迎えられる特別の存在であることを目の当たりにした。厳冬のベルリン、メイン会場

ベルリン国際映画祭メイン会場ツォーパラスト劇場で挨拶に立つ小林

ツォーパラストでの上映初日(二月一七日)、白いスーツ姿で舞台に登場した。見栄えは抜群、挨拶は簡単だったが悠揚迫らず、巨匠的存在感でしばし聴衆の目を楽しませた。ホテルでは、映画祭の実行委員長で映画理論家としても著名なマルセル・マルタン夫妻[18]のインタビューを受けた。小林監督の前で、同氏が終始慇懃にふるまう姿が印象的であった。

モントリオールは『人間の條件』以来交流を重ねてきた映画祭である。舞台挨拶はなかったが、三回上映の前売券はすべて完売。小林監督が上映会場に入ると満杯の客席からの暖かい拍手に包まれた。ここでは、ファンとは馴染みの間柄といったような親愛の情がこもっているように感じられた。

そして、ロンドン。この映画祭スタッフとは旧知の仲である。いつもそうであったらしいがシンポジウムが組まれていた。おなじみの白い帽子をかぶったまま、司会と並んで低い舞台の椅子に鎮座する。質問にゆっくりにこやかに答える小林監督を、近くの客席からうっとりした表情で見上げている中年夫婦の姿があった。一般市民のファンも少なくないらしい。小林さんの容姿、服装は、文句なしに西洋人好みでもあった。日本ではあまり知られていないが、小林さんは各国大小の映画祭に審査員として、あるいは自作のフォーラムなどで度々招致を受けてきた[19]。国際舞台では、映画監督小林正樹は、無条件にと言えるほどに、敬愛され続けてきた巨人的な存在であったようである。

●16…ベルリンのあと、ウィーン芸術祭、バンクーバー、シドニー、ベルギー、ロンドン、ポポリ(フィレンツェ)、ヨーテボリ(スウェーデン)、ロサンゼルス、香港、クリーブランド、サンパウロ、ハワイ等各映画祭で上映、イタリア・ライTVで放送。

●17…一九八五年九月二五—一〇月一五日。これら海外上映関連については、杉山捷三「国際映画祭と海外特別上映における反響」(一九八六年レーザーディスク付録冊子「映画『東京裁判』さまざまな視点から」に所収)による。

●18 **マルセル・マルタン**…一九二六〜二〇一六。仏映画評論家、映画史家で名著『映画言語』の著者。チャップリン映画の社会性を最初に評価。各国映画祭で審査員を務め、晩年は国際映画評論家連盟名誉会長。

●19…集計未完ではあるが、本人の旅券等によると渡航歴は一五回以上、映画祭や招待フォーラムについては、カンヌ四回、モントリオール四回、ロンドン三回、ベルリン二回のほかベニス、ロサンジェルス、トロント、モスクワ、ロッテルダム、タシュケント、ロシェールなどの記録が見える。

撮影監督・岡崎宏三氏に聞く小林正樹監督の思い出

「あれほどの監督はもう出ないでしょう」

⊙本稿は「NFCニューズレター」二〇〇〇年五―六月号第三一号掲載記事の再録である。インタビューは東京国立近代美術館フィルムセンターでの特集上映「偉大なる〝K〟(1)小林正樹」のために同年三月一〇日、同館で行われた。岡崎氏は二〇〇五年逝去。インタビューの聞き手＝大場正敏氏、採録・構成＝岡島尚志氏。

小林正樹、黒澤明、木下惠介――戦後日本映画の産業的黄金時代を中心に人々を魅了しつづけ、海外でも〝K〟で始まる名監督として広く名を知られることとなったこの三人の巨匠が、過去三年半の間に、相次いで鬼籍に入ったことは未だ記憶に新しく、また、多くの関係者にとって、なお衝撃的である。フィルムセンターでは、高い芸術的理想を抱いて優れた日本映画を発表し、生涯を映画に捧げた三人の巨匠を追悼し、その作品を現存する最良のプリントででき得る限り多く連続上映することとし、三期にわたる大型特集「偉大なる〝K〟」を企画した。(二〇〇〇年)四月四日からは、その第一弾となる小林正樹特集が始まってすでに好評を博している。

小林正樹監督は、一九四一年、松竹に入社したが、翌年には出征、復帰した戦後四六年より、四歳年上ですでに活躍中の木下惠介監督に師事、五二年『息子の青春』でデビューするまで助監督を務めた。未曾有の大作『人間の條件』(一九五九―六一)で国際的な評価を受けてからは、『切腹』(一九六二)、『怪談』(一九六四)など、一作ごとに注目を浴びる世界の巨匠の仲間入りを果たした。完全主義ゆえの寡作でも知られたが、多くの人々がその作品世界を日本映画の一つの到達点と考えてきたことは言うまでもないだろう。

今特集号では、まず、小林映画の常連撮影監督の一人、岡崎宏三氏にお話を伺っている。一四〇本を越える日本映画を手がけ、『アナタハン』(一九五三)、『ザ・ヤクザ』(一九七四)、『がんばれ！　ベアーズ大旋風―日本遠征』(一九七八)等、その国際的な活躍ぶりでも知られ、また、最新作『アイ・ラヴ・ユー』(一九九九)を経て八一歳の今日も現役である氏は、二二本に及ぶ小林作品のうち、『日本の青春』(一九六八)から『いのち・ぼうにふろう』(一九七一)、『化石』(一九七五)、『燃える秋』(一九七八)、遺作の『食卓のない家』(一九八五)に至る五本を担当している(これは宮島義勇が担当した作品数とともに最多)。監督の五〇代以降を撮影現場でもっとも身近に見てきた名カメラマンの回想は、小林芸術の秘密の一端を明かしてくれることだろう。　(岡島尚志)

四人の巨匠

――本日はお忙しい中、ありがとうございます。四月から始まります小林正樹監督の全作品上映に際しまして、監督の後期の五作品に撮影監督としてつかれた岡崎先生にさまざまなお話を伺いたいと思っておりますが、先生の長いキャリアの中で、一口で言って、小林さんはどういうタイプの監督でいらっしゃったのでしょう。

岡崎　昭和一五(一九四〇)年に一本立ちの撮影技師になって以来、一四〇本以上の作品で、七〇人ほどの監督とおつきあいをしてきたわけですが、いわゆる普通の映画監督とは違う、まったく異なる演出のスタイルを持っている方が四人いらっしゃいました。小林監督は、その四人のうちの一人です。初めて担当した『日本の青春』で、まず、それを感じました。

『食卓のない家』　パナビジョンカメラを操作する岡崎宏三

――ほかの三人をお教えください。

岡崎　まず、〝教祖〟というか、私の大先生にあたる『アナタハン』のジョゼフ・フォン・スタンバーグ監督。文芸ものから喜劇まで多種多彩で素材を選ばないにもかかわらず、一つの確固たる流儀を持っていた豊田四郎監督。そして、何が出てくるかわからない川島雄三監督、という三人です。

木下恵介の影響――松竹大船調

岡崎　小林さんは、松竹の出身で木下恵介門下ですから、観客の感情をきちんと心得て、起承転結を大事にするといったところから出発しています。

小林さんは木下さんを本当に尊敬していましたよ。尊敬しながら、「あんな嫌な人はなかった」なんて言っていたのが面白いですね。小林さんは完璧な助監督だったそうで、朝、木下監督が現場に現われるまでには完全に準備をしておく。しかもそれが駄目な場合も考えて、次善の案まで考えておくというのです。

そうすると監督の機嫌が悪い。つまり、監督としてはスタッフの段取りが悪いということを言いたいというか、いじめたいというか、そういうところがあるのです(笑)。昔はよく撮影部でもいろいろな意地悪が現場にあって、その中で育てられたというところもあるのですが、木下さんの場合は、助監督の小林さんが〝A案〟〝B案〟どころか〝C案〟くらいまで用意しているから、弟子に先を読まれたような気持ちになってお冠なわけです。「そうなると三日くらい口をきいてくれない。だから早くここ(木下組)を出て監督をやりたいと思った」んだそうです。

木下さんのもとで修行して——小林さんは『破れ太鼓』(一九四九)のような喜劇の脚本も書いていますが——のちには師匠とはまるで正反対の作風になっていった、ということでしょうね。

松竹の監督さんはみな、ほかの撮影所の監督と比べても、特にきちんとした作劇の呼吸、基本に忠実ですが、SP(シスター・ピクチャー)の『息子の青春』から始まった小林さんの監督歴もはじめの頃は、やはりそうした松竹調ですね。そして次第に「こんなことがやりたい」という気持ちが出てきて、自分の作風が固まってくるのは、『黒い河』(一九五七)あたりからではないでしょうか。

小林流の誕生——宮島義勇カメラマンのこと

——その『黒い河』のあとが、国際的な名声の始まりとなった『人間の條件』ですが、ここで小林監督は、楠田浩之(『壁あつき部屋』一九五三／五六)、厚田雄春(『あなた買います』一九五六、『黒い河』)といった松竹の名カメラマンではなく、宮島義勇さんと組むことになった。このあたりの事情についてはどうお考えですか。

岡崎 初めて小林監督と仕事をすることになったとき、そのことを直接お聞きしたことがあります。答えは「宮島さんの撮影した映画を見て、この人なら私のこれからやろうとする作品を、完璧に表現してくれると思った」ということでした。『人間の條件』の内容から考えて、当時の松竹のカメラマンには合わないという小林さんの判断もあったのでしょう。また、配給は松竹ですが、若槻繁さんがにんじんくらぶで製作しているという要素も関係していると思います。

宮島さんは、東宝出身で、画《え》の個性の強い、いわゆる宮島調というものを持ったカメラマンでした。当時はすでに独立プロの一方の旗手として一国一城の主です。単なる撮影技師ではなくて、内容を非常にうまく表現できる人で、われわれ同業者から見ても、その仕事はたいへん立派なものでした。小林さんの求める様式美を表現できるのが宮島さんのカメラだったし、小林スタイルも宮島さんから影響を受けたと思います。『切腹』にしても『怪談』にしても両者の完全主義が徹底されていますよね。『怪談』などは、どこか無理のある難しい映画《シャシン》だと思いますが、宮島さんと組んでいればなんとかなるという安心感は小林さんにあったんでしょう。

初仕事——『日本の青春』

——『日本の青春』から岡崎先生にカメラが変わったというのも、やはり、

宮島さんのときと同じく、監督が先生のほかの担当作品を見て望まれたということなのでしょうね。

岡崎 これがなかなか複雑なのです。当時、五社協定とか、さまざまな会社側の制限がある中で、小林監督の完全主義や粘りは歓迎されていませんでした。また、いまから思えば、作り手側も作りたいという情熱ばかりで、製作費とか資金の流れとかいったものに無頓着すぎました。だから『怪談』のときは監督が

『日本の青春』
名古屋の鉄道跨線橋の場面
岡崎が独自にロケハンして監督に提案したロケ現場

家を売ったりしてお金をつくるということにもなったわけです。結果的に興行は良かったはずですが、東宝には〝粘りの小林〟というのは知れわたっていました。小林さんは三船プロの第一作で、東宝配給の『上意討ち—拝領妻始末—』(撮影＝山田一夫、一九六七)をやることになったのですが、凝りに凝る仕事ぶりなどから風当りは相当強かったのではないでしょうか。なにしろ、中抜きなどは絶対にしない監督ですから。かといって複数カメラの撮影もしません。その辺はすごく頑固ですよ。

同じ頃私は東京映画で豊田組などをやっていましたが、小林さんも次は東京映画で一本撮るということになって、『日本の青春』は岡崎宏三というカメラマンでいこうということになったわけです。まあ、木下さんも豊田さんもみんな島津保次郎門下の流れですから、小林さんはいわば同門の孫弟子にあたるわけで、豊田さんのいる東京映画にくることには抵抗が少なかったんだと思います。大体、〝外人部隊〟の多いスタジオでしたし。

もちろん私は小林組をやることが決まる前から、小林作品は見て研究していました。当時はみんな他人の作品を見て分析したりするのが当り前でした。それが楽しかったのです。小林さんの方も、『千曲川絶唱』(豊田四郎監督、一九六七)のような映画を見てくれていて、たぶん宮島さんのような様式美にはないものを感じて下さって、あるとき、「あの脚本《ホン》をああいう画《え》によくしましたね」と言ってくれたのです。それまでの小林映画のきちっとした様式的な画ではなくて、どこかドキュメンタリー・タッチのような画に、新鮮さを感じられたのではないですか。

もしかしたら「このカメラマンは非常にオーバーランするんじゃないか」という気持ちもあったのかもしれませんが(笑)。

実際に『日本の青春』を撮ることになって、まず、これは格調が高くて構図も様式化されたそれまでの小林風では成立しない話だと思いました。一方で、豊田さんや川島さんでやったカメラ・テクニックを小林さんに持って行っても、駄目だとも感じていました。それで小林さんの演出意図を崩さずに新しい画の流れを作ろうと模索したわけです。名古屋の列車のシーンなどは、ロケハンに自前の一六ミリカメラを持って行って構図を決め、監督にそのフィルムを見せたりしました。

当時の監督はみな名カメラマンと組んで経験が豊富だから、こわいですよ。東京映画は特にそうでした。豊田四郎監督も、三浦光雄、玉井正夫、安本淳といったいわば横綱、大関のようなカメラマンと仕事をしてきているわけですから、初めて組むカメラマンが信用を得るまでは大変なんです。小林さん自身も、口には出しませんが、レンズの選択、移動やパンのタイミングからワイド画面の画作りまできちんと分かっている人でした。

藤田まことが、夜、火災に遭遇してその混乱の中で眼鏡を落とす。彼のぼやけた視界が戦争中の名古屋で空襲の中を逃げ惑う彼自身の回想につながっていくというシーンがありますよね。あれは千歳船橋の夜間ロケで消防車を借りたりして撮影したんですが、予算的な制限があって、とても大規模な空襲場面や群衆シーンなんて再現できない。そこを望遠レンズとズーミングをうまく組み合わせて表現しようとしたんですが――ドラム缶を数十本ならべて火をつけて、その炎を望遠のカメラでねらってジグザグに走るなんてことをやっているんです。「炎とかライトとかの光源体を望遠とズームでうまくとらえると内容によっては面白い表現ができますよ」、「ズームは寄ったり引いたりだけじゃないですよ」、「〝レンズの表現〟というものがあるんですよ」ってことを、前もってラッシュで、監督に見せておいたわけですが、結局、「岡ちゃん、これでやってみよう」ということになったわけです。そうそう、ズーム・レンズというのはあの頃、日本で急に多くなったのですが、それには東京オリンピック(一九六四)が関係しています。オリンピックの撮影のために購入されたズーム・レンズやほかの機材が、終了後に、撮影所に払い下げになったのです。

藤田まことと新珠三千代の対話シーンを望遠の切り返しで撮って、相手の後ろ姿がぼけたまま大きく画面を占めるなんていう、従来の肩なめとは違った、当時としては珍しい画作りもみんな相談のうえで賛成してもらいました。

――小林監督は絵コンテの用意をあまりされないのですか。

岡崎 はい、しません。市川崑さんや稲垣浩さんといった監督とはちがいます。少なくとも私に関しては絵コンテはありませんでした。デッサン用の大きな画用紙にマジックで走り書きのようなものを描くことはありましたけど。ですから監督の流儀で動きの演出をしてもらい、私の方から「ここはこういうサイズで撮りましょうか」とその都度言うわけです。初めての仕事でしたが、それまでのカメラマンとはまた違ったルックになって、

『いのち・ぼうにふろう』の撮影現場
ズーム付アリフレックスカメラを前に
岡崎と小林

それを気に入ってもらったと思います。

作品全体のトーンは、あの井の頭線に電車が入ってくるのを正面から撮ったファースト・シーンで決まっていると思います。「これにて決定」という感じですね。ちょうど真正面から電車が見える事務所があったのです。廣澤榮さん――当時は浪曲の広沢虎造をもじって、みんなに〝トラさん〟と呼ばれてましたけど

――彼の脚本には、通勤客が列車から「吐き出される」みたいな表現がありましたので、それを正面からの望遠とズームで見せたわけです。脚本のト書きを画《え》で見せるのがカメラマンの仕事です。自分のテクニックをこれみよがしに見せるのではなく、ト書きの内容をきちんと表現できることが名カメラマンになる一番の条件だと私は思っています。あのカットに続く街頭インタビューのシーンあたりで、小林さんも『日本の青春』のルックというものに確信が持てたのではないでしょうか。佐藤慶が経営する横浜の工場を黒沢年男と酒井和歌子が訪れたあと、港の防波堤で話をするシーンでも、背景の海と二人の関係をかなり大胆に表現しているつもりです。

晩年になってからも、監督から「『日本の青春』は自分の中でも好きな映画だよ」と言ってもらいました。どんな映画でもにっちもさっちもいかない製作条件がありますから、監督がカメラマンを信用してまかせるというのは大切ですし、のちになって『化石』のパリ・ロケを少ない人数でやったときなども無条件で任せてくれました。

『いのち・ぼうにふろう』

――次が『いのち・ぼうにふろう』ですね。先生のご尽力でフィルムセンターは一九九七年に素晴しい焼きのプリントを収蔵することができました。いわば撮影監督のお墨付版ですね。

岡崎 白黒映画に墨のような感じを出そうとねらって、わざわざネガはイギリスのイルフォード、ポジは東ドイツのオルヴォ

を使っています。九七年にフィルムセンターに収蔵されたプリントはオルヴォではなく富士の白黒フィルムに焼いていますが、でき上がりには満足しています。フィルムセンターのように映画を文化遺産として残そうとするところは、現像所に単に発注して焼くというのではなく、きちんと原形を再現するように指示しなければなりません。できれば、撮影監督が立ち合ってタイミングなどをチェックするというのが良いですね。

あの映画の撮影《シャシン》は『日本の青春』よりずっとたいへんな仕事でした。美術の水谷浩さんが、河原に一軒まるごと、丸組みの家を建てて撮影に入ったんです。監督の意向に沿って、床の質感から何からとても凝っています。客の座るテーブルも、小林さんの好きな木目の出ているものを選んでいます。ところが地理的条件が良くなくて、カメラ位置を少し変えると江戸時代なのにソニーのビルが視界に入ってきたりする。いまならコンピュータ技術で消したりできるんでしょうけど。時間の制約がきつくて、特に夜間ロケは大変でした。季節の変化も考えなければならない——日にちが経つと、セットのまわりの葦がだんだんなくなっていってしまうのです。小林さんは「このシーンはこう撮ってこう割る」とはおっしゃらない。動きのリハーサルをしていく中で、こちらから「こういうアングルでいきましょうか」というと「それでいこう」となるわけです。わりと俯瞰が好きで「ここは俯瞰でいこう」と言うことはありましたが、基本的にはお任せでした。

全体としては妥協はほとんどなくて、小林さんの思ったとおりになったのではないでしょうか。あの方はめったに我慢ということはしない。ただ、これは製作費の関係ですが、「深川安楽亭から見た江戸の町のなまこ塀《べい》あたりの質感が少し悪いな」とは言っていましたね。

『化石』
パリ・セーヌ川橋上ロケでの
小林と岡崎

『化石』

――次の『化石』は、テレビ番組としてパリ・ロケなども行われ、一六ミリで撮影されたものが三五ミリにブローアップされ、再編集版として劇場公開されたわけですが、テレビで撮ることについて、監督にはかなり抵抗があったという話を聞きますが。

岡崎 大抵抗ですよ。小林さんはテレビをやりたくなかったんでしょう。大監督四人が集まって「四騎《よんき》の会」を結成して、テレビもやることになったんですが、同じ部屋に武田信玄と上杉謙信みたいな人が四人いるわけですから大変ですよ。その中で、木下さんと市川さんはテレビに抵抗なくすっと入っていけるけれども、黒澤さんと小林さんは不器用なんでしょうね。大体、テレビの、作品の途中で画《え》が中断してコマーシャルが入るなんてのを、小林さんは嫌なんです。テレビ放映の方は、見なかったんじゃないでしょうか。

――初めから映画にしようというねらいはあったのですか。

岡崎 ええ。井上靖さんのあの大河小説は、映画では企画として絶対に通らない。テレビの長い八話、八時間の枠ならできる。それで、小林さんとしては、テレビで撮っておいて映画にしようと考えていたのだと思います。だから、撮り方も映画の撮り方なんですよ。現地で雇ったフランスのスタッフは、テレビだと聞かされていたのに、全然ちがうから、二、三日やってから「なんだこれは。映画よりしんどいじゃないか」と言い出して、少し揉めてましたよ。ポスト・プロダクションはすべて日本にもどってやりましたが……。

――パリ・ロケでも中抜きの撮影はされなかったんでしょうか。

岡崎 あの場合は、中抜きをやらざるを得ない。時間的な制約からどうしようもないですね。太陽の向きや明るさが変われば繋がらなくなるし、ホテルのシーンで外と内との光の感じをマッチングさせなければならないし、町に霧が立ちこめてしまうという気象条件もあるし、第一話で舞台になる町が、第四話でも出てくるなんてことがありますから、順番に撮っていくということにはどうしてもならない。小林さんも納得してくれましたし、あの頃には、もう完全に信頼して、カメラの方は私に任せっきりでした。

――独特の色調ですね。どこか、墨絵のような……。

岡崎 当時のフィルムの限界もあって、そうならざるを得ないという部分もあります。やっとASA250が高感度として出てきた頃ですから。『化石』ではEK(イーストマン・コダック)を使いましたが、ASA100までいってなかったと思います。ロケは天気次第でよく中止になりました。スタッフも馴れていないし、ライトもいまと違って非常に不便なものでした。シナリオの稲垣俊さんがパリに来て、現場でいろいろと教えてくれるんです――教会に入ると双眼鏡で探して「あれが原作のマリア像だ」とかね。足場組めませんから、ライティングは上から行きたいのにどうしても下からになってしまう。ただし、そういう不利な条件の中であゝいうルックや色彩を作り上げたのであって、妥協したということではありませんよ。

不利な条件は監督も同じです。だから演出のやり方も変わってくるのは当然です。小林さんはこちらがどんなに困っていても「そういうことはカメラマンの仕事だ」という感じでとりつく島がありません。優れた監督とは何かということがよく分かりますよ。「ヨーイ、ハイ」と言っているだけが監督ではない。小林さんを見ていると、映画監督というのは頭の中でどんなイメージを描いているか、それがどんな完成度のものなのかで決まるんだ、ということがひしひしと分かりますね。

今度、フィルムセンターが上映するニュー・プリントも、私が現像をチェックしましたから、良い色が出ていますよ。期待してください。

『燃える秋』

――『燃える秋』は、イラン・ロケですね。

岡崎 これは五木寛之さんの原作からシナリオができて、その流れを読むと、実は意外に色彩感が豊富でなければならないのです。まずカラフルなペルシャ絨毯の世界が原点にあって、それから色の少ない、褐色の砂漠の世界に入っていくという色彩設計ですね。

――それまでの小林映画とはかなり違いますね。

岡崎 小林さんが、どうしてあの素材を取り上げ、どういうかたちであういう映画をやる気になったのかはわかりません。東宝と三越の関係にどう小林さんがからんだのかも知りませんが、脚本をもらったときには、確かに小林さんらしくないと思いました。作品の最終的な評価はともかく、小林スタイルの、また別の面が出てきたとは思いますよ。遺跡の撮り方とか、なかなか苦労しました。風景と人物の接点みたいなところも大変でした。

それから、出ている役者が新珠三千代さんのような常連ではなくて、真野響子のような若手だったことも大きな変化でしょう。真野響子や北大路欣也のような若手に合わせて小林さんも演出を変えていますね。役者の表現力というものを実によく知っている監督でした。

大変といえば現地の食事も合わなくて大変でした。小林さんは和食が大好きなんです。それもすごくこだわる。小樽の生まれですから魚が好きで、羊料理なんかが出てくるとまったく食べられない。たいてい外国に行くときには大きなトランクが二つあって、一方には米がぎっしり詰まっているほどです。ホテルでは監督と私とで大いに楽しみながら食事を作ったりしました。

『食卓のない家』

――遺作となった『食卓のない家』は、いわゆる連合赤軍・浅間山荘事件の犯人となった息子とその家族をめぐる円地文子さんの原作ですね。小林さんはどうしてもこれをやりたかったのでしょうか。

岡崎 どうでしょうか。ほかにも何本かやりたいものはあったのだと思います。貸ビル業の丸源が資金を出し、配給は松竹富士、製作は気心の知れた「仕事」の佐藤正之さんですね。この辺りの話し合いで何かやろうということになったんでしょうが、無条件で小林さんが乗ったのかどうか。あるとき、佐藤さんが「岡ちゃん、小林の鬼はこういう話しか監督しないんだよ。これをやれよといってもなかなかやらないんだよ」と言ってました。
好きな題材だったから重い腰を上げたんだとは思いますが、製作条件はものすごく厳しかったですね。ですから撮影所で撮っていません。小林さんが懇意にしていた武州烏山のゴルフ場(栃木県の烏山城カントリークラブ)のオーナーに頼んで、古い飛騨高山の民家のような造りの和食レストランを全部借りきって撮影したのです。美術は戸田重昌さんでしたが、オーナーは「どうぞお好きなように」と言ってくれて、そこでの商売をやめてしまいました。われわれはかなりの部分、ゴルフ場の中で仕事をしたわけです。

——『食卓のない家』は、小林さんのいつも描こうとする社会的な関心が、最終的にどこか哲学的なものに近づいてきたという感じでしたが。

岡崎 それは製作の過程で感じましたね。たとえば、話の内容にあわせて、事前の打ち合わせで、どんどん家の中を簡素にしていきました。「あの花もいらないね」「この時計もいらないね」といった具合で、まるで無人島のような部屋になっていきました。

『食卓のない家』 セット撮影
俳優のメークアップ修正の間にもカメラの奥から
岡崎がこまごまと指示を出す

『食卓のない家』 撮影現場にて
岡崎 美術の戸田亘昌 小林

木下惠介さんが映画を見て「変な家ね。飾りを取りすぎよ」なんて言っていたのが印象的でした。
　画面の渋みみたいなものも追求しています。色彩をねらうような話ではないですから。一九八五年当時の一般的なカラー映画というのは、日本も外国も、割合派手な色のものが多かったような気がします。それはやめようという意図があったのかもしれません。

――『敦煌』と『會津八一』は実現に至りませんでしたね。

岡崎　本当に残念でなりません。『敦煌』(佐藤純彌監督で一九八八年に映画化された)の方は、実際に中国に飛んで敦煌まで行ったのに。どうしてそうなったのか真相は分かりません。小林監督も聞かれたくもなかっただろうし、易々と話すような人でもありません。『會津八一』については、古美術やいろいろな面で教えを受けた師匠ですから、これも映画化したかったに違いありません。

〝大指揮者〟小林監督

――小林監督はもの静かな方と聞いておりますが、実際にはいかがでしょう。

岡崎　いつも言葉少なで、セットで大声を出すということもありませんでした。朴訥な方なんでしょうね。あまり明快な話しぶりではありません。市川崑さんのようにパッパッパッと段取りをつけていく人ではありませんから、言葉の意味を探らなければならないのです。麻雀とゴルフがお好きで、そういうときは撮影現場の小林さんとは違っていたのかも知れませんが、私にはそちらのおつきあいはよく分かりません。松林宗恵さんとかはその方面で仲がよかったようです。
　カメラマンというのは、「この監督と二度目をやれるだろうか」という不安と期待にいつもつきまとわれているものです。スタンバーグなどは気に入らなければ、即、クビにします。そして、カメラマンというのは作品によって作風が変わらなければいけないのです。小林さんの仕事を引き受けたら、本当にしんどい。ものによっては他の監督の四、五倍はくたびれます。でもその仕事の魅力といったら他に比べようがありませんし、最後まで「もういいよ」とは言われなかったのですから幸せでした。
　なにしろ小林さんというのは、われわれカメラマンを音楽の演奏者に例えるなら……指揮棒の先を見ていると、自分が出したことのないような音が出てくるんですから。音を出すのに「おまえ、こうだよ」と口の中に指揮棒を突っ込まれて「なぜこういう音が出ないんだ」「こう吹け」と言われたのがスタンバーグ。小林さんはちがう。私はこの年になってもドレミファソラシドの全部、正規の音が出ますけど、いい指揮者に出会うと、本当に信じられない音が出てくるんです。映画のカメラマンはそういうものなんです。最近は「もうちょっと指揮棒を振ってくれれば、俺はこんないい音もってるのに」なんて思いますけど……。小林さんはまさに鋼のような人でした。あれだけの作家はこれからも出てきてほしいとは思うけれど、なかなか、出てこないでしょうね。

作曲家・武満徹と録音技師・西崎英雄の仕事

小林組の音づくり

柴田康太郎

作曲家にとって、小林正樹はどのような映画監督だったのだろうか。『からみ合い』から『食卓のない家』までの一〇作品に音楽をつけた武満徹(一九三〇—九六)は生前、次のように語っている。黒澤明は既成曲を示して「直接的な注文」をするが、市川崑は「バイオリンの音を少し入れてくれ」といった注文を出す。勅使河原宏は「遠まわし」に「いろいろいう」が、大島渚は録音に立ち会っても酒盛りをしていて何も言わない。そして小林正樹は、「ほとんど何もいわない」監督だった。だが言い添えた次の言葉には、小林への敬意と謝意が伺える。「『怪談』のときなんか、音を全部ぼくにまかせてくれたんです。音楽だけでなく、セリフから自然音から効果音まで、録音された音は全部ぼくが見ました。だから、風の音がいつのまにかそのまま音楽になっていくみたいなことがスムーズにできたわけです」[1]。

もっとも、こうした小林の態度は作曲家だけに対してのものではなかった。六〇年代前半の小林組で助監督を務めた吉田剛によれば、小林は「信頼して任せれば、口を出さない」監督であった。「仕事が誠実に遂行されていれば、その為にスケジュールが遅れても、冷静に待っている。製作会社やプロデューサーには突っ張ってくれる。信頼されていれば、これほどやりやすい、いい監督はいない」。小林組の現場は「そういう小林さんの懐の深さのなかで、美術戸田重昌、音楽武満徹、録音西崎英雄、撮影宮島義勇が、いい仕事をする」場だった、吉田はそう回想する[2]。

ただし、こうした製作体制にはある程度の分業も必要だ。大キャメラマンで「天皇」とも呼ばれた宮島義勇が『人間の条件』の折、若き編集者の浦岡敬一に「ぼくは撮る人、あなたは切る人」と語ってフィルムの編集を一任したというのも、こうした空気を象徴する逸話といえよう[3]。ところが武満徹は、音楽だけでなく録音技師の領分である台詞や効果音にも意欲を燃やした作曲家だった。武満の同世代にも黛敏郎や芥川也寸志のように、映画音楽家は音楽だけでなく効果音などにも関わっていくべきだと主張した者はいたが、武満ほどこれを意欲的に実現した者はいなかった。録音技師の職域を侵すことにもなるからだ。実

●1…立花隆『武満徹・音楽創造への旅』文藝春秋、二〇一六。
●2…市立小樽文学館編『鋼鉄の映画人——小林正樹』(「東京裁判」小樽上映実行委員会、一九九八)所収吉田「小林さんという謎」。
●3…日本映画編集協会十周年記念誌編集委員会『編集者　自身を語るVOL.1』(日本映画編集協会、一九九三)所収「浦岡敬一」。

際、中村登の『土砂降り』(一九五七)や渋谷実の『もず』(一九六一)では、武満の積極的な関与が録音技師(二作とも大村三郎)との激しい対立を生んだことが知られている。[4]だが実は関係者によれば、『怪談』の現場でも、武満と小林組の録音技師である西崎英雄(一九一八―二〇〇〇)との間には、相当の摩擦が生じていたらしい。これは、本書所収のインタビューで小林が触れている公開直前の再ダビングにも関係していそうである。[5]ところがまた、西崎との関係は、大村との関係のように決裂には終わらなかった。小林組の助監督のひとりだった小笠原清は、『怪談』後の二人は「これ以上は望めないと思えるほどの完璧な信頼関係にあった」[6]とさえ述べている。では『怪談』以後も小林正樹、大島渚、篠田正浩の一六作品で組んだ二人の仕事は、どのようなものだったのだろうか。

本稿では特殊な音楽素材の使用ばかりに関心が向けられがちな武満の映画音楽に改めて耳を傾け、その音楽設計にも注意を向けていく。だが併せて関係者の言葉をもとに、小林組における武満徹と西崎英雄の協働《コラボレーション》の推移を素描してみたい。これは畢竟、一九六〇年代の映画音響にとっての武満の仕事の意味に光を当てることになるだろう。

『からみ合い』――邂逅

武満徹が小林正樹、そして西崎英雄と最初に仕事をしたのは、一九六二年の『からみ合い』(一九六二年二月封切)であった。小林は武満起用の理由を、「当時のぼくのなかに「このあたりでなにかを打開したい、違ったことをしてみたい」という気持ちがあり、音楽も今までと違う人とやってみたくなったのだ」と語っている。[7]そうしたなか作中にジャズ喫茶が登場するせいか、助監督だった吉田剛によれば、「モダン・ジャズを使うことになって、それで武満さんがいいんじゃないのっていうことに」なったのだという。[8]モダン・ジャズは『死刑台のエレベーター』(一九五八、同年日本公開)以来、国内外で映画との結びつきを強めていたが、武満もすでに複数の映画でこれを試みていた。

まず耳をひくのは、猪俣猛とウエストライナーズの演奏による、トランペットを中心とする二つの旋律だ。この二曲はヒロインやす子(岸恵子)の冷めたナレーションとともにこの映画をスタイリッシュに彩り、ヒロインの変貌を示す個所で反復されている。だが他にも、金管による非旋律的な複数の断片的音響が、里枝(渡辺美佐子)やマリ(芳村真理)の場面、また特定の意味を持った場面で巧みに使い分けられていることも看過してはならない。映画冒頭近くの社長室の場面で、社長(山村聰)の体調を気遣うやす子のナレーションをよそに響く不穏な金管の咆哮音も、実はのちに社長の遺産をめぐる思惑の絡み合いが極限に達する二つの場面で使われる音響である。作品冒頭近くの目立たない場面にクライマックスの音を潜ませたこの演出は、人々を翻弄する運命の悪戯を音楽的に体現する演出のようにも思える。小林が本作での武満の仕事を回想して、「武満さんという人は、作品全体を理解して音楽をつくる人」だと述べたのも、頷けることである。

では、西崎との仕事はどうだったのだろうか。小林は、武満は「音楽ばかりでなく、録音の西崎英雄さんと一緒に、効果音も含めた映画の音響全体に責任をもってやってくれた」と述べている。[9] 確かに、吉田剛もまた、二人のやりとりを次のように記している。「（『からみ合い』は）回想を多用したシナリオ（中略）で（あるが）、その回想への入りに何か音がないか、と武満さんに言われ、ザキさんの発案で、ブランデーグラスの縁を濡れた指でこすり、共鳴音を出して、それをいくつもテストした」[10]。ここからは、武満が最初から、回想を多用するその後の小林作品の特徴に関心を向けていたこともわかる。本作では結局、このグラスハープ（水で濡らした指でガラスの縁をこすって出した音）と思しき音響は使われなかった。だが、武満はのちに『他人の顔』（勅使河原宏、一九六六）でこれを使用している。二人の仕事は最初から、のちの作品につながるような刺激を孕むものだったといえるかもしれない。いずれにせよ、顔合わせとなったこの作品でも、武満は広く音響演出に関心を示し、西崎も武満の求めに応じて案を出していたのである。こうした二人の協働は半年後の『切腹』（一九六二年九月封切）ではより緊密なものとなり、早くもひとつの頂点を形成することになる。

『切腹』――展開

『切腹』の音といえば、まず想起されるのは武満徹による鮮烈な琵琶の音楽だろう。本作は武満にとっても積極的に邦楽器を扱うようになる転機といえる作品だが、『切腹』がこの年の毎日映画コンクールで音楽賞を受賞した折、審査員の吉川英史は「この（『切腹』の）音楽は、映画音楽史上一時期を画すものである」とも評している。「滅び行く文化財の標本のようにいわれた琵琶楽を全巻に取り上げ」ただけでなく、テープ音楽の手法（磁気テープに録音した多様な音響素材を、再生速度を替えたり反転させたりフィルターをかけたりして変調する手法）を取り入れて電気的に処理をした、その琵琶の「取り上げ方の大胆さと巧妙さには（中略）度胆を抜かれた」というのだ。[11] この音楽の制作に関わった助監督の吉田剛によれば、この電気的処理は再生機のキャプスタン（回転軸）を調整して再生スピードを変えるだけの極めて「原始的な方法」によるものだったようだが、別の流派に属する古田耕水の薩摩琵琶と平田旭舟の筑前琵琶を調和させた鮮烈な響き、そして時にはそれをぞっとするほど不気味に変調する演出には、現在でも驚嘆させられる。

もっとも、琵琶の響きだけに気をとられると『切腹』の音楽設計は捉えられない。本作にはオーケストラやキハーダ（乾燥させ

◉4…『武満徹全集第3巻　映画音楽1』（小学館、二〇〇三）所収「もず」。

◉5…ほかに本書Ⅲ吉田「小林正樹というカオス」参照。

◉6…西崎英雄を偲ぶ会実行委員会編『ザキさん』（録音連絡協議会、二〇〇一）所収小笠原「音感遊子　ザキさん　マイウェイ」。「ザキさん」は西崎の愛称。

◉7…本書Ⅰ「人間を見つめて」参照。

◉8…筆者によるインタビュー（二〇一五年九月八日）。

◉9…本書Ⅰ「人間を見つめて」による。

◉10…前掲『ザキさん』所収吉田「ザキさんとの日々」。

◉11…前掲『武満徹全集第3巻』所収「切腹」。

ると歯との間に隙間ができる馬や驢馬の下顎の骨を打楽器としたもの)の音も使われているからだ。しかも、琵琶は主人公津雲半四郎(仲代達矢)やその娘婿たちを、オーケストラは彼らに立ちはだかる封建的な井伊家の斎藤勘解由(三國連太郎)らを彩るようにして使い分けられているようでもある。実際、琵琶はクライマックスに向かうにつれて使用頻度でもオーケストラを圧していく。冒頭ではほぼオーケストラだけを伴っていた三國による「井伊家覚書」の語りも、作品最後に再び登場する折には、強烈な琵琶の連打を伴っている。拭いがたい半四郎の抗議の爪痕を、聴覚的に響かせているかのようだ。

　しかし、西崎との協働を捉えるうえで注目すべきは、やはり琵琶の音である。武満は当時、琵琶を使った理由を「簡潔で、気迫のこもった音がほしかったし、琵琶の音は、間をもたすことができる――つまり、鳴ったあとの余白が生かせると思った」からだと述べている。[12]ここでいう「余白」は琵琶の音の前後の静けさを指すと思われるが、実はこの静けさこそ、西崎との協働によって作られた作品の音響設計の基調というべきものなのである。西崎も当時、この映画の演出意図を次のように記している。「白州での科白のやり取りがこの映画を決定づけると考えて特に注意」し、「過剰音は可能な限り整理」して「空白を適所に配置」[13]することで、「効果音や特に科白を印象づけるよう意図した」。武満と西崎の間に、「余白」や「空白」への共有された指針があったようだ。武満の鮮烈な琵琶の音楽は、西崎との協働の中で作られた「余白」があるからこそいっそう衝撃的に響いていたのであり、「鳴ったあとの余白」もこの音楽によって引立てられていたのだと言えよう。『切腹』の印象的な音響世界は、二人の演出意図が相補的かつ相乗的に働くことで作られていたのである。

　またこうした静けさは、本作での武満による効果音への関与においても、枢要な意味をもっていたようだ。武満は撮影現場を訪れたとき、家老役の三國が鳴らす扇子の音が「せりふの沈黙の間に楔を打込むような空間を」作っていることに気がつき、「このパチンという音が〔作品〕全体の〔重要な〕モメントになる」よう試みたと述べている。[14]おもしろいことに、武満は別の文章で「〔扇子の〕音をきっかけにして琵琶の音が入る」とも語っている[15]が、実際には扇子の音が琵琶の直接の「きっかけ」になるような例は確認できない。しかし、こうした発言は、彼が扇子の音と琵琶の一打ちという二種類の単発音を、基調となる沈黙の上で、同列に、かつ連続的に把握していたことを示しているように思われる。沈黙だけでなく効果音もまた、音楽と引きたてあっているのだ。こうした効果音と音楽の連続的な音響設計と、これを実現する二人の緊密な協働は、二人が次にともに仕事をした『乾いた花』(篠田正浩、一九六四)でも実践されたらしい。ところが次の『怪談』では、事態は異なる様相を呈することになる。

『怪談』――破綻

　『怪談』は武満が関わった一〇〇本ちかい映画の中でも特に意欲的な仕事であり、武満がのちに自ら、自身の代表作として挙げた作品でもある。武満はこの作品で、それまで一〇年ほど積極的に追求してきたミュジック・コンクレート(現実音を使ったテープ音楽)の手法を集大成し、これを縦横に展開した。「アクションのノイズがいつの間にか音楽になり、また音楽的な響きが現実のアクションのノイズに」なるようにして「音楽と効果音の境界を取っ払いたかった」のだという。もっとも、作品全体の演出にとってより枢要なのは、そうした演出を可能にした音響素材の選択だろう。武満はこのオムニバス映画の四つの話それぞれに「音の質」を設定し、音楽と効果音に音色の類似した音を配置することで、物語の中で独特の意味を与えているのである。[16]武満は『乾いた花』でも、現実音である花札の音から音楽にタップダンスの音を使うことを着想しているから、『怪談』の試みは『乾いた花』の試みを展開したものといえよう。

だが『乾いた花』とちがい、この映画の音響演出は一筋縄ではいかなかった。小林の遺品には、『怪談』製作が大詰めを迎えた一九六四年末に武満が書いた小林宛てのメモが残されている。

> ただ言えることはいまのフィルムの音は私の音楽ではないということです。〔中略〕何とか私たちの意図に近い結果を得るために昨日までつとめたのですが、同じにこの映画の仕事にたずさわった人々の協力がえられなかったために、私は希望を捨てました。〔中略〕私は映画界のくさった美的感覚の全くない世界とはこれ以上つき合えないだろうと思いました。〔中略〕私のタイトル〔名前〕を〔クレジットから〕はづしていただくことだけをお願いいたします。

結局、問題はダビング(映像に合わせて録音済みの効果音や音楽をサウンドトラックに録音する最終調整の工程)のやり直しによって解決された(ただし関係者の話を聞くかぎりは、元のダビングも武満の意向に沿って進められていたようではある)。だがダビングルームでの武満と西崎の間には、かなりの軋轢が生じていたらしい。

ミュジック・コンクレートの制作にはテープの緻密な切り貼りと加工に膨大な時間と手間がかかるため、武満はミキサーの奥山重之助とともに草月会館にこもり、撮影と並行して音響制作を進めていた。だがその間、西崎とは十分なやりとりができていなかったらしい。助監督の吉田は、「武満さんが、セット〔での撮影〕の合間に〔草月会館へ〕見学に行ったザキ〔西崎〕さんに、ミックス〔=ダビング〕のときは、この作った音をいじらずそのまま通して下さいと言い、ザキさんが顔色を変えて立ち去った」ことがあったと回想する。[17]武満はこの映画のミュジック・コンク

●12…前掲『武満徹全集第3巻』所収「切腹」。
●13…『映画技術』一三〇号(日本映画技術協会、一九六三年五月)所収西崎英雄「『切腹』の録音」。
●14…武満徹『武満徹対談集——音楽の庭』(新潮社、一九八一)所収「イメージと思考を喚起するもの」。
●15…前掲『武満徹全集第3巻』所収「切腹」。
●16…『キネマ旬報』一九九一年一月上旬号所収「武満徹　自作を語る」。
●17…前掲吉田「ザキさんとの日々」。

レートの音響を映像と緻密に対応させるべく、準備したすべての音響をあらかじめシネテープ（フィルムとの同期に適した映画音声用の磁気録音テープ）に録音しておき、ダビング時には映像とともに再生すればいいようにしていた。ダビング時に細かなテープの断片を繋ぎ合わす煩雑な作業をなくすためではあったが、これは否応なく西崎の関与の余地を小さくする。しかも武満は、西崎が録音した音を少なからず取り去って、自分で加工した音をつけてもいた。武満は自ら苦労して作った音でも次々と取り除いたというから削除されたのは西崎の音だけではないが[18]、吉田がこの作品は「ザキさんにとってあまり「いい仕事」ではない面があった」と述べるのも無理からぬことだろう[19]。本作の助監督のひとり小笠原清は、次のように記している。「この頃武満さんの映画音楽における創作的緊張度はひとつのピークを迎えていたように思われる。それは勢い、ザキさんの効果音の挿入をかなり制約するということにつながって、音付けに続くダビングルームでの緊張度は相当なものになっていた[20]」。

結局、現場自体が「怪談」だったという過酷な『怪談』の製作が終わったのち、武満と西崎はしばらく疎遠になったという。武満のミュジック・コンクレートの集大成であり、効果音もふくめた演出意図を展開した『怪談』は、録音技師との協働という点では、破綻さえふくんだものだったのである。実は西崎は、黛敏郎の指示のもとで『カルメン純情す』（木下惠介、一九五二）での日本最初のミュジック・コンクレートを制作した技師だった[21]。その西崎がミュジック・コンクレートに苦しめられることになったのは、運命の皮肉と言わざるをえない。

『怪談』以後——深化

ただし、この対立はかえって武満と西崎の信頼関係を強くしたようだ。『怪談』後の小林組でも、二人は『上意討ち』（一九六七）、『日本の青春』（一九六八）を除く『いのち・ぼうにふろう』（一九七一）、『燃える秋』（一九七八）、『東京裁判』（一九八三）、『食卓のない家』（一九八五）の五作品でともに仕事をおこなっている。むろんこの頃の武満は、『怪談』のようにミュジック・コンクレートを展開するような仕事をしていないから、そもそも対立の可能性は減っていたのは確かだ。しかしどうもこの和解には、より積極的な理由もあったようである。

生前、西崎は小笠原に対して次のように語っていたという。「あの時〔『怪談』の時〕は確かに僕にも抵抗があったけど、でもあれから間もなく僕は武満さんに会って云ったんだよ。『怪談』の音は本当にべんきょうになりました、ありがとうございましたって。〔中略〕それからもう話が弾んで、かえって〔関係が〕よくなっちゃったんだ。実際、あの作品のおかげで僕も音についての考え方がちがってきたんだ。あの時の武満さんの音がなかったら、僕の録音は今みたいにはなっていなかったと思うよ」。生前の西崎は「武満さんが音楽を入れるシーンは僕は大体わかる」と言っていたようだが、西崎は次第に武満の演出スタイルを理解し、内面化していたようなのである。

武満もこの頃には西崎の演出態度をよく理解していた。小笠原はダビングルームでの様子を、次のように回想している。「ダビングに入ると、必要があればロールが交わるごとに、武満さんが前のソファからすっくと立ちあがって、ザキさんをふり返る。「ここは西崎さんが何かつくってくれてるんじゃないかと

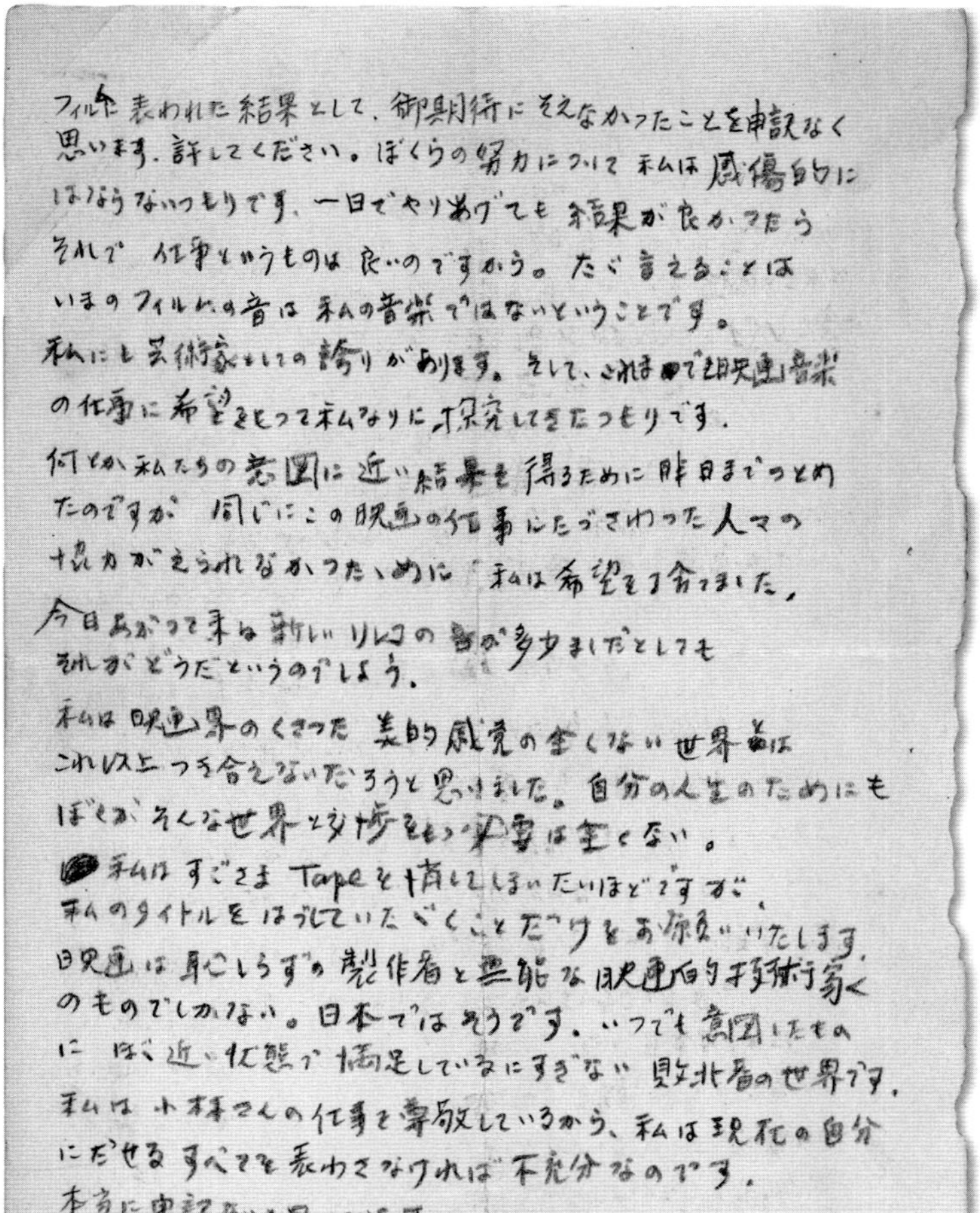
フィルムに表われた結果として、御期待にそえなかったことを申訳なく
思います。許してください。ぼくらの努力について私は感傷的に
はならないつもりです。一日でやりあげても結果が良かったら
それで仕事というものは良いのですから。ただ言えることは
いまのフィルムの音は私の音楽ではないということです。
私にも芸術家としての誇りがあります。そして、これまで映画音楽
の仕事に希望をもって私なりに探究してきたつもりです。
何とか私たちの意図に近い結果を得るために昨日までつとめ
たのですが、同じにこの映画の仕事にたずさわった人々の
協力がえられなかったために　私は希望を失いました。
今日あがって来た新しいリレコの音が多少ましだとしても
それがどうだというのでしょう。
私は映画界のくさった美的感覚の全くない世界とは
これ以上つき合えないだろうと思いました。自分の人生のためにも
ぼくが、そんな世界と妥協をもつ必要は全くない。
私はすぐさまTapeを消してしまいたいほどですが、
私のタイトルをはずしていただくことだけをお願いいたします。
映画は恥しらずの製作者と無能な映画的技術家
のものでしかない。日本ではそうです。いつでも意図したもの
にほぼ近い状態で満足しているにすぎない敗北者の世界です。
私は小林さんの仕事を尊敬しているから、私は現在の自分
にだせるすべてを表わさなければ不充分なのです。
本当に申訳ないと思っています。

武満徹から小林正樹に渡されたメモ

◉18…秋山邦晴『現代音楽をどう聴くか』晶文社、一九七三。
◉19…前掲吉田「ザキさんとの日々」。
◉20…前掲「小笠原「音感遊子　ザキさん　マイウェイ」。
◉21…前掲吉田「ザキさんとの日々」。

思って、ぼくの方の音楽はないんですけど」「つくってありますよ」「あ、やっぱりね、よかったあ」とか、「西崎さん、こういう音だったら、あの辺にもうひとつあってもいいですね」「そうですね」といった具合で、そして次のテストでは音がピシャリとはまった」[22]。むろん、こうした互いの音づくりへの理解の深まりはたんに長い協働作業の蓄積の結果ともいえるが、西崎の「今みたい」という言葉の意味を考えると、別の面も見えてくるように思われる。

小笠原は「今みたい」な録音の意味を次のように推察している。「〔『怪談』以後、西崎は〕リアリズムの効果音を基本としながらも、〝音響〟の創作と構成の世界へ果敢に踏み込んでいったように見えた。抽象音、象徴音の素材を積極的に加工、アレンジして音響化し、音付け段階においては、リアルタイミングを大胆にはずして音楽的感覚で対処することに挑戦していた。〔中略〕傍目にはかなり思い切ったように見えるサイレントシーンの設定もそのひとつであるが、とぎすまされた音質に依る象徴音を一発で決める場合においては、サイレントとの快い緊張の間合いを楽しむかのように音作りをしていた」[23]。

こうした実践の象徴的な例としては、『東京裁判』の冒頭にある、ナチスドイツの国章が落ちるショットが挙げられよう。国章が地面に落ちる映像には、タイミングを一瞬遅らせて、加工された音響がひとつだけ重ねられている。『怪談』の「黒髪」の音響を思い起こさせるような演出だ。しかし小笠原によれば、これは西崎によるものだった[24]。関係者の証言なしには武満のものと勘違いしてしまうような処理が西崎によってなされているわけだ。作曲家の林光は、『少年』(一九七〇)の頃の大島組の最終ミックスは「西崎さんの基本プランがまず提出されてから」始まったが、西崎はその時点で「大胆な抹消や変形や挿入を試み」ていたと記している[25]。こうした小林組以外での音作りも武満との協働を通じて培われた『怪談』以後の音響感覚を展開したものといえるように思われる(こうした西崎の仕事の全体像は、小林作品だけでなく、大島作品や篠田作品などをも視野に入れなければ見えてこないだろう)。

むろん、小笠原がいうような変調音や無音の使用それ自体は、武満だけからの影響とは言えない。一九六〇年代の前衛的な映画音響それ自体がもつスタイル——「反自然主義的」とでも言っていいような、作り物性を前面に出すスタイル——の一種ということもできるからだ。しかし、武満徹を始めとする現代音楽の作曲家との協働が、こうした映画音響のスタイルの展開に重要な役割を果たしたのも確かなようだ。『怪談』にもアオイスタジオのミキサーとして関わった録音技師の瀬川徹夫も、自身の経験として現代音楽の作曲家からの影響を語っている。瀬川は、『煉獄エロイカ』(吉田喜重、一九七〇)における絞首刑の場面での自作の変調音に言及しながら、映画の「ヘソ」となる重要な音響を「必ず自分の手で創作」するようになったのは、武満、黛、林、一柳慧といった作曲家からの影響だと記している[26]。西崎も後輩世代の瀬川と同じように、『怪談』での協働を通して現代音楽の作曲家が演出する映画音響のあり方と対峙し、新たな映画音響の領野に足を踏み入れることになったのだろう。

こうしてみると、武満徹を始めとする現代音楽の作曲家による映画の演出は、台詞や効果音をも新たな音楽表現の領野ととらえる見方を展開することで、録音技師たちの音響表現の幅をも拡張することになったということができるのである。ただし、このように前衛音楽家の仕事が「音楽」の範囲を超えて録音技師たちの「音響」に影響を与えられたのは、従来の「音楽」を乗り越えようとした時代の音楽と、従来の枠にとらわれない映像表現が求められていた時代の映画音響の幸福な出会いでもある。小林作品は、こうした時代に刺激的な協働を行った武満徹と西崎英雄による魅力的な音作りを刻印する記録《ドキュメント》ともなっているのである。

小林正樹と西崎英雄
アオイスタジオでの
『東京裁判』のダビング

アバコスタジオにて
『東京裁判』の音楽録音後のプレビューを聞く
左手前＝東京コンサーツ宇野一朗
右へ武満　西崎　小笠原
右端が指揮者田中信昭

◉22…前掲小笠原「音感遊子　ザキさん　マイウェイ」傍点引用者。

◉23…同前。

◉24…筆者によるインタビュー(二〇一五年三月四日)。

◉25…『講座 日本映画7』(岩波書店、一九八八)所収林光「映画音楽覚書」。

◉26…日本映画・テレビ録音協会編『映画録音技術』所収瀬川徹夫「音をイメージする・音を創る」。

結びに代えて

本稿ではここまで、武満徹の音楽演出と西崎英雄との協働のあり方を素描してきた。だが二人の仕事には、協働という観点ばかりに注目すると見えないような仕事もある。小林作品を聴きなおすための手がかりを示す意味でも、最後に小林作品での二人の仕事の特徴に少しばかり触れておくことにしたい。

西崎英雄は『切腹』の折、「科白はセットではフラットで収音し、ダビングの段階においてグラフィック・イコライザーを全面的に使用」して「映画全体の重量感を出すことに意を注いだ」と記していた。[27] だがこれは後年までつづく西崎の録音技師としての特徴だったようだ。当時アオイスタジオの録音技師だった大橋鉄矢は次のように回想する。「西崎さんは小林監督を信奉されていて、同時録音をやられていても録音の善し悪しより芝居の善し悪しを優先させる人だった。だからセリフがぼけていたとしてもオーケーを出し、私の作ったグラフィックイク《ママ》オライザーを駆使して音質調整をやっていた。また小さなセリフが嫌いな人で（たとえば遠くの人物の声でも）確実に視聴者に聞き届ける範囲での音量をキープする録音技師でもあったね。（中略）西崎さんは低い成分を重視してセリフの重みみたいなものを大事にしていたと思う」。[28] 考えてもみれば、小林作品の特徴のひとつには、モノローグやナレーションの多用がある。低音域を重視した西崎はこうした小林作品の特徴を、小林の重厚な作風に沿ったしかたで支えた技師だったのである。

では武満徹の仕事はどうだったか。ここでも改めて楽曲の配置に注目してみよう。小林作品では、しばしば登場人物たちが何らかの困難な状況に陥るが、武満は重苦しさを表すだけでなく、楽曲の配置によってもこの困難を表しているように思われる。たとえば小林作品の中でも殊に音楽数の多い『いのち・ぼうにふろう』では、定七（仲代達矢）が川辺で溺れる雀をただならぬ表情で助ける場面に、あとで定七以外の仲間が殺されてその遺体が検分される川原の場面で使われる曲を用いている。また定七と与兵衛（佐藤慶）が罠かもしれぬ仕事を受ける決心をする場面には、罠をかける奉行や商人の登場する場面で使われた音楽を配置している。音楽は登場人物たちを絡めとろうとしている陰謀と運命の網目のように作品を覆っているのである。

もちろん、武満の音楽はそうした困難を彩るものばかりではない。そもそも武満は、西崎と異なり、低音の少ない音楽を書く作曲家としても知られている。小林作品での武満の仕事にも、映画の中心になる特徴を捕まえて、作品の重厚感とバランスをとるような音楽がある。小林監督自身が「『からみ合い』に次ぐ武満さんのいわゆる地の（中略）心がもろにすっと出た音楽」[29]と呼んだ『日本の青春』では、朗らかなハーモニカの旋律が主人公の息子たち戦後世代の青春を彩るのに使われ、主人公ら戦中世代の重苦しい青春の音楽と対比されている。また『いのち・ぼうにふろう』でも、作品冒頭のタイトルで開かれたエレキギター、打楽器、弦楽器による音楽の作中の使用は登場人物たちの痛快な生き様を小気味よく印象づけているのである。

だがまた、こうした武満と西崎の音づくりの協働性も忘れてはならない。晩年の西崎のチーフ助手を務めた浦田和治は、『東京裁判』前編最終部のダビングを次のように回想する。武満の音楽が入る原爆の場面の直後、浦田は西崎の監督下で、占領軍のパレードの映像が流れる部分に行進曲を入れた。「武満さんの音楽のあと、明るい音楽。周りは「何やるんだ」という空気になった。でもそのとき武満さんが「僕の音楽が終わってから一〇秒後にこの曲を入れましょう」って言ってくれた。僕は、植民地になったんだっていう思いを明確に伝えたかった、これがアメリカなんだよっていう」[30]。確かに「8月15日／占領軍の戦勝一周年記念パレード」という字幕が入ってパレードの様子が映し出されてから(実際には五秒ほどの)無音部を経て、パレードの音楽が自然に、かつ効果的に入れられている。武満はここで、録音部の演出意図を汲みつつ、自身の伴奏音楽と双方を生かす絶妙な間を摑みとっているのである。

また逆に、西崎も武満の求めに応じていた。武満徹のマネージャーであった宇野一朗は、ダビングルームでの二人のやりとりを次のように記している。「西崎英雄さんは、自分で作った風の音とか水の音のテープをトランクに入れて持ち歩いていた。それで、武満さんが「西崎さん、あのセミのロース」っていうと、「はい」って出してくる。ロースとは美味しい肉のこと。つまり、最上のセミの鳴き声っていうことです。武満さんは何種類か聴いて、「じゃあ、これにしよう」って決めて使っていた」[31]。

このような音づくりを念頭に置きながら、改めて各作品の音楽、効果音、台詞、無音の配置や反復に注意を向けていくことは、小林作品のまた新たな側面を浮かび上がらせることになるだろう。さらに言えば、映画作品には監督や作曲家や録音技師の複数の演出意図が絡み合っているだけでなく、作品からは各製作者が想定していなかった効果や意味も立ち現れてくるものだ。小林組ではほかにも、作曲家の木下忠司や録音技師の大野久雄らが魅力的な仕事をしている。作品たちはなおも耳を傾けられるのを待っているのである。


◉27…前掲西崎「『切腹』の録音」。

◉28…告別・大橋鉄矢実行委員会編『大橋鉄矢』(二〇一五)。

◉29…本書I「人間を見つめて」。

◉30…筆者によるインタビュー(二〇一五年一二月二日)。

◉31…『武満徹全集第4　映画音楽2』(小学館、二〇〇三)所収「食卓のない家」。

丸山裕司氏に聞く『食卓のない家』の現場

小林組と美術監督・戸田重昌の仕事

小林正樹監督の自他共に認める代表作『切腹』（一九六二）で、美術監督として重厚かつ凛としたセットをデザインしたのが戸田重昌《しげまさ》である。『怪談』（一九六四）の特異な美術もまた戸田の仕事である。とはいえ、戸田が美術監督を務めた小林作品は『からみ合い』（一九六二）、『切腹』、『怪談』、そして小林の遺作『食卓のない家』（一九八五）の四作しかない（ただし『人間の條件』で戸田は平高主計《かずえ》の助手として付き、冒頭に登場する満州の城門などを手がけている）。小林作品というと戸田美術という印象が強いのは、このコンビでの成果が鮮烈だったからだろう。

特異な才能の持ち主だった戸田は小林のほか、大島渚、篠田正浩など限られた監督としか仕事をしておらず、キャリアに比して作品数は少ない。また、潔癖さからスケッチや図面の類はすべて廃棄していたため資料が乏しく、仕事ぶりなどがほとんど知られていない。そこで『食卓のない家』で戸田のチーフ助手に付いた丸山裕司氏に、現場から見た「小林組」「戸田重昌の仕事」を語っていただいた。丸山氏は戦後の日本映画美術を代表する一人である木村威夫◉の愛弟子で、美術監督として映画、テレビで多くの作品を手がけている。

（関 正喜）

◉本稿は二〇一六年五月一六日、岩波書店で行ったインタビューによる。

小林組へ

――戸田重昌さんとは『食卓のない家』が初対面だったとのことですが、どのような経緯から作品に付かれることになったのでしょう。

丸山　この作品の装飾をやっている安田彰一さんとは以前から何本もやっていて、その安田さんがあるとき電話をかけてきて「戸田重昌という人がいる。ちょっと酔っ払いだけどおもしろい美術をやるから一緒にやらないか」と言われたのです。「おっ、来た」と思いました。面識はありませんでしたが、もちろんお名前は知っていました。あるとき木村（威夫）先生が「おれのライバルは戸田重昌だ」って言うのを聞いていたのです。びっくりしました。木村先生は他の人のこと言わないですもん。世の中にあまたデザイナーがいるのに、戸田さんだけ「おれのライバルだ」って。木村先生が唯一意識したデザイナーが戸田重昌だったと思います。ですから「これは勉強になる」と思って。もちろん小林正樹さんという監督も、すごい作品をやっている方だと知っていましたから「それはぜひお願いします」と。

現場での戸田重昌（左）と小林　撮影は岡崎宏三

――美術は、デザインにとりかかる打ち合わせから仕事が始まるわけですね。

丸山　そうです。最初は顔合わせぐらいで終わったのかな……。安田さんから「昔はダンディでいい男だった」と聞いていたのですが、戸田さんのぼくの初対面の印象は「きざな人だな」と。いい服、着ていましたもん。

それまでも何人もの美術監督の方と接してきましたが、戸田さんで初めて経験したことがあります。「丸さん、ホン（脚本）読んでくれ」って言われたのです。美術や装飾の人たちがいる前で、ぼくがホンを頭から朗読していきました。あれは不思議な体験でした。戸田さん、じーっと黙って聴いているんです。読んでいるうち、こっちもだんだん作品の中に入っていく。これはいいと思いましたね。ぼく、自分ではよくやりますよ。ホンを読みながら動き回るんです。それで椅子やテーブルの位置とか置いてあるものを確認しながら台詞を言うんです。ですが、朗読してくれと言われたのはあれが初めてで、その後もないです。

――『食卓のない家』のデザインは戸田さんが描いているわけですね。そのうえで、美術の作業というのはどういう段取りで進んでいくのですか。

丸山　美術監督というのはイメージをどう具体化していくかに心

◉**木村威夫**…きむら・たけお（一九一八～二〇一〇）　映画美術監督。伊藤熹朔に師事して舞台美術を学び、四一年日活多摩川撮影所に入社。四五年『海の呼ぶ聲』で美術監督。『雁』『或る女』『東京流れ者』『ツィゴイネルワイゼン』『サンダカン八番娼館　望郷』など多数。監督作品に『黄金花　秘すれば花、死すれば蝶』など。

を砕く。その結果が図面であったりスケッチであったりするわけです。それを予算やそのデザインの思い、スケジュールを考えながら、どう的確に進めていくかがチーフ助手の役割。○○日が撮影だから、△△日までにセットを建てて色を塗って、▽▽日までに汚して(年月の時間経過の表現)、××日には装飾を入れて、それを照明部の準備班が来てライトを吊す前に切り上げなきゃいけない、と。ですから美術の仕事は、クランクインまでに八〇パーセントは終わっていることになります。

『食卓のない家』でも、基本的には戸田さんがデザインしているのですが、助手の意見を取り入れたり、細かいデザインを任せたりはしていました。

覚えているのは鬼童子家の玄関です。ぼくは生まれが新潟なので「雪のときは外玄関と内玄関を作るんです」という話をしました。作品のテーマを考えて、戸田さんにはふつうの玄関じゃいやだという発想があったのでしょう。その話を気に入ってくれて玄関を二重にし、重く暗いトーンを出しました。それと作品を象徴する鬼童子家の食卓(テーブル)は、「丸尾、お前が描け」って助手の丸尾知行君に任せた。あれ、二〇〇万円ぐらいしたんです。

――主人公の鬼童子家の重厚な建物は、栃木県のゴルフ場に移設され和食レストランに使われていた合掌造りの古民家を改造したのですね。

丸山 (セットとして使うため)そうとう建て込んでいます、あの家は。壁をぶち抜いたし、石で暖炉をつくったし。ほんと好き勝手やっています。もちろんオーナーの了承があったのですが。もともとの面影なんて残ってないんじゃないですか。建て込みのときは戸田さんは来ていなくて、ぼくが図面もらって工務店の人に来てもらってやりました。あとで戸田さんが来て「ふん、ふん」なんて言いながら見てましたよ。庭づくりも忘れられません。あんな贅沢したことなかった。ゴルフ場の建物ですから、周りは芝です。そこを戸田さんから「庭にしたい」と言われました。「植木どうします?」って聞いたら「ここのゴルフ場にある木をどれでもいいから引っこ抜いてきて植えてくれ」って。「はぁ?」ですよ。で、ほんとにゴーカートに乗ってゴルフ場の中をぐるぐる回って「これがいい」「あれをお願い」と言うと、造園屋さんが引っこ抜いてきて、それを植えてつくったのが鬼童子家の庭です。

――すごいですね。ところで戸田美術の個性、特徴というのはどのように感じられましたか。また、実際に形にしていくうえでの難しさのようなものはありましたか。

丸山 戸田さんのセットというのは単純化したものが多い。ぎりぎりまで削いで象徴化していって。ですからつくること自体はそれほど難しくないです。

もちろんセットは建築物ですが、戸田さんの場合は建築物とは思えないですね。要するに「心の表現」としてセットがあるということです、どう言えばいいか……。木村先生と戸田さん、似ています。お二人とも舞台装置家の伊藤熹朔さんのお弟子さんです。「ああ、だからこういう舞台的な発想ができる人なのかなあ」とぼくは思いました。舞台をわかっていらっしゃる方というのは象徴化された世界、様式化というのをやりますよね。木村先生はよく「心の中を表現するのが美術だ」と言っていました。まったくその通りで、ぼくもその主人公なり登場人物の心、精神、感情を表現するのが映画美術だと思っています。そういう意味で、木村先生も戸田さんも方向性はまったく同じです。ただ、そのデフォルマシオン（対象を誇張したり変形させた表現）を

民俗学研究生・香苗が
鬼童子の視線を意識する
露天風呂のシーン

丸山筆による
「那智の宿露天風呂」のデザイン画
その中心に戸田が祠を加筆した

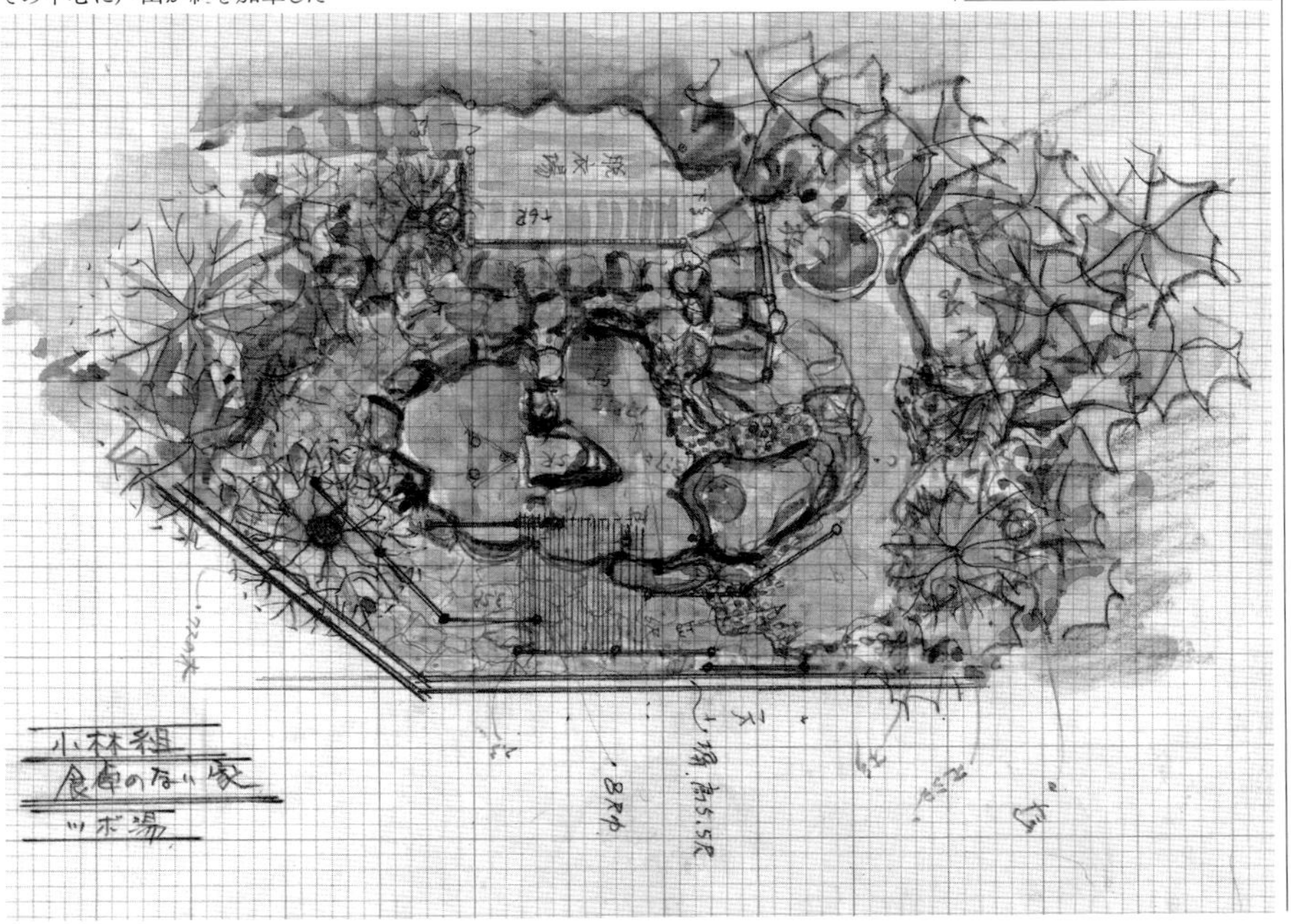

どこまでやるか、その線引きはたいへん難しいです。映画を見てくれるのは一般のお客さんじゃないですか。あまりにもデフォルマシオンをやりすぎちゃって、それがお客さんにわからなければ意味ないわけですよ。だからそれをわかるようにするための線引きっていうのは、これは常に難しいと思います。

――『食卓のない家』での戸田美術の象徴化、様式化の具体的な例をお話しいただけますか。

丸山 温泉の露天風呂に、水に浮かんでいるような祠を作りました（主人公の鬼童子信之＝仲代達矢が一人旅の途中、温泉で身体を休めるシーンがある）。祠をつくるというのは戸田さんのアイデアです。ぼくが描いたスケッチ（前頁下）が残っているんですが、そこに戸田さんが祠を置く位置を書き込んでいます。ぼくが湯河原の温泉で一週間、お風呂に浸かりっぱなしでつくったんですが、これ、別に祠を置く必要なんかないんです。でもあえてそういうものをもってくる。だからすごい。ぼくの解釈ですが、あの水に浮かんだような祠は鬼童子家の象徴なんでしょう。砂上の楼閣のようなあの家族を象徴させたのが、あの祠だと思う。

別の場面だと監察医務院のシーンです（鬼童子家が世間から孤立していく中、信之の妻由美子＝小川真由美が自殺し、霊安室に横たわっている）。あれはぼくが大塚の東京都監察医務院に行きスケッチをしてきたのですが、戸田さんがつくったセットはぼくのスケッチとはぜんぜん違う。ものすごく簡素な、象徴的な空間にしていますよ。

これは撮影中のことでしたが、鬼童子家の廊下の棚に花瓶が飾ってある。最初はまともに置いてあったんですよ。で、ぼくと飾り物をチェックしながら回っているとき、戸田さんがふと立ち止まって花瓶を横にごろんと倒した。離れて眺めて、倒れ方の角度が悪いとかなんとか思ったんでしょう。二、三回いじっていました。花が活けられることなく倒れている花瓶。それ、要するに家族の崩壊のひとつの象徴ですよね。

あとでその倒した花瓶を見て、小林さんがにやっと笑っていました。変な人たちだと思いました、ほんとに。

――小林監督と戸田さんはどういう雰囲気で仕事をされていたのでしょう。

丸山 図面やスケッチを見ながらの打ち合わせというのはしていなかったでしょう。ですが小林さんは、美術監督が何を考えどんな空間をつくってくれるのか、ひじょうに楽しみにしていたと思います。作品の思いをどう表現していくか、同志のような、もっと言えば親子か兄弟のような強い絆で結ばれていて、監督の戸田さんを見る眼差しは、いわばやんちゃ坊主を見るようにいつも愛情をたたえていた。心から信頼している感じでした。

戸田さん、撮影になるとほとんど現場に来ないんです。まあ、先ほど言ったようにぼくたちの仕事はクランクインまでに八〇パーセントは済んでいますから、それでも差し支えないといえば差し支えない。で、現場にいるときは必ず酔っ払っているんです。完全に酔っ払って、薔薇の一輪を口にくわえて出てきたりする。すると監督が「戸田くん、あんまり飲んじゃだめだよ」と言って、戸田さんの頭をぺちっと叩く。そんな感じでした。

キャメラが廻らない

——丸山さんにとって、小林組の現場というのも初めてですね。どのように感じられましたか。

丸山 苛酷でした。脂汗が出たのはあの作品だけです。脂汗って、ほんとうに出るもんだと思いました。

その日、戸田さんも装飾の安田さんもいなくて、美術部で一番えらいのはチーフのぼくでした。正面に例のでっかい食卓があって、奥に食器棚がある。準備ができて、で、キャメラは構えてるんだけど、撮らないんです。「なんで撮らないんだ?」と。でも、小林監督というのは「何をしろ」「どうしろ」とは絶対に自分では言わないですから。それがわからないのは無能だっていう判断なんです、あの人は。

で、ぼくは考えて「これは食器棚の皿や小鉢なんかの入れ方がまずいんだろう」と思った。だって、キャメラも照明も準備

鬼童子家居間のセット
左から小川真由美　中井貴恵　竹本孝之　仲代達矢

桜の花の下で狂い舞う
母・小川真由美

できているし、役者のリハーサルも終わっているし、こっち(美術)の問題しかないじゃないですか。この場の美術部のトップはぼくだから、やるよりしょうがないと思って一所懸命考えて置き方を直した。

ですが、まだなんにもしないんです。役者の人とかスタッフが五〇人ぐらい待っているんですよ。一日損すれば一〇〇万円ぐらいとびますから、映画っていうのは。「困ったな」と思って必死になって考えた。自分のあらゆる過去のデータを頭の中ではじきながら。それで、二回目、直しに行った。で、戻ってきてこれでどうかなと。だけど小林監督、「うん」て言わない。監督とキャメラマンの岡崎(宏三)さんがそこにいて、腕組んで黙ってじーっと見ています。どうしようかと思った。針のむしろです。これはもう、頭下げて謝るよりしょうがないかと。無能だと思われてもいいとも思った。

三回目、もう一回食器棚を直しに行きました。ほんとうにもう、脂汗が出るのを感じましたね。今でも覚えてます。『食卓のない家』の仕事でいちばん強烈なのはあのシーンです。これでだめならぼくは土下座しようと思いました。小林監督が「岡ちゃん、じゃあいこうか」って言われたときには、もう、へたり込みそうになりましたね。

ほんとにすごい人ですよ、あの人は、小林監督ってのは。ぼくはそんな監督、いまだかつて会ったことないですもの。その後にもないですね。ですから、今の若い映画人ていうのは、あいう苛酷なね、ほんとうに「作品」をやる世界を味わった方がいいと、ぼくはほんとうに思います。伸びますよ、その人間は絶対に。

にこにこはしてましたよ。にこにこはしてましたけど、目がいつもきらっとしてたもんなあ。うん。ほんとに、怖い人だなあと思いましたね。なんかやったら、とんでもないことになると。とんでもないこと、ありませんでしたけど。むしろかわいがってもらえたのかなっていう気はします。

ちらっと「かわいい人だな」と思うときもありましたよ、うん、なにか。いわゆるお坊ちゃんだなという感じがしました、ほんとにね。

——エピソード的な話になりますが、精神的に追い詰められて錯乱した妻由美子が居間の大きな水槽をピッケルでたたき割るショッキングなシーンがあります。ガラスが砕け散り、水が滝のようにあふれ、床で金魚が跳ねている。その金魚を小川真由美さんが本当に口に入れているように見えますが。

丸山 あれ、本物をくわえちゃったんです。もちろんぼくらは囓り用にコンニャクでつくりものを用意していました。でも「代えます」なんていう暇なかったですものね。そんなもの見向きもしないで、ワンカットで撮って、落ちている本物の金魚を囓った。びっくりしましたよ。役者っていうのはここまでやるのかと。

小川さんのシーンでは、夜桜の下で踊り狂うところがあります。木には三本の枝があるのですが、あれは鬼童子家の三人の子供(学生運動のリンチ殺人事件に連座し逮捕された長男、そのため婚約を破棄される長女、明るく振る舞おうとする次男)を表しています。あの桜、木は本物ですが、花は全部つくりました。撮影のときはもう本物の花が散って、葉っぱが出ていたんです。それを全部むしって、花をつけた。で、その後またこの花を取って造葉を付けたんです。映画の中で時間が変化していきますから。

ですが、染めて作ろうとしたその葉っぱがうまくいかない。そんなものを木に付けて「こんなの撮れない」って言われたら大騒ぎになる。できるまで待たれたら冗談じゃ済みません。それでもう、監督とかキャメラマンとかみんながいる前で作業をしようと思った。みんなに見せれば、出来具合がわかるじゃないですか。美術部で作れる範囲はここまでですよと。ここはもう、岡崎さんに頼んで夜間シーンにしてごまかしてもらいました。

――あらためて、『食卓のない家』に参加して知った戸田重昌という美術監督について。

丸山 説明はあんまりしない。そういうところは小林さんと似ているんじゃないですか。

ぼくは戸田さんとやっていくうちに、天才と狂気は紙一重だと、ほんとに思いました。木村先生からは狂気を感じなかったけど、戸田さんからは感じましたね。なんでだろうなあ。一本しかやっていないせいもありますが、要するに、なんかいつもこう、ぎりぎりに表現している、瀬戸際まで神経を張り詰めていた人のような気がします。繊細です、すごく、戸田さんは。戸田さんのスケッチ、ぼくは見ています。あの線のきれいさっていうのは戸田さんでないと無理。やっぱりあの、彫刻を志した人だからかなと思っています。

――小林正樹監督はデビュー作の中村公彦さんに始まり、『人間の條件』などの平高主計さん、『上意討ち』では黒澤明監督の作品の多くを手がけた村木与四郎さん、その奥様の村木忍さんとは『燃える秋』で組んでいますし、『いのち・ぼうにふろう』は名美術監督・水谷浩さんの最後の作品でもありました。続けて見ていくと、同じ監督の作品でも美術監督によってそれぞれの世界が違っていることがわかります。

丸山 全然違います。もちろんぼくら(美術監督)は資料とかいろんなことを徹底的に調べますよ。でもそれをチョイスするのは自分の能力じゃないですか。チョイスするとき、おぎゃあと生まれてからその年齢までの自分の世界っていうのは、ほんと素朴に反映されます。これは偽らざる事実です。いくら資料がいいからって、そっちにあんまり頼っちゃうと自分の追い求めている美術が希薄になる。これは絶対言えます。

表現というのは、表現する人間がいれば、その数だけ方法が変わるわけです。いわゆるト書きだけをそのまま映像化したんでは、それは美術監督とは言えないと、ぼくは思います。それを造形的に高める、シナリオを造形的に表現する、それが美術監督だと思っています。そういう表現ができない人は、どんなリアルなセットをつくっても、ぼくは立派な美術監督だとは思いません。

現れてくるものは違っても、そういう表現ができたのが木村威夫先生であり、戸田重昌さんだったと、ぼくは思っています。

小林監督の置き土産

梶山弘子

『化石』、『食卓のない家』、そして、準備中に病いに倒れ、監修という立場に終わったNHKハイビジョン・ドキュメンタリードラマ『會津八一の世界　奈良の佛たち』。私が小林正樹監督の作品に参加したのはこの三本しかない。しかし、「田中絹代記念館」構想のお手伝いをしたことから、一スクリプターの手にはとても負えない、大変な置き土産を預かることになってしまった。監督没後二〇年のいま、本書刊行にあたって、これまでの経緯を書き残すことで、資料の一部になればと思い、記すことにした。

『化石』――テレビ映画から劇場用映画へ

「ちょっと、手伝ってほしいんだ。会社に話すから来てくれないか」と、プロデューサー佐藤正之さん(当時俳優座映画放送社長)から声をかけられたのは一九七一年秋。予定していた先輩スクリプターが別作品の製作が延びて間に合わず、相談を受けた東宝のプロデューサー椎野英之さんの推薦だった。井上靖原作の『化石』で小林正樹監督、それもテレビ作品だという。当時所属していた東宝からは「行ってらっしゃい」と比較的簡単に許可が下りて、一〇月三日、すでにクランクインしていた現場に入った。

場所は有栖川宮記念公園近くのどっしりとした門構えの邸宅。テレビ映画制作の少数スタッフの静かな動きが新鮮だった。中心に、厳しい眼の小林監督の少し背をかがめた姿があり、初対面の挨拶をすると、「よろしくね」とひとこと、笑顔の印象は残っていない。小型キャメラの横で、撮影監督岡崎宏三さんがにこにこ迎えてくださった。宝塚映画の入社試験を受けたとき実地試験の現場におられ、以来の師匠であり、ここではただ一人の知り合いである。数日撮影をしている間に、チーフ助監督が監督からまったく信用されていない様子が見えてきた。そして、小笠原清さんが急遽呼び出された。『怪談』のときの助監督で、当時すでにドキュメンタリーの監督だった。同時進行でフランス・スペインロケへの準備が慌ただしく進められた。

一〇月一一日、小林監督、岡崎さん、脚本の稲垣俊さん、製作の岸本吟一さんの四名が先発。一七日、俳優の佐分利信さん、井川比佐志さん、山本圭さん、佐藤オリエさんと、製作部、照明技師、録音技師、助監督、撮影助手と私の一〇名が出発。パン・アメリカン航空南回りで一九日パリ入り。現地ではフランス側の製作が三名、通訳兼務の製作助手、録音助手、撮影特機(移動車の操作などを担当)、照明助手、美術(飾り付けと小道具を揃えたあと、いなくなった)、メイキャップが参加。パリ在住の岸惠子さんが加わり、日を置かずして、撮影を開始した。

冬のパリは日照時間が短い。一〇時から午後二時が屋外の撮影、その前後は、宿泊しているホテルの屋内撮影に当てられた。

『化石』 日仏スタッフ・キャスト集合写真
パリのホテル・舞台となった「一鬼の部屋」にて
写真中央左＝撮影岡崎　右＝小林
前列左から井川 仏側製作主任遠藤 同ヤニック
後列左から佐分利 美粧モニカ 特機 助監督小笠原 その後ろ録音マイク担当ギー
右へ撮影助手松下 録音奥山 梶山 照明大西 照明助手 製作主任松永 製作進行ローラン

原作のホテルがそのまま舞台である。撮影現場の主人公の部屋、その隣が監督の部屋、向かいの岡崎さんの部屋は、仕事中メイキャップ室に変わり、その廊下側では、秘書役船津(井川)の部屋の出入りを撮影した。

少数編成の現場では、皆が何役も受けもつことになる。私もカチンコを叩き、ナレーションテープを廻し、台詞のきっかけを合図し……肝心のスクリプト用紙には、ほとんど矢印と数字しか書けなかった。夜撮影が終わると、一息おいて監督の部屋へ。翌日の撮影コンテの口述筆記をし、カーボン紙をはさんでコピーを作り、スタッフに伝える。

食事も皆ばらばらに近くの食堂へ出かけるけれど、いっときも現場を離れたくない監督と岡崎さんは、夕食だけ自炊を始めた。監督室のクローゼットでご飯を炊き、洗面所で岡崎さんがシェフになり、簡単な日本食で済ますことが多かった。炊飯器やお米、海苔や醤油は、米シックの監督のために千代子夫人が用意したものだった。私は後片付けと買出し係としてそこに同席させていただいた。タマネギをスライスして鰹節と醤油をかけただけのを、「おいしいね」と言いながら次の撮影の打ち合わせをするのだから都合がよかったし、小林監督とうちとけた雰囲気の中で話せるようになった。師匠岡崎さんの思いやりが、ありがたかった。

一二月に入ってブルゴーニュ地方ロケに出発、道中も撮影しながらヴェズレーへ。冬期休業中のプチホテルを開けてもらい、「ロマンの教会」や「死の谷」、ホテル内を撮影。さらにオータンからトゥルニューへ。古い教会の凍てつく地下聖堂で深夜まで続いた撮影では、フランス側スタッフがいつの間にか姿を消し、日本人しか残っていなかった。一九日までの契約切れの日だった。残ったスタッフには負担が増したはずなのに、その後も黙々と、実に丁寧に撮影は続けられた。

クリスマス直前パリに戻り、いつも通り口述筆記のため監督室へ行くと、プロデューサーの佐藤さんから電報が届いていた。「KUROSAWA KANTOKU JISATSU MISUI」……その夜は仕事にならなかった。

二五日、スペインへ飛んだ。ロケバスでマドリッドからグラナダへ。アルハンブラ宮殿、迷路のような街、豪雨の中、オリーブ畑の続く道も撮影しながらコルドバへ移動し、フラメンコの撮影、路地やパテオをキャメラに収めてパリへ。

大晦日の夜は皆で出掛けた日本食レストランで年越しそばを、時間をおいてお雑煮をいただいた。日本と八時間の時差を考えての心配りだった。そして深夜、路上を埋めた車が一斉に鳴らすクラクションで年が明けた。

元日は一〇時出発でパリ市内撮影。日本人だけの現場に、留学中の青年が二人応援に来てくれた。四日、やっと許可が下りたロダン美術館を撮影。その日、録音、脚本、製作が帰国。七日には監督と実景班を残して第二班が帰途につき、九日羽田帰着。私はそのまま浦岡編集室へ直行した。

実景班の日本帰国は一一日。早速国内用の衣装合わせやナレーション録り、アフレコが編集と並行して進められ、一四日から国内の撮影開始。予定はすでに半月延びていた。私は編集室に泊まり込んで編集に立ち会い、朝、製作部が迎えに来た車で監督宅へ。受け取ったコンテを車中で整理しながら現場に入り、みなに伝える。手順は同じだった。

撮影が終わって編集室へ行くのは夜。浦岡敬一さんは超売れっ子の編集者である。ドアを開けると、部屋の奥の編集台からぼおうっと上げた浦岡さんの顔は、ビュア(編集機)のライトに照らされて、幽鬼のようだった。編集からダビング。一月三一日第一回放送。高遠《たかとう》や信州への地方ロケも間に入って、放送をリアルタイムで観た記憶のないまま、三月二一日第八回放送まで無事終了。タイトロープを渡る作業だった。

劇場用が始動

一年後の一九七三年二月、本作を劇場用に再編集することが決まった。佐藤さんから「東宝へ出向要請を出すがいいね」という打診の電話が入り、今回も簡単に許可が下りた。会社としては、せいぜい三カ月くらいのつもりだった……らしい。

四月の中旬、高遠の桜を追加撮影。俳優座映画放送の一室に編集機材をセットし、一六ミリで撮影したものを三五ミリにブロウアップ(拡大変換)するため、全カットの繋ぎ目を前後一コマずつ切り落とすこと(そのままだと接点の二コマがぼける)、本篇用にと取り置いたフィルムやテレビ版編集時の残片を整理する作業を開始。予定していた編集助手が、アメリカ留学のため機材セッティング後いなくなり、結局私の単独作業になってしまった。

七月四日、一通りの整理がついた段階で第一回オールラッシュ。このとき集まった小林監督、佐藤正之さん、椎野英之さん、武満徹さん、奥山重之助さん(録音)、浦岡敬一さんと私が、その後一〇回にも及ぶオールラッシュに全員顔を揃えた。

しかし、その翌日から始まった編集は、

肝心の浦岡さんが他作品とのかけもちの仕事が多くて集中できず、まったく進まない。次のオールラッシュまで二〇日もかかってしまった。非常手段として、浦岡さんを隔離して作業できないか、監督と佐藤さんに相談した。

七月二五日、第二回のオールラッシュと打ち合わせを済ませた翌朝、浦岡さんの車に編集機材とフィルムを積み込み、監督と私が同乗して、佐藤さんが手配してくれた北志賀高原にある煙草農家に向かった。鱒を養殖していた。車で約一〇時間の強行軍と日ごろの疲れが重なっていた浦岡さんは、到着と同時に、煙草乾燥室の上の部屋で猛牛が倒れたような音を発しながら爆睡してしまった。

翌朝から茅葺きの広い母屋に陣取り、編集が始まった。天井が高い建物は、爽やかな風が通り抜けて心地よい。生気を取り戻した浦岡さんの仕事ぶりを、監督も満足そうに見ておられた。昼間、お二人はタオルで頬かむりして、鱒に餌を撒く手伝いなどしてリラックス。作業は快調に進み、一週間も経たず東京に戻った。企ては成功だった。

その後も編集・オールラッシュを重ね、あらためてアフレコ、ナレーション録り、武満さんが新たに書き足した音楽の録音を済ませ、九月一一日、三〇ロールに分けてダビングを開始した。ところが一〇ロールが終了した九月一五日、ダビングを中断してオールラッシュ。編集直し。タイトル、音楽の再確認のうえ、ダビングを再開して、一〇月三日深夜終了。翌一〇月四日からネガ切りが始まった。一六ミリから三五ミリにブロウアップするため、ネガ切りは二度手間がかかる。さらに撮影の岡崎さんによる画面のトリミングや調整のため、0号前の0号プリントを、東洋現像所(現イマジカ)でネガ編集の南とめさんとともに観たのは一一月二七日の夜。0号が一二月六日、その後小林監督を含めて色彩打ち合わせ、音のテスト焼による調整をし、初号試写にこぎつけたのは一二月一三日夜だった。

初号試写後、完成台本(撮影や編集によって変更されたことを記録した台本。海外版用の翻訳などの元になる。スクリプターの最終の仕事)を俳優座映画放送へ届けに行ったとき、私が一人で編集準備をした部屋で、小林監督がビュアを覗きながら、一六ミリのプリントから宣伝用のスチール選びをしておられた。

年が明けて、東宝東和での試写が行われ、川喜多かしこさんの薦めで、五月のカンヌ国際映画祭見本市での上映を先行させることになった。海外初上映の反応を見て帰国した監督は、再編集に臨む。私は別作品についていて、この作業には参加していない。

一九七五年に入って佐藤さんから、予告篇の編集をやってほしいとの電話があった。浦岡さんは忙しいし、監督はロッテルダム、ロンドン、パリ、ロサンジェルスと、映画祭と『化石』上映行脚を続けていて留守。私は他作品の準備をやりくりして予告篇をまとめ、帰国した監督に見ていただいた。監督は褒めてくれたけれど、佐藤さんからは「暗い」と言われてやり直し。ダビングには武満さんも立ち会ってくださってなんとか無事に終了。しかしさらに、配給を決めた東宝側から本篇短縮の要請(上映回数の問題)があり、三回目の編集ダビングをして、やっと最終定尺となった。作業開始から二年半あまり、テレビ版制作の五倍の日時を費やしての完成である。その間、推敲を重ねる監督の姿は、実に楽しそうだった。宣伝用のスチールを本篇画像から選び、ポスター用の絵を生沢朗《いくさわろう》画伯に頼み、思いきり贅沢なパンフレットを作るなど、「化石は私の分身」と公言する作品が仕上がる。同年九月一九日完成披露試写会[1]、一〇月四日ロードショー公開。

忘れられないのは、それより前の試写会の折、会場から出てこられた原作者井上靖さんが、ロビーにいた小林監督の所へ近づき、「『敦煌』待ってますよ」とひと言おっしゃったときの監督の表情である。あの、照れたような満面の笑みが、後日涙を浮かべた大写しの写真になって新聞報道されることになろうとは、夢にも思わなかった。

『化石』はこうして私からしばらく遠のいた。二〇〇二年DVD化[2]の編集作業をするまで。

『食卓のない家』

「連合赤軍の家族の話、二月に入るからね」という監督からの電話があったのは一九八四年一〇月。この作品は、当時日本中をテレビに釘付けにした連合赤軍の「浅間山荘事件」を下敷きに、事件に巻き込まれた中流家庭の葛藤の物語である。クランクインの前に、連合赤軍のニュースや記録映像を随分見た。『化石』の信州ロケのさい交通規制に遭遇したが、それが事件の所為だったことをあとで知り、浦岡編集室のテレビが、ぶっ通し報道していたのを横目で見たことも、何か因縁深い。

監督が父親役の仲代達矢さんをご自分のお父上とダブらせて見ていた配役に、佐田啓二さんの忘れ形見の中井貴恵・貴一姉弟を姉弟役で出演させている。木下組の『不死鳥』に初めて一緒に参加した佐田さんと小林監督は、同じ早稲田出身ということもあって親しくなり、幼くして父を亡くした二人を、陰ながら見守っていた。犯人役を演じる貴一さんの芝居を見て、「親父よりうまいじゃないか」と嬉しそうに話していたのは、出演初日のことである。

この作品には、撮影の岡崎さん、録音の西崎英雄さんの他に、小林組のメインスタッフである美術の戸田重昌さんが加わった。舞台となった主人公の家は、栃木県那須の烏山城カントリークラブの臥龍閣という古民家を移築した建物だった。そこに戸田さんが大胆に手を加え、庭の大木の植え替えまでやってしまったのだからオーナーもびっくりされたことだろう。桜の花吹雪の下で狂い舞う母親の姿を生かす舞台創りだった。

母親役の小川真由美さんの演技も凄まじかった。収監された長男乙彦(中井貴一)が飼っていた大きな金魚(オランダ獅子頭)の水槽を乙彦のピッケルで一撃するシーンで、三キャメラを据えて準備万端整え、主役の登場を待機していた。静かな現場に姿を見せた小川さんは、「あら、みなさんどうなさったの?」と言いながら通り過ぎ、洗面所からまた準備室へ戻って、しばらく出てこなかった。そして、緊張の待ち時間をおいて現れた彼女の圧巻の見せ場となった。水浸しの床に座りこんで飛び跳ねる金魚を、「母さんが守ってあげる」と口に入れるのを止めようとした仲代さんは、指を噛まれてしまった。

父親役の仲代さんが、家族に対して取り続ける姿勢についての葛藤を、義姉役の岩下志麻さんに吐露するシーンも見ごたえがある。感情を抑えきれず、仲代さんが「監督ごめん、抑えられない」と言うのに、「うん、そうだろうね……」と答えてしばらく間をおき、抑えに抑えてほとばしる真情を表現する演技を捉えた。

小林作品には、『化石』もそうだったが、

『食卓のない家』セットで　左から岡崎 小林 梶山

『食卓のない家』　大型水槽をピッケルで一撃する小川真由美

小林家や親戚の持ち物が衣装を含め多数登場する。ご自身の机周り、小津監督から贈られた湯呑、古壺、学生時代、恩師會津八一先生にすすめられて買った木彫の胎内佛、一番好きだとおっしゃっていた先生の歌「あめつちに　われひとりいて　たつことき　このさひしさを　きみは　ほほゑむ」の直筆の書も使われている。そして、ここでは特に、田中絹代さんの遺品が多く使われた。食卓に並ぶ食器やカトラリー、小型でからくり細工のような鏡台、円形銀板の彫金のテーブルなどがそれだ。ご自身の美意識に適う品を使って絵作りを楽しんでいる。その一方で美術の戸田さんも、乙彦の獄舎の机に、源信僧都の書『往生要集』[3]をさりげなく置いていた。

仕上げに入ったとき、編集が浦岡さんから東宝出身の小川信夫さんに代わっていたので、監督は編集室を離れず、作業は比較的スムースに運んだ。ただ、クランクイン前の打ち合わせで「この作品は、一人称で行きたい」と言われた方針が最後に引っかかった。一回目の初号試写後、一人称ではないシーンが気になった監督は、真野あずささんの祖父役指物師花澤徳衛さん[4]を、さらに、画像を外して声だけを使用していた

●1…二〇一五年、日本映画専門チャンネルでディレクターズカット版として放送された『化石』は、現在上映されている作品より一七分長い。第一回の完成版を一六ミリで残しておいたもので、原作通りに丁寧に撮影したトップシーンが残っている。

●2…『化石』二〇〇二年版のDVDは現在絶版。ただし今回の生誕一〇〇年プロジェクト版として、二〇一六年一一月に松竹より発売。

●3…比叡山横川の隠遁僧源信の著、極楽往生念仏行を説く浄土教書。

●4　**花沢徳衛**…はなさわ・とくえ(一九一一～二〇〇一)。名脇役の一人。小学校を中退し、指物師として修業。二二歳で独立するが、生計のため俳優を志し、京都のJOスタジオ付属俳優養成所に入所。三七年京都東宝に所属。同年一〇月、伊丹万作監督『権三と助十』でデビュー。四九年フリーとなり、主に独立プロ作品やテレビで活躍。小林作品は『あなた買います』『怪談(耳無し芳一の話)』『日本の青春』。

妻の主治医役の小沢栄太郎さんのシーンを外した。佐藤プロデューサーは二人を残すようにと珍しく意見を言っていたが、諦めた。

封切は一九八五年一一月二日。その後、製作費を出資した人の意向で、事実上非公開となっている不幸な遺作である。

「田中絹代記念館」の準備

『食卓のない家』から五年後の一九九〇年五月、今度は、田中絹代記念館設立準備を手伝ってくれないかと思いがけない声がかかった。

小林監督と絹代さんは、七つ違いのまた従姉弟にあたる。監督の祖父が、下関の廻船問屋唐崎屋《とうざきや》小林本家の絹代さんの母上の次兄で、監督の父上が三歳でその祖父たちの末弟に入籍されているので、戸籍上は従姉弟になっている。絹代さんにとって、映画の大好きな「正樹ちゃん」は、可愛くて仕方がない弟のような存在だったようだ。その結果絹代さんは、小林監督の映画人生への歩みに大きな力となり、終生敬愛の念を抱いていた小林監督は、絹代さんの最期を見守り、おくりびととしての役割を果たした。

絹代さんは一九七七年三月二一日一二時一五分、順天堂病院で亡くなった。監督はその日のうちに鎌倉山の自宅へ連れ帰り、通夜、密葬。三月三一日には、築地本願寺で執り行われた城戸四郎氏(当時松竹の会長)を葬儀委員長とする盛大な「テレビ・映画人葬」に喪主として臨む。ついで絹代さんの生誕地の下関で四九日の法要を行い、田中家の墓に納骨した。

一連の行事を終え、小林監督は絹代さんゆかりの人々への礼状で、「鎌倉の小津さんや佐田(啓二)君の眠る円覚寺に絹代さんの記念碑的墓を作りたい、絹代さんの名を冠した映画賞を作りたい、映画または記念館を作りたい、写真集を作りたい」という心づもりをしたため、協力を求めている。

私が呼び出されたのはそれから一三年後のことになる。そのときすでに、円覚寺塔頭松嶺院の墓地の、佐田啓二さんのお墓と背中合わせに、小林監督自らデザインしたユニークな墓碑が立っていた。半円状のベージュの御影石の碑面(次頁写真)には、一九三三年小樽から上京してはじめて出会った頃の絹代さんのブロンズ胸像[5]をはめ込み、會津先生の「游於藝」[6](げいにあそぶ)の書が彫り込まれている。また、一九八五年には毎日映画コンクール四〇周年を記念して田中絹代賞も実現していた。残る宿題が記念館と写真集作りだった。

資料集めに二カ月あまり費やしたのち、絹代さんが残した膨大な写真や手紙類、賞状や盾、脚本などの遺品を、『食卓のない家』でお世話になった烏山城カントリークラブのロッジに運び込んで整理を始めた。実はこの作業に入る四年前の一九八六年一月、小林監督は脳梗塞で入院。さらに循環器系の手術を二度受けていた。その間海外の映画祭に審査員として出席したり、次回作の準備もしていたが、体調は思わしくなかった。クラブのオーナー田村三作さんがその様子をみて、身体作りをしながら仕事ができるようにと、この環境を提供してくださったのだった。

大きな掘りごたつのテーブルの向こうで、部屋いっぱいに写真やポスターを広げて分類する監督と、整理した順にワープロで記録を作る私との作業が続いた。このとき、絹代さんとの思い出をいろいろ話してくださった。

アイドル人気上昇中の絹代さんの作品を、容赦なく批判する生意気な青年の意見にも絹代さんは真剣に耳を傾けてくれた。『春琴抄・お琴と佐助』(島津保次郎監督、一九三五)出演が決まったとき、「今度こんなのをやるのよ」と脚本を見せてくれた絹代さんが、盲目の役作りのために普段から目を閉じて暮らし、周囲もピリピリしていて、その間は傍に近寄れなかった。撮影現場を見学しても、その集中力は他の俳優の比ではなく、憧れのお姉さんは尊敬する存在に変わっていったと。

鎌倉円覚寺塔頭松嶺院にある
田中絹代と小林夫妻の墓

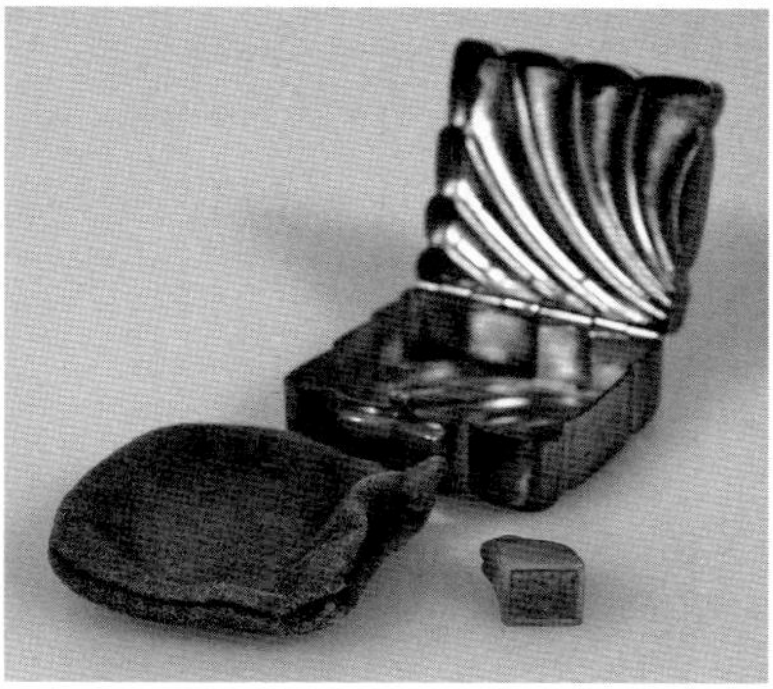

小林が田中絹代に送った
篆刻印の押印
6ミリ×8ミリで
小指の先ほどの大きさ

篆刻印(右下)と
それを入れた皮袋(左下)を収納してあった
金属製の小函(上)

監督が映画の道を選んだとき、親戚は反対したが、絹代さんがそれとなく後押しをしてくれ、松竹の試験を受けて合格 助監督部に配属された。喜び勇んで報告に行くと、「これからは親戚付き合いをやめましょう、お互いに一生懸命いい仕事をやって行こうね」と自立を促すきびしい言葉が告げられた。

それでも、入営を前にお別れの挨拶に鎌倉山を訪ねたときには、手作りの卵酒を飲みながら一晩枕を並べて語り明かし、翌日は一緒に銀座へ出て、兵舎生活に必要な細々した品を買い揃えてくれた。一二歳で母を亡くし、自分を慕い同じ道を歩み始めていた青年への、親身な思いやりだったのだろう。小林監督が大切に残していた絹代さんからの手紙には、「正樹様　阿母より」とか、「姉より」などと記されている。

復員して、木下恵介監督の専属の助監督になり、一本目の『不死鳥』から『婚約指輪』『新釈 四谷怪談』で一緒に仕事をしているが、

◉5…羽下修三(はが・しゅうぞう)作。高村光太郎を師とする越後の彫刻家。日展審査員を歴任。
◉6…原書は小津安二郎の所蔵。小林がこれを借り、田中絹代の墓碑に刻んだ。

そこでは助監督さんと田中さんで通した。

一九五二年、シスター映画(四〇分程の短編)『息子の青春』を初監督したとき、「監督になったら、家の一軒も持たなきゃだめよ」と、一〇〇万円を贈ってくれた。そして、『まごころ』で正式に監督昇進を果たした際は、絹代さんが出演。このとき初めて親戚であることを公表し、喜び一杯、自宅から小道具などいろいろ持ち込み、衣装も自分で考えて全面協力をした。同じ年、絹代さん自身も『恋文』で女優監督第一号になる。二人は折々お互いのシナリオを送り合い、ときには撮影現場を陣中見舞いもした。

しかし、松竹配給予定が東宝に変わって製作された『怪談』の完成後、小林監督と松竹との間で契約問題が裁判に及んだとき、絹代さんはすでに松竹を離れフリーになってはいたものの、大谷竹次郎会長や城戸社長に後ろ盾として見守られていたことから、板挟みの苦しい思いをしたのだろう、小林監督とは、公の場で出会う以外での交流を避けていたようだ。

一九七七年一月一二日、絹代さんが病に倒れたとき、小林監督に最初に知らせてくれたのは、絹代さんの長年の付人兼ボディガードだった仲摩新吉氏、通称新ちゃんから相談を受けた笠智衆さんだった。病室を訪ねた際の様子は、「絹代病床メモ」という大学ノートに「久方ぶりの邂逅なり。病室には孤独感が漂う。〝私は孤独です〟と世間に言い続けてきた彼女の面に、私を見た瞬間、何かしら安心感が感じられた。顔にくらべ体の痩せが目を引く。(中略)話しながら、これから私の為すべきことなどを考える。夕食を付き合い、八時離院。『化石』受賞記念で贈った湯呑茶碗を手にして〝これ、縁起がいいからおろして持ってきたの。大ぶりの茶碗の方が私好き〟」と書きとめてある。ほとんど毎日、千代子夫人と病室を訪ね、ときには夕食をともにしながら、映画の話のほか、退院したら一緒に住もうとか、温泉に行こうなどの話になって、学生時代以来初めて家族らしい語らいができた。松竹との裁判がもとで疎遠になり、孤独の中にいた絹代さんとのしこりが解けたようだったと、安堵感を持ったことなども話していた。

そして、絹代さんの財政事情が、入院費どころかかなりの借金があること、終の棲家のつもりで建てはじめた三浦三崎の家に絡んで、実印まで抑えられていることなどが判明した。まずは実印を取り戻し、「ほら、これ」と絹代さんに見せた。喜んだものの、その経緯を聞くと、関わった人たちへの絹代さんの不信感が爆発した。そのうち極秘にしていた入院がマスコミに洩れ、病室に溢れるほどの花が届けられた。これが絹代さんの死への恐怖をあおったようで、感情の起伏が激しくなり、一時は収拾がつかなくなった。病状が進むと物が二重に見えはじめ、ときに意識が混濁した。

三月一〇日、城戸四郎氏がお見舞いにみえた。「僕が死んだら葬儀委員長をやって貰おうと思っていたのに……」と語りかける城戸氏を、幼な児のような眼で見上げる絹代さん。意識を失う直前、自分に手を合わせ、必死に何かを語りかけようとしていた絹代さん。没後開けた貸金庫から、入営前に篆刻してプレゼントした「絹代」銘の印(前頁の写真)が見つかり感動したことなど、とつとつと、ときには声をつまらせながら話された。愛する姉であり、映画への道を開いてくれた尊敬する絹代さんなのに、晩年を孤独に過ごさせてしまった悔恨とともに、伝え残しておきたいことがたくさんあったのだろうと、いまは思う。

難航する記念館構想

田村三作さんは、映画『食卓のない家』の撮影に使った臥龍閣の二・三階部分を記念館にしてはどうかと申し出られ、整理作業を始める以前、すでに準備資金の一部を拠出してくださっていた。その記念館構想が一九九〇年五月二二日付の毎日新聞に「田中絹代記念館誕生へ」という見出しで、「多くの映画人が設立発起人になり奔走」と報じられた。この記事を読んだ下関市の職員で市民団体「絹の道の会」会員でもある野村忠司さんから、「絹代さんは下関へ帰って来てほしい」という電話があり、小林監督は顔をくしゃくしゃにして喜んでいた。整理作業に、日本映画学校の平松太一さん、小林組の助監督だった今井雄五郎さんも参加し、資料撮影班や建築設計の専門家も入って検討が進んだ。しかし、かなり具体化したところで、懸念される問題が次々と浮上し、この計画もまた頓挫。九月四日、作業を中止して遺品や資料を三浦三崎の家へ引き揚げた。

三崎諸磯の家は、岬の突端の小高い岩盤の上に、孤立するように建っていた。窓から一八〇度の海景が展望され、富士山の右手に夕陽が沈む頃は、ことに絶景となる。一度も住むことのなかったこの家を、絹代さんは自分で設計図を描き、建材の選定まででしたという。家の中は、舞台のような設えになっていて、朱塗りの大ぶりの整理簞笥や行燈が配置されていた。「絹代さんの繊細さと、小津のモダニズム、溝口の古典が組み合わされたような」と小林監督が評する美意識が、隅々にまで行き届いている。小林監督は、この家自体を記念館にすることも考えて国から買い戻していた。

同年九月下旬、下関の小林本家・田中家の墓地が市の整備計画で移転することになって監督も立ち会われた。このとき野村さんたち記念館の下関誘致を望む人々が待ち受けていて、それを期に下関市との話が進み、翌年、記念館設立発起人会が発足。候補地が毛利邸の庭に決まり、市議会も通った。ところが、突然「殿様の屋敷に不似合だ」とする一部住民の反対運動が起こり、一五〇〇名あまりの署名が届けられた。毎日映画コンクールの田中絹代賞に副賞を出している下関市は、三月二一日の絹代さんの命日に、受賞者に訪関して墓参してもらうことにしていたが、その年の受賞者香川京子さんへ、訪関拒否の文書が送りつけられた。小林監督は「一人でも反対者がいる所に記念館は作らない」と、整理した遺品や資料を段ボールに詰めて封印してしまった。生前、これを開く機会は訪れなかった。

『會津八一の世界　奈良の佛たち』、そして……

それから三年、「奈良を勉強しといてね」と、小林監督から久しぶりに明るい声で電話が入ったのは、一九九三年春だった。「他の弟子たちは會津先生のことを研究し、本にして発表している。自分は何もできていない。だから映画にして恩返ししたいんだ」と語っていた。私が実際に参加できたのはその二年後の一九九五年になってから。劇場用企画のはずが、NHKハイビジョンのドキュメンタリードラマになっていた。古社寺仏像写真や、會津書を配した小林監督手作りの格調高い企画書(本書四七九頁)と、撮影したら五、六時間にもなりそうな岸本吟一プロデューサーによる検討用のシナリオができていた。六月初め、私は一人で奈良へ出かけた。新薬師寺の宿坊や友人宅に泊めてもらい、企画書や検討稿にある寺社を巡る。監督が学生時代泊まった日吉館は偶然にも廃業の日だった。唐招提寺はちょうど開山忌で、鑑真和上尊像に逢えた。

奈良から戻ると、週に一度ほどの間隔で、梅ヶ丘の小林宅へ通った。あらためて『自註鹿鳴集』・『渾斎《こんさい》随筆』を読み解くことから始めた會津八一研究だった。私の質問に対し、監督は別室の本棚の本の場所を指示し、それを持って行くと、その「何ページに君の質問の答えが出てるよ」と言われる。會津八一関連の資料には、しおりにメモを書いて挿んであった。壁には、大学卒業時に會津先生から愛弟子のみに与えられる「学規」がかけられている。その部屋での勉強は、小林教授の研究室で、個人指導を受けている学生のようで、とても充実した時間だった。

しかし、猛暑の夏を迎えた頃から、左脚の痛みや腰痛で歩行困難になっていたらしい。そのことを没後、監督のメモで知った。私が鈍感だったのか、そんなそぶりも見せなかった。が、九月五日、脚本の打ち合わせに出かけようとして倒れ、救急車で緊急入院した。お見舞いに行くと、會津先生の話ばかりだった。一〇月一八日退院。千代子夫人だけでは手に負えないので、福祉介護の手続きをして、退院直後から入浴・散歩などの支援を受けられるようになった。

監督はアルバムやスクラップブックや資料を積み上げ、倉庫化した部屋の隅にベッドを置いていた。その枕元の段ボールの上が、『東京裁判』編集室で飼われていた猫ミーの寝床だった。退院後は「学規」のかかった部屋に新しいベッドを運び込み、そこで学生時代のアルバムを開き、写真の説明をしながら先生との思い出を語る。リハビリ散歩のお供をしたときも、先生の杖のつき方、話し方、くせ、髪形など懐かしそうに話された。會津先生役はもちろん仲代達矢さんに決まっていたが、他の登場人物の配役も考えておられ、頭には映画本篇を仕上げることしかなかったようにみえた。

作品のイメージもどんどん膨らみ、「新しい構想が浮かんだから来てくれ」と電話。訪ねると、「東大寺の大仏開眼法要を再現したいんだが、杉本健吉画伯に新たに描いて貰って……」といった壮大なプランを口述筆記することになる。撮影の岡崎宏三さんには、「三月堂の不《ふ》空羂索観音《くうけんさくかんのん》と大仏殿の盧舎那《るしゃな》仏《ぶつ》を同じアングルで同じ大きさで同じ明かりで撮影したいが、可能か」という質問の伝言を依頼された。奈良美術史の研究論文を映画で示す。そんな感じだった。

一一月二六日、新宿小田急百貨店へ「中村彝《つね》展」を観に行くまでに回復し、一二月一日にはイマジカでの『怪談』レーザーディスク化の試写に出かけた。仕上がりに大満足で、スタッフとビールで祝杯。帰宅後また、救急車で入院してしまった。年末年始の強制退院。一九九六年一月一八日、再々入院。手術を受けて二四日退院。体力の衰えと変貌ぶりは驚くばかりだった。

二月、私は再び奈良を訪ね、小林監督が卒論に取り組んでこもったという室生寺に向かった。大雪のあとで石段を上るのに難儀した。金堂に入ると、壇上に並ぶ諸仏に圧倒された。対座する若き日の小林監督の姿を想像する。その日山を下りて、武満徹さんの訃報を聞いた。

同じ頃、NHKとの間で制作再開の話し合いが進められていた。「この企画は、小林監督でしか成り立たない。監督の復調を待つべきだ」と生意気にも佐藤さんに詰め寄った。流れを止められず、本当につらかったのは、佐藤さんだったろうと思う。佐藤さんも、このとき肝臓に癌が発見されていた。

そして三月一三日、友人の松林宗恵監督に現場を依頼し、小林監督は監修として制作することが決まった。私が参加していないこの会議で、小林監督の「弘子《こうこ》は助監督として」の一言で、私には両監督の間をつなぐ役……が課せられた。撮影開始までひと月もない。フランス留学から戻ったばかりの青年田中史《ふみひと》さんが製作助手で、演出部もサポートするという極少スタッフ。三月二一日、新潟ロケハンから松林組はスタートした。三月二九日、小林・佐藤・岸本・松林・岡崎・梶山で、最終打ち合わせ。

四月七日、桜の実景から撮影を開始。奈良、新潟、長野でのロケを終え、NHKで編集に入っていた八月五日、入退院を繰り返していた監督が、医師の止めるのも聞かず退院した。自宅にいればVHSにコピーした映像を観て相談できる。病院にいてはそれができないからと、覚悟の行動だったと思う。しかし、もうお観せすることは憚られた。小林監督の想いとは程遠い中味になってしまっていたからだ。完成試写を終え、NHK局内オーデションも通過し、一〇月一三日の放送を待つばかりとなった。

一〇月四日、完成したことを言えないまま、ぜひとも監督に見せておかなければならない古版画を携えて小林家を訪ねた。脚本に「古版画(杜園作)奈良《なら》都《のみやこ》春《しゅん》秋《じゅう》景色之《けしきの》図《ず》」という一行があり、撮影前「ご覧になったことあるんですか?」と聞くと、「いや、僕も観たくてねえ」とおっしゃる。桜の実景撮影前にその絵柄を確認する必要があり、何とか探し当て、現物は奈良の美術館で撮影した。「小林監督が観たがっていたのですが体調を崩して……」と田中さんが持ち主に話すと、「小林さんに観せてあげて」と言われ、お預かりしていた物である。

「やっぱり本物はいいねえ」と見入っておられた。一度片づけたが、「明日返しに行きますから、もう一度観ますか」と聞くと頷かれるので、再度広げた。傍らで千代子夫人が「素晴らしいわねえ、あなたは本当に幸せ者ね」と声をかけても聞こえないかのように、奈良の都の世界に浸っておられた。

翌日神戸へ返却に行くため早目に帰宅。程なく夫人から「様子がおかしいの」という電話が入り、駆けつけた。医師が心臓マッサージをしていた。「ちょっと代わってください」と言われて、私も心臓マッサージをした。……駄目だった。心筋梗塞。

一九九六年一〇月四日午後九時。小林正樹監督は八〇歳八カ月の生涯を閉じた。

同年一二月一六日、自身の入院を遅らせてまで『會津八一』の進行を見守り、励ましてくださった佐藤正之さんもまた、監督のあとを追うようにして亡くなられた。最後に思い残すことがあったにせよ、お二人とも、戦場で拾った命を、おまけの人生にしなかった素晴らしい生きざまを見せてくださった。

夫人に、鎌倉の絹代さんの傍らにお墓をと提案したが、「私が死んだら誰もいない。お寺に永代供養をお願いするから、正樹さんがデザインした絹代さんのお墓に一緒に入れて」と言われ、墓誌を建てることにした。そして、家族思いの小林監督が淋しくないようにと、分骨を下関の小林本家のお墓に納めた。

追悼行事と新たな動き

監督が亡くなられてからしばらく、千代子夫人は私をほとんど家に帰してくれなかった。病身で、もしかしたら先に逝くのではないかと心配になったほど、ぎりぎりの体力でがんばってこられた夫人である。私も時間の許す限り、夫人から見えるところで片づけを兼ねて、日記や監督手帳をもとに年譜作りをはじめた。夫人からは、「日記や手帳は、あなたの作業が終わったら燃やしてね」と言い渡されていた。大家さんの都合で監督生前からの課題だった転居も、千代子夫人の兄嫁の文谷万里子さんがマンションを用意してくださり、そこへ移ることになった。

同じ頃、小林監督追悼に関わる動きが出てきた。早稲田大学から會津八一と小林正樹師弟展開催の相談があり、その準備が同時進行した。一九九七年五月一八日から学内の井深ホールで「会津八一と小林正樹展」と映画上映会、講演会を開催。会期中、小樽での同級生と後輩の方が、小林監督の記念館を小樽に作りたいと相談に来られ、資料保存について相談していた世田谷文学館の学芸員も見にきてくださった。また下関から上京された方たちから、田中絹代の遺品をぜひ下関へ、との要請を受けた。

翌一九九八年には、生まれ故郷の小樽文学館で、「鋼鉄の映画人　小林正樹展」が九月一二日から開催され、三回忌には市民ホールで『東京裁判』の追悼上映会が催された。

小樽から戻った遺品は世田谷文学館へ寄贈され、それをもとに、翌一九九九年一二月一八日から「映画監督小林正樹の世界展」が開催され、これと連携したイベント「第一回世田谷フィルムフェスティバル」が始まり、区内のいくつかの映画館で小林作品が上映された。

一方で、田中絹代顕彰復活の動きも出てきた。下関からは、市長も千代子夫人のもとに遺品寄贈の直訴にこられ、夫人は記念館設置を前提としてその要請を受け入れた。一九九九年三月、絹代さん二三回忌法要の翌日、三浦三崎の家から遺品が運び出された。これを期に、千代子夫人への事務的なサポートと遺品に関わる情報整理・考証のため、絹代記念館構想に協力した㈱仕事のスタッフと小笠原清さんに相談して、「田中絹代メモリアル懇談会」を立ち上げ、公共的な立場で対応することにした。

下関市へ寄贈した遺品は、同年一一月三日―九日下関大丸デパートで「生誕九十年記念田中絹代の世界展」で披露され、「絹代さん故郷に帰る」と歓迎された。小笠原さんと私は下関に詰め、地元有志の「実行委員会」の方々とともに展示や図録作成の準備に没頭した。終了後、実行委員会は「田中絹代メモリアル協会」として記念館設立を支援し、いまではNPO法人として活動を続けている。実行委員長で直木賞作家の古川薫さんは、絹代さんへのファンレターのつもりで書くとおっしゃって、小説『花も嵐も――女優・田中絹代の生涯』を地元山口新聞に連載、完結後刊行された単行本は、第一五回尾崎秀樹記念・大衆文学研究賞特別賞を受賞した。

東京国際女性映画祭[7](当時は東京国際女性映画週間)では、監督田中絹代顕彰の企画が浮上し、ディレクターの大竹洋子さんから、第一回監督作品『恋文』を探してほしいと相談を受けた。国際放映(元新東宝)で、傷んではいたが一六ミリのプリントを見つけ、イマジカで修復と三五ミリへの変換作業をして、上映日ぎりぎりに完成。会場は超満員の大盛況だった。映画祭のジェネラルマネージャーであり、フィルムセンターの名誉館長でもあった高野悦子さんが「絹代監督の六作品は、随時フィルムセンターに入れることにします」と約束してくださり、以後毎年一本ずつ上映され監督田中絹代の再評価につながった。

「青春の遺作」をめぐって

小林監督は、最初の入院（一九八六年一月）後あたりから身辺整理を始めていた。會津先生からの書簡類は、「古人の手紙」と書いた箱にまとめてあり、その傍に、入営直前に川西信夫、中村英雄と親友三人で書き継いだシナリオ『われ征かん』があった。美術学徒が、無理矢理自分を納得させていくさ場へ出て行くこの物語には、監督自身の最初の遺書という意味合いがある。戦後、このシナリオを映画化する話があったと聞いていた。なぜ見送られたのか。『會津八一〜』を準備していた頃、「どうして映画化しなかったのですか？」と尋ねると、監督はパッと目を大きく見開いて私を見、突然大声をあげて号泣された。その光景はいまも頭から離れない。

一九四四年七月、兵隊として南方への移動の途中、門司港の上屋《うわや》●8の洗面所に置き残した風呂敷包みが奇蹟的に自宅に届いたことについても、「誰が送ってくれたのか、探せないだろうか、お礼が言いたいんだ」と言われたのは、亡くなる年の正月頃だった。そのときに読んだ『防人』は、和紙にタイプ印刷されていた。監督没後、文谷家に預けてあった蔵書を整理中、最後の段ボール箱を開けたとき、昭和天皇崩御に関する新聞、雑誌、図書類の中ほどに、布張りのアルバム……を見つけた。きちんと装丁された、手書きの『防人』の原本だった。父上への遺言が記されている。この発見は、衝撃だった。

その後、一九九九年一二月、世田谷文学館の「映画監督小林正樹の世界展」で、『防人』執筆を見守った杉崎栄吉警備隊長や、戦時資料収集を手伝ってくださった戦友の方々が来てくださり、お話を聞かせていただいた。さらにそれ以前、「鋼鉄の映画人小林正樹展」開催中の小樽文学館宛に、ソ満国境警備から戻った小林上等兵とベッドを隣り合わせたという鈴木實さんから手紙が届いていた。「縦50cm、横35cm位の板に白樺の細い木を足にした机を造り、夜が明けると点呼前の僅かの時間机に向かい、演習が終わりわずかな時間でも机に向かい何か

戦前の門司港の絵はがき
旧大連航路上屋（左手）と埠頭

●7…一九八五年、東京国際映画祭の開始とともに、「世界の女性監督作品の紹介」と「日本の女性監督の輩出」を目標として始まった。当時日本には、ドキュメンタリー部門のディレクターはいたが、劇映画の職業女性監督は皆無だった。二〇一二年、同映画祭は所期の目的を果たしたとして第二五回をもって終了した。

●8…船舶の接岸係留位置の至近に設置される、貨物の荷さばきと乗降船客の待合にも供される建物。

一生懸命書き続けておられました。その時万が一自分が留守の時何かあったらこの風呂敷包みだけは持ち出してくれよと、常に言っておられました」と、戦地でシナリオに取り組んでいた小林監督の様子が記されていた。これが門司港に置き残した風呂敷包みであろう。

のちに門司に行く機会があったので税関を訪ね、広報の濱地俊英さんに、洗面所を見せていただいた。そこは、旧大連航路上屋の一階にあった。二階には、当時憲兵の分遣隊が駐屯していて、民間との隔離監視の任に当っていたという。濱地さんはその後も調査を続けてくださり、二〇〇二年一月二二日、「門司港の警備に当っていた部隊の最期の戦友会があったので出向き、匿名を条件に、元憲兵隊長より話を聞くことが出来た。《当時郵便物は一か所にまとめ郵便局で検閲した。門司港内は立ち入り禁止で、四人の警邏が交代で巡回していた。何か洗面所にあったものを、送り先が書いてあったので送ったとの報告を受けた。終り。》」というものだった。奇跡的なタイミングで得られた最後の情報だった。

その風呂敷包みには、小林監督の青春の思いが凝縮されている。『われ征かん』『防人』。そして、會津先生からの手紙。『われ征かん』を共同執筆し大同の警備についていた心友川西さんからの軍事郵便。「お互い勉強しよう。書いて書いて書きまくって死にたいね」と記した川西さんは、移動先のレイテで玉砕し、遺骨すら戻っていない。

千代子夫人逝く

一人暮らしになった夫人は、病院通いが多くなった。一人暮らしが無理になったとき、兄嫁の文谷万里子さんが自宅を改造して同居を始められた。一安心と思ったのもつかの間、骨折で入院、そのまま四谷のホームに移った。

二〇〇六年四月、日本映画専門チャンネルから、小林監督没後一〇年の特集で写真使用の許可を求める電話があった。その報告を兼ね、頼まれていた銀行の預金状況を調べ、注文されていた「うなぎ」のかば焼きを持ってホームを訪ねた。「もう一〇年なのねえ」と感慨深そうに言われ、預金が永代供養料に達していたことを報告すると、「ほっとしたわ」と安堵したように顔をほころばせた。

翌四月二六日朝七時半ごろ、電話で千代子夫人の急変を知らされた。すでに病院へ移送され、そこで夫人はキャリーに寝かされたまま廊下にいた。スッと、整った顔をして、目を閉じていた。ホームの看護師が五時頃見回ったときには喉が乾いたとジュースを飲み会話をしたが、七時に見回ったときには息をしていなかったという。誰もいないところで亡くなったので、病院へ運ばれ死亡が確認されたあと、四谷警察署に移され検死が行われた。文谷家に戻ったのは夜六時を過ぎていた。前日、最後までしっかりしておられたのに、思いもよらない展開だった。享年八四。

絹代さんと小林監督の眠る鎌倉のお墓に、千代子夫人の名を刻んで納骨した。監督の内助に徹し、毅然と生きた女性だった。

遺託業務を引き継いで

千代子夫人が梅ヶ丘を引きはらうとき、「淋しくなるから」と残しておいたアルバムやスクラップブック、書画の他、絹代さんの遺品がかなり文谷家にあった。夫人の没後、法的に相続人となった万里子さんが家裁に申し立て、約一年半後、小林監督と絹代さんの遺品と諸権利が私に託されることになった。個人には荷が重すぎる。「懇談会」で話し合い、公共的な事業態勢で対応しようということになって、二〇〇九年一月一六日、「一般社団法人　小林正樹監督遺託業務世話人会・芸游会《げいゆうかい》」を設立した。

　緊急課題は、この年の絹代さん生誕一〇〇年記念行事への関わりだった。九月四日からのフィルムセンターでの「田中絹代展」、翌年の鎌倉川喜多映画記念館での「田中絹代展」、そして、松竹のプロジェクト「二〇世紀を演じた女優　田中絹代生誕一〇〇年」への参加。

下関市立近代先人顕彰館・
(愛称)田中絹代ぶんか館

　一方で、文谷家の倉庫と現像所から、絹代さんが日米親善藝術使節として渡米した一九四九年当時の一六ミリカラーフィルムと、モノクロ三五ミリフィルムが相ついで発見されたため、実録「田中絹代の旅立ち　占領下の日米親善藝術使節」を制作し、同年一〇月の東京国際女性映画祭で披露した。帰国時の投げキッスでジャーナリズムの激しいバッシングを受けた絹代さんの名誉挽回への願いを込めて。発表後、「六〇年前の非礼を詫びる」という新聞記事の切抜きを届けて下さった香川京子さんから、「喜んでいらっしゃるわよ」と労っていただいた。

　遺品寄贈から一一年目の二〇一〇年二月一三日、田中絹代記念館はようやく陽の目を見た。下関市役所近く、田中町田中川のほとりにある元逓信省の瀟洒な庁舎が改装され、「下関近代先人顕彰館」愛称「田中絹代ぶんか館」◉9として開館。小林監督の発起から三三年目のことだった。

　この間、肝心の小林監督の資料整理は随分遅れてしまった。二〇一二年には㈱仕事と相談して『化石』のデジタル化と三五ミリフィルムのニュープリントを製作。翌二〇一三年には、門司の映画資料コレクションで知られる松永文庫の、門司港旧大連航路のリニューアル上屋への移転開設記念に、ゆかりのシナリオ『防人』の展示協力。二〇一四年一月には、木下監督から監督昇進と結婚祝いに贈られた『息子の青春』の一六ミリプリントをフィルムセンターに寄贈。新潟の會津八一記念館へは、小林監督宛會津先生の書簡を研究のため寄託するなど、折々の課題に何とか対応してきた。

　そして、二年後に迫った生誕一〇〇年を控え、どう対応したら良いのかと考えながら、まだ未整理のままの小林監督兵役時代の記録・仮称『宮古島戦場日記』ノートの書き起こしを始めた頃、岩波書店の田中朋子さんから、小林監督の生誕一〇〇年記念出版の相談を受けた。願ってもない機会に恵まれた。今、その作業に専念しながら、あらためて置き土産の重さを実感している。

◉9…一九二四(大正一三)年竣工の旧逓信省下関電信局電話課庁舎。大正レトロ調の趣が評価され、二〇〇二年下関市の有形文化財に指定、その後田中絹代記念館候補となり、リニューアル後に開館(二〇一〇年三月『旧逓信省下関電信局電話課庁舎保存活用整備報告書』)。なお、所在地名の田中町と田中川は偶然の一致で、田中絹代の出自との関連はない。

《つかの間の猶予》をめぐって

小林正樹の未映画化脚本を読む

岡田秀則

「敗北」の先にあるもの

小林正樹を単に「寡作の映画作家」と呼ぶことは、果たして正当なことだろうか。

小林が長い監督生活の中で残した映画作品は二二本である（三部作の『人間の條件』〔一九五九―六一〕を三作品と考えた場合）。うちデビュー作『息子の青春』（一九五二）から出世作『黒い河』（一九五七）までの九本は、松竹大船撮影所の製作サイクルに組み込まれる中で生まれた。その中には『壁あつき部屋』（一九五三／五六）のように戦争の知られざる暗部をえぐる小林らしい作品もあるが、ひとりの映画作家としての小林を完成させ、世間に知らしめたのが『人間の條件』だとするならば、そこからの四半世紀に撮られた作品はわずか一三本ということになる。そのことは、現在に至るまで彼を「完全主義の寡作な作家」というイメージで包み込んでいる。

その作家像自体は、おそらく間違いではない。しかしその創作活動全体を考えるとき、常に曖昧な妥協を拒んだその態度を念頭に入れるならば、完成品だけでなく、絶えず次の企画に向き合っていた様にも視線を向けなければならないだろう。その意味で無視することができないのが、小林が演出することを前提に書かれながら、映画化に至らなかった脚本の数々である。なぜならそうした企画こそ、映画産業が運命的に逃れられない商業性を超えた特別な価値をしばしば身にまとっているからである。それはときに建築の世界で、建設《アンビルト》されなかった設計図に建築家の資質がよく表れ、積極的に批評の対象となりやすいことに近いのかも知れない。

それらの企画を加えて小林のフィルモグラフィを改めて見つめてみると、また新しい視野が開けてくる。例えばかの長編ドキュメンタリー『東京裁判』（一九八三）も、最初はフィクションとして、しかも軍人ではなく文官として唯一絞首刑となった元首相広田弘毅の生きざまをメインに描く映画となる予定であった。一九六八年、東宝配給を念頭に、劇映画として『東京裁判』が企画されたことは当時から報道されており、シナリオはベテラン八住利雄が執筆、一九七一年六月には検討用脚本が完成している。監督自身も「映画化寸前まで進展した」と語っているが、「国際的なキャスティングで難航し、それにともなう厖大な製作費の点で会社側と折り合いがつかず流れてしまった」という（『東京裁判』劇場パンフレット、一九八三）。だが、いったんは潰えたこの企画も、大量の資料映像がアメリカから入手可能になったことで改めてドキュメンタリーへの「長征」が始まった。歩を進め、一度は留まるが、また粘り強く前進する、その道程もまたこの作家の資質の一部にほかならない。

そして、畢生の大作『人間の條件』を作り上げた小林にとって、同じ五味川純平の『戦争と人間』の映画化はこれ以上ないほどうってつけの仕事だったはずだ。小林は一九六九年一月に『戦争と人間』の刊行分を完読、現存する小林旧蔵の同書には映画化に向けての多数の書き込みが観られる。しかし同年のタシュケント国際映画祭に参加した帰路、日活作品などをプロデュースしていた大塚和に企画の存在を漏らしてしまい、その結果日活が先に五味川純平と映画化の約束を取り交わしてしまう。結局日活の手で、山本薩夫作品として実現はした。しかし一九七〇年から七三年にかけて三部作として公開された『戦争と人間』は、その途中で低予算のロマンポルノ路線に移行していた日活には重荷となり、物語もノモンハン事件の勃発までしか描かれず、原作通りには物語は完結していない。しかも、戦争そのものの追及よりもイデオロギーを優先して財閥批判にまとめてしまった日活版に対し、小林は批判的な言葉を残している。

『戦争と人間』準備稿(上)　同作のテレビ映画用の台本(下)
いずれも実現していない

関正喜によるインタビューの中で小林は、もし自身の手で映画版『戦争と人間』が成立していたら、『化石』や『燃える秋』といった小林の一九七〇年代の仕事はなく、そして『東京裁判』を作る必要もなくなっていただろうという質問に「そうかもしれないですね」と答えている。◉ つまり、彼にとって東京裁判が戦争をめぐる思考の最終地点に位置するならば、ドキュメンタリー『東京裁判』はむしろ『戦争と人間』という題材を失うことで成立したと言えるのである。

だが、小林はなおも諦めていない。映画版の企画を奪われたことへの彼の雪辱の試みが、一九七九年頃の、俳優座映画放送の企画による『戦争と人間』テレビドラマ版の模索であろう。これは毎回六〇分、第一部と第二部ともに二六話からなるという壮大なプランである。脚本は稲垣俊と小林が書き、演出は小林ほか数人の監督で分担する計画だった。資料によれば、色鉛筆で人物に赤線、場所名を青字で書き込んでおり、シナリオの基盤となる「ハコ」作りの準備をしていたことが分かる。配役案も詳細に検討してあり、俳優座の四大スターだった加藤剛、仲代達矢、平幹二朗、栗原小巻を重要な役に配することも予定されていた。香港・マカオ・北海道の原野での長期ロケーションを検討し、昭和史のリアリティを映像的に強化するため、新しく発

◉…本書I「人間を見つめて」書き起こし原稿による。

掘された多くのニュース映画や写真をドラマの中に折り込んでゆくというアイデアも示されていた。だからもし実現していたならば、それは演出スタイルにおいても『東京裁判』と並走する形になっていたかも知れない。企画意図として記された「原作のスケールと重厚さと面白さを失わずに映像化し、テレビドラマとして毎週、お茶の間に届けることは不可能でしょうか?」という問いかけの文は、企画の難しさを正直に物語っているようでもあるが、同時に、この企画への執念を感じさせる小林の最後の訴えにも聞こえる。

こうして小林は、いくつもの敗北の先にその代表作を実らせてきた。最終形のフィルム以上に、むしろそこに至る紆余曲折のほうがその作家像を雄弁に物語っており、言い換えれば、「映画にならなかったこと」こそ、彼の作家性を際立たせる重要なエレメントになっているのだ。もっとも、小林が遺した少なからぬ未映画化シナリオは一様ではない。中には『敦煌』のように、若き日から培ってきた東洋的な美意識を体現する大作として長年温めてきたものもある。本稿は、その中でも彼の生涯のテーマとなった「戦争」をめぐる四つのシナリオを通じて、小林の思考の道のりをたどる試みである。

学徒か兵士か――引き裂かれる使命

太平洋戦争において、小林正樹は南北二つの戦線をくぐり抜けた兵士である。一九四二年の一月一〇日に召集された小林は、教育期間を経て満州に渡り、一九四三年にはソ連・満州国境の警備の任に就く。極寒の冬も体験するが、翌年には沖縄の宮古島に配転となり飛行場の建設に従事した。任地が沖縄本島ではなかったためいわゆる「沖縄戦」には巻き込まれていないが、沖縄本島の嘉手納捕虜収容所に収容されるまでの間、各戦線のニュースから敗色濃厚な日本の姿を認め、やがて来るかも知れない自分の最期の姿をそれに重ねながら一兵卒としての日々を過ごしている。

下士官の中にいい人がいましてね。消灯後、幹部候補生の勉強をするというのは表看板で、下士官室にこもって、シナリオのつづきを書きました。いつ死ぬかわからないあのころとしては、何かを残したい気持でいっぱいだったんです。満州に渡って幹部候補生の試験を受けさせせられたのですが、口頭試問で試験官の大佐とケンカしちゃった。先方は助監督というものは、せいぜい女優のシリを追っかけ回しているくらいにしか考えていない。そのへんがシャクにさわった。ついに〝自分は助監督に生命をかけている〟といってしまった。すると、その大佐が〝どうして日本帝国に生命を捧げるといえないか……〟 これで終りです。僕はこの瞬間、将校にはなるまい、最後まで兵隊で通そうと、決意したんです。ずっと国境警備の任務についていましたが、その体験は、現地でせっせと、〈防人〉という脚本を書きつづりました。

(『毎日グラフ』一九六一年二月二六日号)

この小林の言葉に、『人間の條件』の主人公である梶の面影を見ることは不自然ではない。小林は、たとえば松竹の大先輩として敬意を払っていた小津安二郎がそうであるように「どのように描くか」には重心を置かず、むしろ「何を描くか」を徹底的に追い求めたという点で、松竹大船撮影所の中でも、いや日本映画全体からみても、異端の表現者であった。しかし小林作品の持つ、どこを叩いても凹みようのない、しばしば「鋼鉄」の語で評されてきたあの頑強なフォルムはそれだけでは生まれてこない。そのことを考えるとき、否応なくクローズアップされてくるのは、そこで命を吹き込まれる人物像の創造という行為、実務的に言い換えれば、「主題」と「映像表現」の間に毅然と横たわる「脚本」という過程である。

現存する小林の最も古いシナリオ原稿は、同じく戦地に赴かんとする大学時代の同級生川西信夫、中村英雄(のちのドイツ文学者)との三者共作で執筆した『われ征かん』である。一九四二年一月の入営を前に小林の構成をもとに三人で書き継いで完成させたもので、主題は言うまでもなく「出征」そのものだ。巻末の文に「古い日本美術と新しい映画芸術に対する共通の愛着が三人を結びつけ」たと、三人の中で最後の出征者となった中村が注釈している通り、主人公は、出征を目前にした東洋美術の若き研究者西田信雄である。ストーリーは、その深夜に召集令状を受ける一〇月二六日に始まり、召集日の前日、一一月四日に終わる。その入営までの短い日々を、信雄は研究者としてすでに慣れ親しんだ奈良への旅行に費やそうと決意する。信雄は、夏子という女性と親しくしている。夏子は父の親友の娘であり、その親友の死後、父は自身の娘のように可愛がってきた。周囲の誰もが信雄と夏子が結ばれると思っているが、その心配をよそに彼は結婚を切り出せない。そんな夏子を東京に置き去りにして、信雄は奈良へ向かう。周囲からは、入営前に何をしているのかと批判の目も向けられるが、信雄の意思は固い。研究対象として何度も見た仏像を改めて見つめ、未完の論文を完成させようと心を砕くが、激烈な内面の葛藤を経て、ついにそれを果たせずに終わる。結末近く、遠景から軍服をまとって近づいてくる信雄は、最後には「研究する私」を超越し、すでに兵士としての自我に目覚めている。

會津八一に師事し、実際に東洋美術を専攻した小林らにとって、『われ征かん』はまず、自己の運命に対する思いを整理するための自省的な創作物であろう。信雄の立場は、大学の卒業論文として「室生寺建立年代の研究」をものした小林自身の境遇を率直に語っており、作中で語られている研究内容も小林の論文がベースになっているという。會津を明らかに想起させる故人の恩師福岡教授と、彼の記した「学規」も登場しており、もはや当時の小林自身の生をそっくりシナリオの形式に投影したと言っても差し支えなかろう。「学問の徒」であることと「自己を持たぬ兵士」であることをめぐる信雄の葛藤は深く、書き手の戦争に対する逡巡の心が、かなりの分量となる後半の幻想シーンを含めて執拗に描かれている。

この『われ征かん』は、あくまで執筆した三人の友情の証であり、映画化が期待されていない脚本である。それでも小林らの表現には、極めて具体的なかたちで映像への意志が見え隠れしている。たとえば冒頭近く、駅で信雄と別れたあとの夏子が地下鉄のつり革につかまりながら揺られている描写のところで、注釈として、列車の停車時間がごく短いといった奇妙に細かい記述があるが、これなどは明らかに映像演出を前提にしたものである。また奈良のシーンでは、実際の奈良を知る小林ならではと思われる、いくつもの古寺のショットのモンタージュが指示されている。さらに信雄を襲う前述の幻想のシーンも、できるだけ視覚的に説明されたショットの集積で成り立っている。この部分は、共同執筆者の仕事というより、職業的な助監督として一定のプロフェッショナリズムを身につけた小林の記述と考えて間違いない。遠い戦地に渡る小林は、このシナリオをそれでも映画化を見据えて書いていたのである。

さらに、小林が大陸に行ってからこのシナリオに配役の書き込みをしていたことは、映画化への執念をなおさら感じさせる。信雄に「佐分利信」、夏子に「水戸光子」、奈良の女学校で教鞭を取る信雄の親友江間に「笠智衆」というかなり説得力のある配役を記しており、〝松竹映画〟としての体裁をひとり検討していたようである。ここで、大船撮影所で交友関係のあったスター水戸光子を小林がヒロインに考えていたことは見逃せない。

そして、小林の映画への意志を心に留めながらこの脚本を読むならば、「戦争という大状況のもとに置かれた無力なインテリゲンツィア」という、のちに『人間の條件』のストーリー上の礎となる構図が、この段階ですでに完成していたことに気づく。日本映画は伝統的にインテリゲンツィアをそのまま描くことを避ける傾向があるが、生涯の仕事のすべての原点といえるこのシナリオで、小林は早くもそのタブーを突き破ろうとしていたことになる。

なおこの脚本は、一九四四年七月に小林が北方から南方への移動の途中、門司港の洗面所に風呂敷包みに入れ、同梱の『防人』の扉に父の住所と十円札を貼って置き残したというエピソードを持つ。それは無事に家族のもとに届いたようで、現在まで無事残されている。小林は戦後一〇年を経て、このシナリオの映画化のプランを発表したことがあるが(「報知新聞」一九五五年一月一三日)、もちろんそれは実現していない。

そしてもう一つ、一九四四年にソ連・満州の国境警備中に書いたのが『防人』である。小林が国境警備の任に就いていたのは一九四三年八月から翌年三月末までだが、これは厳しい軍務の合間に四四年正月から戦友たちの清書や製本の協力のもと書き上げた、脚本のスタイルをとった戦線の記録である。また「私はどこか南方に出動です　永久にあへないかもしれませんがこの脚本が残ったこと丈で満足です」との書き込みもあり、戦死を見越した遺書の意味合いも持っている。内容は、国境線のすぐ先でソ連軍が前線の増強を進める中、警備に携わる兵士たちが、南方の玉砕の報を聞き自らも玉砕の覚悟を決めながら日々を送る様を、比較的淡々と描いた群像劇である。小林はその前文で、最前線の「動的生活」と対比して自身らのこの境遇を「静的生活」と表現している。『われ征かん』のように明確に小林を思わせる主人公はいないが、ひとり日疋という上等兵は東洋美術を学んでいたという設定になっており、軍隊という場で学問を考えることについて悩みを抱いている。「最後まで兵隊で通そうと、決意した」という前掲の述懐の通り、この脚本の中でも、彼は隊に属するさまざまなタイプの兵卒のひとりに徹していた。

『防人』には、内省的な『われ征かん』とは対照的に、軍隊生活のリアリズムが貫かれている。特に、緊張を強いられる前線生活の中で数少ない楽しみと思われる食事の描写が印象的だ。炊事係を通さずに大根を畑から抜いて注意を受けるエピソード、一度だけ描かれる酒盛りのシーンなど、兵士たちの「静的生活」における日常に焦点を当てており、前線にあっても、戦争映画を思わせるドラマティックな展開は避けられている。結末部分のみ、吹雪の中を国境の監視に出かけた三人組が誤ってソ連領に入ってしまい、帰り道に筒井という内気な兵士が寒さの中で動けなくなり命を落とすという悲劇が組み込まれているが、いくらか『人間の條件』のラストシーンを想起させるこのエピソードで描かれているのは、個人の深い絶望というよりは、むしろ偶然寄せ集められた一つの集団の連帯的な運命である。

これら二つのシナリオは、小林がシナリオを単に映画のための「設計図」だとは考えておらず、むしろ自身の人生観を表現するための本質的な形式だったことを伝えてくれる。ここに記された言葉は、産業としての映画が要請するシナリオとは違い、内的な欲求として記されているのが分かる。フィクションではあっても、自らを説き伏せるように言葉を連ねたこれらの脚本は、遠からず終わってしまうかも知れない人生との〝交換〟として生まれたものだろう。そしてこれらシナリオの核に据えられているのは、「その日」までの短い《猶予》の時間である。この《猶予》の時間を徹底的に考え抜く精神こそが、その後の監督小林正樹を形成したのではないだろうか。

見えない戦争に向かって——一九六〇年代

『人間の條件』を完成させたことで、彼は映画の中に自身を投影する必要はなくなったかも知れない。しかしそれでも、《猶予》との対峙というモチーフが小林から去ったわけではない。『切腹』(一九六二)や『怪談』(一九六四)といった一九六〇年代の小林の作品は、外国の映画祭などを通じて瞬く間に国際性を獲得したが、それ以降は日本映画の産業的な沈降とともに苦闘の時期に入っていった。『上意討ち——拝領妻始末——』(一九六七)から『日本の青春』(一九六八)、そして一九六九年に黒澤明・木下惠介・市川崑と「四騎の会」を結成するまでの決して長くない時期に、小林はいくつかの企画を失っている。

ベトナム戦争を背景とした『日本の休日』は、一九六六年九月一三日付けの検討用脚本が現存するが、小林が日本のものではない戦争にかかわろうとした唯一の脚本である。この脚本は稲垣俊のものだが、小林と武満徹が協力して書き上げられた。一九六六年といえば、前年に就任したジョンソン大統領がベトナムへの介入をさらに強化し、南ベトナム民族解放戦線の抵抗により激しい戦闘が繰り返された時期である。このシナリオでは、ベトナム戦争に駆り出された三人のアメリカ人兵士が、日本での短い休暇を送る数日間が、カットバックのように並行的に描き出される。三人の人種はそれぞれ白人、黒人、日系人であり、それぞれの立場からみた戦争像が日本社会と交叉するところを描いた点が特徴になっている。

横浜に行き、牛乳配達をしている黒人混血少女あき子と出会った黒人兵士アルは、三人の中で日本社会と最もヒューマニスティックな交流ができた人物である。一方、ニューヨーク州立大学在学時は東洋史を学んだという白人兵士ウィルは、再会した日本の友人淳三の妹が反戦運動に関わっていることに直面、自らのなした殺戮の悪夢がフラッシュバックし、最後には精神の均衡を崩して病院に送られてしまう。そして日系人のアーネスト・サトウは、休暇中に日本人女性を交通事故に巻き込むという罪を犯しながらも、兵士としては白人以上にアメリカへの忠誠を尽くそうとする(かの明治期の知日派英国外交官と同じこの役名は意図的と思われるが、皮肉なのだろうか)。ここにも、小林が執着を見せてきた、戦いに赴く前の《つかの間の猶予》というテーマが現われている。戦争あるところには必ず人間の〝覚悟〟が試される、それはどの国でも同じだろう。変奏される三つの《猶予》がドラマの大きな鍵になっているこの企画がもし実現していたら、フィルモグラフィの中で大切な映画になっただろうと小林が語っているのは興味深い。

また、一九六七年頃、脚本家田向正健が小林のために執筆したという『あおによし 奈良の都は』は、日本映画において、核戦争後の世界をSF映画という枠組みでなく描こうとした稀有な企画であった。

物語の舞台は小林が慣れ親しんだ奈良県に置かれ、主人公の小川一家も奈良の風土に根ざした穏やかな生活を送っている。墨造りに精を出す頑固者の父親、大和郡山の名産である金魚の養殖場に勤める次女など、世界の政治情勢にダイレクトに触れることのない普通の家庭に訪れた世界核戦争のニュースが、一家をすぐ混乱に陥れてゆく。夫の実家での窮屈な生活から逃げてきた長女、ロックバンドを組んでアメリカで一旗あげたいと夢みる弟、同じ屋根の下で次女に思いを寄せる住み込み職人の養子といった人間模様も組み込まれているが、そうした要素が「世界の終末」という絶対性とどう重なり合うかがこのシナリオの本質といえる。

労働、苦悩、恋愛といった人間生活の属性をすべてご破算にしてしまう核兵器の登場は、映画においてもそれまでのドラマ

武満徹も参加して
仕上げられた
『日本の休日』(仮題)の検討稿
1966年9月13日

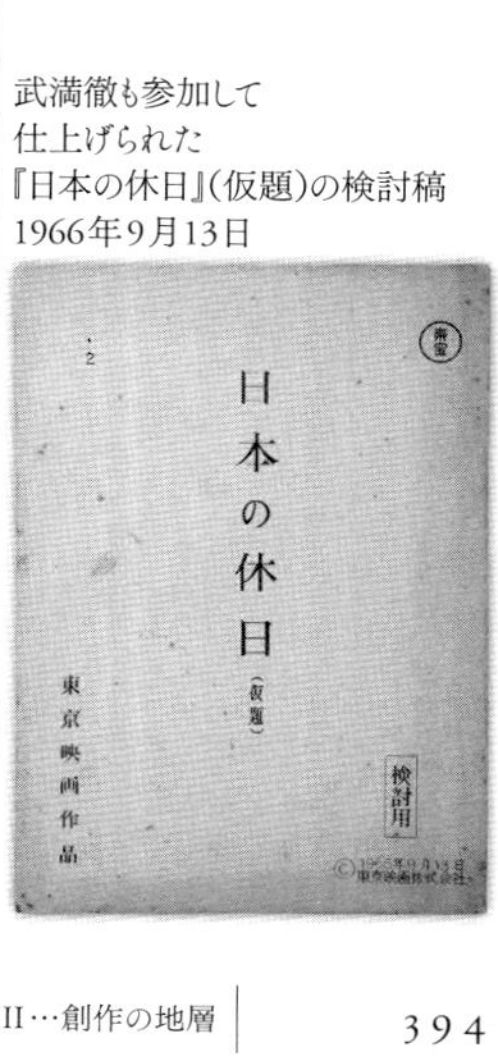

田向正健脚本
『あおによし 奈良の都は』は
核戦争による‘世界終末論’
小林になじみ深い
古都奈良が舞台
製作・配給は未定のまま

トゥルギーの形を終わらせてしまう可能性をはらんでいる。この脚本の設定の中でとりわけ重要なのは、水素爆弾が世界のあちこちに投下される中、日本は何も投下されずに済んでいることだ。だが、そうした数少ない国の一つとなりつつも、地球を覆う死の灰は避けることができず、結局日本もあっという間に終末を迎えてしまう。それは大混乱が伝えられる東京はもちろん、地方の町村もまったく例外ではない。広島や長崎のような事態が回避されたところで何の意味もなく、市井の人々が避けることのできない死に唐突に直面してしまう、そのことの圧倒的な無力感をこのシナリオは読む者に与える。結末で、太宰少弐小野老朝臣《おののおゆあそみ》が奈良を讃えて詠んだ「あをによし 寧楽(なら)の京師(みやこ)は 咲く花の にほうがごとく 今さかりなり」をつぶやく次女朝子は、呆れたように家の廊下から「あきずもせんとよう降るわ」と空から落ちてくる灰を眺めている。そして、春を迎えた奈良の桜に灰が落ちてくるラストシーンで物語は締めくくられる。核戦争後の世界を描いた物語として、映画化もされたアメリカのSF小説『渚にて』(一九五七、映画化は一九五九)があるが、北半球の壊滅後、最後の日々を迎えようとする南半球の人々の姿は、恋愛も交えるかたちで描かれている。しかしこの『あおによし』には、時間の《猶予》がほとんどない。〝覚悟〟のしようがないことが現代的なのだという、核戦争がもたらした時間感覚の変容を小林も鋭く見つめていたのである。ここに来て、小林の戦争観に新たな次元がつけ加わったのではないか。

小林は、一貫して「大状況の中の一個人の運命」に執着し続けた〝悲劇作家〟だった。時代劇においては『切腹』がその極めつけと言えようが、何よりもその情況の舞台となったのは太平洋戦争中の各地の戦場である。小林の生まれ変わりは『人間の條件』の梶だけではなく、映画の形をとることができなかった若き日の脚本の中にも生きている。そして戦後、かりにも平和を取り戻した日本社会において、人々はどのような形で戦争と向き合う機会があり得るだろうか。小林によるその飽くなき探究の試みが、日本がアメリカに協力したベトナム戦争であり、庶民にとっては絶対的な災厄でしかない、世界がこれまでかろうじて逃れることのできた核戦争である。そこでもなお、人間が与えられた《つかの間の猶予》という主題が前面に押し出される。どの《猶予》においても、やがて来る時間への希望は残酷なまでに薄い。だがこれらに接する私たちが、そうした《猶予》の持つ耐え難い重さをこうして受け止められることは、少なくとも、小林が〝重い〟映画を失った現代の私たちに与えてくれた一つの希望ではないだろうか。

❖本稿は芸游会、世田谷文学館の協力を得て執筆された。

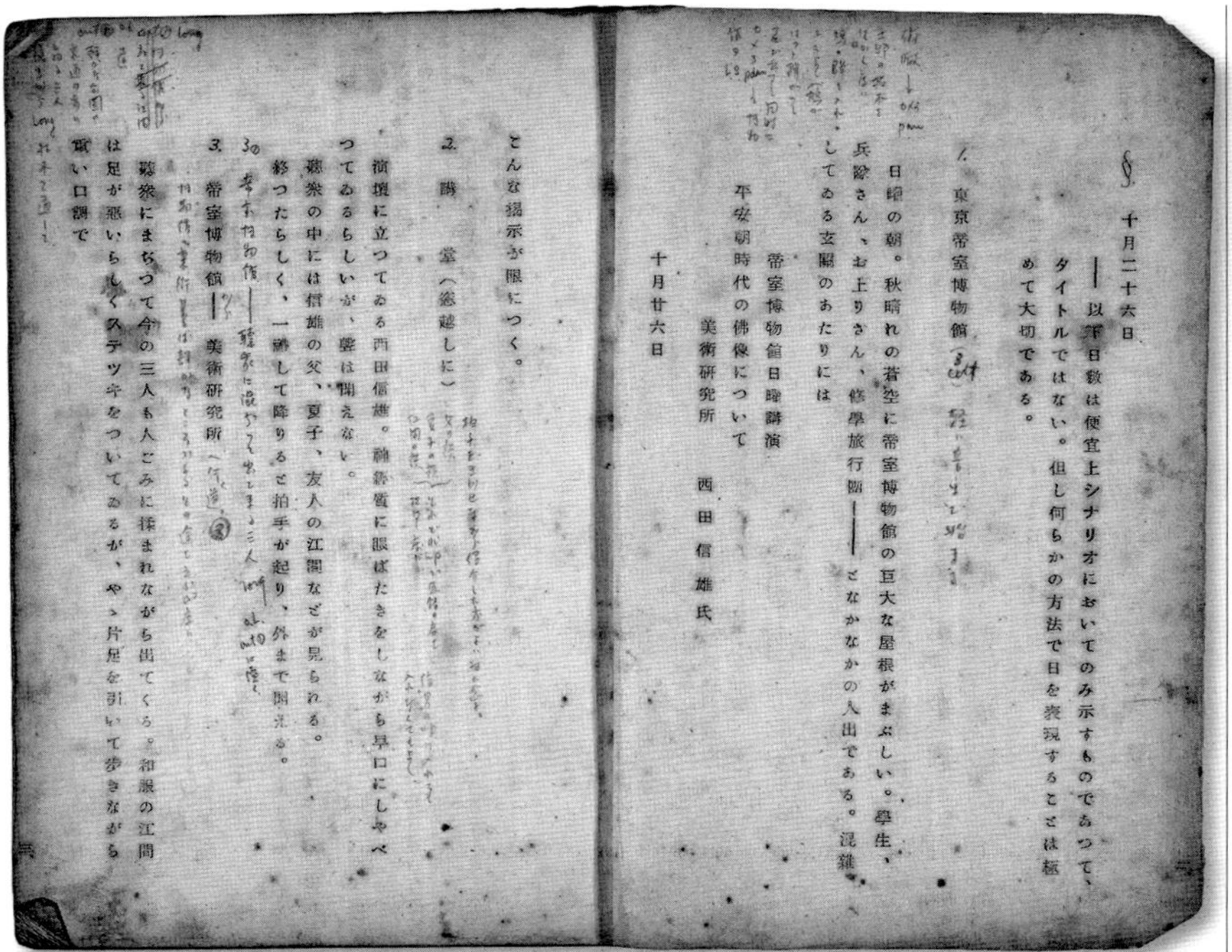

十月二十六日

——以下日数は便宜上シナリオにおいてのみ示すものであつて、タイトルではない。但し何らかの方法で日を表現することは極めて大切である。

§

1. 東京帝室博物館

日曜の朝。秋晴れの碧空に帝室博物館の巨大な屋根がまぶしい。學生、兵隊さん、お上りさん、修學旅行隊——となかなかの人出である。混雑してゐる玄關のあたりには

帝室博物館日曜講演
平安朝時代の佛像について
美術研究所　西田信雄氏
十月廿六日

こんな掲示が眼につく。

2. 講堂（窓越しに）

演壇に立つてゐる西田信雄。神經質に眼ばたきをしながら早口にしやべつてゐるらしいが、聲は聞えない。
聽衆の中には信雄の父、夏子、友人の江間などが見られる。
終つたらしく、一禮して降りると拍手が起り、外まで聞える。

3. 帝室博物館——美術研究所へ行く道

聽衆にまぢつて今の三人も人ごみに揉まれながら出てくる。和服の江間は足が惡いらしくステツキをついてゐるが、やゝ片足を引いて歩きながら賑い口調で

シナリオ『われ征かん』の冒頭シーンの頁
こまごまとしたメモが欄外・行間に記入されている

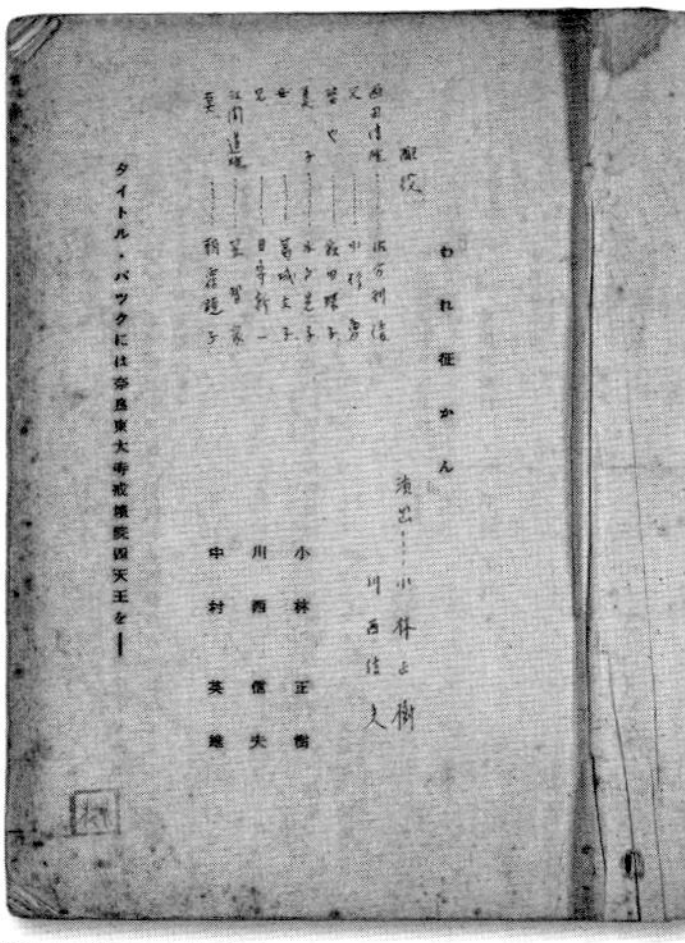

われ征かん

小林正樹
川西信夫
中村英雄

タイトル・バックには奈良東大寺戒壇院四天王を——

『われ征かん』の扉
小林の書きこみで
演出は小林正樹 川西信夫の
連名となっている

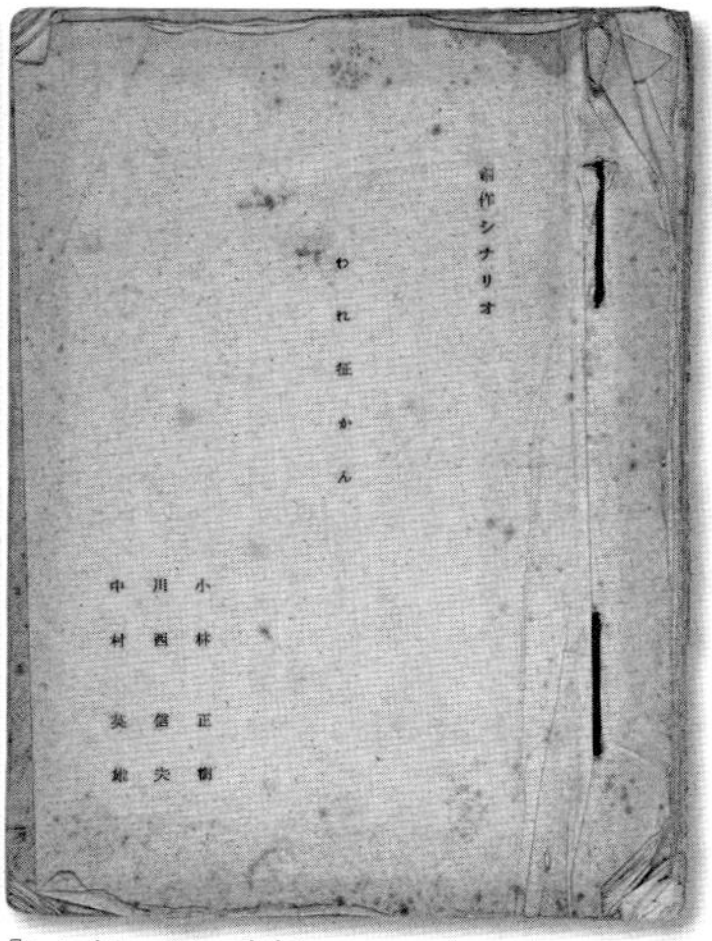

創作シナリオ

われ征かん

小林正樹
川西信夫
中村英雄

『われ征かん』の表紙
小林正樹最初の脚本　1942年1月出征間際に
早大同期の親友川西信夫・中村英雄と書き継ぎ
最後を担当した中村がタイプ印刷にした
小林はこれを戦地に携行して
コンテやキャストを書きこんでいる

小林正樹アルバム27

若き日のシナリオ

この二つのシナリオは『生誕100年　映画監督・小林正樹』（世田谷文学館）に全文が掲載されている。

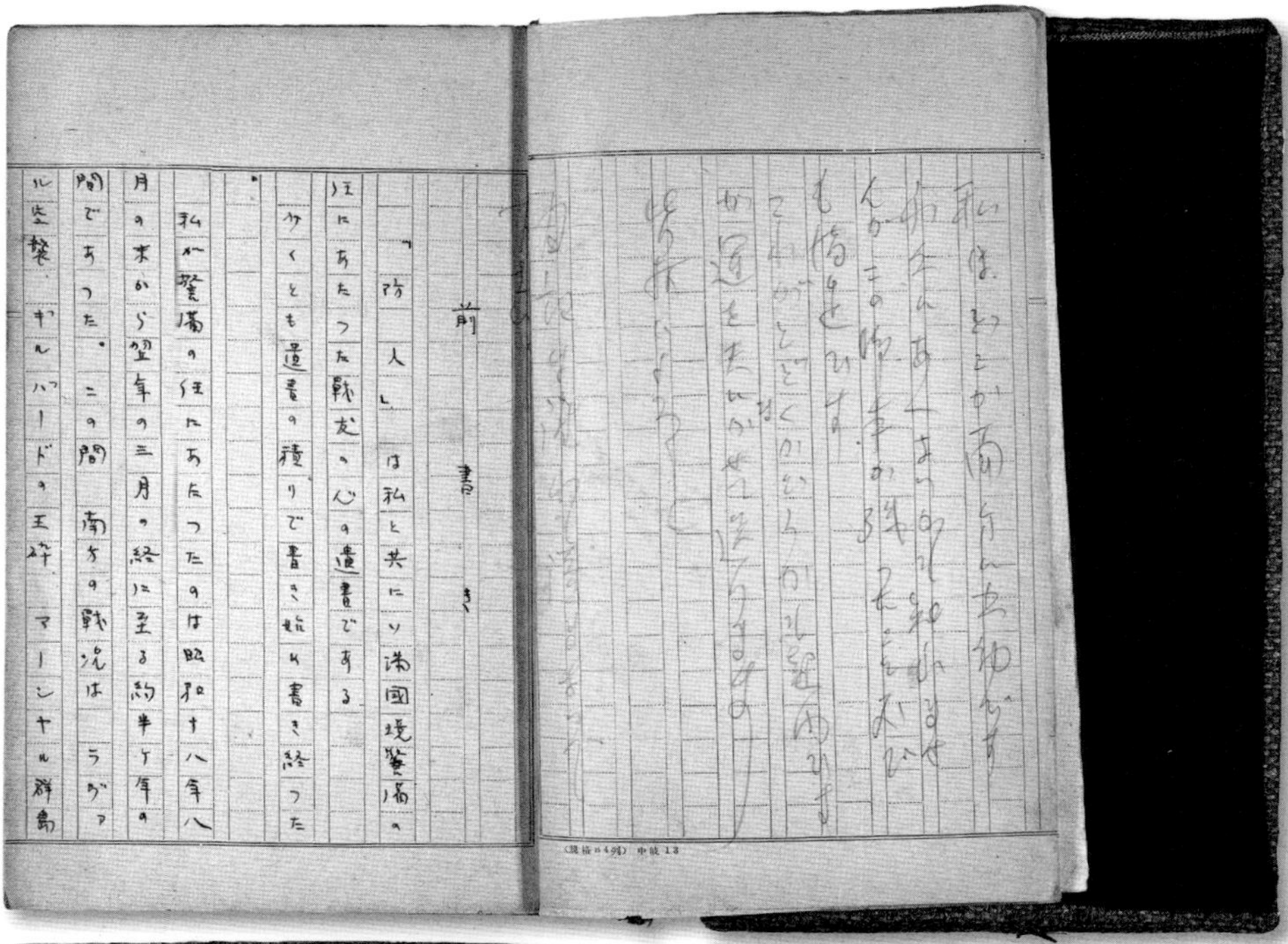

シナリオ『防人』の前書き部分
南方(沖縄)への移動の途中に
郵送を託したシナリオが無事に届くかどうか
不安な思いが付記されている

ソ満国境警備の時期に
当時の戦時生活を書いた『防人』の
オリジナル本
同僚と部下が清書を手伝い
装幀をして仕上げてくれた

『防人』のタイプ印刷版
郵送をうけた父雄一がタイプ印刷をして
松竹へ送付したと思われるものと同版

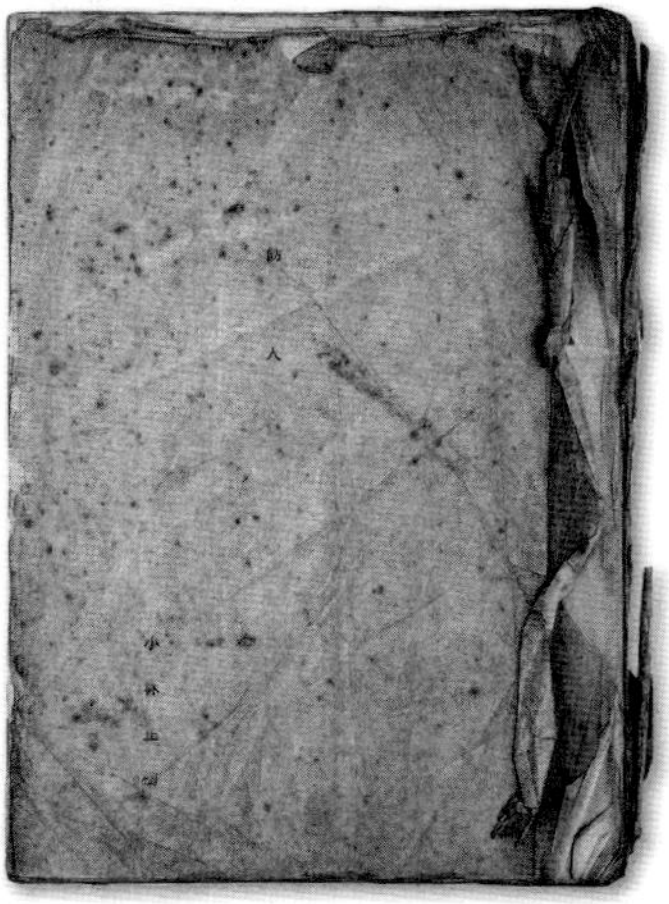

『いのち・ぼうにふろう』
相模河原葦間のロケ現場
勝新太郎(左)と小林は初顔合わせだったが
きわめて相性が良かった
勝は小林演出の自由を愉しみ
小林は勝の芝居の創意を喜んだという

IV 作品を読む

小林正樹監督と郷里小樽の人々

玉川 薫

私は小学生のとき、郷里福井の映画館で、小林正樹監督『人間の條件』全六部作の一挙上映を観ている。そんな子どもの頃に上映時間九時間三〇分を超える映画を観に行ったのは、いま思えば不思議だが、同じ歳の従妹も一緒だったこと、途中で休憩が入り、弁当を食べたことも覚えている。

映画の内容をしっかり記憶しているわけではないが、初年兵の田中邦衛が壮絶ないじめを受け、便所で自殺しようとし、いったん思いとどまりながら銃の暴発で死ぬ場面、ソ連軍の捕虜収容所で、行く先々で狡猾に立ち回りながら悪行を繰り返し主人公・梶の部下を死に追いやった伍長(金子信雄)を梶が殴りつけ、凍り付いた便槽に叩き込む場面など、後々までトラウマのようによみがえった。

これらの場面や収容所を脱走した梶が厳寒の曠野で野垂れ死ぬラストシーンなど、中国・ロシアで撮影されたものと疑わず、これらのほとんどが北海道ロケだったことはずっとあとに知った。

縁あっていまの仕事(市立小樽文学館学芸員)に就き、小樽ゆかりの文学者や文学作品、さらに映画脚本家や監督、そして小樽ロケ作品など調べていくうちに、あの『人間の條件』の小林正樹監督が小樽出身であり、『人間の條件』そのものが小樽と特に関わりの深い作品であると知り、そのようなことでさらに縁もでき、平成一〇(一九九八)年に小樽文学館において「鋼鉄《はがね》の映画人――小林正樹展」を行うことができた。

ここで改めて、小林監督の小樽時代をなぞっておく。

一九一六(大正五)年二月一四日、小樽区稲穂町東一-六(現在の小樽市稲穂五丁目付近)に生まれた。兄二人妹一人の四人兄弟の三男である。父雄一は山口県下関の回船問屋小林家の二四代目で、下関商業を卒業後、一九〇五(明治三八)年三井物産門司支店に入社、一九一〇年、小樽支店に転任した。母久子は石川県の商家の出である。

一九二一(大正一〇)年、五歳のとき、父は三井物産を退社し、同系会社だった北海道炭礦《たんこう》汽船株式会社に入社した。

翌一九二二年、小樽稲穂尋常小学校に入学するが、父の転任に伴い、東京の小学校に転校、しかし翌年の関東大震災後、父も正樹も小樽に戻り、再び稲穂尋常小学校に転校した。

一九二八(昭和三)年、北海道庁立小樽中学校に進学、兄二人と同じ中学になる。一〇月一〇日、母久子急死。中学時代はテニス・スキーなどスポーツに熱中、兄弟で全道庭球大会三連覇、新聞紙上を賑わした。

このように小樽生まれ、小樽育ち、生粋の小樽っ子であるが、一三歳上の小林多喜二(秋田県大館生まれ)、一一歳上の伊藤整(北海道松前生まれ)などと較べ、小林正樹監督作品からも、エッセイなどからも、土着的な小樽らしさは感じられない。

世代の違いもあろうが、父親が、当時日本有数の炭礦会社だった北炭(北海道炭礦汽船株式会社)の幹部という家庭が、雑多な人々のひしめく北国の狭小な港街で、きわめて特殊な環境だったことは否めない。

……当時としては珍しく我が家は自由主義的な雰囲気の家庭でした。富岡町で「北の誉」のネオン塔の下にあり、小樽全市を見おろせる場所です。当時青煙突の外国船が定期的に入港してましたね。私にとってはなつかしい風景です。〔中略〕

私の作品には私が育ったリベラルな家庭を基調にしたものがあります。『息子の青春』『まごころ』『この広い空のどこかに』『美わしき歳月』など、初期の作品に多いです。

(「映画監督・小林正樹氏(樽中二十八期)に聞く」
「潮陵」第一七号、一九八六)

そして、次のようにも語っている。

―暮らしは中流の上というところでしょうか。〔中略〕あのころは全然知りませんでしたが、後に小林多喜二の本を読んで「ああ、全然違う生活だったんだな、申し訳ないな」と思ったこともありました。

(「私のなかの歴史　映画監督小林正樹さん」
北海道新聞一九九三年九月一七日)

小林正樹が中学生だった頃、父親が勤めていた北炭は拓銀ビルにあった。同じ時期にその拓銀、すなわち北海道拓殖銀行小樽支店の行員だった小林多喜二の小説『転形期の人々』の冒頭部が、同時代の小樽を、港湾から運河、銀行街、商店街、そして山の手の小林正樹家のような高級住宅街まで一気に、映画のシーンのように描き上げている。

汽船が入ってくると、階段形になって、緑の木立と処々に赤い断層をもったこの港街は美しかった。――一番下の税関や倉庫や運河や大きな汽船会社のある海岸通り、その一つ上の銀行や会社や大商店のあるビルジング街、その又上のカフェー、喫茶店、夜店のあるまばゆい遊歩街、更にその上に公園やグラウンドのあるこんもりとした緑の場所があって、山の手の住宅地に続いていた――その一段々々が、それゞゝの電燈の濃淡をもって、はっきり見分けがついた。それらは又そのまゝ暗い港の海にキラ、、と逆さに映って、揺れた。

(小林多喜二『転形期の人々』一九三一)

小林正樹監督自身は、

> 私は小樽育ちのせいか寒いところの風景が好きなんです。おだやかな風土にはどうも魅力を感じない。「北の誉」のネオンの下にあった我が家の二階から荒れ狂う防波堤の波を見ながら育ったからなのかも知れない。坂道の多い小樽で育ったせいか私の映画には高いところから対象物を見るフカンのポジションが多い。風土からの影響はなかなかぬぐいきれないものです。
>
> （前掲「潮陵」第一七号）

と語っているが、小樽、そして北海道の風土と、その地の人との絆が最も強く表われたのは『人間の條件』におけるロケ地の選定と、そこで撮られた画面そのものであったように思える。

小樽ロケが行われたのは『人間の條件』の冒頭シーンであった。脚本にはこのように書かれている。

> 1　街
>
> 夜。
>
> 綿の様な雪が降っている。
>
> 行進ラッパと軍靴の響きが、次第に高まって来る。
>
> 闇の中を、一ヶ中隊の軍靴が行進して行く。馬蹄を響かせて、騎馬将校が颯爽とゆく。

このシーンは、北海製罐株式会社小樽工場の敷地内で撮られた。出来上がった映画では、わずか一分半足らずのこのシーンを、監督はどのように撮ったのか語っている。

> 運河に近い製罐の倉庫街に満州の城門をオープンセットに建て、主人公の仲代達矢と新珠三千代が雪の降りしきる夜に会う場面なんです。二人の後方には出陣する部隊が行進していく。舞台の兵隊は（小樽）商大の学生に出演してもらいました。軍隊経験のない学生ですから完全武装の装備巻脚絆の巻き方まで教える始末、数百人の人数ですから大変でした。この撮影でカメラのそばにいてじっと撮影を見ていた渡辺一夫氏（二十八期同窓生）のお父さんの姿が今でも忘れられません。
>
> （前掲「潮陵」第一七号）

北海製罐株式会社の前身は、一九二一（大正一〇）年小樽市に設立された北海製罐倉庫株式会社であり、小林多喜二の小説『工場細胞』（一九三〇）のモデルとなった企業である。

> 「H・S製罐会社」は運河に臨んでいた。――Y港の西寄りは鉄道省の埋立地になって居り、その一帯に運河が鑿《ほ》られている。運河の水は油や煤煙を浮かべたまゝ澱《よど》んでいた。発動機船や鰈《かれい》のような平らべったい艀《はしけ》が、水門の橋梁の下をくゞって、運河を出たり入ったりする。――「H・S工場」はその一角に超弩級艦のような灰色の図体を据えていた。それは全く

昭和初期の小樽の繁華街・稲穂第一通り

『人間の條件』ロケ地の選定にあたり
中学時代の恩師・榎俊三郎に教示を受ける
左から渡辺一夫（中学時代以来の親友） 小林（後ろ姿）
今井雄五郎（助監督） 榎 稲垣公一（助監督）
1959年頃

『人間の條件』第一部・第二部の封切日
小樽の映画館に集った
小樽中学校同窓の二八期生（樽中二八会）の中心メンバー

軍艦を思わせた。罐は製品倉庫から運河の岸壁で、そのまゝ荷役が出来るようになっていた。〔中略〕

Y市は港町の関係上、海陸連絡の運輸労働者——浜人足、仲仕が圧倒的に多かった。朝鮮人がその三割をしめている。それで「労働者」と云えば、Yではそれ等を指していた。彼等はその殆んどが半自由労働者なので、どれも惨《みじ》めな生活をしていた。「H・S工場」の職工はそれで自分等が「労働者」であると云われるのを嫌った。——「H・S工場」に勤めていると云えば、それはそれだけで、近所への一つの「誇り」にさえ——なっていたのだ。

（小林多喜二『工場細胞』一九三〇）

一九六〇年代には大企業の支店や都市銀行が相次いで撤退し、北海道拓殖銀行が破綻し、小樽の街には、旧銀行街や問屋街は重厚な建築だけが化石のように残り、運河も水路の幅半分が道路整備のため埋め立てられたが、その北端部は往時の景観を留めていて、北海製罐小樽工場も健在である。

雪の降りしきる夜の倉庫街を、無表情な若い兵士たちが規律正しく行軍していく『人間の條件』冒頭部シーンはこの長い物語のすべてを暗示するようで、きわめて印象的だが、これが小樽で撮影されたとは誰も気づかないだろう。

私には、このシーンは、小林監督を育んだ小樽と、そして少年時代に小樽の街でごく近い場所にいた作家小林多喜二への、敬愛を込めたものだったようにも思える。

小林監督と小樽と『人間の條件』をつなぐ重要な人々として、庁立小樽中学校の同級生だった渡辺一夫、そして中学校時代以来の二人の師であった榎俊三郎の名を挙げなければならない。小林監督が生涯の親友とした渡辺一夫の家庭は、祖父が小樽区長、商業会議所会頭などを務めた名家であり、小林家と共通する豊かでリベラルな家風だった。渡辺は小樽中学校卒業後、小樽高等商業学校を経て、早稲田大学に学び、三菱商事に入社、まもなく応召し、復員後復職するが会社は分散、新規の会社に移るが退職、母校小樽潮陵高校(旧小樽中学校)定時制の教諭となった。

一九五八(昭和三三)年、小林監督は『人間の條件』のロケ地を北海道に求め、その候補地の調査に当たって渡辺に協力を求めた。渡辺と監督は、榎俊三郎を訪ねた。

榎俊三郎は一八九〇(明治二三)年、小樽生まれ。二人には庁立小樽中学校の大先輩にもあたる。北海道帝国大学林学科卒業後秋田大林局区署(営林局)に勤務。退職し、一九二〇(大正九)年渡米、カリフォルニア州で園芸事業に従事し、州立大学で英語を学び、帰国後室蘭中学でのちのアイヌ語学者知里真志保《ちりましほ》にユーカラ(アイヌに伝わる叙事詩)の翻訳を奨めている。一九二八(昭和三)年より母校庁立小樽中学校で小林正樹や渡辺一夫らに英語を教えた。その傍ら、小樽市郊外朝里《あさり》に農園を造り果樹や蔬菜《そさい》を栽培した。そこは電気もガスもなく、水は小川で汲んだ。じゃがいも、南瓜、大豆、小麦、トマト、胡瓜、茄子、ほうれん草を植え、クモ、コオロギ、ネズミ、イタチ、猫が自在に出入りするような家だった。

この異色の教師が、とりわけ同年に入学した生徒たち、すなわち渡辺一夫や小林監督らの「樽中二十八期生」に与えた影響は甚大なのだが、榎自身が敬愛したホイットマン(詩人)やジョン・ミューア(作家・植物学者、シエラネバダの自然保護に尽力したナチュラリスト)のように、周囲の若者を直接感化していったその人間像を簡潔に紹介するのは難しい。「二十八期生」の後輩にあたる詩人で外科医の河邨文一郎《かわむらぶんいちろう》が、後年やや羨ましげに書いている。

> かれら(二十八期生)の瞳のなかに映っているものがあるとしたら、それは抜けるような青空か、白い雲か、にちがいない。還暦を過ぎてなお少年の瞳をもてる集団、それはまさに異色である。そして、そのような奇蹟の環の中心に立っている米寿の榎先生という名の青年は、さらに異色といわざるをえない。
>
> (河邨文一郎「曠野大学・頌」『曠野大学』一九七七)

その「二十八期生」の中でも最も榎に傾倒していた渡辺一夫が、小林監督からロケ地の相談を受けたとき、真っ先に奨めたのが榎俊三郎の助言を得ることであり、監督もすぐに同意したであろうことは想像に難くない。

榎俊三郎と小林監督が一緒に写っている印象的な写真が二枚手元にある。一枚は、小樽和光荘（北の誉酒造社主旧宅）で、小林監督、渡辺一夫、ほか関係者が、厳しい顔つきの榎を囲んで、その手元を見詰めているもので、テーブルの上に積み重ねられているのは北海道各地の地形図であろう（四〇三頁中段の写真）。北海道各地の地理、気候、地質、植生を空気のように体得していた榎から的確な助言がつぎつぎと与えられたはずである。

もう一枚は、これよりずっと前、昭和三〇年代初め頃と思われる写真（左）で、朝里の温泉宿で鍋を囲んでおり、くつろぎながらも師に何か真面目に問いかけている風の小林監督に、榎は膝を崩さず、沈思黙考している様子だ。どのような問いにも、時間を掛けて真剣に考え、静かに独り言のように答える。教え子たちが口を揃える師の姿だ。

『人間の條件』は主人公・梶を中心に、膨大な数の人々が織りなす大河物語だが、一瞬たりとも緊張の途切れることのないのは、過酷峻厳な舞台背景を提供した北海道の土地と自然に拠るところも大きかったように思う。そして、それを支えたのは、小林監督と郷里の人々との揺るぎない信頼だったように思える。

榎先生と

樽中二八会　1953（昭和28）年頃
前列左から4人目 小林　一人おいて榎　さらに一人おいて越崎清二
後列右から2人目 渡辺一夫

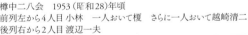

小林正樹の作品世界と會津八一

大橋一章

はじめに

映画『人間の條件』『切腹』『怪談』『化石』などをつくった小林正樹は、戦前第一早稲田高等学院から早稲田大学文学部哲学科芸術学専攻に進学し、奈良美術、東洋美術を専門とする會津八一を指導教授とした。小林は會津の学芸に心酔し、奈良美術と東洋美術から普遍的な美とは何かを学び、貪欲に吸収した。それが小林の人間を形成しない限り、小林独自の表現はできない。

この小論では『化石』を通して、小林が會津から学んだ美術を検証しながら、小林の映画美術について私見を述べてみたい。

一…會津八一の学芸

小林正樹は、『キネマ旬報』一九六二年(昭和三七)五月上旬号に、「学規」と題した一文を載せている。

> 私の恩師である會津八一先生は偉大なる学者であり、芸術家である。私は芸術家である先生に非常にひかれるところが多かった。印、明器、古瓦、仏像などの考証学的な講義を通して全く逆な芸術的な世界へ私をひきずり込んでしまう。
>
> 先生は大変な粗食家である。食べるものを惜しんで中国の原書を或は美術品を買いもとめた。その代り人にも粗食を強いた。いつお邪魔してもモリ二個ときまっていた。私は何年も通い続けてモリ以外口にしたことがなかった。それでいて私はいつも芸術的興奮に充たされて先生の家を去ったのを覚えている。ただ卒業した時である。先生の家には、私のためにお赤飯と鯛のおかしらが用意されていた。今でも先生と向いあって赤飯を食べ鯛をつついたあの不思議な感動を忘れない。
>
> 食事を終った先生は筆をとって学規を書いて下さった。学規は先生が子弟と認めた人にだけ書きおくる人間の書である。学規は次の四カ条である。
>
> 一、ふかくこの生を愛すべし
> 一、かへりみて己を知るべし
> 一、学芸を以て性を養ふべし
> 一、日々新面目あるべし
>
> 人間として生きることの尊さ、学問の深さ、芸術のきびしさをこれほど的確に表現した言葉はない。
>
> 私はこの学規を座右銘として深く心に刻み、もう十数年映画の道を歩んできた。学規に恥じない映画を創ることを望み

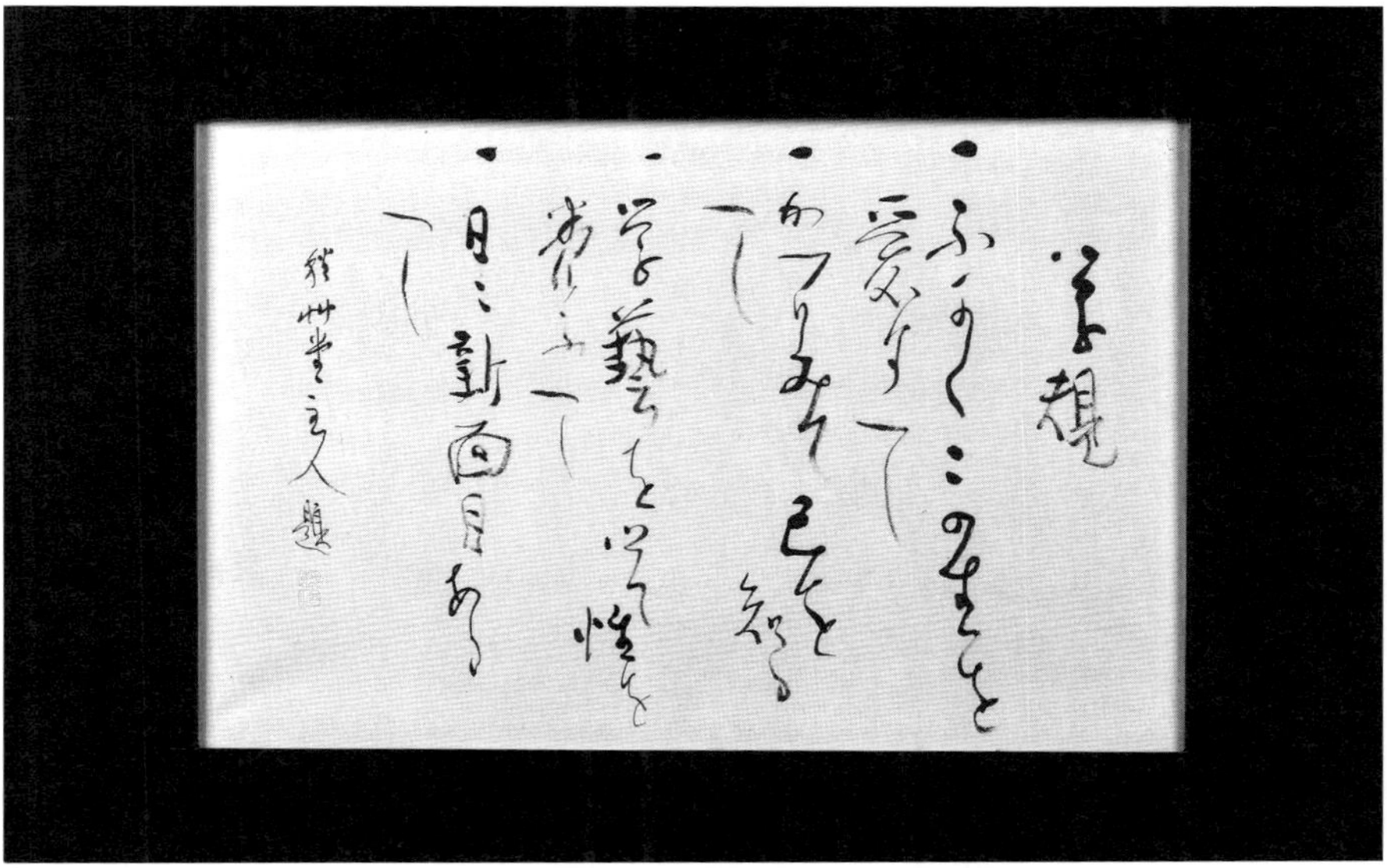

會津八一が
小林の大学卒業を祝って
書き与えた
「学規」(額装)

ながら。

小林正樹が偉大なる学者、芸術家と呼ぶ恩師會津八一は戦前早稲田大学の教授であった。會津は、小林がこの一文を記した六年前の一九五六年(昭和三一)一一月二一日に白玉楼中の人となっていたが、會津に心から感服し傾倒していたことが伝わってくる文章である。大学卒業後二一年も経ったかつての教え子からこう書かれた會津もさぞ満足していることであろう。

小林が「人間の書」と評した学規は、秋艸堂学規四則として一九一四年(大正三)につくられた。当時會津は早稲田中学の英語教師で、秋艸堂と号した小石川の自宅に預かっていた郷里新潟の学生たちに示したものという。学規とは言うまでもなく、若い学生たちがどのように生きるべきかを示す手引書であった。同時に會津自ら実際に行い範を学生たちに示さんことを期したという。人間が生きていくためにはどうすればよいか、その指針として学規四則をつくり、学芸を実践活動の中心に据えることにした。このとき會津は三三歳、学芸に没入し、自信を深めていたのであろう。

俳句を作る人は短冊に自作の句を書き記す。左利きの會津は小学生以来手本を真似る習字が苦手で、悪筆と言われていた。會津は自分の書を創造するにあたって、誰にもわかる字として明朝体漢字を重んじ、特別の稽古をする。明朝体の漢字は垂直線と水平線、曲線からなっているから、それぞれ自在に書く稽古をする。すなわち密接した垂直線をくっつけないでしかも長く、上からも下からも何百回何千回も書く。水平線も左から右からできるだけ長く何度も何度も繰り返す。渦巻きもまたしかり。また電車の中でも長いステッキで渦巻きを書いて手を動かす稽古をしたという。このようなたゆまぬ努力によって、會津は左利きというハンディキャップを克服し、筆遣いなどの書の基本を身につけることに成功するのである。

會津はこうして高雅で気品あふれる字形を創造し、また中国古代の書から勉強をはじめて他の追随を許さない書論を構築していた。書においても俳句の場合と同じく創作と研究、すなわち学芸という二分野を同時に追求して本質を摑もうとしていたのである。

その後早稲田大学に進学すると、東京帝国大学を退職して早稲田に移ってきた小泉八雲の講義で、イギリスの詩人キーツがギリシャ美術に言葉を失うほどに圧倒されたことを知る。イギリス詩人たちの作品は、同じ詩歌であっても、自分が中学以来打ち込んできた俳句とは世界が異なることを自覚したに違いない。私は、八雲との出会いこそ會津に美とは何か、何が普遍的な美なのかを考えさせ、新たな後半生を歩ませるきっかけになったと理解している。それは奈良美術への傾倒であり、孤高の歌詠みと厳粛な美術史研究への道であった。

一九〇八年(明治四一)八月にはじめて奈良を巡り、その風光と美術に心を奪われる。この旅から帰ると、會津のノートブックには二〇首の歌が書かれていた。いずれも耳に快く響く、美しい調べの歌であった。

あき篠の　みてらを出でて　かえりみる
生駒が岳に　日は落ちんとす

斑鳩の　里の乙女は　よもすがら
きぬはた織れり　秋ちかみかも

この奈良行は、會津を俳句から歌詠みの世界へと大きく踏み出すことになったターニングポイントともいえる旅であった。

會津の二回目の奈良行は一九一二年(大正元)八月、明治天皇崩御の直後であった。八年後の一九二〇年の年末、翌年の正月、さらに八月と奈良への関心は急速に高まる。この年は一〇月、後年小林正樹も宿泊することになる奈良登大路の日吉館にはじめて投宿した。日吉館は以後會津の奈良の定宿となる。會津の奈良行はこの大正年間で一三回を数えるが、現在のような交通至便な時代ではなかったことを思うと驚きである。美術史研究の第一歩は美術作品の観察からはじまるが、大正時代の會津の奈良美術への急接近は奈良美術の観察が深まり、研究者への自信もついていたのだろう。

ところで、わが国の美術史研究はまず一八七二年(明治五)の町田久成・蜷川式胤《になががわのりたね》等の京都奈良の寺院に伝世する宝物調査、さらに明治一〇年代のアーネスト・フェノロサ、岡倉天心たちの法隆寺の調査によってはじまった。やがて精緻な調査が進むと研究らしきものが芽生え、明治三〇年代には法隆寺再建非再建論争や薬師寺の白鳳天平論争がおこった。

このような奈良美術の調査と研究が積み重ねられてきた大正年間に登場したのが會津であった。そのころわが国の美術史学は欧米におけるほどにはその重要性が認識されておらず、一つの学問として体系化されてはいなかった。そういう大正時代に會津は奈良美術の研究理念を構築しようとしていたのである。

會津は、「奈良美術に就いて」で奈良美術が世界に通じる普遍性を持っていることを説き、また「実物尊重の学風」では、美術史学は美術作品から離れては存在しないという実物尊重の実学論を展開する。さらに美術史学では実物作品だけでなく、文献史料の研究の必要性を主張し、一九二八年(昭和三)には『奈良美術史料　推古篇』を出版。同書には奈良美術に関する推古朝の漢文史料から江戸時代の史料に至るまで原文で採録されている。私が学部二年のときにはすでに稀《き》覯《こう》本で求めることができず、青焼きコピーをつくって重宝した。小林正樹も必携の書として同書を愛用したに違いない。

文献史料の研究は大学でも可能だが、実物作品は奈良で実見・観察しなければならない。私は学生時代に恩師たちから「つべこべ言わずに奈良へ行って来い」という言葉を何度浴びせられたか。

だから何度も何度も奈良へ行き、自らを奈良の風光の中に置き、奈良美術の本質を摑み取って奈良美術の基準をつくってきたのであった。「奈良へ行って来い」のほかにも、「文献史料を読め」「原典に当たれ」「孫引きをするな」等を、恩師たちはよく言われた。これらの言葉は會津が授業中に繰り返し口にしていたと、一九四三年(昭和一八)の最後の奈良実習旅行に参加したかつての学生から教えられたことがある。これこそ會津の美術史教育の基本理念であった。小林正樹もこれらの言葉を耳にたこができるほど聞かされた一人であった。

二…小林正樹と會津八一

會津は一九〇六年(明治三九)早稲田大学を卒業すると、新潟県中頸城《なかくびき》郡板倉村の有恒学舎の英語教師となった。

一九一〇年(明治四三)有恒学舎を辞職し、早稲田中学の英語教師となる。一九一三年(大正三)に学規をつくる前後から、會津の学芸は充実する。まず書の評判が高くなり、揮毫の注文が舞い込み、一九二〇年(大正一〇)には恩師逍遥の熱海の別荘「雙柿《そうし》舎《しゃ》」の看板を揮毫し、一九二九年(昭和四)には古美術商の「壺中《こちゅう》居《きょ》」と「日吉館」の傑作をものにする。

この大正年間は奈良通いを繰り返し、奈良の風光と美術を詠じていたが、二七歳から四三歳までにつくった歌から一五三首を選び、一九二四年(大正一三)一二月に春陽堂から歌集『南京新《なんきょうしん》唱《しょう》』を出版した。当時の歌壇と没交渉で歌詠みとしては無名であったためほとんど売れなかったが、斎藤茂吉は「一読して秀歌があるのに私は驚いてゐる」と評している。

一九二五年三月に、一五年間つとめた早稲田中学校の教員を辞し、四月からは早稲田高等学院の教授となって英語を担当する。さらに翌年四月からは早稲田大学文学部で東洋美術史を講じることになった。このとき四五歳の會津は東洋美術史に関する論文はまだ発表していなかったが、それでも大学で教えることになったのは、美術作品の研究と文献史料の研究を車の両輪とする美術史学の研究方法をわが国で初めて構築したことを、大学関係者たちが認めていたからであろう。

會津の最初の論文は一九二九年(昭和四)の「正倉院に保存せらるる公験辛櫃《くげんからびつ》について」である。このとき四八歳であったから、年齢的には確かに遅い。それは師なくして独学によって誰も到達していなかった奈良美術・東洋美術の研究方法を摸索していたからであった。

公験辛櫃とは正倉院南倉《なんそう》に伝来してきた辛櫃、つまり唐櫃である。その側面に銘文が刻られており、公験をはじめとする用語と辛櫃そのものが奈良時代のものではなく、鎌倉時代に当初のものが破損していたため新調したものと考察したのである。銘文の用語が奈良時代のものではなく、中世以後のもので、また辛櫃そのものも古いものではなく新しいものと判定する観察眼は抜きんでている。私もこの論文をはじめて読んだとき、論理的に推理・解明する手法に興味が尽きなかった。言うまでもなくこの論文は、実物作品と文献史料の研究を両輪とする美術史学の手本となるべきものであった。

その後、會津はあたかも堰を切ったようにつぎつぎと論文を発表する。一九三一年(昭和六)には會津の学位請求論文を構成する論文が登場し、翌年には法起寺・法輪寺・法隆寺の論文をまとめ、『法隆寺法起寺法輪寺建立年代の研究』と題して出版した。

會津は一九〇五年(明治三八)からつづく法隆寺再建非再建論争に一石を投じたが、法隆寺は六〇七年(推古一五)に完成、その直後に焼失、再建は聖徳太子の死後で五年後に完成というきわめて大胆なものであったため当時の若い研究者からは反発を買ったが、この学位請求論文は早稲田大学の津田左右吉から認められ、一九三四年(昭和九)に文学博士の学位を授与された。

少し前後するが、矢継ぎばやに論文を発表していた昭和六年には早稲田大学文学部の教授となった。歌と書につづいて、東洋美術史という学問分野でも會津はこのころ充実期に到達していたのである。また学位取得の年には早稲田大学恩賜館に東洋美術史研究室を開設し、大正時代より蒐集していた明器、鏡鑑、瓦塼《がせん》、拓本などの東洋美術資料を展示する。これは小さな小さなミュージアムとも言えようが、一九二七年(昭和二)の大隈講堂竣工の記念講演会で會津が早稲田大学に博物館が欲しいと演説してから七年目のことだが、大学に博物館が設置されたのは七〇年もあとの一九九八年(平成一〇)で、會津八一記念博物館と命名された。

一九三八年(昭和一三)四月には文学部の哲学科に芸術学専攻が置かれ、會津は専攻主任となり、日本美術史・東洋美術史を担当した。この年芸術学専攻の学生を引率する奈良実習旅行がはじまった。いまでこそ奈良実習旅行に追随する大学はいくつもあるが、戦前では早稲田大学だけであった。

文学部に芸術学専攻が置かれたまさにそのとき、芸術学専攻に入学し、會津を指導教授と仰いだのが小林正樹であった。

クラスメートで後年早稲田大学教授となり、わが国古代史研

會津八一教授(中央)引率による「奈良大和研修旅行」の一行
般若寺石仏群前にて
1939年10月　撮影小林

究の第一人者として活躍する水野祐によると、小林は美術史ではなく、「最初から映画をやるつもりで第一学院に入ってきたんです。我々の時代は今と違いまして、学院へ入る時すでに、自分は将来何をやるかという目標を持って入ってきていたんです」と述べている。

　どうやら小林は高等学院に入学したとき、自分の目指すものは映画という具体的な目標をもっていたようだ。そこで映画とは不即不離の文学を修めようと、文学部進学の第一高等学院文科Fクラスに入学したのであった。ところが数年後、東洋美術史を研究する学芸の人會津八一との出会いが待っていた。学芸を実践する會津を目の当たりにすると、大学では新設されたばかりの芸術学専攻を希望し、會津の東洋美術史の研究を積極的に吸収する。おそらく小林は會津の学芸を学ぶことが映画の道を究めることにつながると自覚していたのであろう。

　小林が文学部芸術学専攻に進学後、昭和一三年、一四年、一五年に會津の講義を記したノート八冊が世田谷文学館に収蔵されている。一言半句も聞き落とさないように、集中する教室の小林の姿をありありと思い浮かばせるノートである。同時に會津に対する尊敬と心酔が入り混じる小林の心中が見え隠れする。先の水野祐によると教練なんかはあまり出なかったようだが、會津の講義ではもっとも真面目な学生であった。

　小林のノートで驚いたのは、関連する美術品の写真もしくは図版を添付していたことである。私もかつて学生時代に配布されたコピーや写真をノートに張り込んだ経験があるが、小林は昭和一〇年代に會津の講義に合わせて明器、樹下美人図、さらに仏像の切り抜き写真を貼っているのである。美術史では写真や図版があればより理解に役立つ。私の時代には先生たちはプロジェクターでポジフィルムを映写していたが、当時はそのような教材器具はなかった。會津は何よりも実物作品の観察を重視し、先述の東洋美術資料の展示室を開設し、小林たち学生に実見させていたから小林はその図版を切り抜きノートに貼ったのであろう。

私は大学院の頃、會津の弟子の一人加藤諄から、會津が小林を格別に可愛がっていたという話を耳にした。このたび小林のノートを見るに及び、であればこそ會津も小林を可愛がったことが理解できたのである。

小林が奈良実習旅行に参加する機会は三回あったが、確認できるのは一九三九年(昭和一四)一〇月の二週間の旅行である。私は小林のような生真面目で會津の傾倒者なら、毎年参加したと考えている。もっとも小林は卒業論文「室生寺建立年代の研究」作成のため、昭和一五年の七、八月は室生寺の塔頭で過ごしたようで、その間には奈良の各地に伝世する奈良美術を目の当たりにして歩いたにちがいない。

日本美術の古典ともいうべき奈良美術を會津の指導によって知り、奈良の風光の中で観察を繰り返しながら小林の美術品に対する観察眼、鑑賞眼は大いに進展した。奈良美術の冒頭に位置する飛鳥美術は中国南北朝時代の仏教美術を反映したものだが、つづく白鳳、天平美術は初唐、盛唐の仏教美術を受容することで成立した。明治の関野貞以来、白鳳美術は写実が萌芽し、天平美術は写実が完成する時代と理解されてきた。

写実もしくは写実主義の仏像とは、人体を意識してつくられたものと言えよう。美術における写実は形態把握(観察)と形態賦与(造形)が進展しないかぎり登場しないが、わが国では七世紀の半ばごろ初唐美術の影響のもと、作家の観察力と造形力が増進するのである。こうした時代につくられたものに川原寺の塑像や法隆寺の夢違《ゆめちがい》観音像、橘夫人念持仏、さらに山田寺仏頭等があるが、写実の完成期の天平美術としては薬師寺金堂の薬師三尊像、興福寺の十大弟子像、八部衆像、東大寺法華堂の不空羂索《ふくうけんさく》観音像、さらに唐招提寺の鑑真像等がある。

三…『化石』の美術

私が井上靖の『化石』を朝日新聞紙上で読みつづけたのは大学四年(昭和四〇年)から翌年にかけてであった。購読していた朝日新聞の連載小説はどれも読んでいたが、記憶にのこるものは何一つない。疎覚《うろおぼ》えでも『化石』を思い出せるのは、主人公が外国旅行中のパリで、癌という難病にかかり余命一年を知ってからの精神的葛藤を延々と物語るもので、忘れることのできないテーマだったからだろう。

人間にとって避けることのできない四苦の一つの死と向き合う精神状況は、目には見難きものである。しかしながら映画は目で見なければならないため、不可視なものを如何にして可視化するか、映画をつくる監督は原作をどのように解釈し表現するかが問われる。原作つまり文献史料の本質を見抜く洞察力を体得していなければならないが、小林は會津の指導により、美術作品と文献史料の本質を見抜く洞察力を身につけていた。

かつて私は、高校時代に五味川純平の『人間の條件』を読み、卒業後の一九六一年(昭和三六)に小林の映画『人間の條件』六部作の一挙上映を築地で見て、日本軍のおぞましい侵略と梶という人間の良心に心揺さ振られ、二、三日打ちのめされた。そのとき、映画は監督次第で、原作を超える作品になり得ることをはじめて知った。

あれから五〇年も経ち、小林正樹の映画『化石』を見る。

冒頭、厳粛かつ立派な門構え、つづく「一鬼」と書かれた墨跡鮮やかな表札、つぎに空中から一鬼邸とその屋根が、それぞれ短く一幅の絵のように音もなく映し出される。

一転して庭の蹲踞《つくばい》に流れ落ちる水がはじめて動きと音を伝える。人間の生活する空間であることを見せる。広い邸宅の庭に面した縁側に腰掛けて主人公一鬼太治平《いっきたじへい》が一服の茶を啜っている。庭の菊の花が風にそよぐ。そして芝生の庭を名残惜しそうに一鬼が漫歩《そぞろ》く。欧州旅行の出発前の、日本人なら誰でも浸りたいひとときである。

やがて主人公は旅先のパリで死病にかかっていることを知るが、小林はまず冒頭でたかだか六、七〇年の命しかない人間を語るために、人間よりは永らえる建物を、それもわざわざ上方から屋根も見せ、その下で生活する人間の果敢無《はかな》さを暗示する。

休養のための欧州旅行で当初二カ月の予定であった。前もって休息の旅と公言していたこともあって、往きの機中で早くも疲れを感じるが、自分はいつも一人だったと考え込む。苦渋のにじむ一鬼の顔の表情はこのあと全篇をつらぬく。のちに余命一年を耳にしてもどこまでもこの顔なのである。一鬼ほどの男なら余命一年を聞き、恐れ戦《おのの》いても他人には弱味を見せないとばかり苦渋の顔付きで通す。この顔の表情はけっして大仰《おおぎょう》ではなく、小林が抑制した結果であろう。

ところで、欧米人が世界美術の古典と考えるギリシャ彫刻は人体を理想化し、筋骨逞しい男神像や柔肌美しい女神像を完成させた。一方わが国の奈良美術の仏像では人体の外面の写実だけでなく、個々の仏像の内面に潜む精神性や心理状況までも表現した。近代彫刻のロダンはギリシャ彫刻の再現を試み、いささか誇張的な人体表現を特徴としていた。人物の頭ばかり、胴ばかり、また手足ばかり、つまり人体の欠片という作品が広く紹介されていたが、會津はこうしたロダンの作品は変則的な一例だと批判する。

何が美なのかを會津から教えられていた小林は、奈良美術の秀逸さを理解すると、人体だけを追求するロダンの彫刻には批判的にならざるを得なかった。

一鬼はパリ到着後のある日、ロダン・ミュージアムを訪れる。庭園には〝考える人〟〝カレーの市民〟〝地獄の門〟の大作が置かれていた。〝考える人〟はともかく、他の二作品はどこが見どころかわからないまま映される。室内には人体の欠片が多数展示されていたが、映像は停まることなくゆっくり動き、小林がロダンの彫刻のカタチに心動かされたことを認めることはできない。

井上靖は原作の中で一鬼に、ロダンの人体の欠片の方が生きた人間より生きているとか、ロダンはまさしく彫刻家だとか、誰よりも彫刻家だということだけはわかるねなどと、賛美する言葉を語らせているが、これはあくまで井上の考えである。小林は映画では一鬼に、ロダンは彫刻家としての仕事をしているとさらりと話さす。ロダン・ミュージアムの彫刻の映像は、彫刻作品という美術の世界で小林が原作者に抵抗しているのである。映画冒頭の一幅の絵のごとき美しい映像は、ロダンの彫刻のどこにもないのである。

誇張的な人体表現の多いロダンの彫刻と、控え目な人体表現とさらに内面までも表現する奈良美術の両者を知った小林が、奈良美術により惹かれたこともうなずける。小林の美術観は抑制された表現ということになろう。さらに言うと日本的な美意識であろうか。それが一鬼の苦渋の滲む表情となったのである。

ロダン・ミュージアムの門を出て人通りのない歩道を歩く。一鬼は普段から気に入っている青年の船津を欧州旅行の秘書役として同道していた。歯に衣着せぬ物言いと少し単純な雰囲気が相俟って、どこまでも陰鬱な映画に船津の存在は爽やかな気分をもたらす。

その船津が前を歩き一鬼を振り向きながら話し掛ける二人を、側面から映し出す。やがて一鬼の眼が何かを見付ける。とたんにスクリーンいっぱいに歩道の向こうからこちらに歩いてくる一人の女性の全身像を、透視画法のごとく正面からとらえる。歩道の両側には冬枯れの並木がつづく。まさしく左右対称の画面の中心を一人の女性がどんどん近付いてくる。絵画としては左右対称の構図は興趣に欠けるが、何よりも安定感を醸し出し、同時に信頼感を強める効果をもつ。ここでは側面の映像から正面へ鮮やかに切り替わり、透視画法の中心に映し出される一人の女性が、如何に重要な人物なのかを示す。小林は透視画法の意味を十二分に理解したうえで、この女性、マルセラン夫人を登場させたのである。

マルセラン夫人は気品あふれる日本女性で、パリの富豪と結婚し子供がいることもわかり、一鬼は何度かその姿を見掛けるうち、ともに旅行までするようになる。

その後パリの病院で十二指腸の癌であることを知り、一鬼の懊悩がはじまる。そして一鬼は死という同伴者を連れて歩くことになった。どこからともなくふいに舞い降りて来て、ぴたりと寄り添い片時も離れない。同伴者が話し掛けてくることもあり、同伴者と話しながら歩いていることもある。

私は、小林は不可視の死の同伴者をどのように可視化するのかと思いはじめていた。すると夕暮れ方の暗い色調の階段のうえに、喪服姿の気品に充ちたマルセラン夫人が現れた。

小林はマルセラン夫人という実像を、虚像たる死という同伴者に仕立てているのである。美しく気品のある夫人と得体のしれない死という同伴者が表裏を成すものと捉え、外と内、つまり外形、外面は実像の夫人、内面は死の同伴者という虚像に喪服を着せることによって不可視な同伴者を美事に可視化したといえよう。死という同伴者はどこまでも美しく、そして妖しく微笑む。もちろん一鬼は虚像と会話しても、自分には見えない。見ることができるのは観客だけである。これこそ映画の妙と言えよう。パリの街角で、滞在中のホテルの部屋で、ブルゴーニュの旅先で、さらに帰国後の会社の執務室にも和装の喪服で現れ、一鬼が死から解放されるまで付き纏う。

ブルゴーニュのロマンの石の教会内部は、日本にはない石で囲まれた空間であった。物音一つしない静寂な世界に、一鬼は思わずここにいたいとつぶやく。ほとんど色のない世界。石の壁にある小さな窓からわずかに淡い光が見える。マルセラン夫人もこの雰囲気に浸っている。そこに同伴者がいつもの喪服で現れる。実像と虚像が入り混じり、静寂なる石の教会内部は異次元を体験させてくれる。よく見ると色のないモノクロームの

『化石』
主人公一鬼・佐分利信
ガンの宣告を受けて
死の同伴者・岸惠子との
対話の世界に入る

『化石』
死と向き合う一鬼
トゥルニューの修道院の
冷たい地下聖堂で
安堵の世界に浸る

世界が映し出されていて、『化石』は白黒映画だったのかと一瞬思った。人間の内面の心の動きを描くのに色彩はいらないという小林の言葉が聞こえるようだ。

カラー映画でありながら、小林はきわめて色彩を抑制する。控え目な色彩は映画全体を通じても言えることで、華やかな色彩はほとんど使わない。美術作品における色彩は時間が経てば経つほど劣化する。一二〇〇年以上も前の奈良美術は当初、赤・黄・緑で彩色された仏教建築の中に、金色燦然と輝く如来像や彩色華麗な菩薩像や天部像が安置されていたが、現在ではいずれも彩色は剥落し褪色している。このように色彩がなくなると、人は心落ち着く。このようなものを日本人は「わび」と言う。だからこそ先の石の教会の中で、一鬼はいつまでもいたいと言うのである。こうした美意識はわが国ではまず茶の世界で結実し、多くの日本人は無意識に是認してきた。

華やかな色彩が無くともこの映画で印象に残るのは、ブルゴーニュの夕靄の中に遠く聳える教会と静かに波打つ川面の場面である。そして『化石』中、最高の美しさを呈示するのは高遠の桜の光景であろうか。

原作とは異なるが、一鬼は春まだはやい高遠を一人で訪れる。高遠城址には雪が積もり、桜の枝にも雪が付着している。桜の季節でもないのに一鬼は雪を踏みしめ進んでいくが、力尽き倒れて意識を無くす。捜しに来た船津の声がひびく。すると冬景色の高遠城址は満開の桜に変ずる。一面の桜が南アルプスの雪の連山をバックに咲き盛っている。これほど美しい桜の映像を見たのははじめてであった。高遠の桜の場面は一鬼が死という同伴者と決別し、化石の時間空間から解放される美しいときであった。

おわりに

『化石』は一鬼太治平という一人の男が死と向き合う映画であるため、全篇を通してほとんど色彩を意識させない。そのためモノクロームの映画と錯覚するほどであった。そうした表現に小林の人間の内面を描くという強い意志を確認できる。

色彩にしろカタチにしろ行き過ぎを避けた抑制のある映像に、會津の言う普遍的な美を見つけることができよう。マルセラン夫人という憧れの実像と、同夫人に喪服を着せた死という同伴者の虚像は、『化石』のもっとも妙味で美事である。また高遠の桜も美事に美しい。『化石』こそ、會津のもとで美術を学んだ小林の分身であろう。

ここに小林が学生時代に奈良日吉館の二階から撮影した一葉の写真がある。そぼ降る登大路を俯瞰的に見おろしていて、忘れられなくなる光景である。遠く登大路の右には副知事公舎の築地塀《ついぢべい》が連なり、左側は一段と高く、奈良公園の樹木がつづく佇まいは今も変わらない。日吉館から手の届きそうなところまで帰ってきた学友三人は傘をさし、片手には購入したばかりの書籍の包みを下げて歩く。明暗が美しく調和した詩的な風景で、こうした俯瞰的なアングルは『化石』でもたびたび見られ、おそらくこの写真がその原点ではなかろうか。

日吉館二階より登大路の眺め
1940年10月　撮影小林

なお『化石』には會津の歌が二首登場するが、一鬼の自室の床の間の一首を紹介したい。

あめつちに　われひとりゐて　たつことき
このさひしさを　きみはほほゑむ

『切腹』追想

菅野昭正

『切腹』が封切りされたのは一九六二年だから、半世紀以上も昔のことになる。そんな長い歳月を隔てた現在でも、「終」の文字がスクリーンに大きく映しだされた瞬間の、なんとも名状しがたい気分は無理なく甦らせることができる。

名状しがたいと断らなければならない通り、その気分をこまごまと解析するのはできない相談である。強いていえば、頂点に達していた重苦しい緊張から一気に解放されて、安堵の息をついたと説明できるかもしれない。ただ少し複雑なのは、その張りつめた状態が、決して不快ではなかったということである。であるからして、解放されたような気分になったからといって、それ以前の画面を追いつづけながら感じていた異例の緊張を、振りすてたいとは思いもしなかった。むしろ、なぜああいう映画経験に誘いこまれたのか、考えてみるのも悪くないという思案も動きだしていたようであった。

『切腹』が上映されている映画館に足を運んだのは、小林正樹監督がはじめて時代劇を手がけた作品だったからである。それまでと掛けはなれた場所へ踏みこんだお手並みを拝見してみようかと、不遜な観客の好奇心も働いていたかもしれない。黒澤明、内田吐夢など少数の監督の作品を別にして、時代劇というものに私はあまり積極的な関心が湧かない部類の映画好きである。『切腹』にも特別な期待を向けていたわけではない。ささやかな幸せを求めて苦労する善意の庶民の哀歓をこまやかに描いた『この広い空のどこかに』の、温和な作風に心を引かれるとか、無謀な戦争に向かって突き進む時代の日本の暗部を相手どった大作『人間の條件』の、大きな政治・社会的な視点に統一された重厚な映画づくりに感服するとか、小林正樹作品に魅せられた記憶にうながされて、この監督が時代劇という処女地をどんなふうに開拓したか、見ておこうと思ったにすぎない。

しかし、ある武家屋敷の正面の格式ばった表門に向かって、いかにも浪人ふうの武士(仲代達矢)が、眥《まなじり》を決したという風情で、歩一歩と近づいてゆく最初のショットからして、異様に張りつめた印象がただよっていた。いま、できる限り正確に思いだしているつもりだが、気まぐれな観客の冷やかし半分の気分は、そこで早々と転換せざるを得なかった。これから始まるのは息づまるようなサスペンスをずっと持続させてゆく、どうやら悲痛な劇らしいという濃厚な予感を抑えきれなくなっていったのである。

武家屋敷が近江国は彦根藩の井伊家の江戸藩邸、乗りこんできた浪人ふう武士は、元芸州・広島藩四九万八〇〇〇石の藩士であった津雲半四郎と名乗りをあげる。そして生活に窮し死を選ぶほかなくなったのだが、当家の如き名声高い家柄に場所を借りて腹を切れば、武士の面目も立つからと頼みこむ。

小説というのは筋を語るものだというのは、イギリスの小説家E・M・フォースター(一八七九―一九七〇)の断案だが、その一事に限るならば、映画もまた同列に並ぶのは念を押すまでもない。そしてこの場合、筋という用語は物語とほとんど同義と考えて差しつかえない。要するに、芸州広島藩浪人たる津雲半四郎が、江戸は外桜田町に所在する井伊家藩邸に、自害の場を拝借したいという口実で罷りでたのが、『切腹』の物語の発端であり、それは寛永七(一六三〇)年一〇月のこととされている。また、それに関連して、当時、関ヶ原の戦《いくさ》や江戸幕府開府など時運が激しく転換するなかで、主家の没落で俸禄を失った浪人が続出したことについて、一言なり触れておいても無駄にはならないだろう。そうした悲運の武士の続出は歴史的な事実である。

『切腹』の物語の発端は、そのような状況を勘案して工夫されている。困窮した浪人が然るべき大名家を相手どって、邸前で切腹すると名乗りでたものの、実は迷惑を避けたがる相手方から、何がしかの金子をせしめるのが目的だというのが、その妙案である。映画なのだから、それは史実に反する虚構だと異を立てる論議はまさかあらわれないだろうが、ともあれこの妙案がなければ、映画『切腹』は成りたたないということは、まずしっかり得心しておかなければなるまい。

『切腹』　井伊家江戸藩邸の門前(冒頭シーン)

少し先走ることになるが、『切腹』に描かれるのは一言でいえば、対立から生まれる悲惨な事件である。どのような対立に焦点が合わされているか、それはのちほど立ちいることになるが、対立、そして対立が伴わずにいない抗争の軌道から、映画は一歩たりともはずれようとしない。対立と抗争のシネマトゥルギーを、監督はきちんと守りとおした。『切腹』の序幕は、先行きの展開に期待をもたせる役割を十分すぎるほど果たしているのである。

そこでもうひとつ見逃せないのは、個々の画面をいろどる特異な美しさの効果である。屋敷全体にしろ、門構えにしろ、長い廊下にしろ、過剰な装飾などいっさい付けくわえられることがない。また先走ることになるけれども、邸内の中庭に設けられた白州、そしてその中央あたりにある切腹の座の場所もと、付けくわえておくほうがよろしかろう。最低限必要なものだけで組み立てられた単純な、しかし何か品格を感じさせる書割は、どれも一種の様式に整えられた美しさを感じさせる。能舞台はしばらく措くとして、ときに華美に傾きすぎる歌舞伎の舞台装置の慣習とは異質の簡潔な様式美が、そこで独自さを主張しているような趣が

ある。年代を接している黒澤明の時代劇には、誇張に過ぎると思われる画面があらわれることがあるが(たとえば『椿三十郎』の血が噴出する場面)、『切腹』はそこで黒澤時代劇と一線を劃しているといっても差しつかえない。

　映画が終わった瞬間の記憶から始めて、次に冒頭の場面を思いだすという逆順の書きかたになってしまったが、ここらで肝心の主題に移ることにしたい。井伊家側の応対は冷ややかだったが、津雲半四郎はなんとか江戸家老斎藤勘解由《かげゆ》(三國連太郎)との面談に漕ぎつけるところから、映画の本筋が動きだす。津雲半四郎と対座した斎藤勘解由は、以前にも元広島藩士と称する浪人が同じように切腹の場を求めて出頭したことがあったが、邸内で協議の末、千々岩求女《ちぢいわもとめ》(石濱朗)と名乗るその浪人を処断するに至った顚末を申し述べる。その口吻はこまごまと説明するのではなく、侮蔑と嫌悪に満ちた冷酷なものであった。ただしスクリーンは、家老が冷ややかな表情と所作でそんな弁舌をふるう光景を、芸もなく連ねてゆくわけではない。語られてゆく事の次第に合わせて、その場景を再現する映像が随所に挟みこまれる。そこが大事な見所である。

　たとえば、千々岩求女の切腹の場面。差料を質入れするほど困窮した彼は、止むなく腰にした竹光を用いなければならない。そして竹光ではなかなか首尾を遂げられず(舌を嚙み切るようにも見える)、自害の行為を苦悶の果てにやっと完了させるのだが、この場面の凄絶さはたいへん印象的である。家老の弁舌にこうした映像を織りこむ工夫が、映画ならではの表現方法を巧妙に活用した演出であるのはいうまでもないが、『切腹』の成功はこの演出法によるところ少なくない。そして藩邸の一室で、冷徹に弁じたてる家老と、皮肉な不信の表情でそれに聞きいる浪士とが対座する場景には、急迫した対立の空気が静かに流れている。ここではまだ、空しく死んだ千々岩求女と津雲半四郎がどういう関係にあるのか定かでないが、それだけにサスペンスがかえって濃度をます効果も、見届けておく必要があろう。

　なぜ井伊家と元芸州広島藩が特に選ばれたのか、歴史的な事実に関わることだが、ここで一瞥しておくことにしたい。慶長八(一六〇三)年、江戸に開府した徳川幕府の全国統治の体制が、ひとまず安定の域に達するまでにはそれなりの時間を要していた。そのための整備を急ぐ幕府の執った政策のなかでも、外様大名に改易の処分をくだすのは最も重要なものであった。はじめ豊臣家の重臣中の重臣だったにもかかわらず、関ヶ原の戦の直前から徳川の麾下《きか》に入って功績をあげ、広島藩四九万八〇〇〇石の藩主に封《ほう》ぜられた福島正則は、しかし外様追放の恰好の目標にされたらしい。居城の些細な修復工事を咎められて、元治五(一六一九)年改易の憂き目に遭わねばならなかった。そして信濃・川中島に移封されることになるが、事実上これは有力な大藩の解体に等しい災厄であり、多数の藩士が俸禄を失った浪人として、巷に逼塞する身となったのだった。

　一方、彦根藩の井伊家はいわゆる譜代大名のなかでも中心の位置にあり、幕政にも直接に関与し強大な発言権を認められていたという。彦根城を拠点として近畿一帯の統治を委ねられたのも、西国の諸藩の動向を注視するのに好適な地理的位置に、幕府として信頼できる大名を配する策略の産物であった。ともあれ、幕政の中枢を担う井伊家が繁栄を誇るかたわらに、改易され零落状態に落ちこんだ福島家の惨状が見られたという歴史的な事実が、映画『切腹』に関わっていることを知っておくのは無駄ではあるまい。というか、『切腹』の虚構の物語は、こうした歴史的な事実を前提としないかぎり（前提が暗黙のものであるとしても）、成りたたないのは確かである。

そんなふうに考えてくると、元福島家の家臣だった浪人が、井伊家の藩邸の門前で切腹すると申しでる物語の発端の背後に、幕藩体制を脅かしていた対立を透視することができる。広島藩にとどまらず、関ヶ原以後、改易に処された諸藩の浪士たちが貧苦に喘ぎ、不穏な状勢にあった事態を思いだすのは、虚構の物語にもとづく『切腹』を鑑賞し評価するために、不可欠であることに気づかされる。これは当時の政治・社会体制の根幹に関わる重大な対立である。一家老と一浪士との対立を、このようなもうひとつの尖鋭な、しかし見えない対立が背後からひそかに包みこむ効果は絶大なものがある。『切腹』はそれによって、映画としての柄をいっそう大きくすることになるのであるから。

あくまでも既成の秩序の防備に腐心する家老の弁舌に代わって、後半は浪士が舌鋒を次第にするどくしてゆく順番になる。藩の改易で浪々の身となってから十年あまり、江戸に出てどれほど辛苦を嘗めねばならなかったか、縷々と語るのを手はじめとして堰を切ったように繰りだされる熱弁は、家老を困惑させるばかりか、藩邸全体を動揺させずには措かない類《たぐい》のものだった。無念の死を遂げた若い藩士は、かつて広島藩で同輩だった亡き千々岩陣内（稲葉義男）の子息で、津雲半四郎の娘美保（岩下志麻）と結婚しており、つまり娘婿と舅の関係であることが告げられる。武士の名誉を重んじる千々岩求女が、屈辱に耐えて井伊藩邸の門を叩いたのはなぜか。妻美保が労咳に苦しむ身になったばかりか、幼い息子が重い病で瀕死の状態に陥ったにもかかわらず、薬ひとつ買えない一家の窮状を救う最後の手段と考えたからである……。

『切腹』　竹光を腹に突きたてる娘婿の千々岩求女・石濱朗

娘婿の無残な遺体が彼らの住居である侘しい長屋に、井伊家の三人の家臣によって届けられたときから、津雲半四郎はたぶん事ここに至った経緯を調べあげる行動を開始したにちがいない。そして真相を見通した義父はまず復讐を決意し、さっそくその一端を実行に移した上で乗り込んできたのだ。それが明らかになったときから、対立の物語は復讐という側面を招きよせるのに注意しなければならないが、津雲半四郎が娘婿の恥辱を雪《そそ》ぐ復讐の決意を鞏固にしたのは、家老はじめ井伊家の家臣団の冷酷な対応であったという背景を、観客はこれ以後たえず念頭にとどめておくよう求められることになろう。それこそがこの映画の扇の要である。

津雲半四郎が激しく抗議する非情な対応とは、どのようなものであったか――切腹を強要された求女が、逃げ隠れせず必ず戻ってくると誓約するから、一両日だけ帰宅する猶予をあたえてほしいと必死に懇願するのにたいして、井伊家側は一顧だにせず無情に撥ねつけたのだ。別の用向きで出かけると言い残して出てきた求女としては、幼児をかかえた病妻のことが気がかりであったろうし、体面を汚す竹光の件もあったから、そうした後顧の憂いを減らしたいと思いつめていたのである。

復讐の意志をあからさまに吐露した津雲半四郎の弁舌は、だんだん熱気を帯びて挑戦的になり、既に決意の一端を実行に移したことまで明らかにされる。娘婿の遺体を届けてきた井伊家の三名の武士――いずれも腕の立つ藩士と一対一で果たしあった末、彼らの髷《まげ》を奪ったと言って哄笑し、実際に斬りとった髷を復讐の象徴であるかのように、その場に投げだしてみせる。こうして体面をまっこうから傷つけられた井伊家側が、そのまま黙止するはずはない。その結末がどういうことになるか、もう書くにはおよぶまい。津雲半四郎がいかに優れた剣客であろうと、これは井伊藩邸の家臣団すべてを相手どらねばならぬ孤独の勝負、帰趨は知れている。

前半、求女の一件の始末をめぐる家老の弁舌がそうであったように、後半のこの津雲半四郎の烈々たる抗議の弁舌においても、場景を口頭で語る代わりに映像でいわば実景を示す箇所が、何度も挟みこまれている。繰りかえすようだが、これは映画の利点を巧みに活用した工夫である。現実感、臨場感を濃密にただよわせるこうした場面は、事件の信憑性について説得力を高めるし、物語の展開を活気づける効用もある。

たとえば、うらぶれた狭い長屋で、津雲半四郎が傘張りの内職に没頭している場面など、いまも鮮明に思い出すことができる。〝傘張り浪人〟という俗言そのもの、常套の型通りといえないこともないけれど、しかしこの短いショットは惨めな生活風景を挿話ふうに撮ったものでありながら、どこか品格を帯びた美しさ――時代劇ならではの様式美が感じられる。娘の美保をさる大名の側室に世話すると、親切ごかしの用向きで訪ねてきた狡猾そうな長屋の大家の話を、半四郎が即座に厳しく撥ね付つける些細な一場のやりとりも、この場面の印象にいっそう凜冽な清々しい感覚を添えている。

もうひとつ、井伊家きっての剣の使い手たる澤潟《おもだか》彦九郎（丹波哲郎）と津雲半四郎との対決のシークェンスにも一言なり触れておきたい。護持院ヶ原であろうか、荒寥と風が吹きわたり、一面の草叢が激しく靡《なび》く野原。然るべき距離を置いて、両者とも寸分の隙もなく構える場面の静かな殺気の気配は、緊張、緊迫が途切れることのないこの映画の流れのなかでも、いちだんと白熱した一齣となっている。卑見もしくは偏見の部類に属することかもしれないが、この場面から黒澤明『姿三四郎』（一九四三）の雌雄を決する決闘の場面を、思いださずにいられなかった。あちらは柔術だが、極度に高潮した対決の構えから発散する雰囲気には、あきらかに共通するものがある。『姿三四郎』のあの場景は、このような果たしあいの場面づくりの模範のようなものであり、小林正樹監督の脳裡にそれがちらついていたのではないか。あまり長くない日本映画の歴史のなかに作られたひとつの伝統の型が、そこに認められるような気がするのだが……。

前言した通り、『切腹』の根底を形づくっているのは、徳川幕府が開府した初期の時期、彦根藩主井伊家の江戸藩邸を舞台にして起こった対立の劇である。事件の表向きの形にとどまる限りでは、行き場を失った浪士たちの自害の場（あるいは金銭詐取の場）に選ばれた井伊家と、その強硬な拒否の姿勢に苦悩する浪士との対決ということになろう。しかし映画の底に埋め込まれた問題の核心をさらに掘りさげてみると、いまだ盤石の安定を確保するところまで来ていない幕藩体制の擁護を後生大事にする論理と、幕藩体制という公的な利益のために、要するに体制確立のために、犠牲を強いられた浪士の私的な生死を賭ける論理との対立という局面が、明瞭に浮かびあがってくる。どちらが他を圧倒し、どちらが他に屈服するか駄言を弄するまでもない。一件落着したのち、井伊家の処置は適切であったと礼讃され、幕閣領袖の筋からも賞讃の言葉があったと告げる、映画の最終の一幕にそれは裏書きされている。これはまことに痛烈な批判を託した結末である。

そこにも暗黙の示唆がうかがえるように、『切腹』は時代劇の枠組を忠実に守りながら、しかしその隠された底辺に視線をとどかせるならば、時代劇を超えた時代劇であることを諒解させてくれる映画なのだ。簡潔につづめていえば、この対立と復讐の物語は、体制に抗して個人の尊厳を訴えようとする心情を、精細に照らしだしてみせる一点において、確かな現代性を掌中に収めているということになろうか。個人の尊厳という意識が、あの時代の武士のなかに鬱勃《うつぼつ》としていたかなどと問うのは無駄なこと、これは歴史の再生を企てた記録ではなく、虚構を建前とする映画であるのを忘れないようにしよう。個人の尊厳ひいては個人の存立さえ脅かす、巨大な体制の風圧にどのように立ち向かうかという現代的な思考が、この映画の基盤に織りこまれているのは疑う余地がない。原作の小説を私は残念ながら読んでいないが、橋本忍氏の脚本が、そこからこうした精妙な含蓄をふくんだ劇的な枠組を、あざやかに作りあげた練達の逸品であることは確実に推量できる。小林正樹監督は説得力に富む映像と細部までこまやかに行きとどいた演出とによって、その脚本を寸分の隙もなく豊かに肉づけするのに成功したのである。昭和前期、戦前戦中の日本、無謀な戦争へと刻々と近づいてゆく狂騒の時代の風圧に捲きこまれた末に、個人が雑草さながら薙ぎ倒される

『切腹』　長屋暮らしの津雲半四郎　傘張り内職の場面
左＝長屋の大家・松村達雄　右＝仲代

悲劇を、大きな規模で描破した『人間の條件』を完成させた監督であればこそ、『切腹』のような時代劇を製作することができたのは間違いない。

『切腹』は何か息苦しい気分に誘いこむ映画であるという趣旨の言葉を、拙文の最初に私は書いた。率直な感想ではあるけれど、しかしこれを否定的な意味合いで記したわけではない。もう一度、黒澤明監督を引き合いに出させてもらうが、黒澤時代劇には息ぬきの画面というか遊びの瞬間というか、ともあれ観客の緊張をしばし解きほぐす場面がどこかに用意されている。それに較べると、『切腹』にはその種の余裕を感じさせてくれる箇所が、まずほとんど見られないといっても差しつかえない。緊迫に緊迫が休みなくつづく画面づくりこそが、つまりは息苦しい気分を誘いだす要因であったのだ。

また、それは小林正樹監督の完璧主義の紛れもない証左でもある。体制側の権威主義を冷徹に振りかざす論理と、その暴威に屈することのない人間としての矜持の論理との対立が、しだいに厳しく白熱してゆく過程がここでは一齣たりともゆるがせにしないで追跡される。あれこれ思いだしてみるに、決裂の危機を孕んでせっかく盛りあがった劇的な対立のサスペンスを、道理に合わない情緒情感にふと押し流されたかのように、呆気なく一気になし崩しにしてしまう時代劇は少なくない。それまでの経緯をすべて水に流して、そのとき出現する曖昧な妥協とか和解のほうが、あるいは日本人の心性と協和しやすいのかもしれない。『切腹』はそれとは明瞭に一線を画している。

いうまでもなく、対立のないところに、さらに一歩を進めて対立が昂《こう》じて破局が生じ、一方が失脚したり没落したりしないところに、悲劇は起こらない。そう書きとめながら思いだしたのだが、『切腹』は海外で上映されたとき(たしかカンヌ映画祭)、ギリシャ悲劇と通じるものがあるという趣旨の批評を、フランスの新聞か雑誌で眼にした覚えがある。ギリシャ悲劇に通有する結末の型は、対立と抗争に敗れて斃れる人物が、崇高さを帯びて美しく飾られることである。そこでの崇高さとは、別の言いかたをすれば、悲痛な受苦の運命をみごとに完成した品格の高さである。アリストテレスが説いたように、演劇、とりわけ悲劇の掛けがえのない効用は、観客にカタルシスをもたらすことであるとして、はたしてカタルシスはどこから発生するのか。答えは難しくない。崇高さ、品格の高潔さの感覚以外のところから、カタルシスの作用が生まれるとは考えられない。

はじめて『切腹』を見たあと、緊張から解放されて安堵の息をつく思いがしたのは冒頭に書いた通りだが、しばらく経ってからカタルシスという一語が閃いたということも、ここで書きたしておかねばならない。カタルシスと名づけられる状態が成りたつのは、劇中の人物の苦しみ悲しみにたいする共感とか同情が、前提として存在する場合に限られる。あるいは、崇高さ高潔さに対する畏敬を必要とする。そうであるとすれば、半世紀以上も昔になるあのとき、カタルシスを私が経験したのは、津雲半四郎の悲痛な運命に共感し同情し畏敬して、重苦しい緊張がしだいに高まっていたからである。この一介の浪士の運命が、悲惨でありながら崇高さ高潔さを如実に感じさせるかたちで完結するのを知った瞬間、重苦しい緊張の気分は純化されて、解放感がいきなり訪れてくれたのだった。そのカタルシスの経験は、いまも確実に追想することができる。

こんなふうに高次のカタルシスの状態に引きいれられた観客はもちろん私ひとりではなく、当時たくさん数えられたにちがいない。それというのも帰するところ、『切腹』の主題である対立が強靱な普遍性を帯びている上に、簡素、静謐、動的など幾つかに分類される様式美に装われた映像となって、スクリーンに提示されるからである。そもそも四〇〇年前の武家社会を背景にした虚構の物語に、普遍性が濃密に縫いこまれていなければ、現代の観客の高い評価など期待すべくもないだろう。また、Harakiriという行為によって喚起される異国趣味などとまったく関わりなく、現代の卓越した映画芸術として海外の観客に迎えられたのも、主題の普遍性が深い感銘を呼びおこしたからである。対立の論理が最後まで物語の骨格を支えている西欧的思考の特性に通じる明確さが、彼らの好尚に叶ったことは間違いない。

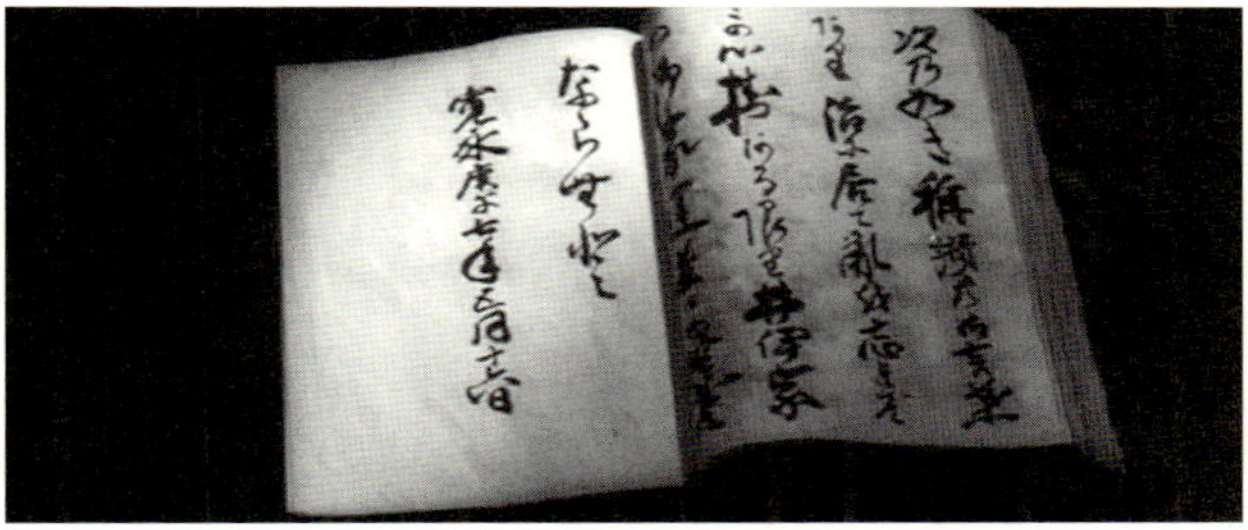
『切腹』 事態の終息を記した井伊家覚書

小林正樹監督の最初の時代劇として登場してから五六年、『切腹』の生命はいまもまだ尽きるどころではない。そして、時とともに巨大化してゆく政治・社会体制の風圧と、ささやかながら充実した人生を冀求《ききゅう》する人間とのあいだで、対立、抗争が打ちどめになる確率は遺憾ながら極めて低いから、『切腹』が未来の観客に歓迎される可能性は小さくない。その理由についてもう繰りかえすにはおよばないだろう。

初期の伝説作『壁あつき部屋』を見る

木村陽子

『壁あつき部屋』(一九五三年一一月撮了、製作＝新鋭プロダクション、配給＝松竹、一一〇分)は、SP映画『息子の青春』(一九五二)や『まごころ』(一九五三)の好評により松竹大船撮影所の監督に正式に就任した小林正樹の昇進第一作である。のちにヴェネツィア、カンヌ、タオルミーナ、ベルリンといった国際的な映画祭で名を馳せた小林だが、本作ほど製作時からマスメディアに注目された作品はなかった。いや、「注目」といった言葉では十分ではない。反響のあまりの大きさに、松竹上層部が自主規制による公開中止を決定し、三年間フィルムがお蔵入りになったほどだ(一般公開は一九五六年一〇月)。

本稿では、そうした小林正樹の初期の〈伝説〉ともいえる『壁あつき部屋』が、当初華やかにメディアを賑わせていたレベルから次第に社会問題化されるに至った経緯を、以下に探っていく。

一九五二―五三年という時代状況

BC級戦争犯罪人[1]に問われた巣鴨拘置所の受刑者二四人による手記集。それが、この映画の原作となった『壁あつき部屋――巣鴨BC級戦犯の人生記』(理論社、一九五三)だ。シナリオライターには、芥川賞受賞後、新進作家として注目されていた安部公房を起用。安部は本作が映画界進出第一作だった。その経緯を、本作プロデューサーの小倉武志(松竹)は次のように語っている。

巣鴨プリズンのBC級戦犯の手記が、理論社から刊行されて、畏友の社長小宮山量平から映画の話を受けたときに、これは、松竹では難物だと思いましたが、独立プロからも映画化の希望が持ちこまれているというので、急いでシノプシスを書いて松竹の定例企画審議会に提出したところ、思っていた通り却下されてしまいました。でも、どうしてもやりたかったので、当時の企画部長の細谷辰雄氏と相談したり、高村所長に強談判したり、果ては、一《ママ》そのこと独立してやってみようかと考えたり、苦慮の二、三ヵ月でした。小宮山氏の紹介で、安部公房氏とも面接し、脚色上の相談もしたりしていたとき、小林正樹監督がこれを知って「どうか自分にやらせてくれ、松竹で不可能なら自分は他社でもいい、やらせてくれるところへ行く」との決意に、百万の味方を得た思いでした。〔中略〕「新鋭プロダクション」という、いわば松竹の外郭プロを設立して、このプロの第一回作品として「壁あつき

「部屋」を作る、資金および撮影所は大船を使用して差支えなし、との決定が高村所長から言われた時の喜び。[2]

本作はメロドラマ専門の観があった松竹大船撮影所が、リアリズム作品に新生面を開こうと風見章、野間宏、安部公房、椎名麟三、南博らを迎えて発足した新鋭プロダクション第一弾として企画されたもので、BC級戦犯の七年間の獄中生活を描くと同時に、〈基地問題、パンパン、再軍備問題など現代社会の動きと対照させ、腐敗しそうな日本の世相にメスを突き立てる問題作〉[3]だとして注目された。映画の企画が報じられると、ついには、当時、日活スターだった大木実が「役をくれれば無料でもいい」と申し出た[4]。あるいは、『君の名は』の公開直後で人気絶頂だった岸恵子が出演料を度外視して出演を熱望したのに、得られたのは二シーンのみで、「火夫《かふ》」の娘から「パンパン」に落ちるという役どころ。にもかかわらず、〈夜の女の生態研究に勤しみ新宿をぶらついておどかされる〉[5]…などといった記事が報じられ、出演をめぐって賛否両論が対立する一幕まであった。

それにしても、なぜ小林や小倉、俳優たちまでが、戦犯映画の製作にこれほどの情熱を示したのだろうか。被占領が終了した一九五二年四月から翌五三年にかけては、戦犯による手記の出版ラッシュがあった。敗戦直後には日本軍の行った俘虜虐殺、生体解剖、アジア民衆の大量虐殺など数々の残虐行為がマスメディアによって報じられ、BC級戦犯は「人道の敵」として世論の集中砲火を浴びたが、五〇年代に入ると彼らへの同情の声が次第に高まった。そうした変化の最大の契機となったのが、対日講和条約の発効（五二年四月二八日）と同時に公布された対日平和条約第十一条の存在だった。そこには、戦犯の刑の執行を連合軍から日本政府が引き継ぐことが盛られていた。

周知のとおり、戦時中の日本軍には「命令は謹んで之を守り之を行なうべし。決して其の当不当を論じ其の原因、理由等を質問するを許さず」と定めた軍隊内務令や、「上官の命令に反抗し又は服従せざる者」に対し最高で死刑まである陸軍刑法があった。そのため、ハーグ第四条約やジュネーブ条約に反する行為であっても、ひとたび上官から命令が下れば、部下は直ちに実行に移さなければならなかった。多くの場合、下級将兵は国際条約の存在すら知らされていなかった。しかし敗戦後、連合国戦争犯罪委員会は、たとえその行為が命令に基づくものであっても個人の責任は免れないという法概念を適用したため、命令者よりも実行者のほうが重刑に処されるケースが続出した。


◉1…第二次世界大戦の戦勝国である連合国によって布告された国際軍事裁判所条例および極東国際軍事裁判条例における戦争犯罪類型B項「通例の戦争犯罪」、C項「人道に対する罪」に該当する戦争犯罪に問われた一般の兵士ら。

◉2…新大阪新聞一九五六年一〇月二七日付。

◉3…アサヒ芸能新聞一九五三年一〇月一日付。

◉4…時事新報一九五三年九月一八日付。

◉5…新夕刊一九五三年一〇月一二日付。

つまり、平和条約第十一条の施行とは、日本国家が、自身の命令で違法行為を強いた者たちに対して〈侵略戦争の責任〉を問うことを意味したのである。

　この新局面が戦犯たちに与えた衝撃は甚大であり、これによって彼らは、いったい自分は何を犯し、誰に罰されるのかという問題を根本から問い直さざるを得なくなった。そうした心情の発露となった戦犯たちの手記には、罪責の有無を問わず、自己や刑死した仲間たちを〈被害者〉として規定する認識があふれ、戦争裁判の不当性や連合軍から受けた報復的虐待の実態が詳細に記録されていた。

　世論も彼らに同情を示した。内海愛子『スガモプリズン　戦犯たちの平和運動』によれば、日本に管理が移った後、各県人会が幟を立てて「巣鴨詣」をするようになり、一九五二年には戦犯釈放運動の署名総数が一〇〇〇万人を超えた。さらに、同年夏の衆議院選挙では各党がこぞって戦犯釈放の問題を取り上げ、「戦犯への白眼視は、戦争犠牲者視へとかわり、戦犯英雄論まで登場」するようになったという。[6]『壁あつき部屋』の映画化に示した製作者たちの並外れた情熱は、以上のような時代背景に基づいていた。

　俳優の出演希望殺到のニュースにつづき、今度は巨大な、本物そっくりの巣鴨拘置所のオープン・セット（全敷地四〇〇〇坪、拘置所の建物は五三〇坪）や、富士山麓につくられた東南アジアの捕虜収容所のロケ・セットの豪華さが大々的に報じられた。製作費は三〇〇〇万円（報知新聞）とも、五〇〇〇万円（アサヒ芸能新聞）とも伝えられた。しかし、それ以上に人々の度肝を抜いたのは、本作の製作過程そのものだった。「本物そっくりの巣鴨拘置所のオープン・セット」と一口に言っても、実際、大船撮影所の人間でその内部を見た者はいなかった。そこで、苦肉の策として、次のような方法が取られたと小林は語っている。

> あそこを上から一望の下に撮るには池袋の郵便局でしたか、電話局でしたか、それ以外にないんですよ。それもアメリカからOKをもらわなきゃダメでね。助監〔督〕が下で交渉している間にカメラをすえてコッソリ撮ったんですよ。それからね〔中略〕ボクと安部さんと美術や大道具の人間があの中にモグリ込んだんです。〔中略〕東條が死刑になった絞首台も見ましたよ。映画にも出て来るでしょう。あれはボクらがモグリ込んだおかげでホンモノそっくりのセットが作れたというわけなんです。[7]

最大の苦労は総勢一五〇余人にものぼった外国人俳優の招集だった、と小林はいう。

> 東京、横浜に在住する白系ロシアの人達を殆んど全部といっていいほど集めましたが、インドネシアとか南方の人達はなかなか見つかりませんでした。助監督とか照明部の人達——スタッフの中で、南方の人に似ている人達がしまいには出演するという笑えない事態になってしまいました。でも、みん

な、個人的なことはかなぐり捨てて、「この映画こそ俺たちの作りたかった映画だ」と協力してくれました。[8]

このように、『壁あつき部屋』は製作サイドの熱意の点でも、予算・セットの規模の点でも、撮影方法の点でも、あらゆる点で〈例外尽くし〉の映画だったことはまちがいない。

沸騰する世論と公開中止

ところが、にわかに雲行きが怪しくなってきた。『キネマ旬報』(一九五三年一〇月一日発行)によれば、撮影開始から三週間後、松竹の社内審査に通過した台本に対して、映倫から相当数にのぼる訂正・注意勧告があったという。しかも、一〇月三日の「東京日日新聞」によれば、「巣鴨BC級戦犯から「憎しみにみちた内容から誤解をまねき調査不十分なシナリオだ」と、シナリオの改正を申し込まれ」、急遽映画を一部撮りなおすことになったというのである。同紙は、小倉プロデューサーの談話として、「シナリオが出来るまで再三再四巣鴨を訪ね、戦犯のみなさんから意見をきいたつもりだ」が、「描かれる内容が国内だけでなく国外にも大きな影響があるのでこんど申し入れをお受けした次第だ」と経緯を伝えており、これによって映画の完成は一カ月以上ずれ込むことになった。

そうしている間に、社内審査用台本が一一月一日発行の『キネマ旬報』に掲載された。すると今度は、同月八日のスポーツニッポンが、「このシナリオを読んだ巣鴨の人々が「私たちの苦悩をそのままつたえている」と感激、ぜひ遺家族にも見せたいと」「今まで公開されなかった戦犯者遺家族のリストを同製作本部に持ち込んだ。その名簿には約千二百名の処刑者と数千名の体刑者が各県別にギッシリ書き込まれてあった」ことをセンセーショナルに報じた。つまり、BC級戦犯たちの中に、『壁あつき部屋』の内容に反対するグループと賛同するグループとが出てきたというのである。騒然としたムードの中、事態を重く見た松竹の城戸四郎(当時副社長)の判断によって、公開中止が言い渡されたというのが事件のあらましだった。

のちに小林が、「左翼の人が手がける映画は政治色が強くなってカタヨリができやすいので、ボクが一つ思い切って真実を描いてみたいと思いたった」[9]と明かしているように、当時共産党員だった安部公房のシナリオ執筆に、当初、大船側では多少の危惧を抱いていたらしい。しかし、スポーツニッポン(一九五三年一一月二二日)の取材で小林が本作について、「脚本家はコンテを考えないで書」くので、「監督が一枚加わって実際の撮影における条件とか可能性とかを検討しながら書くという」「共同執筆が理想」だと言及していたように、実際、安部のシナリオ執筆は企画段階から一貫して松竹の指導下にあった。その結果、「完成した脚本は撮影所首脳部の不安をふきとばし、木下

◉6…内海『スガモプリズン』吉川弘文館、二〇〇四。
◉7…報知新聞一九五六年一〇月三〇日付。
◉8…新大阪新聞一九五六年一〇月二七日付。
◉9…アサヒ芸能新聞一九五三年一〇月一日付。

恵介、中村登両監督も「専門脚本家には望めないフレッシュさがある」と太鼓判をおしているほど予想外の成功をおさめた」[10]とされ、「試写の席上高村氏は作品の出来栄えを激賞していた」[11]とされる。したがって、公開中止を、政治的主張を優先する安部と興行的成功を優先する松竹との思惑の対立、といった単純な図式で説明することは困難である。

それならば、なぜ松竹は配給を差し止めたのか。結論を言えば、映画『壁あつき部屋』があまりにビビッドに、当時の戦犯釈放運動に内在した矛盾を突きすぎていたためだったろう。実は、原作となった手記集には、同時期に出版された他の〈戦犯もの〉とは一線を画す大きな特徴があった。

多くの〈戦犯もの〉の執筆者たちが自己を徹頭徹尾〈被害者〉として規定し〈冤罪〉を主張していたのに対し、手記集『壁あつき部屋』に際立っていたのは有罪性の自覚と、BC級戦犯問題を階級闘争として捉える視点だった。手記集の構成を確認すると、外地収容所で嘗めた辛酸を詩・短歌・俳句で綴る第一章、巣鴨での日常を報告した第二章、犯罪の経緯、その後の煩悶、反省の過程をたどる第三章、そして今大戦の意味、「真の戦犯」の告発を主たる内容とする第四章――、こうした構成には〈まず自罰、そして他罰へ〉という本書のコンセプトが明瞭にあらわれている。

『壁あつき部屋』の執筆者たちも、当初は連合軍の判決に強い不満を抱いていたが、煽られた戦争熱が歳月の経過とともに沈静化するにつれ、敵国俘虜やアジアの民に対して自らが犯した罪の自覚が醸成されていった。そして、彼らの出した解答の一つが、〈道徳上の有罪、刑法上の無罪〉という論理だった。彼らによれば、自分の犯した罪は重大で、一生をかけて償うべきものだが、しかし自分を罰すべき相手は国家ではない。それどころか国家は、自身を罪人に落とした張本人であり、国家による戦犯の拘禁は憲法違反だ、というのである。

加えて彼らの発想に特徴的だったのは、過去の戦争と当時進行していた再軍備問題とを連続的に捉え、それらを包括した「真の戦犯」を告発する意図をもっていたことだ。執筆者の一人だった河上浩が、「こんどの戦犯裁判は、連合国による一方的裁判ではなくて、日米帝国主義者による侵略(売国)裁判だった」と主張したように、執筆者の多くが戦犯裁判を、国家間の闘争を超えた階級闘争として捉えていた。彼らによれば、「真の戦犯」である「独占資本家と天皇」はA級やBC級にすべての罪を押しつけ、今度は「アメリカ帝国主義の手先」となり、日本を再び戦争へと駆り立てようとしているのだという。

以上の特徴からも明らかなように、手記集『壁あつき部屋』には、世論に湧き上がった戦犯ブームを、同情の域から、より大きな階級闘争へと促そうとする日本共産党の意図が伏流として存在していた。前掲『スガモプリズン』によれば、当時、巣鴨内「社会科学研究会」のメンバーたちは、過熱する釈放運動の勢力の中に自身らBC級を新国軍形成に利用しようとする動きを疑い、危機感を募らせていたという。そして、そんな彼らに強い関心を寄せたのが、武装闘争路線下にあった日本共産党だった。党は獄中非転向六年の経験の持ち主で、当時、巣鴨内で熱烈な支持を得ていた林田茂雄を面会に赴かせ、林田の指導下に手記集が編まれたのだという。

ところが、予期せぬ誤算も生じた。集まった手記はどれも苦渋に満ちており、「真の戦犯」の追及の矛先は存外鈍いものとなった。というのも、〈有罪性の自覚〉(＝自罰への志向)と〈真の戦犯の糾弾〉(＝他罰への志向)との間には、本質的な論理矛盾があったからだ。それを半ば強引に止揚するための根拠とされたのが〈道徳上の有罪、刑法上の無罪〉という論理だったが、実際には殺人を含む大罪を犯した彼らが〈刑法上の無罪〉を自己正当化することは困難だった。執筆者の一人だった興津君夫が「BC級裁判はこうであった、と書こうとすると、裁判の不当をつくの余り、なにか無反省に自己弁護を試みているかのような印象を与えるのではないかと懸念されるのだ。それで書きにくいのだ」と吐露していたように、自罰を前提としたにせよ、「させられた」「命じられた」という被害者意識を基盤としてなされる他罰を突きつめれば、ひいては自己の無罰化につながることは必然の結果だった。

こうした問題を解消するために、シナリオでは〈戦犯自身による「真の戦犯」の断罪〉という困難な課題の回避が試みられた。具体的に確認しよう。

映画は何を強調したか

手記集から映画への設定上の改変として注目されるのは、第一に、手記集の執筆陣が尉官級を多数派としていたのに対し、映画では主要登場人物であるBC級戦犯六人中、階級の明示された山下・横田・許(朝鮮人)がすべて最下層の兵隊・軍属として設定されていること、第二に、日本人戦犯、特に山下・横田の場合に顕著な、加害行為が加重化されていることである。

山下の場合、沢田陽三の手記が、横田の場合、鶴谷睦二の手記が主として下敷きにされているが、映画では両者の加害性がより重い形に改変された。たとえば、手記ではジャングルでの敗走中、「土民」から一飯の恩を受けながらゲリラへの通報を恐れたK軍曹が、「土民」殺害を提案する。しかし部下の沢田が恩義に対するそのような報いは罰があたると進言したために、軍曹は断念し、事なきを得た。映画ではこの話が、「土民」殺害の提案を山下上等兵に反対され逆上した浜田中尉が、「上官の命令は陛下の命令だ」と強弁して「便衣〔兵〕の処置」(民間人に扮したゲリラの殺害)を命じ、山下がそれに従うというかたちに改変されている。

他方、横田の場合、手記では日本人下士官の犯した米兵俘虜暴行致死事件に通訳として居合わせただけとされていたのが、映画では俘虜への同情を示した横田に腹を立てた軍曹が、罰として彼に俘虜への鞭打ち制裁を命じ、心ならずも彼が鞭を振るったあとに俘虜が死に至るという設定に改変されている。

手記集刊行の裏に階級闘争の高揚をねらう共産党の意思が働いていたことは前述したが、党の描く見取り図では、BC級は

●10…読売新聞一九五三年九月四日付。
●11…日東新聞一九五四年一月七日付。

軍上層部の奴隷として使役された挙句に違法行為を強いられた、究極の受動的存在でなければならなかった。しかし、実際には執筆者の多くは軍隊内の中堅幹部に位置し、一方で彼らは部下に違法行為を強いた上官でもあった。映画では、こうした矛盾を解消するために、主要登場人物の階級を最下層に設定した。

また、

> 内灘〔闘争、一九五三〕ではほんとに大地に足をつけてガンバったのは左翼でも右翼でもない生活に直面する土地の人々だと思う。〔中略〕この映画でも、刑務所生活中脱獄しても昔の上官にウラミをはらそうという山下が、そういう大衆を代表する行動力のある人物として中心に描かれている。左翼的な横田、右翼的な木村は地についた行動力にかける。[12]

という小林の発言から推察できるように、おそらくは小林の意思で主役の山下は思想色の皆無な、無知で素朴な男として造形された。そのうえで、無抵抗の民間人の殺害という、もはや不可抗力という言い訳の通用しない重罪を彼に課し、BC級の問題が階級問題そのものであることを強調したのだと判断される。

　そして、第三に注目されるのが、朝鮮人戦犯・許の加害行為の軽減化だ。手記集の執筆者には朝鮮人戦犯・金起聖が含まれていたが、ときに軍犬、軍馬にも劣ると軽んぜられた軍属として殴られずくめの教育を受けた金は、自身もまた暴力をもって俘虜の管理にあたったことを理由に死刑判決を受けた。しかし映画では、許は俘虜を使った建設工事の運転手をしていただけだったのに、日本人の嘘の密告で冤罪に陥れられた人物として造形された。いわば、刑法上のみならず階級的にも民族的にも純然たる被害者である許にはヒーロー的役割が付与されているのだが、その許がかつての上官を殺そうと脱獄を図った山下をかばい、「どうして山下さんが悪いんですか！　うむ山下さんはみんなが心に思ってたことを実行したんですよ、山下さんは戦犯でないよ、BC級はみんな戦犯でない、戦犯は戦争で金を儲けた奴等だ」と主張することは注目に値する。つまり、ここではBC級戦犯の刑法上の有罪性を、純然たる被害者である朝鮮人戦犯が心情的に免罪し、彼の口から「真の戦犯」の告発がなされることで、〈戦犯自身による「真の戦犯」の断罪〉が回避されているのである。

　一方、「土民」殺害という犯した罪の重大さに比して、山下がそれほど強く罪を意識せずにいられたのは、〈自分は反対したのに上官の浜田が聞き入れなかった〉という思いがあったからだ。しかし最愛の母の死に接し、彼が母の遺骸に取りすがったときに脳裏を巡ったのは、敗戦後の現地の収容所に侵入し、自身ら俘虜たちを棍棒で殴りつけた、あの「土民」の老母の姿だった。子を失った母の狂態の記憶と、自身の母を失った激しい苦痛とが一瞬オーバーラップしたことで、このときはじめて山下は、自身の犯した殺人という行為が、被害者にとっては不可抗力という言い訳など通用しない、取り返しのつかない行為だったことを悟るに至るのだった。

『壁あつき部屋』 現地で戦犯として投獄された兵士・山下役の浜田寅彦

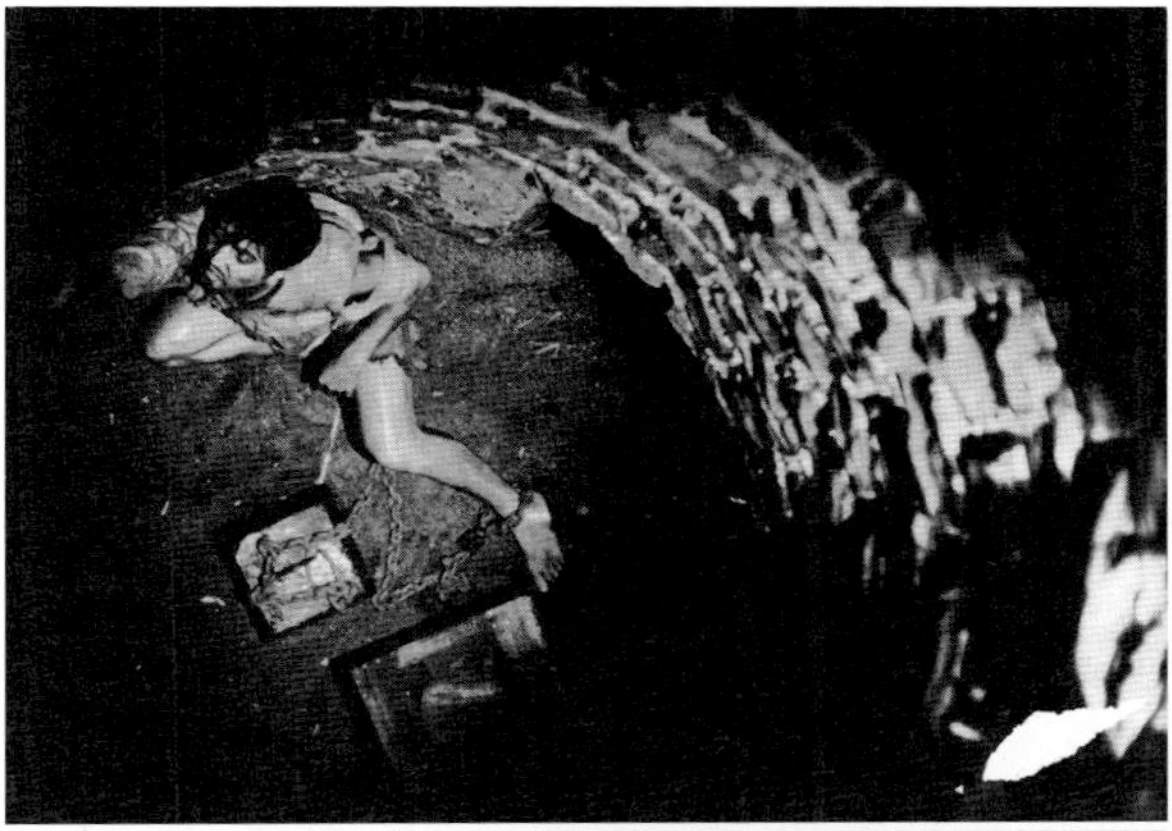

『壁あつき部屋』 上官から戦犯におとしめられた兵士山下・浜田寅彦とその妹・小林トシ子

『壁あつき部屋』 冤罪の朝鮮人戦犯許・伊藤雄之助

山下の有罪性の自覚は映画ではいっそう明瞭に描かれ、復讐心に狂った山下が浜田の首に手をかけようとした刹那、浜田の顔が「土民」の顔へと変貌し、彼の殺意を萎えさせてしまう。

さらに、山下の認識の変化にいっそうの拍車をかけたのは村民たちの理解だった。一時帰省した山下に、村民は非難するどころか深い同情を示し、逆に浜田の側を罵り彼を驚かせた。映画のラストでは、社会的制裁というかたちで浜田に罰が下ることが暗示されていた。つまり、手記集が〈道徳上の有罪、刑法上の無罪〉という論理を根拠にBC級拘禁の違憲性を訴えたのに対し、映画では〈道徳上〉〈刑法上〉を問わぬ明白な〈有罪〉性を自覚した男が、自らの意思で巣鴨に舞い戻り、その戦犯を大衆や朝鮮人が心情的に免罪し、彼らの心情において「真の戦犯」に罰が下される、というかたちに軌道修正が図られたのである。

◉12…アサヒ芸能新聞一九五三年一〇月一日付。

三年後

映画が製作された一九五三年は、戦犯釈放運動がもっとも隆盛を見た時期にあたり、巣鴨拘置所内では当時、どのようなかたちであれ、一刻も早い釈放を第一に優先するグループと、「真の戦犯」への追及がなされぬままの〈なし崩し〉的な釈放には応じられないとするグループとの間に深刻な対立関係が生じていた。おそらく、映画の撮り直しを要求した一団は前者に、感銘を受けたとする一団は後者に属するものと推測されるが、かつての上官への仇討に固執する戦犯や罪を深く反省して自ら拘禁に服する戦犯像を描いた本作は、図らずも両者の対立を顕在化させる結果となった。プロデューサーの小倉武志は当時の経緯を、「釈放運動を阻害する結果となっては申しわけないし」「会社案をウノミにするより手がなかった」[13]と説明しているが、いずれにせよ、二週間ごとに二本立ての番組が組まれていた当時にあって、撮影日数四五日、三〇〇〇万円とも五〇〇〇万円とも言われた巨費を投じて作った映画を、松竹は自らの裁断でお蔵入りにしたのである。

結局、映画の一般公開には三年の歳月を要し、しかも全一七九シーン中の三五パーセントに相当する六二シーンに削除が加えられての公開となった（社内審査台本比）。興行成績もそれほど振るわなかった。三島由紀夫が「スシも握りたてがうまいと同じに、映画の場合も、三年という時間のズレは決定的な欠点」[14]となったと評したように、釈放運動の絶頂期にあった五三年と、すでに戦犯たちの多くが出所した五六年とでは、ＢＣ級戦犯への世論の関心が決定的に変質していた。あまりにも先鋭に時代を切り取りすぎた本作は、それがために三年間の公開中止の憂き目を見、さらには時代の急激な変化を興行的敗因とする結果に終わったといえるだろう。その無念の思いを、小林は次のように述べている。

〔試写会で〕社の高村さん、月森さん〔月森仙之助〕、原作者の安部さん、野間宏さん、当時の文学畑の新人作家たちなど、大勢の人たちが見て感激してくれました。次回作も新鋭プロで撮ることになり〔中略〕改めて新鋭プロの発表会をやった。重役会がこの映画をみて、上映禁止令が出たのはその晩のことです。〔中略〕演出の面でも、これでやっていけると自信のできた映画です。前の二作とはまったく違った気持ちでした。それだけに腹立たしかった。今でなければ陽の目をみれぬ作品だと、がんばって早く撮ったのに。[15]

小林正樹は、本作で一九五六年度・平和文化賞（日本文化人会議主催）を受賞した。

●13…「週刊東京」一九五六年一一月一〇日号。
●14…同前。
●15…「キネマ旬報」一九九六年一二月下旬号所収・「追悼 映画監督小林正樹」。

小林正樹の戦争

想田和弘

小林正樹は「戦中派」の映画作家である。

あの戦争に当事者として参加し、殺し殺される地獄を味わい、仲間が次々に死んでいく中、九死に一生を得た。そして「第二の人生」を使って数々の傑作映画を撮った。

そういう作家である。

このことは、いくら強調してもしすぎることはない。

なぜなら、敗戦後七〇年経って戦争の記憶が日本社会からほとんど消え去り、「戦争」という言葉からいかなる実感も感じられなくなったいま、私たちはそのことをついうっかりと忘れてしまうか、単なる経歴的な「情報」として処理してしまいがちだからである。

しかし、小林が戦中派である事実を単なるプロフィールの問題としてさらりと受け流してしまうなら、小林作品の本質を理解することは到底不可能だ。

特に小林がアジア太平洋戦争を直接的に描いた作品群——『壁あつき部屋』(一九五三年製作、五六年公開)、『人間の條件』六部作(一九五九—六一)、『日本の青春』(一九六八)、『東京裁判』(一九八三)などは、明らかに小林が第三者としてではなく、戦争の当事者として撮った作品群である。そしてその当事者性を抜きにしては、絶対に語ることのできない作品群である。そういう意味では、戦後生まれの映画作家が作った戦争映画とは、同じような見方をしてはならないのである。

では、小林正樹の当事者性とは、いったいいかなるものであろうか。それは小林自身が『人間の條件』総集編(六一年再上映版)のパンフレットに寄せた「演出のことば」に凝縮されている。


『人間の條件』を映画化したいと思った最大の理由は、私も梶と同じように戦中派の人間だからです。青春を戦争の中で送り、自分の意志に反して戦争に協力するという形でしか、あの時代を生き延びる事が出来なかった不幸な経験を、梶という人間像の中でもう一度確かめてみたいと思うからです。愛する者との生活を守るために進んで侵略戦争に協力するということ、被害者でありながら加害者であるということとの矛盾に引き裂かれながら、その立場の二重性を一つのものにしようと梶は努力するわけですが、結局、自分が被害者にならなければ、加害者である事を止められないのだという事態を、身をもって実証しなければならなくなります。梶の中で悲劇として現れざるを得なかったこの二重性は、殆んどの日本人が戦争の中で多かれ少なかれ経験した筈ですが、戦後の今、若い世代の観客にそれがどれだけの重さで感じとって貰えるかという事に、この作品の成否がかかっていると言えます。

無理やり戦争に協力させられた被害者としての怒りと、加害者になってしまったことへの罪の意識。

『人間の條件』に限らず、小林正樹の戦争映画には、小林自身が身をもって体験したそのような二重性が、基調低音のように鳴り響いているようにみえる。小林は、戦争ファシズムの悲惨さを被害者として告発するとともに、その担い手として自らが犯さざるを得なかった罪を見つめ直し贖うためにこそ、つまりそういう当事者としての個人的な動機があったからこそ、戦争映画を撮り続けたのではなかろうか。

小林正樹の戦争体験と作品

小林は一九一六年二月一四日、北海道小樽市生まれ。第一早稲田高等学院文科から早稲田大学文学部へ進学。會津八一教授の下で東洋美術を専攻し、四一年三月、卒業論文「室生寺建立年代の研究」を提出。早稲田大を卒業し、松竹大船撮影所に入社。『暁の合唱』(清水宏監督)、『風薫る庭』(大庭秀雄監督)などの助監督を務め、四一年一二月八日、同作のクランクアップをした明け方に真珠湾攻撃による太平洋戦争突入を知る。

そして四二年の一月一〇日、麻布三連隊に入営。このとき二五歳。重機関銃部隊に配属され、三カ月の教育を受けたのち、満州へ。関東軍が「最も華やかだった頃」、ハルビン郊外の九七部隊に入った。四三年七月にはソ連国境虎林に派遣され、ウスリー川国境線虎頭を巡察警備する任務に当たり、その地で木下恵介(『花咲く港』)や黒澤明(『姿三四郎』)の華々しいデビューを知る。

四四年九月、関東軍の南方移動に伴い宮古島へ移動。飛行場建設作業に従事し、しばしば敵機の来襲艦砲射撃を受けた。四五年八月一五日、宮古島にて敗戦を迎えたが、労働要員として沖縄へ連れ去られ、嘉手納捕虜収容所に収容される。本土へ復員したのは翌四六年一一月二一日。三〇歳であった。

人間の條件

このような小林自身の戦争体験を最も直接的に描いた作品といえば、なんといっても、九時間三八分にわたる超大作『人間の條件』六部作であろう。

五味川純平による同名のベストセラー小説が原作だが、『人間の條件』の主要舞台は、小林も兵隊として赴いた満州である。主人公の梶は、軍需鉱山で中国人工人らの労務管理をしている。いわば植民地支配を進める侵略者側の人間であるが、工人たちをできるだけ人間的に扱おうと奮闘努力するヒューマニストでもある。大日本帝国が総力戦に突入し、なりふり構わず被支配者への搾取と迫害を強める中、梶は自らの良心に耳を傾け、非暴力と博愛という「倫理」を貫こうとする。

梶のヒューマニズムの真贋が試されるのは、中国人の特殊工人の処刑の場面である。逃亡の濡れ衣を着せられた特殊工人たちが、なかば見せしめのため、関東軍の憲兵によって公開で首切り処刑に処される。その現場に立ち会うことを命じられた梶は、工人の首が目の前で次々に切り落とされる中、捨て身の覚悟で処刑の中止を要求する。その結果、それ以上の犠牲者が出ないで済む。だが、梶はそのために憲兵から激しい迫害を受ける。そして結局、愛する新妻を残し、兵隊として徴集されてしまうのである。

『人間の條件』第一部
満州鉱山の特殊工人として
貨車で移送されてきた
北支の中国人捕虜

初年兵教育を受ける梶は兵士として頭角を表していくが、軍隊という強大な組織の中で、次第に自らの人間性を崩壊させていく。ソ連軍との戦闘に敗れて敗残兵になったのちは、道をひとつ越えるだけのためにソ連兵を殺してしまい愕然とする。そしてそれを契機として、生きのびるためには盗みや殺人に手を染めざるを得なくなっていく。

戦争という圧倒的な現実の中、倫理を貫こうと孤軍奮闘する男がジリジリと、しかし完膚なきまで敗北していく。その様子を冷徹に描いたのが、『人間の條件』といえるであろう。

小林は本作を映画化するに至ったきっかけについて、次のように述懐している。

〔原作を〕読んでみると僕が映画界に入る前の状況みたいなものが、そっくり圧縮されて入っている。こいつは自分が歩んできた場から過去を見つめたいし、自分の分身ともいえる梶を通してそれを表現してみたいと思いました。

(「小林正樹　自作を語る」『キネマ旬報』一九九六年一二月下旬号)

小林にとって、梶は自らの分身だったのである。そのせいか、小林による本作への力の入れようは並大抵のものではなかった。

筆者は二〇一五年五月、梶役を演じた仲代達矢にインタビューする機会に恵まれた。仲代によると、出演者たちはクランクインする前、一カ月間もの「初年兵教育」を受けたそうである。一二歳で敗戦を迎えた仲代らには、軍隊の経験がなかった。

——一カ月間、二四時間入営してたんですか。

仲代 いやいや、一日八時間くらい。でも、実際のビンタの痛さもこらえてくれっていうんで、本当にビンタされましたよ。殴られても倒れないで体をすっと戻せ、とかね。監督が経験されたんでしょうね、実際。

——ビンタをするのは誰なんですか。

仲代 実際に兵隊を経験された先輩たち……植村謙二郎さんとか。

——そういう現場には小林監督もおられた?

仲代 ずっといました。僕もずいぶんゲンコツで殴られましたけど、人間て不思議なもんですよ。「芝居なんですから、どうぞ思い切りやってください」っていうとバーン、バーンと来るわけです。すると「あいつ俺に対して何か思ってんじゃないか」と(笑)。一番強く打つやつにね。

『人間の條件』のロケの多くは、北海道で行われた。仲代によると、撮影は基本的に順撮りで進められたそうだ。「雲の形が満州の雲ではない」と言って、小林が撮影を一週間もストップさせたこともあるという。彼が自らの戦争体験と照らし合わせながら、本作を撮っていたことが窺える。

仲代 小林さんは、兵隊としての能力はすごかったらしいですよ、やはり。梶みたいに。そう、聞いたことがあります。『人間の條件』ができて、五味川さんのお宅でパーティーがあったんですよ。お互いに戦争体験を話しているときに、「相当優秀な兵隊にならないと、ああいう思想は通らない、自分自身が耐えられない」って話されてた。

——ああいう思想とは反戦思想のことですか。

仲代 ええ、ですから矛盾した話なんですけどね。兵隊として優秀でなければ耐えられない。

——これは想像するしかないとは思うんですが、小林監督もおそらく梶と同じような究極の選択——加害者になるのか、被害者になるのか——を迫られるような場面に遭遇したこともあったんじゃないかと思うんです。そんなときに小林さんはどんな選択をされたと、仲代さんは想像されますか?

仲代 そうですね、やっぱり加害者になったんでしょうね。加害者になったがゆえに、それの償いっていうのかな、それで『人間の條件』にかかったんじゃないかなと。これは私の想像ですけれどね。それはやっぱり、あの戦争に対して、軍隊に入ってまで抵抗していくっていうのは、本当の戦争の中では、きっとあそこまではできなかった。その思いを持って梶という人物を作ったんじゃないか。五味川さんも兵隊に行かれましたから、それは共通しているんじゃないですか。

仲代による推測は、小林本人の弁とも合致する。小林正樹は

『週刊現代』(一九八三年五月、二五(二一)号)で次のように述べている。

ボク自身が体験した軍隊組織に対する憤りと、軍隊体験者の中に積み重なっていた梶のように生きられなかったうっぷんを、梶に託したんです。主演の仲代君もボクも、撮影中は梶になり切ってましたね。

壁あつき部屋

自分の意思に反して戦争に協力せざるを得ず、生き延びるために加害者にならざるを得なかった不条理。そしてそのことに対する憤りと罪の意識。

『人間の條件』で壮大に展開されたこのテーマは、実はそれに先立って制作された『壁あつき部屋』でも正面から追求されていた。BC級戦犯が書いた実際の手記を元に、安部公房が脚本を手がけた「問題作」である。

舞台は戦犯たちが収容されている巣鴨プリズン。服役囚の一人である山下は、戦時中、上官である浜田の命令で南方の現地住民を殺し、浜田の密告によって重労働終身刑に処された。ところが浜田は罪に問われず、なに食わぬ顔で市民生活を送っているばかりか、留守中の山下の家族を迫害している。そのことを知った山下は、浜田への復讐を計画する。母の死に際して仮出所を許された山下は浜田を追い詰めるが、恐怖に囚われた浜田の顔を見て、殺意をなくしてしまう。そして結局、「あつい壁」だけが待っているプリズンに戻るのである。

山下は、戦争もしくは軍隊という「システム」に無理やり参加させられた犠牲者である。しかし、そのシステムの中で生き延びるためには加害者にならざるを得ず、そのための高い代償を払わされる。その構造は、『人間の條件』における梶とそっくりである。またその際、システムの上部にいる人間の責任が不問に付され、末端の人間ばかりにツケが回るという戦争観・社会観も共通している。山下やその他の服役囚はある意味、「死ななかった梶」であり、そういう意味では小林正樹の分身なのである。

そのことは、小林の述懐からも窺える。

たまたま『壁あつき部屋』の素材が松竹企画室にあり、それを誰かにということになった。シナリオ執筆は安部公房さんときまり、僕が候補にのぼりました。(中略)当時の社会情勢をにらみあわせてみて、これは今でなければ映画化できない題材だと思いました。(中略)戦後の一時期の捕虜生活中持った虚無感と、戦争犠牲者が下級軍人たちから出ていることに対するいきどおり。それがよみがえってきて、ファイトを感じました。

(前掲「小林正樹　自作を語る」、以下同)

『壁あつき部屋』の撮影期間は四五日間。巣鴨プリズンの実物そっくりのセットを建てて撮影を進め、映画は完成した。小林のフィルモグラフィーにおいて本作は三作目だが、大船調の強かった前の二作『息子の青春』(一九五二)や『まごころ』(一九五三)とは色彩が異なる。『壁あつき部屋』は、小林正樹の作家性が初めて存分に発揮された作品だと言えるだろう。小林自身、「演出の面でも、これでやっていけると自信のできた映画です。前の二作とはまったく違った気持ちでした」(「小林正樹　自作を語る」)と述べている。

ところが松竹の城戸四郎副社長は、本作の公開中止を決定してしまう。一九五二年にサンフランシスコ講和条約が発効したばかりであることを考えると、おそらくは米国への遠慮と忖度から、そう決めたのであろう。

小林にとってそのショックはよほど大きかったようで、その後に作られた作品を語る中でも盛んに言及されている。

『壁あつき部屋』のショックで、もうただのホーム・ドラマを撮る気もせず、全然ピューリタンな写真を作ってやろうと考えてやった作品です。

(『三つの愛』について)

『壁あつき部屋』『三つの愛』でごたごたが続いて、がっかりして仕事をする気も起らず、半年位遊びました。そこへ木下さんが持ってきてくださったのがこの仕事です。

(『この広い空のどこかに』について)

この作品の撮影が終わるまぎわに『壁あつき部屋』がやっと公開されることになりました。〔中略〕会社首脳部が世界情勢からみてもう公開してもさしつかえないと判断したというわけなんですが、〔中略〕『壁あつき部屋』はもう出してくれ、出してくれと会社側にいい続けてきた作品ですから、出た時はうれしかった。〔中略〕『あなた買います』の仕事が手につかぬ位、やはりうれしかった。

(『あなた買います』について)

当事者として戦争を見つめ直す作業は、日本人が高度経済成長に浮かれ戦争を忘れていく中でも、小林は形を変えて続けていく。

日本の青春

たとえば『日本の青春』は、一九六八年、経済成長の真っ只中で撮られた作品である。

本作で小林正樹は、自らの分身として藤田まこと演ずる中年男・向坂善作の人生を哀愁たっぷりに描く。善作は戦時中、上官から捕虜に体罰を加えることを命じられたが、それを拒否してこっぴどく殴られた。その後遺症で耳がよく聞こえない。つまり、加害者になることを拒否したために被害者になることを余儀なくされた、臆病だが気骨のあるヒューマニストである。いわば「梶」の別バージョンである。

しかしそういう過去を持つ善作も、いまでは特許事務所を営み、毎日満員電車に揺られて通勤する、事なかれ主義のしょぼくれた中年である。家では妻から小言ばかり言われ、事務所でも部下からは軽く見られている。

浪人生の長男・廉二は、防衛大学校への受験を考えていて、善作はそれに反対するがうまく意思の疎通ができない。妻は

「授業料がかからない上にお給料までもらえるありがたい大学があるなんて知らなかったわ」などと防衛大受験をまんざらでもないように言うが、徴兵された苦い経験のある善作にはそれが我慢ならない。

『日本の青春』
世代間対立を通じて
それぞれの生き方を模索する
父善作・藤田まことと
息子廉二・黒沢年男

善作には、初恋の女性・芳子(新珠三千代)がいた。善作が「学徒出陣」で入隊したことで引き裂かれ、お互いの行方がわからなくなっていたが、ひょんなことから再会し、「青春時代」の記憶が蘇る。ところが彼女の亡き夫の特許権にかかわるうちに、善作は元上官の鈴木(佐藤慶)に出くわしてしまう。善作を殴り倒し聴覚障害にした張本人である。戦後、事業で成功している鈴木は、「当時は上官が命令に背いた部下を殴るのは当たり前だった」と悪びれも謝罪もせず、善作を弱虫の負け犬だと決めつけている。そしてあろうことか、芳子を自分の愛人にしようと画策する。

戦争が急速に忘れ去られていくとともに、戦前・戦中の支配層や自衛隊の復権が進んでいく日本社会。それは戦中派の小林にとって、過ぎ去った忌まわしい過去であるはずの「戦争」が、再びぬっと顔を出すような光景だったに違いない。

戦争の体験が若い世代に伝わらぬもどかしさは、善作と廉二の世代間対立やすれ違いに象徴されている。だが、そこにはかすかな希望も感じられる。廉二が善作の「抵抗の過去」を知ることによって、半ば軽蔑していた父親を見直すとともに、自分自身の生き方を見つけていくからだ。とはいえ、その廉二すらも、ラストシーンで「防衛大だけは嫌」と釘をさす恋人に対して、明確な答えを与えない。それは日本の行く末の不透明さを暗示しているかのようでもある。

小林正樹は『日本の青春』を、変わりゆく日本社会に対する一種の「警告」として作ったのではないだろうか。

東京裁判

そのような小林が、戦争の総括と戦後の起点としての東京裁判(極東国際軍事裁判)を、映画を作ることを通して見つめ直したいと考えたのは自然であろう。

小林は当初、東京裁判についての映画をフィクション映画として企画した。八住利雄による脚本も完成し、東宝での映画化寸前まで進展した。一九七〇年頃のことである。しかしこの企画は、「国際的なキャスティングで難航し、それにともなう膨大な製作費の点で会社側と折り合いがつかず流れて」しまう(『東京裁判』レーザーディスク版のパンフレット、以下LDとする)。その後も作品の候補として度々俎上にのぼったものの、ついに陽の目を見なかったという。

ところが一九七三年、転機が訪れる。米国立公文書館所蔵の「二五年経過資料」の閲覧が解禁され、東京裁判関係のフィルムや写真等が公開されたのである。七四年、プロデューサーの井上勝太郎らは資料の取得のために渡米、五八二巻の関係フィルムを入手する。そしてドキュメンタリー映画『東京裁判』の企画を立ち上げ、小林正樹に監督を依頼するに至った。興味深いことに、製作主体となった講談社は、小林を起用するまで彼が劇映画として企画を進めていたことを知らなかったそうだ。運命の巡り合わせとは不思議なものである。

いずれにせよ、こうしてドキュメンタリー映画『東京裁判』の製作はスタートしたのである。小林はこう書いている。

> 私の作品系列の中に戦争を題材にした一連の作品がある。〔中略〕私はこれらの作品の中で戦争のおそろしさ、むなしさ、おろかさを一貫したテーマとして訴え続けてきた積りである。完成、未完成のこれらの映画をたどってゆくと行きつくところは、太平洋戦争の終着点であり、戦後の出発点である東京裁判(極東国際軍事裁判)という巨大な遺産にぶちあたってしまう。東京裁判への挑戦なくして私の戦争映画は終わらない、いつかは、私の戦争　映画の集大成として真正面から取り組みたい題材であった。(LD)

『東京裁判』の監督補佐・脚本(共同執筆)を務めた小笠原清によれば、東京裁判を知る世代が減少する中、小林らには「今手をつけなければ、東京裁判体験世代としての語り伝える機会が失われるかもしれない」という焦燥感に似た思いがあった。それはやがて「使命感あるいは気負いといったものにふくらみ、この仕事を完遂させる大きな原動力となっていった」という。

しかし、その作業は難航を極めた。

まず、米軍が二年六カ月にも及ぶ東京裁判の法廷で撮影したフィルム(同時録音)は、一七〇時間という膨大な量にのぼった。しかしそれでも映像として残されたのは、全部で一〇巻に及ぶ速記録の何百分の一でしかない。いくら物量豊富なアメリカ軍とはいえ、裁判のすべてをフィルムに収めたわけではなく、むしろ要所要所でカメラを回したに過ぎなかったのである。

したがってスタッフたちの最初の作業は、「ノイズの多いシンクロサウンドからヒヤリングで英文を起こし、それを和訳して日本語版裁判速記録全一〇巻(一巻約一〇〇〇頁)に逐次照合してゆく」(小笠原清)ものだった。要は速記録のどの部分が映像として残されているのかを確認する必要があったのだろう。映像素材を全部観るだけで一年半を要したというのも、まったく不思議ではない。

小林たちの前に立ちはだかった壁はそれだけではない。当然ながら、映像はのちに映画を作ることを前提に撮影されたわけではなかった。そのため、ドキュメンタリー用の映像素材としては甚だ不完全だったようである。

裁判の論戦や展開については若干の例外を除いては極めて無頓着と思われるほどの省略ぶりで、論旨追跡の意向などというものはあまり見当たらない。例えば証人尋問等においては裁判内容として非常に重要な発言であっても、発言内容とは全く無関係にカメラのスイッチが入ったり切られたりしている場合が多い。クライマックス直前で突然画も音も消え去り、全く異なるショットに替るというショックも少なからず体験したのである。(LD、小笠原清)

実際、完成した映画を観ると、途中まで同時録音の映像で臨場感たっぷりに裁判のやりとりを見せていたのに、途中から唐突にナレーションに切り替わったりする。筆者は初めて映画を観たときにそれが不思議でたまらなかったのだが、小笠原の手記を読んで得心がいった。映像素材そのものが不完全だったため、そうした手法を採らざるを得なかったのであろう。

小林正樹は前述『週刊現代』の取材に対して述懐する。

最初のフィルム、記録用に撮ったものだからつまらなくてねえ。六本木に借りた仕事場の壁一面がフィルムの缶で、見るたびにゾッとしてました。いけると思ったのは三年半目で、それまでは自信喪失の連続。フィルムと脚本をいじることのジグザグ作業だし、普通の劇映画の四、五倍は手間がかかってますね。

それでも、『東京裁判』は五年もの製作期間を経て、映画としても十分に見応えのある作品に仕上がった。小林正樹は本作がドキュメンタリーであるにもかかわらず、「劇映画をつくる」を合言葉にしていたようだが、その言葉がこの映画の魅力の秘密を物語っている。つまり小林は、歴史的史料をアカデミックに記録するだけの無味乾燥な「お勉強映画」を拒絶した。彼は映像の断片に潜むドラマを発見し、それらを効果的につなぎ合わせることで、創造的に劇化することを目指していたのである。

筆者が「さすがだ」と唸らされたのは、小林の製作姿勢が「結論先にありき」ではまったくなかったことである。

というのも、東京裁判の被告になった戦争指導者たちは、小林正樹にとっては自らを戦争に無理やり駆り出した「仇」であったはずだ。「自分が被害者にならなければ、加害者である事を止められない」。そういう戦争の辛酸を舐めさせた、憎んでも憎み切れぬ存在であろう。その私怨に駆り立てられてこの映画を作るのであれば、いきおい、敵の敵である連合国の「正義」に肩入れし、裁く側の欺瞞には目をつむったとしてもおかしくはあるまい。

ところが、小林正樹は違った。

彼はおそらく、ゼロベースで冷徹に「東京裁判」を見つめ直そうとした。その結果、誰一人として戦争の責任を引き受けようとしない戦争指導者たちの無責任ぶりだけでなく、裁判そのものの矛盾をも暴き出すことになったのである。

たとえば、東京裁判の判事団は中立国の代表を含まず、勝者である連合国の代表だけで構成されていた。また、被告たちは従来からある通常の戦争犯罪ではなく、「平和に対する罪」「人道に対する罪」といったニュルンベルク裁判で初めて規定された犯罪概念に基づいて裁かれた。日本が侵略戦争を開始したときには存在しなかった罪なのであるから、これは「事後法」によって裁く行為であり、罪刑法定主義にも悖《もと》る。しかも国家の行為としての戦争を裁くのに、指導者個人を裁くことにも無理がある。

小林は映画の前半で、そうした矛盾に焦点を当ててじっくりと描く。特に裁判権を巡ってブレークニー弁護人が行った動議のシーンは圧巻だ。ブレークニーは米国の空軍少佐である。にもかかわらず、この裁判では梅津美治郎の弁護人としての役割に徹し、「広島、長崎への原爆投下を肯定しつつ、日本の指導者の〝平和や人道に対する罪〟を裁くことはできない」と論じる。極めて真っ当、かつ根本的な問題提起である。

しかもブレークニーのこの議論は、裁判記録では「以下削除」となっていて、記録には残っていなかった。つまり小林らが映像を「発見」しなければ、歴史の片隅に埋もれてしまうところだった。小林正樹は、連合国が闇から闇へ葬り去ろうとした裁判の矛盾を、文字通り掘り起こしたのである。

『東京裁判』
市ヶ谷法廷の28名の被告

また、天皇の起訴をめぐる法廷内での攻防を描いた部分も、実にスリリングである。キーナン首席検事は、マッカーサーの意向を受けたのか、天皇の起訴を免じるための証言を東條被告から引き出そうと躍起になる。検察官が免訴のために努力するというのは異様な光景である。このほか、天皇の起訴に積極的なウェッブ裁判長が、突然、母国オーストラリアに一時帰国させられたりする場面が描かれているが、これらのシーンは東京裁判が「政治」の延長、いや、政治そのものであることを暴かずにはいないのである。

とはいえ、小林は東京裁判の被告たちを弁護し正当化しているわけではない。戦中派の彼にとって、日本の戦争指導者たちの罪の重さは、むしろ自明のものであろう。しかし彼は同時に問いかけるのだ。それを裁く側はどうなんだ、と。あなたがたが「勝者の論理」を振りかざし、自省を怠るならば、他国を侵略していった被告たちとなんら変わらないのではないか、と。

事実、映画『東京裁判』は、二年六カ月に及ぶ裁判の最中に冷戦が本格化し、連合国側がだんだんと互いに齟齬をきたしていく様子を描き出す。そしてラストで米ソの熾烈な代理戦争の勃発を畳み掛けるように提示し、映画をベトナム戦争の最中に逃げ惑う、裸の少女の有名な写真で締めくくる。

「勝者の論理」が幅を利かせている限り、人類は殺し合いを止めることはできない。

小林はこの写真に、そういう強烈なステイトメントを込めたのだと思う。小林は次のように振り返る。

この映画にも平和への悲願みたいなものが込められています。人間の業みたいなものを、世界中の人に汲み取ってもらえたらと思っています。

(『週刊現代』)

小林正樹の視線

こうした小林の人間観や社会観は、当然、戦争を直接的に扱った作品以外にも如実に反映されている。

たとえば小林には『切腹』(一九六二)という傑作がある。仲代達矢演じる浪人・津雲半四郎は、竹光で切腹させられた娘婿の仇を取るため、たった一人で井伊家に乗り込んでいく。それも「切腹するために庭を拝借したい」という口実で。半四郎はその機転と頭の良さで、多勢に無勢であるにもかかわらず、「体制」の象徴としての井伊家を翻弄していく。その痛快な様子は、前年に公開された黒澤明『用心棒』(一九六一)と似ていなくもない。

ところが、映画の後半に差し掛かると、『切腹』は『用心棒』とは一八〇度異なる展開を見せる。半四郎は格闘の末、敵方の四人を切り捨てるが、結局は大勢の敵に囲まれ殺されてしまう。しかも死んだ四人は病死、半四郎は切腹したということにされて。井伊家の強大な力の前に、事件そのものが「なかったこと」にされてしまうのだ。

「個人」に力があることは認めつつも、結局は「体制」の圧倒的な力の前には破れてしまう。しかも半四郎自身、世の中が平和になると仕事にあぶれる「武士(=兵士)」の一員であり、いかに人間味と機知に溢れていようとも、潜在的には「体制=加害者」

の側にあることには変わりない。半四郎の人物像と彼の組み込まれた構造は、『人間の條件』の梶のそれと重なるものがある。若い頃に「個人としての自分」を徹底的に否定され、戦争の暴力マシーンに組み込まれた経験を持つ小林正樹にとっては、それこそが「真実」なのであろう。

その証拠に、「悪しき体制に反抗するけれども、結局は負けていく個人」を描くモチーフは、『上意討ち―拝領妻始末―』(一九六七)や『いのち・ぼうにふろう』(一九七一)でも繰り返される。いずれの主人公も強い個性を持った武芸の達人だが、結局、津波のように押し寄せる、顔のない「敵」の前には無残に討ち死にするしかない。

同じ戦中派の映画作家でも、幸いにして召集を免れた黒澤明とは、人間観や社会観が相当に異なるとも言えるであろう。

いま小林作品を見るということ

繰り返すが、小林正樹は「戦中派」の映画作家である。

小林は、無理やりに戦争に駆り出されたという意味では被害者であるが、同時に、結局は侵略戦争に加担することで生き延びた加害者でもあった。小林が生涯にわたって戦争映画を作り続けた背景には、まさにこの二重性――「被害者としての憤り」と「加害者としての贖罪意識」を当事者として見つめ直し、描き出したいという個人的な欲求があったに違いない。小林にとって、戦争映画を作ることこそが、自らの忌まわしい戦争体験を消化するための手段であったし、戦争を知らない世代に対する責任の果たし方だったのだと思う。

しかし敗戦後七〇年が経ち、小林のように戦争を当事者として体験した戦中派は、その大半がこの世を去ってしまった。それとともに、日本社会における戦争の記憶は希薄化する一方である。

それはもちろん、日本が曲がりなりにも長い間平和であったことを示すものであり、基本的には喜ばしいことだ。だが、その一方で戦争の記憶を都合よく書き換えたプロパガンダの付け入る隙も広がりつつある。反戦映画の体を装いつつ特攻隊員の死を美化したメロドラマ『永遠の0《ゼロ》』(原作＝百田尚樹、監督＝山崎貴)の大ヒットなどは、その典型であろう。現代の日本人、特に若い世代は『人間の條件』よりも『永遠の0』を観る人のほうが多いであろうから、後者のほうが「人々の頭の中の戦争のイメージ」を形成しかねないのではないだろうか。

私たちがいまこそ認識しておかなくてはならないのは、そうしたプロパガンダの浸透が、下手をすると「次の戦争」を精神的に準備しかねないということである。

安倍晋三政権の誕生と跋扈は、戦争の記憶の希薄化と書き換えの進行と無縁ではなかろう。安保法制が施行された現在、自衛隊が米国の戦争に参加し、戦死者が出る可能性も高まった。日本人は再び「戦争の当事者」になるのである。

つまり私たち現代の映画作家には、不幸にもそのような「当事者性」が生じようとしている。というより、もしいまが「戦前」であるならば、私たちの当事者性はすでに始まっている。私た

『人間の條件』第六部
戦争の被害者でもあり
加害者にもなった主人公梶・仲代の
終局の森林彷徨

ちは潜在的な「小林正樹」なのである。

最後に、小林を師と仰いできた仲代達矢のインタビューを収録して、筆をおく。戦争を「当事者」として体験した最後の世代である仲代の言葉は、再び戦争の「当事者」になろうとしている私たちに、重要な示唆を与えてくれるものだと信じる。

――仲代さんは敗戦のときには……。

仲代 中学一年生ですから、一二歳。昭和七（一九三二）年生まれですから。

――もし敗戦にならなかったら兵隊に行くと思われていた？

仲代 そうですね。あと二年くらいしたらと思ってました。航空兵は少年航空兵として特別に募集があって、同年輩でも行った奴、いましたけど。だから基本的には軍国少年で、「出てこいミニッツ、マッカーサー！」という具合で。神風が吹くんだという軍国教育を受けて。それが昭和二〇年の八月一五日に一瞬にして親米派になったんですね、大人どもは。だから子ども心ながら、人間に対するニヒリズムみたいなものがずいぶんありましたね。

――軍国少年だったときに日本は勝つと思っておられました？

仲代 もうまったく、そう思ってました。もう一〇〇パーセント、最後まで。で、最後は一億玉砕だと。そこで死ぬんだと。天皇陛下のために死ぬんだと。だから天皇が象徴として残ったことには、何か違和感がありましたね。いろいろあったんでしょうけれど。まあアメリカも「天皇に責任をおっかぶせてしまったらまた何かやられるんじゃないか」と怖かったのかもしれませんが。でもねえ、本当に世界が一日にして変わった。良きにつけ悪しきにつけ、あの瞬間の夢をいまだに見るんですけどね。

「国を守るために戦争する」っていうけど、こんなインチキはなくて。「国を守るために」って言い出すと、だいたい戦争になるわけで。

——僕は戦争を体験してませんが、その当時の本を読んだり映画を見たりして間接的に知ったことと照らし合わせてみると、いまの状況と戦前の状況は似ているんじゃないかと思ったりするのですが。

仲代 似てますよ。だって、大東亜共栄圏っていうものを作ろうとして日本は立ち上がったんだというわけでしょ。非常に似てますよ。似てるし、一番困るのは、いまの若い人たちは戦争を体験してないわけだから、そうか、やられたらやりかえさなきゃいけないのかなあって思うわけでしょ。

でも、それが戦争のきっかけですから。『乱』(一九八五)っていう映画は反戦映画ですが、親子ですら戦うっていう映画です。人間に欲望がある限り、親子でも戦う。黒澤明は人類が滅亡するまで戦争が続くだろうって遺言のように言いましたけど、僕ら戦争体験者としては、やっぱり「赦す」しかないと思う。だっていま、宗教の問題でもなんでも戦争が起きてるわけでしょ。赦さなければ、絶対そうなるわけで。

——つまり、やられても赦すっていうことですか。

仲代 そう、赦す。だって、それ以外に解決方法、あります?

——いや、ないですよね。

仲代 ないでしょう。だから困るんだよなあ、黒澤明の遺言が当たるとすると。僕もそろそろ逝きますから。

——まだ逝かないでください。しかしそうすると、自衛隊の存在なんてのは。

仲代 いらないですね。だって、大東亜戦争は日本が侵略したわけじゃないんだなんていうことを言う奴が出てきたでしょ。いまの北朝鮮みたいに四面楚歌だったからやらざるを得なかったなんて言い出すわけですよ。だから自衛隊、いらないですから。警察だけでいい。自衛隊があっても災害のとき以外に使いようがないから、ああいう話が出てくる。

——自衛隊を災害のときの救助隊として残すのはいい?

仲代 そうですね、でも鉄砲は持たなくていいですよ。僕も兵隊にはいかなかったけど東京大空襲にもあっていろんなことを経験して、戦争体験者の最後の世代ですよね。だから積極的に発言してるんですけどね。でも、われわれが言うことについて、いまの総理大臣の人なんかは、「感情的だ」と、こう言うんですね。何が感情的なんだか。

——やはり昭和天皇にも戦争責任があったと思われますか。

仲代 それはまあ、わかりませんけど、われわれは「天皇陛下のために死ね」って言われて、それで死んだ人がいっぱいいるわけだから、あるんじゃないですか、戦争責任。ご本人のことはよくわからないけれども、軍国政治が祀り上げたって言ってるけれども、実を言うと反対だったんだなんていう説も出てきてるけど、そんなことはないでしょう。

小林正樹の「中国」

劉 文兵

小林正樹は中国と密接な関係にあった日本映画人の一人であった。第二次世界大戦末期に、一軍人として中国へ送られた彼は、当時日本の傀儡国家だった「満州国」（中国東北地方）に二年ほど駐在している。かの地での体験が戦後の作品の原点の一つとなって、満州を主な舞台とした大作映画『人間の條件』（一九五九―六一）を撮り、そして日中戦争を重要な対象として扱ったドキュメンタリー映画『東京裁判』（一九八三）をも手がけた。今日では佐藤純彌の監督作品として知られる井上靖原作の映画『敦煌』も、元々は小林が二〇年間温めていた企画で、日中合作映画として製作しようとしたものであった。さらに小林は、一九七七年に日中文化交流協会の映画人代表として、自作の『切腹』（一九六二）、『化石』（一九七四）を携えて訪中し、中国の映画人と積極的な交流をはかっている。以上の経緯をみても、小林と中国との親密な関係は明らかであろう。

本稿では、とりわけ『人間の條件』と『敦煌』に着目し、歴史を超越する普遍的な物語性と、リアリズムへの志向性という二つのベクトルのもとで、小林正樹監督がいかに「中国」を発見していったかを考察することにしたい。

『人間の條件』における中国人の表象

戦時中、ソ満国境に駐屯していた小林正樹は、中国の民衆と接する機会がどれほどあったのか、現時点では精査することが困難であろう。しかし、『人間の條件』に描かれている中国人の姿を観る限り、監督自身の満州体験を下地にしていたというよりも、日本映画における中国人のステレオタイプを受け継いでいたと考えざるをえない。

たとえば、有馬稲子が演じる中国人娼婦の楊春蘭《ようしゅんらん》は、攻撃的で喧嘩早いというプリミティヴな性格に加え、その身振りには実際の中国人娼婦に見られる典型的なしぐさ――たとえば、片手を腰に当て、もう一方の手を上に掲げた「茶壺《チャホウ》（急須）」というポーズ、あるいは両手を左右の腰に当てる「酒杯《ジュバイ》（さかずき）」というポーズ――が見受けられる。それらは上海ロケで作られた『上海陸戦隊』（熊谷久虎、一九三八）の中で原節子が演じる中国人女性と酷似しており、日本映画における中国人女性を表す記号・マークと見てまず間違いあるまい。

戦前から戦中にかけて、日本映画には中国を舞台とする「大陸もの」というジャンルが存在していた。それらに現れた中国人の姿は、日本人という他者の視点や感性・観察に基づいた独特なリアリティと、植民地主義的・差別的視線と結び付いたいい加減さを持ち合わせていた。たとえば「大陸もの」において、中国人の役を演じる日本人俳優が話す中国語は、日本語の字幕を見なければ何をしゃべっているのかほとんど分からないほど滅茶苦茶だった。そのような中国語とおぼしき言語は『人間の条件』においても多用されている。[1] これらの点からみると、『人間の条件』における中国人の表象は、日本人が抱く過去のイメージ、あるいは日本人の心象風景の中の中国人のイメージにすぎなかったのではないだろうか。

『人間の条件』におけるリアリズムとはかけ離れた人物造形は、中国人の登場人物のみならず、仲代達矢が演じる主人公の梶についても言える。事実、同作の公開当時、「梶のように軍国主義と真っ向から抵抗する日本人は戦時中におらず、あくまでも「その当時、梶のように振る舞えばよかった」という類の戦後日本人の心情を投影したファンタジーにすぎなかった」と評されていたようである。[2]

『人間の条件』の中で日本人の梶、そして彼を取り巻く中国人は、片方が権力をもち、権力をもたないもう片方が虐げられているというような非対称的な関係に置かれているとはいえ、どちらも似たような人間であり、立場の逆転がありうるというシンメトリーな構図が容易に見いだされる。たとえば、同作に登場する中国人たちは、占領者・支配者の搾取と圧迫に対して抵抗を試みるが、個別にみると人間としてそれぞれ欠陥を抱えており、弱い存在となっている。彼らと同様に梶も、ヒロイックでありつつ問題を抱えている。また、軍から脱走し放浪する梶が、中国人に蔑まれたり、豚やアヒルに踏みつけられたり、動物並みの物乞いと化してしまうという結末では、両者の立場の逆転が端的に表されている。さらに、中国人の役が日本のスター俳優によって演じられることも、中国人が完全な他者ではなく、自分たち(日本人観客)と同じ存在であるという感情を喚起するための仕掛けだったのかもしれない。

このように、一見して小林正樹は、実際の中国や戦争にまつわる歴史そのものを表象するよりも、歴史ドラマの設定のもとで、極限状態に置かれた人間たちをヒューマニスティックに描きだすことに主眼を置いていたように思われる。しかし、さらに穿った見方をすれば、小林正樹は、キリストの受難のごとく、日本人の罪を背負って中国人に対して償いをしていくというヒロイックな主人公の視点を軸に据えつつ、当時の日本人が慣れ親しんだステレオタイプな中国人イメージをあえて用いることによって、日本人が虐げた歴史をスクリーンに復活させ、みずから追体験したいという欲望を当時の日本人に抱かせて、戦争責任の問題を提起しようとしたのではないだろうか。

だが、『人間の条件』のあと、日本では日本人の加害者としての側面を正面から描くシリアスな戦争映画は製作しにくい状況となっていった。一九六三年頃に、小林正樹の師匠に当たる木下惠介は、自らの従軍体験に基づき、日本軍が中国の民衆に与えた多大な苦痛を描く戦争映画『戦場の固き約束』を企画したが、戦争ものは暗くて客が入らないという理由で松竹に却下された。[3]

このことは時代の変化を物語る象徴的な出来事であったといえよう。

日本の経済復興に伴い、「もはや戦後ではない」というスローガン（一九五六年経済白書）は政治的にも国民の心情にも広がっていき、日中戦争をどのような形で解釈し、総括していくべきかといった問いは政治的言説に取り込まれてしまいがちで、ファンタジックな中国のイメージや、ヒロイックで良心的な日本人像に対して、共感できる土壌がなくなりつつあった。

そのような状況において、映画では戦争を表象する際に、地雷を踏むようなリスクが高くなり、映画製作に対する自己規制も次第に強くなってきたように思われる。そのため、日本の戦争映画は、戦争に向き合うよりも、過酷な歴史から目をそらす方向へ移行するようになったのである。たとえば、一九六〇年代末に斜陽化した日本映画のために起死回生の策として製作された『連合艦隊司令長官　山本五十六』、『あゝ海軍』、『日本海大海戦』といったヒロイックな大作映画は、いずれもナルシシズムをくすぐる「軍国版『忠臣蔵』」ともいえる作品であった。◉4

有馬稲子が演じる娼婦の揚春蘭と
愛人で特殊工人の南原伸二
『人間の條件』第二部

◉1…映画史研究家の黄仁は、「『人間の條件』の中国人役を演じる日本人俳優の中で、有馬稲子の話す中国語がいちばん通じやすかった」と評している。また有馬の自伝によると、「私は当時サンケイ新聞の社会部長だった長谷川仁さんに北京官話を教えていただき、セリフをテープにとって完璧になるまで勉強した。だが、封切り後、観た人から「あなたのも吹き替えでしょう？」といわれて大いに憤慨した」という。黄仁『日本電影在台湾』台北・秀威資訊科技、二〇〇八。有馬稲子『バラと痛恨の日々　有馬稲子自伝』中央公論社、一九九五。

◉2…DVD『人間の條件第六部　曠野の彷徨』（松竹ホームビデオ、二〇〇九）に特典映像として付録された、仲代達矢と佐藤忠男の対談。吉村公三郎『キネマの時代　監督修業物語』共同通信社、一九八五。

◉3…劉文兵『証言　日中映画人交流』集英社新書、二〇一一。

ところで、『人間の條件』の話に戻ると、登場する中国人の大多数が、みじめで卑しい人物として造形されていることは否めない。これは中国側からみれば屈辱的な設定であり、当時の日中関係や中国国内の政治状況を鑑みれば、同映画が中国本土でリアルタイムで一般公開されなかった一因でもあったように思われる。

そもそも中国人の自己表象における「戦争の勝者」と「侵略の被害者」という二つの側面をどのように描き分けるか、そして、どのようなバランスで、日本人の位置づけと中国人の自己矜持・プライドとの折り合いをつけるべきか。これらは現在に至るまで中国の映画人を悩ませつづけている難題である。というのも、被害者としての側面や日本軍の残虐さを語れば語るほど、当時の自国の無力さ・劣勢さが露呈してしまうからだ。ナショナリズム感情を逆撫でするがゆえに、屈折したシリアスな歴史表象は、中国での受容を困難なものにする。

おそらく『人間の條件』の原作者の五味川純平、あるいは小林正樹は、実際に中国人に対して差別的な意識を抱いていたのではなく、完全無欠な中国人英雄をイメージできなかったため、かろうじて「英雄的な中国人捕虜」、「心清い中国人娼婦」を登場させるという妥協点を見いだしたのではないだろうか。

だが、一九七〇年代初頭に、日本映画における中国人の表象は大きな問題となった。同じ五味川純平原作の『戦争と人間』の第一部と第二部（山本薩夫、一九七〇—七一）における日中戦争の表象、および中国民衆の描き方に対して、中国側が容赦なく糾弾するという事件が起きた。[5] そして一九七二年、日中国交正常化を受けて中国側への配慮も必要となり、日本映画において屈折した「中国人」像が取り上げられることはなくなり、一種のタ

鉱山労務者と特殊工人たち
左から会社側の山村聰と仲代
工人の宮口精二　殿山泰司　北竜二　増田順二　南原伸二
『人間の條件』第二部

ブーとなったように思われる。

このような日中両国、そして映画システムの内外にまたがる制約により、歴史から遊離した戦争表象しか日中間では通用しなくなっていった。近年、日本では『男たちの大和／YAMATO』(佐藤純彌、二〇〇五)や『永遠の0』(山崎貴、二〇一三)のような、敵がまったく登場してこないヒロイックな映画、そして中国では、旧日本軍と戦う中国人の英雄的活躍をクローズアップした抗日ドラマがそれぞれ主流となり、歴史の物語化が日中両国で対照的な形で進んできたように思われる。このことにより、結果として、侵略戦争と植民地主義に対する根底的な批判の可能性はあらかじめ封じこめられてしまったのではないだろうか。

こうした現状を考慮するなら、歴史の過程に内包された矛盾・軋轢・不道徳まで余すところなく描きだした『人間の條件』は、今後の日中の歴史表象の可能性を考えるうえで、示唆に富んだ作品であると言えるだろう。

『敦煌』の幻

一九五九年に発表された歴史小説『敦煌』は、一一世紀宋時代、科挙殿試に失敗した主人公の趙行徳《ちょうぎょうとく》が西域へ赴き大冒険をするというストーリーで、井上靖の一連の「西域小説」の代表作とされている。

『敦煌』の映画化にいち早く取りかかったのは小林正樹監督であった。『敦煌』との出会いについて、彼は次のように語っている。

> 学生時代に中国の美術をやってましたから、中国文化の日本への影響といった面から、中国には一種のなつかしさみたいなものがあります。出土文物展は古代青銅器展など、みな見に行きましたし、中国に対しては昔から友人だったという気持ちが強いですね。(中略)学生時代、そのように中国文化に非常に興味を持った関係から、映画をやり始めてからも井上靖さんの小説『敦煌』が出ました時、真っ先に読みまして強く引かれました。これはどうしても映画にしたいと思いましてね。それからずっと今まで『敦煌』を映画化するということが私の夢になってるんです。今も時間があると何となく『敦煌』のことをやっているんです。美術館などへ行って資料を集めたりして……。もうここ何年もそうしているんですよ。[6]

『切腹』を撮り終えてのち一九六三年に小林は、すでに井上靖から映画化の許諾を得、敏腕イベント・プロデューサーの小谷

●4…『連合艦隊司令長官　山本五十六』(丸山誠治、一九六八)、『日本海大海戦』(丸山誠治、一九六八)、『あゝ海軍』(村山三男、一九六九)、『激動の昭和史　軍閥』(堀川弘通、一九七〇)の四本の戦争映画が、日本における軍国主義復活の証左として、一九七一年二月から四月にかけて中国でも上映された。劉文兵『中国10億人の日本映画熱愛史――高倉健、山口百恵からキムタク、アニメまで』集英社新書、二〇〇六年。尾崎秀樹『文革後の中国を旅して　下』(毎日新聞一九七一年七月九日夕刊)を参照。

●5…劉文兵『中国抗日映画・ドラマの世界』祥伝社新書、二〇一三。

●6…「日中文化交流」二四一号(一九七七年一月一日)所収「談話室・小林正樹　映画界の友好を深め」。

正一《まさかず》とともに企画委員会まで立ち上げた。その後、「映画化の話が具体的に進んだことも二、三度あったが、もう一息というところでその実現を見ることがなかった」[7]。

ところが、一九七二年、日中国交正常化を受けて、『敦煌』の中国ロケが現実味を帯びてきた。小林は一九七四年の時点で「国交が正常化して三年――映画での文化交流の期が熟しつつある昨今、何とか『敦煌』の映画化にこぎつけたいものだ」[8]と熱く語っていた。

また、同じ頃、『化石』の試写を見終わった原作者の井上靖が彼にかけた言葉――「小林さん、『敦煌』はいつまでも待ちますよ」[9]――も大きな励みとなったようだ。ちなみに、日中合作映画の中で、最も多かったのは井上靖の歴史小説を原作とした作品である。『敦煌』の他、『天平の甍』(熊井啓、一九八〇)、『ウォーリアー&ウルフ』(中国語題『狼災記』、田壮壮《ティエン・ジュワンジュワン》、二〇〇八)、そしてテレビドラマ『蒼き狼　成吉思汗の生涯』(森崎東・原田隆司、一九八〇)がそれにあたる。中国大陸の悠久たる文化を憧憬のまなざしで描いた井上靖の世界は、日中戦争を挟む近代史から遠く離れ、日中間の政治的な問題や歴史問題を引き起こすリスクの少ない安全牌と言える。また井上靖が、一九八〇年から九一年まで日本中国文化交流協会の会長を務め、中国側の絶大な信頼を得ていたことも映画化を後押ししたのである。

その後、追い風となった出来事がいくつか重なる。『坂の上の雲』と『敦煌』の映画化を熱望していた徳間康快が小林の企画を知って、一九七七年六月に彼と接触し始めた[10]。それにつづいて、同年一〇月三一日から一一月一六日にかけて、小林は日本映画人代表団のメンバーとして訪中した。日本中国文化交流協会が中国人民対外友好協会との協議にもとづき、代表団一行一一名を中国に派遣したものである。団長は木下惠介で、小林正樹、松山善三、熊井啓、岡崎宏三、仲代達矢、吉永小百合、佐藤正之(多くの小林作品を手がけたプロデューサー)、佐藤純子(日中文化交流協会常任理事)、横川健(同協会事務職員)が団員として加わった。その旅の中で小林は念願であった大同近郊の雲崗石窟の見学がかない、『敦煌』映画化への夢を膨らませたに違いない[11]。

注目すべきは、訪中の際に小林が携えていた『切腹』、『化石』を、中国の映画関係者や文化関係者、対日外交関係者多数が鑑賞したという知られざる映画史的事実である。映画人代表団に加わった佐藤純子氏は、筆者によるインタビューで次のように証言している。

> 訪中の際に、小林監督作品の他、『楢山節考』(木下惠介、一九五八)、『サンダカン八番娼館　望郷』(熊井啓、一九七四)、『泣きながら笑う日』(松山善三、一九七六)も持参した。これらの作品は監督諸氏に自作の中から選んでもらったもので、小林監督は当初『化石』だけにしたが、協会側の働きかけで『切腹』もラインナップされることになった。出発するまでに「無為替輸出」の手続きを済ませたうえ、すべての作品のフィルムを台本とともに中国側に送った。多くの中国の映画関係者はそれらの日本映画を鑑賞した。中では芸術性という点において、

最も高い評価を受けたのが、『化石』と『切腹』であり、小林監督の演出のみならず、岡崎宏三のキャメラ(『化石』)、武満徹の音楽(『切腹』)も絶賛された。●12

事実、そこには文化大革命後、はじめて中国国内で一般公開する日本映画を選びたいという中国側の狙いがあった。しかし蓋を開けてみると、白羽の矢が立ったのは小林監督作品ではなく、『サンダカン八番娼館　望郷』であった。一九七八年一一月、『サンダカン八番娼館　望郷』は『君よ憤怒の河を渡れ』(佐藤純彌一九七六)とともに中国全土で一般公開され、空前絶後の大ヒットとなった。同映画が中国側に選ばれた最大の理由は、おそらく地主階級・資本家階級に虐げられる女性‐プロレタリアートという明確なイデオロギー性によるものだったように思われる。それに対して『化石』はブルジョワ的な精神世界を繊細に描いた文芸作品であり、『切腹』からは階級抑圧のテーマ性を見いだすことは可能だとしても、そのグロテスクなまでの暴力性が中国の映画検閲に抵触してしまうことが容易に推察できるだろう。両作品のいずれも当時の中国人の欲望、あるいは政治的言

大同の雲崗石窟を見学する
小林(右) 佐藤正之(中) 岡崎宏三
1977年

●7…『化石』パンフレット(一九七四)所収・小林正樹「『化石』は私の分身」。また、世田谷文学館主催の「生誕100年　映画監督・小林正樹」展に展示された小林監督の直筆メモによると、一九六五年に『敦煌』の原作と映画化趣旨書を、松村謙三を通して中国側の要人に渡し、中国ロケの可能性について打診してみたが、「時期尚早」との返事があり、撮影許可が下りなかったという経緯もあった。

●8…前掲小林「『化石』は私の分身」。

●9…前掲小林「『化石』は私の分身」。

●10…佐高信『飲水思源　メディアの仕掛人、徳間康快』金曜日、二〇一二。「東京裁判」(市立小樽文学館編『鋼鉄の映画人――小林正樹』一九九八)所収「小林正樹略年譜」。

●11…「日中文化交流」二五一号(一九七七年十一月十日)所収「文化大革命以後初の日本映画人代表団が訪中」。

●12…二〇一六年二月二三日、東京有楽町日中文化交流協会にて筆者は佐藤純子氏にインタビューを行った。

説とうまくマッチしなかったことで、荒廃しきった文革終息直後の中国ではどんな日本映画をもっていっても例外なく大当たりするという時代状況の中、小林正樹はそのチャンスを逸してしまったのである。

話を『敦煌』に戻そう。その後、徳間康快が率いる新生大映の企画として、小林正樹が脚本・演出を手がける『敦煌』が正式に動きだしたのは一九八三年頃だった。徳間が戦後初の日中合作映画『未完の対局』（一九八二）を、そして小林がドキュメンタリー『東京裁判』を仕上げ、それぞれホッとしているところだった。筆者が、山本洋氏（元大映専務取締役、『敦煌』製作補）に行ったインタビュー[13]によると、月一回のペースで、徳間、山本洋、そして小林正樹、佐藤正之らが『敦煌』シナリオをめぐって話し合う機会が設けられた。小林作のシナリオは、主人公の趙行徳を軸に西域文化を発見していくという地味でシンプルな構造で、時代考証がしっかりなされた文化映画と言えるものである。しかし、興行で売りにできる部分が乏しいわりに製作費を五〇億円まで見込んでいた小林企画に対して、徳間側は難色を示した。

徳間側は主人公の内面の描き方や、それぞれの民族が戦乱に巻き込まれていく過程、ツルピア王女と二人の男性の三角関係をより踏み込んだ形でドラマティックに描くことによって、スペクタクルを売りにした大作映画をイメージしていたらしい。徳間側の注文に応じて、小林は多少の書き直しを行ったとはいえ、根本的改変がなかった。半年の折衝の末、徳間と小林の連携は頓挫した。一九八四年、徳間側は井上靖や小林正樹側から映画化の権利を取得して監督を深作欣二に依頼した。そして、小林は記者会見を開き、無念の涙を見せた[14]。

しかし、筆者が佐藤正大氏（元大映プロデューサー、『敦煌』プロデューサー）に行ったインタビュー[15]によると、後任の深作欣二監督はスペクタクルな大作娯楽映画という徳間のヴィジョンに理解を示したとはいえ、脚本づくりの段階で躓いた。すなわち、彼はストーリーをどうまとめて結末へもっていくべきか途方に暮れ、井上靖の小説を原作とする以上、徹底した娯楽性を追求するのはとうてい無理だと気づいたようだ。そのうえ、製作費の予算はやはり四十数億円を下ることはなかったこともあって、結局、深作も監督を降りた。また、山本洋氏によると、当初、深作監督は、騎馬による砂漠での一〇万人に及ぶ大合戦を再現するために、五〇〇〇頭の鍛えられた軍馬を用意することを条件に監督の任を引き受けたが、ちょうどその頃、中国では鄧小平が軍縮政策を打ちだし、人民解放軍を一〇〇万人削減するとともに、軍馬も削減の対象としたため、映画撮影用に五〇〇〇頭を用意することがどうしても不可能となった。それも深作が『敦煌』の監督を辞退した一因だったという[16]。

その後、徳間側は、佐藤純彌監督がメガホンを執るという新たな製作体制を整え、一九八七年五月に北京でクランクインした。翌年に完成した『敦煌』は日中両国で公開され、大きな話題を呼んだ。佐藤純彌ヴァージョンの『敦煌』が興行的には成功した背景には幾つかの要因があった。クランクイン前からの話題づくり、ロケ地へのマスコミ取材の招待、前売り券の組織的な販売といったメディア戦略に加え、とりわけ為替の変動により製作費が大幅に抑えられたことは大いに寄与したという。[17]

佐藤正大氏によると、「佐藤純彌を監督に迎えたあとも、小林企画の段階から残っていたさまざまな難題はそのまま引きずっていた。井上靖原作の物語構造や、登場人物の配置をどう組み直しても人間臭さに乏しく、何より明確な「敵役」が出てこないため、痛快な娯楽作品に仕立て直すことは困難だったからだ」[18]という。

さらに「小林正樹監督の脚本で行くなら、芸術性は高いとしても一般観客は退屈してしまい、興行的には成功しなかっただろうが、井上靖原作に最も忠実であるという点では、それが最も正統な『敦煌』と言えるだろう」[19]と佐藤氏は振り返る。

井上靖のベストセラー小説に含まれたスペクタクル性をより際立たせたうえ、メディア戦略を用いてヒットを仕掛けていく過程において、徳間側が固執していた「中国」のイメージは、おそらくかつて小林正樹が『人間の條件』の中で描きだしたファンタジックな「中国」と通底しているように思われる。

しかし、『敦煌』に至ると、小林正樹が試みたかったのは、戦争やその後の文革によって何重にも抑圧され、見えなくなった中国の歴史や文化を、綿密な時代考証にもとづき、スクリーンの中へ君臨させることであったように思われる。その点において、中国の歴史や文化を、単なるスペクタクルの背景、あるいはファンタジーの舞台とした徳間側と相いれず、両者の連携は頓挫したのではないだろうか。

結び

『人間の條件』から『東京裁判』に至る戦後のキャリアを俯瞰してみると、小林正樹は、「中国」と向き合う際に、歴史を超越する普遍的な物語性、そしてドキュメンタリータッチへのこだわりという二つのベクトルを持ち合わせていた、と言えよう。このような対照的な志向性が、『人間の條件』と『敦煌』の中にそれぞれ投影されたことが、ここまでの考察によって明らかになった。すなわち、『人間の條件』において、小林はヒューマンドラマのジャンル的特徴、あるいは日本映画史の「お約束」を戦略的に用いることで、日本人の戦争責任の問題に迫った。ところが、そこから二十数年後、彼は『敦煌』を通じて、リアリズムの方向から再び「中国」にアプローチしようとした際に、製作コストや興行面での制約などの厳しい現実が立ち上がり、企画を根本か

◉13…二〇一四年五月二二日ならびに二〇一六年二月九日、東京新宿甲州屋ビルにて筆者は山本洋氏にインタヴューを行った。

◉14…前掲『鋼鉄の映画人——小林正樹』所収小笠原清「「樽中」出身の親友と盟友」。

◉15…二〇一六年二月一二日、東京新宿京王百貨店「サロン・ド・テ・コロンバン」にて筆者は佐藤正大氏にインタビューを行った。

◉16…前掲山本洋氏へのインタビューによる。

◉17…前掲佐藤正大氏へのインタビューによる。なお、『敦煌』の製作経緯については、「日中文化交流」四八五号(一九九一年五月一〇日)所収徳間康快「映画『敦煌』と井上先生」。一九九七年七月号所収山本洋「『敦煌』と森さん」「徳間グループニュース」。前掲劉『証言　日中映画人交流』における佐藤純彌監督インタビューなどを参照。

◉18…前掲佐藤正大氏へのインタビューによる。

◉19…前掲佐藤正大氏へのインタビューによる。

ら揺るがしてしまった。その背景には、ディレクター・システムやスタジオ・システムの崩壊に続き、メディアミックス的宣伝戦略にもとづいた大作路線がしだいに幅を利かせるようになったという日本映画界の著しい変容があったことは言うまでもない。

最後に、中国語圏における小林正樹作品の受容を概観することで、本稿を終えることとしたい。すでに言及したように、中国本土では『切腹』、『化石』が内部試写の形で一部の映画人や関係者の間で話題を呼んだとはいえ、一般公開に至らなかった。ところが近年、メディア環境の変化に伴い、『人間の条件』や『切腹』の中国語字幕版はDVD化され、さらにインターネットを通じて中国国内で広く流通するようになった。中国映画のヒットメーカーである管虎《クワン・フー》監督が戦争映画を手掛ける際に『人間の条件』を参照したことが、筆者の取材で明らかになったのである。[20]

そして、台湾では、『人間の条件』(中国語題『日本人』)や、『切腹』、『怪談』(一九六四)、『上意討ち—拝領妻始末—』(中国語題『上意討』一九六七)がほぼリアルタイムで劇場公開された。[21] とりわけ一九六五年一月に台湾で封切られた『怪談』は、台湾の「鬼片《クイピアン》(幽霊映画)」という映画ジャンルに極めて大きな影響を与えた。それについて、映画史研究家の黄仁《ホアン・レン》は次のように指摘している。

> 王童《ワン・トン》監督は、みずからの美術(絵画)への嗜好を映画に投影すべく、『怪談』を模した『金玉夢』を企画していたが、実現に至らなかった。つづいて、胡金銓(キン・フー)、白景瑞《バイ・チンルイ》、李行《リー・シン》、李翰祥《リー・ハンシャン》の四大巨匠が共同監督した『喜怒哀楽』(一九七〇)では、オムニバス映画という構成が『怪談』に啓発されたものであったばかりでなく、同映画の中で李翰祥が手掛けた「楽」という短編や、その何年後、キン・フーが単独で製作した『山中傳奇』(一九七九)における構図や美術も、『怪談』から影響を受けたように思われる。そのほか、丁善璽《ティン・シャンシー》監督の『陰陽界』(一九七四)、とりわけ王菊金《ワン・ジュジン》監督の『六朝怪談』(一九七九)も明らかに『怪談』からインスピレーションを得ている。[22]

いっぽう香港では、一九五〇年代から六〇年代後半にかけて、さまざまなジャンルの日本映画が、広東語あるいは北京語に吹き替えられ、二つの系列の映画館を通じて上映され、絶大な人気を博した。『人間の条件』、『切腹』もそのルートに乗って劇場公開された。しかし、一九六二年に上映された『人間の条件』(中国語題『戦争与自由』)は大幅にカットされた短縮ヴァージョンであり、その全長版が日の目を見ることができたのは一九八〇年であった。[23]

商業ベースの上映にくわえ、日本映画の巨匠たちが手掛けた名作が、「香港国際電影節(香港国際映画祭)」や「香港芸術中心(香港芸術センター)」、「火鳥」などのアートシアターにおいて上映されてきた。その中で『怪談』は一九六七年に、『化石』は一九七六年に、『東京裁判』は一九八六年にそれぞれ上映され、多くの日本映画ファンや香港映画人に大きなインパクトを与えた。[24]

香港映画の巨匠ジョン・ウー(呉宇森)監督は、筆者のインタビューにおいて「一九五〇年代から七〇年代にかけて、日本映画が香港社会に深く浸透していった中で、アート系映画が好きな人ならば、小津安二郎、溝口健二、黒澤明、小林正樹の作品を好んでいた」[25]と証言しており、彼自身も『切腹』に描かれている義理や人情に強く惹かれ、また同作品における暴力の表象からも大きな影響を受けたという。[26]このように、小林正樹は中国語圏映画界に不滅の足跡を残したのである。

●20…二〇一六年二月六日、筆者は管虎監督に書面によるインタビューを行った。
●21…前掲黄『日本電影在台湾』。
●22…同前。また、台湾における日本映画の受容について、二〇一六年二月一七日、筆者は(台湾)世新大学准教授張昌彦氏に電話インタビューを行った。
●23…『日本文化在香港』(香港大学出版社、二〇〇六)所収李浩昌「日本芸術電影在香港　1962—2002」。
●24…同前。
●25…「キネマ旬報」二〇一五年一一月上旬号所収劉文兵「special interview 世界の呉宇森(ジョン・ウー)、原点に立ち戻る(前篇)」。
●26…二〇一五年八月二五日、筆者は北京でジョン・ウー監督にインタビューを行った。

生命の息吹に触れる
小林正樹の芸術について

スティーヴン・プリンス

私は、英語圏の読者のために小林正樹とその作品についての本を執筆しているアメリカの大学教授として本論を書いている。現在、英語による小林の業績についての書物規模の研究は存在せず、これは戦後の日本映画における彼の偉業や重要性を考えると驚きであり、残念なことである。しかしそれはそれとして、後述するように、小林の作品のほとんどが未配給であるため、アメリカの観客は小林について部分的で偏った見方をしている。本稿では彼の作品についてアメリカの観客が知っていることから始め、英語で書かれた評論で比較的顧みられていなかったり過小評価されたりしている彼の業績の重要な側面を記述したい。

小林作品のアメリカでの受容

小林は三〇年以上映画監督として仕事をした。しかるにアメリカ合衆国では主として、短い期間に続けて製作された『切腹』(一九六二)、『怪談』(一九六四)、そして『上意討ち——拝領妻始末——』(一九六七)の三本のみが知られている。これらはみな侍が主人公の時代劇映画で、つまりアメリカの観客には小林は、サムライ映画の監督として認知されているということだ。『切腹』と『上意討ち』は不動の古典とされる。『怪談』は伝奇物語として、その精緻な映像と美術で世評が高い。この三作は確かに小林の最も完成度の高い卓越した作品である。しかしこれらだけを切り取ったのでは、映画監督としての彼の業績としては不完全である。アメリカの観客はいくつかの点で典型的ではない作品をもとにその作家像を捉えている。例えば黒澤明、溝口健二、岡本喜八らとは異なり、小林は時代劇映画を作り続けたわけではない。有名なこの三作品が、彼の作ったこのジャンルのすべてだ。小林は他にも一本『いのち・ぼうにふろう』(一九七一)を作っているが、同作はアメリカではほとんど観られていない。

小林は現代を舞台にした映画、多くは中国や東南アジア、太平洋での日本の悲惨な戦争を題材とした映画を、それも、自身が憎んだ軍に心ならずも徴兵され、戦うことを強要された平和主義者の観点で作り続けた。アメリカの観客は彼の作品におけるこの重要な要素、つまり権力や政治的弾圧に対する批判性を承知はしているものの、関連する小林作品の多くに接する機会は限られていた。『日本の青春』(一九六八)、『化石』(一九七四)、『燃える秋』(一九七八)、『東京裁判』(一九八三)、『食卓のない家』(一九八五)はアメリカで広く上映される機会はなく、ビデオとしても発売されなかった。その一方、中期の重要な作品の多くはビデオ版が入手可能である。『人間の條件』(一九五九―六一)、『壁あつき部屋』(一九五三/五六)、『あなた買います』(一九五六)、『黒い河』(一九五七)、『からみ合い』(一九六二)などである。松竹十八番の感情豊かな叙情性を反映した初期作品は、本稿執筆の現時点で、期間限定のストリーミング型配信サービスで視聴可能である。しかしながらこうした選択肢以外で、初期作品はアメリカでは事実上配給されぬままになっている。

そういうわけでアメリカの観客は、小林作品のわずかな部分しか知らない。彼は、アメリカの観客が知る以上に多産な作家である。映画づくりが思うにまかせなかった晩年の一五年間と比べると、小林の初期は、信じがたいほど多作だった。一九五二年に監督として一本立ちをし、その後一二年間に一五本も手がけている。しかも、五味川純平の大長編小説の映画化『人間の條件』三部作は、それぞれが二篇からなる。この六篇はどれも九〇分ほどで、それだけで長編映画の長さであるから、長編映画六作品に匹敵すると言っても過言ではない。『人間の條件』を六作品と数えると、一二年間での小林の作品数は一八本にのぼる。これは驚くべき業績で、おそらく監督デビューが大幅に遅れたことにより鬱積した活力が、映画製作に注がれたのだろう。小林は一九四一年に助監督として松竹に入社したが、数カ月後に徴兵されて満州に送られ、終戦後は沖縄の米軍による捕虜収容所に一年間収容された。こうした一連の事情により、昇進はかなり遅れた。加えて監督として一本立ちするまでに長い下積みを経験した。彼が付いた木下惠介は、師匠とはいえ、四歳しか離れていない。木下は小林とは違い、大学には行かずに直接映画界をめざし、一九三三年に松竹に入社した。小林が大学やその後の戦争で費やした年月によって、同期の監督たちよりスタートはかなり遅まきとなり、彼らの後塵を拝しながらも、意味深長な位置に置かれた。同時に、戦時下でも映画製作を続けていた監督たちとは異なり、小林は透徹した判断力を備えて戦後のキャリアを開始することができた。兵役に就いてはいたが、戦争協力者ではなかったため、作品においてイデオロギー上の呵責や日和見主義者と後ろ指さされる畏れなしに、軍国主義や封建主義を攻撃することができた。一人の映画監督として、その作品において、過去のイデオロギーに左右されることなく軍国主義の歴史に対峙できた、戦後の申し子のような芸術家であった。何よりも自身の経験から、政治的イデオロギーに対しては深い懐疑を持っており、映画でそれらはしばしば、抑圧的で自由を脅かすものとして現れた。

知られざる魅力的側面

ここまでのこと――つまり、彼のキャリアや作品が反権威主義的なもので、政治的・軍事的権力に対して懐疑的であるということは、一般的に知られている。しかし、その作品にはあまり広くは認められていない、別の魅力的な側面がある。アメリカでは小林に関する同時代の著述は、ほとんど存在しない。一九七〇―八〇年代に書かれた彼の映画についての研究や批評のほとんどは、数少ない当時のインタビューに多くを負っており、素材は『人間の條件』、『切腹』、『上意討ち』に集中しがちだ。『息子の青春』(一九五二)から『泉』(一九五六)までの初期作品は、師・木下恵介のスタイルに倣った二流作品として無視される傾向がある。実際、これらの映画では小林は松竹のスタイルを習得し、木下流映画作りを踏襲し発展させる、すぐれて叙情的な映画監督であることを証明してみせた。これらの映画は温かく思いやりある繊細な戦後の暮らしを描いており、柔和で喜劇的な精神といった、のちの小林作品からは想像できないような資質が顕著である。松竹の社長(当時は副社長)・城戸四郎が好んだ心温まる楽しい映画を作るのが非常に巧みだったので、その道を選ぶならこの調子で続け、商業監督として確固とした成功を収めたことだろう。しかし小林は別の道を望んだ。より批判的で論争を呼ぶタイプの映画を作ることにしたのだ。

それでも、彼の初期作品を、木下の二番煎じと軽視すべきではない。監督としての初期に小林は、注目すべき三作品『息子の青春』、『まごころ』(一九五三)、『壁あつき部屋』を作っている。『壁あつき部屋』は、彼が円熟した監督として歩み出す方向性を明らかにした最初の映画であり、前二作品は自身の生い立ち、家族の物語、子供時代の体験をフィクションに託した、非常に個人的な作品である。これら一連の映画は、松竹大船調の枠内にありながら、小林は並々ならぬ品の良さと温かさでもって、戦争とその余波をめぐって尾を引く問題をさりげなく扱い、また、一人ひとりの良心と信義にもとづいた、道徳的な行為のひな型を描き出している。

『息子の青春』と『まごころ』で小林は戦争を跳び越え、敗戦により日本人総体が負った心の傷についてはほとんど触れないまま、これら家族のドラマを展開する。この省略はきわめて意図的なものにみえる。これらの家族ドラマにおいて先の戦争とその傷が問題にされないことは意図されたものであり、つまり、小林はそれに意味を持たせるために、この欠落を詩的に利用しているのである。小林は戦争を跳び越えることでしか描けないものを見せる。二つの映画の主人公はともに十代の少年(『息子の青春』の春彦、『まごころ』の弘)で、小林と同様に進歩的で、自由思想の家庭の子どもたちである。主人公は小林の分身なのである。主役はいずれも石濱朗が演じており、彼の存在でもって小林は、戦時下での男性の行動規範を脱構築させる。小林は、石濱によって、戦時下で「国体」の公の象徴であった、厳格でダメージを受けた男性像とは別の像を構築したのである。石濱は柔和でのびのびと朗らかに、これらの役(および『この広い空のどこかに』〔一九五四〕でも)で道義にかなう振る舞いをし、人道的な規範に則った生き方の確信を表現する(小林は『切腹』でも同様のやり方で石濱を登場させている。そこでは彼の優しさを、一五年戦争での日本皇軍の行動を表象する武士道の規範たる非人間性と対置している)。小林のしたたかな計算では、石濱の扮する登場人物たちは、戦前の存在であると同時に、戦後のそれでもあった。戦争自体がなかったかのようだ。彼らは歴史的外傷に脅かされてはいない。確かな子ども時代を振り返り、明るい未来に思いを馳せる。小林はここで歴史を想像し直しているのだ。石濱は、戦争で失われた世代には与えられなかった機会を埋め合わせる存在である。それは小林が共感する能力、特に批判的で自立的な見方を体現している。小林はその想像の世界で、彼の物語の続く間は戦争をなかったことにするために、戦争を跳び越える。それは日本が失ったものを喚起するためだ。春彦や弘、そして彼らの家族は、戦前の日本の都市文化に存在した、軍国主義者によって踏みにじられたモダニズムを表象する。それゆえに『息子の青春』と『まごころ』は、木下流ホームドラマ以上のものであった。これらは小林のまさしく個人的な映画であり、日本がやみくもに破局に向かっていかなければどうなっていたかを表すことで、詩的な形で戦後というものを想像し直していると言える。

『まごころ』は、小林作品における精神的領域の重要性を示した最初の作品であり、その精神性が、唯物論的な歴史分析といかに止揚しうるかを示す作品としても意義深い。小林作品における精神的側面は、映画において彼が成し遂げ得たことの中でもきわめて重要な要素であるが、それらは『黒い河』、『人間の條件』、『切腹』のように卓越した映画の持つ政治的批判性の前では、影が薄い。封建時代や現代を舞台に描かれるこれら権力や抑圧機構に対する批判は、小林作品の核心となる本質的特徴である。小林の発言もこの見方を裏づけており、自身しばしば

『まごころ』撮影現場での
石濱朗(左)と小林正樹

『まごころ』
薄幸の少女(野添ひとみ)に出会い
思いつめる少年(石濱朗)

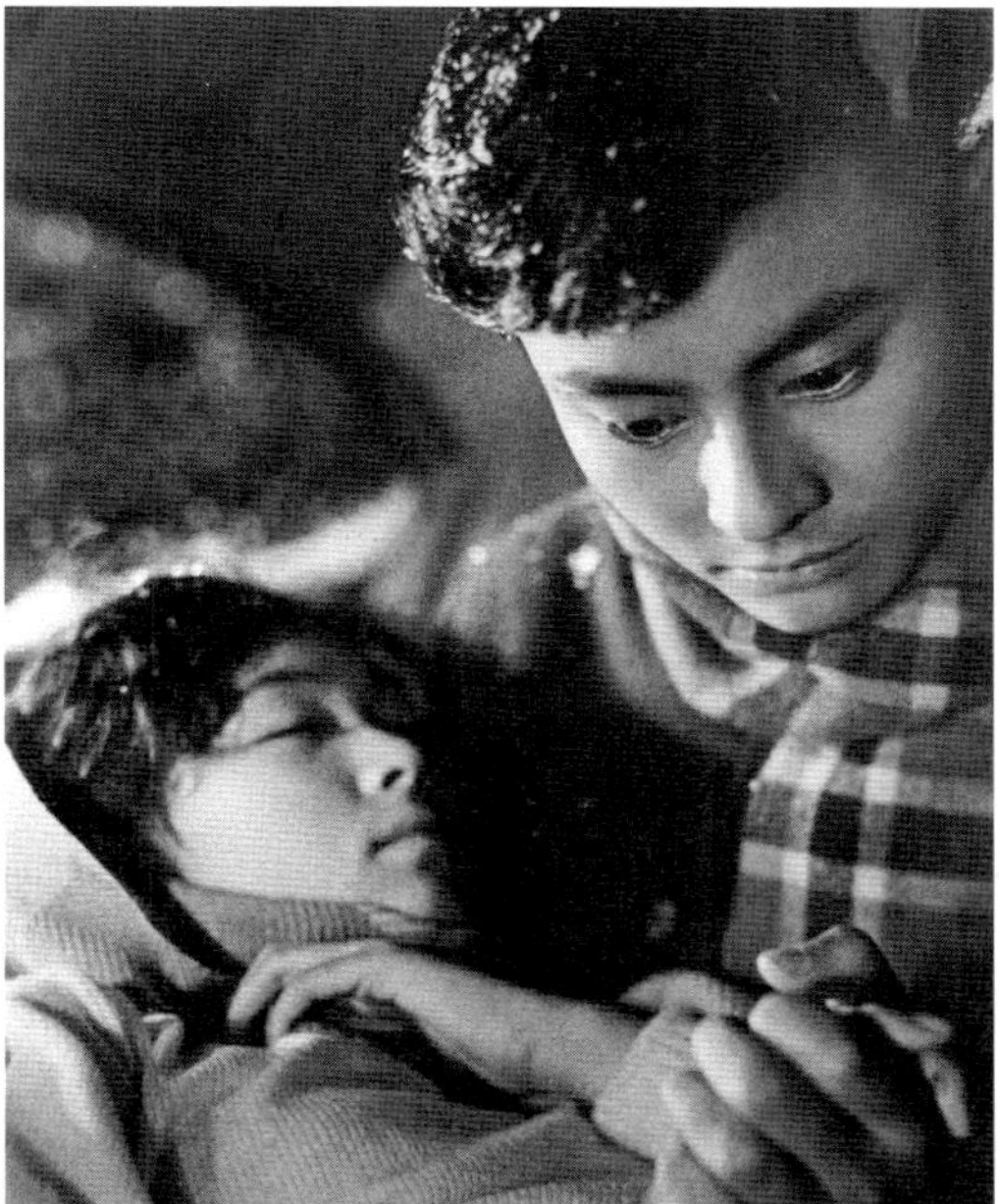

インタビューで、自作の鍵となるテーマは個人と社会との闘いだと語っている。彼の作品をこう言い表すことは妥当ではあるが、『人間の條件』の大ヒットや『切腹』がカンヌ映画祭で審査員特別賞を受賞したことの結果、小林作品をめぐって生じた批評的合意に彼の側が反応し、口にしたもののように思える。彼は権力者を批判する作品を作る政治的な映画監督だと見なされていた。こうした見方自体には何ら問題はないし、多くの作品のきわめて本質的な特徴を表すのには役立つ。しかし、彼の最も素晴らしい作品中に見られる唯物論的な歴史分析は、人間の主観的真実や精神的側面に対する、小林の飽くことなき興味に由来するものだ。

この興味については、小林の子ども時代を思えば驚くことでもない。彼は山々に囲まれた小樽で、高台から見る雄大な自然の景色が持つ美しさを尊ぶ文化のもとで過ごした。山々は至高の存在を喚起させる。さらに、山は神道では聖なる場所で、神々が在《いま》す場、生の循環がはじまり、終わるところであった。高めのカメラポジション、俯瞰を好んで使うことは小林も自認しているが、これは北海道の山での経験と関連している。筆者が執筆中の本では、小林の俯瞰の使い方、それが作品中でさまざまな意味を伝えていることを詳細に探究している。このカメラポジションにより、小林は作品を通して磨き抜かれた図像学(iconography)を確立した。彼の精神性は、早稲田大学で會津八一の下で学んだ数年間で確固としたものとなった。小林は會津の仏教美術や奈良の古寺に対する深い造詣に感化された。會津はしばしば学生たちを奈良への実習旅行に誘い、寺の美しさについて熱心に語った。會津が日本の芸術文化の黄金期と見なす時代の仏教美術への造詣や情熱を、小林は深く吸収した。小林は龍神を祀る聖なる室生山にある室生寺について卒業論文を書いた。徴兵の可能性が高まるとともに、戦死を覚悟した小林は室生寺を再訪し、徴兵される若き東洋美術学徒についての物語づくりにとりかかった。室生寺を再訪して、取り返しのつかなくなる前に、最後に寺や仏像を心に刻み込もうとした。小林は會津によって呼び覚まされた古美術に対する情熱を、生涯持ち続けた。井上靖の小説『敦煌』を映画化する計画を温めていたが実現できず、そのことを真に悔やんだ。しかしながら、温めていたもう一つの企画、會津と奈良の寺院についてのドキュメンタリーには着手していた。

小林と「聖なるもの」

その背景と受けた教育を鑑みると、小林が映画を用いて内面的価値と経験を探求しなかったとしたら驚きだろう。これらによって、一つの時代に権力と支配が作動する現実を探求するという精神性が備わり助長された。小林に対する理解が、権力を批判する政治的な映画作家とみなされるほど、その作品に存在する聖なる要素(sacral elements)や興味は見過ごされてしまう(西洋の批評家では、クロード・R・ブルーアンは小林映画の聖なる要素について言及している)。小林の感受性は折衷的で多元的共存主義だ。映画は常に仏教だけでなくキリスト教からモチーフやイメージを取り込んでおり、作中の政治的な内容への言及や対照により、これら信仰は統合されている。この点にまつわる関心は、監督二作目、長編第一作の『まごころ』にすでに現れている（『息子の青春』は一時間弱の短編で、有望な新人監督にスポットライトを当てる松竹のプログラム編成の一部として製作された）。『まごころ』で石濱朗演じる弘は高校生で一家はクリスチャン。教会の近くに住み、姉はその教会でキリスト教の結婚式を挙げる。映画の山場はクリスマスの日に起きる。近隣は信者たちが歌う賛美歌の音で溢れる。キリスト教の終末論のごとく、映画は、純潔と神の恩寵をもたらす死による贖いを描く。弘は、結核で瀕死の娘ふみ子（病いと貧窮は戦争を示唆する）を一目見て心をかき乱される。彼女は隣に住んでおり、弘の部屋からはその部屋が見える。彼女が苦難を耐えしのぶ様子を見て、その純粋さと穏やかさに深く心を動かされる。彼は彼女の試練にキリストの受難を思い、死が近づくにつれ、ふみ子は聖者と化していく。弘の彼女に対する気持ちは恋心以上のものである。ふみ子が身をもって示すことどもにより、弘はそれまで無頓着だった生命《いのち》の深淵に気づく。小林は雪

『人間の條件』第六部
日本人居留民救済のため
戦わずしてソ連軍に投降する
梶の率いる日本兵

『人間の條件』第六部
粗衣（このシーンのために小林と仲代が創作）をまとって
雪原をさまよう梶（仲代達矢）

によってふみ子の聖性を示す(雪は小林の映画ではしばしば聖性を象徴する)。雪と氷の結晶をまとって、彼女は金箔の聖像のように光り輝く。

次の『壁あつき部屋』(一九五六年まで未公開)では、連合軍俘虜の死体を火葬場に運ぶ日本兵・横田が人の素朴な親切心に触れ、宗教的な悟りを得る。数名の俘虜が同行する。彼らはかまどで温められた部屋に座り、火葬場をとりしきる老人が、俘虜に酒をふるまう。それは慈愛の、個の神聖さの印であり、その場にいる一人ひとりは仲間であり、敵ではないということなのだ。老人の娘ヨシ子は、男たちに茶碗を配る。「ハレルヤ」という声が聞こえ、彼女の行為や存在が横田には聖なるものに映る。ヨシ子を見て彼は悟りを得る。小林は火葬場の窓のショットを外の雪景色に重ねる。キャメラは窓のほうへと動き、その先の雪の遠景をのぞむ。そして反転して、外から表面に雪がこびりついたガラス窓、部屋の中で男たちが囲む暖かく燃える炎を見せる。横田の声がそこに重なり、死の匂いがするはずの火葬場に生の匂いがする、世界と生あるものへの限りない愛を感じた、と語る。この明らかに宗教的な場面は、横田が経験した戦争の残酷さを神々しいものに変貌させる、物質世界を超越した至高の調和を描き出す。心が世界に開示され、そこに内在する真実の意味が戦争犯罪人や略奪者に対する描写と対置される。

キリスト教的な犠牲と復活の思想に関わるモチーフは、『壁あつき部屋』で連合軍当局が戦犯として日本兵を処刑する南方での場面にも現れる。処刑場所はゴルゴタの丘、イエスがつまらぬ盗人二人と磔にされた公開処刑場を指すキリスト教の表現を視覚化したものである。死刑を宣告された三人の日本兵は明らかにゴルゴタの丘の三つの十字架を想起させる構図で、三本の巨大な柱にくくりつけられ、銃殺隊と向き合う。明らかなキリストのモチーフは『人間の條件』三部作の最終篇で、主人公の梶がソビエトの強制労働収容所から脱走し広大な雪景色の中を歩いて帰還しようとするところでも現れる。梶は食糧も水もなく、収容所での食糧袋で作った麻布の粗衣を纏っている。つぎはぎは寒さをしのぐためのものだが、映画を締めくくる宗教的な図像をも形づくる。キリスト教の伝統では彼の着衣は懺悔服だろうし、懺悔服と断食は悔い改めと謙虚の表れであった。梶の衣服、断食、そして重い荷物を背負い、キリストのようによろめき歩きついに地に倒れる場面は、映画の結びの出来事をキリスト教のモチーフに方向づけ、梶が自らの罪——兵士二人を殺害し、戦争に荷担したこと——を悔い、この世を後にして、神の国に赴くことを示唆している。映画のラスト、彼が斃《たお》れ雪に覆われるとき、その死は神の恩寵の聖なる瞬間となる。インタビューで小林は梶の死を「復活だ」と述べている。

『化石』の実業家・一鬼《いつき》は休暇先のヨーロッパで末期ガンと診断され、幾度となく幻影に見舞われる。幻影は一鬼という人間の有限性、死すべき運命、彼の現世の運命を擬人化している。「空《くう》の空、すべては空」と「伝道の書」から有名な一節を引いて、幻影は一鬼の世俗世界への執着を揺さぶる。「空(vanity)」と翻訳されたヘブライ語の「ヘベル(hebel)」の意味の一つは、「創世記」

がいう「命の息」(二章七節)のように、「儚い」とか「実質がない」ということである。一鬼はブルゴーニュで訪ねたロマネスク様式の教会の静けさと暗さに強く感銘を受ける。石の空間がもたらす力＝カミ(神)を感受し、彼は死を受け入れる覚悟ができる。儚さのテーマは、一鬼が『論語』の「子罕篇一七」から、孔子が川の流れの絶えないことについて述懐するくだり(訳注・「子、川の上《ほとり》に在《いま》して曰く、逝くものは斯《か》くの如きか、昼夜を舎《お》かず」)を引用するところでも再び現される。『燃える秋』では主人公の女性がイランを旅し、古代の文化と宗教が彼女に語りかける。ペルセポリスの遺跡ではかつての恋人の幻が現れ、モスクの壮麗な建築の只中で彼女は癒しを見い出す。

小林の仏教、キリスト教、イスラム教の融和的扱いから、その多元的共存主義、混淆的態度がわかる。キリスト教のモチーフが主に現れる映画もあれば、仏教に傾く映画もある。『怪談』では仏教美術に通じた小林の、美術史や仏教の伝統への尊重がよくわかる。迷える怨霊を成仏させる琵琶法師と音楽による悪

『壁あつき部屋』　BC級戦犯日本兵処刑の場面

『怪談』「耳無し芳一の話」のために中村正義が描いた『源平海戦絵巻』の一部
海中に漂う平家武者の屍

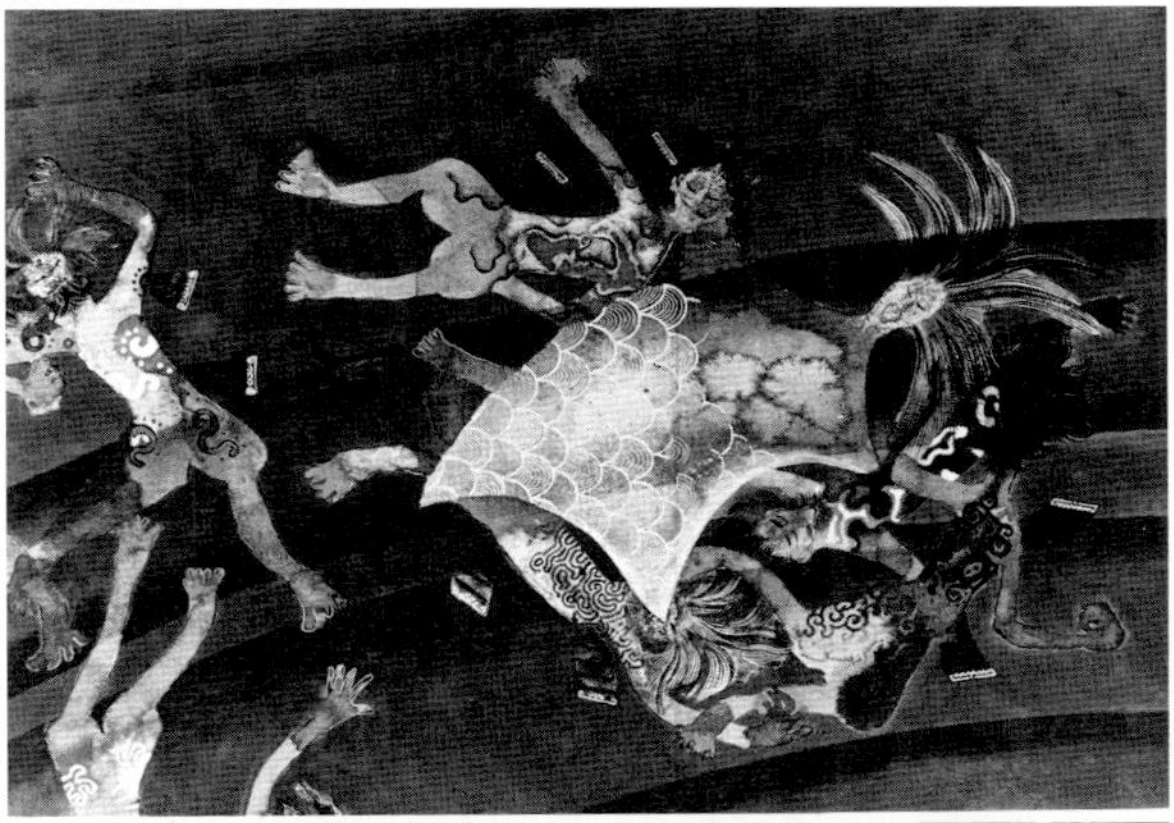

迫る源氏武者におびえる平家の公達と女房

魔払いの法要。これは映画にあるようにしばしば寺院で執り行われていたことだ。このエピソードでは仏像のクロースアップが頻出し、鶴田錦史《きんし》が弾き語る芳一の琵琶が平曲として重ねられた。芳一は平家の怨霊に連れて行かれ、平家が滅びることになった壇ノ浦の合戦の場面を奏で唄わされる。この合戦のくだりは「平家物語」の山場であり、命の儚さ、万物の儚さへの深い悲しみに満ちた、小林が次作『化石』でも探求する考え方と共鳴する哲学そのものである。映画では、合戦は中世の絵巻物が生命を得たかのように、入念に視覚化されている。小林は実写に壇ノ浦合戦の絵を重ねあわせ、実際の合戦および「平家物語」から派生した視覚芸術の豊かな伝統に敬意を表す。中世の合戦の絵巻物一般がそうであるが、それらの絵画は、西洋美術の伝統に典型的な空間的奥行きを描くものでなく、垂直に要素を積み重ねた、二次元の静的なものである。小林は一連の静的な画面と書き割り、奥行きのない映像にふさわしい合戦再現を意図した。こうした意図は、もののうわべを捨て去り、それらの内に秘められた真実や真髄を摑み取ろうとする仏教の信条に叶うものだ。

『いのち・ぼうにふろう』は地蔵菩薩像に祈る人物で締めくくり、『切腹』では、主人公・津雲が婿を死に追いやった侍との一騎打ちの際、一対の猛々しい金剛力士像が津雲の頭上にたちはだかる。金剛力士の存在は、津雲に対する井伊家の、仏の教えとは真逆の振る舞いを表す。井伊家屋敷の狩野派の襖絵は、禅美術と上級武士階級のイデオロギーとの関連を喚起する。小林は晩年にはドキュメンタリーで、會津八一と奈良の仏教美術への自らの結びつきを改めて表明しようとしたが、この企画は完成を見ることはなかった。この映画は會津の生涯と奈良を仏教信仰の中心とした寺院や伝統への彼の傾倒を探り、遠い昔に消えてしまった時代に対する心情を會津の詩でたどるものであった。

おわりに

これまで述べてきたように、小林は政治的な動機から映画を作ろうとした監督ではなかった。彼はこの世界に顕れる生命の息吹に対して敏感だったが、それは物質的にあるいは経験的にも世界の一部をなしているというところにとどまるものではない。彼が映画で描いたさまざまな宗教的伝統に息を吹き込んだこの感受性は、彼が『壁あつき部屋』、『人間の條件』、『切腹』で痛切に呼び起こしてみせた歴史の暴威からの庇護、盾、対抗となった。軍の支配の影が差す歴史が個人を蹂躙し磨り潰してしまう巨大な機械のようなものであったとしても、時を超越する生命の力は、それに対立する価値が永遠に存在することを告げる。これらの価値が、抑圧の軛《くびき》に苦しむ人々の経験の地平を越え、敵意ある打ち勝ちがたい力に対峙するとき、絶望に陥らず、無抵抗に終わらないためのすべを与えるのだ。小林の仕事の核は政治的な抗議ではなく、視界のきかない個人や経験の地平を超える力の肯定だとわかる。小林にとって、古来の芸術や信仰は現在に語りかけるものであり、我々は注意深くその声に耳を傾けさえすれば良いのだ。

(冨田三起子訳)

崇高な残虐さ

フランスにおける小林正樹作品の受容

クレモン・ロジェ

小林正樹がフランスに起こしたブームの背景には、二つの重要な要因があった。どちらの要因もブームの追い風にはなったが、残念なことに長続きしないという特徴も併せ持っていた。

一つ目の要因は、一九五〇年代初めから国際映画祭や一般の映画館で日本映画の上映が増え、時代の流れに敏感な映画通の関心を引いたことだ。それまで、彼らの興味は古典的なハリウッド作品一辺倒だったのである。

実際、さまざまな回顧上映や通常の配給によって、日本映画は少しずつ、ヨーロッパのスクリーンにも映し出され始めていた。そして、好奇心旺盛な観客たちがついには溝口健二や黒澤明の作品を我がもの顔に語るようになるまで、たいした時間はかからなかった。

こうして非常に多くの日本映画がフランスにも紹介され、とりわけ日本映画の最新作を専門に上映していたシャンゼリゼのステュディオ・エトワール(現在はクラブ・エトワールという名の民間映画館になっている)がその役目を担っていた。

五〇年代はまた、フランスの映画通が溝口派と黒澤派に分かれて激しい論争を繰り広げたことでも知られる。当時、映画誌がどんな編集方針をとっていたか、同じ頃に東洋の映画がフランスでどのように受け入れられていたかをよく理解するために、論争はいまでも重要な意味を持っている。その作品に究極の映画表現を見いだし、はっきりと『雨月物語』の監督の側に立ったカイエ・デュ・シネマ誌に対し、一方の映画誌ポジティフは、『羅生門』の作者が生み出すスペクタクルやきわめて西洋的で新鮮な物語の魅力を褒めたたえた。

六〇年代に入ると、論争は芸術の視点よりむしろ政治性をうんぬんする傾向が強まり、窮屈になった。すなわち、マルクス主義、毛沢東主義に染まったカイエ誌が黒澤作品の反動的な側面を非難し、黒澤は社会に対する視点が保守的で政治への関わり方も漠としていて、進歩的な溝口に満足に対抗できないと決めつける、といった具合である。

八〇年代にセルジュ・ダネーが黒澤の業績を高く再評価したことで論争はついに終わりをつげるが、「趣味のいい映画通」を競うかのようなこのやりあいは、一つの興味深い問題を提起した。一方に時間と空間のとらえ方が「最も純粋で最も真正」だと評価される映画作家がいて、もう一方に黒澤のように、より普遍性のある作家がいる。そうした対置が可能な日本で、誰がいかにして彼らに負けないほどの頑固さを貫いて新しい映画をつくるのか、という問題である。

小林正樹が『人間の條件』とともに紹介されたのは、日本映画についてのそんな問題意識がフランスにあった頃である。『人間の條件』に先立つ初期の諸作品は、残念なことに彼の祖国の国境を越えてはいなかったのだ。

ひとたび同世代の中で最も観客を魅了する映画作家の一人と見なされるや、小林はカンヌ国際映画祭で一九六三年と六五年の二度、『切腹』と『怪談』で審査員特別賞を受賞するという稀有な評価を得て、同時代の多くの監督がうらやむ国際的な名声を手にすることになった。あわせて、六七年のヴェネツィア国際映画祭で『上意討ち—拝領妻始末—』に国際映画批評家連盟賞(FIPRESCI賞)が与えられたことも挙げれば、ヨーロッパが小林を見いだしていく過程が、現実に彼が映画祭で受賞を重ねていった時期とぴったり呼応しているのがわかる。

もう一つの決定的な要因は、言うまでもなく大変動期にあった戦後社会の政治状況に関わっている。溝口の作品が時代に先駆けたフェミニズムで評価を高めることができたのだとすれば、小林作品の反体制的な側面は、フランスを筆頭に数多くの国に社会変革をもたらしたヒューマニズムの伝統にまっすぐ結びつくものであった。

『切腹』に見られるような遅いテンポは、当時の観客を当惑させたかもしれない。それでも、権力構造(映画では武士道の体面に関する決まり事という形で示されている)に対する批判は、すでに反体制に染まっている若者が即座に理解できるなにものかを、いまも持ち続けている。資産家や、あるいは何であれ高い身分に対する批判というより、小林は社会に根づいた思考の体系そのものに戦いを挑んだ。そのことが、この映画が時の流れに抗して今日もなお見られている理由だろう。

小林正樹の国際舞台での活躍に話を戻すと、一九六〇年のヴェネツィア映画祭に『人間の條件』を出品したのは四四歳のときで、国際的に名が知られたのはかなり遅かった。このとき、三時間半に及ぶシリーズ第一部「純愛篇」、第二部「激怒篇」を見てくたくたになったジャン・ドバロンセリは、ル・モンド紙に「破格で情熱的な、ある日本映画」と題するひらめきあふれる記事を書いた。作品に完全に圧倒された彼は上映後、「この映画の巨大な森の中には人生も夢も満ちあふれている。この映像を私は忘れないだろう」と記している。

『人間の條件』は強い印象を残したが、すぐに公開はされなかった。フランスではじめに一般観衆の関心を集め、映画好きの間で古典の地位を占めたのは『切腹』である。

カンヌでの記者会見で作品が「完全に反サムライの立場をとる初めてのサムライ映画」と紹介されると、小林は即座に、これが現代にも通じる物語であることを強調している。

仲代達矢が演じる浪人が息絶える前、井伊家に伝わる甲冑を荒々しく地に投げつける場面がある。その甲冑が腐臭を放つ封建主義の象徴であることを、観客は日本の歴史を知らなくても理解できる。甲冑がまた、最も基本的な人間としての価値を犠牲にして規律を押しつける軍制度を形にしたものであることも理解するだろう。

小林のこの作品には、戦国時代が終わって武士の失業が増えたことに触れるなど一九三〇年代の傾向映画の要素が混ざりこみ、さらには、それよりもずっと過剰な形でメロドラマの要素も入っている。ちょうど同じ年、大映がカラーのチャンバラ映画を量産する方向に舵をきっているが、そんな時代に白黒を採用したのも興味深い。そのことが、コスチューム・プレイにまだ関心を示していなかった日本のヌーベル・ヴァーグ作家たちの注意を引くことになったからである。

『切腹』
抵抗の最後の修羅場
(中央・仲代達矢)

パリの『切腹』上映館
CINEMA LE VENDOME

というわけで、この作品はかつての映画のように、武士道のヒロイズムを描いたものではない。観客が直面せざるを得ない極めて特徴的な社会の現実に錨を下ろした映画だった。脚本の橋本忍はすでに『羅生門』によってヨーロッパで知られていた。『切腹』のシナリオは、その野心的といってもいい構造と、さらにはのちに映画監督になるアンドレ・S・ラバルトの言葉を借りれば、現代の課題に対する「知的で鋭い」問題提起とによって、高く評価された。

ドバロンセリもル・モンド紙で、映画の「異国趣味を排した不思議なほどの現代性」を称賛し、あわせて「小林正樹が社会の移り変わりを超えた人間の条件について自問する姿勢」をたたえた。

しかしながら、『切腹』はその明らかなメッセージにもかかわらず、当時は必ずしも作品にふさわしい形で理解されたわけではなかったという事実にも触れねばならない。いくつかの新聞記事にあたると、カンヌでの上映は激しいブーイングを浴び、竹光での切腹や最後の井伊邸での斬り合いのシーンでは、残忍な描写に耐え難い思いをした観客が会場を去ったことがわかる。

最も保守的な批判が、この作品の中の暴力に強い拒否反応を示し、作品の社会への影響を懸念したのは当然だろう。なかんずく、カトリック系の新聞ラ・クロワは暴力を激しく非難する先鞭を切り、作品に表れた美意識の質の高さを認めながらも、「サディズムの世界でさえ耐え難く受け入れ難いシーンが一ダースはある」とたたいた。

そうであれば、左派の批評が作品を最もよく理解したのも道理である。彼らは作品に流れる政治的な姿勢が現代に通じることをただちに指摘し、あわせて異国趣味がまったくないことにも言及した。共産党機関紙ユマニテの批評は、「日本映画を特徴づける高貴と残酷がこの映画にも刻まれているが、しかし、ここで描かれているのは現実的なストーリーの中で息づく真の人間である」と称賛した。

最も印象深い批評はもちろん、優れた批評家ジャン・ドゥーシェの手になるカンヌ報告である。作品の豊饒さに打たれた彼は、『切腹』を歴代その時点までで唯一パルム・ドール（カンヌ映画祭の最高賞）に値する作品だと評した。新しい映画作家の登場を目の当たりにした興奮を隠しきれなかったのである。彼は文章全体を通じて節度を保ちながらも、小林を称賛してやまなかった。しかしながら、その中の一節が私たちに問いを投げかけている。

> 荒野での決闘とそれに続く井伊邸での戦いは、荒々しいリアリズムと同時に品位ある様式美に満ちている。こうしたシーンは同じような場面を描いたこれまでのどの作品をも間違いなく凌駕している（ただし、溝口はアクション・シーンをまったく撮らずアクションの観念を映像化したという当たり前の理由から、比較の対象外である）。私には、小林は日本の最も重要な映画作家の名に値するように思える。この作品を見た黒澤の崇拝者たちが、根拠のないまま黒澤を偶像視し甘やかしていたと知ることを、ただただ願おう。

この主張の中には、当時の非常に大切な問題に関わること、つまり小林を日本映画のピラミッドのどこに位置づけるかということへの意思が読み取れる。つまり、黒澤の上だが、比較できない溝口よりは下。こうしたランク付けは、今日からは馬鹿げてみえるかもしれない。しかし、当時の映画批評は刺激的な編集を絶えず追い求めることで活気を保っていた。小林は、作品の重要性を評価したこの報告によって、「日本を代表する監督」の仲間入りをしたともいえるのである。

『切腹』が特に重要な作品であり続けている理由の一つは、物語の質の高さにある。ドゥーシェは「脚本は明晰で、一級の批評精神の持ち主の手になるものだ」と評している。もう一つの理由は造形美だ。「様式の重々しさ、せりふが持っている魅力的なリズムが〔中略〕悲劇的な雰囲気を徐々に高めていき、最後の場面では、それまで抑制されてきた暴力が驚くべきスケールと抒情とともに爆発する」とドゥーシェは記した。

フランスの観客はこの監督の他の作品にもまして、『切腹』に、長きにわたって強い印象を受けてきた。それまでの日本映画は、東洋と西洋の影響を併せ持つという両面性に代わる新しい特質を示していなかった。こうした状況の中、小林は日本映画に決定的に欠落していたもの、すなわちリアリズムを提示したのである。

続く『怪談』は、日本での興行成績は成功からはほど遠かったが、日本を代表する作品として市川崑の『東京オリンピック』とともにカンヌに出品された。当時、最も影響力があった批評家の一人、ジャン＝ルイ・ボリーはどちらの映画も高く評価しつつ、間違いなく『怪談』により惹かれ、この作品を雑誌アールで取り上げている。

この年はリチャード・レスター監督の『ナック』がパルム・ドールを受賞した。しかし、ボリーはこの英国の若々しい映画より日本の新しい映画のほうに魅力を感じ、そのことを発信した。彼の眼には『怪談』はその絵画性において類のない作品に映った。彼は作品における色遣いを一つ一つ取り上げ、作品中の他の要素についても的確に分析した。

この幻想的世界は、強い確信が生んだ透明感によって表現されている。幻想を突きつめる小林の姿勢に、理屈など不要である。彼が日本画を絶えず参考にしながら生み出した合戦場面、強烈であると同時に静まり返り、曖昧模糊とした死の世界に悠久の歴史を結びつけたこの場面ほど美しいものは、ほかにない。

残念ながら、ほかのジャーナリストたちは小林の作品には少しばかり古臭い様式、映画祭のコンペティションのために完璧につくりこまれてはいるがある種のわざとらしさから逃れていない様式があると、こぞって批判した。さらに、『怪談』は長すぎたため、「雪女」は劇場公開の際にカットされた。この事実は、映画祭出品作と通常の上映作品との間に生まれ始めた溝を印象づけることにもなった。

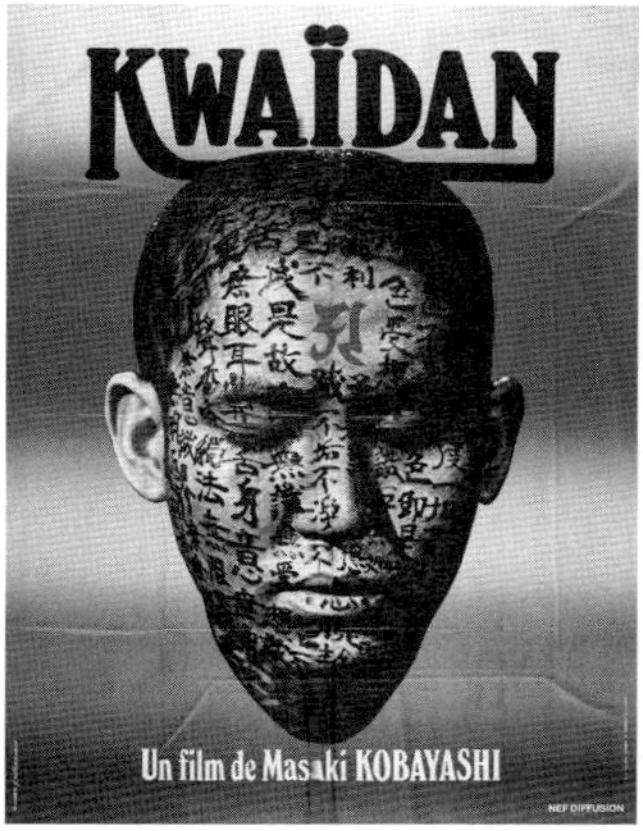

『怪談』仏語版ポスター

1965年『怪談』を出品してカンヌ映画祭に出席した新珠三千代と小林

おそらくそれがために、傑作『上意討ち』は映画祭の正統な受賞作であるにもかかわらず、一般には公開されなかった。優れた作品に接することができなかった映画通は、ビデオの発売を待って、今日では小林の最良の作品のうちに数えられる映画の質の高さをついに見いだすことになるのである。

『人間の條件』の第一部・第二部は一九六八年に劇場公開されたが、これもヴェネツィアへの出品から八年後のことである。

それでもイタリアでこの映画を観ていた批評家は総じて作品の持つ力を忘れてはいなかったし、共産党系の新聞は一般公開への興奮を隠さなかった。

面白いことに、右派に位置づけられる新聞各紙もこの作品を称賛した。フィガロ紙は、主人公が犠牲になった牢獄のシステムと現代社会の類似性を強調し、「作り手は、この種の地獄においても自由な社会においても、人間が持つ真情には変わりがないことを表現した」と書いた。こうした指摘は、おそらく時代の空気に影響されている。実際、作品の公開は六八年五月、ちょうどパリを揺るがせた学生の反乱真只中の時期である。一方で、アルジェリア戦争、そしてベトナム戦争が戦争と暴力に対する人々の意識を変えていた。ヴェネツィア映画祭で観る者を動揺させた作品中の暴力は、八年後には現実に起きていることと呼応し、もはや多くの人々に衝撃をあたえることはなかったようである。そこには、作品の形式よりも本質に目を向けるようになる一般向け映画批評の、明らかな進化も見てとれる。

残念なことに、当時の知的な批評家たちがこぞって作品を高く評価したにもかかわらず、映画ファンの主要な部分を占めていた若者たちは、パリの反対側の端の映画館で上映されている反軍国主義映画に三時間を使うより、街をうろつくことを好んだ。館内がガラガラだったことで、シリーズの続編は公開されなかった。ステュディオ・エトワールは、客席がまたガラガラになるリスクを冒そうとはしなかったのである。ユマニテ紙は『人間の條件』は傑作である。もう一度上映リストに加える勇気を持たなければならない」と主張したのだが……。

作品が配給されなくなったことで、小林に野心的で怒れる日本映画の復活を見いだしていたフランスのレーダーから、彼の姿は徐々に消えていった。

そのような状況のもと彼のその後のキャリアに強いブレーキがかかり、海外へ出るチャンスも奪ったのである。

結局、『人間の條件』全編一〇時間がパリのシネマ・オランピックで上映されるには、一九八四年七月まで待たねばならなかった。これは、作品が映画史の中の時を超えた古典への道を歩むうえで大きな出来事であり、作品の評価もそれに値するものではあったが、それでも真に古典の地位を獲得するのは簡単ではなかった。

その地位が確立したのはさらに五年後、フランス南西部ラ・ロシェルの国際映画祭で、小林本人が出席して回顧上映が行われたときであろう。ラファエル・バサンのインタビューに答えて彼は、作品に現代との結びつきをあえて持たせようと思ってきたわけではなく、むしろ人間そのものを描き、人間を極限状態に追い込みたかったのだ、と語っている。

　結局、作品は非常に多くの反響を引き起こしてきたが、理解の仕方がつねに、情熱的ではあっても時にあいまいだったことを、彼は婉曲に指摘したのであろう。

　おそらくそのことが、小林作品の特異性を際立たせている点だろう。観る者に激しい感情を引き起こすことができる映画、言葉の力と美学的な技巧によって、批評家の中に矛盾した表現でしか描写しえない相反する感覚をときに生み出す映画なのである。小林の作品を高く評価した映画史家のマルセル・マルタンが『人間の條件』を「残酷だが崇高」と評したことは、あまりに強烈な対象に向き合って混乱した物書きが、それでも対象の本質を完全にとらえねばならないというパラドクスに陥ったときの答えの出し方を、見事に示している。

　似たようなことでは、オーロール紙が批評欄で「日本人がヴェネツィア映画祭参加者を拷問にかけた」という目を引くタイトルを掲げたことも目につく。書かれている内容は、まるでゴシップ誌から抜け出したような大見出しにはそぐわない、作品に対する好印象である。

　暴力を評する際のこうした誇張した表現は、日本映画がフランスで「残虐な映画」と受けとめられる傾向に紛れもなく影響を与えた。しかし、その残虐さとは、反乱を起こすことで徐々に政治的な良心を解放していくという、崇高な残虐さなのである。

　しかしそれ以上に、小林の作品はさまざまに向き合うことが可能な、多くの入り口を持っている。新聞批評に目を通していくと、彼の映画がいつの時代にも、その時代に特有の反応を引き起こしてきたことがわかる。フランスにおける一九六八年からの四度にわたる『人間の條件』の発見——一つの事象と見なすに値するビデオの発売も含めてのことだが——それが、彼の作品が周期的に評価されてきたことをあまねく示している。その周期が、いささか不規則ではあっても、小林の諸作品を映画史の神殿に入る不朽の名作へと高めていくことを可能にしたのである。


（小林省太訳）

『人間の條件』第一部
満州の鉱山で
特殊工人と対論する主人公梶
左から宮口精二　南原伸二　仲代達矢

抑制された叫び

クロード・R・ブルーアン

『人間の條件』のラストシーンをまざまざと思い出す。後方へ、そして垂直にキャメラを移動しながら、雪の中の主人公梶をとらえた映像。なぜこの動きなのだろうか？　小林は私に小樽の思い出を語っている。若い頃、彼は小樽の街の背後にある山に何度も登り、頂上から海を見下ろした。その経験は、若い彼を突き動かしていた衝動を解き放つ助けになっていたという。

登山体験が、映画にどうこだましているのか。それは、異なった時期の二つのシーンが続く回想の中にあるのではないか。私は、登場人物がわずかな光しか当たらない閉ざされた場所から、広々とした空間に自らを見いだすまでの流れを思い浮かべている。彼はそうしたシーンを撮ることで、自分につきまとっていた登山の記憶を形にしたのだ。

シルクロードで起こった数々の文明の出会いや破壊に思いを馳せながら、この映画作家は『壁あつき部屋』でマレー人や米兵(GI)、日本人、韓国人を描いた。『人間の條件』にはさらに満州人や中国人を、『化石』にはフランス人、スペイン人、日本人を、そして『燃える秋』にはイラン人と日本人を登場させた。彼の一連の映画にとっての地球は、シルクロードに沿って伸びている。

文明の出会いに対するこの好奇心がおそらく、北米の英語圏の中でフランス語を話すケベックの人々の多くが、なぜ小林に語りかけられているように感じるかを説明する理由になるだろう。我々の歓迎にこたえて彼は繰り返しモントリオールを訪れ、四日間にわたる連続講演さえ引き受けてくれた。

彼の映画には「裁判と裁判官を裁く裁判」といった趣がある。我々がそれぞれのうちに持っている死刑執行人の部分と犠牲者の部分とを、自ら秤にかけてみるように仕向け、また、現在あるものの中で文化遺産として引き継げるものは何か、その探求へと我々を誘うのである。

『怪談』の第三話は、ある意味で、芸術家の仕事についての彼の考え方を示している。そこに描かれているのは西洋美術のシュールレアリスム、日本美術の絵巻物、彫像、琵琶、仏教美術、そして戦争だけではない。いかに芸術家がさまざまな幻影にとらわれ、沈黙しようとして沈黙できない存在なのかが、芳一の運命を通して、とりわけ見てとれるのである。抑制された芳一の叫びから小林はリズムを引き出し、その読経のリズムが聴く者の悩める魂を鎮める。そこに、我々は先に触れた「上方への動き」の精神を見いだす。登山が若者の衝動を解放したよ

モントリオール市街で
小林とブルーアン 1985年の映画祭で
ブルーアンはいつも小林のそばにいて
話しかけていた

うに、芸術が我々の矛盾した衝動を解放するからである。

映画作家小林正樹自身が、果たして幻影につきまとわれ、霊のとりこになっていたのだろうか。彼がユーモアのセンスを持ち、注意深く情熱的で、会話の寛大な聴き手であったことを、一九七二年から九四年まで、二〇回ほども六本木の喫茶店紗絵羅でともに過ごした時間を通して、私は知っている。

それでも、その同じ人間が幻影にとらわれていた、ともいえる。一九七四年一月のモントリオール、サントカトリーヌ通りとの交差点でブルリー通りを渡ったとき、雪片が舞う光景に微笑んだ彼の口からは、「満州みたいだな」（北海道みたいだ、ではなく）という言葉がこぼれた。

このことは、彼が人間の謎めいた感覚そのものを持っていたことを示してはいないだろうか。『人間の條件』の第三部「望郷篇」第四部「戦雲篇」を見れば、満州は最悪の悪魔との戦いの記憶に結びついた場所である。彼はその満州にさえ、寒さが勢いを増すモントリオールに重なる、不幸な中に隠されていた一瞬の思い出を持ち続けていたのだから。

クロード・R・ブルーアン

カナダ・ケベック州ジョリエット

二〇一六年四月

（小林省太訳）

小林正樹アルバム㉘

『真珠の小箱—會津八一と奈良—』の取材

（一九八八年八月、毎日放送）

小林が兵役で満州に旅立った直後の1942（昭和17）年4月に
奈良新薬師寺境内に建てられた秋艸道人會津八一の歌碑
「ちかつきて　あふきみれとも　みほとけの　みそなわすとも　あらぬさみしさ」

奈良散策シーン撮影

奈良めぐりの常宿日吉館の古い宿帳に
学生時代の自身の署名が残されていた

小林正樹アルバム㉙
會津八一の墓参とロケハン
（一九九四年一〇月）

瑞光寺境内にある會津八一望郷の歌碑
「ふるさとの　ふるえのやなき　はかくれに　ゆふへのふねの　ものかしくころ」

NHKハイビジョンテレビ番組
『會津八一の世界　奈良の佛たち』
制作にあたり
恩師への挨拶の墓参
（新潟市中央区西堀通りの
瑞光寺にて）

小林手作りの
企画書の一部

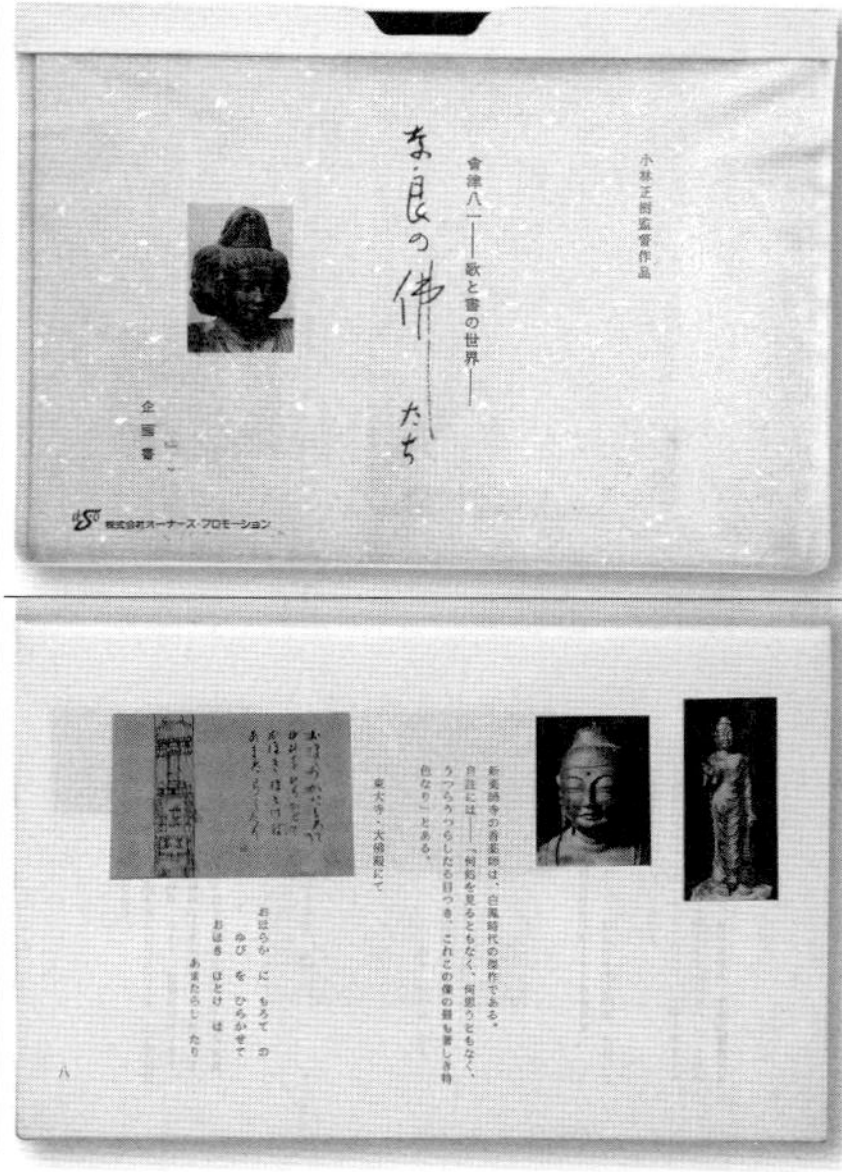

會津八一の「終の棲家」となった旧居の庭園にて
（現在　新潟北方文化博物館分館）

西域の遺跡・沙州城へ駱駝で向かう
日本敦煌美術研究者友好訪中団の一行
撮影小林

敦煌への旅路　蘭州行きの列車にて
1979年　手前小林　奥は佐藤正之

V

入魂の軌跡と未遂の夢

フィルモグラフィ

ストーリー・解説執筆＝増當竜也

執筆にあたっては芸游会所蔵資料やキネマ旬報データベースなどを参照した。公開当時の映画評は小林監督のスクラップブックに多くを負ったが、新聞雑誌等掲載の日付が不明なものはそのままとした。
スタッフ一覧中の助監督・監督助手名については、作品タイトルの掲載対象とされていない場合も、資料等で確認された場合は適宜追記した。

01 息子の青春

1952.6.25封切
松竹映画
モノクロ44分
スタンダード

◉スタッフ

製作＝山本武　原作＝林房雄「息子の青春」（文藝春秋連載・創元社版）　脚色＝中村定郎　撮影＝高村倉太郎　美術＝中村公彦　録音＝西崎英雄　音楽＝木下忠司　照明＝荒井公平　装置＝台松太郎　装飾＝印南昇　衣裳＝細井眞佐江　現像＝関口良雄　編集＝斉藤正夫　監督助手＝二本松嘉瑞・川頭義郎　撮影助手＝平瀬静雄　録音助手＝吉田庄太郎　照明助手＝野村勝　録音技術＝沼上精一　進行＝新井勝次

◆出演者

越智英夫＝北龍二　千代子＝三宅邦子　春彦＝石濱朗　秋彦＝藤原元二　植村泰造＝笠智衆　幸一＝磯貝元男　森川たみ子＝小園蓉子　山本記者＝野戸成晃　洋服屋＝島村俊雄　ボーイ＝高瀬進　警官＝新島勉　諸角啓二郎　土田桂司　志摩良子　八乙女信子

▽ストーリー

春になり、高校三年生になったオシャレな長男・春彦のみならず、質実剛健な次男の秋彦まで髪を伸ばし始めたのを目の当たりにして、小説家の父・越智英夫も母・千代子も驚きつつ、微笑ましく見守っている。

ある夜、春彦と秋彦が兄弟喧嘩を始めた。秋彦の友人・植村幸一が評判のよくない不良らしく、それを春彦が揶揄したことが原因であった。

春彦は自分の誕生日にガールフレンドの森川たみ子を家に招待したいと父に申し出て、快諾を得る。当日、たみ子がなかなか現れず、やきもきする春彦ではあったが、ようやくやってきた彼女の感じの良さに夫妻もひと安心。また同席している秋彦の友人・植村も好印象で、夫妻はほっと一安心するのであった。

誕生日の招待の返礼にと、たみ子の両親が春彦を歌舞伎に招待した。千代子は春彦のために背広を新調して送り出すが、次第に大人になっていく息子の姿を見ながら、ふと寂しげな表情を見せる。そんな千代子を優しく諭す英夫。結婚して二〇年経ちながらも、ふたりは今も初々しい恋人同士のようであった。

一方、秋彦と植村が警察に保護拘束された。東京から来た学生を脅迫して腕時計を奪ったというが、家にやってきた植村の父・泰造は「親父くらい息子を信用してやらねば、息子が本当の不良になる恐れがある」と、すでに警察署長を相手にひと悶着起こしてきたことを告白した。

泰造の親心に共感した英夫は、自分が代わって警察に赴き、署長に頭を下げてふたりを引き取った。顔中傷だらけ、服は泥だらけのふたりを、互いの家族は温かく迎えるのだった。

■解説

　小林正樹の記念すべき監督デビュー作。当時の松竹が製作していたシスター映画（SP: Sister Picture）と呼ばれる中編映画路線の一環として、助監督時代に手掛けたものだが、監督本人も「短いものだけに、自分としてはスキのないものになった」（キネマ旬報一九五二年七月上旬夏の特別号）と自負する出来栄えとなった。

左から笠智衆　三宅邦子　石濱朗　北龍二

　当時のマスコミの作品評価も「神経の行き届いた演出で気持ちよくまとめた」（毎日新聞五二年六月二七日）、「思春期を特に危険視するような一人よがりがないから後味が大変いい」（日刊スポーツ）、「今週の日本映画六本のうち、いわゆるシスター映画の『息子の青春』が、一等である」（日本経済新聞）、「SP映画初めての佳作」（時事新報六月二九日）などなど、おおむね良好。

　また小林の出身地である北海道の北海タイムスは、「道出身の小林監督『息子の青春』で一人立ち」（五二年五月一九日）と、撮影現場を訪問して同地出身監督の誕生を心から祝い、激励している（以後も同紙は小林監督を応援し続けていくが、マスコミ嫌いで知られる小林監督も地元北海道マスコミの取材に対しては常に気持ちよく応対しているのが各文面から伝わってくる）。

　木下恵介監督の助監督として六年・一四作木下組を支えてきた小林らしく、木下演出に倣った明朗快活な初々しいタッチではあるが、その奥にはやはり太平洋戦争開戦直後に徴兵され、過酷な軍隊生活を強いられた彼ならではの、ようやく平和が訪れた戦後日本の若者たちの青春を祝福するかのような想いも感じずにはいられない。劇中で若者たちの間で楽しく歌われるアメリカ映画『黄色いリボン』（四九／日本公開五一年一一月二日）の主題歌は、その象徴とも言えよう。

　本作は家のセットの間取りなど、小林監督の北海道の実家を参考にしており、そもそも北龍二扮する越智英夫は自身の父親をモデルに構築したとも言われている。夫妻の浜辺のデート・シーンも微笑ましく、こういった当時としてはリベラルな家庭から小林映画の名作群が生まれていったのかと思うと感慨深いものがある。

　なお、三宅邦子扮する越智夫人の役名は千代子だが、クランクイン直前に小林監督が松竹の女優・文谷千代子と結婚しているのも、偶然にしては映画的すぎる事象ではあった。

02
まごころ

1953.1.29.封切
松竹映画
モノクロ94分
スタンダード

◉スタッフ

製作＝久保光三　脚本＝木下恵介　撮影＝森田俊保　美術＝平高主計　録音＝妹尾芳三郎　照明＝豊島良三　音楽＝木下忠司（原曲S・バッハより）　装置＝高橋利男　装飾＝守谷節太郎　衣裳＝五島サエ子　現像＝中原義雄　編集＝杉原よ志　監督助手＝二本松嘉瑞・川頭義郎・今井雄五郎　撮影助手＝小

杉正雄　録音助手＝堀義臣　照明助手＝荒井公平　録音技術＝鵜沢克己　進行＝山吉鴻作　原題「あゝ初恋」

◇出演者

有賀有三＝千田是也　邦子＝田中絹代　いち＝東山千栄子　みどり＝淡路恵子　弘＝石濱朗　野々宮清子＝津島恵子　ふみ子＝野添ひとみ　その叔父＝永田靖　矢島敬一＝高橋貞二　志村透＝三橋達也　坂本八郎＝須賀不二夫　アパートの小母さん＝水上令子　下宿の小母さん＝高松栄子　弘の友人＝藤原元二　長塚安司　今井金太郎

第8回毎日映画コンクール脚本賞＝木下恵介／第4回ブルーリボン脚本賞＝木下恵介／映画批評家クラブ六日会新人賞／年鑑代表シナリオ集収載

▽ストーリー

裕福な家庭に育つ有賀弘は、慶應大学入試を来春に控え、大好きなラグビーを一時控えなければならないことだけが不満な、純粋無垢な青年である。姉みどりはまもなく結婚の予定で、フィアンセの矢島が家庭教師についているのだが、どうも勉強に身が入る様子はない。

ある日、有賀家のペットの犬の様子がおかしくなり、動物病院に入院させることになったのと同じ頃、弘の住む邸と道ひとつ隔てた安アパートに、年若い野々宮清子とふみ子の美しい姉妹が引っ越してきた。ほとんど身寄りのないふたりの陽の当たらない部屋は、ちょうど弘の部屋の真向かいに位置しており、そこで彼はふみ子の姿を見て、一目で恋に落ちてしまう。

姉妹は自分たちから金を搾取する悪辣な叔父から逃れるために引っ越してきたのだが、そんな苦境の末、ふみ子は肺を病んでいた。そのことが近所の噂になり、弘はいてもたってもいられなくなり、必ず慶應に合格することを交換条件に、未だ名前さえ知らない彼女の療養費の工面を父に頼みこむ。

雪が降り、心華やぐクリスマスの夜、弘とふみ子はようやくお互い窓越しに見つめ合うことができた。しかしその直後、叔父がアパートに現れ、外へ逃げ出したふみ子は吐血してしまう。偶然、弘のラグビー部顧問の坂本先生に助けられたふみ子。そこで弘は病魔と闘う彼女の顔を初めて間近に見るのだった。

お金があれば犬でも入院させられるのに、貧乏ゆえに助かる病人も助からない世の理不尽に抗するかのように、弘は改めて父にふみ子のことを懇願し、神にすがる。結局、今の彼にできることは受験に合格することだけであった。姉の結婚式を素直に喜ぶ暇もなかった。

受験の前日、ふみ子はアパートの窓を開け、弘に向かってかぼそく微笑んだ。己の無力を激しく嘆き、絶望する弘は部屋の鍵をかけてひきこもる。まもなくして、ふみ子は逝った。弘は目の前の苛酷な現実と初めて対峙するかのように、ラグビーの練習を始めるのであった。

手前より野添ひとみ　津島恵子　三橋達也

◘解説

シスター映画『息子の青春』を初演出してその力量が認められた小林正樹は、翌五三年、師匠・木下恵介の脚本を与えられ——木下は当時の小林の演出に関して「梶井基次郎『檸檬』のレモン色のように、眼に沁みる新鮮さ」（芸術新潮五三年三月号）と評している——初長編たる本作を演出。また従姉である田中絹代の特別出演なども含め（田中の小林作品への出演は本作のみ)、いかに当時の松竹が彼に対して期待していたかを物語っている。

良家の息子と薄幸の美少女の淡くはかない、しかも互いに名前も知らなければ言葉すらろくに交わすことがないという、いかにも松竹大船調の青春メロドラマとしての図式の中で、貧富の差がもたらす現実のシビアさ、そして表面だけ取り繕う大人たちの心の悪意までも巧みに醸し出されているあたり、後の小林作品に見られる反骨の姿勢の萌芽のようにも思える。

『息子の青春』に続き小林作品に出演した石濱朗は、以降も松竹時代の小林監督の想いを代弁する存在として屹立していく。デビュー間もない野添ひとみに注ぐその眼差しは純粋であるがゆえに哀しく、やがては理不尽な社会に対する正義の憤りへと導かれていくことを示唆しているかのようだ。そのことも含め本作品はやはり小林監督作品の資質のすべてを内包し得ており、木下忠司の音楽がバッハを基調にしていることもあってか、「人は十字架を背負って生き続ける存在である」という、多くの小林映画に共通するモチーフがここですでに表れている。

公開時の批評はおおむね好評で、清水千代太「若い人の時代になったことを痛感」、飯島正「第一流の監督であることを証明した」、双葉十三郎「ヘンリィの名作を思わせる秀作」など、当時のうるさ型とも言える映画評論家たちが競って絶賛のコメントを寄せている中、毎日新聞O(岡村博)のみ「胸をうたぬホームドラマ」と本作を酷評し、これに対して松竹は「ペンの暴力」と厳重抗議。これを機に日刊共立通信の紙面で、Oと小林が往復書簡の形で激論を交わすことにもなった。

一方、北海タイムスや国際新聞、大阪日日新聞などでは高校生たちが本作を見た感想を紙面に掲載し、当時から始まっていた受験勉強のつらさや恋の悩みなどを、作品と照らし合わせながら各々が吐露するという微笑ましい記事も見られた。

03 壁あつき部屋

1956.10.31.封切
新鋭プロダクション
松竹配給
モノクロ110分
スタンダード

◉スタッフ

製作＝小倉武志　原作＝『壁あつき部屋―BC級戦犯手記』(理論社刊)　脚本＝安部公房　撮影＝楠田浩之　美術＝中村公彦　録音＝大野久男　照明＝豊島良三　音楽＝木下忠司　装置＝小林孝正　装飾＝小巻基胤　衣裳＝林栄吉　現像＝中原義雄　編集＝大沢静　特殊撮影＝川上景司　監督助手＝二本松嘉瑞・今井雄五郎　撮影助手＝赤松隆司　録音助手＝中村寛　照明助手＝須藤清治　録音技術＝石原一雄　進行＝小梶正治

◇出演者

山下＝浜田寅彦　山下の妹＝小林トシ子　横田＝三島耕　横田の弟脩＝内田良平　浜田＝小沢栄　浜田の妻＝望月優子　川西＝信欣三　許(朝鮮人)＝伊藤雄之助　木村＝下元勉　西村＝三井弘次　隠亡焼＝北龍二　隠亡焼の娘ヨシ子＝岸惠子　戦犯A＝佐野浅夫　戦犯B＝北見治一　戦犯C＝井上昭文　戦犯D＝竹田法一　戦犯E＝遠山文雄　戦犯F＝稲川忠完　戦犯G＝永井智雄　戦犯H＝道三重道　戦犯I＝谷崎純　戦犯J＝南部一夫　戦犯K＝青木富夫　戦犯L＝土方弘　A級戦犯＝林幹　M爺さん＝横山運平　米捕虜収容所下士官＝早野壽郎　堀下士官＝樋口道也　相川軍医＝長尾敏之助　老婆＝高松栄子　支那人俘虜＝小藤田正一　月田一等兵＝鈴木彰三　尾行者刑務官＝高木信夫　特飲街の女＝戸川美子　気違いの夫人＝水木涼子　藤丘昇一　島村俊雄　横山準　瀧久志　末永功　光村譲　二宮照子　佐々木恒子　阿南純子　武内亨　加藤武　緋片達雄　南進一郎　永井達郎　土紀就一　吾妻正

日本文化人会議 平和文化賞

▽ストーリー

終戦から四年後の巣鴨拘置所。そこには多く

三島耕(左) 浜田寅彦

のBC級戦犯が服役していたが、その中の雑居房4B棟17号室には、戦時中に上官・浜田の命を受け、いやいや現地人を殺した罪で重労働終身刑の判決を受けた神経質な山下や、米俘虜収容所の通訳だった横田、朝鮮人の許、シニカルな川西、生真面目な九州男児の木村、陽気にふるまう西村、それぞれいわれなき理由で戦犯の刻印を押された六人の男たちがいた。

ある日、横田が規定外の新聞を持ち込んだことがばれて、全員で罰を受けることになった17号室の面々は、ふと作業の場を抜け出しA級戦犯・東條英機が絞首刑に処された部屋を訪れ、めいめいが忸怩たる想いを抱く。

朝鮮戦争が勃発してまもなく、横田が戦中から想いを寄せ続けるヨシ子のもとを、左翼運動に邁進する彼の弟が訪れる。ヨシ子は米兵相手の娼婦になって久しかった。

一方、ノイローゼ気味だった川西は妄想にとりつかれ、いつしか自分で自分の首を吊ってしまう。

アメリカが日本の独立を認める代わりに再軍備を促し始めた頃、面会に来た妹から浜田が実家に嫌がらせをしていることを知った山下は、脱走を企てるも失敗。浜田こそは戦後の裁判で己の罪を逃れるために偽証し、山下を陥れた張本人であったのだ。

山下の告白を聞いた横田が弟にそれを話したことにより、左翼雑誌に山下と浜田のことがスクープされた。憤る山下は横田と絶交。一方、当局はその責任者を追及するが、房の者たちは皆、横田をかばった。

山下の母が死んだ。横田の尽力で一日だけ出所が許された山下は、収監以来伸ばし続けていたヒゲを剃り、故郷へ向かう。母の亡骸と対面したあと、山下は浜田のもとを訪れた。咄嗟に逃げようとするも観念し、おどおどと対峙する浜田の首を絞めようとする山下の脳裏に一瞬、自分が殺した現地人の顔がよぎった。

山下は浜田を殺すことをやめ、翌日、母の埋葬に途中まで立ち合ったのち、巣鴨拘置所に戻り、シャバで買ったキャラメルを笑顔で横田に投げ渡した。雑居房の扉に、再び鍵がかけられた。

回解説

『息子の青春』『まごころ』と好評を博しながら、師匠の木下惠介と比べられることにどこか不満を抱きつつ、一方で木下と同じ道を歩んでいては絶対にかなわないことも悟っていた小林正樹は、社会に対して発言する映画作家になることで、木下と異なる道を模索するようになっていた。

そんな折に持ちかけられた『壁あつき部屋』の企画に対し、小林が乗らないはずもなかったが、アメリカを刺激しかねない内容で、事実、一足先に東宝で製作された『赤線基地』が問題視されたことを受けて、MPをNPと表記したり、米軍の軍服を国籍不明のものにするなど、製作サイドは腐心している。

とはいえ、結局は本作は三年ほどお蔵入りしてしまったが、マスコミもそこは見逃さず、「改訂公開か中止か」(報知新聞五四年一月二三日)、「完成したが再編集か?」(東京新聞五四年一月二七日)などと書き立て、内外タイムスでは「おクラ映画供養」(五四年八月一五日)と称して、本作を含む公開未定の作品群をまとめて採り上げるという、あまりありがたくない特集が組まれたりもした。

また同年キネマ旬報四月上旬号では小林と橋本忍の対談を組み、橋本は安部公房による時間軸を錯綜させた本作の脚本を「半分からさきとうしろが違う感じを受けるのです。むしろ初めの調子で、しまいまで押したほうが面白いのじゃないか」と批評。のちに両者は時間軸を錯綜させた時代劇の傑作『切腹』でコンビを組むことになる。

ようやく五六年に公開された本作は、そのメッセージ性ゆえに左翼系マスコミはもとより、幅広い支持を得た。新大阪新聞は作品を鑑賞した作家の吉田定一と一〇名の学生たちの座談会を設定し、「やりきれない映画」「最後まで救いがない」「涙を誘う場面もあり、盛りだくさんな内容」「最後のキャラメルで救われた」など素直な意見を飛び交わせている。

小林自身は、作品が陽の目を見たこと自体は素直に喜びつつも、完成して三年の月日が経ったことで鮮度が落ちたことを嘆いていた。しかし、それからさらに時が経過した二一世紀の今の目線で本作を見据えると、社会派的メッセージ性はともかくとして、何よりも「映画」としての小林演出のフレッシュな魅せ方に驚嘆させられる。特に川西が妄想の果て自殺していくくだりのイリュージョンに満ちた映像センスは、のちの『怪談』に連なる優れたものであり、またクライマックスにおける浜田家の中のアングルの捉え方なども素晴らしく、この監督が美術に根差したキャメラ・アイの持ち主であることに改めて唸らされる。小林自身、のちに「体力的にもあんな映画はもう作れない」と述懐している。

いずれにせよ、もとは依頼された企画でありながら、本作の騒動によって小林正樹が反骨の社会派映画作家として深く世に印象づけられたことは間違いない。小林自身もそれを否定することなく、次第に松竹大船調から逸脱した作品へと邁進していくのであった。

04 三つの愛

1954.8.25.封切
松竹映画
モノクロ114分
スタンダード

◉スタッフ

製作＝久保光三　撮影＝井上晴二　音楽＝木下忠司　脚本＝小林正樹　美術＝平高主計　録音＝熊谷宏　照明＝小泉喜代司　装置＝小林孝正　装飾＝山崎鉄治　衣裳＝長島勇雄　現像＝神田亀太郎　編集＝浜村義康　監督助手＝今井雄五郎　撮影助手＝中島信雄　録音助手＝吉田庄太郎　照明助手＝宇野重治　録音技術＝金子盈　進行＝新井勝次　原題「歓喜に寄せる」

◇出演者

志摩五六＝森昭治　父修五＝山形勲　母幸＝山田五十鈴　八杉神父＝伊藤雄之助　西田信之＝三島耕　里見通子＝岸恵子　中川郁二郎＝細谷一郎　母ふみ＝望月優子　勇夫＝川口憲一郎　松田孝造＝進藤英太郎　妻清子＝櫻むつ子　馬力引＝日守新一　小学校の先生＝末永功　遠山文雄　竹田法一　峰久子　高友子　棚橋まり　瑳山京子　松丘まゆみ　夏目小夜子　太田千恵子

▽ストーリー

長野県・軽井沢の静かな村に、父を亡くし、子だくさんの家族のゆえ、村の造り酒屋にタダ奉公することになった少年・郁二郎と、教師の里見通子、その恋人で貧乏画家の西田信之がやってきた。

郁二郎は編入した学校で、特異児童の平太と出会う。平太は郁二郎の持つ笛に興味を示すあまり、それを奪おうとして喧嘩になってしまった。

通子は東京で体を壊し、療養も兼ねて軽井沢の学校に赴任してきたのだが、ともに高原にやって来た西田は、彼女に何もしてやれない自身のふがいなさを恥じ、別れ話を切り出す。

ふと教会へ赴いた通子は、平太と会話を交わす。自分のことを鳩だと言う平太に興味を示す通子。そこに現れた神父の八杉は、平太は大学講師である友人・志摩修平の息子で、自然に対してだけ魂が開かれており、そのときの彼は誰よりもまともで美しいのだと語る。

　志摩に呼び出された八杉は、かつて彼を捨てて若い男と去った妻・町子が重い病気であると告げられる。しかし八杉は彼女を許す気になれない。

　酒屋の仕事に忙殺され学校通いもままならない郁二郎は、ようやく登校した理科の屋外授業で、クラスメイトが昆虫の標本を作っているのを見てパニックになり学校を飛び出した平太を追いかけ、友情を育んでいく。

　その頃、町子が危篤であると平太の母・幸が八杉に告げた。彼女の最後の言葉を聞いてほしいと懇願する幸。それでも素直になれない八杉を通子が説き伏せ、ようやく彼は汽車に乗り、町子に会いに行った。

　西田が再び現れ、通子にプロポーズする。ふたりは教会に赴き、八杉に結婚式を挙げてもらうことにした。

　八杉に見せようと大木に登って捕まえた小鳩を死なせてしまった平太は、その木の下に落ちていた別の小鳩を親鳥のもとに返そうとして木に登り巣に返したものの、直後に転落し、死んでしまう。

　「神の許に還りし誠実な魂　小鳥を愛せしよき友」と、高原の平太の墓に墓碑銘が刻まれた。郁二郎は母の許に帰ることを決意した。

■解説

　『壁あつき部屋』が公開中止となり落胆した小林正樹ではあったが、ならば再び大船調に回帰したものをと心機一転、助監督に就いた『カルメン故郷に帰る』(五一)の軽井沢の撮影現場を毎日見学していた障がい児の少年が、高原の丘に『禁じられた遊び』(五二／日本公開五三年九月六日)を彷彿させるような墓地を作っているのを見て感銘を受け、それを基にアイデアを膨らませた初のオリジナル脚本で挑んだ、意欲的な愛のドラマである(なお小林は『カルメン故郷に帰る』撮影中に知った軽井沢の教会で自身の結婚式を挙げ、今回もそこをロケ地にしている)。

　メインタイトルから厳かなハレルヤのコーラス音楽が鳴り響くことからも明快だが、監督曰く「単なるホームドラマとは違う、ピューリタンなシャシン」をめざし、平太と郁二郎、通子と西田、八杉と町子(劇中には登場しない)、立場の異なる者たちそれぞれの愛の行方が、差別や偏見に翻弄されがちな人間の弱さと強さの両面を見据えながら描かれていく。

　キリスト教では異性間の愛「エロス」、肉親間の愛「ストルゲー」、一般的な人間愛「フィリア」、そして無償の愛「アガペー」に愛は分類されるというが、本作にはこれらのすべてが込められており、中でも平太を通して描かれるエロス以外の愛、特にアガペー(無償の愛)に関しては、小林映画ならではの「人は十字架を背負って歩み続ける存在」というモチーフをもって、最もストレートに描出されている。

　しかし公開時の批評は、「抒情で見せるが力足りず」(東京新聞)を筆頭に、それまでの小林映画中で初めてと言っていいほどに辛辣を極めた。特に週刊朝日Q(津村秀夫)は「二時間の大作と組む腕なし」「配役にも多々問題あり」「新進井上晴二の

左から細谷一郎　岸惠子　山田五十鈴　山形勲　伊藤雄之助

撮影効果不良」などバッサリ斬り捨てている。

当時の小林が訴えたいものがストレートに表現されている作品だっただけに、本作の不評は『壁あつき部屋』事件に追い打ちをかけるほどのショックを小林に与えることとなったが、おそらくは障がい者をモチーフとする題材に対しマスコミが及び腰になっている節も感じられ、また伊藤雄之助演じる神父や山田五十鈴の慈愛深い母など、今の目線では逆にグッド・キャスティングと唸らされるのだが。

いずれにせよ本作は、ひたすら純粋高らかに愛を叫び続ける小林映画に対する、理解と共鳴のリトマス試験紙的な作品と思えてならない。

05 この広い空のどこかに

1954.11.23.封切
松竹映画
モノクロ112分
スタンダード

◉スタッフ
製作＝久保光三　脚本＝楠田芳子　潤色＝松山善太（＝善三）　撮影＝森田俊保　美術＝平高主計　録音＝大野久男　照明＝豊島良三　音楽＝木下忠司　装置＝佐須角三　装飾＝山崎鉄治　衣裳＝細井眞佐江　現像＝中原義雄　編集＝杉原よ志　監督助手＝今井雄五郎　撮影助手＝小杉正雄　録音助手＝西崎英雄　照明助手＝須藤清治　録音技術＝堀川修造　進行＝小梶正治

◇出演者
森田屋の主人良一＝佐田啓二　妻ひろ子＝久我美子　妹泰子＝高峰秀子　弟登＝石濱朗　母しげ＝浦辺粂子　ひろ子の幼友達信吉＝内田良平　妹房子＝小林トシ子　俊どん＝大木実　登の友達三井＝田浦正巳　泰子の友達夏子＝中北千枝子　近所の人・今井＝日守新一　今井の息子＝光村譲　今井の息子の嫁＝棚橋マリ　近所の老婆＝三好栄子　近所の中村＝野辺かほる　岡田和子　谷崎純　二宮照子　佐々木恒子　競輪の客＝遠山文雄・大杉陽一　寺田佳世子　井上正彦　林雅紀　土田桂司　島村俊雄　村松加代子　山本多美　瀧久志　谷よしの　夏目小夜子

第9回毎日映画コンクール音楽賞＝木下忠司　同録音賞＝大野久男　同女優主演賞＝高峰秀子　同女優助演賞＝久我美子／第5回ブルーリボン日本映画ベストテン第8位　同主演女優賞＝高峰秀子／文部省特選／年鑑代表シナリオ集収載

▽ストーリー
工場街・川崎で酒屋を営む森田家は、後妻で入った義母しげ、血は繋がらないものの誠実な長男・良一と妻ひろ子、戦災で足が不自由になってからどこか意固地な長女・泰子、呑気な学生の次男・登の五人家族。

ある日、ひろ子の田舎の幼なじみで、職探しで上京した信吉が酒屋に現れた。彼を連れて外へ出たひろ子の姿を見かけた泰子は、わざとそのことを良一に告げて戸惑わせる。しかし泰子もその後、戦場で指をなくした男との見合い話を切り出され、憤慨するのであった。

良一が留守のとき、再び信吉がひろ子に会いにきた。今夜の夜行列車で田舎に帰るという。店の中で語り合うふたりをまたも泰子が目撃し、しげとともにあらぬ詮索を始める。そんな泰子を登はなじるが、そのさまを立ち聞きしたひろ子は動揺し、信吉を連れて店を飛び出した。

店に帰ってきた良一は、ひろ子と信吉を追って駅へ向かい、義父への土産を信吉に託した。その帰り道、良一は「お前があの家にいられないというのなら、一緒に出ていこう」と言い、ひろ子は泣いた。

かつて店で働いていた俊どんが久々に上京し、店に顔を出すが、自分の足を見られたくない泰子はその場を逃げ出してしまう。登の説得でようやく泰子が家に戻ると、俊どんはすでに帰ったあとだったが、「足の一本や二本なくても、泰子さんは泰子さんです」と言い残したことを聞いた泰子は、久しぶりに琴の稽古を始める。

その夜、友人の息子が病気になったと聞き、自分の着物を売って大金を用立てようとする泰子に、良一はひろ子の実家へ送るべく貯めていた五〇〇〇円を手渡した。その翌朝泰子から電話があり、お金の礼とともに、そのまま俊どんの住む山奥の村へと向かうことが告げられた。

半月後、しげは登とともに、まもなく結ばれるであろう泰子と俊どんの許を訪れることにした。その日の夜、良一とひろ子は結婚して初めてふたりきりになった。

佐田啓二 久我美子

■解説

『壁あつき部屋』の公開中止と『三つの愛』不評のダブル・ショックで映画に対する意欲をなくしつつあった小林正樹に救いの手を差し伸べたのは、恩師・木下恵介だった。

木下が撮る予定でいた『流れる青春』の企画が文字通り流れてしまい、スケジュールが空いてしまった佐田啓二、高峰秀子、久我美子、石濱朗といったキャストを起用して、穴埋めとして急遽一本こしらえる必要に迫られた木下は、妹・楠田芳子のオリジナル・シナリオを小林に渡し、演出も委ねたのである。小林も『壁あつき部屋』に入る前すでにそのシナリオを読んでいたこともあって、松山の潤色もスムーズに進み、クランクインまで難なくこぎつけた。

本作は嫁と姑、小姑といった、今なお解決することのない家族内の卑屈な人間関係はもとより、頑なな心の奥に眠る純粋な想いなど、誰もが内に持つ繊細な心情に着目しながら、生きていくうえでの理想と現実とのギャップを叙情豊かに、そして最終的には希望をもって描き出していく。また、さりげなく戦争の傷跡が垣間見えるのも、戦後一〇年に満たない時代の映画ならではの味わいであろう。

公開時のマスコミの批評も「何かほのぼのとした温かいものを感じさせる」(週刊サンケイ)、「清新なホームドラマ」(週刊読売)など好意的なものが多数で、観客の支持も厚かった。しかしここでも「良き師の下で育った良き弟子の作品」といった論調に対し、複雑な想いを払拭することができない小林の、本作に対する自己評価は厳しい。現在、松竹時代の小林の最高傑作は本作だと推す若きシネフィルの声もちらほら聞こえてくるだけに、少しもったいない気もしてしまう。

「この空の下のどこかに、いつか僕を愛し、僕と一緒に苦労して、それでも楽しいと言ってくれる人がひとりだけいるんだ」。そう言ってのける次男・登のロマンティシズムを学友が批判するも、最後は許容する。そこに己の理想を託した小林監督の信念が、とかく低くみられがちなメロドラマやホームドラマといったジャンルを映画的な高みにまで持ち上げ得たという事実は、もっと訴えていいのかもしれない。

06 美わしき歳月

1955.5.25.封切
松竹映画
モノクロ125分
スタンダード

▽ストーリー

祖母とふたり、小さな花屋を営む桜子には、南方で戦死した兄の友人で医者の今西、鉛工場で働く袴田、キャバレーのドラマー・仲尾と、三人の頼れる存在がいた。

特に今西と桜子は相思相愛ではあるのだが、彼は商売優先の医療方針を嫌い、今日もまた病院長と喧嘩して病院を辞めたばかり。

仲尾は不幸な境遇の幼なじみ・由美子を自分のキャバレーで働かせるなど常に心を砕いており、彼女の母親が病床にあることから今西を紹介する。

今西と袴田は、仲尾を桜子の兄の墓参りに誘うが、不遜な態度を取る仲尾に袴田が怒り、暴力をふるってしまった。

その頃、とある老紳士がちょっとした事故がきっかけで、桜子の祖母と付き合うようになっていたが、彼が桜子を自分の息子・悠二の嫁にと切り出した。

悠二とドライブすることになった桜子は、そこで今西が由美子と会っているのを目撃し、ふたりの仲を誤解してしまう。

かたや今西は東北の伝染病研究所の職を得て、赴任することになった。桜子を一緒に連れていくことを躊躇する今西は、別れ話を切り出す。

折しも袴田が主任と殴り合いになり、警察に連行されてしまった。今西の妹・紀久子はかねて袴田に惹かれていたが、そんな彼女に今西は「袴田は恋愛や交際するには良い相手だが、結婚は別だ」と、自分に言い聞かせるように諭す。袴田の件は老紳士からお金を借りた仲尾の尽力で、示談に持ち込まれた。

今西が明日東北へ旅立つことを知った桜子は、

◉スタッフ

製作＝久保光三　脚本＝松山善三　撮影＝森田俊保　美術＝平高主計　録音＝西崎英雄　照明＝加藤政雄　音楽＝木下忠司　装置＝古宮源蔵　装飾＝小巻基胤　衣裳＝林栄吉　現像＝中原義雄　編集＝杉原よ志　監督助手＝今井雄五郎　撮影助手＝小杉正雄　録音助手＝日向国雄　照明助手＝鈴木茂男　録音技術＝河野貞寿　進行＝麓川繁利　スチール＝梶本一三　原題「つくしんぼの歌」

◇出演者

仲尾＝佐田啓二　桜子＝久我美子　祖母＝田村秋子　今西＝木村功　由美子＝小林トシ子　紀久子＝野添ひとみ　老紳士＝小沢栄　悠二＝佐竹明夫　紀久子の父＝東野英治郎　紀久子の母＝沢村貞子　袴田＝織本順吉　佐藤＝須賀不二夫　悠輔＝石黒達也　院長＝山形勲　水上令子　J・C・ハート　春日千里　絵島京介　光村譲　叶多賀子　佐々木恒子　天永功　高木信夫　武田陽　秩父晴子　沖妙子　野々宮薫　峰久子　長谷部朋香　川村禾門

優秀映画鑑賞会推薦／文部省特選

久我美子(左) 田村秋子

彼の家を訪れてようやく誤解は解けたが、それでも彼女を幸せにする自信は今西にはない。「何年でも待ってろ」と言ってほしかった桜子は、空しく彼に背を向ける。しかしその夜、桜子は祖母から「好きなら一緒に行きなさい」と言われるのであった。

翌日、上野駅から旅立つ今西を、家族や袴田が見送った。汽車の中には桜子が乗っていた。そして仲尾と由美子は、陸橋からふたりの乗る汽車をずっと見守っていた。

■解説

『この広い空のどこかに』で潤色を担当した木下組助監督出身の松山善三によるオリジナル脚本の映画化。戦争の傷を引きずりながら生きる若者たちのさまざまな愛の姿を群像劇スタイルで描いていく作品だが、若い世代の繊細な息吹を真摯に捉えた小林演出にブレはない。

さらには小沢栄(のちに栄太郎)と田村秋子が織りなす老いらくの恋のエピソードが盛り込まれていることで、それまでの小林映画に見られないユーモラスな情緒が生まれているのは特筆すべき事象でもあろう。

当時、他作品で海外ロケに行く予定だった佐田啓二は本作の脚本を読んで感銘を受け、小林とともに会社に直談判して撮影日程を延期させてもらい、ようやく仲尾役を得ることができたが、ドラマーという設定ゆえ、それ以降は自宅にドラムを持ち込み、猛訓練。さらにはジョージ川口などに教えを乞いながら、何とか撮影をクリアすることができた。今西役の木村功は、これが松竹映画初出演であった。

公開時の批評は「清純な青春群像。重量感あふれる小林演出」(大阪新聞・鬼)、「初夏の微風に胸迫る」(新大阪新聞・竹村茂助)といった賛辞から、「清潔だが甘すぎる」(朝日新聞・純)、「青年の苦悩描写が甘い」(日刊スポーツ・王)といった辛口のものも含めて、そこそこの佳作ではあるが、前作『この広い空のどこかに』には及ばず……といった感のものが多い。東京日日新聞は「学生さん達はこう語る」(五五年五月二五日)と、作品を鑑賞した大学生の座談会を掲載しているが、そこでも若者たちの苦悩を身近に感じ、俳優の演技や音楽などを褒めつつ、登場人物が善人ばかりといった疑問の声も提示されていた。

ただし、ここで松山善三と意気投合したことが、後々の小林作品群に多大な影響を及ぼしていった歴史的事実は見逃すことはできず、その意味において、小林にとってある種の転機になった作品であるのは間違いないだろう。

07 泉

◉スタッフ

原作＝岸田國士(朝日新聞連載・角川文庫版) 製作＝桑田良太郎 脚本＝松山善三 撮影＝森田俊保 美術＝平高主計 録音＝西崎英雄 照明＝須藤清治 音楽＝木下忠司 装置＝関根正平 装飾＝島田丑太郎 衣裳＝田口よし江 現像＝中原義雄 編集＝浜村義康 監督助手＝今井雄五郎・福田幸平・稲垣公一・水沼一郎 撮影助手＝小杉正雄 録音助手＝佐藤廣文 照明助手＝八鍬武 録音技術＝石井一郎 進行＝安田健一郎

1956.2.26.封切
松竹映画
モノクロ129分
スタンダード

◇出演者

幾島暁太郎＝佐田啓二 斉木素子＝有馬稲子 大里邦子＝桂木洋子 安藤彌生＝小林トシ子 立花公房＝佐分利信 素子の母＝夏川静江 小峰セツ子＝中川弘子 立花家の女中＝山本和子 田沢重吉＝加東大介 小峰喬＝内田良平 高野専務＝石黒達也 安藤正樹＝下元勉 松本＝近衛敏明 大沼博士＝小川虎之助 高杉博物館長＝明石潮 幾島の母＝三戸部スエ 廣瀬＝大宮敏 村の青年A＝清村耕二 粕谷＝西村晃 町子の父＝大河内信敬 黒岩万五＝渡辺文雄 今村＝稲川善一 川井＝春日千里 神子田初枝＝水上令子 村の青年B＝光村譲 大杉陽一 草香田鶴子 田代淑子 岸本公夫

土田桂司

▽ストーリー

浅間山麓の曽根集落では、水源地の問題で土地の人々と土建会社の間で諍いが続いていた。戦争で右手が不自由となって久しい若き植物学者・幾島は、大沼博士とともに同地を訪れた際、土建会社に投資している元伯爵の実業家である立花の秘書・素子と出会って以来、心惹かれているのだが、なかなか素子の本心は見えない。

そんな幾島に見合い話が持ち込まれた。相手の女性・大里邦子は二年ほど前から幾島を知っており、一度だけ植物園で話したこともあるようだが、どうしてもその気になれない幾島は、素子に見合い相手を見定めてほしいと無謀な懇願をし、決別。その後彼は集落へ赴き、新たな水源地を探し求めるようになる。

あるとき立花は別荘で、かつて自分を裏切った妻を銃で撃ち殺そうと思ったことがあったと素子に告白した。立花もまた素子の心を求めていたのだ。しかし、いざ彼女を抱こうとする段になってなぜか彼は寝室から立ち去り、その直後に自殺を遂げた。

有馬稲子 佐分利信

まもなくして素子は法外な給料で土建会社社長・田沢の秘書となったが、それを幾島は自分の美貌を売ったと見なし、もはや想いが届かないことを悟ったが、素子は決して田沢と「契約」を結ぼうとはしなかった。

その直後、幾島は自分を慕い続ける邦子と強引に引き合わされたが、彼の心がすでに他の女性にあることを知らされた邦子は、すべてをあきらめた。

一方、素子が野性味あふれる村の男・黒岩に興味を示していることを知った幾島は、彼女から逃れるように紀州の博物館に就職。ある日、見学団体の中に邦子の姿を見つけて声をかけ、謝罪と後悔を口にするが、彼女にとっては遅すぎることであった。上京して邦子に会おうとするも叶わなかった幾島は、立花夫人の自殺を知らされた。

水源地をめぐる村と会社との諍いは激しくなる一方であったが、そこに幾島が現れ、立花家の遺産がすべて公共機関に委ねられることを告げると同時に、夫人から素子への言伝を渡す。そこで素子は初めて、立花の妻に対する深い愛情を知らされたのであった。

幾島が探した新たな水源地候補にダイナマイトが仕掛けられ、その爆破とともに水が噴き上がるが、黒岩が負傷した。

数日後、幾島は素子に見送られ、村を離れた。おそらくはふたりの永遠の別れであった。

◘解説

『泉』というシンプルかつ芳醇なタイトルとは裏腹に、内容は水源地問題という社会派的題材にメロドラマの要素を盛り込んだ異色のラブ・ストーリー。

岸田國士の小説を原作に『美わしき歳月』の松山善三が脚色したもので、小林正樹自身が提出した企画である。農村と資本側の対立がそのまま男女の確執と絡み合っていくという構造そのものがユニークであり、メロドラマと社会派的題材を融合させようとする小林の試みは、単なる大船調からの飛躍という点でも意欲的なものであった。

男たちを翻弄するヒロインの複雑な内面を、有馬稲子が見事に体現。佐分利信扮する実業家は、のちの『化石』や『燃える秋』で彼が演じたキャラクターとも相通じるものを感じさせる。戦争で右手が不自由になった幾島（佐田啓二）のどこか虚無的なたたずまいにも、戦争の惨禍を知る監督の想いが反映されているかのようだ。

もっとも当時の批評は「水源問題と恋愛ドラマが水と油」（東京新聞・敏、五六年三月三日）、「素子の心理が映画ではつかめない」（報知新聞）、「有馬稲子せっかくの力演も実を結んでいない」（週刊読売）、「企画センスに大問題」（週刊朝日）など辛辣なものばかりで、わずかに日刊スポーツで河盛好蔵が有馬稲子の好演を讃えるとともに、「佐分利信は『暖流』の昔から岸田さんの書くある種の男性、つまり現代のニヒリストのような人間と一脈通じるものを持っている。この映画でも一番岸田さんの体臭のようなものを感じさせた」と絶賛した。

確かに、戦前に著された原作の設定を戦後に変えたことで印象が希薄となった水源地問題は、現在となってはますますわかりづらく、また幾島に想いを寄せる邦子のくだりは、どこかカットされているのではないかと疑ってしまうほどに描写が中途半端ではある。ただし、競争と摩擦は似て非なるものであるというメッセージや、映画全体を覆うニヒリズムの味は大いに認めていいのではないだろうか。

なお、本作で電通調査室社員だった渡辺文雄が映画デビュー。のちに渡辺は大島渚監督作品などに欠かせない存在となっていくが、それら松竹ヌーベルバーグの先駆けとして小林監督作品群が現在見なされている事実も、何か呼応し合っている感があって面白い。

08 あなた買います

1956.11.21.封切
松竹映画
モノクロ113分
スタンダード

◉スタッフ

企画＝小梶正治　原作＝小野稔（三笠書房刊）　脚色＝松山善三　撮影＝厚田雄春　美術＝平高主計　録音＝大村三郎　音楽＝木下忠司　照明＝須藤清治　装置＝古宮源蔵　装飾＝小巻基胤　衣裳＝吉田幸七　現像＝林龍次　編集＝浜村義康　監督助手＝今井雄五郎　撮影助手＝川又昂　録音助手＝西崎英雄　照明助手＝八鍬武　録音技術＝沼上精一　進行＝小木曽郁男

◆出演者

岸本大介＝佐田啓二　谷口笛子＝岸惠子　栗田五郎＝大木実　球気一平＝伊藤雄之助　谷口涼子＝水戸光子　大串＝東野英治郎　栗田為吉＝三井弘次　島悠助＝多々良純　六甲忠助＝石黒達也　宮沢監督＝須賀不二夫　白石専務＝佐々木孝丸　古川太郎＝山茶花究　坂田豪助＝十朱久雄　栗田三郎＝磯野秋雄　栗田四郎＝織本順吉　栗田米次＝花沢徳衛　三郎の嫁里子＝水上令子　夏目詮三＝小林十九二　待合のおかみ＝春日千里　鉱山の男＝稲川善一　住職＝海老塚義隆　医者＝高木信夫　新聞記者＝末永功　栗田の父＝谷崎純　栗田の母＝別府千代寿　蕎麦屋主人＝竹田法一　高山の母親＝草香田鶴子　洋服屋主人＝島村俊雄　芸者＝秩父晴子　浜の男＝隼信吉　新聞記者A＝内田良平　新聞記者B＝前畑正美　キャメラマン＝大久保敏行　村人＝光村譲　待合女中＝御堂蘭子　運転手＝城谷皓二　女学生＝若梅良子・若杉玉江・亀井治子

第11回毎日映画コンクール男優主演賞＝佐田啓二／第7回ブルーリボン日本映画ベストテン第6位　同主演男優賞＝佐田啓二　同助演男優賞＝多々良純／第30回キネマ旬報ベスト・テン第9位　同主演男優賞＝佐田啓二／年鑑代表シナリオ集収載

▽ストーリー

プロ野球チーム東洋フラワーズのスカウト・岸本大介は、大学野球の花形選手である昭和大学の栗田五郎をスカウトするよう命じられるが、栗田には彼を育て上げてきた球気一平というヒモのような男がバックにいた。早速、岸本は球気に接近するが、得体のしれない彼はなかなかに手ごわい。

球気は岡山に妻子がありながら、東京で旅館を経営する谷口涼子と深い仲にあり、栗田は涼子の妹・笛子と付き合っていた。笛子は栗田でひと儲けしようとしている球気を毛嫌いしており、また上京した頃とは次第に人が変わってきている栗田のプロ入りにも反対していた。

やがて他球団のスカウトたちも栗田獲得に乗り出すが、球気は彼らを手玉に取りつつ秋のリーグ戦が終わるまではと、なかなか契約に応じぬまま、栗田のみならず自分の値までも吊り上げていく。

伊藤雄之助 佐田啓二 水戸光子

まもなくして栗田の高知の実家の面々が、欲に駆られて球気に絶縁状を送りつけてきた。球気に尽くしてきた岸本はそれを知って憤るが、球気は「自分を信じてほしい」と返す。

秋のリーグ戦は栗田の活躍で昭和大学の完全優勝で終わった。球気は交渉の最終決定を高知で行うことを明言。かくして栗田の実家で、各球団スカウトたちの交渉が始まった。巨額の現金を目の当たりにして栗田の兄たちの目はそれぞれ欲望の輝きを強め、やがては刃傷沙汰にまで発展していく。

球気は遅れて到着したが、持病の胆石が悪化して体調が思わしくない。そこに岸本への偏見が解けた笛子も現れ、栗田に東洋フラワーズに入るよう勧める。球気も病床から栗田への説得をはかる。しかし、栗田はすでに大阪ソックスに入ることを決めたと告げた。実は栗田も球気を利用していたのだ。

栗田は大阪ソックスの契約書にサインし、危篤の球気を無視してマスコミの取材に笑顔で応え続ける。「岸本さん、僕を信じてください」と言い遺して、球気は死んだ。その亡骸を見つめる岸本の表情は暗かった。

■解説

毎日オリオンズのスカウトだった小野稔の同名小説を原作に、ドラフト制度がなかった時代、ストーブ・リーグとも呼ばれたプロ野球界スカウトたちの狂騒をスキャンダラスに描いた異色作。

小説の内容に感銘を受けた小林は、映画化権を得たものの、映画会社の機構にもそのままあてはまる話ゆえ、松竹内部では企画を躊躇する声もあったという。

原作者は「このような作品は元来独立プロの作品と決まっていたのだが、老舗の松竹で大船調を脱皮しようと取り上げられたことは大歓迎」（日刊スポーツ五六年九月一七日）とコメントしている。

栗田のモデルは中央大学から南海ホークス入りした穴吹義雄選手ではないかという声があったが、小林は「某選手ひとりをモデルにすることは避け、いろいろな話を組み合わせたい」とし、栗田を左打者の外野手という設定にした（穴吹は右利き内野手である）。

主演の佐田啓二はオールスポーツ紙（五六年一〇月九日）で「これまで大船調の〝ぬれた〟映画スターとして育ってきましたが、この〝ドライ〟な役を与えられて、現代人のどこまでを演じられるか大いに意欲をもやしております」と語っているが、小林正樹も従来の大船調から逸脱したドライな題材に対して大いに意欲を燃やした。

マスコミの評価は上々だったが、「大船から抜け出す第一回作品ではないか」（トウキョウタイムス・菅原通済、五六年一一月二〇日)を一例に、やはり大船調からの飛躍を買う声が多く、かつて『まごころ』で小林と論争を起こした毎日新聞の岡村博も「深刻な喜劇」「登場人物がみな少しずついやなところがある」として、特に伊藤雄之助演じる球気を絶賛している。

折しも本作の撮影中、長らくオクラ入りしていた『壁あつき部屋』が一〇月三一日に公開されることが決まり、この二作で小林正樹はそれまでの木下恵介の愛弟子といったホームドラマの旗手的なイメージを一気に払拭し、反骨の社会派映画監督としての印象を強めていくことになる。

なお、本作では製作者名がクレジットされていないが、実質的には企画の小梶がプロデューサーだったのではないかと思われる。

09 黒い河

1957.10.23.封切
松竹映画
モノクロ115分
スタンダード

◉スタッフ

製作＝桑田良太郎　企画＝にんじんくらぶ　原作＝富島健夫(角川小説新書版)　脚色＝松山善三　撮影＝厚田雄春　音楽＝木下忠司　美術＝平高主計　録音＝西崎英雄　照明＝須藤清治　現像＝林竜次　編集＝浜村義康　監督助手＝今井雄五郎・大島渚・田村孟　装置＝山本金太郎　装飾＝安田道三郎　衣裳＝長島勇治　撮影助手＝川又昂　録音助手＝岸本真一　照明助手＝高橋三郎　録音技術＝金子盈　進行＝小木曽郁男　スチール＝梶本一三

◇出演者

静子＝有馬稲子　西田＝渡辺文雄　人斬りジョー＝仲代達矢　家主幹子＝山田五十鈴　幸子＝桂木洋子　岡田＝永井智雄　岡田の妻泰子＝淡路恵子　栗原＝東野英治郎　栗原の妻＝高橋とよ　金賢順＝宮口精二　金賢順の妻美秀＝三戸部スエ　黒木＝清水将夫　安井＝大杉莞児　安井の女房＝賀原夏子　遣手婆さん＝三好栄子　坂崎＝佐野浅夫　山口＝富田仲次郎　パアの夫＝小笠原章二郎　パアのかあさん＝菅井きん　医者＝永田靖　肥料汲取りの老爺＝中村是好　課長＝織田政雄　ジョーの子分A＝田村保　ジョーの子分B＝北見治一　春日千里　大友純

日本映画テレビ製作者連盟賞＝仲代達矢

▽ストーリー

学生の西田は、生活費を切り詰めるため、米軍基地にほど近い安アパート・月光荘に引っ越してきた。そのとき彼は、道を訊ねたことが縁でウェイトレスの静子と親しくなる。

ひと癖もふた癖もある月光荘の住人のほとんどは家賃を払おうともしない。折しも二四〇万円で長屋を買い取ろうという話が持ちかけられる。強欲な家主の幹子は大乗り気となって、話を仲介する人斬りジョーら愚連隊が住人の立ち退きを画策していく。まずは月光荘に住む手下の坂崎らを使って、住人の買収工作にかかった。

同時にジョーは、以前から目をつけていた静子をわざと手下に襲わせ、自分が助けるという芝居を打ち、その後彼女を無理やり手籠めにする。翌日、静子はジョーに責任をとって結婚してくれと迫るが、逆に「ふたりで警察に恥さらしにいくか？」と脅される。この夜もまた静子は絶望の果てにジョーに抱かれた。

坂崎の部屋でジョーたちがどんちゃん騒ぎした翌朝、西田はその部屋に静子が泊まっていたのを見てショックを受ける。ジョーは西田に自分と静子の仲を見せつけたりするが、その後静子は西田にすべてを告白し、いつかジョーを殺して自分を取り戻すと誓う。

ジョーの指揮で、月光荘の取り壊しが始まった。西田たちは村役場の課長に掛け合うが、西田ら住人たちのハンコが押された立ち退き同意書を見せられる。すでにみなジョーのペテンにはまっていたのだ。

半壊した月光荘を呆然と見つめる西田に、静子が声をかけた。今日はジョーの誕生日で、西田を招くように言われたのだ。来てはいけないという静子の忠告をよそに、西田はジョーのもとへ現れた。ふたりはお互い挑発し合い、幾度も一触即発の状況になりつつ、ジョーは酔いつぶれていく。その間、ついに月光荘は取り壊された……。

　バーからの帰り道、ジョーと歩いていた静子は、疾走する米軍のトラックめがけてジョーを突き飛ばした。

　ジョーは死んだ。静子は彼女の身を案じる西田に背を向け、夜の闇の中へ走り去っていくのであった。

■解説

　富島健夫の同名小説を原作に、米軍基地周辺の諸問題を提示しながら、ひとりの女の悲劇とそれゆえの決意を浮き彫りにしていく社会派青春群像映画。「結果として自分自身を滅ぼす形でしか自分を救えなかった女のギリギリの心理を、迫力あるタッチで描きたい」とは小林正樹の弁で、一方でキャロル・リード監督『第三の男』(四九／日本公開五二年九月一六日)のような雰囲気を狙ったとも語っている。「監督の生命は、自分の情熱を捧げうる作品にめぐりあったとき、はじめて火花を発する」(デイリー・スポーツ五七年八月一九日)と、自信のほどをうかがわせる発言も残している。

　公開順としては『壁あつき部屋』『あなた買います』に続く社会派路線となったが、総じて善や正義、義憤といった立場から悪を嘆き糾弾することの多い小林映画の中で、反対側の目線から社会の不条理を見据えている点でも、この三作品は特筆されてしかるべきであろう。

　原作以上にアパートの住人たちにスポットを当てたことで、公開時の批評は「一人の女の悲劇が見る者を圧倒する」(朝日新聞)といった賛辞から、「技術や雰囲気の面白さはあるが、劇そのものの感興とは別物」(東京新聞・敏)、「おんぼろアパート住人たちの姿をかなり執ように描いているが、話の焦点を妙にはぐらかす結果に」(日刊スポーツ)といった批判まで、賛否両論真っ二つといった感がある。確かに有馬稲子をめぐるドラマを縦糸とすると、アパート住人の群像劇を横糸とする構成は、ときに後者のアクの強さが前者を凌駕してしまっている節も感じないではないが、結果としてそこを融和させているのが、時の新進俳優・仲代達矢のピカレスクな佇まいであったと捉えることも可能だろう。

　また井沢淳はキネマ旬報六一年七月上旬特別号に掲載の「小林正樹論」の中で、本作では仲代扮する愚連隊を一種の象徴として抽象化し、さらには具像へと映像化。一方で有馬を日本の市民の代表と捉えて、社会の仕組みの悪さゆえに、いつどこで平凡な生活が破壊されるかわからない不安を提出するとともに、有馬が横文字ばかり並ぶ地区で生活していることが「日本の現実」である、と指摘している。

　興行的には苦戦したが、木下恵介から夜中に「こんないいシャシンを作って君、家にいるの？どうして飲んで歩かないの？」と小林の家に電話があり、やはりこれでよかったのだと自信を取り戻したともいう(キネマ旬報六一年七月上旬特別号)。

　いずれにせよ、企画のにんじんくらぶとの邂逅や仲代達矢との出会いなども含め、小林映画を語るうえで重要な位置を占める作品であること

仲代達矢　有馬稲子

に間違いはない。
なお、本作は一九六三年の映倫再審査を経て一一〇分版が現在は上映されている。

10 人間の條件 第一部・純愛篇 第二部・激怒篇

1959.1.15.封切
文芸プロダクション
にんじんくらぶ企画
歌舞伎座
プロダクション提供
松竹映画
モノクロ203分
グランドスコープ

◉スタッフ

製作＝若槻繁 原作＝五味川純平(三一書房版『人間の條件』第一部・第二部) 脚色＝松山善三・小林正樹 撮影＝宮島義勇 美術＝平高主計 録音＝西崎英雄 音楽＝木下忠司 照明＝加藤隆司 編集＝浦岡敬一 助監督＝今井雄五郎 スチール＝梶原高男 中国語監修＝黎波 中国語指導＝陳源昌 レリーフ作製＝佐藤忠良 字幕監修＝清水俊二 監督助手＝稲垣公一 撮影助手＝南雲俊忠 照明助手＝大金喜一 録音助手＝佐藤幸久 美術助手＝戸田重昌 装飾＝佐々木京二 装置＝室祐治 特機＝小峰輝雄 演技事務＝永谷悟一 進行＝大沢竜夫 製作主任＝明丸定竜 衣裳＝東京衣裳株式会社 現像＝東洋現像所

◆出演者

梶＝仲代達矢 美千子＝新珠三千代 金東福＝淡島千景 楊春蘭＝有馬稲子 影山＝佐田啓二 沖島＝山村聰 陳＝石濱朗 高＝南原伸二 王亨立＝宮口精二 渡合憲兵軍曹＝安部徹 黒木所長＝三島雅夫 岡崎＝小沢栄太郎 古屋＝三井弘次 河野憲兵大尉＝河野秋武 本社部長＝中村伸郎 張命賛＝山茶花究 饅頭屋の親爺＝東野英治郎 牟田＝永田靖 川島＝小杉義男 松田＝芦田伸介 靖子＝小林トシ子 黄＝殿山泰司 劉＝北竜二 大あばた＝谷晃 宋＝増田順二 金田＝浜田寅彦 岡崎の妻＝岸輝子 満州浪人＝佐々木孝丸 田中上等兵＝福岡正剛 小林＝磯野秋雄 樋口＝玉島愛造 工頭＝大友純 崔＝織本順吉 小池＝稲川善一 岡崎の助手＝小松方正 タイピスト主任＝三戸部スエ 留置所巡察＝国分秋光 日本人警官＝瀧久志 佐山彰二 河村耿平 桑原睦子 杉山徳子 遠山文雄 南大治郎 朝海日出男 高木信夫 前畑正美 土田佳司 大橋宣児 小林和雄 末永功 大久保惠行 谷崎純 南進一郎 後藤泰子 秩父晴子 佐々木恒子 齋藤知子 伊久美愛子 川端悠起子 鈴木京子

優秀映画鑑賞会推薦／第14回毎日映画コンクール撮影賞＝宮島義勇／第10回ブルーリボン日本映画ベストテン第7位 同女優助演賞＝新珠三千代／第33回キネマ旬報ベスト・テン第5位 同主演女優賞＝新珠三千代／NHK映画最優秀作品賞／第11回シナリオ作家協会シナリオ賞／第21回ヴェネツィア国際映画祭サンジョルジョ賞 同批評家協会パシネッティ賞

▽ストーリー

《第一部・純愛篇》

一九四三(昭和一八)年、南満州鉄鋼会社に勤務する梶は、兵役免除を条件に老虎嶺の鉱山の労務管理を勧められたことを機に、ようやく愛する美千子と結婚した。

老虎嶺に赴任した梶は工人たちの待遇改善に腐心するが、そのため、これまで悪条件下の重労働を強いてきた現場監督の岡崎らと対立していく。

やがて緊急増産のために北支から捕虜六〇〇名が特殊工人として送り込まれてきた。彼らは、電気が流れる鉄条網の中で牛馬のように扱われ、さらには二割増産の命令が上から下り、現場は苛酷の度を増していく。

所長の命で、彼らの労働意欲を駆り立てるために慰安婦を斡旋する役目をいやいや受けた梶は、美千子に「君は女郎屋の親父を亭主に持ちたくないだろう」と嘆く。美千子は徐々に人が変わっていく梶を心配する。

朝鮮人の張と慰安婦の金は結託し、特殊工人を脱走させて儲けようとしていた。金は現地事務員・陳を誘惑し、鉄条網の電流を一定時間止めさせて、一一名を脱走させた。

仲代達矢　新珠三千代

《第二部・激怒篇》

再び特殊工人一八人が脱走した。梶は逃亡報告を出さずに対処していくうちに、古屋ら日本人が脱走に手を貸していることを察知する。

ようやく二割増産がなされ、岡崎に表彰状が授与された夜、古屋の命令でまたも脱走が企てられるが、鉄条網の電気を切ることができなかった陳は、工人たちが鉄条網で感電死するのを目の当たりにし、良心の呵責から鉄条網に自ら身を投じて死んだ。

岡崎に反抗した高ら七人の特殊工人が、見せしめとして斬首の刑に処されることになった。ひとり、またひとりと日本刀の餌食になっていく。高も処刑された。ついに梶は処刑の中止を訴え、特殊工人らも彼に同調して一斉蜂起する。

処刑は中止になったが、梶は憲兵隊に連行され、激しいリンチを受けた。そして半死半生で釈放された彼に突きつけられたのは、臨時召集令状だった。唯一の救いは、特殊工人のリーダー格の王が逃亡したことだった。

高と結婚の約束をしていた慰安婦の楊から「日本人の鬼!」と激しくののしられながら、梶は美千子のもとへ戻っていった。

■解説

「青春を戦争の中で送り、自分の意思に反して戦争に協力する形でしか、あの時代を生き残ることができなかった不幸な経験を、梶という人間像の中でもう一度確かめてみたい」と、戦中派の小林正樹が並々ならぬ意欲を燃やし、理想が過酷な現実の前に屈してしまうこの悲劇を通して確固とした戦争否定の信念を露にしていく堂々たる大河シリーズの第一弾。

原作者・五味川純平もこの映画化には大いに熱意をもって接し、撮影用のスカーフからコート、ズボンといった衣裳にも細かく注文をつけ、また美千子役の新珠三千代がイメージと違うとクレームをつけていたものの、試写会のあとで涙を拭いながら「新珠さんでよかったね」と小林に告げた。

公開時の批評は、「主人公の人間像がやや理想化されすぎている」(東京新聞・敏五九年一月一四日)、「実際にはとてもできなかった類の抵抗を、この映画の主人公はズバズバやってのける」(朝日新聞・章五九年一月一九日)など、主人公・梶が理想的存在にすぎる点を指摘しつつも、「このような理想主義の強さこそ平和を守り抜く基礎だという祈り。そういう作者の想いだけがこの一篇の寓話を形成している」(娯楽よみうり・荻昌弘)といった、現実にこういう人間がいたかどうかではなく、こうありたかったという当時に対する悔恨から誘われた賛辞が多くを占めた。

戦争映画評論で鳴らした増淵健も、本作を「戦争当時、梶のようなヒーローが存在したと、誰が信じられるだろう」としつつ、「波瀾万丈の冒険小説と見れば、これはこれで規模雄大なエンターテイメントである」(キネマ旬報臨時増刊「戦争映画大作戦」九三年八月一四日号)と記している。

「原作の甘い贅肉がそぎ落とされ、すっきりしたテーマがうまく打ち出された」(内外タイムス・静、五九年一月一五日)と、ベストセラーである原作と比較する評もみられた。

少年時代を満州ですごした山田洋次監督は、「当時の日本人がいかに満州で威張りくさり、いかに中国人を差別していたかを、子ども心に良く知っていた。それを小林正樹さんはよくぞ描いてくれた」と、NHK-BS特集「山田洋次が選んだ日本の名作一〇〇本―家族編」中、本シリーズを挙げている(二〇一一年放送)。

なお、第一部から第六部までの各篇のサブタイトルはポスターやDVDパッケージなどに表示はあるが、フィルムそのもののクレジット・タイトルには記されていない。

II 人間の條件 第三部・望郷篇 第四部・戦雲篇

企画=若槻繁　製作=細谷辰雄　製作補=小梶正治　原作=五味川純平(三一書房版『人間の条件』第三部・第四部)　脚色=松山善三・小林正樹　撮影=宮島義勇　美術=平高主計　音楽=木下忠司　録音=西崎英雄　照明=青松明　編集=浦岡敬一　録音技術=金子盈　助監督=稲垣公一　装置=小林孝正　装飾=石川誠次　衣裳=吉田幸七　床山=三岡洋一　スチール=梶原高男　現像=東洋現像所　製作助手=荒木正也　監督助手=水沼一郎・成田孝雄・前田陽一・吉田剛　撮影助手=川又昂　録音助手=佐藤広文　美術助手=戸田重昌　照明助手=上坂丈彦　レリーフ作製=佐藤忠良　進行=森山善平

◆出演者

〈第三部〉梶=仲代達矢　美千子=新珠三千代　佐々二等兵=桂小金治　江見二等兵=多々良純　吉田上等兵=南道郎　新城一等兵=佐藤慶　小原二等兵=田中邦衛　橋谷軍曹=内田良平　田ノ上二等兵=柳谷寛　板内上等兵=植村謙二郎　徳永看護婦=岩崎加根子　小原の妻=倉田まゆみ　丹下一等兵=内藤武敏　工藤大尉=城所英夫　曽我軍曹=青木義朗　久保二等兵=小瀬朗　衛生兵長=田村保　水上兵長=伊藤亨治　沢村婦長=原泉　山崎上等兵=矢野宣　週番士官=武内亨　柴田兵長=阿部希郎　白戸二等兵=宮部昭夫　金森二等兵=江幡高志　上田上等兵=稲木茂　毛利二等兵=黒田忠彦　満人の夫=藍天　満人の妻=王立仙

〈第四部〉梶=仲代達矢　影山少尉=佐田啓二　寺田二等兵=川津祐介　鳴戸二等兵=藤田進　小野寺兵長=千秋実　見習士官=安井昌二　参謀=渡辺文雄　土肥中尉=浜村純　野中少尉=小林昭二　弘中伍長=諸角啓二郎　兵器庫軍曹=早野寿郎　赤星二等兵=井上昭文　田代二等兵=牧真史　円地二等兵=小笠原章二郎　中井二等兵=大木正司　小泉二等兵=末永功　三村二等兵=宮田桂　高杉二等兵=水島信哉　安積二等兵=岩山泰三　井原二等兵=神野光　増井一等兵=井川比佐志　乾上等兵=宇野竜太　大隊長=木村天竜　松島伍長=北見治一　鈴木伍長=重富孝男　横田兵長=水野義明　岩淵上等兵=椎名勝己　兵器庫兵=伊藤克・小野良　人事掛軍曹=森幸太郎　俳優座　新人会　三期会　青俳　青年座　舞台芸術劇場　泉座　演出劇場　葦　現代座　えくらん社

1959.11.20.封切
人間プロダクション
松竹映画
モノクロ185分
グランドスコープ

第33回キネマ旬報ベスト・テン第10位/第10回ブルーリボン日本映画ベストテン第8位

▽ストーリー

《第三部・望郷篇》

関東軍第一八六八部隊に二等兵として配属された梶は、連日厳しい訓練を受けつつ、思想犯を兄に持つ新城一等兵とともに上等兵から虐待を受ける。不器用な小原二等兵も格好の標的であった。

ある日、美千子が梶を訪ねて部隊にやってきた。特別に明朝の点呼時刻まで舎後の個室使用と休暇を許された梶は、美千子の裸を目に焼きつけておきたいと乞い、服を脱いだ彼女を抱きしめ、涙した。

美千子が去ったあと、完全武装の行軍で梶の第三班から小原と佐々が落伍した。兵舎に戻ってきた小原は、吉田上等兵から女郎の客引きの真似を強制され、その後便所の中で自殺した。

やがて部隊はソ満国境付近の湿地帯に移動するが、そこで新城はとある事件の巻き添えを喰らい、営巣入りを命じられる。そのとき野火が起き、騒ぎのすきに新城は脱走。それを追う吉田と梶は湿地の泥水の中にはまり込み、吉田は死亡した。

病院で目を覚ました梶は、そこでリベラルな丹下一等兵と親しくなるが、ほどなくして彼は原隊復帰し、梶と親しくしていた徳永看護婦も、厳格な婦長に睨まれて転属となった。徳永に転属の件を詫びて別れの握手を交わした梶も、戦場へと向かうのであった。

《第四部・戦雲篇》

梶はソ連の山々を前方に控える国境線の青雲台地へ赴き、そこで少尉となっていた影山と再会した。

梶も上等兵に進級し初年兵を請け負うが、絶対に私的制裁を加えようとはしなかった。

沖縄が陥落し、初年兵たちの間で不安が走るが、厳しい軍人の家庭で育った寺田二等兵は、彼らを非国民とののしり、梶の甘さを批判する。

年配の初年兵・鳴戸二等兵が年下の理不尽な弘中伍長に摑みかかったことで営巣入りとなり、すぐに解放されるが、代わりに梶が厳しい制裁を受ける。

影山は古兵とのいざこざを憂慮し、梶と二八名の初年兵を当座国境から後退させたが、しばらくして彼らはソ連が国境を越えて侵攻し、青雲台地が玉砕したことを知らされた。影山も戦死した。

梶たちは新陣地で敵を迎え撃つことになり、台地に戦車壕を掘るが、ついに現れたソ連軍の戦車を前になす術もなく、古兵も初年兵も次々と死んでいく。

梶は戦車に轢かれそうになった寺田を自分のタコ壺に引きずり込んで助けるが、手当てを受けているうちに寺田は気絶する。

恐怖のあまり、古参の小野寺兵長が発狂した。梶はその口をふさごうとして、誤って殺してしまう。梶はそのまま人影のない戦場を彷徨うのであった。

■解説

前作の大ヒットを受けての大河シリーズ第二弾では、軍隊の非人道的仕打ちの数々にスポットを当てつつ、過酷な運命に翻弄されながらも決して己を捨てることのない主人公・梶の不屈の信念が描かれていく。

実際に軍隊経験のキャリアを持つ小林正樹は、五味川純平の原作小説を読み、自身の戦争体験を広い視野で捉え直すきっかけとなったと発言しているが、そんな彼の忸怩たる想いは、特に今作に反映されたものと思しい。

前作同様マスコミの評価も「軍隊の非人間性の描写に新味はないが、それをさらに押して梶の悩み多い人間性を追求し続けたところが、何か強靱な意思を感じさせる」(日刊スポーツ)、「興味と緊張の連続で感動に誘い込む佳作」(産経新聞・管)などの賛辞の一方、「『真空地帯』の亜流」「古兵のほ

新珠三千代　仲代達矢

とんどが悪玉としてのみ描かれているのはうなづけない」(読売新聞・錦)といった批判も目立つ。

また「前作に比べてストーリーの変化に乏しいが、原作に忠実で巧みな長編構成」「ただし三時間の長さには疑問」(毎日新聞・草壁)、「戦後十数年を経た今ごろ、軍隊組織の憎悪をぶちまけることに痛快味を覚えるより、むしろ梶の生き抜いた真相を追求してほしい」「前作にくらべてテンポの渋滞や意味不明の曖昧さもなく、技術的には腕をあげている」(週刊朝日)など、長短両面を述べる向きも多く見られた。

今回は軍隊そのものがテーマとなっているだけあって、評者もそれぞれの戦争体験と照らし合わせながら、何か一言言わずにはいられないといった想いも感じられてならない。

なお、第四部の戦闘シーンでは陸上自衛隊協力のもと実銃が使用され、射撃場面では空砲を撃っている。またソ連軍戦車は、M4中戦車を偽装して登場させている。

12 人間の條件 完結編
第五部・死の脱出
第六部・曠野の彷徨

1961.1.28.封切
文芸プロダクション
にんじんくらぶ製作
松竹映画
モノクロ190分
グランドスコープ

◉スタッフ

製作＝若槻繁・小林正樹　原作＝五味川純平(三一書房版『人間の條件』第五部・第六部)　脚色＝松山善三・稲垣公一・小林正樹　撮影＝宮島義勇　美術＝平高主計　音楽＝木下忠司　録音＝西崎英雄　照明＝青松明　編集＝浦岡敬一　製作補＝清水俊男　製作主任＝森山善平　助監督＝稲垣公一　演出助手＝吉田剛・大津侃也　レリーフ作製＝佐藤忠良　スチール＝梶原高男　中国語監修＝黎波　ロシア語監修＝小泉健司　撮影助手＝内海収六　照明助手＝三浦禮　録音助手＝松本隆司　美術助手＝戸田重昌　装置＝小林孝正　装飾＝山崎鉄治　衣裳＝田口良二　美粧＝三岡洋一　演技事務＝上原照久　撮影事務＝石和薫　録音技術＝アオイスタジオ(RCAサウンド・システム)　現像＝東洋現像所　協力＝小西六寫眞工業株式会社(さくら磁気録音フィルム)

◇出演者

梶＝仲代達矢　美千子＝新珠三千代　避難民の少女＝中村玉緒　寺田二等兵＝川津祐介　避難民の長老＝笠智衆　丹下一等兵＝内藤武敏　竜子＝岸田今日子　梅子＝瞳麗子　弘中伍長＝諸角啓二郎　疋田一等兵＝清村耕次　桐原伍長＝金子信雄　永田大尉＝須賀不二男　洞窟隊長＝石黒達也　北郷曹長＝北村和夫　朝鮮へ行く兵長＝高原駿雄　吉良上等兵＝山内明　野毛少佐＝二本柳寛　皆川通訳＝林孝一　老教師＝御橋公　石炭屋＝上田吉二郎　雑貨屋＝坊屋三郎　朝鮮人＝成瀬昌彦　小椋兵長＝陶隆　道路の避難民＝菅井きん　雑貨屋の妻＝中村美代子　老教師の妻＝南美江　石炭屋の妻＝石本倫子　避難民の少年＝真藤孝行　部落の避難民＝北原文枝　井出一等兵＝広沢忠好　歩哨＝溝井哲夫　一軒家の老農夫＝南大治郎　畑の中国農民＝大杉莞児　福本上等兵＝平田守　兵隊A＝永井玄哉　兵隊B＝福原秀雄　兵隊C＝広沢英雄　兵隊D＝柘植隆雄　脱走する兵隊A＝平沢公太郎　脱走する兵隊B＝兼松正敏　氏家上等兵＝菊池勇一　通訳＝丸山釟郎　中国人の若者＝木村幌　長沼中尉＝南八州夫　避難民の女＝安芸秀子・鈴木幹子・小栗由美子・平野和子・渡辺芳子・林洋子　朝鮮人の妻＝近藤冨美子　ソ連軍将校＝エド・キーン　チャパーエフ＝ロナルド・セルフ　討伐隊の指揮官＝ポール・ラファロ　刺殺される歩哨＝ウイリャム・バッスン　饅頭屋＝ヘンリ・パン　避難民の女＝高峰秀子　劇団あすなろ　国際演技者集団

第3回毎日藝術賞／第16回毎日映画コンクール日本映画大賞　同監督賞＝小林正樹　同脚本賞＝松山善三　同撮影賞＝宮島義勇　同男優主演賞＝仲代達矢／第12回ブルーリボン企画賞＝若槻繁　同日本映画ベストテン第5位／第35回キネマ旬報ベスト・テン第4位／NHK映画最優秀作品賞／第1回日本映画記者会賞(製作スタッフ宛)／日本映画技術賞撮影賞＝宮島義勇

▽**ストーリー**

《第五部・死の脱出》

ソ連軍の攻撃から生き延びた梶や寺田たちは、やがて慰安婦の竜子ら避難民と合流し、戦争が終わったのかどうかもわからぬまま、梶をリーダーとしながら南満を目指して歩き続けるが、飢えと絶望とで次々と斃れていく。

途中、かつて野戦病院で梶と意気投合した丹下と再会し、ようやく食料にありつくことができた梶たちは、その後桐原伍長らと合流し、林の外れの一軒家で休息する。

左から諸角啓二郎 内藤武敏 瞳麗子 岸田今日子 上田吉二郎 仲代達矢

しかし、そこを民兵にとり囲まれ、竜子が犠牲となった。非戦闘員まで殺す民兵に憤った梶は、敵をも埋葬しようとする丹下に反発する。極限状況の中、梶もまた確実に人格が変わり始めていた。

三〇人ほどの女避難民らと遭遇した梶は、そこでソ連軍から辱めを受けた若い姉弟に懇願され、行動をともにさせる。やがて梶は自分たちと一緒に来るよう姉弟を誘うが、姉がどうしても北湖東へ行きたいというので、桐原らが連れていくことに。しかし、戻ってきて「姉は適当に扱ってやった」という桐原に激怒した梶は、彼らの銃を取り上げて叩き出した。

《第六部・曠野の彷徨》

ソ連軍に投降する決意を固めた丹下と別れた梶たち一行は、女と老人ばかりの開拓民集落へたどりつく。女たちは、食い逃げタダ乗りの日本兵よりもソ連兵のほうがよほど親切だと言う。

翌日、ソ連兵と民兵が集落に入り込んできた。はじめは抗戦しようとした梶ではあったが、昨夜、梶に拒絶されて寺田と寝た女の「やめて！」という叫びに冷静さを取り戻し、男たちの武器を捨てさせて降伏した。

梶たちが入れられたソ連の捕虜収容所では、何と桐原が捕虜を管理していた。桐原は寺田への虐待を始め、梶は作業をさぼって寺田の代わりに食料を漁るが、それを桐原に告げ口され、森林鉄道撤去の重労働に回されてしまった。

作業現場で梶は丹下と再会し、ソ連の赤き幻想と現実などを語り合う。

ようやく作業から戻された梶と丹下は、寺田が桐原の酷使によって死んだことを知った。梶は桐原をおびきよせて鎖で殴り続け、寺田が死んだ便所の裏手の汲み取り口に蹴落として殺害した。

梶は鉄条網を抜け出し、餓えたまま彷徨い続ける。やがて雪が降り出してきた。いつしか大雪原をさまよい歩く梶は、美千子に語り続けながら、ついに斃れた。降りしきる雪が、その体を次第に白く埋めていった。

■**解説**

社会に対する理想と現実のギャップから醸し出されるペシミズムを、純粋な愛の尊さをもって払拭しようと模索し続けた、松竹時代の小林正樹の総決算とも言える大河シリーズ、堂々の完結。

マスコミの評価も、すでに作品の性格が知れ渡っていたこともあって、おおむね絶賛。中には「これだけの時間をかけて、世界映画史上にも最長編の作品とするだけの理由を、評者はどこにも見出すことはできない」(読売新聞・む)といった辛口評もあったが、総体的には「小さな部分を一々指摘させるほど、この映画はひ弱くない。とにかくいろいろな意味で敬意を表していい映画」(日刊スポーツ・王)、「梶のような頭の良い男でも敗戦になれば、時に理性も良心も失い、また弱い者は虫けらのようにふみにじられ、殺されていく姿を生々しく捉え、戦争の悲惨さを強く訴えている」(朝日新聞六一年一月二九日)との称賛が続く。「スタッフは「日本人の勇気と悲劇の物語」に真正面から挑んで、一歩もあとへさがらなかった」「日本人の罪が(梶を含めて)どのような罰であがなわれなければならなかったのか、の悲劇といえようか」(週刊朝日六一年二月三日)と評した荻昌弘は「梶のスーパーマンぶりだけが、ここの主題ではない」と念を押した。

公開当時はスーパーマンともヒーローとも称された梶だが、現代の目線からは、必ずしもそうは見えない節もあり(真にスーパーマンなら、ハッピーエンドになってしかるべき)、むしろ理想主義者が戦争に巻き込まれ己の手を血で染めていく悲劇から、二度とこのようなことのないよう見る者の信念を問うメッセージ性は、今のほうがストレートに伝わってくるように思われる。

もっとも本来ならば、戦後七〇年以上も過ぎているのだから、本シリーズは単なる反戦映画としての枠を超え、小林正樹作品が内包する純粋かつ芳醇なさまざまなモチーフをこそ探究していく時期にきていたはずなのに、再び反戦映画の傑作として大きく採り上げられているのは、日本が再び危険な時代に突入している証左なのかもしれない。

ちなみに本作の撮影中、第一部・第二部がヴェネツィア国際映画祭のサン・ジョルジォ賞と批評家協会パシネッティ賞を受賞したニュースが伝わり、スタッフとキャストの大きな励みになったというが、そもそも映連の横やりで映画祭への出品は取りやめになっていたところ、ヨーロッパの業者の手にわたっていたフィルムをたまたま鑑賞できた映画祭当局が強く希望して映画祭での上映が実現し、受賞の栄誉に至ったのであった。

本シリーズは六一年七月二日に映画サークル東海地方協議会が名古屋公会堂で初めて一挙上映し、それを受けて東京でも築地中央劇場で七月二六日から一一日間の興行が打たれた。その後、六八年一二月一〇—一九日に丸の内ピカデリーでも一挙上映されたが、このとき土曜日二二時の回も設けられたことが、オールナイト興行の先駆けとなった。

七九年一月二日には東京12チャンネルでシリーズをノーカット放送。なお、映画のテレビ放映やソフト化に対し基本的には反対の立場をとっていた小林ではあったが、九〇年に自身の監修で全カットをシネマスコープからビスタサイズにトリミングすることを条件に、本シリーズのレーザーディスク化を承諾している。当時のテレビは横縦比4：3で、シネマスコープ・サイズをそのまま放映すると、画面の三分の二が黒味になってしまうというのが、トリミングの理由であった。「シネスコもいいけどビスタビジョンのサイズもいいですよ」とは、レーザーディスクBOXに封入されたインタビュー(九〇年六月一日)での小林の弁である。

13 からみ合い

1962.2.17.封切
文芸プロダクション
にんじんくらぶ製作
松竹映画
モノクロ108分
シネマスコープ

◉スタッフ

製作＝若槻繁・小林正樹　製作補＝清水俊男　原作＝南条範夫(光文社版)　脚色＝稲垣公一　撮影＝川又昂　美術＝戸田重昌　音楽＝武満徹　録音＝西崎英雄　照明＝青松明　編集＝浦岡敬一　助監督＝稲垣公一　監督助手＝水沼一郎・吉田剛　録音技術＝金子盈　スチール＝梶原高男　進行＝森山善平　撮影助手＝高羽哲夫　照明助手＝三浦礼・本橋照一　録音助手＝日向国雄　美術助手＝伊東正靖　装置＝小

林孝正　装飾＝石川誠次　衣裳＝杉山利和　結髪＝佐久間とく　製作事務＝相川武　撮影事務＝石和薫　主題曲＝キングレコード

◆出演

宮川やす子＝岸恵子　古川菊夫＝仲代達矢　河原専造＝山村聰　妻里枝＝渡辺美佐子　吉田禎三＝宮口精二　成宗定夫＝川津祐介　成宗圭吾＝北竜二　成宗ふみ＝北原文枝　神尾マリ＝芳村真理　神尾＝浜村純　神尾真弓＝川口敦子　神尾美代子＝槙芙佐子　藤井純＝千秋実　倉山杏一郎＝滝沢修　客の男＝三井弘次　刑事A＝安部徹　刑事B＝永井玄哉　海岸の私服刑事＝佐藤慶　石母田教授＝信欣三　飯田さよ＝千石規子　下駄屋のお内儀＝菅井きん　志村＝鶴丸睦彦　やす子の情夫＝平幹二朗　キャバレーの与太者＝田中邦衛　女中ちか＝渡辺芳子　谷医院受付看護婦＝水上令子　沼田質屋のお内儀＝本橋和子　受付の男＝大杉莞児　定夫の友人＝蜷川幸雄・伊藤正幸　水島真哉　瀬川克弘　柴田葉子　斉藤久美子

第17回英国アカデミー賞国連賞

▽ストーリー

街を歩くファッショナブルな女性・宮川やす子に弁護士の吉田が声をかけた。やす子の脳裏に二年半ほど前の出来事が蘇る……。

やす子が秘書を務めていた東都精密工業の社長・河原は、ガンで余命半年もないことを宣告され、三億円の私有財産を妻・里枝に三分の一、残りの三分の二をかつて関係があった女たちの子どもに渡すことを決意した。

河原は川越に住む七歳の少女を秘書課長の藤井に、温泉街の女性の子どもを顧問弁護士の吉田に、その後やす子にも、満州で付き合っていた女性の子を探すよう言い渡す。

岸恵子

吉田の部下である古川は温泉街で河原の娘・真弓と会うが、そこで彼は共謀して遺産を独占しようと誘う。

やす子が探しあてた定夫は不良青年だったが、彼女の魅力に惹かれていき、やがて藤井の罠にかかって傷害事件を起こしてしまう。

藤井は川越の少女がすでに死亡していることを知らされ、かねがね関係を持つ里枝との間に生まれ、孤児院に入れていたゆき子を替え玉に使おうと画策する。

ある嵐の夜、河原はやす子を抱いた。その報酬は一〇万円。毎月のサラリー二万円の時代、やす子はその後も河原に抱かれていく。

財産相続を決定する日、無作法な定夫は河原の怒りを買い、相続権を失くした。真弓は自殺を偽装して姉を殺し、その戸籍を偽造した罪で逮捕された。河原の娘は姉のほうだったのだ。

ゆき子がニセモノであることの確証を得た吉田は、遺産が全額里枝のものになってしまうのを避けるべく、すべてをやす子に話し、財団法人を河原に設立させるよう促すが、その夜、彼女は妊娠したことを河原に報告する。喜ぶ河原は即、やす子のおなかの子と、ゆき子に遺産を与えることを告げ、その三日後に死んだ。

しかし、やす子の子の父親は河原ではなく、本当は別の情夫との間にできた子どもであった。

河原の死後、やす子はゆき子が替え玉であることを暴露し、里枝も相続から外された。かくして河原の遺産は、やがて生まれてくるやす子の子どもにすべて譲与されることになった……。

やす子と河原との間にできた子どもは、生まれてまもなく死んだという。そんなことなどお構いなしの吉田は、やす子に上手い話を持ち掛けようとするが、彼女は笑ってその場を立ち去っていった。

■解説

超大作『人間の條件』六部作のあと小林正樹

が着手したのは、南条範夫の小説を原作にした、遺産をめぐる男女の赤裸々な欲望を露にしていくサスペンス映画であった。いわく「フランス映画『太陽がいっぱい』の女性版のようなもの」を狙いつつ、「現代に生きる人間の悪を突きながら、全篇で〝現代の不安〟を語る」と、その演出意図を語っている。

小林作品としては『あなた買います』『黒い河』のラインに属する人間の闇をシニカルな視点で見据えたものだが、小品ながらも決して肩の力を抜くことなく、ストレートの速球を投げる姿勢にも変わりはない。少し休まないと肩を壊してしまうのでは？と見ているこちらが心配になってしまうほどの生真面目さではある。

もっとも、今回その生真面目さを和らげているのは、武満徹の音楽であろう。本作で初めて小林作品の映画音楽を担当することになった武満は、犯罪の匂いを濃厚に立ち込めさせつつ、どこか軽快なジャズの調べを披露しながら、効果音など音響全体まで責任を負い、作品に大きく貢献。以後、武満はすべての小林作品の音楽を担うことになっていく。

公開時の批評は、荻昌弘が週刊朝日で「単純な異色犯罪劇に終わりかねないこの作品を、ちょっと日本人離れしたかわきと太さの「悪」のスリラーにしたてた」と絶賛したかと思うと、岩崎昶は朝日新聞で「作為の偽悪主義が目立ち、見ているうちにたいへん単調な感じになる」と批判。「とにかくおもしろい」（読売新聞・玉）、「面白く見せようというサービス精神と、文芸映画としてのリアリティを確保しようという意欲が上手く調和していない」（週刊文春）など、かなり賛否が割れる結果となっているが、いずれもキャストの演技は高く評価している。

中でも虚々実々の駆け引きにおいて、徐々に悪の華を開かせていく岸恵子の美貌と存在感は圧巻。彼女自身、「型通りの悪女になったら失敗だと思っています」と撮影にあたって抱負を語っていたが、見事にその課題をクリアしていた。

14 切腹

1962.9.16.封切
松竹映画
モノクロ135分
シネマスコープ

◉スタッフ
製作＝細谷辰雄　製作補＝岸本吟一　原作＝滝口康彦（サンデー毎日・大衆文芸賞「異聞浪人記」より）脚本＝橋本忍　撮影＝宮島義勇　音楽＝武満徹　美術＝大角純一・戸田重昌　録音＝西崎英雄　照明＝蒲原正次郎　編集＝相良久　スチール＝梶原高男　助監督＝丹羽康二・吉田剛　装置＝中村良三　装飾＝田尻善一　衣裳＝植田光三　技髪＝木村喜右ェ門　結髪＝木村よし子　進行＝内藤誠　撮影助手＝関根重行　照明助手＝奥谷保　録音助手＝藤田茂　編集助手＝瀬頭純平　製作助手＝斉藤次男　現像＝東洋現像所　時代考証＝猪熊兼繁　衣裳考証＝隅田董之助・河村長淮　殺陣＝加登秀樹　題字＝勅使河原蒼風

◆出演
津雲半四郎＝仲代達矢　千々岩求女＝石濱朗　美保＝岩下志麻　千々岩陣内＝稲葉義男　福島正勝＝佐藤慶　齋藤勘解由＝三國連太郎　稲葉丹後＝三島雅夫　沢潟彦九郎＝丹波哲郎　矢崎隼人＝中谷一郎　新免一郎＝安住譲　井伊家使番A＝井川比佐志　井伊家使番B＝小林昭二　井伊家若侍A＝武内亨　川辺右馬介＝青木義朗　清兵衛＝松村達雄　代診＝林孝一　槍大将＝五味勝雄　人足組頭＝冨田仲次郎　小姓＝天津七三郎　田中謙三　中原伸　池田恒夫　宮城稔　門田高明　山本一郎　高杉玄　西田智　小宮山鉄朗　成田舟一郎　春日昇　倉新八　林健二　林章太郎　片岡市女蔵　小沢文也　竹本幸之佑

第17回毎日映画コンクール日本映画大賞　同音楽賞＝武満徹　同録音賞＝西崎英雄　同美術賞＝大角純一・戸田重昌／第13回ブルーリボン男優主演賞＝仲代達矢　同音楽賞＝武満徹

同脚本賞＝橋本忍／第36回キネマ旬報ベスト・テン第3位　同主演男優賞＝仲代達矢／第16回カンヌ国際映画祭審査員特別賞／ポーランド国際映画祭最優秀映画／ポーランド映画批評クラブ賞

▽**ストーリー**

寛永七(一六三〇)年五月一三日申の刻、井伊家上屋敷に芸州広島福島家の元家臣、津雲半四郎と名乗る齢五十余歳の侍が現れた。切腹のために玄関先を拝借したいという。

中央　仲代達矢

申し出を受けた家老の齋藤勘解由《さいとうかげゆ》は、半四郎を中に通し、一月にも同じ要件で屋敷を訪ねて来た千々岩求女《ちぢいわもとめ》なる者の話を聞かせ始めた。

その気もないくせに武家屋敷を訪ねては切腹を申し出て、何がしかの金品を得て帰る浪人者が最近増えてきていることを苦々しく思っていた勘解由は、そのとき求女の申し出通りに切腹の場を庭先に設けた。

思惑が外れた求女は狼狽するも、引くに引けなくなって切腹を始めようとするが、持っていたのは竹光で、まともに腹を切れるはずもなく、結局は舌を嚙みきって、武士らしくない最期を遂げた……。

話し終えた勘解由は、切腹を辞退するよう勧めるが、半四郎はそれを固辞し、やがて庭先に通された。

半四郎は介錯に井伊家の剣客・沢潟彦九郎を指名するが本日は欠勤しており、彼が参上するまでの間、静かに己の話を語り始めた……。

千々岩求女は半四郎の親友の忘れ形見で、主家の没落後、食うや食わずの浪人生活の中、半四郎は愛娘の美保と求女を結ばせ、ふたりの間に孫の金吾も生まれた。貧しくもささやかな幸せに半四郎は満足していた。

しかしあるとき美保が胸を病み、金吾が高熱を出した。薬を買う金もない求女は思い余って急場をしのごうと井伊家に赴き「玄関先で切腹」の挙におよび、むごたらしい最期を迎えたのであった。

いかに貧しくとも刀だけは手放そうとしなかった半四郎は己を責めた。まもなくして金吾も美保もこの世を去った。

なぜもっといたわった扱いをしてやれなかったのか！と口調を荒らげる半四郎に、勘解由は「井伊家の武勇の家風は表面だけのものではない」と突っぱねる。

半四郎は懐から三つの髷を放り投げた。それは彦九郎を含む、かつて求女に切腹を強要し、本日半四郎が介錯を指名してもなかなか現れない者たちのものであった。いずれも井伊家きっての剣客でありながら半四郎との決闘に敗れ、髷を切られるという不面目を喫した彼らを半四郎は嘲笑う。

ついに勘解由の怒りが爆発し、家臣たちが半四郎に斬りかかるが、荒れ狂う半四郎は次々と返り討ちにしていき、その果てに井伊家の鎧兜を叩き壊した末に自ら腹を切り、そこを鉄砲隊によって討ち取られた。

勘解由の指示で半四郎は「切腹」、斬死した家中の者たちも、すでに自決していた彦九郎も、切腹を言い渡された残る剣客二名もすべて「病死」となり、井伊家の武勇は以前にも増して江戸中に響き渡るのであった。

■解説

小林監督が初めて手掛けた本格時代劇映画。かつて『壁あつき部屋』脚本の後半部の回想シーンの不備を指摘した橋本忍による本作の脚本は、現在と過去の時間軸を錯綜させながら封建社会の非人間性を訴えた秀逸なものであり、回想シーンを最大限に活かした手本のような仕上がりであった。

〝HARAKIRI〟の英題でカンヌ国際映画祭に出品された際は「ギリシャ悲劇が日本にもあったのか!?」と喝采を浴び、世界に通用するエンターテインメントとして屹立するとともに、小林の世界的名声を揺るぎないものとした名作である。

なお、カンヌ上映時、石濱朗による竹光切腹シーンでは、その残酷さゆえに場内で悲鳴が起きたそうだが、上映後、あの切腹シーンを残酷と思わないか？という質問が出たとき、小林は「あなたは、映画を最後までご覧になっても、まだあのシーンが残酷すぎると思われましたか？」と答えた（週刊朝日六三年六月七日号）。

国内の批評も、「武士の悲劇を描いて綿密にできた佳作」（読売新聞・錦、六三年九月一八日）を筆頭に、今さら記す必要がないほどの絶賛の嵐ではあるが、やはり武士道がもたらす悲劇や封建社会批判を巧みに訴えたとする社会派的な面を讃える評が多数を占めた。あえて荻昌弘が基本的には絶賛しつつ「あまりにも息抜きのない緊張感が、かえって後半を冗漫に感じさせた点であろうか」（週刊朝日六二年九月二八日号）と指摘している。確かに作品全体を包む息苦しさゆえに、たとえばキネマ旬報ベスト・テンでは本作が三位、のちの『上意討ち―拝領妻始末―』が一位という結果をもたらしてしまっているような気もする。

もっとも、小林映画をデビュー作から順序良く見続けていくと、本作は松竹大船調的な、貧しくもささやかな家庭の幸せを奪われた男の復讐を描いたホームドラマでもあるという深読みも可能ではある。特にこれまで小林映画の中で〝子性〟を体現してきた石濱朗と、のちに『食卓のない家』でも〝父性〟を体現することになる仲代達矢、両者の交流こそが実は本作の隠れたキモとなっていることに気づきさえすれば、小林映画の本質がデビュー以来変わることなく〝父と子の関係性〟を追求したものでもあることまで痛感させられるであろう。

ちなみに、クライマックスでの津雲半四郎と沢潟彦九郎による護持院原での決闘シーンでは撮影に真剣が用いられているが、そこでの半四郎の構えは戦国時代の「沈《ちん》なる身の兵法」、彦九郎の構えは江戸時代初期の柳生利厳《としとし》が創始した「直立《つったつ》たる身の兵法」「上段・中段の構え」。ここでも戦国時代の残党と江戸時代最先端の剣術を身につけていた者との世代差が描出されている。

余談だが、原田眞人監督は本作の脚本を読んで「高熱を発して寝込むほどの影響」を受け、映画そのものも「見事な古典」として自身の日本映画ベスト・テンに入れ、小林正樹のことも「正統派巨匠コースを歩んだ巨匠」とリスペクトし（『原田眞人の監督術』雷鳥社、二〇〇七）、長らく『切腹』のリメイクを望み続けた。松竹配給の自作『伝染歌』（〇七）では、劇中に『切腹』を含め自分がリメイクしたい松竹映画のポスターを飾るなどのオマージュ&アピールを試みている。もっとも、結果としては二〇一一年に3D映画『一命』として、三池崇史監督のメガホンでリメイクがなされた。

15 怪談

◉スタッフ

文芸プロダクションにんじんくらぶ作品　製作＝若槻繁　原作＝小泉八雲　脚本＝水木洋子　撮影監督＝宮島義勇　音楽音響＝武満徹・秋山邦晴・奥山重之助・鈴木明　美術＝戸田重昌　ホリゾント＝西田真　装置＝松野喜代春　装飾＝荒川大　美術助手＝薩本尚武　小道具製作＝高津商会　録音＝西崎英雄　録音助手＝八木橋万年・塩田正晴　編集＝相良久　記録＝吉田栄子　編集助手＝大坂純一郎　照明＝青松明　色彩計測＝関根重行　照明補佐＝蒲原正次郎　撮影助手＝大石進　照明助手＝磯部俊行　現像＝東洋現像所　美粧＝高木茂　結髪＝櫻井文子　かつら＝山崎かつら店　衣裳製作＝上野芳生・京都衣装　衣裳＝加藤昌広　考証＝隅田董之助　武芸指導＝堀田辰雄　琵琶＝鶴田錦史　助監督＝吉田剛・小笠原清・奥田明好・丹波禎二郎　製作協力＝内山義重　進行＝桑原一雄・浮田洋一　製作補＝相川武・小日向智・田畑稔　製作主任＝高島道吉　題字＝勅使河原蒼風　タイトルデザイン＝粟津潔　色彩技術顧問＝碧川道夫　壇ノ浦合戦絵＝中村正義　スチール＝吉岡康弘　協賛＝東洋工業株式会社

1965.1.6.
ロードショー公開
文芸プロダクション
にんじんくらぶ製作
東宝配給
カラー 182分
シネマスコープ

◆出演者

「黒髪」第一の妻＝新珠三千代　第二の妻＝渡辺美佐子　武士＝三國連太郎　侍女＝家田佳子　世話人の妻＝月宮於蒬女　従者＝田中謙三　殿様＝中野清父＝石山健二郎　母＝赤木蘭子　乳母＝北原文枝　世話人＝松本克平

「雪女」己之吉＝仲代達矢　雪女・お雪＝岸恵子　母＝望月優子　村の女1＝菅井きん　同2＝千石規子　同3＝野村アキ子　船頭＝浜田寅彦　茂作＝浜村純

「耳無し芳一の話」耳無し芳一＝中村賀津雄　甲冑の武士＝丹波哲郎　住職＝志村喬　源義経＝林与一　健礼門院＝村松英子　矢作＝田中邦衛　平知盛＝北村和夫　貴人＝中谷一郎　呑海＝友竹正則　松造＝花沢徳衛　漁師1＝桑山正一　平経盛＝鶴丸睦彦　漁師2＝谷晃　二位＝夏川静枝　平教盛＝龍岡晋　上臈＝北城真紀子　関口銀三　宮部昭夫　永井玄哉　内田透　弁慶＝近藤洋介　山本清　小美野欣二　平教経＝中村敦夫　阿部百合子　安徳天皇＝佐藤ユリ　佐藤京一　相川延夫　神野光　福原駿雄　阿部希郎　八木俊郎　田部誠二　成田光子　三倉紀子　長山藍子　中畑道子　児玉泰次　前田信明　柴田光彦　梶春雄　義那道夫

「茶碗の中」武士関内＝中村翫右衛門　作者及びその声＝滝沢修　おかみさん＝杉村春子　出版元＝中村鴈治郎　式部平内＝仲谷昇　老爺＝宮口精二　式部平内の家来＝佐藤慶　関内の妹鈴江＝奈良岡朋子　侍1＝神山繁　同僚＝田崎潤　侍2＝織本順吉　侍3＝小林昭二　侍4＝青木義朗　家来2＝玉川伊佐男　家来3＝天本英世

第18回カンヌ国際映画祭審査員特別賞（1965年）／アカデミー外国映画賞ノミネート／第20回毎日映画コンクール撮影賞＝宮島義勇／同美術賞＝戸田重昌／第16回ブルーリボン日本映画ベストテン第3位／第38回キネマ旬報ベスト・テン第2位／同脚本賞＝水木洋子／ロンドン国際映画祭短編部門＝「雪女」

▽ストーリー

「黒髪」

昔、京都に若い武士がいた。主人が没落したため貧しく、遠い国の守として赴任する人物に仕えるため、優しい妻を捨て、家柄の娘の家に婿入りして旅立った。第二の妻はわがままで冷酷だったので、武士は第一の妻を懐かしみ、不幸な日々を送った。

任期を終え武士が京に帰ると、妻は優しく迎え、睦まじく一夜を過ごす。翌朝目覚めると、そこは無残なあばら家の中、傍に白骨となった妻の骸。恐怖におののき逃げ惑う武士に、長い黒髪が執拗に纏わりつく。井戸水に映った武士の顔は老醜無惨となっていた。

「雪女」

武蔵国のある村の、木こりの茂作と巳之吉は猛吹雪に遭い、船小屋に避難した。深夜に不審な気配、茂作は雪女に白い息をかけられ凍死した。巳之吉に近づいた雪女は「あなたは美少年ね」と言い、今夜のことは誰にも決して話さないと誓わせて命を助ける。

それから一年、巳之吉は山仕事の帰りに出会った娘を連れ帰り、嫁とした。三人の子をもうけ、幸せな生活を送る。ある夜巳之吉は縫い物をしている妻を見て雪女を思い出し、その夜のことを語る。妻は顔をこわばらせ、「それは私」と雪女に変身。約束を違えた怒りと悲しみをあらわにし、子供を可愛がるよう言い残して雪山に消えた。

「耳無し芳一の話」

『平家物語』源平壇ノ浦合戦の琵琶語りの名手芳一が、平家供養の阿弥陀寺に来てから間もなく異変が起きた。芳一は深夜訪ねてきた侍の手引きで、壮麗な御殿に参上。求めに応じ琵琶を奏でると、並みいる貴人が平家滅亡の愁嘆場で涙した。夜毎に姿を消す芳一。怪しんだ寺男が後をつけてみると、そこは火の魂の飛び交う平家一門の墓地。

住職は亡霊から身を隠すようにと、芳一の全身に般若心経を書かせた。幸い亡霊に芳一の姿は見えなかったが、経文を書き忘れた耳だけをもぎ取られてしまった。その後も琵琶供養を続ける芳一の評判は高まり、引く手数多で金持ちになったという。

「茶碗の中」

天和四年正月、主君の年始回礼の供をした関内が、菩提寺に立ち寄った際、水を飲もうとした。と、茶碗の中に見知らぬ武士の顔が映る。何度替えても同じこと、業を煮やして飲み干した。主家宿直の夜、行燈の陰からその武士が現れ、ひどいことをしたと迫ってきた。関内が切りつけるとよろめいて壁に消えた。後日、関内の屋敷に切られた武士の家臣三人が現れる。関内は槍をもって立ち向かうが手応えはなく、次第に錯乱状態に……。

時代は明治中期、版元が作者の書斎を尋ねると不在。机上の原稿は「人の魂を飲んだ者は…」で終わっている。土間の水瓶を覗くと、作者が中に踞って手招きをしていた……。

■解説

小林正樹初のカラー映画。幻惑的な色彩設計による映像が見る者を圧倒するが、そのベースとなっているのは師である會津八一から学んだ教えの数々であり、その意味では彼の美術的センスが最大限に発揮された作品であるとみていいだろう。

構想一〇年、九カ月の撮影期間により製作費が大幅に超過し、にんじんくらぶを解散に追い込んだ曰くつきの本作。ほとんどのシーンについて巨大セットを駆使して撮影を敢行したことは、延々延びるクランクアップや製作費の不足なども含め当時のマスコミを大いに賑わせたが、この巨大セット撮影、映画の師匠である木下恵介の『楢山節考』(五八)がオールセットで撮影されたことに対する何がしかの想いがあったようにも感じられてならない。

完成後の批評は、労作であることを認めつつも、オムニバス映画の宿命か、各エピソードの良し悪しに終始し、そのうえで「みごとな幻想美で日本的

耳無し芳一の住む寺　阿弥陀寺

霊界を描く」(三木康弘)、「全編にみなぎる気迫」(読売新聞・平)と讃えるか、「意外におもしろさが乏しい」(東京新聞六五年一月七日)と批判するか、といったパターンが目立つ。芸術家の岡本太郎は「新映画みたまま」(新聞/雑誌か不明のコーナー名)の中で、色彩美術の面から本作を讃えつつ、「文学的になりすぎ」「惜しまれるのは冗漫さ」と指摘している。彼自身パリに住んでいた頃、小泉八雲の原作が話題になって以来、この映画化に非常に興味を持っていたとのことだ。

一方、カンヌ国際映画祭でパルムドールを逃したことに関して、小林は同地の記者会見の席で開口一番「残念だ」と発して外国記者団の顰蹙を買ったと日本のマスコミは伝えたが、これは誤りで、実際にこの言葉を発したのは本作が同賞を取ると信じて疑わなかったフランスの記者たちであったと、当時の毎日新聞外信部長・大森実は、サンデー毎日六五年七月二五日号の国際記者情報欄に記している。

四つのエピソード中、最も長い「耳無し芳一の話」が映像的に今なお目を見張らされるものがあるが、それに比べると「黒髪」「雪女」に当時としては斬新だったであろう色彩設計の中に、現代では幾分古びて映ってしまう箇所も散見している。逆に「茶碗の中」は怪談映画としてのショッキングな演出が見事で、現在も恐怖映画を作る際のお手本にすべきほど秀逸なものとなっているが、総じてカラー映画であることにこだわり抜いたこの超大作、もし全編モノクロで撮影していたら、小林はいかなる演出を施したであろうか。

なお本作は初公開後に原版フィルムが紛失。カンヌ国際映画祭での上映時に用いられた国際短縮版一六一分が長らく出回り、ビデオとレーザーディスクにもその版が用いられていたが、やがて原版が見つかり修復がなされ、国内DVD化の際にようやく一八二分の完全版がリリースされた。

16 上意討ち ―拝領妻始末―

1967.5.24.
ロードショー公開
1967.6.7.封切
三船プロダクション
東宝提携
モノクロ128分
シネマスコープ

◉**スタッフ**

製作=田中友幸　原作=滝口康彦(「拝領妻始末」より)　脚本=橋本忍　撮影=山田一夫　音楽=武満徹　美術=村木与四郎　録音=奥山重之助　照明=小西康夫　整音=下永尚　監督助手=松江陽一　製作担当者=田實泰良　編集=相良久　現像=キヌタ・ラボラトリー　礼法=小笠原清信　謡曲=観世栄夫　殺陣=久世竜

◆**出演者**

笹原伊三郎=三船敏郎　いち・藩主の側室=司葉子　笹原与五郎=加藤剛　弟・文蔵=江原達怡　高橋外記=神山繁　柳瀬三左衛門=三島雅夫　小谷庄兵衛=山形勲　松平正容=松村達雄　笠原監物=佐々木孝丸　塩見兵右衛門=浜村純　きく=市原悦子　笠井三之丞の母=山岡久乃　伊三郎の妻すが=大塚道子　吉野=日塔智子　お玉=小林哲子　佐平=福原秀雄　ぬい=川尻則子　小宮隆蔵=青木義朗　浅野帯刀=仲代達矢　三船プロ・七曜会=山口博義　田中浩　宇仁貫三　木村博人　浅川孝二　上西弘次　柿本香二　新井勇

第22回毎日映画コンクール日本映画賞/第41回キネマ旬報ベスト・テン第1位(1967年度)　**同作品賞　同日本映画監督賞=小林正樹　同脚本賞=橋本忍/第18回文部大臣賞=三船敏郎/第28回ヴェネツィア国際映画批評家協会パシネッティ賞/英国映画批評家協会賞**(英国アカデミー賞)**/第5回ニューヨークフィルムフェスティバル**(1967)**/タシュケント**(サマルカンド)**映画祭作品賞**(1968)

▽**ストーリー**

会津松平藩藩士の笹原伊三郎は、主君の松平正容の側室おいちの方を長男・与五郎の妻に拝領せよと命ぜられた。伊三郎は笹原家に婿養子として入った身で、口うるさく気位の高い妻・すがの前で忍耐を重ねてきていただけに、せめて息子たちには幸せな結婚をしてもらいたいと願っており、どうにもその命令は受けられるものではない。

聞くと、おいちは一九歳のとき藩命で大奥に上がり、菊千代を出産したものの、その後正容が新しい側室を迎え入れたのを我慢できず、反抗して乱暴まで働いたことで暇を出されたのだという。

伊三郎が親友の浅野帯刀に相談すると、気乗りしない話だという。しかし側用人・高橋外記らの談判を受け、いよいよ伊三郎も藩命に屈せざるをえなくなった。誠実かつ物静かな与五郎も、拝領をお受けしたいと伝えた。

かくして与五郎といちは夫婦となったが、噂と異なりいちは実によくできた嫁であり、夫婦仲も良好で、安堵した伊三郎は隠居し、当主の座を与五郎に譲った。やがていちは長女とみを産んだ。

しかし、平和な日々は長くは続かなかった。正容の嫡子が急死して菊千代が世継ぎに決まり、そのことで藩主の生母たるいちを返上せよとの命令が藩から下ったのだ。人道に背く理不尽な処置に伊三郎と与五郎は憤慨し、藩に逆らう決意を固めていく。いちも親族会議の席で、与五郎と添い遂げたいと告げ、すがと次男・文蔵は激昂。一度は心くじけそうになった与五郎といちに、伊三郎は檄をおくった。

文蔵がいちを騙して、家老の屋敷へ幽閉した。大奥に上がらなければ伊三郎らに切腹を申しつけると、外記らに脅迫されたいちはやむなく従うが、与五郎は藩が求める後付けの返上願いを断固拒絶し、伊三郎はいちを返せとの嘆願書を提出する。

三船敏郎(左) 仲代達矢

やがて、いちを連れた外記ら上意討ちの一隊が、すがと文蔵を追い出して武装した笹原家に現れる。いちは一隊の槍に自らの身を投げ出し、与五郎も敵の刃に斃れるが、伊三郎は外記らを斬り捨て、ふたりの墓を掘る。

藩の非道を訴えるため、伊三郎は孫のとみを連れて江戸へ赴こうとするが、国境の一ノ木戸には帯刀が待ち構えていた。悲痛な想いで対決するふたりだったが、死闘の末に伊三郎が帯刀を倒す。が、追手の銃弾によって、伊三郎もついに落命する。あとに残されたとみは、いちが生前に遣わした乳母のきくが抱き上げ、ひそかに連れ帰るのであった。

■解説

前作『怪談』から三年ぶりに小林正樹が手掛けた新作は、『切腹』の原作者でもある滝口康彦が武家社会の非人間性や封建社会をモチーフとした時代小説『拝領妻始末』の映画化。三船敏郎が世田谷区成城に建てた三船プロダクションの撮影スタジオ「トリッセンエンタープライズ」のスタジオ・オープン第一作でもあった。

三船プロはクランクイン前の一九六七年二月三日、黒澤明方式に倣い、衣裳をつけてのリハーサルをスタジオで実施し、海外も含めたマスコミを集めて大々的に披露しているが、そのとき小林は「黒澤さんのよい点はいただくが、私は私なりの三船さんの持ち味を引き出したい」とコメントしている(東京新聞六七年二月八日)。

アメリカ映画『グラン・プリ』(六六)のギャラ三〇万ドルを含む一億五〇〇〇万円を投じたスタジオを用いての第一作だっただけに、三船敏郎には本作を成功させなければいけないプレッシャーもあったと思われるが、小林はそんなことなどお構いなしに我が道を貫き、結果としてプロデューサー三船と対立。ようやくクランクアップするも予算は一五〇〇万円ほどオーバーし、完成も予定より約一カ月遅れた。製作発表時からやたらアピールしていたことが災いし、マスコミは小林と三船の不仲や、三億円の赤字を出した『怪談』を引き合いに、公開前から「赤字作品」などと面白おかしく書き立てた。三船自身も「俺がなにかいうと、すぐ他の監督に替えればいいと、全然協力してくれない」「すべては小林監督のトノサマ演出のせい」（週刊朝日）と口を濁すことなくマスコミに語った。

こういった注目作だけに完成後の批評も多く出揃ったが、基本的には「豪快な力みなぎる」（朝日新聞）など賛辞を送りつつも、「少々くどさ、窮屈さも感じる」（読売新聞）、「あまりにも型にはめこまれて一本調子」（東京新聞・由原木七郎）などチクチク不満を述べたものも見られた。

中には「この主人公の行動には現代の観客にアピールするものはない」「極言すれば三船の役は不必要。ラストの大殺陣は近来にない拙劣さ。それに画面の暗さ。目を悪くする」（以上、東京新聞六七年五月三一日）のような酷評もあるにはあったが、一方で「人間の愛情の尊さを見事に印象づけてくれる」（朝日新聞六七年六月三日）、「結果として封建制批判になるわけだが、その前にこれは愛の物語である」（日刊スポーツ・押川義行）のように小林正樹作品の本質を突いたものもみられる。

突き詰めるとこの作品、大事な嫁を守るために姑と夫が立ち上がるという、実に純粋な想いで貫かれた物語であり、また父と息子の関係性は『息子の青春』以来、小林映画にしばしば見受けられるモチーフでもある。一方、権力に翻弄され続け、ついにそれを拒む勇気を持つ嫁・司葉子は、『黒い河』の有馬稲子とも共通する、男権社会と対峙する女の勇気の象徴といった趣もあり、そうこう考えていくと本作は単なる社会派的な要素のみならず、小林映画ならではのピュアでリベラルな要素満載なのであった。

三船の批判に対して「いいものを作れば客は入る」（週刊朝日）と言い続けた小林の見込み通りに作品はヒットし、三船プロはにんじんくらぶの二の舞を免れた。一方で「今回は芥川賞ではなく直木賞の線で行く」（日刊スポーツ六七年二月三日）との目論見も成功し、国内外の賞にもあずかった。ヴェネツィア国際映画祭では当初、主催者の独断で本作は不適格とされたが、批評家たちが私的に本作を鑑賞し、主催者への抗議の意味も込めて、彼ら独自の「国際映画批評家協会賞」を授与した。

まもなくして小林と三船は和解した。

17 日本の青春

1968.6.8.封切
東京映画
モノクロ130分
シネマスコープ

◉スタッフ

製作＝佐藤一郎・椎野英之・佐藤正之　原作＝遠藤周作（『どっこいショ』より。読売新聞連載講談社版）　脚本＝廣澤榮　撮影＝岡崎宏三　音楽＝武満徹　照明＝榊原庸介　美術＝小島基司　録音＝原島俊男　整音＝西尾昇　編集＝諏訪三千男　製作担当者＝大久保欣四郎　助監督＝渥美和明　現像所＝キヌタ・ラボラトリー　スチール＝中山章

◆出演者

向坂善作＝藤田まこと　向坂美代＝奈良岡朋子　向坂廉二＝黒沢年男　向坂咲子＝菊容子　鈴木真理子＝酒井和歌子　鈴木武則＝佐藤慶　英芳子＝新珠三千代　大野久太郎＝田中邦衛　遠山正介＝花沢徳衛　金子和夫＝橋本功　平山妙子＝水木梨恵　岡田＝守田比呂也　戸川＝田中志幸　若い母＝川口敦子　酒井軍曹＝山本清　ナレーター＝三島雅夫　武内亨　菅貫太郎　児玉泰次　田中幸四郎　尾瀬俊子　木下育子　木川能子　賀川雪絵　菅沼正　北代絢　松崎真　田辺元　阿部博　西原純　ロブ・エルジンガ　デヴィット・ロジャース

第42回キネマ旬報ベスト・テン第7位／年鑑代表シナリオ集収載／タシュケント映画祭作品賞（『上意討ち』とともに）

新珠三千代　佐藤慶　藤田まこと

▽**ストーリー**

特許事務所の所長を務める向坂善作は、かつて学徒出陣で駆り出された戦中派である。学生時代は友人の大野と下宿屋の娘・芳子を張り合ったりもしていたが、その大野も戦死。内地の捕虜収容所に配属されていた善作は、アメリカ兵捕虜が米を盗んだのを見逃したことから、鈴木中尉に竹刀で殴られ、それ以来、左の耳が聞こえなくなってしまっていた。

今ではすっかり事なかれ主義のしがない中年と化して久しい善作は、家庭の中でも愚痴っぽい妻や大学浪人の息子、高校生の娘に疎外されがちな毎日であった。

そんなある日、彼は銀座でバーのマダムをしている芳子と再会し、亡夫の研究を企業化したいとの相談を持ち込まれる。しかし、その話を持ち込んだ横浜の会社の社長とは、何と自分の片耳をつぶした鈴木であった。しかも息子・廉二がつきあっている真理子が鈴木の娘であることも発覚。さらに廉二は防衛大学を受験すると言い出す始末である。

屈辱をこらえながら、鈴木に芳子の件を持ちかけていく善作ではあったが、鈴木はその研究を防衛庁に売り込もうとしていた。鈴木の会社は防衛産業に手を染めており、その研究を基に火炎放射器の開発に役立てようとしているらしい。

しかも、芳子までも強引な鈴木に屈してしまったことを知った善作は、ついに鈴木と対決するが、「戦時中に人を殴れなかった男は敗残者だ」「モラルは時代によって変わる」などと平然と言いのけることのできる鈴木に結局勝つことができなかった。

つくづく自分が嫌になった善作は、蒸発ついでに名古屋の大野の墓に詣でる。そこに芳子が現れ、もし東京に帰らないのなら善作に従うと告げたが、彼はその申し出を断る。戦犯が大きな顔をしている現代を悪いと言い、防衛大学に入ろうとしている息子に反対する、そんなはっきりモノを言える小市民になろうと誓い、自分の家へ帰っていった。

やがて、家を飛び出した廉二のアパートを訪ねた善作は、そこで初めて真理子と出会う。心優し気な彼女を見て、善作は静かに会釈した。

■**解説**

遠藤周作の『どっこいショ』を原作とする本作は、小林正樹の戦中派としての忸怩たる想いがいかんなく発揮された作品であり、ふと『人間の條件』の梶が生き延びて戦後日本に戻り、年を経ていたら?との想いにも囚われてしまうものがある。小林自身は「戦争の傷を、その子も、世間も理解しようとしない」として「原作者の声をいかしたい」と述べた。結果的にタイトルが『日本の青春』と改題されたことに関しても、「私が描きたいのは〝日本の青春〟ではなく〝日本の孤独〟です」と、その意を露にした。

本作は撮影日数四〇日と、それまでの小林映画からすると異例なほど短い日数で、これには関係者も驚かされたほどだが、もともと松竹のプログラム・ピクチュアからスタートしている小林は、早撮りしようと思えば別にできないことはないのだとうそぶいた。また戦中派中年の現代劇ということで、どこか撮っていてシンパシーを感じ、心地よい部分もあったのかもしれない。

撮影現場でも主演の藤田まことに『てなもんや三度笠』の調子でやって！」と指示を出したり（テレビ嫌いで知られる小林だが、『てなもんや三度笠』は好きだったようだ!?）、一方、巨匠監督の現場でガチガチになっていた新進・酒井和歌子に対しては何の注文もなし。相手役の黒沢年男は「監督は意外にフェミニストですね」と、かの巨匠を冗談交じりに評することのできる現場でもあったようだ。

公開時の評価は「この作品が胸を打つのは、戦中派をのりこえて、若者たちが健全な思考を持ち、自分たちが納得いく生き方をしようとしている点を描いているからだろう」（東京新聞・由原木七郎）、「青春とは戦争とともに消えた――という実感を小林監督はまことにうまく、同世代のわれわれにぶっつける。それが大上段に構えたものでないだけに、よけいにわれわれの心をゆさぶる」「この監督はこれまでもいい仕事をしてきたが、その中でもこれは特に傑出した作品だ」（週刊朝日・井沢淳）など、特に戦中派世代から絶賛されたが、中には「向坂が小さな家庭のしあわせに埋没していく結末には反発を抱かされた」（朝日新聞）といった皮肉交じりのものもあった。

大阪映画サークルでは六八年六月一日に『日本の青春』『首』（森谷司郎監督）の普及に取り組もう」と東宝のこの二つの重量ドラマをPR。当時は佐藤内閣が自衛隊を増強、第三次防衛計画によって武器などの国産化が始まりつつある時期であった。

他の小林作品に比べ大作感がない分、どこか見過ごされがちな面はあり、いまだにソフト化もされていない一見地味な作品ではあるが、実は小林映画を語るうえで絶対に外せない作品であり、鑑賞の機会を増やして然るべきである。

18 いのち・ぼうにふろう

1971.9.11.封切
東宝
俳優座提携
モノクロ121分
シネマスコープ

◉スタッフ

製作＝佐藤正之・岸本吟一・椎野英之　原作＝山本周五郎（「深川安楽亭」より）　脚本＝隆巴　撮影＝岡崎宏三　音楽＝武満徹　美術＝水谷浩　録音＝西崎英雄　音響＝本間明　照明＝下村一夫　編集＝相良久　装飾＝荒川大　録音助手＝高井唯夫　助監督＝吉沢修己　美術助手＝菊池誠・薩本尚武　撮影助手＝平林茂明　記録＝吉田栄子　照明助手＝松野要　殺陣＝湯浅謙太郎　製作担当者＝篠原茂　衣裳＝上野芳生　美粧＝細野かつら　録音＝アオイ・スタジオ　現像＝キヌタ・ラボラトリー

◆出演者

定七＝仲代達矢　おみつ＝栗原小巻　おきわ＝酒井和歌子　安楽亭主人＝中村翫右衛門　八丁堀同心金子＝神山繁　与兵衛＝佐藤慶　富次郎＝山本圭　八丁堀同心岡嶋＝中谷一郎　政次＝近藤洋介　灘屋の小平＝滝田裕介　源三＝岸田森　文太＝山谷初男　船宿の徳兵衛＝三島雅夫　仙吉＝植田峻　由之助＝草野大悟　夜番勝兵衛＝矢野宣　佐伯赫哉　関口銀三　大林丈史　浅若芳太郎　剣睦会　名のない男＝勝新太郎

第26回毎日映画コンクール撮影賞＝岡崎宏三　同美術賞＝水谷浩　同音楽賞＝武満徹　同録音賞＝西崎英雄　同男優主演賞＝勝新太郎／第45回キネマ旬報ベスト・テン5位（昭和46年度）**／昭和46年度芸術祭優秀賞／イタリア・タオルミナ国際映画祭審査員特別賞**（1971）

▽ストーリー

江戸時代、四方を堀に囲まれ、深川吉永町から架かる橋だけで結ばれている小さな「島」に建てられた安楽亭。幾造とその娘おみつが営むその一膳飯屋に、定七や与兵衛、源三、由之助、文太、政次、仙吉といった無頼漢の吹き溜まりであり、抜け荷（密貿易）の根城であった。

ある夜、定七と与兵衛は、町で無銭飲食して袋叩きに遭っていた富次郎を助ける。また同夜から、呑んだくれた謎の男が安楽亭に現れるようになった。

富次郎がようやく自分の身の上を語り始めた。質屋の奉公人だった彼は、女衒に売られた幼なじみで恋仲のおきわを助けようとあせるあまり、店の金を盗んだものの、彼女を探すうちに騙され、その金を使い果たしてしまったのだ。

やがて与兵衛の調べで、おきわは未だ無垢であることは確認できたが、身請けに二〇両いるという。それを知り、おきわを助けに安楽亭を飛び出した富次郎は、定七に押さえられた。「いのちぼうにふって行ってやれば」と言った富次郎にほだされた定七は、依頼主である灘屋の小平が今ひとつ信用できず、一度は断った抜け荷の大きな仕事を、富次郎のために受けることを決意する。

ようやく会えた母親が女郎になっていたことにショックを受けて斬り殺すという忌まわしくも哀しい過去を持つ定七は、ゆえに愛する女を救おうという富次郎の純粋な想いに打たれたのであった。

与兵衛らも定七に同調し、かくして十三夜の月が川面を照らす中、二艘の小舟で仕事を進めようとする彼らではあったが、そこに待ち受けていたのは、八丁堀同心・金子が率いる捕り手の群れであった。やはり小平は金子らと密通していたのだ。与兵衛と政次、仙吉は絶命。定七は行方をくらました。

その夜、謎の男が富次郎に五〇両を手渡した。男は木場の材木屋に勤めていたが、欲を出して帳場に穴を空けたために江戸を出て、五年ぶりに金を貯めて戻ってきたところ、妻子は生活苦で川に身を投げて死んだ後だったのだという。

ようやく定七が安楽亭に逃げ帰り、一度は幾造に諭されて亭を出ていった源三ら無頼漢や富次郎も戻ってきたが、まもなく無数の御用提灯が「島」を囲んだ。外へ飛び出した無頼漢たちは次々と敵の手に落ち、金子を斬った定七も富次郎を逃がすため、ついに御用となった。

数日後、富次郎は身請けしたおきわとともに、廃墟と化した安楽亭を、涙をこぼしながら見つめていた。おきわは亭に向かって合掌し、やがて二人は去っていく。そんな彼らを遠くから見守るおみつはふと、定七が埋めた小鳥の墓に目をやるのであった。

■解説

山本周五郎の「深川安楽亭」を原作に、仲代達矢夫人・隆巴が脚色した時代劇。監督クレジットは「小林正樹(四騎の会)」と記載。黒澤明、木下恵介、市川崑と「四騎の会」を立ち上げ、「これからが本当にいい映画をつくれるとき」(北海道新聞七〇年四月二四日)といった意気込みの中で製作した作品であることを物語っている(もっとも「四騎の会」そのものは本作の製作に関与はしていない)。

手前 勝新太郎　後ろ左から山谷初男　植田峻　近藤洋介　佐藤慶　草野大悟

権力と人間性の対立を歴史の中で捉えていきたいという映画的野心と、ならずものたちの若者の純愛にほだされて「命を棒にふってでも」という無償の行為の美しさを、あたかも『七人の侍』ならぬ『七人の無頼漢』とでもいった趣で両立させ得た本作は、やはり小林映画ならではの味わいである。そのうえで本人は、「きめの細かい上等なお菓子の味を味わってもらいたい」と演出の意気込みを語っている(もっともお菓子と呼ぶにはかなりシビアなお話でもあるが……)。

本作のフィルムは当時カラーよりも高価だった英国イルフォード・フィルム(黒白)を用い、室内は黒、外は白と、そのコントラストを際立たせ、また夜の闇は漆黒のごとく暗く、その中に蠢く人間の目の輝きなどがより一層ギラギラと描出されていく。神奈川県厚木市相模川の中州に二五〇〇万円をかけて建てられた安楽亭のオープンセットに関しては「七人のならず者は今でいうヒッピー。セットも西部劇風な感じを出してみた」(東京新聞)と小林は語る。クライマックスの闇夜に映える大小二〇〇個を超える御用提灯は、小型が一万円、大型が二万円もするものであった。

公開時の批評も「画面は重苦しくないわけではない。が、それはイヤ応なしに人の心を捉えて放さぬ迫力を持っています」(The Key・池沢武重、七一年九月五日)と好意的で、また前作『日本の青春』の原作者・遠藤周作が「久しぶりに映画らしい映画を見た」と絶賛してもいる本作、実は七〇年六月に完成しながらも公開は翌七一年九月と大幅に延期された。『壁あつき部屋』ほどではないが、およそ一年間のオクラ入りである。その理由は「時代劇はもう流行らない」という、ならば最初から作らせなければいいのにと文句のひとつも言いたくなるようなものであったが、その間に小林は七一年度のカンヌ国際映画祭で世界一〇大監督のひとりとして功労賞を受賞し、「また創作意欲がわいてきました」と前向きな姿勢を示していた。

なお、小林正樹は自身や自作について書かれた記事をスプラップするのを常としていたが、その中の東京新聞七〇年六月四日「人物5」という記事が「得心いくまで進まぬ粘りで厚み(げんごろう)」との題で、小林を採り上げているのが目を引く。「初期の『まごころ』『この広い空のどこかに』など、生真面目な姿勢とともに抒情のすがすがしさがあったが、今の彼にはそれがない」として、『切腹』以後の足取りが黒澤明のたどった道をそのまま追いかけているような感があると指摘。当時製作中だった『いのち・ぼうにふろう』も黒澤の新作『どですかでん』(四騎の会第一作)と同じ山本周五郎原作であるのは偶然の照合か？とし、さらには「いま、小林正樹にもっとも必要なのは、肩の力を抜いて、初心に帰ることではなかろうか」と結んでいる。

こうした見方に発奮したかどうかはわからないが、本作以降、小林正樹は時代劇を撮ることはなく、『化石』『燃える秋』『東京裁判』など、およそ黒澤明には撮り得ない独自の路線へと邁進していく。結果として夢叶わなかった『敦煌』映画化に寄せた若々しい情熱も、そのひとつの表れであろう。

19 化石

◉スタッフ

製作=佐藤正之・岸本吟一・上岡裕　原作=井上靖　脚本=稲垣俊・よしだたけし　撮影=岡崎宏三　音楽=武満徹　録音=奥山重之助　編集=浦岡敬一　照明=大西美津男　助監督=小笠原清　製作主任=松永英・遠藤明　記録=梶山弘子　現像=東洋現像所　録音=トーキョーエレクトロ・アコーステック　製作協力=東京フィルム

1975.10.4.
ロードショー公開
俳優座
四騎の会提携
カラー 217分
スタンダード

◇出演者

一鬼太治平=佐分利信　長女朱子=小川真由美　その夫=長谷川哲夫　次女清子=栗原小巻　その夫=早川純一　一鬼の義母=杉村春子　一鬼の弟泰助=中谷一郎　マルセラン夫人・喪服の同伴者(二役)=岸惠子　船津=井川比佐志　岸昭彦=山本圭　その妻=佐藤オリエ　矢吹辰平=宇野重吉　須波耕太=宮口精二　堀川大六=小山源喜　木原=神山繁　城崎=近藤洋介　一鬼建設専務=滝田裕介　部長A=袋正　部長B=山本清　部長C=小笠原良知　社員A=児玉謙次　社員B=鳥居健雄　運転手=小池栄　パリ駐在商社員A=

稲葉義男　駐在商社員B＝武内亨　駐在商社員C＝横森久　駐在商社員D＝佐伯赫哉　一鬼家女中A＝三戸部スエ　女中B＝荘司洋子　親戚の娘＝大西加代子　看護婦＝新田勝江　ナレーター＝加藤剛

優秀映画鑑賞会最優秀日本映画第一位／第30回毎日映画コンクール日本映画賞　同撮影賞＝岡崎宏三　同音楽賞＝武満徹　同男優演技賞＝佐分利信／第18回ブルーリボン作品賞／第49回キネマ旬報ベスト・テン第4位　同主演男優賞＝佐分利信／芸術選奨文部大臣賞＝小林正樹／50年度文化庁優秀映画奨励金表彰(俳優座映画放送・四騎の会)**／1974年ロンドン国際映画祭正式参加／ロスアンジェルス国際映画祭見本市参加**

▽ストーリー

一代で従業員約二〇〇〇人の建設会社を築きあげた社長一鬼太治平は、気心の知れた若い社員の船津を伴い、欧州に旅立った。仕事一筋に生き、妻亡きあと男手一つで二人の娘を育て嫁がせ、これまでの人生に一区切りをつける休息の旅であった。パリのお気に入りの古いホテルに陣取り、興味津々の船津を連れて凱旋門、シャンゼリゼなど街歩きを楽しむうち、ロダン美術館近くの公園で美しい日本人女性とすれ違う。富豪のマルセラン夫人としてパリ在住の日本人には知られている、謎めいた女性であった。

一〇日ほどのスペイン旅行ののち、パリへ戻った一鬼の身体に異変が生じた。疲れやすい。ときおり腹部に激痛が走る。船津は嫌がる一鬼を病院に連れ出した。数日後、船津宛の病院からの電話をたまたま一鬼が受けた。診断の結果は十二指腸癌、手術は困難、余命一年だという。愕然とする一鬼、これまでの人生観が一転した。苦悩する一鬼の前にマルセラン夫人に似た喪服の女が忽然と現れ、「私はあなたの分身、死の同伴者」と名のる。以来、一鬼がこれまでの人生、残りの人生に思いをめぐらすと現れ、生と死についての対話を重ねていくことになる。

一鬼は会社と交流のあった若い商社マン岸夫妻に誘われて、ブルゴーニュ地方のロマンの寺を巡ることにした。思いがけず、岸夫人と懇意のマルセラン夫人も同行した。豊かな田園、数々の歴史的建造物、ことにトゥルニューの修道院の石造りの冷たい空間と静寂が快かった。マルセラン夫人を交えた和やかなこの旅は、一鬼にとって夢のようなひとときとなり、限られた自分の命への、最後の贈り物となったように思えた。

帰国後一鬼は、癌で余命一カ月という友人の須波を見舞った。仕事一徹の人生を終えるいま、本当のことを話したいと一鬼を呼んだのだ。もはや仕事に未練はない。人生をやり直せたら清潔な生き方をしたいと。

一鬼は久々に故郷の信州に里帰りをし、医者の弟も呼んだ。人柄の良い継母は物忘れの症状が進んでいた。若き日この継母を迎えたとき、一鬼は彼女を嫌悪して家を出た。継母は泣いた。弟がその後を取りなした。なぜあんなに辛く当たったのか、それとなく詫びると、そんなことはなかったと、老いて記憶の薄れた継母が一鬼をかばった。「兄貴はいつもいいくじを引いている」と弟が笑い、いまにして団欒が戻る。

その後間もなく、会社は洪水による築堤崩壊の損害で、倒産寸前の危機に陥った。持ち前の大胆な決断力で一鬼は難局を切り抜けたものの、身体の異常は周囲の知るところとなった。

一鬼は唯一人心を許して付き合えた戦友、矢吹を思い出す。死を前に本心の話をしたかった。再会の場所には壮麗な大理石の壁面があった。矢吹は数千万年の歳月を経て形成された珊瑚の化石だ、戦争で我々も化石になるはずだった、いまはおまけの人生だと語る。

一鬼はほどなく矢吹の勧める医者・木原のもとで手術を受けた。その結果、五年、一〇年、あるいはそれ以上の余命を得た。昔の日常に戻った。しかし、何かが自分の中で変わってしまった。ブルゴーニュの美しい思い出も、過去の何もかも、「化石」になってしまった。これからの人生について、本当の生き方を探さねばならない。一鬼がそう思ったとき、死の同伴者は静かに姿を消した。

▣解説

そもそもテレビ嫌いを公言していた小林正樹が

岸惠子　佐分利信

「四騎の会」のために撮る羽目になったテレビ映画『化石』は、彼にとって膨大なラッシュフィルムでしかなかったと言っていいだろう。また、井上靖原作ということもあり、『敦煌』映画化に至るステップとして、本作を絶対に成功させなければならないという意欲も胸の内にあったことと思われる。

　七一年一一月半ば開始のフランスとスペイン・ロケは、日照時間の関係で午前一〇時から午後二時までしか屋外撮影ができない悪条件ではあったが、「景色は全部、死に直結した主人公の心象風景としてつかみたいから、絵はがき的な色は出したくない」とまったく妥協せず。一六ミリとはいえ、パリだけでフィルムを九〇〇〇メートル廻し、撮影日数も三五日間の予定が六〇日に延長という、いつもながらの小林スタイルが貫かれ、当時岸惠子の夫であったイヴ・シャンピ監督は現場を見学の際、岸本吟一プロデューサーに「台所のやりくりが大変でしょう」と同情していたとのこと。

　そんな小林も唯一、黒澤明自殺未遂(一二月二二日朝)の報を電報で受けたその夜はショックで仕事にならなかったという。

　テレビドラマ『化石』は七二年一月三一日―三月二一日にかけて全八回オンエアされた(こちらのテレビ版も原版が残っているのなら、ぜひ見てみたいものである)。

　それから約二年の月日が経ち、劇場用映画として完成した『化石』は、まず七四年度のカンヌ国際映画祭見本市で上映され、喝采を浴びた。

　その約一年半後、国内でようやく公開。マスコミの評価も絶大で、「単にTV映画を半分以上切り捨てるという物理的なことではない、見事に分解、再構成することによって原作を濾過している」(キネマ旬報・中邑宗雄)、「現在の日本映画とは、まるで別の地層から生まれ出た、重い〝おとなの作品〟」(サンデー毎日・荻昌弘、七五年一〇月一九日号)。

また荻は本作の興行的な不振を受け、毎日新聞七五年一一月一日夕刊に「意欲作なのに、なぜ?」と日本映画界の諸問題を浮き彫りにした文章を寄せ、最後に「生み出されてしまった名作」は、ぜったい化石化しないであろう」と結んでいる(ちなみに、日本よりひと月早いロンドンでの公開は好評であった)。原作者・井上も、「小説『化石』で常に書き足りないと感じられていたものに対する、映画『化石』のアプローチはみごとと言うほかない」と惜しみない賛辞を送っている。

　日本での劇場初公開は二〇〇分版でのお目見えとなったが、最初に編集されカンヌで上映されたヴァージョンは二一七分で、先頃そのフィルムが発見され、二〇一五年七月にディレクターズ・カットとしてテレビ放映された。その後のインターネットの書き込みにも、ようやく本来の形を目にすることができたという映画ファンの喜びの声があふれていた。

　デジタル時代の現在、本作の映像は一六ミリを三五ミリにブローアップした粒子の荒いものではあれ、それが「映画」としての美足り得ていることに変わりはなく、たとえば本作を紹介する際、主人公が対峙する岸惠子扮する「マルセラン夫人そっくりの死神」(原作では「死という同伴者」として表現される主人公の内面の声であり、性別もなければ具体として登場することもない)は、本来は「人の死を意識させる女神」と形容すべきではないか。それほどまでに純化されたキャメラ・アイが彼女を美しく捉えている。
『泉』以来の小林映画への出演となった佐分利信が、晩年を飾る一世一代の名演だったことは敢えて記す必要もないだろう。
なお本作では美術監督等の名前がクレジットされていない。フランスロケでは現地スタッフが装飾などを行っていたという。ただ、テレビ放送版には「美術　薩本尚武」「装飾　神田明良」と表示されていた。薩本は『怪談』『いのち・ぼうにふろう』で美術助手を務めている。

20 燃える秋

1978.12.23.ロードショー公開
1979.1.20.封切
三越　東宝提携
カラー 137分
ビスタビジョン

◉スタッフ

企画＝岡田茂(三越)　製作＝藤本真澄・佐藤正之・安武龍　原作＝五木寛之(角川書店版)　脚本＝稲垣俊　撮影＝岡崎宏三　美術＝村木忍　録音＝西崎英雄　照明＝小島正七　編集＝浦岡敬一　音楽＝武満徹　主題歌「燃える秋」唄＝ハイファイセット　作詞＝五木寛之　作曲＝武満徹　効果＝東宝効果集団　整音＝東宝録音センター　現像＝東京現像所　監督助手＝橋本幸治　スチール＝石月美徳　製作担当者＝橋本利明　製作補＝宮崎正彦　協力＝イラン文化省　PANAVISION　製作協力＝東宝映画

◉出演者

桐生亜希＝真野響子　影山良造＝佐分利信　岸田守＝北大路欣也　夏沢揺子＝小川真由美　その愛人裕＝上条恒彦　サングラスの女＝三田佳子　内村教授＝芦田伸介　木島＝井川比佐志　エスラミ＝アーマッド・モアフィー　運転手＝カーン・ユスフザイ

第2回日本アカデミー賞最優秀音楽賞＝武満徹

▽ストーリー

若きデザイナー桐生亜希は、マックス・エルンストの展覧会で声をかけられた老紳士・影山良造との、二年におよぶ官能的な関係で心身ともに憔悴、その清算の心づもりで京都の友人宅に身を寄せる。折しも祇園祭の賑わい。宵山の人の流れの中で、山車に架けられたペルシャ絨毯にカメラを向け続ける、名古屋の商社員・岸田守と出会う。亜希は絨毯の美に魅了され、それを熱く語る岸田に心を惹かれる。

帰京後、亜希は影山からペルシャの踊り子に擬しての愛撫の誘いを断ち切れず、再び懊悩の日々が続く。ある豪雨の夜、「レインコートの下に何も着ないでいろ、迎えに行く」という影山の電話を断り、名古屋の岸田に救いを求めた。深夜車で駆けつけた岸田を迎え、激しい抱擁を受ける。その後休日ごとに亜希のもとに通う岸田は、影山から亜希を庇い、「君のすべてが欲しい」と結婚を望むが、その性急さが亜希には不安だった。

ほどなく影山は癌で死去、ペルシャ絨毯の勉強を夢見ていた亜希に、イラン行きの航空券を残した。亜希はイランに旅立ち、大学生の案内で荒涼たる大自然に開花した五〇〇〇年の歴史文化に触れながら、開放感を楽しむ。ペルセポリスの神殿に立ったとき、目前に影山の幻影が近づき、「君は自由を手にした」と声をかけ消えた。亜希は目まいを起こして倒れこむ。熱病だった。

ホテルのベッドで意識を取り戻すと、目の前に岸田の笑顔があった。すべてを投げ出してはるばるイランまで駆けつけてくれた岸田に亜希は感激し、求婚を受け入れた。岸田とともに、絨毯生産地を巡る旅に出る。貧しい人々が手づくりの作業で、長い時間をかけて編み出している美しいデザインに亜希は心を打たれた。ところが帰国の直前、膨大な絨毯の写真を前にして岸田から、同じデザインの絨毯を機械で織らせ大量販売するという目論見を聞かされ、衝撃を受ける。愛し合っていれば意見は違っていても暮らせる、と説得する岸田だったが、共有しがたい価値観であった。空港待合室で「一緒には帰れない」と頑なに拒む亜希に、岸田は怒りを抑えきれずに頬を打つ。すべてが終わった。岸田は帰国、亜希は留まり、自身の信ずる道を歩むことになる。

■解説

會津八一を師と仰ぎ、監督デビュー初期には松竹で優れたメロドラマを撮り続け、そして東洋文化の神秘とその畏敬の念を描いた『敦煌』の映画化を念願していた小林正樹に、古都・京都に始まり、いつしかペルシア文化の美徳へと誘われていく、五木寛之ならではの雄大な恋愛小説『燃える秋』の映画化を依頼した藤本真澄のプロデューサーとしてのセンスは、ある意味卓抜したものがあったように思う。ただし、人の心は理屈では割り切れないものであるとして、そのときどきの人間の感性をこそ重んじる五木小説の世界と、論理的整合性をもって社会や人間を追求していく小林作品とはやはり水と油である。しかしながら映画『燃える秋』は、そういった水と油の関係をいかにシャッフルして上質のドレッシングに仕上げるかに成否がかかっていたのではないか。

おそらく本作は小林作品の中で最も叩かれた作品であろう。マスコミの批評も「ヒロインの気持ちが理解できない」といった批判的なものが大半を占めたが、「単にナレーションではなく手紙の文面のモノローグでヒロインの心情を語らせるなどして、現代女性の複雑な心理をあくまでも映画的に表現しようと腐心している」(小学館『武満徹全集4』的田也寸志)と、演出姿勢の意欲を買う声もあった。

一方で「真野響子の肢体美を映像化した小林正樹のしたたかな眼」として当時の大ベテラン評論家・清水千代太がキネマ旬報ベスト・テンの第六位に挙げているが、本作のキモとなっているのは佐分利信扮する老紳士が醸し出す老いのエロティシズムであり、これまで『泉』で有馬稲子、『化石』で岸惠子と、小林映画の中で歳の差のある女性との恋路(?)を繰り広げてきた佐分利こそは、小林映画における男の業としてのエロティシズムの体現者だったのかもしれない。

六〇年代以降の日本映画界のエロ・グロ化を嘆き批判し続け、それゆえに当時の日活ロマンポルノやピンク映画などに従事する若手映画人たちから疎まれてもいた小林ではあるが(実際は他にもエロ・グロ化を批判するベテラン映画人は多数いたのに、なぜか小林だけがその仮想敵にされていった感もある)、実際のところ『怪談』の「雪女」の章でのボディダブルのヌード・ショット(短縮版ではカット)や、『化石』でヌードダンサーのショーを主人公が鑑賞するシーンを入れるなど、実は自作中にエロティシズムを盛り込むことが他の同世代監督よりも多く、本作でも老紳士の指使いのなまめかしさなど、かなりこだわった演出を施している。もし性そのものを題材とした本格的な作品を撮らせたら、他の追従を許さないものを成し得ていたかもしれない。

なお、本書に収録されたインタビューでの小林の発言にもあるように、武満徹は本作の音楽に関してはかなり苦労したようで、手書きの音楽ロール表(どのシーンにどのように音楽を入れるかを書いた表)に直筆で「大失敗するか?」と書かれているほどだが、結果として本作の主題歌は武満が作曲した歌曲中、もっともヒットし、現在も歌い継がれる名曲となった。「徹さんの歌なんて著作権料はほとん

真野響子　アーマッド・モアフィー

ど入ってこないのに、《燃える秋》がいちばん多いんです(笑)。自分ではあまり気に入っていなかったのにそういうものなんですね」(『武満徹全集4』一〇九頁および付録月報第四号「武満浅香さんに聞く第四回」に掲載)との夫人のコメントがある。

本作の企画者でもある、ときの三越社長・岡田茂が八二年に「三越事件」で逮捕されて以来、権利関係の問題からほとんど陽の目を見ることのない作品ではあるが、二一世紀の今を生きる女性たちがこの映画を見たらどう思うだろうか。意外に美味なドレッシングとして舌鼓を打つ声が聞こえてくるかもしれない。

21 東京裁判

◉**スタッフ**

企画製作＝講談社　総プロデューサー＝足澤禎吉・須藤博　エグゼクティブプロデューサー＝杉山捷三　プロデューサー＝荒木正也・安武龍　原案＝稲垣俊　脚本＝小林正樹・小笠原清　編集＝浦岡敬一　編集助手＝津本悦子・吉岡聡・佐藤康雄　録音＝西崎英雄　録音助手＝浦田和治　音響効果＝本間明　効果助手＝安藤邦男　資料撮影＝奥村佑治　撮影助手＝北村徳男・瓜生敏彦　ネガ編集＝南とめ　タイトル美術＝日映美術　現像＝東洋現像所　録音＝アオイスタジオ　協力＝博報堂　史実考査＝一橋大学教授・細谷千博(現代史)　神戸大学教授・安藤仁介(国際法)　翻訳監修＝山崎剛太郎　監督補佐＝小笠原清　助監督＝戸井田克彦　製作進行＝光森忠勝　ナレーター＝佐藤慶　音楽＝武満徹　指揮＝田中信昭　演奏＝東京コンサーツ　英語版ナレーター＝スチューウット・アットキン

1983.6.4.封切
講談社
モノクロ277分
スタンダード

毎日映画コンクール優秀作品賞／第26回ブルーリボン最優秀作品賞／日本映画ペンクラブ優秀映画作品賞(日本映画オブ相1位)**／第57回キネマ旬報ベスト・テン第4位　同読者のベスト・テン第7位／藤本眞澄賞**(プロデューサー＝**須藤博・荒木正也・安武龍**)**／芸術選奨文部大臣賞　編集＝浦岡敬一／ベルリン国際映画祭批評家連盟賞／第6回ハワイ国際映画祭賞**

▽**ストーリー**

一九四五年七月一六日のポツダム会談、翌八月六日に広島、九日には長崎に原子爆弾が投下され、日本は八月一五日に無条件降伏し、ここに太平洋戦争は終結した。

やがて連合国軍最高司令官マッカーサーが敗戦国・日本を統治。四六年一月二三日、ポツダム宣言に基づく極東国際軍事裁判所条例が発布される。四五回目の昭和天皇誕生日である四月二九日には起訴状の全文が公表され、告発される日本のA級戦犯二八名の氏名が発表されるとともに、その戦争責任が問われることとなった。

裁判長はオーストラリア連邦代表のウィリアム・H・ウェッブ。主席検事はアメリカ代表のジョセフ・B・キーナン。一方、弁護団は二八人の被告に対する主任弁護人が全員揃わず、制度の相違の問題もあり、米国人弁護人の応援をえて編成された。

五月三日、開廷。起訴状が朗読され、「平和に対する罪」など五五項目に及ぶ罪状が挙げられた。これに対して、発狂入院した大川周明を除く被告二七名は(弁護側の強い勧めもあり)全員無罪を主張。それより一般段階、満州・支那事変段階、ソ連段階、日米段階等々を経て、四八年四月一六日まで実に四一六回の公判が行われていった。

判決は一一月一二日、大川と公判中に死亡した松岡洋右、永野修身を除く二五名に対して、東條英機ら七名に絞首刑、その他全員に終身もしくは有期刑が宣告された。インドのパル判事は裁判の違法性と非合理性を指摘し、全員無罪を主張したが、他の少数意見と共に不採用となった。

四八年一二月二三日、皇太子(今上天皇)誕生日に七名の処刑が実行された。しかしその後、東西両陣営の自衛と軍備拡大により、世界平和は武力均衡のうえに成り立つとする国際社会の流れの中で、局地戦や民族独立紛争の相次ぐ現実は、戦争の惨害から将来の世代を救うという国際連合の理念を、大きく後退させていく。

回解説

映画界に入ってまもない貴重な時期を戦争に奪われた忸怩たる想いを『人間の條件』六部作を筆頭とする諸作品にぶつけながら戦争にこだわり続けてきた小林正樹。中でも『壁あつき部屋』でBC級戦犯を取り上げ、終戦秘話を描く『日本のいちばん長い日』の演出を最初に依頼されるも諸事情で降板し、広田弘毅を主軸とする東京裁判の劇映画も構想していた彼にとって、この長編記録映画『東京裁判』に着手するのは必然的運命だったのかもしれない。

判決を聞く東條英機被告

膨大な量のフィルムをまとめあげる作業は、テレビ映画からおよそ三時間半の劇映画にまとめた『化石』以上の労力を要してはいるが、その甲斐あっての緻密な構成は四時間三七分という長尺をいささかも飽きさせない（さすがに途中、休憩は入るが）。

だからこそ音楽の武満徹は本作に対して九分弱しか音楽を入れないという大胆な賭けに出ることもできた。製作サイドはもう少し曲を増やすよう要請したが、武満は「これで絶対に大丈夫」と自信に満ちた笑顔で応えたという（『武満徹全集4』「東京裁判」の項より）。

「武満さんの判断は適切だったと思います」と小林。さらに「この素材は一生に一度しか与えられないものです。これを製作者側の意向に従って短くしようなんて考えは絶対、起こしちゃだめですよ」と五時間ほどのラッシュを見た武満に言われたことで、四時間、五時間になっても構わないと小林は決意できた（キネマ旬報八三年四月下旬号）。

公開時の批評は「目の前の証拠に自分の歴史観をぶつけ、そこから歴史の証明を取り出していく執念深さが、われわれ自身の未来を考えさせてくれる」（週刊現代・荻昌弘）をはじめ絶賛の嵐であった。特に一九八〇年代前半は戦争映画ブームといっていいほど毎年さまざまな立場からの作品が作られており、この年だけでも『日本海大海戦 海ゆかば』（舛田利雄監督）、『戦場のメリークリスマス』（大島渚監督）、『この子を残して』（木下惠介監督）などの戦争を題材にした作品が作られている。そんな中で本作には、当時どの立場に属する者にも有無をも言わせぬ厳しい説得力が備わっていた。

一九四五年八月一五日の昭和天皇による玉音放送の詔勅全文が流れる中、画面は一貫して戦争の被害者のみを映し続ける。アメリカの原爆投下の非人道性をアメリカ側の戦犯弁護人ブレークニー少佐が指摘するという弁護士としての中立性（また、彼の指摘以降の裁判記録が削除された事実も、この映画は露にしている）。絞首刑を宣告された広田弘毅が、ふっと傍聴席の愛娘に黙礼するといった、戦犯たちの人間性もさりげなく描出。また「南京で手を汚した日本人が、原爆によってやはり手を汚したアメリカによって裁かれるという人類の原罪」（週刊現代「にっぽん人83 第四二回小林正樹」より、本人の発言）を訴えるべく、南京大虐殺、広島原爆一周年、求刑、連合軍の皇居前パレードといった一連のシーンでクライマックスをつないでいる。

もっとものちに、中国における日本軍の残虐行為を訴えたシーンのいくつかがアメリカの国策映画『ザ・バトル・オブ・チャイナ』（四四）および、それを基に中華民国が追加撮影・再編集を施した『中国之怒吼』（四五）のやらせシーン（たとえば日本軍による銃殺刑のシーンは、二七年に中国国民党が中国共産党員に対して行った虐殺映像）から採られていることを渡部昇一から指摘された小林は、「確かにあれは中国国民政府が南京事件を告発するためにつくった映画のフィルムであり、いわゆるやらせがかなり多いことも、最初からわかっていました」と返答（産経新聞九六年四月二三日）。だからこそ本作の該当シーンには当初から、「これは南京事件を告発した中国側のフィルムである」とテロップを入れている。小林にとってはそのフィルムが事実かどうかということよりも、自身が訴えたいことを描くために必要なものが写っているかどうかが重要だったのだろう（満州に出征していた小林は、そのフィルムのおぞましさと同等のおぞましき現場にも幾度か遭遇していたのではないか?）。

実は巣鴨プリズンの映像も、部分的に『壁あつき部屋』のフィルムを用いていることを小林は語っている（本書Ⅰ「人間を見つめて」八六頁参照）。ドキュメンタリーほど作家の作為がうかがえるものはないというが、その伝では本作も記録映画と呼ぶより、やはり小林正樹監督作品なのだ。

公開時、日系アメリカ人二世の家族を描いた小説『二つの祖国』（八四年にNHK大河ドラマ『山河燃ゆ』として映像化）の中で極東軍事裁判のくだりを執筆していた山崎豊子は、本作を二回見て「溢れ出る涙をとどめることができなかった」として大阪毎日新聞（八三年四月二七日）に作品評を載せ、「この映画を見終わった者は、ここからものを考え、歩き出さねばならないだろう」と結んでいる。

九八年、東京裁判を描いた劇映画『プライド　運命の瞬間《とき》』（伊藤俊也監督）で東條英機を演じた津川雅彦は、『東京裁判』を非常によく出来た作品と認めつつも、「あの映画のメッセージは「過去の犯罪を永久に十字架として背負って生き続けろ」でした。それは不毛です。十字架を国際貢献に振り向けなきゃいけません」（キネマ旬報九八年六月上旬号）と発言。津川は小林とは戦争に対する思想を異とする立場のようだが、それゆえに、また同じ映画人の嗅覚として本作の「人は十字架を背負って生きる存在である」という小林映画の本質を正確にキャッチしているようにも思える。

日本の侵略戦争を訴える向きを自虐史観と呼び、南京大虐殺などなかったとする声まであがってきて久しい二一世紀の日本および世界の混迷を天国から見ながら、小林は何を思うだろうか。

22 食卓のない家

1985.11.2.封切
MARUGENビル
松竹富士
カラー 145分
ビスタビジョン

◉スタッフ

製作＝川本源司郎　作品提携＝俳優座映画放送　製作協力＝ヘラルド・エース　企画＝佐藤正之・原正人　プロデューサー＝岸本吟一・大志万恭子　原作＝円地文子（新潮社刊）　脚本＝小林正樹　撮影＝岡崎宏三　照明＝下村一夫　美術＝戸田重昌　装飾＝安田彰一　録音＝西崎英雄　音響効果＝本間明　音楽＝武満徹　東京コンサーツ　アバコ・スタジオ　サントラ盤＝CBS・ソニー　編集＝小川信夫　助監督＝吉富友也　製作主任＝大場正弘　ネガ編集＝南とめ　記録＝梶山弘子　スチール＝山本耕二　宣伝担当＝坂上直行　監督助手＝高橋安信・戸井田克彦　撮影部＝酒井良一・本吉修・奥原一男・吉岡健一・佐藤潤　照明助手＝末吉忠二・渡辺雄二・林方谷・立石和彦・戸村公延　美術助手＝丸山裕司・丸尾知行・松下照夫・嵩村裕司・金勝浩一・山寺隆　録音助手＝浦田和治・松本修・矢野正人　編集助手＝高橋秀道　美粧＝横銭政幸・小沼みどり　衣裳＝原田勝美・藤井恭子　演技事務＝武富光弘　製作助手＝山際芳夫・曳地克之・東健一郎　タイトル＝日映美術　衣装＝京都衣装　録音＝アオイスタジオ　現像＝東洋現像所　協力＝烏山城カントリークラブ・那智勝浦町観光協会・本宮町役場産業観光課・日本高速フェリー・鈴乃屋

◇**出演者**

鬼童子信之＝仲代達矢　妻・由美子＝小川真由美　長女・珠江＝中井貴恵　長男・乙彦＝中井貴一　次男・修＝竹本孝之　沢木香苗＝真野あずさ　川辺弁護士＝平幹二朗　朝野みよ子(こけちゃん)＝大竹しのぶ　中原喜和＝岩下志麻　香苗の兄＝隆大介　珠江の恋人＝益岡徹　佐野浅夫　福田豊士　小林昭二　浜田寅彦　杉山とく子　小林哲子　川上夏代　新田勝江　牧よし子　秋山さと子　橋本功　矢野宣　山本清　武内亨　神山寛　遠藤剛　小川真司　立花一男　前川哲男　森一　武正忠明　志村要　星野元信　及川以造　河野正明　寺杣昌紀　吉村敏　高安青寿　伊藤敏孝　巌拓志　野沢新一　高山真樹　御道由紀子　平田朝音　山下裕子

第9回日本アカデミー賞音楽賞＝武満徹

▽**ストーリー**

小雨降る那智の滝の前に立つ男・鬼童子信之。およそ一年前、連合共赤軍八ヶ岳山荘事件が起き、信之の長男乙彦がそれに連座、同志によるリンチ殺人が世に衝撃を与えた。妻由美子は世間の非難に堪えられず精神を病み入院、長女珠江は婚約者の両親から婚約を破棄され、次男修も投げやりになり、団らんの食卓に集う人なく家庭は崩壊に瀕した。事件に関わった他の家族が世間に謝罪し、自殺する親も出る中、信之は、息子の責任は重いとしながら、「成人した乙彦の犯罪は乙彦個人の問題だ。家族は関係ない」と、信念を崩すことなく沈黙を続ける。そんな鬼童子家を支えるのは、由美子の姉で厚生省の課長・中原喜和と、信之の大学の先輩川辺弁護士だった。

乙彦は、最後の面会に来た川辺に、信念を貫き通す父への尊敬と反発を語った後、自分には愛した女性がいて、身ごもったまま事件の前に姿を消したことを打ち明ける。

信之は、那智で出会った民俗学の研究生沢木香苗が、友人の大学教授の教え子であったことから再会。佳苗から、学生運動の怪我で右腕不具となり、左手で絵を描いている兄を紹介された。

その後、珠江は喜和と川辺の助けで、アメリカへ赴任する元婚約者と結婚したことを父に告げる。信之は喜和に感謝し、珠江を激励する。「何かあったら帰っておいで、私はここにいる」と。

病院に由美子を見舞った喜和は、由美子が姉と信之との関係に疑念を持っていることを主治医から聞いた。相談を受けた信之は、喜和への思いがあることを告白。「私も好きよ、でも私は、由美子の姉なんです」と喜和は走り去る。

それから間もなく、由美子は喜和のマンションから身を投げた。妻を失い、信之が尊厳をもって守ろうとした家庭の破綻は止める術もない。

傷つき喘ぐ信之の姿に、沢木佳苗の兄は自身の体験から、満身創痍の獅子に見立てて共感し、アッシリアの神殿の壁彫、剣を突き立てられなお踏ん張り続ける獅子の模写を妹に托《こと》づける。佳苗はそれを鬼童子に贈り、愛を訴えるが、信之には受けとめようもなかった。

三年後、連合共赤軍によるハイジャック事件が起きた。身代金のほかに収監中の同志の解放を要求。そのメンバーに、乙彦が入っていた。日本政府は超法規的措置で当たることを決める。乙彦は「何をやってもいいけど、責任は自分で

中央　中井貴一

とれよ、その点俺は干渉もしないが、一切手をかさないからね」という父の言葉を思い出し、出国を決めた。信之は「縁は切っても乙彦とは同じ地獄を背負っている、私は父親なのだから」と川辺に語る。川辺は乙彦の恋人朝野みよ子が、北海道で子供と元気に暮らしていると伝えた。

検察庁から乙彦説得を依頼された喜和は、出発直前の乙彦と面会、母に代わって思い留まるよう訴えるが意志は変わらない。「父によろしく」と立ち上がる乙彦にみよ子親子の無事を告げると、安堵の頬笑みを残して去る乙彦。

信之は修と共に空港近くから飛び立つ移送機を見送り、北海道のみよ子と孫の元へ向かった。

■解説

一九八三年六月に『東京裁判』が公開され、高い評価を得た半年後の一二月、小林正樹の宿願であった『敦煌』映画化の夢がついえた(本書Ⅰ「人間を見つめて」一六四頁参照)。いわば栄光からどん底へ叩き落された中、ようやく着手した円地文子原作の本作は、信念を貫き通そうとするがゆえに理想と現実のギャップに苦しむ主人公と小林正樹とがダブって感じられてならない。後年、本作の記憶が虚ろだという小林の発言(同一七六頁)は、そうした苦しみの中から生まれた作品だったからではないだろうか。

一方で、本作のリベラルな主人公は原作者の円地の創出ではあるが、小林は自身の父親像を重ね合わせて演出していたという。それはデビュー作『息子の青春』の父親像と同様であり、結果として遺作となった本作は、父と子、そして家族というモチーフにより、奇しくもデビュー作と円環構造に、あるいは裏表の関係にあるとも言える。

父親を演じる仲代達矢は、なんと『いのち・ぼうにふろう』以来一〇数年ぶりの小林映画出演となった。「仲代さんも、僕が使うといいなあと思いました(笑)」(キネマ旬報八五年一〇月下旬号)といった小林の発言は、同年公開された黒澤明監督・仲代主演『乱』へのライバル意識の表れだろうか。

一方、ここでの仲代は真野あずさ扮する若い女性に、あたかも妖精と接しているかのようなひとときのやすらぎを見出していくが、歳の離れた恋という点でも今回の彼は『泉』『化石』『燃える秋』の佐分利信を継いだ存在として、小林映画の秘めた愛のモチーフの象徴たりえている(ちなみに、小林が復員し最初に助監督として付いた作品は四七年七月公開、佐分利信主演の『二連銃の鬼』であった)。

作品の評価は、ヴェネツィア国際映画祭上映時の海外、特に父親の姿勢を当然とみなすヨーロッパでは賞賛されたが、国内は今ひとつであった。「誰に対しても徹底的に公正であろうとする誠実さが、作品から、必要な毒、あるいは悪意を消しすぎているように思われる」(キネマ旬報・佐藤忠男、八五年一〇月下旬号)といった映画作家としての資質の長短を指摘したものは別にして、連合赤軍の浅間山荘事件をモデルにしているだけあって、もっとポリティカルな内容かと思いきや、そこにはさほど重きを置いていなかったことで、ときの全共闘世代出身など思想的こだわりを持つ日本のマスコミ連の多くは肩透かしを食らったのである。

とはいえ原作小説同様、元々小林自身は連合赤軍の映画を作るつもりなどなく、極論すれば浅間山荘事件でなくても社会をゆるがした事件なら、それこそカルト宗教の地下鉄テロでも、未成年の猟奇殺人でもよかったわけで、本作から三〇年後の現在こそ加害者家族の悲劇を真正面から描いた映画やドラマも作られるようになってきているが、当時は時期尚早だったのかもしれない。

また本作は現在、製作サイドの事情で鑑賞が叶わないことで、小川真由美扮する妻が発狂して金魚を口に入れるショッキングな場面の評判ばかりがひとり歩きしてしまい、「『食卓のない家』？あの金魚食べるやつね」などと、作品を見てもいない輩が嘲笑するといった嘆かわしい事象も起きて久しいものがある。日本独自の陰湿な精神風土に決して屈しないリベラルな信念を描いたという点で、本作は今こそ再評価されてしかるべき作品であると確信する。上映やソフト化などの許諾を、権利元には強く望みたい。

小林正樹アルバム㉚
大同一九七七年

10月31日～11月17日　日本映画人代表団に参加訪中
念願の雲崗石窟を視察　大学時代會津八一の雲崗美術の
講義を受けてから約40年 感無量

天井まで埋め尽くす仏像群

しばし佇んで壁彫を見上げる
左から仲代　吉永　小林

雲崗石窟を代表する第20窟露天大仏前
での代表団記念写真
後列左から小林 松山善三
3人おいて木下惠介 1人おいて佐藤正之
その前 木下忠司　前列左から仲代達矢
2人おいて吉永小百合 1人おいて熊井啓
（この頁の写真は同行の岡崎宏三撮影）

小林正樹関連書簡選

付 戦友回想記事

◉解題と凡例

小林正樹に関わる書簡は、芸游会継承の大部分については未整理状態にあるが、世田谷文学館への寄贈分（一六六八通）や新潟市會津八一記念館所蔵分（五四通）に、事務書類や会合・行事の通知類まで含めると、およそ二〇〇〇通以上になろうかと推定される。このうち、本書では紙数の都合上、生活、交際交流、仕事の関わりや心情などの一端が窺われる内容の、一二通の事例と、戦友の回想記を紹介しておきたい。内訳は掲載順に、❶差出人田中絹代の一通、❷差出人関場光（水戸光子）の一通、❸差出人川西信夫の一通、❹・❼差出人會津八一の二通、❺差出人中村英雄の一通、❻・❽差出人小林正樹（會津八一宛）の二通、❾・❿差出人小林正樹（夫人千代子宛）の二通、⓫差出人勅使河原蒼風の一通、⓬差出人木下恵介の一通、および⓭戦友小松哲也の回想記事一点である。本文は明らかな誤字脱字を除き、基本的には旧漢字、旧かな使いも含め原文のままとし、単純な補足訂正は当該字句の下に〔 〕で付記した。また、内容に関わる情況理解の一助として、各書簡の本文の前に、補記を付した。（編者識）

I 田中絹代から小林正樹へ

昭和一四（一九三九）年七月三一日消印（封書裏書きの日付は三〇日）

［**差出人**］田中絹代　神奈川県鎌倉山旭ヶ丘[1]

［**宛先人**］小林正樹　大阪市住吉区帝塚山中二ノ五　國弘様方[2]

封書　中心より金銀二分色縦分け装丁の、伊東屋製高級封筒

□補記

礼状・旅の感想——小林は大学二年生、田中絹代は前年からの『愛染かつら』の大ヒットで人気絶頂期。手紙の内容は、多忙の合間をぬっての旅の話題と思われるが、旅先や行程は不明。この頃の田中は小林に気心を許し、保護者的な気持で接していた様子が伺える。「来月早々に始まる」仕事とは清水宏監督『桑の實は紅い』であろう。小林は田中の推薦でこの作品のロケに助監督見習いの立場で同行した。なお、この作品には水戸光子も出演している。

◈本文

無事着とのお便りにて　今様々　お別れして帰って来た気持…お分かりになって…旅でおわかれすることは珍様[3]とお別れした時とはまた別な思いを姉は初めてしりました。でもほんとうに楽しい楽しい旅でした　私はまちがっていたらお許し下さいね。

正樹ちゃまのたのしい嬉しそうなおかお…姉〔田中の自称〕は初めてみることが出来ました。旅でもっとも姉を嬉しくしたのは　貴男の大切な大切な恋物語でした　あまりの嬉しさについ自分の自分の恋物語をしてしまったことを姉は恥しく思います。[4]信用された貴男を気の毒に思う

今鎌倉山の夜も　又美しい
宿で楽しく歌った様に
　月のひかりに
　　さざ波ささやく

まったくいい歌だとつくづく思い出して　江坂嬢[5]と夜の更けるのも忘れて今更ながら嬢がま

た私と同じ気持ちらしい　強いことを言って
もやはり女性であることをしり嬉しくもなり
やるせない　ホームシックになる女性でもない
とおわらいでしょう　澤山澤山わらってよろし
い　許す　許す
貴男の案じている嬢の恋も…日夜強くなるば
かり…如何…許してやって下さい
ビールの味も結構ですが…しかしどんなに苦し
いことでも淋しいことがあっても　喰い切るこ
とは嫌よ
だんだん口が悪くなってきました　わるかった
らお許し下さい　失礼
私のお仕事も来月早々に始まります　くわし
いことはまたお便り致します。
来月一日夜久しぶりにラジオドラマ[◉6]がありま

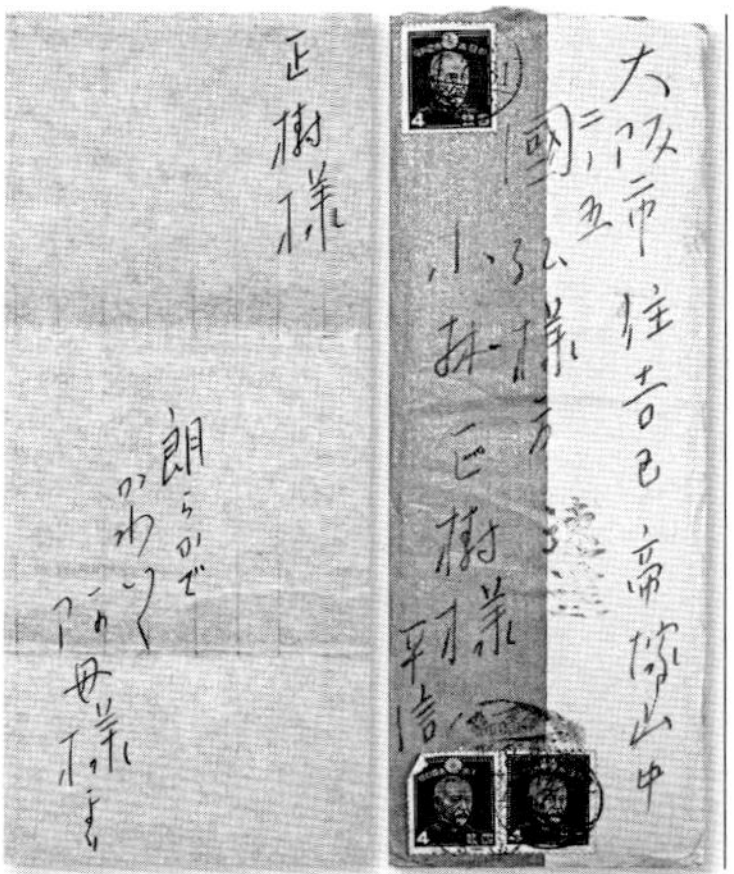

書簡❶田中絹代の筆跡

すからきいて下さい　旅できくのもまた良い
ものです　おどろいたよと…言いたいでしょう
ともかくお帰りの日を私達は心から楽しみに
致しております
暑さきびしいおりから　どうぞくれぐれもお体
大切にあそばす様お祈り致します
江坂嬢が代ってお話ししたいそうですから　ど
うぞ心からきいてあげて下さいまし
正樹様

朗らかでかわいい
阿母様より

二伸〔便箋別紙で同封〕
國弘様には大変にご無沙汰を申し上げまして
何とも申し様も御座いません。どうぞ正ちゃん
からお詫び申し上げて下さいませ。
このお便りも早くから書いてありましたがどこ
にお出ししていいかわからず…今日まで持って
いました。
お便りをするのをわすれなくなった良姉をほめ
てください。パス[◉7]昨日いただきました。大変に
おそくなって誠にすみません　このお便りの中
に入れてあげますからどうぞ

2 関場光（水戸光子）より小林正樹へ

昭和一七（一九四二）年二月二二日

〔差出人〕関場光　東京都蒲田区女塚三ノ二八
〔宛先人〕小林正樹　東京都麻布区東部第八部隊
平石隊第一班
封書（封筒なし、差出人、宛先人住所は二月
二六日付同人差出し封書による）

■補記
兵営訪問面会後のあいさつ——小林は入営のほぼ一カ月半後、初年兵教育特訓中に関場光の面会を受けた。まだ半人前の新兵のもとへの大船のスター女優の訪問は、連隊内の話題になったであろうことは想像に難くない。手紙にある「特別のお外出」も、隊内での面会の影響を考慮しての計らいであろうか。戦友の証言や回想によると、小林と水戸光子の関係は、兵役全期間を通じて事実上隊内周知のことであったようだ。

◉1…鎌倉山は松竹大船撮影所開所の頃開発された超高級住宅地、その旭ヶ丘に広壮な絹代御殿があった。隣は近衛文麿家の別荘。

◉2…小林の父の六人兄弟の末弟、小林が日頃から最も慕い、家族同様に居候する機会が多かった。

◉3…小林兄弟の次兄珍彦《よしひこ》。

◉4…ここで語られる「恋物語」の事実関係は不詳。

◉5…江坂嬢なる人物についても不詳。

◉6…当時田中絹代がラジオ番組に出演していたということは初見。番組内容は未確認。

◉7…大船撮影所の通行証か。

◈本文

今日は御元気なお姿にお目にかかれて本当にうれしうございました。たった一つの可愛いお星様でも[8]　とても軍服がよくお似合いで　お立派でした　前よりも　ずっと　何か　たくましい感じにおなりになった様に存じます
お逢いしたら　もっといろいろお話があった様に思いましたのに　それに　お時間もなくて本当に　残念でございました。何か十分位にも思える　はかない一時の様に思われました。
あれからお帰りになって　又　つらい御日課にお戻りになったわけでございますのね。今頃防空燈の下で御勉強かしら?　それ共　お手紙書いてゐてくださるかもわかりませんのね…
すっかり荒れておしまいになったお手を見て本当にお気の毒になってしまいました。あと一ヶ月半が[9]一日も早く終ってしまいます様にお祈りいたして居ります　それから　御任期も
今日は　特別のお外出で　さぞ皆様にひがまれておしまいになった事でございませう　今度は又何時お目にかかれるかわかりませんがもし　そのような折が御座いましたら　何時でも又　お報らせして下さいませ。日曜日はお仕事でないかぎり　お待ちいたします
煙草を[10]　続け様に吸っていらっしゃるのを拝見して　せつない気がいたしました　煙草まで思う様に戴けないのでは、あんなにお好きでいらっしゃるのに　さぞお辛い事でございませう　私も戴きますのよ　でも大して好きではないらしく　いたづら半分に吸い始めましたので　家ではよく戴きますが　外では　ほとんど戴きませんの
今日は花曇りの様な　暖かい日でしたので私もぼーとして　新橋までご一緒に出来ましたのに　あとで　気がついたり　いたしました。今度　お目にかかる度に　暖かになるわけでございますのね。今日は少しお風邪ぎみの御様子　くれぐれもお大事に
　では　お休みなさいませ
二十二日夜　　光子
　正樹様
お写真を頂き度く存じますの　今度の折りにお持ちになって下さいませ

3 川西信夫より小林正樹へ

昭和一七(一九四二)年一〇月
[差出人]川西信夫　北支派遣泉第五三一六部隊平野隊(大同駐留[11])
[宛先人]小林正樹　哈爾賓第七三軍事郵便所気付　満州第九七部隊石井隊
封書　茶角封筒

書簡❸に関連。昭和17(1942)年初冬の頃
川西から小林宛の長文のカラーイラスト付軍事郵箋

書簡❸
川西が
同封してきた写真
昭和17(1942)年
10月撮影

□補記

近況報告・心情語り――早稲田大学卒業後も小林と行を共にして大船撮影所で助監督となり、応召前『われ征かん』を共同執筆した親友の川西は、戦地からも実にこまめに小林に手紙を書き送っていた。その数実に七〇通余に及ぶ。この時は北支山西省の大同に駐屯中で、甲種幹部(将校)候補試験に落ち、乙幹(下士官)候補に残ったものの落胆、會津先生や奈良の情報を懐かしみ、全面的に小林を心の頼りにしていた。大船時代の同僚助監督の動静にも通じている。その後フィリピンに移動しレイテで戦死した。

◈本文

冬の便り雪の便りを受けました。まさしく冬の到来です。いよいよ内地にゐた頃の頭では考へられなかった苦労のシーズンが来た。今後とも益々お互ひ頑張らなければいけない。寒くなればなったで思ふことはやっぱり君のことだ。今日の便りは俺を泣かした。海原を五十島かかり来たれども…の歌をいま思ふ。奈良、こいしい。先日水野◉12の便りに我等の會津先生が奈良へ行ってゐられるっていふことを聞いた。たまらなく思った。

本当に貴兄と手をたづさへて訪れることの出来る日は何時の事だらうか。きびしい、しかし、すっきりした温かさを裂き切る様な、牡鹿の鳴き聲をじっと想いひ出して呉れ。もう知らせたと思ふが甲幹◉13は駄目だった。その代り帰るのは君と一緒だ。

金山兄が手紙を呉れた。知らぬ間に吉村組のヘッドになってゐる。◉14 塚本兄は小津さんについてビルマに行く◉15と言って張切ってゐるらしい。われわれは？ 我々は常に己の心を見つめて此の何年間かを意義あらしめなければならない。さうだらう？

それにしてもいつもながら會いたいな。俺達は一緒に顔を付き合してでなければいろんな意味に置いて、ダメだな。近頃益々それを思ふ。つまらないことを書いたがゆるして呉れ。近頃撮った寫眞を送る。うけて呉れ給へ。君の画あったらどんなのでもよろしい。一葉送って呉れよ。

信

[同封の写真の裏書]

あまりよく撮れてゐるとは云へない。(俺はこんなまづい男だとは思はないといふ意味)併し或る眞實は充分傳へてゐると思ふ。

そう思って見ると、これまでに撮ったいづれの寫眞より、又、自らは愛着を覚えるものである。

④ 會津八一より小林正樹へ

昭和一七(一九四二)年一一月一〇日

[差出人]會津八一　東京市淀橋區下落合三丁目一三二一番地

[宛先人]小林正樹　哈爾賓第七三軍事郵便所気附　満州第九七部隊石井隊

官製はがき

◉8…初年兵である二等兵の、星一つだけの階級章。

◉9…新兵の基礎教育期間三カ月、面会時期はちょうどその半ばにあたる。

◉10…小林は市川崑に並ぶヘビースモーカーとして知られるが、この頃すでにそのきざしがあったか。

◉11…大同の雲崗石窟は會津八一の講義以来の憧れの地、小林は友人への葉書で川西の大同赴任を羨やんだ。

◉12…水野祐、早稲田大学名誉教授。小林とは第一早稲田高等学院時代からの同級生。

◉13…陸軍甲種幹部候補生、川西は乙種幹部候補生となり予備役下士官候補となった。

◉14…吉村公三郎監督の組の同僚・金山某のチーフ昇格の情報。

◉15…同小津安二郎は一九四三年六月中旬、軍報道部映画班として『ビルマ作戦　遙かなり父母の国』撮影のため軍用機でシンガポールまで行ったが戦況悪化、計画中止となり、そのまま同地に滞在。このとき大船から脚本家、カメラマン、助監督ら二〇名ほどのスタッフが時期をずらして渡航、小津と合流しており、その中に塚本芳夫が含まれていた(『文学界』第五九巻第二号所収「特集・映画の悦楽」貴田庄「シンガポールの小津安二郎と「文学覚書」」)。

□補記

返信・近況報告――小林らの卒業後、會津八一の評価が高まり、ますます意気軒昂の時期を迎えた頃の日常の様子が、戦地の弟子たちに報告されている。

◈本文

ます〳〵御元氣のよし何よりてす。僕は昨年の今頃に比して遙かに元氣よく先日修学旅行にて二週間以上もかけめぐりしも別に疲労も無し。今年は例の横山美智子[16]のほかに中央公論社長島中雄作及びその秘書を加へ男女二十四人の一團を率ゐて快晴の奈良京都を巡りました。東大寺ては僧形八幡、俊乗坊を特別に見せてくれました。恐らく來年の秋にはもっと〳〵澤山の團体になるてせう。東大寺の寶厳院、觀音院、新薬師寺、法輪寺などには僕の額が掛けてあり、來年は平等院にも掛けられるてせう。歌碑も來秋までには更に一二基建立されるてせう。先日の旅行には帝大、慶応の学生も後には合流し來り日本女子大の学生も指導を受けに來ました。又昨晩は國民学術協會の評議員會て桑木、柳田國男、正宗白鳥、木下杢太郎等二十名の為に書道論を講義し、明後日は中央公論社の熱海旅行に參加してあちらて講義、十三日は津田英学塾て奈良美術について講義の予定です。まづざっとこんなものてす。老人の元氣を御想像下さい。随筆は昨日発賣[17]。

5 中村英雄より小林正樹へ

昭和一八(一九四三)年一一月三日

[**差出人**]中村英雄　山口市西部第四部隊樫山隊　検閲済樫山隊井原印

[**宛先人**]小林正樹　牡丹江第十九軍事郵便所気附　常磐隊杉崎隊

官製はがき

□補記

返信・近況報告――『われ征かん』の共同執筆者中村英雄の場合は、川西と対照的に小林との交信は稀であったようだ。それでも話題は、脚本のこと、奈良のことなど自ずから親友同士が共有する事柄に集中している。

◈本文

はじめてお便りをいただきまことに嬉しかった。御元気で歓喜の生活を送られ、藝術的活動さへなさる由、羨ましい次第。作品、特に「情況終り」[18]のコンテなど宜しければ一読させてもらへませんか。「室生寺」が本になるのも実にうれしい[19]。早く一本を入手したいもの。「われ征かん」先日讀みかへし冷汗を覚えましたが、こちらで出来た友人は、近ごろにない気持のいいものを讀んだと云って誉めてくれました。然しあれはやはり君の息吹きが大いに通ってゐて、小生の方はつけたりであらうと考えてをります。いづれにせよ皆きたい意欲満々たるものがありますが、どうも形をとってくれません。二三日前八王子から水野と橋詰[20]のよせ書あり。橋詰が恢復し東京にも顔が出せるくらゐになったといふのはこれ亦実にうれしい。本屋で高四十郎といふ人の「奈良面影」と云ふ本をみつけたが実に面白い随筆で、お送りしたかったが満洲へは御送り出来ぬといふことで涙をのんであきらめた。その中に日吉館や飛鳥園のことがあり、會津博士安藤更生氏[21]の名も出て来る。曰く「日本美術史は飛鳥園小川晴陽氏[22]の修整の絵筆の先で決定する」と[23]。面白いとは思ひませんか。天沼博士の名もしばしば出てくる。いづれ又。

6 小林正樹より會津八一へ

昭和二〇(一九四五)年一〇月一八日

[**差出人**]小林正樹　西部軍管区司令部内先島部隊第二八師團経理部漁撈隊

[**宛先人**]會津八一[24]　~~東京都淀橋區下落合三ノ一三二一~~　新潟縣中條町西條丹呉康平方(別人筆)

葉書

□補記

終戦直後、占領下の宮古島で生還の望みが立った頃の、学規を引き合いにした恩師への謹厳な報告。自身の活動について「創作二、三」として「宮古島戦場日記」に触れている点が注目される。

◈**本文**

先生の御健在を心からお祈りして一ヶ年振りにお便り出来る事を何よりのよろこびと思って居ります。私は表記の小さな離島[25]に未だ浮世の縁も切れないで元氣で居ります。一時は全く命をも断念したのでしたが、今は日と共にただ〱望郷の念にかられひたすら帰へる事のみ楽しみに日一日を過して居ります。でも輸送船の都合上何時帰へれるやもわからない現状、恐らく来年の正月をそちらで迎へる事も覚束なく思って居ります。

将来の事は東京の地を踏んでから、ただ〱先生の学規にそくした生活に一生をさゝげる覚悟で居ります。「山光集」[26]まだ拝見して居りません。私の書棚できっと私の帰へりを待って居る事でせう。敵の爆撃下、創作、二三[27]書いたのがこの島での唯一のお土産と思って過去四ケ年の軍隊生活を顧て居ます。右近況まで御体御大事に

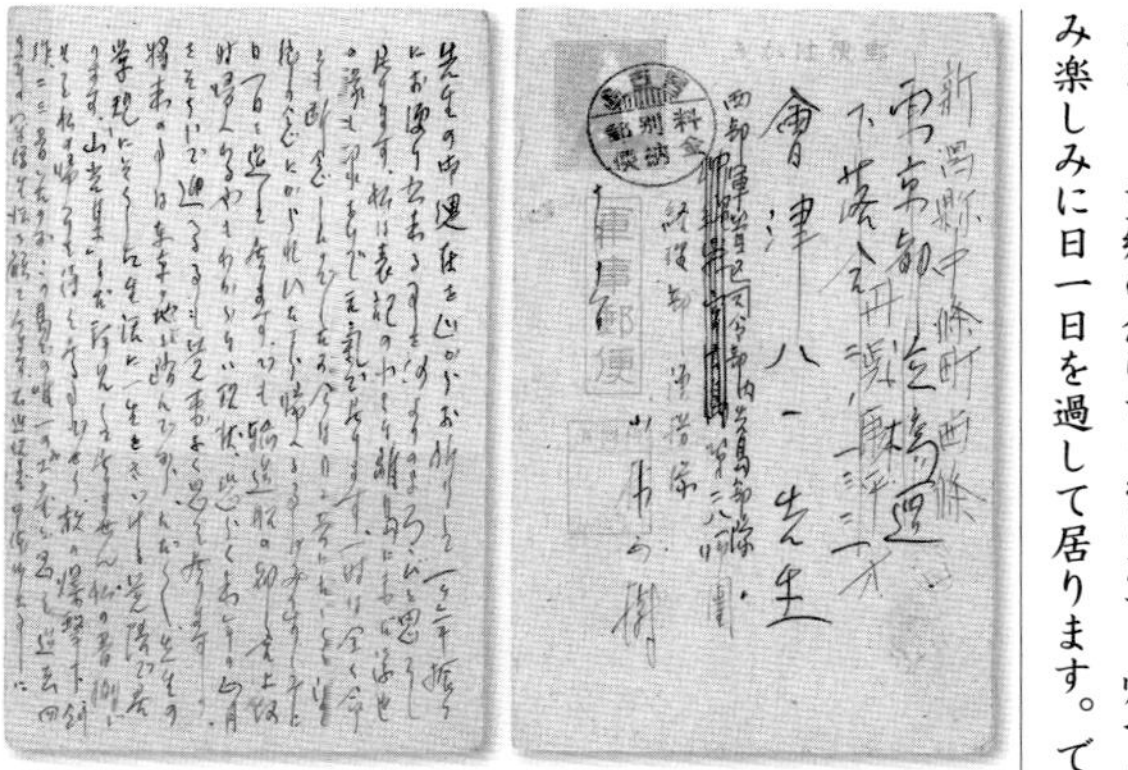

書簡❻戦争直後の宮古島の小林から會津八一宛葉書
下落合の會津邸は戦災で焼失していたので、新潟へ転送されている

7 會津八一より小林正樹へ

昭和二一(一九四六)年一二月五日

[差出人]會津八一　夕刊新潟社(新潟市古町通六番町)の封筒に、新潟市南濱通二番町

[宛先人]小林正樹　東京都杉並區神明町五二國弘氏方

封書　速達

□**補記**

會津は戦地に赴いた弟子の卒論「室生寺建立年代の研究」の刊行を企図し、わざわざ自宅に取り寄せたものの不慮の空襲で自身の大量の蔵書と共に焼失した。帰還した小林にその経緯を報告、お詫びと共に、新潟の自宅への訪問を促している。

◉16…横山美智子(一九〇五～一九八六)　小説家、児童文学作家。一九三五年、小説『緑の地平線』が日活で映画化されている。

◉17…會津八一『渾斎随筆』創元社、一九四二年一〇月。

◉18…「情況終り」と題するシナリオ、あるいは「コンテ」なるものは現存しないが、『宮古島戦場日記』の一九四五年四月七日の自身の執筆歴の項に〝「情況終り」戯曲　昭和十八年五月〟とあり、『防人』を書く虎頭赴任前、孫家ですでに書きあげていたものであった。

◉19…小林の卒論「室生寺建立年代の研究」が會津八一の扱いで出版されるという話が伝わってのことか。

◉20…橋詰戦二。第一早稲田高等学院・大学時代を通じての同級生。卒業後毎日新聞社勤務、一九四七(昭和二二)年没。

◉21…安藤更生(一九〇〇～七〇)　會津八一に師事。東洋美術史研究者。早稲田大学教授。鑑真和上の研究で知られる。

◉22…小川晴陽(一八九四～一九六〇)　一九二三年、會津八一の勧めで仏像、文化財写真専門の飛鳥園を創業。

◉23…天沼博士は小林の早稲田大学時代の同級生天沼寧の父天沼俊一(一八七六～一九四七)。京都大学名誉教授、建築史専攻。法隆寺壁画の保存など、奈良の歴史研究に実績を残す。

◉24…戦災で焼失した會津八一の東京の寓居。滋樹園と称した。

◉25…宮古島。

◉26…會津八一歌集『山光集』養徳社、一九四四。

◉27…本書所収V『宮古島戦場日記』。

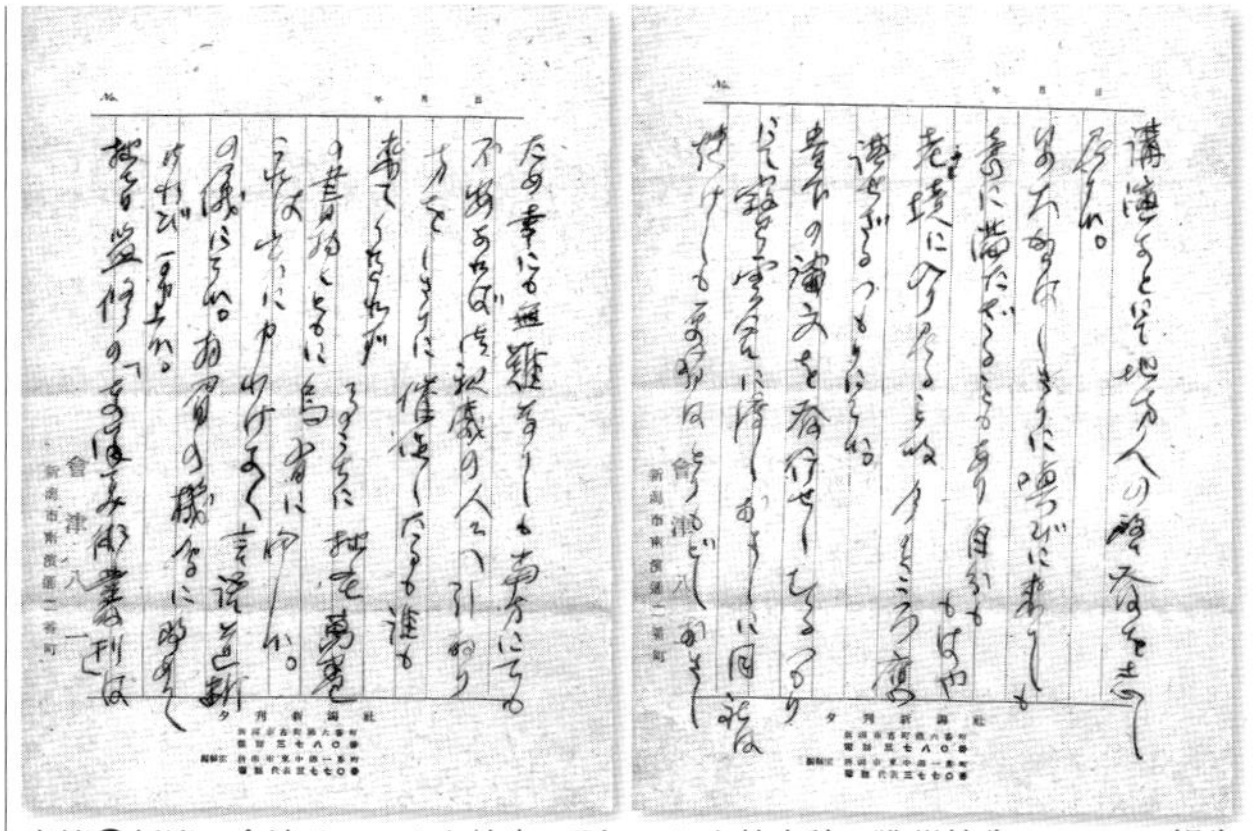

書簡❼新潟の會津八一から小林宛　預かった小林卒論の戦災焼失についての報告

◈本文

拝復。貴兄は沖縄との事なれば困ったものだと案じ居りしに無事御帰還のよし先づ以てめでたく存じ候。仰の如く拙者文字通りの全焼にて一時中條町西條の親戚に世話になり居りしも七月下旬から当地に引越し新聞社長[28]として郷里の文化のために一臂の力をつくし居り候。主として講演などにて地方人の啓発を志し居り候。早大からはしきりに喚びに来りしも、意に満たざることもあり　自分ももはや老境に入り居ること故　今のところ應諾せざるつもりにて候。

貴下の論文を発行せしむるつもりにて寶雲舎（ママ）に渡しおきしに同社は焼けしも原稿はとりもどしおきしため幸にも無難なりしも當方にても不安なれば御親戚の人々へ引取り方をしきりに催促したるも誰も來てくれられずそのうちに拙宅萬巻の書物とともに烏有に帰し候。これは実に申わけなく言語道断の儀にて候。拝眉の機会に改めて御わび可申上候。

拙者監修の「東洋美術叢刊」はすでに第一巻を出し候。貴兄もし再び「室生寺論」をかくならば拙者一覧の上同叢刊に加ふるも亦た可なりと存候。

一作日「みづゑ」の社長東京から來訪。拙者の書畫画譜出版の約束致し候。その他にも印刷中のもの一二有之候。明春は新潟にて個展を相開くべく候。十一月号「新潮」に「會津八一論」あり。「象徴」創刊号、「藝術」創刊號等に拙作の歌あり。明春早く出づる「天皇」といふ単行本も題簽を拙者揮毫しおき候。幸に元気にて候。非常に元気なる故ご安心被下度候。久々に貴下にあひていろ〲承りたきにつき出来るならば今のうちに一二泊がけに新潟見物に御いで如何。拙宅にて御やどすべく候。すぐ雪がふるからふらぬうちがよろし

三浦瑪里子君[29]は西條へ二三度訪ねくれ候。新潟驛から「十字路」といふところまで來りその辺にて「佐久間書店」といふをきき　その店にて拙宅の位置をたしかめらるるが一等便利にて候

十二月五日

小林正樹様

8 小林正樹より會津八一へ

昭和二六（一九五一）年七月二〇日

［差出人］小林正樹　東京都中央區月島東仲通七－五　落合方

［宛先人］會津八一　新潟市南濱通三番丁（ママ）

封書

◻補記

小津安二郎依頼による揮毫の要請――書簡の内容には少々不可解な点がある。文中、小林は小津安二郎を師とし、奈良へ仕事で出張したとしているが、小林が小津作品の助監督を務めたという記録も本人の談話もない。しかし前年の小津作品『宗方姉妹』（主演田中絹代、新東宝）は奈良が舞台となっており、あるいはこれに、田中絹代の紹介や木下恵介監督の了解のもとに、小林が非公式な立場でロケハンなどに協力していたとすると辻褄が整合する。その折小津

監督と親交を深め揮毫の依頼を受けたものと思われる。また、小津が希望した揮毫の書の中に「游於藝」があるが、この書はのちに小林が借り受け、田中絹代の墓碑面に刻むことになる。この書簡には、あまり知られてこなかった小津と小林の具体的な関係を示唆する興味深い情報が少なくない。

◈本文

拝啓

過日、数年振りに先生の御姿におめにかかり[30]ただ〱嬉しく存じました。

先生には益々御元氣、御仕事に御専念のほど拝察いたし心からおよろこび申上げ度き次第です。

過日拝眉の節は御一緒に御食事を共にしていただき、色々御指導をうけたまわり度く念願いたして居りましたが、何かと御忙しき御様子　又の日をと思ひつゝ失礼いたしました。

向暑の折、先生にはその後御元氣でせうか。私は相変らず松竹撮影所に助監督として勤務、劇映画の製作に従事して居ります。一日も早く監督に昇進自ら一本監督して見度いと頑張って居ります。過日、仕事のため奈良方面へ、薬師寺、唐招提寺その他大和の風景を劇映画に使用すべく出張いたしました。仕事の合間をみて、學生時代先生と巡禮せし所々の寺院などを監督と共に巡り歩き、先生の石碑も拝観いたし、たまたま東大寺の上司氏宅を訪ね床の間の軸に先生の書を見出し、懐舊の情切なるものがありました。私の師事している監督は小津安二郎（48才）といふ方で、映画界では珍らしく寡作な作家で、良心的な方なのです。終戦後志賀直哉氏と交際を得て美術に興味を持ち、映画の題材に特に奈良京都を選び、第一線に活躍して居ります。最近の代表作として〝晩春〟〝宗方姉妹〟などの作品があります。以前から先生の書が好きでしたが、先生の歌碑、書に接し、是非書いていただきたいむね私から先生にお願ひしていただき度いと云ひます。私の所存《ママ》の先生の書（学規、扁額、扇面）を見るに及び、所望の念はげしく、そのむね傳へていただき度いと云いますのでご迷惑とは存じましたが御手紙差上げた次第です。御多忙とは存じますが御願ひとどけ下さるでせうか。

若し御願ひとどけの節は、監督の御願いしたい書として、

一、游於藝[31]（茶掛風に）
一、漢詩　和歌（軸）
一、大寺のまろき柱の……[32]（軸）

の三幅を書いていただき度いと申して居ります。紙は當方から早速御送附いたします。一方的な御願ひ心苦しき次第ですが何分よろしく御願ひいたします。

失礼とは存じますが御礼は如何な方法をとりませうか。小津監督も色々心配し、充分いたし度いむね申して居ります。私の方へ申越下されば却って幸甚に存じます。

田中絹代の墓碑に彫られた
小津所蔵
會津書「游於藝」の拓本

◉28…「夕刊ニヒガタ」。のち「夕刊ニイガタ」に変更。刊行は夕刊新潟社、一九五〇年、新潟日報社と合併。

◉29…會津門下生。一九四二年一〇月早稲田大学入学。のち、同門の小杉一雄と結婚。仏教美術史学者。

◉30…同年三月二七～三一日日本橋壺中居で開かれた會津八一の個展で顔を合わせている（昭和二六年七月二一日付會津書簡）。

◉31…「游於藝（げいにあそぶ）」は『論語』の「述而篇」中の一節「子曰 志於道 據於徳 依於仁 游於藝」（子曰く道に志し 徳に拠り 仁に拠り 芸に遊ぶ）による。「悠々と芸をきわめる」の意。文武の士に好まれてきた。

◉32…「おほてらの　まろきはしらの　つきかげを　つちにふみつつ　ものをこそおもへ」は、會津歌集中最も人気の高い歌。唐招提寺金堂前にその石碑がある。

新潟まで出向いて御願ひいたすところ、九月過まで仕事なので、失礼とは存じながら御手紙で御願ひいたした次第です。お聞きとどけ下されば幸甚と思ひます。何分よろしく御願いいたします。

向暑の折、先生には充分御体に御氣を付け下さい。

敬具

七月廿日

9 小林正樹より小林千代子へ

昭和三六(一九六一)年八月一三日

［差出人］小林正樹　モントリオール市ミドルタウン　ザ ウィンザー ホテル

［宛先人］小林千代子　東京都麻布笄町七九

絵葉書

□補記

モントリオール映画祭出席時の報告(『人間の條件』完結篇＝第五部・第六部出品)——事情があって出席不可となった黒澤明の代理で参加、準備不足ながら『人間の條件』出品で国際映画祭にデビューを果たした時の舞台裏が垣間見られる。

◈本文

大変元気です。今日〃人間の條件〃の上映日です。タイトルなしで理解させる準備で昨日は試写室で一巻づつ上映、英語の説明文を作ったりして大変でした。熱心な技術者のおかげでどうやらうまくゆきそうです。カナダでこんな仕事までするとは思いませんでした。ミーティングでは日本の映画の評価が大変高く日本映画への歓心《ママ》が強く感じられました。したがって私への歓心《ママ》も強く、いろいろ話し合う機会を得ました。明日から地方を見て歩きます。日本時間一九日朝着く予定です。

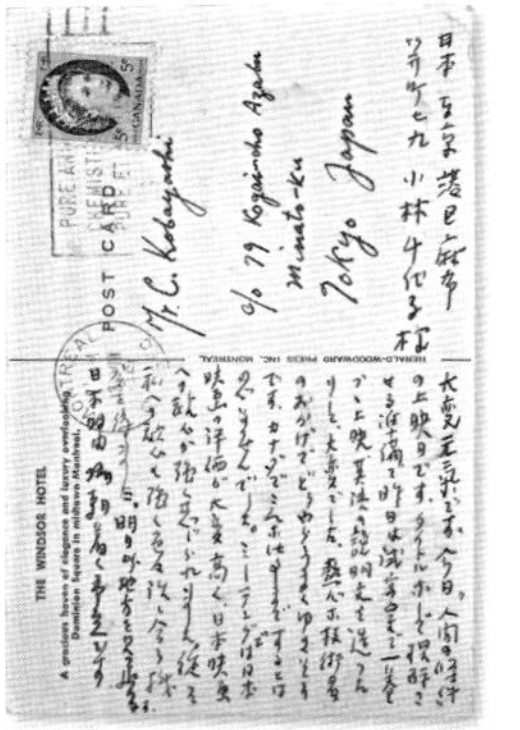

書簡❾小林より妻千代子宛の葉書
『人間の條件』完結篇の
モントリオール国際映画祭出品のこと

10 小林正樹より小林千代子へ

昭和四〇(一九六五)年六月八日

［差出人］小林正樹　BELFAST HOTEL　10Avenue Carnot PARIS

［宛先人］小林千代子　東京都世田谷区世田谷2—1366

封書　にんじんくらぶ原稿用紙

□補記

カンヌ映画祭報告(『怪談』出品)——一見華やかに見えるカンヌ映画祭であるが、この年は上映時間規制で「雪女」の割愛を余儀なくされたうえ、前評判を覆されグランプリを取り損なうなど、その舞台裏の現実に失望した小林の心情が吐露されている。

◈本文

前略

目下パリにおります。

明日(6日)夜、パリのシネマテークで〃怪談〃の特別試写会をやって、[33] 7日おひるローマへ発ちます。グラン・プリもとりそこない残念でしたが、別送した新聞を見ればわかりますが、殆んどの人たちが〃怪談〃のグランプリを認めております。帰ってから色々話しますが、政治的、経済的なものがからみ今のところどんな立派な作品を出品しても、日本はグランプリをとれそうもありません。もう映画祭の出品は気ばかり疲れて、精神的な疲労が多く、もうこりごりです。明日の試写会が終わってやっと〃怪談〃の亡霊から脱皮するかと思うと、やれやれといった気持ちです。明日はフランスの批評家、作家、日本の在留パリの人たちを招待したものです。アイサツをしたり、映画が終わった後の合評会など、ちょっと気が重いです。カンヌとパリからお土産の手帳を別送しました。

大きいのと小さいのがあります。佐藤〔正之〕さん、椎野〔英之〕さんに大きいのを、お土産の先払いで渡して下さい。手帳は今年の手帳ですから、早い方が良いと思いますから、若槻〔繁〕さんにも。洋服類は、7日に別送します。

カンヌのカジノでは1000フラン(200ドル)最後の日にもうけました。それからパリのおもちゃやでルーレットを別送しました。これは船ビンですから2ヶ月後に着くと思います。

いよいよ、ローマ、アテネと歩き廻る積りです。お金の続くまで……。案外早く帰らねばならなくなるかも知れませんが。広瀬〔不詳〕、ブーチャン〔不詳〕、仲代〔達矢〕さんたちが、途中で合流するような便りがありましたが、もしそうなったら予定通り8月の末になるかも知れません。アテネからは未知の世界ですから、楽しみです。◉34

体の方は大丈夫ですか、

みなさんによろしく、

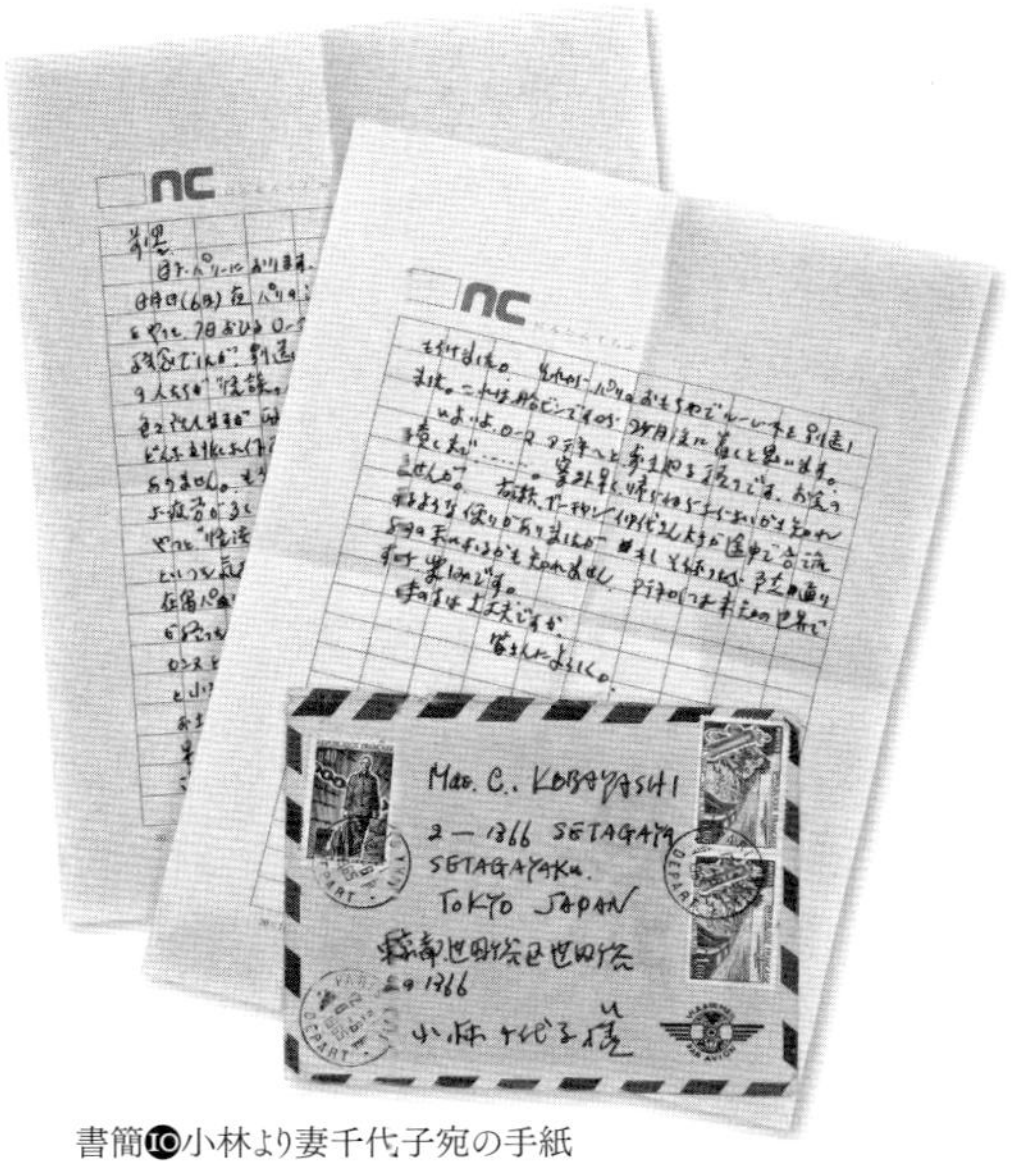

書簡⑩小林より妻千代子宛の手紙
『怪談』カンヌ映画祭出品後のことを
にんじんくらぶの原稿月紙にしたためている

II 勅使河原蒼風より小林正樹へ

昭和三七(一九六二)年(封書裏面鉛筆書きS37のメモによる)

[差出人] 勅使河原蒼風　東京都港区赤坂表町三ノ七　草月会館408

[宛先人] 小林正樹　東京都麻布笄町七九

封書(勅使河原蒼風　名印刷の封筒であるが切手の貼付はなく、郵送ではない)

◻補記

『切腹』タイトル文字が誤字であったことについての釈明とお詫び文――作品公開後この誤字について指摘された形跡はない。小林も黙していた。誤字としても、大家蒼風のアート表現として、衆目の受容するところであったろうか。さすがに本人は書家として看過できず、次の作品のタイトルを書くことで埋め合わせしたいと小林に申し出ている。その結果、『怪談』の撮影現場にタイトルが書き送られてきた(小林正樹アルバム⑯一三〇頁の写真参照)。なお、この書状の位置は時系列的には前項⑩より前にあたるが、内容の関連性から差し替えた。

◈本文

いま六体字典を調べてみましたところ
○切腹の切はちがっていました。
○ほんとうは切でした。

切

厚くおわびします
そして
何かウメアワセさせていただきます

◎

○追加A
扌のへんの場合ｷに書くことはあるのです

◉33…シネマテークはシャイヨー宮にある映画館。カンヌ映画祭で「雪女」割愛で上映された『怪談』に、そこで六月六日に改めて四話セットの完形版として上映され、関係者、観客の要望に応えた。

◉34…この後の旅行は、ヨーロッパから中東イスラエルまで足を伸ばしている(二五六頁、小林正樹アルバム㉓参照)。

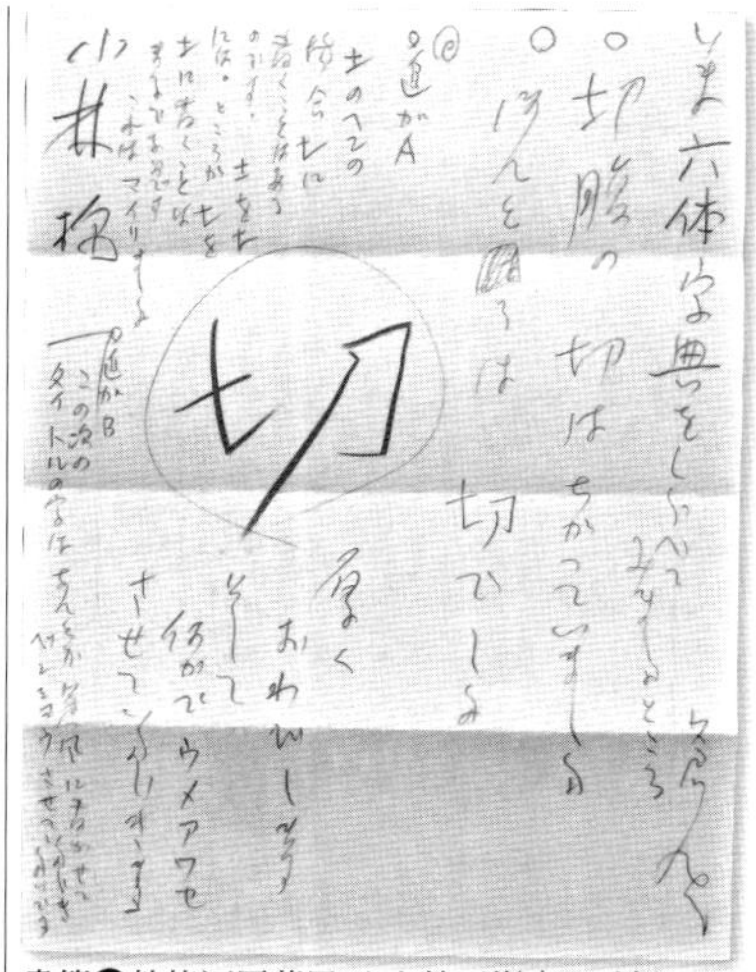

書簡⑪勅使河原蒼風より小林正樹宛の手紙

七を土に書くことは
まるでないのです
これはマイリました
○追加B
この次のタイトルの字は何とか蒼風に書かせて、
ベンショウさせていただきたいのです
小林様

12 木下惠介より小林正樹へ

昭和四四（一九六九）年二月一〇日
［差出人］木下惠介　251藤沢市辻堂一・三六六
［宛先人］小林正樹　154東京都世田谷区梅ヶ丘二－三三－一九
官製はがき

『切腹』タイトル

□補記

新聞記事感想・礼状——文中木下が読んだ記事とは、朝日新聞が当時連載していた「仲間——いまむかし」シリーズのうち、小林が執筆した二月九日分の「木下学校　こわかった先生の目」の一文。厳しい現場であった木下組での高峰秀子と松山善三、桂木洋子と黛敏郎、小林トシ子と勅使河原宏などのカップル誕生のエピソードとともに、退潮に悩む松竹大船撮影所の起死回生策として、木下惠介製作本部長案があったことも記されている。

◈本文

御無沙汰して居ります。

朝日新聞「仲間」の記事、家内中大変面白くよみました。記憶がいいのに感心いたしました。とにかく昔は良かったです。そのうち一度、メンバー⑳35が集まって楽しく飲みたいです。

奥さんもお元気のことと思います。暮れにはとびきり大きな鮭、正月中いや当分賞味しました。ありがとう。

13 「小林正樹さんのこと　小松哲也」

（「くまもと映画手帳」一九八三年五月号）

□補記

小林に関わる戦友の回想記や書簡類は少なくないが、終戦から戦後にかけての興味深い動向が記されているこの一点を紹介したい。筆者の小松哲也（一九二二〜九一、本稿記載の年齢より推定）は小林配属の麻布三連隊や竜士会関係の戦友ではなく、沖縄の嘉手納捕虜収容所で出会ったいわば「虜友」であり劇団仲間である。復員後の詳細は不明だが郷里熊本で暮らし、句集『凍光』（一九七八、マインド。世田谷文学館蔵）を発行するなど文化的活動もしており、小林とも折々会い晩年まで交流が続いた。小林にとって気心の許せた戦友の一人であったと思われる。収容所生活や復員直後の様子などはドキュメントとしての味わいも深い。

◈本文

昭和五十三年に『東京裁判』を私の最後の戦争映画にしたい。とゆう正樹さんからの手紙を受け取った。それから五年後にその映画への招待状がとどいた。

いい映画だった、と簡単には言えない、心に重くのしかかってくる作品だった。

人には生涯に幾度もの出逢いがあるとゆうが、正樹さんとの出逢いは終戦後、沖縄・嘉手納捕虜収容所の柵の中であった。それも「宮古劇団」――正樹さんも私も沖縄・宮古島で敗戦を迎えた――とゆう捕虜慰問のための演劇グループの一員として初めて顔を合わせたのである。正樹さんは脚本と演出を受けもち、私はギターを弾いていた。

　出逢いとはまことに奇妙な形で始まるものである。

　その収容所の消灯後、横にいた正樹さんが「コーヒー飲もうか」と話かけてきた。私は黙って起きた。一緒に夜の暗い舞台に上っていった。コーヒーを沸しながら正樹さんが静かに話しだした。

　夜のラジオニュースで、有名な女優の結婚の話題[36]を流していた。私もそれは聞いていたのだが、その女優が助監督時代の正樹さんと好意を寄せ合っていた人だったとゆう。

『上意討ち』のセットを訪れた小松哲也（右）

　そして出征の時に贈られたとゆう手編みのチョッキを焼くから一緒にいてくれとゆうのだ。そのチョッキはグリーンの深い色をしていて温かそうであった。正樹さんは独りでそれを焼くのが、あまりにも淋しすぎたのであろう。その夜、正樹さんのひとつの青春が終った。

　私のノートに復員のことがすこし書かれている。昭和二十一年「十一月二十日」六時三十分、名古屋港入港。非常に冷たく感じる朝だ。

「十一月二十二日」復員局で正樹さんのお父さんが亡くなられていたことがわかる。[37]（十九時五十九分・名古屋発東京へ）とある。東京での正樹さんとの生活は短かったけれど、心なごむ日々であった。

　正樹さんは大船撮影所で、私は初台のちいさな写真館で働くことになった。十二月中旬私が熊本に帰るまでのわずかな間であった。

『人間の條件』を撮り終えた年に正樹さんが私を訪ねて来た。阿蘇ではこんな雄大な所で作品が撮りたいと話していた。熊本城の石垣の素晴らしさや長塀の美しさに感心していた。その後『上意討ち』の映画に是非熊本城を入れたいと便りがあった。三十枚ほど城の写真を送った。一週間ほどして撮影隊が来熊、送ってあった私の写真を片手に、二日間ほどカメラを廻して帰った。その時のフィルムは『上意討ち』のタイトルバックに使用されていた。

『上意討ち』の撮影中、三船プロに正樹さんを訪ねた。逢ってもいろいろ話があるわけではないのだが、なんとなく二人とも心がやすまるようである。ものを言わなくても済む友人とゆうのは、いいんだなァと思っている。

　手元に一枚の保証書がある。私が東京で就職した時、正樹さんが書いた「身元保証書」である。文面に、（本人の一身上の件に関しては一切小生に於て責任を持つは勿論……）とある。このような証書を正樹さんが書いたのは、おそらく後にも先にも、これ一枚だけではないのだろうか。

　小林正樹　六十七才
　小松哲也　六十一才
　ふたりともまだ青春の中を駆けつづけている。

◉35…メンバーとは、小林正樹、川頭義郎、松山善三。
◉36…水戸光子。
◉37…小林は病後の回想で、復員後父の死を東京へ帰ってから知ったとしながらも、記憶がはっきりしないとも語っている。小松氏の回想記事は発表当時小林も読んでいたはずであること、父の訃報は復員局による家族情報であること、また同行立会い者としての強い印象記であることから、客観的信憑性が高いように思われる。

小林正樹『宮古島戦場日記』

1945(昭和20)年4月1日—10月27日

書き起こし＝梶山弘子

◎**解題**

『宮古島戦場日記』は、一九四五年四月一日に始まり同年一〇月二七日に終わる、終戦を挟む約半年間に綴られた四冊の大学ノートである。全体はおよそ九〇〇〇〇字、四〇〇字詰め原稿用紙二二〇枚余に及ぶ。戦場における記述としては驚くべき分量であろう。

四分冊全体の記述の体裁は、日記体の枠組みに収めてあるので、一括して『宮古島戦場日記』(1)~(4)とした。

このほかには学生時代に綴ったごく断片的な日記が散見され、また一九四二年一月の応召以来、任地の満州では脚本を書いたり、恩師、家族、友人へ比較的こまめに手紙を送ったりしているが、戦時の日常的な記録やメモはほとんど残していない。宮古島での集中的なこの手記は、青春期の資料としては貴重な記録である。

第一冊目の無記載黒表紙の扉には「創作 青春の旅—その他雑文—」と標記し、その書き出しは「脚本のためにと思ってとって置いたのだが、脚本を本腰になって書く気になれないので、死ぬまで駄文を並べてやろう思って新しいノートを下ろした」としている。第二冊目の表紙の記載は「雑文雑記∨主として日記 感想 追憶 昭和二十年四月二五日 小林正樹」となっており、また第三冊と第四冊は同一ノートを上下半分に裁断したもので、上半部の表紙には「創作」、下半部のそれには「記録と追憶 小林正樹」とある。記述日の流れは下半部のノートが基本となり、上半部の「創作」内容はその一部の挿入事項であるところから、下半部を『宮古島戦場日記』(3)、上半部を同(4)とした。

その内容は戦争末期から敗戦、米軍による宮古島進駐頃までの日々の事象、随想と共に回想などが断続的に記されている。とりわけ注目されるのは第一冊目、四月一四日から二四日までの一〇日間にわたって書き続けた、本人は創作の私小説としたつもりの「青春の旅」である。入営を前にした日々の思いが、特に家族や友人、田中絹代との交流、そして女優水戸光子との恋愛的な関係が、登場人物に別称を宛てながらも、ほぼ事実と思われるままに記されている。この一連の記述だけでもすでに約三六〇〇〇字、全体の約四割を占めており、青春時代の思いの丈が凝縮されているように思われる。

また、日常の記録においても、戦時の情勢や軍隊における自身の立ち位置に懊悩する心情も、きわめて素直に吐露されている。これらは総じて、映画監督小林正樹の胎動期の様子を知るうえで欠かせない資料であろうと考え、全編省略なしに掲載することにした。

◎**凡例**

左記以外の事項については原本に沿う表記とした。

- 原本は四冊ともに横書きだが、本書の体裁に合わせて縦書きに改めた。
- 小林が記入した●印、※印、欄外に記載された文言の矢印引き込み線による表記は、それぞれ相当の位置に表示し直した。
- 〔 〕は編者による注(ルビも同様)。
- 一部を除き、新字体、現代仮名遣いに改めた。
- 明らかな誤字は修正し、判読困難な文字は傍線に置き替えた。

(編者識)

沖縄広域図

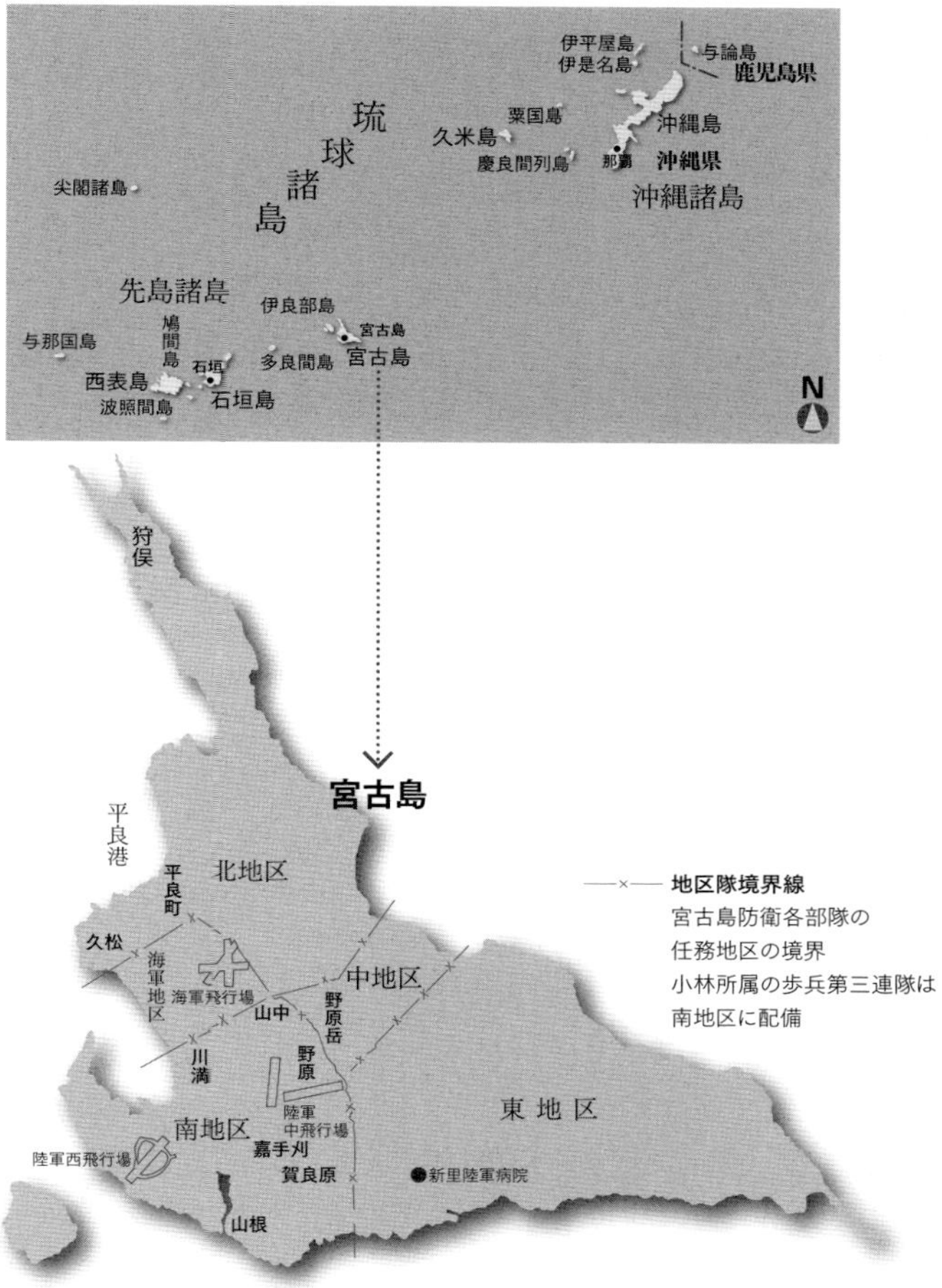

『宮古島戦場日記』(1)〜(4)のノート

【『宮古島戦場日記』記載地名地図】記載順

宮古島
沖縄本島より南西およそ300キロ。148平方キロ。大小8つの島。注＝小林の原隊の位置および手の皮膚病疥癬が治らず留守部隊にいたその所在地は確認できず。

❶平良港《ヒララ》
1944年8月12日上陸(以後1945年4月1日以前の本人記録なし)。

❷野原岳《ノバル》
聯隊本部・師団司令部。1945年4月1日。(野戦病院もあり)

❸新里《アラサト》陸軍病院
山形隊長・溝少尉、外山伍長他入院。4月2日〜7日。

❹平良町《ヒララ》
4月9日。町炎上。土地の人たちと親交を深めた。

❺嘉手苅《カデカリ》陣地
露営地。4月30日他。

❻賀良原《ガアラバル》
駐屯地、茅葺き。6月2日。

❼久松
材木受領に行く。6月2日、8月17日。終戦後(9月2日)には漁撈班に配置され、「久松にて」を書き始める。炊事当番長になる。

❽山中
荷馬車が弾痕の中に落ちる。6月7日。

❾川満《カワミツ》
三大隊応援のため作業に行き10日間滞在。7月1日(6月18日〜)。炊事長になり21名の食事を担当する。

❿中飛行場
(陸軍)対空衛兵につく。7月4日。

⓫山根湾
伊良部貝を食す。7月29日、8月13日。

⓬狩俣
往復15里を歩く。景色よし。7月31日、9月2日。

参考地図:「太平洋戦記録 先島群島作戦(宮古島編)」宮古島地区防御配備図

『宮古島戦場日記』(1)

黒表紙ノート　17×25センチメートル

⦿**表紙裏**

豊第五六二〇部隊〔万年筆による縦書き〕
山形隊
東京都世田ヶ谷区北澤四ノ四〇七
井上伊知方
小林正樹　㊞
〔自作平仮名による篆刻印。のちに実印として使用〕

⦿**扉**

創作〔墨・横書き〕
青春《せいしゅん》の旅《たび》——その他雑文——〔墨・縦書き〕

4月1日(日)晴時々曇

★このノートは、脚本のためにと思ってとって置いたのだが脚本を本腰になって書く気にもなれないので死ぬまで書けるだけ駄文をならべてやろうと思って新らしいノートをおろした。

　芸術家を志ざしたのであるが現下の様な状態で意の如くならない。せめて死ぬまで書いてあきらめるより他になぐさめ様がない。満足に話せる人とてない現在、日記を通して、自己の気持を表現するのが一番適切な様に思える。

★今日も朝から空襲、執拗なる敵は、昼食をしに姿をけしただけで、午後から又引続き5時頃まで上空を飛んだり銃ソウ射したりしていた。戦法としては、今までのと違って長時間にわたる。ただ我が軍を牽制するといった意味の企図しか持たないものの様だ。持てる国の戦法でしかない。ひき上げる間際に、ちょっと華美な急降下でつっこんで来るが、人間誰しも感ずるもうこれで基地に帰るのだという安心がもたらす不安の陰がどの飛行機にもただよっている様な気がする。何かしら弱点をみつけ出した様でうれしかった。

★手術

　手を手術して一週間ばかりになるが経過思わしからず。切開した傷口が小さいために膿が充分に出ない。従ってハレが引かないという始末。軍医の性質がこんなところにまで現われるものかと思うと、ちょっとおかしい様な気がする。「君の手は悪質だからもう一度手術しなきゃいけないかもしれない」と、僕の「はれがひきますか」の問いに答える軍医。それまで云わなくても僕にはちゃんと解ってる。軍医などというしろものは、案外淡泊じゃないと思った。小児科の医者が外科の手術をして失敗するのは当然過ぎる位当然なのだから。

★山羊の乳を飲む　★夜霧捕物帖を読む　★横山貞ちゃんオアシス一本持ち帰る。皆んなで廻し飲み。★マコドユで馬肉入手、スキ焼にして食することにしてある。

★外来者

　聯隊本部　吉田軍曹　内山曹長
　　丸山曹長　倉重

★April fool

アメリカが停戦協定を申し込んで来たらしい。

　空にはGrummanが空襲しているのに　停戦協定がApril foolなのか　Grummanの空襲がApril foolなのか　いづれもApril foolであったら、こんなこと考えるの非国民かしら。

★朝食　塩汁　飯
　昼食　塩汁　混飯
　夕食　雑水(雑炊)
　私物　サクラすき焼　キャベツ
　　　　ニンジン　菜

★夕陽パッと事務室の机に流れ込む。
　石橋が「夜霧捕物帖」を　鼻くそをほじくりながら三昧の境地に入っている。

4月2日(月)

★一晩中友軍機の帰去来、蚤の来襲で熟睡出来ない。朝毛布を見たら十数匹。敵機又しても来襲。今まで飛んでいた友軍機の姿は瞬時にして消えてしまう。淋しい気持。これもoperation order〔軍事命令〕と思って諦らめなければ。

★人間が大きいとか小さいとかよく言われるけど、戦友のなかにも大小が随分ある。大きい人は見易いけど小さい人はあれこれと口うるさく何んにでも手を出していながら核心を貫いていないから間が抜けている。見難い限りである。しかし小さいながらに黙って見ているとなかなか面白い。小さいなりに風格がそなわって、それがすっかり板についているから面白い。ちょっとからかってやりたい気持になる。

★食物がなくなってしまって最近では誰でもニンニクを食う。ニンニクは　体が温まって食欲増進という意味でまことによろしいらしいが、臭味がたまらない。あのいやな臭いをかいだら、いくら体によろしくても食う気になれない。死ぬ間際になっても、ニンニクは食わなくてよかったと思って死ぬことだと思っている。人に迷惑をかけること、非常に悪い意味ではたまらないから。坂本、俺の前で盛んにニンニクの塩漬けを食っている。天下太平である。

★美髯を立つ

一ヶ月有余にわたって延ばし放題にしていた髯が一寸になんなんとしている。剪ろうか剃るまいかと思っている中に、手の切開のハレが今朝急にひいて全快の徴候著しきものを覚えたので、急に病気の象徴の様であった髯を剃ることにした。ただ剃ってしまうには物足りなかったので鼻髯のみを残して野上一等兵に剃ってもらった。急に若返ると同時に、気分まで爽快になる。あんなに薄汚い髯を今までどうしてのばしていたのかと不思議な以前の気持に今更驚いているのだが、こんな気持になるのも薄ぎたない髯があったればこそと人間の我儘に呆れ返る。そう思いながらも又しても鼻髯を立て、美髯と称して喜んでいる。この鼻髯をおとしたらもっとさっぱりするのかも知れないが、剃らないところに面白味もあり、今度剃った時の新鮮さも加わるのだと思って剃らないことにした。三日に一度ならこれから髯を剃らなきゃならんと思うと前の儘の方がよかった様な気がしないでもない。

★中隊長

中隊長が腸チフスの疑いで入院した。中隊中誰一人として悲しむものさえないという状態である。今まさに敵を相手に大決戦が始まらんとしているのにこの様な有様である。笑ってよいものか、悲しんでよいものか。私は絶対中隊長の責任であり、大きな悲劇であると思う。中隊長がこれを知っているとしたら鉄面皮的存在であり、知らないでいたとしたら阿呆的な存在である。いづれにしても，〔コンマ〕以下の人間であることには疑いはない。これで戦争が始まったら兵隊さんこそ憐れむべき存在である。

★三月三十一日沖縄本島桜島区に敵上陸せり

上記の通報入る。

ただただはがゆい気持。次の通報を待とう。

★山羊の乳

ここのところ山羊乳を毎朝cup一杯づつ飲んでいる。牛乳とさしたる差はない。

★午后から敵機の姿が見えない。友軍機の活躍下に敵航空母艦がやられたのかも知れない。四時前というのに友軍機の爆音がする。

★過去

夕方過去の扉をあけてみた。過去の扉それは手紙である。この島は現在完全に孤立である。天空に飛行する通信網をのぞいては。しかし過去の扉はいつでも私を東京へもっていってくれる。

弟が野営に行ったとてもさみしい夜です。昔よくした弟との喧嘩も近頃はしなくなりとても仲よしになりました不思議な位。その弟がケースの荷造りしてくれました。弟のいない間にあなたからの便りが来てとてもさみしい。

皆んな皆んな過去の言葉であり、ふれただけで心の銀線の打ちふるえるものである。過去が私に語った言葉である。そして心躍った言葉なのである。とざされた現実に於いては正に霹靂である。泉である。救いである。現実が如何につらくともこれ程の救いがあろうか。現実が如何に大きく展開しようともこれ程close upするであろうか。私が死の直前にあってもこれ程驚かないであろう。又夢中にならないであろう。あの鼓動、一つ一つの囁きに対するあの不可思議な亢奮。私はない物もない、ただ真実の愛を求めんとする赤裸々な自己あるのみ。あんな自己の解放が又とあろうか。

美、美、彼女は慥《たし》かに美そのものだ。いや彼女から感ずるものすべてが美だったのだ。彼女の動き、笑い、悲しみ、言葉の抑揚、みんなみんな美なのだ。私は幸福感で愛の真実の中に彷彿としてしまった。こんな感じが彼女とのささやかな交際がもたらしたもの、それが今、過去の亢奮となって迫って来る。

4月3日(火)空襲日和

★朝飯前に敵は早や二十数機を以て間稽古に来る。面白からず。

★惰性

三度の食事と　この断片記録、それから就寝、この反覆が日課。この合間に治療と昼寝が色をつけるのみ。そこには施策も何もない。

★相澤軍曹空襲下に頭をかる。

★大空襲

朝　島民が今日は大空襲があるから馬を出すことが出来ないと断ったとか。全く不思議なことがあるもの。それが見事適中して今日は朝からもうお昼だと言うのにまだ猛爆が続いてる。カンジンの兵隊が知らないで島民が知っているなんて馬鹿な話はない。これは島民が軍隊を愚弄していることにもなり、軍隊の威信の失墜を意味するものである。

★艦砲射撃

午后、昼食後間もなく異様な音が連続的にする。不発爆弾が爆発したのかと思ったがそうでもない。誰れもかもあの恐ろしい艦砲射撃ということに気がつかないのだ。異様な音が重なると共に、誰云うとなく艦砲射撃だということになり、射撃そのものと、前からの潜入意識が加わって、いよいよ来るべきものが来たのだといった風に思った。死ぬかもしれない、いよいよ駄目かも知れないと思っても、人間という奴は、死に対する距離を常に持っているものだ。今の考えに又余裕が出来て来ると思う。

★甲戦備下令準備――主として私物――

(a)　雑嚢入組品

関場光〔水戸光子〕サンからの便り及び写真一組

チョッキ、手袋、印鑑、お守…一組

ノート　二冊(この記録を含む)

煙草ケース(在写真)…一組

以上風呂敷包にて一梱包して雑嚢に。

八八信管罐　この中には主として雑品、

薬、カミソリ、財布　など

M.M.C.罐　日記帳、万年筆、

印鑑　塵紙　手套

(b)　背追嚢入組品

雑文雑記

馬糧嚢(小)…靴下3　手套2　手拭1

袴下1

防暑衣袴　各二組

時計(眼鏡サックと共に)

★島民爆撃下に八名死傷

三〇港湾特攻隊一名　頭貫通銃創

昼食時間30分をのぞいて殆ど空襲、5時頃やっと退散　精神的shock　大なるものあり

Grumman F4F-3 wild cat 戦闘機

Curtiss SB2C Helldiver　爆撃機

平良町炎上す。

4月4日(水)晴天

★朝から豚が何処かへ行方不明、全員して探索。

ミMG〔軍隊内での場所を示す暗号か〕のところにふらふらしているのを発見。朝から空襲よりか豚走事件の方がどれだけ気分的に楽か。御多分に洩れず薄靄のおりたなごやかな朝、山羊の乳と乾片パンにて軽い朝のおやつ。昨日とうって変った今朝。昨日の艦砲射撃は時限爆弾との事。物を知らない事は全くおそろしいものなり。でも、知らなきゃ知らないなりにとんだ面白いことが付随してくるものだ。知っていれば命は助かったものをなどということを、知らなかったんじゃ面白いも何もあったものじゃない。空気を吸わなくなってしまうのだから。

★昨夜通しで飛行場の穴うめ。小用に起きた、まだ地ならしの音が響いていた。

★軍人

軍人の質はずっと低下している。この人なら一緒に死んでもいいと思う様な人はなかなか見当たらない。従って涙ぐましい兵隊と幹部との逸話など生まれそうにない。兵隊以下の幹部がうようよしているのだからお話にならない。善悪の判断すらつかないで中隊長でござい専任将校でござい

と威張っているのだから軍隊も低下したものだ。

　立派な伝統ばかりが残って、その伝統を着ていいことをやらかそうとしているのだからたまらない。彼等には伝統を牛耳る資格がないのだ。心から兵隊のことを思って現在働いている幹部が果たしてどれ位いるか、皆無と言ってもいいかも知れない。それ位低下している。全くなげかわしい次第である。第一に、頭が科学的にさっぱり動かない。これは現戦争の致命的欠陥である。言いたいことは山程あるが山羊の乳の様に少しづつ書いて行こう。

★中隊長が食べる罐詰、その他おいしいものを買いに陸軍兵長を平良町に御差遣。中隊長なる階級ってそんなに強いものなのかしら。兵隊の員数の願い(それも僅かの努力で出来る)すらききいれない中隊長が。

★Grumman　撃墜炎焼す
　午后空襲あり。おかしなもの、空襲にもconditionのよしあしがあるらしい。今日のは何かしら活気を欠いている様に見える。Highダイブも何かしら隙がある様に思えた。今日はあたるぞと思った瞬間、急降下して来たGrummanの右翼に弾丸があたり見る見る中に右にかたむいて林の中に撃墜炎上す。運動選手が感ずる今日は駄目だぞという精神的なものが飛行士にも同じく働くものらしい。

4月5日 曇(木)

★春眠暁と共に覚めたり。
五時頃敵機一機来襲。初の黎明攻撃なり。

友軍機一機撃墜炎上

★那覇本島敵3万上陸との事
一飛行場略奪さる。

★親友川西〔川西信夫〕兄を想う
　昨今誰れと話しても面白くない。相手の話が早く済んでくれればとそればかりを願って語っているのだから話相手は猶更面白くないらしい。気のない返事に相手もだんだんわかって来て、あんまり話さなくなる。それでやっと解放された気持になって独り考えるなり想うなりするのであるが、話好きってしょうのないもので誰れでもひっつかまえて話だす。私の好まない奴を相手に話だしたりすると、二人の話が耳について、考えたり想ったりするどころか腹が立って来てしょうがない。一日の中こんな時間が大部分である。鬱々として楽しからざるもの多々あり。話と言ったら殆んどとるに足らない世間噺である。話す動機も筋書きも終末も皆んなこっちにはわかっている。話している中にわかってくる。相手はそんなことにはおかまいなく始めっから終りまで馬鹿丁寧に余談まで土産に語るのだからたまらない。私でなくても気の短い連中なら大抵怒ってしまいそうである。そんなのを次から次へと語り出す。そして一日一日が暮れて行く。何んと無意味に過ぎて行くのであろうか。読む本とて一冊もない。これでいいのかしらと再考四思。いくら思ってもよくある筈はない。だから憂鬱になってしまう。こんな時に川西兄でもいたらと、そぞろに彼のことを想い出す。文通も一ヶ年位絶えている今日、彼の安否を気づかわれる。そう気づかう私の命も数分後には大地の露と消え涯ないとも限らない。今彼に逢えたら。こう思うと永久に彼に逢えない様な淋しさがこみあげてくる。よく四囲の状況を考えて見る。もう誰れとも逢うことなんか出来ないのだ。本当に逢えないのかも知れない。こう思うと人間の最後なんて、なんてなさけないものなのかしらと思う。

　逢いたい人が沢山いる。話したい事が胸一杯につまっている。それなのに神様はその人の命を惜しげもなくさらっていってしまうのだから。自分は絶対に死なない。こんな島で死んでたまるもんか。敵のたまになんか絶対にあたらないと力んでみたってどうにもならない様な気がする。単なる気休めに過ぎないであろう。人間の体にあたる弾丸と神の采配の有機的な関連が果たしてあるであろうか。いくら弾丸を否定しても弾丸があたるという現実は否定できない。否定できないところに神が入る余地があるだろうか。川西兄に逢って何にもかも話してしまいたい。自分の話を真面目に聞いてくれたのは彼だったから。先ず過去の話を、そして現実の話を、現実の話は発展して新しき創造へと向い、私の意欲を旺盛ならしめ、生の躍動を感謝を自ら知ることが出来るであろう。本当の話というのはこれなのだ。文化人の話、真の文化人に接したい。そして語りたい。川西兄よ、兄も私と同じ様な運命の下にあって友を、真の語り相手を求めていることであろう。何時逢えるかしら。これを書いている間にも敵の銃掃射は私の頭上に絶えない。死、のひらめきがかすめて通る。そうだ死ぬまで書き続けよう。川西兄、元気であってくれ。

★我《ガ》と運命

お前が死ぬ時機は神様がちゃんと知っているんだ。どこに逃げかくれようとしても神の眼は何もかも透して見る事が出来るんだ。たこ壺に入って死ぬのと入らないで死ななかったのとを較べて見たら一体どんなものだろう。たこ壺に入ったのは我の働きである。それに弾丸があたったのは神の仕業である故、我も神である。しかしこの我には、たこ壺に入るという道徳的意志が働き同情の余地がある。たこ壺に入らないで救かったというのは、たこ壺に入らないという我が働き、その我には自由放肆《ほうし》な非道徳的感情が入って思わしくない。前者には神が加って道徳的でありながら死に至らしめるものがあり、後者には我のみ働き神の采配が加わることなく無情な死に至らしめるという不自然性をもたらすものである。そこに運命というおかしなものが入って来るのである。かゝる矛盾に対して運命は皮肉なものだなとあっさり片付けてしまう。いや運命などというものはない。人は結果を名づけて運命と称しているに過ぎない。たこ壺に入ったという現実と、飛行機からそれを撃つという現実の間には運命の入る余地なんてある筈がない。それを連絡する電波的思が、前者の人になかったが故に彼は死んでしまったのだ。不可抗力としてかたづけられないものがある様な気がする。我の勇猛なるfightと敏捷なる動作と鋭い感があったら、運命などという言葉に左右されず生き残ることが出来るかも知れない。

★過去の扉(その2)

今光ちゃんに逢えたらどうだろう。そう思っただけでも心が躍る。なんと淡いよろこびであろう。私は今、決戦の真只中にいるのだから過去の扉を開けるだけ開けてそれに聞き入るのだ。今の自分に彼女というものを取りのぞいてしまったらどんなになるであろうか。幸福になり切って死につけるかしら。決してそんなことはあり得ないであろう。現実がどんなに苦しくても、これさえ済めば自分には彼女がいるのだからと思うと何をやっても気が楽だ。楽しいのだ。生死の境にあるこの宮古島で自分程幸福なものはあり得ないとさえ思える幸福。過去を追う幸福、過去さえ追えない人が沢山いるのだから。過去を追う幸福に我を見出す自分は幸福なのだ。扉を開けて見ようか。色々なことが色んな想い出が現実そのままの姿で現われて来る。『あなたは余りにつかれ過ぎている』の一言に対する反撥の気が展開される。自分は決してつかれ過ぎてやしない。又感情的になってもいないのだ。それは私を冷静にしておくにはあなたは余りに素晴らしいのだ。何を見ても美しい。何を見ても感激的に見えるのに何故自分がそんなに冷静にしている事が出来よう。美と感激とに何故酔っていけないのかしら。それを余りにつかれ過ぎているなんて。こんな気持になって彼女に返事を出した事すらあった。彼女は京都の賀茂川に沿うた一宿に自分を見出した。湯上りの涼風にすがすがしい気持になり、加茂川にうつる星影に見入る彼女。ふと私の事を思い筆を取り、『あなたをちょっとお呼びしたい様です』が彼女の気持から筆先へと移って行く。どんな気持で私を呼んでみたい様な気持になったのかしら。独りで過すには勿体ない宵であったのかしら。彼女も話したい多くの事を持っていたに違いない。多忙な中に見出した今宵に彼女の脳裡に私の姿が通り過ぎたのだ。こんな静かな宵にお話ししたいと思った彼女の選択に、私の姿が浮かんだということは、私の限りないよろこびであった。それだけで私は幸福であった。もしもその宵私と彼女が共にいたら、どんな話が語られたであろうか。何もかも始めから語られたであろう。私は彼女が何が一番幸福であるかをしっかりつかみ得たであろう。翌日私は奈良へ、彼女は仕事へお互いの希望に燃えて行った事であろう。今日の過去のとびらはこの位にしてとどめて置こう。

★敵の爆音下にて何んでも出来る様になった。ラバウルもかくあったのだろう。

ヘーゲルを想いだす。どうしても生きるのだ。

★手、薄膿出る。他の部分が又はれ出す。気分爽快ならず。

★仮題『島の人々』

何んとなく『島の人々』を続けて書いて見たくなった。この島の人達の中にもこんなに知識欲の旺盛な情熱的な人がいるということを私の情熱のはけ口として書いて見たいと思って筆をとったのだが、半年以上になるがまだ進捗思わしくなくそのままになっている。日に日に変わる現実とても遅れてしまうという気がするが、その底を流れているものは普遍的なものだと思う。波平先生にヒントを得たのであるが、交際するに従って私が考えている感じと違って来たので、筆も鈍っていたのだが、あくまで私が考えた想像した女性を目指して書いて行くべきだという様な気持になった。即ち客観的に題材を見ることが出来る様になったのかも知れない。

これを書き出したら又日記といってよいか、感情の記録といってよいか、この記録も中断することになるであろう。

★食後、大俵班長から四服の煙草をいただく。五臓六腑にしみわたる。煙草だけは充分に喫いたいものだ。手近かな欲望といったらこんなものだ。死に直面して女と遊んで置けばよかった等という後悔は少しも起らない。俺には余りに余りに『美しき心の物語』が多過ぎるから。

4月6日(金)曇

★天一号作戦(2604年4月3日発令)〔皇紀の年号＝西暦1944年〕

敵本土攻撃に際して始めて計画した作戦を天一号作戦と称するものなり。しかして天一号作戦の意義は、敵が歴史的なる本土に最初に攻撃したということに対する大いなる反撃の意味をもっているということが第一で、第二は天一号作戦を天皇陛下の命に依ってお出しになったということに於いて深遠はかり難きものがあり、ひた押しにおされ気味の友軍の一大反撃を上は天皇より下は一兵に至るまで深く臓しなければならないということになる。ここに於いて何もかも新らたに一大転換を目指して米英潰滅の一途に邁進しなければならないのである。天一号作戦は、客観的に見ることは出来ない環境に自分を置いたのである。私のためになされた作戦と思っても過言ではない。我々が防御し反撃を臓しているこの島に賜った作戦であるから、われわれは天一号作戦を共に生き共に死ななければならないのである。いや、天一号作戦には死はない。生あるのみである。成就しないことは絶対にない。永遠の生を目指して天一号作戦と進退を共にしなければならないのである。

★Grumman　清水高地〔現時点で位置特定不可〕50米足らずの低空飛行をなして帰還せり。おゝにくきGrummanよ。汝の姿は天一号作戦進捗とともに地球上より消滅することであろう。

★恩賜の煙草、輸送出来ない状態となり、今日手元に入る。なんとすがすがしい香りよ。

4月7日(土)曇

★昨日は、小説(野の花)を読むやら「島の人々」を書くやらで日記つける暇がなかった。野の花は善悪勧懲〔勧善懲悪の意〕を強調した新派悲劇である。しかも英国の小説を人物もすっかり日本名にして読みやすくしたものである。大正の香りのするものなり。

★珍らしく点呼報告に行く。朝風景特に気持よし。

★昨日菱谷班長来る。恩賜の煙草をふるまう。

★敵病院船を航母に使用して夜間は光々と光をはなしているとの事、日本の紳士的行動を逆利用している不埒な奴め。

★沖縄本島の二飛行場敵に取られる。

思わしからぬ報道しきりなり。敵の偵察機早朝より飛来。制空権は完全に敵の掌中に在りの感多し。

★私

30才の未知数の芸術家。未知数が永遠に未知数で終らんとする悲しき芸術家である。又過去が淋しき芸術家である。これとて名ある作品を持たない本当の未知の芸術家である。それだけに又自分ではひそかに期待するところ大なるものを臓している独りよがりの芸術家である。未知数なるだけにその意欲たるもの旺盛にして常に理想を抱いて進まんとしているものである。
　彼の過去をひもといて見ようかしら。
論文
『室生寺の研究』卒業論文　昭和十六年一月
その他、小論文　五ッ六ッ　学校にて発表
映画論文　数多くあり、その他に短評あり
創作
「赤いマリ」　詩　友人の妹の死に送ったもの
「われ征かん」　映画脚本　昭和十六年十二月
　　　　↓十七年一月九日
「防人」　〃　昭和十九年一月↓三月
「息子」　戯曲　昭和十九年
　　　　十二月二十三日
「男の魂」　脚色　昭和二〇年一月　軍隊
「鐘」　戯曲　昭和二〇年二月　生活
「情況終り」　〃　昭和十八年五月
短歌・俳句・　若干
記録
日記
書簡
　まことに過去寂寥たるものである。未知数が花開くか未知数のまゝにして終るか、ここ一ヶ月の間に彼の芸術家としてのいや人生の歩みは決定するものである。
★「野の花」
　完読す。日本に於ける新派大悲劇。つりこまれて500頁に余るものを読んでしまった。読みながら不愉快で廻りくどく、これでも泣かないか、これでも主人公に同情をしないのかという作者の意図が表面に出て不快だったが、大衆に訴える秘訣というか鍵をもっている点、馬鹿に出来ないと思った。あの中の一部分をpic upして書いたら面白いものが出来上がるとさえ思ったところが後半にあった。バーバラ・スタンウィックの演った何んとか云うアメリカ映画に似たもの。日本の「母の曲」などの類。人間の心理的発展に非常に不自然であること、即ち形にあまりあてはまった人間を動かし過ぎることに大正、明治文学の面白味半減するものなり。
★B24　等身大で頭上を通過
4月8日(日)曇
★起床同時敵機来襲、2時間余り続く。
★国史概説(文部省発行)
　佛像の写真が多いので親しく読み始める。こんな時機に国史を神代から読み始めるという事に何かしら感動するものあり。
★いよいよ沖縄を初め宮古諸島は絶対敵のためにやられるという功算が誰れの胸の中にもきざし、胸におしかくして置くことが出来なくなり、昨夜爆発。やむにやまれぬ気持。
★歌垣
　題名にちょっとよいと思った。
　昔若い男女が相集って歌い且踊った。これを歌垣と称した。
★鏡
　顔を剃った。久し振りに鏡を見て自分の顔が昔の面影を持ち続けているのを感じた。ここのところいつ鏡をみても自分の顔の様な気がさっぱりしなかった。輪郭がぼけ頬の線、口のしまり、眼ひらきなどなんとなく昔の強さがなくいやな感じがしていたのだが、今日自分の顔を鏡に見て学生時代のそれを感じうれしくなった。
4月9日(月)曇
★夜間空襲
昨夜初めての夜間空襲。敵もいよいよ本格的になって来る。制空権は全く敵の掌中に在りの感。

　昨日2時、連合艦隊出動。海陸航空合同作戦にて攻撃を開始との事。戦果　航母2、巡2、戦航及び艦船37、との事。何処まで信じてよいのか。
★我儘
　人間って云う奴は、人のあらばかり目について自分に欠点のあることを忘れ勝ちなものである。自分が退避してほかの人を家に残れと命ずる。自分が飛行機を恐れている以上に、その人が飛行機を怖っているということに気がつかないのである。これは命令権をもってする殺人罪にも等しい。他人を評する資格のない人である。軍隊生活が長くなり古年兵になればなる程この様な我儘を平気でする様になる。反省しなければいけない点である。

★万葉集

—天皇の御代榮えむとあづまなる陸奥山に
黄金花咲く—

孝謙天皇即位して天平勝宝と改元した。それは陸奥国に黄金が産出してこれを朝廷に貢いだために、勝宝となした。大伴家持がこれを歌ったもの(国史概説)

★このま、宮古島で死んでしまうとは思わない。必ず帰れるような気がする。

4月10日(火)雨

★爆撃目標を最小限とするために、一三小隊の茅兵舎を破壊に嘉手苅《カデカリ》から来る。

★手、思わしからず。又化膿す。不快なり。又切開やも知れず。

★幹部の弛緩、殊に准尉に於いて甚だし。我何をか言わんやである。

★手

一ヶ月余りになるのにまだ手が癒らない。それどころか又してもはれて来た。他の連中が皆んな元気で働いているというのに自分だけが傍然と見ているのはたまらない。早く癒したいと気ばかりあせるのだが、軍医の方がさっぱり癒す気にならないので困る。軍医なんてい、かげんなものだ。地方だったらとすぐに我が家の事を想いだす。

4月11日(水)雨

★切り口より膿が沢山出る。

★想　寧　楽　〔奈良を想う〕

○厩舎の皇子の祭も近づきぬ
　　松みどりなる斑鳩《いかるが》の里
○みとらしの梓の眞弓つるはけて
　　ひきて帰らぬ古あはれ
○春日野におし照る月のほがらかに
　　秋の夕となりにけるかも
○夢殿は静かなりけりものもひに
　　おもりて今もましますがごと
○斑鳩の里の乙女は夜もすがら
　　絹織おれり秋近みかも
○大寺の丸ろき柱の月影を
　　ふみつつ我はものをこそ想へ
○ほほえみてうつつ心にありたたす
　　百済佛にしくもぞなき

それは四年前のことだった。もう四年も経ったのかしらと数字になって現われた四ヶ年の年月を不思議に思う。

朝から降りしきる小雨の日であった。今日のプランは、唐招提寺、薬師寺であった。暇があったら海龍王寺、法華寺と廻って帰ることにして、日吉館を出たのが朝の何時ごろだったかしら。遅い時間だとは思えない。雨の日だったから、何時も出掛けるよりもいくらか遅れたかも知れないけど、川西、中村両兄と宿を出て、都大路をくだって大和奈良から西大寺、こゝで乗り換えて、○○駅に下車した。

赤はだ焼の店先で焼物を見た。私の手におえない程高価なものばかり、美しい色と、感触にやたらに所有欲にそそられたことだけは、今以て新しい記憶に残っている。

今度の奈良旅行は、学校のそれとは違って楽な気持で古えに接したいと思って三人で出かけたのであった。学問から離れて楽な気持、これは贅沢な旅行だったかも知れないけど、古えに接するひたむきな情熱は、贅沢な旅行という意識をけとばしてしまった。古えが創造した、我々の祖先が創造した、美を感じたい一心であった。

コートに、宿の雨傘に、足駄、手に所要のノートをかかえて、小雨降る唐招提寺の小路を大寺へと進んだ。土塀がくづれ、古えの雰囲気の彼方に小雨しきり、南大門が彷彿として見える。足はぬかるみに埋まり歩行は困難である。知らず知らずの中に脚をとどめる。中村、川西両兄は先へ進む。これが歴史の香りでなくて何んであろう。古寺を巡礼する中村、川西の姿は、何時しか時代を遡り、歴史の人となって映って来る。友のよぶ声に、我に返り、歩を進める。純粋に美術を愛する美しい彼等の姿は、南大門の中に消えてしまった。

唐招提寺金堂〔写真切り貼り〕

上の写真にある様に、唐招提寺を南大門から見ると、金堂の前に美しい松が、輝く大寺をいやが上にも美しく飾っている。和辻哲郎博士の「古寺巡礼」にはこの松を金堂の美をさておいて褒め讃えている。

それを恩師會津先生は、彼の古えをたゝえる淡い感傷として退けている。奈良時代には金堂前の松はなかった。たとえあったにしても小さいものに違いない。それを和辻博士は当時からあった様にほめているがそれは彼の学者的態度を疑うと攻撃していた。問題の松が美しい姿をして雨の彼方に聳えている。「あの松だよ問題の松は」と川西兄が私にささやく。学者態度即考證学的態度を捨ててやって来た旅である。松を透して見える迫力のある均整のとれた美しい姿の金堂。今松をとりのぞいたら金堂の美、情緒的美はやっぱり消されるであろうと私は思って「おい、やっぱり松があった方がいいよ」と川西兄につぶやく。川西兄も全景の美しさに心を奪われている時であったのだろう、「うむ松か」とひとことつぶやき、美を求めて楽な気持で歩く今度の旅が如何にも楽しそうらしい。しばしたたづんで案内を乞う。老いたる案内者と共に金堂内の人となった。

阿弥陀佛を中心に正座している佛達は、慥かに美しい。左手にある千手観音、和辻博士はこの観音の頰の金箔が剝げているのを何んとも云われなく美しいとほめているが、この金箔は恩師會津先生が独りこの大寺を訪ねた時、僧侶の一人がはがれかかった金箔を手づからはがしたのだよ、それを和辻氏は得も云えぬ美しさとほめているがと、彼の美術的態度

4月11日(木)曇〔行外に縦書き。12日の誤り〕

を攻撃した。それを想い出して、川西兄と笑いながら、中村兄にそれを話した。中村兄は「和辻さんのためには皮肉な偶然だね、学者の見方は冷たくていかんよ。和辻さんには気の毒だ」と洩らした。

私も川西兄も別に不服がない。むしろその意見に同意した。破損の美しさというものはたまらない魅力をもつものだ。部分的強調と幻想が加わって魅惑してしまう。この寺には、破損した佛像が沢山ある。菩薩の頭、上半身　下半身など、奈良朝から平安朝にかけての大寺であるから過渡的な美しさといおうか表現したいものがはげしく現れている。平安朝初期の力強さとはげしさが奈良時代のrealismな肢体に表現されている。佛像全体からはまだ奈良朝末期の完成された落着きのために新らしい思想と形式は陰におしやられた感じがあるが、破損した菩薩の顔、力強い下半身の衣文には平安朝初期のはげしさ、独自な形式が既に現われている。川西兄もしばしみとれ、三人ともノートを出してsketchしだした。川西兄のsketchが今だに頭に残っている。

絵はがき　シビ　などの土産物を買い、大寺を去った。

大寺から薬師寺への途は、私にはたまらなく素晴らしく思えた。歴史の面影が我々が歩く一歩一歩に感じられたのである。大寺の亢奮は、茫漠たる歴史の波に乗って薬師寺への壊れた塀の途へ我々を導いた。両兄の傘には雨のしぶきがあがりもやの様に遠景をぼかしている。両脚をまくって足駄姿の二人に雨ははね返る。彼等の亢奮と雨との素晴らしい対蹠がさびれ果てたこの小さな途と調和して素晴らしい音楽の波を起す。未だに私の脳裡に残っている二人の姿。

大寺から薬師寺へ行くと、薬師寺講堂の裏手に出るのである。素晴らしい佛像を蔵しているこの寺は、何んの修理の気配もなくあれている。講堂の白壁は剝がれ、エンタレスの支柱が昔の名残りをとどめている。私と川西兄がしばしあれ果てた講堂をながめたたづんだところを中村兄がカメラに収めた。出来上りを見て、素晴らしい写

真なので驚いた。その時の感じがいやが上にも出ているのである。〔左の写真は小林のアルバムに現存する〕
金堂の薬師三尊、これほど力強いしかも整った美しさをもった佛は少ないであろう。殊に、月光菩薩の体のうねりにたまらない魅力を感じ、この菩薩の面目躍如たるところは、このうねりにあるのだと私は讃嘆した。奈良時代の完成された美しさではない、未完成の美しさであり、伸び上らんとする美しさである。私の足はすくみ、躰はひきづられる様な気持にさえなる。この両脇侍の真中に大慈大悲の姿であらせられる薬師の尊顔。誰れもいない堂内、あらゆる角度から拝する事が出来た。

○ゆくりなくふれし冷きみての先ゆ
　　大悲大慈〔ママ〕のしみわたりくる

この両脇侍に較らべると、東金堂の聖観音はあまりに美しすぎる。完成し過ぎている。白鳳時代がもたらした佛像の最も円熟したものである。腰のうねりにも金堂の脇侍の様な迫力がない。体内に流れている血液もさほどのほとばしりを感じない。あゝなんと静かな美しい観音だろう。衣文から透して見える肉躰の美しさ。現在の美人の何処を捜してもあれ程の美は見出せない。

三重塔に集う雀の声をあとに雨の薬師寺を去ったのは、それから間もなくであった。

我々は平常宮趾を歩いた。削れた白壁にたまらない懐古の念を抱かせた海龍王寺。印象的な腕を空間にためた○○寺の○○観音の美しい微笑み。可愛い尼さんの案内で見た法華寺の十一面観音。写真で見た肉体的な感じは更になく、―れ出る情熱と決断を躰内に落している。この観音にはたまらない印象を残した。法華寺から又歩いた。三人ともおもいおもいの歴史をおっかけながら、日吉館についた時は身心とも疲労してしまったが、小母さんのこころからなるすき焼に疲労を忘れ、一日の古寺巡礼の亢奮のほとばしりを語り尽くしたのであった。

雨の薬師寺講堂にて
左 小林 右 川西
撮影中村
1940（昭和15）年3月

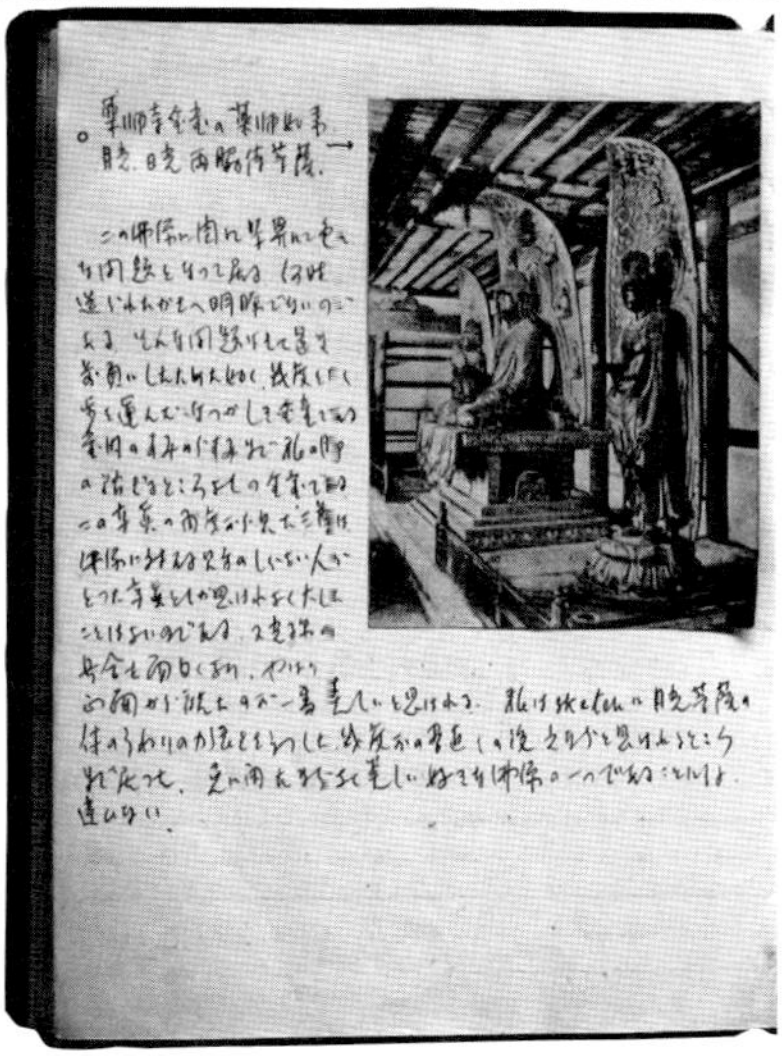

写真1
薬師寺金堂三尊の
印刷写真切り貼りの頁

薬師寺金堂の薬師如来
月光、日光両脇侍菩薩
〔写真1〕

この佛像に関して学界にて色々な問題となっている。何時造られたかさえ明瞭でないのである。そんな問題はさて置き前頁にしたためた如く幾度となく歩を運んだなつかしき金堂である。堂内のすみからすみまで私の脚の踏まざるところなしの金堂である。

この写真の角度から見た三尊は佛像に対する見方のしらない人がとった写真としか思われなく大した事はないのである。又光線の具合も面白くない。やはり正面から観たのが一番美しいと思われる。私はsketchに月光菩薩の体のうねりの力強さをうつした。幾度かの書直しの後、これならと思われるところまで行った。兎に角たまらなく美しい好きな佛像の一つであることには違いない。

★会食

友軍特攻隊の機音を耳にしながら会食を昨夜やる。

Memberは相澤軍曹以下9名である。気持のよい会食であった。

★友軍の活動、活発なり。

本日いまだ敵の姿を見ず。快なるかな。

★敵空母潰滅の報

空母は一隻もいなくなってしまった。昨夜の特攻隊は那覇飛行場爆撃敵飛行機の潰滅にあった。これで敵の飛行機は殆んどいなくなった。敵は新らたに機動部隊を派遣中との事。これに対して我が海軍は一戦を挑んでいるとの事。714部隊よりの兵ニュース

★人間的深さ

人間が浅薄であると交際していてもすぐに飽きが来る。軍隊に於ても同じである。特に残留部隊などという少人数の生活では、佛の顔も日に三度のたぐいですぐにあきてしまう。何もかも全部喋舌ってしまった感で即ち吐き出してしまったのではあとに何にも残らない。人間の話題は常に現在でなければならない。いくら過去の話題でも、それが過去そのものでとどまってしまっては無意味である。大体の人の話は過去を語るだけで過去の話題が現実から更に未来へと飛躍する姿が見られない。だから面白くない。すぐにあきてしまうのである。喧嘩の話、食物の話、運動の話、皆然りである。自分は誰々と何時何処でどんな理由で喧嘩をした。その結果がこうだっただけではさっぱり面白くない。結果は相手にちゃんとわかっているのだから、負けるか勝つか以外にないのである。喧嘩の話よろしい。然し現実がそれを引き出す雰囲気になっていないのに喧嘩の話題を持ち出す。そこでその人の話題に対する興味は半減してしまうのである。それもわけもわからん名前をやたらにひき出してあっちこっちと組み合わせるのだから、聞いている方がすっかり疲れてねむくなってしまう。それでも平気で喋舌りつづけるのだからいい加減にその心臓の強さにあきれてしまう。又話題を何んのために話すか、その根本に流れているものは何か、話し方に常に進歩即問題を包んでいるかなどという事も考えなければならないと思う。それをただ喋舌るのだから面白くなく、すぐにあきてしまい、たまにする素晴らしい話も（−《マイナス》）になってしまうということになる。そんな人は大抵暴君に近い性質の人に多い。かゝる人は一口ですむことを十口も二十口も話す悪い癖を持っている。又自慢するという嫌悪的要素を多分に持っているものである。又人の話を途中で折ってしまうという不愉快なる礼儀に欠いた行為を平気でするものである。自分はそんな人間は大嫌いである。そういう人間が多いのだから、人間嫌いになるのも最もである。でも女性にこの類の人間が少ないということはよろこばしいことである。

★親切

親切という意味を知っている人はどのくらいあるだろうか。人のために自己の精神と肉体を行為或は物質に托してわけ与えることを親切という。その度合が多くなればなる程親切の程度も正比例して深くなるのである。分け与えることに自己が存していない場合、自分がすっからぴんになるまでやって、泣き言をいう、それは自己がなくてわけ与えた事になるのである。これは決して親切ではない。彼奴毛布を独りで着てやがら、俺がふるえているのに不親切な男だと批難する人がいる。批難された人の言をきくと彼奴日中毛布を準備することが出来たのにしないから毛布がない。今からとりに行っても充分なのに行かないで自分を批難しているのだ。こんな人間に貸すのは親切というものではない。彼の行為は全く不

快な感情を自分に与えるのみで、立派な親切を受くべき人間でないと言う。
ここに盲目的親切と、判断的親切の区別が出来るのである。軍隊では判断的親切は不親切となり、盲目的親切のみが大きくのさばっている。親切の押売り的行為を最上の親切と称するのである。面白くないこと甚だしい。実際問題にあたって議論するととんでもない助太刀が相手に現われ、赤面しなければならない事があるから、目の中にあいつは不親切な男だと思われる位でとどめて置くのが常である。中には判断的親切を高く買うという私と同様損な人間がいる。でもそんな人間にはお世辞がなくて仲良く交際出来るものである。

4月13日(金)晴

★手　悪くなる一方、体中が何処も彼処もこわされて行くような感じである。不快の極

★夢

煙草が送られて来た　伸ちゃん〔叔母の妹〕から。よく見たら朝日、敷島、きんし、光　各一個づゝである。喫うより人にやることを考えていて目が覚めた。
夢の中でも喫って置けばよかった。

★戦報

これ程喜ばしいことが又とあるであろうか。敵機動部隊正しく潰滅。那覇の敵作戦も我が方のために進捗せず、勝利は目睫の間に迫りぬ。敵飛行機潰滅の報。誰に感謝してよいのか。

★**東大寺大佛蓮辦《れんべん》に刻られた線刻**〔写真2〕

東大寺大佛の巨体で聖武天皇の豪華ケン爛たる聖代を伝えているのは、僅かに蓮辦の線彫りのみである。あとは元禄時代に造られたものである。一丈余りの蓮辦が大佛の巨体の周囲をとりまいており、それに三千世界が描かれている。この構想たるや奈良時代を偲ぶに充分である。大佛の巨体も髴かに天衣無縫である。しかし蓮辦に至る

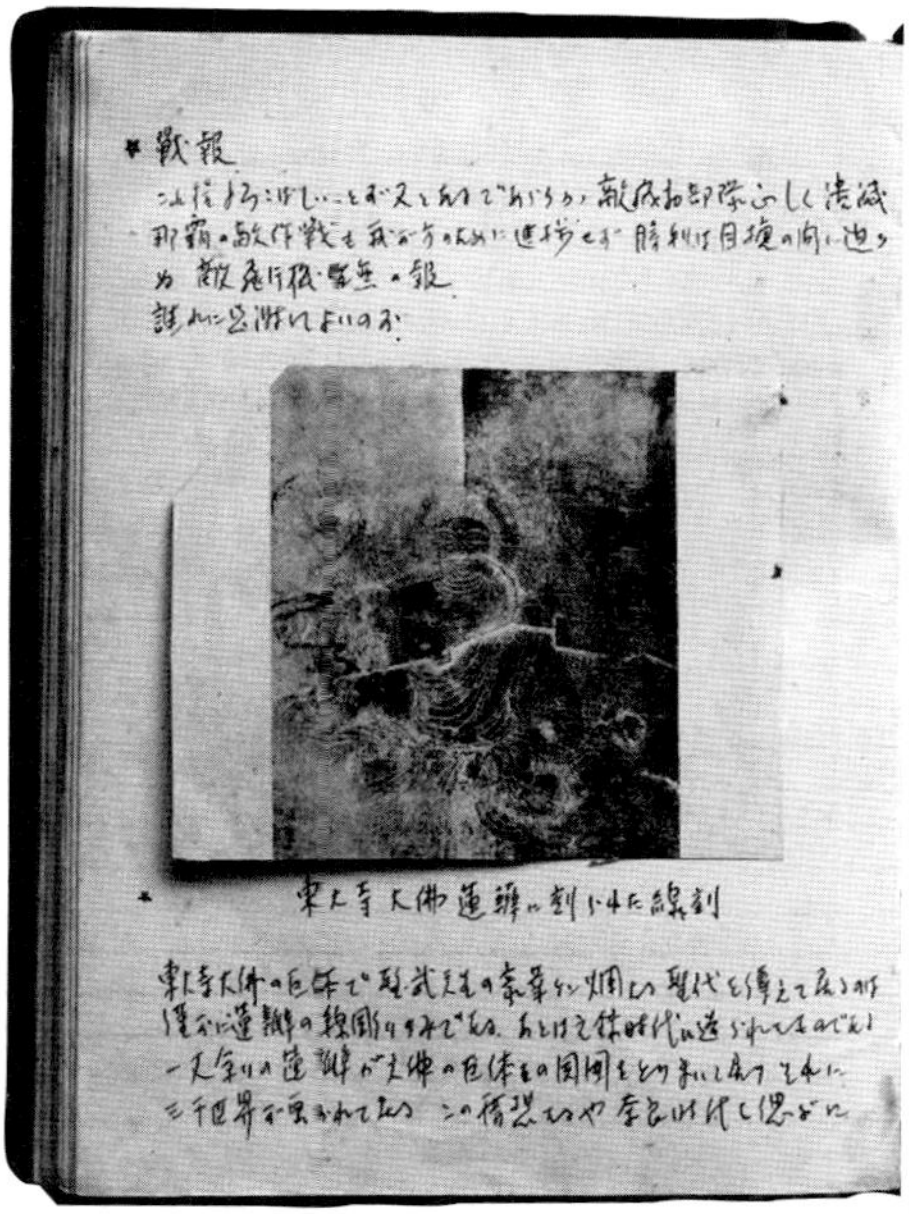

写真2　東大寺大佛蓮辦の線刻写真を切り貼りした頁

写真3　法隆寺釈迦三尊の写真を切り貼りした頁

までこの構想が企画されているのだから、奈良時代という時代が如何に大きな時代であり、当時の人民の熱意が如何にはげしかったか想像される。しかもこの彫刻たるや、奈良時代の美術のどれにも優るとも劣らないものであり、奈良時代を伝えるのに充分である。

★ **法隆寺釈迦三尊**〔写真3〕

この佛像には大して好感を私はもっていない。飛鳥佛は後期の物をのぞいては即ち日本的な精神が加味されていない朝鮮の形式そのまゝを模倣したものはぴったりこないのである。この佛と大同石佛とを比較すると形式は同じであるが大同石佛の方はいゝ意味の支那のよさが現われているからとても素晴らしいのである。法隆寺金堂にはこの佛より好感のもてる佛が多々あるからこの三尊は損をしているということが言えるのかもしれない。壁画、橘夫人念侍佛、百済観音など。しかし光背に刻まれている銘文の文字の素晴らしさは如何なる仏像がもっている銘文よりも素晴らしいと思っている。又光背は殊の他美しい。

サンスのスケッチ画〔写真4〕

★ 聖堂はそこにある。じっと動かず　黙して。私の目の前に現われて来たのは　中世の全フランスの大きな骨骼である。またそれは良心である。われわれはこれからのがれることは出来ない。

それは過去の声である。

これを造った芸術家達は　世界に神の繁栄を投じた。彼等は我々を大きくするために彼等の魂を我々の魂に加えた。かくて彼らの魂は我々のものである。彼等の魂は　そのもっている最も良き部分全部に於て我々の魂である。

——ロダン　フランスの聖堂より——

★ はれもの

脇の下が少しいたみを持ち出した。切開にならないでとどまってくれたらと思う。体中が化膿してくさって行く様な気がする。別に遊びに行きもしないのにやたらに腫物が出来るなんて不快もはなはだしい。

★ 敵機十数機突如来襲爆弾投下して矢の様に那覇方面に飛翔せり。まさに青天の霹靂なり。

★ 手紙

入隊して一ヶ年と五ヶ月目のある日の便りが、私の手許にとどいたのだ。決定的な便り　それを今書簡の袋から偶然に取り出して読んだ。今読んでみても胸がカットなってしまう。そうだったのか、あのひとも　そうだったのか　と私というものを反省することなく彼女のとった態度が冷たく感じていてもたってもいられなかった。その手紙を今じっと見直してみる。彼女の感情の無い手紙、理智のみが働いて書いた便りとしか思われない。

私をcereして安全なる自己の立場を声明した便りだ。手紙の裏に流れている彼女の技巧が目に見えて面白くない。ありふれた誤解を招くおそれがあるからなどという文字すらみられる。幻滅すら感じた。

4月14日(土)晴天

大空襲　敵の新機動部隊出現との報

★ 夜の夢と昼の夢

夜↓新聞が私のところにとどいた。私のいるところは軍隊である。何気なくそれを開いてみる。その新聞は一つの記事以外に何んにも書いていない。一つの記事は、光ちゃんの結婚を報知したものである。花婿さんは誰れかと思って見ると私の好きな笠智衆である。遂に彼女も結婚してしまった。彼女と別れるとき「あなたが結婚する時は是非一報ください」と私が云った。「私なんか結婚しませんわ」と彼女は云う。この別れの言葉を想いだし、彼女が結婚したことを夢の中に私に知らせたのだと夢幻的に私は思った。慥かにこれはあたっている。私は新聞記事を見て笠さんとか、笠さんならと楽な気持になる。私と彼女との今までのあらゆる障害が皆んな明るみに出た様な気がした。そうだったのか、そうか　と自分ひとりで納得している。この納得は一体何処から来たものなのだろうか。長い軍隊生活がもたらす忍従がもたらした唯一の財産なのかも知れない。忍従生活がもたらす納得の二字。何かしら淋しい様な気がする。

昼の夢

汽車が地下道を一目散に走る。大勢の民衆と私と和子と亮一が一つのboxに入っているのだ。各駅には停るのだが一寸位しか頭の方があいているだけで下車することが出来ない。それでも俺は彼等のため弁当を買ってやったりするのだ。いよいよ目的の駅が間近に廻った。誰れか知人が顔を出さないと我々は下車出来ない約束になっている。一寸位あいている頭部から私は目を出して出迎えの人を探し求める。目を出すというよりやっとそこから息を吸っているといった方がよかったかも知れない。誰れもいない。私の目は遠方から再び近くへ人を探して動く。すると目の前に川西兄がいるではないか。私のよろこびは想像に余りある。

下車した私は一人である。ある講堂に、大室、松田、栽松氏などと一緒に何かを待っている。何んだかしらないが慰問演芸の人を待っていたのかも知れない。その中に薄い桃色の透き通ったオーバーの様なものを上に着て、菊の文様が明彩にしるされた洋服を着た美しい女性が講堂の下手から入って来て教壇に立った。後から私の側を通った瞬間「アッ光ちゃんだ、松田、光ちゃんだ」と私は小さく叫んだ。松田は皆んなに知らせる。光ちゃんの視線は正面を向いたまゝこれから何かをやらんとしている。私は光ちゃんの結婚したことを想い出した。私がいることに気がつかないでくれたらと私は頭をさげている。私は怖いものを見る様に、目をあけた瞬間光ちゃんの視線とパッタリ合った。そこで目がさめた。何んと淋しい夢でしょうか。

写真4
「サンス」のスケッチ画を貼りこんだ頁
サンスはフランス中部の歴史都市
12世紀のサンエティエンヌ大聖堂は
英国カンタベリー大聖堂の
原型として知られる

4月15日(日)晴

★ヘッセの「青春は美し」を読む。

彼の純粋さに涙する。彼の詩情に恍惚とする。私も青春の自叙伝を書かねばならないと命ずるものを感ず。ヘルマンの青春に近い我が青春は今ここに生をたゝれんとしている。青春！若き折何をかなせしと誰れか我に問う。

★「彷徨する魂」と題して創作を始める。

入営を前に、私は最後の奈良旅行を計画した。計画というと—しいが、ただ行って見たかったのだ。奈良の雰囲気は、私にとってたまらなく捨て難いものであったから。入営のおし迫まった師走になって貴重な日数をこの旅行に置き換えることは何んともなかった。(充てることが一番楽しいことであり、有意義なことであると私は思った)奈良は慥に私を待っている。その好意に対しても最後のお別れをしに、行かなければいけない。いやもっと深いものが奈良と私の間にあった。

私の仕事が終ったのは十二月も半ば過ぎであっ

た。学校を出て僅か十ヶ月で私の社会生活が終ったのだ。十ヶ月で何が出来よう。十ヶ月では無理だ。仕方がない。過去十ヶ月の仕事の、あまりにまづしい姿を見て、たまらない淋しさがこみあげて来た。何もかも兵隊から帰ってからだ。私は最後の仕事をおえて、私の目の前に横たわっている大きな会社の建物に別れを告げたのだ。仕事さえ済めば自由だ。満ち足りない今の気持をいやすには奈良を於いて外にない。早速奈良へ旅立とうと思ったけれども川西村〔川西という字を消し、村としている。川西は実在の親友の姓。創作であるため実名を伏せた。以降、村とする〕はまだ仕事が完成しなかった。そのために、一週間ばかり待つことにした。村は私と予科、学部とも同じで、東洋美術という特殊な科目を共に専攻し、その上そろってある撮影所に入った友人である。彼の仕事の済むまで何をしようかしら、何処か温泉でも行って最後の創作を書き上げようか。それとも、長い軍隊生活なのだから親戚の門を一軒一軒たゝいて見ようかなどと判断つきかねていた。そうこうしている中にもかけがえのない日一日は惜しげもなく去ってしまう。そうだ従姉〔田中絹代〕のところへお別れ方々今度の仕事の報告をしに行こう。従姉は私が勤めている会社の俳優であって、今では彼女の地位も其の人気を聞き流し他の追随を許さないまでにしっかりしたものになっていた。

4月16日(月)晴天

★手、快方に向う。

★「彷徨する魂」を「彷徨」と改む。

従姉の家は、鎌倉山にあった。私は大船で下車してバスを待った。八時近くであった。このバスは一時間に一回位のわりで大船・江の島間を往復していた。鎌倉山で乗り換え、大佛行のバスに乗ろうとしたが、ここから従姉の家までは余り遠くなかった。鎌倉山ともこれが最後だから少し歩こうと思ってバスを先に過ごさした。師走の夜気がひやっと背筋を通った。私は思わず外套の襟を立て大股で鎌倉山のゆるい坂道を登った。月は江の島の彼方に冴えている。松の音の心持よい音楽に合せて私の脚は軽かった。吐き出される白い息が暗い大気に吸い込まれた。

4月17日(火)晴天

★勝利の響

昨夜も飛行場のローラが夜通し活躍していた。夜陰にひびく彼等の音は勝利の響でなくて何んであろう。

★数日前沱少尉負傷す。入院。

★新里陸軍病院

山形隊長、沱少尉、外山伍長、その他兵二・三名我が隊より入院　恰もおらが隊の感あり。兵隊数名の入院に対して一名の附添兵をも惜しむ隊長が将校二名に対して三名の附添をつけているという状態。それでまだ不足を申出ている。彼らは現下の宮古島の状態をどう考えているのかしら。判断、想像すら出来ない。彼の心理状態を説明する言葉を新しく造り出す以外には説明の言葉すらないのである。

★四囲は全く静寂そのものであった。靴の冴えたる音は新鮮なる空気を―って何処までも遠く遠く響いた。私の気持は、その音と共に何処までも付いて行けるような気がした。私は思い切り夜気を吸い込んで吐き出した。バスの風流さを以った茅葺きの停留所をひとひと超えて行く。こんなところにも鎌倉山の香りがした。鎌倉らしいこの夜途がどんなに遠くても、気持ちはますます爽快になるように思った。途の両側にある別荘にはまだ灯のともされてあるところもあった。こんなところの別荘に住んで毎日を送っている人達の生活が私の脳裡をかすめた。人影が二階の小窓に映って消えた。そして灯も。あとには巨大な家屋の陰影が月あかりでほんのり浮んだ。自分に一ヶ年、そうだあと一ヶ年でいゝ、この別荘での生活が許されたら何か世の中に書き残すことが出来るのだが。これから先展開される軍隊生活の影がさっと走り過ぎた。私はそれをふり落すように足を早めた。あと一ヶ月だ。何か書く、最後のものを。私を知って貰えるものを、そして我が青春の象徴を意味したものを。帰らぬ過去が悲しかった。それは誰れしもが常に感ずる悔恨の情である。私も今この悔恨の情に過ぎ去った時を追っているのであった。激しい心の亢奮に血が顔に逆流してくるのを感じた。夜気はその面をさっと流れて行く。私は旭ヶ丘へまがる坂道へと急いだ。従姉の家からはまだ灯が松林を通して洩れていた。自然石の石段をのぼりつめ柴の門の半開きの雨戸をいたづら気にたゝいた。中から従姉のおどろきをふくんだ声が響いた。

「どなたですの？」

「僕です」

「え？あゝ正きちゃん」

と障子戸は軽く開いて、美しい従姉の顔が笑っていた。私は

「何んとなく来たくなったものですから」と云ってその笑いに答えた。

私はあがって、オーバーのままほり炬燵に脚を入れた。従姉は

「さむかったでしょう」と私の顔を見て

「どうその後」と肩をすぼめて答えを待っている従姉の姿は、慥かに美しいと思った。

従姉は三〇を少し超えていた。彼女はまだ独りだった。二〇前に一度結婚生活をしたのであったが間もなく止めた。当時は私はまだ子供だったので彼女の結婚がどんなものであったか知らなかった。私がもの心ついた時といっても学生時代に、何かの話にそのことが二人の話題にのぼった。従姉はあまり深く語ろうとはしなかったが、ただひとこと、

「判断がつかなかったの」と洩らしたことがあった。判断という言葉が従姉の場合ほど深い意味をもって訴えてきたことがなかった。従姉は意志の人だった。顔に似合わない意地っ張りだった。その従姉が正確なる判断を要求したその気持は、余程せっぱつまった時であり、涙ぐましい瞬間だったに違いないと私は思った。学問が要求する厳正なる判断を従姉は何処に求めたのであろうか。彼女は小学校しか出ていなかったからそのまゝ従姉は結婚したのだった。従姉は体験するより方法はなかった。しかし従姉は悧巧だった。

従姉は直感ですべての事にのぞみ、それを処理し、そこから真理を発見して身につけた。遂には多くの真理が彼女の立場を動かない強固なものにまで仕上げた。それにつけて今の結婚の無意味なることを知ったのだ。それでも従姉はまだ自分の判断の正否を疑って、ひとつの問題決定の根底が、私なら何処にあるのですかといったことまで私に尋ね、学問的判断と経験的判断が一つの真理に到達して初めて納得した様に微笑むのであった。それほど従姉はすべての事に真剣だった。

従姉は冴子と女中二人の四人でこの山に住んでいた。兄が時たま遊びに来るが寂しい生活だった。結婚もそれっきりしようとしなかった。

「仕事と結婚は私の場合両立しないの」結婚の話になると彼女はいつもこの台詞を最後の言葉とした。それ程従姉の性格は一方的なはげしさをもっていた。それは仕事に対して極端に表われた。従姉の小さい体は溢れ出る情熱と共に仕事に体当たりした。

私は夜遅くまでよく従姉と仕事に就いて語った。従姉は演技の細かい部分までいろいろな角度から語った。みんな直観からあふれる言葉であり、動作だった。従姉の演技論よりも経験の少ない私には彼女の世間噺がたまらない興味をひくのが常だった。経験が豊富であり話術が巧みである従姉は、色々な話を聞かせた後で

「正ちゃんは全く世間を知らないのね」といった。私は

「うむ、全く知らない。これからちょいちょいご教授を仰ぎに来るかな」と冗談の様に云った。

「えゝ、何時なりとも」従姉の目は軽く笑って答えた。

室内の空気で顔が急にほてって来た。両手に顔をゴシゴシさすりながら私は

「その後どうお？」という彼女の問いに

「その後どうって、別に、仕事が終ってぶらぶらしているよ」と答えた。

彼女は真面目に

「兵隊さんの準備は出来て？」と聞いた。

「準備って何かあるのです？」と私は冷たく云った。

私は入営するまで軍隊の事は考えたくなかったの

で、彼女も「そうね」と言った風だったが更に
「私もどうかしらないけど、色々とあるんじゃないのかしら?」と母のいない私の事を心配して云った。

「あるって云えばあるでしょうけど、これから奈良へでも行ってこようかと思っているんですよ」

従姉の気持は解っていたが早くその話題からのがれたいので云った。

「まあ」

従姉は、自分が奈良が飯よりも好きだと言うことをよく知っていた。学生時代には暇さえあれば奈良へ出掛けていたから、たまたま帰りに京都で仕事をしていた従姉によく逢ったこともあった。

従姉は共鳴する様に
「正ちゃんの好きな奈良ともお別れね」

「えゝ、ゆっくりお別れしてきますよ。向こうで待ってるからなあ」

「まあ、いやな人、恋人か何かの様じゃないのよ」

「恋人ですよ。それ以上かもしれないなあ」

「まあ、佛様が」

「えゝそうです」と私はきっぱり答えた。

従姉はあきれた人ねといった目付きで驚きを示し、

「じゃあ明日でも一緒に買い物がてらに銀座へでも出ましょうか?」

「買い物って?」

「タオルとかつめ切りとか七つ道具が色々あるでしょう?そんなものを。それから……」

母のいない私のことを想って云ってくれる従姉の言葉をもう断ることは出来ない。私はこころよく承知した。

従姉は仕事の関係上、仕事のある時は、夕食はずっと遅れて八時九時になることが常だった。今日も従姉は仕事を終えて帰って来たばかりだった。従姉は食事の用意が出来るまで、私に風呂に入る事を勧め、話はそれからゆっくりしようと言った。

私は取り急ぎ村の事を聞きたかった。村は、従姉と同じ写真をとっていたので。従姉は着替えの丹前と浴衣を重ね、さあ早くといって台所方に姿をけした。

4月18日(水)

私は風呂に入った。湯が湯船からザッと流れた。もうもうと立上る水蒸気、体内を流れて行くほどよいぬくもりが冷えた部分に浸透して行くのが感じられる。台所から洩れる従姉と女中の話し声が何処か遠いところからのものの様に思えた。

松風を後に、再び従姉の部屋に戻った時は食事の用意は出来ていた。浴衣の肌触りが気持よく感じた。

従姉は一家の主である。家内のあらゆることは、従姉の思う通りになった。したがって家にあるものすべては、従姉の息がかかっていないものはなかった。

従姉の家は、いい意味の日本趣味の家である。美術家でない従姉が日本的美をも理解して彼女なりの美的統一をよくこれ程までしたものだと感心する位に家内は美しく整っていた。真紅金紗のかけ蒲団の上に、神代杉の台が置かれてある。杉の目が美しい。私はすべる様に炬燵に足を入れる。私は従姉の趣味が実にととのっていることを真面目にほめたことがあった。従姉は恥ずかしそうにそれを徹底的に否定した。むしろおこった様に。私は納得させるのに随分苦労した。従姉もやっとわかったらしい。冗談の様に
「青年美術家のおっしゃることだから有難くお受けしましょう」と言ってやっと朗らかになった。

従姉はいつの間にお湯に入ったのか、湯上り姿で長火鉢の前に座っていた。仕事の化粧を落として、薄くコールドクリームをぬっていた。

私の顔を見て、

「正ちゃん、これでごめんね」と詫びた。何がごめんなのか初め私には解らなかったが、お化粧もしないで人前に出たことを詫びてるらしいことに気がついた。私は化粧をした時の従姉よりも地のまゝの方が美しいと思った。本当に美しいと思ったので動作の合間に、従姉の顔をぬすみ見た。従姉はそれに気づいて
「何を見てるの、さあ、御飯にしましょう」

と小さな手で銚子をとった。私は受けながらごまかす様に
「随分変わったものを着ているんだね、自分で考

案したの」

従姉は古い着物でよく変わったものを造るのが好きだった。今も浴衣の上に、袖なしともコートともつかないものを着て、前で結んでいた。

「そうよ、どう？」

「平安時代のみこの様だなあ」

「まあ、正ちゃんはすぐに何々時代ってくるんだからかなわないわ。さあ、今夜は正ちゃんの送別会なんだから沢山上んなさい」

　従姉も何時もより飲んだ。私も飲んだ。それでも二・三本で二人は沢山だった。

私は少し軽くなった。話は従姉が今とっている映画から、出来上った私の映画へと移った。

　私は随分喋舌った。最も科学的であり得る映画会社が一番非科学状態にあることを執拗に。働いている所員即ち監督部進行部の人々の頭の乱雑さ、大道具小道具電気部に残っている悪質なる伝統、無計画な撮影プランなどを頭からけなした。

従姉は

「まあ随分辛辣にやつけるのね」といったひとみで私の話に合槌を打っていた。私は、悪口雑言を取り消す様に最後にひとこと

「でも素晴らしい事が一つあったんですよ」

何の気なしに私はそれを話した。話は大体次の様だった。

大庭組の写真も大分出来上り、セット一杯位で完成するとある日の事だった。それは夜も大分更けていた。同じく働いている連中は夜食を食べに所前の食堂か何処かへ出かけていなかった。一週間も打ち続く撮影に、私はすっかりまいっていた。というより腹を立てていた。こんな不健康な状態でよい映画が出来る筈がない。休むという一番大切なところに誰れも気がつかないなんて馬鹿馬鹿しさも甚だしい。私は疲れた体を俳優の控室で休めていた。控室といっても、小さいいろりが一つ切ってあってその廻りを六人用の椅子がとりかこんであるだけだった。火はかすかにぬくもりをとどめていた。いろりの両側に脚をおいている中にねむ気が私を襲った。ガクンと頭がさがったのであわてて体をおこした。私の目の前には美しい女性が笑っていた。それは同じ仕事にたづさわっている夏子〔水戸光子を指す〕という女優だった。

「随分お疲れでしょう？」

　私はブッキラボウに、

「え、疲れました」

と答えてやりどころのない鬱憤が次の言葉になって現われた。

「こんな不健康な状態でよい映画が出来るものですか。身心共によい状態に置くという一番大切なことに誰れも気がつかないなんて馬鹿さ加減にも呆れてしまう」

彼女はいいとも悪いとも言わずに

「お腹おすきになりませんの、皆さん出掛けてよ」

と尋ねた。

「私は皆んなと話するのがいやになったんです。食事より静けさの方がいいですから」

　肉体の極度の疲労が何もかも平気で喋舌らせた。今思うとよくこんな言葉が出たものだと思った。彼女は別に感情を害したという風もみせなかった。膝の上の包みをあけて、

「これ如何」と虎屋の羊羹を取り出して大きなのを半分私にくれた。全く寝耳に水である。呆気に取られている私を見て、

「お嫌い？」と問い返した。私はあわててそれを見て

「虎屋の羊羹ですね、素晴らしいですね、いただきます」と受け取り、大きな奴にカブリついた。彼女はまあといった瞳を向けて、お茶のないのが残念だと云った。私もまけずに、一服いただきたいものですとつけ加わえた。彼女は、お茶をやるのですかと私に問うた。私はただ飲む一方ですと答えて、話はとだえた。慥かに、疲れていたのだ。純粋な甘さが五臓六腑にしみわたる様だった。あんまりおいしいので、糖尿病のため糖分が不足しているせいか事の外おいしかったと再び礼を云いながら彼女の見ている前で皆んな食べてしまった。彼女は、それはと一言云ったきりである。それはよかったの略である。又沈黙が続いた。その中に、表の方に人声が聞えた。彼女はすっと立上って戸をあけた。私が有難うと言うのと、今日のことはだまってて下さいという彼女の言葉と

同時だった。私はただ首をふって返事の代用とした。微笑みと共に彼女は闇の中に消えてしまった。

4月19日(木)曇

★戦死

昨日、浅井、新里、伊波の諸氏直撃弾にて戦死。一片の肉をのこすのみ。銃も共に。

私の女優感は冷たいものであった。女優になる奴は、大抵知れたものだ位に思っていた。女優の女王である従姉をあれ程信頼していながらこんな見方をどうしてもやめる事は出来なかった。近頃は女優さんでもなかなかしっかりしたのがいますなどという言葉を耳にするが、私の女優感をひるがえすにはまだ相当の日時を要する様に思えた。会社の上に立つ人の低級さが下々にまで流れているのだから、余程しっかりした人が出て改革のほのおを上げない限り刷新は望まれない。その刷新を見ない中は、所内のどの人も安心して見る事が出来ない様に思えた。会社に入って、幻滅を感じた一人だった私は、会社には体だけあづけ、主として技術方面の勉強をし、精神は自由にありたい方向に向ける決心だった。従って、会社にいる時の自分は、抜け殻といってもよかった。何時かは映画を愛すると共に、会社をも愛せる時が来る。そうさせなければと村と誓って入った会社なのだ。村と逢う度に、会社に対する反撥が二人の話題の中心になった。従って会社では村以外の人には公務の外殆んど口を利いた事がなかった。所内での噂も無口な人、冷い人で通っていた。今夜の関場さん夏子〔関場は水戸光子の実姓。以降、夏子とする〕とのひとときは会社の生活が生活だけに、夢のようなひとときだった。しかし、徹夜の仕事は、夢の様なその瞬間を忘れさせるには充分だった。その夜はまた夜明けての仕事だった。

次の日も又夜八時頃だった。用事のため、女優室に出掛けた。私は夏子の部屋の前で彼女にバッタリ逢った。私はあわてて昨夜の御礼をきまり文句で述べて行こうとしたら彼女の声が私をとめた。彼女は今日も女中がおはぎを持って来ることになっているから、後でお呼びしますといたづらっぽい目で私に納得させて、部屋の戸をしめた。まさか迎えに来るとは思っていなかった。ところが、十二時過ぎ彼女の出るセットが終った。私のところに来て、すぐいらっしゃいとひとこと言って彼女は自分の部屋に帰った。彼女の言葉は半ば命令的な強さをもっていた。今度の写真では、彼女は琴を弾くのである。宮城道雄の御弟子さんがつききりで彼女に教えていた。彼女の部屋から時折美しい琴の音が洩れた。宮城道雄が作曲したのであろう、美しい旋律が印象的だった。私は行っていゝものかどうしたものか、躊躇したが、半ば好奇心にかられて、行くことにした。彼女の部屋には灯がともされ、琴の音が洩れ聞えた。今度のセットで弾く曲なのであろう。宮城さんの弟子がいたら入るのをやめ帰ってこようと思って部屋の外から

「又ご馳走にあがりました」と淡泊に声を発した。琴の音がハタと止んで衣ずれの音がしたと思うと、「お入んなさい」の声と共に戸があいてよくいらしたといった顔が私を待っていた。私は再び

「遠慮なくご馳走に参りました」と繰返した。

彼女はそんなことはどうでもよいのといった風に、私を琴の前に座らせた。素晴らしく立派な琴だった。彼女は私の目を追って、この琴は宮城さん愛用の琴の一つで、一張り三千円位もするのですと説明し、大変なものねと自ら驚いた。私はただほうほうと合槌を打っていた。次のセットまでまだ一時間余りあったが、若い女性の部屋に永くいることは息苦しかったし、外の人から見られて変に誤解されてもつまらんと思って私は口数少なく、用件のみすませて帰ろうと思ったが、彼女はなかなか用件たるお菓子を出そうとはしなかった。済まさせなかった。彼女はお茶を入れながらぽつりぽつり私の家の様子を聞いたり、住居の場所、趣味など彼女のそれを話しながら聞いた。私は出来るだけ簡単に返答をした。

彼女はお茶を準備しながら(入れながら)こんなことを聞いた。彼女の問いに対する私の答えは至って簡単だった。

彼女は私の田園調布ですの答えに、素敵なと

ころに住んでいるとか、お母さんがいないのですか、お淋しいのですね、私にも父がないのです。とか、妹さんと兄さん御二人、私には一人の弟だけです、日本医大に行っていますの、など、などぽつりぽつり語った。最後に、どうしてこんなところにお入りになったのかと尋ね、この問いの裏にはこの社会に対する反抗の色を感じられた。私は彼女も彼女なりにこの社会に反抗しているのだと思うと、「あなたはどうしてです」と一言聞いてみたいと思った。話が長くなるのを恐れて「好きですから」この平凡な答えに「まあ」とそれだけですのという問いを含んでいたので、

「会社が好きなのではなくて映画がすきだからなのです」とつけ加えた。

　お茶が入った。彼女は真紅な小さなお重のふたをとって
「さあおあがんなさい、五つありますからあなたが三つ私が二つ食べることにしましょう」と言いながらおいしそうなおはぎを箸でとって私にくれた。甘くておいしかった。こんな物でも食べて糖分を吸収しなければ無理な徹夜仕事が出来ない。これ程女のひとはこんなところまで気をつかっているのだと感心しながら三つ忽ちまちの中に平らげてしまった。彼女はまだ一つ目がやっと終ったばかりだった。彼女は残った一つを箸で切り、

「如何？」と笑いながら出した。私も笑いながら「やあ」と食べるより手がなかった。この瞬間、彼女と私との距離が急に近くなったように思えた。私は何か言いたかった。が、別に喋舌ることがなかった。私は
「あなたの規定を破って三つ半も食べてしまいましたね」と笑った。彼女は答えのかわりに
「私の規定ですって？」と最後のおはぎを口の中に入れて肩をすぼめた。

「いよいよ仕事も終りですね」と彼女は仕事のことに話題を向けた。これじゃ永くなると思って
「私はもう仕事ともお別れですよ」

「どうしてですか？」

「兵隊が待っていますから」

「まあ入営なさるのですか？」

「そうです。これだけは致し方ありませんから」

「そうですか、ちっとも知りませんでした」矢継ぎ早にそんな会話が交わされ、私は彼女の部屋から出た。その瞬間、胸が急に苦しくなった。話し足りない感情が胸の何処かに残っていた。箸で切って「如何？」と私にすゝめた笑顔が脳裡を走った。私は急いで二階からおりた。彼女の部屋からは琴の音が冴えていた。

　私の話は終わった。従姉の大きな肩の呼吸は、私の話に終止符をつけた。そしてにこっと笑って、

「素晴らしい好意だわ。あのおとなしい夏子さんにしては」と私の話題を私と夏子の一点に集結させた。

「夢の様な、ぼやっとした話でしょう」とその話は今の私には過ぎ去ったスコールの様なものだという積りで云った。従姉は
「夢じゃなくてよ、素敵な現実だわ。夢のおはぎじゃなくってよ、現実の虎屋の羊羹よ」と繰返して云いながら私の顔をじっと眺めて、何かを待っている様子だった。

「虎屋の羊羹もおはぎも同じ様に甘くおいしかったに過ぎませんよ、その意味じゃ――ですけどね」と大きく笑ってついであった酒をぐっと飲んだ。従姉は私の冷たい女優感を褒めながらも例外がある、その例外に属する女優さんの第一人者は夏子を置いて外にいないことを主張してこの話題をこのまゝにほって置くことはおしいといってやまなかった。

「惜しいも惜しくないもないじゃありませんか。夏子さんの部屋を出た瞬間は何か物足りなかったということは事実ですがね」従姉はすかさず
「そこよ正ちゃん、私はその瞬間相通ずる電波がある様に思えるけど、そうじゃなくて、奇麗な電波よ」と。私は相通ずる電波かとひとり言の様につぶやいた。私の過去にそんな感情の動きの瞬間があったろうか。部屋を出た時のあの気持が私の感情に甦ってきた。これが恋というものかしら。これが恋だとしたらなんてはかないものなのだろう。と思ったがあわててそれを否定する私が動いた。従姉は私の沈黙の切れ時を見て、

「どう、随分考えちゃったのね。ひとつ夏子さんに

お逢いしたらどうお。私が何時でも逢わせてあげるから」と私の答えを求めた。私の過去は余りに淋し過ぎた。学への欲求、友達との議論、そして社会への反撥から、奈良へのあこがれと落ちついた私の青春は余りにも寂し過ぎた。逢って見ようかしらと思った。逢ってもしかたがない、俺には奈良があるのだと「恋人が奈良で待っていますからね」の一言が口まで出かかった。

従姉は私の苦しい姿から慥かな返事を待っていた。

私は従姉の顔を見、

「じゃすまないけど」「逢うの?」「いや、何か贈り物をしたいんだけど、虎屋の羊羹とおはぎの御礼に」私はこれだけ云うのがやっとだった。顔がぽっと赤くなるのを覚えたけど、虎屋の羊羹とおはぎという言葉が私の言い難い気持を何かしらほぐしてくれた。従姉は首をちょっとかしげて何か言おうとしたけど私の口から次の言葉がすかさず出た。

「あなたに彫った様な印鑑を贈ろうと思うんだけど」私は記念に従姉に可愛い印を彫ってあげた事があった。従姉の瞳はパッと輝いて

「正ちゃん高ちゃん〔正ちゃんは正樹。創作で高ちゃん名を当てたが、この箇所のみ〕いいとこに気が付いたわ、絶対だわ、絶対だわ」

と独りで喜んでくれた。

従姉と私とは十二畳に床をならべて寝た。

4月20日(金)　空襲あり　大挙　「青春の旅」

話は尽きなかった。何時しか二時を廻っていた。私は従姉に寝る様に勧めた。従姉は、ではと言って蒲団の中に小さい体をしずめてしまったが、中からひそみ声で私にまだ寝ないのか、寝つかれなかったらウイスキーを飲む様にと云った。

私はなかなか寝つかれなかった。枕元のウイスキーをまた一杯飲んだ。そして煙草に火をつけた。従姉は寝返りを打ってこちらを向き、もう一度お先へと合図をした。私は従姉の子供っポイ姿を美しいと思った。

私は東洋美術研究なる課目で恩師から印の講義を受けた。そして漢時代の線の強さと勢いを直接感じるには自分で印を刻らなきゃ解らないと言われて篆刻の道具、それも支那のものを一通りそろえた。

私は漢時代の印に夢中になった。慥かに漢時代の印は素晴らしく美しい。漢時代の感じは、印を通していやが上にも訴えて来る。武子祠の瓢として描かれた　　の感じと少しも違わないその強さ、勢いは、漢時代の明器と共通していて、私は印を通して漢時代の美術を知ることが出来た。

私の頭は、漢時代の印譜を追いかけまわした。漢時代の中でも特に線の美しさに力を入れたものが、彼女に適している様に思えた。頭はますます冴えて来る一方であった。

私は従姉を通して再び夏子の姿を想い浮かべた。

私は何故彼女に印を刻る気持になったのかしら、何にも解らない彼女のために、何故に漢時代の印譜を私の頭は追いかけ廻ったのであろうか。彼女と漢時代、そこに何んの関係があるのかしら滔々たる三〇〇〇年が横たわっているだけではないか。それなのに、私は今、真面目に漢時代と彼女とに取組んだりほぐしたりしているのだ。漢時代の美しさは、私の頭の中で何時の間にか彼女の美しさに変って行った。彼女の姿は美しい人俑となって何時か漢時代に立っていた。(私の頭の中に於てのみ生きていた漢時代は、慥かに学問の世界であり、厳然たるものであった)漢時代は私の頭の中に於て生きていた学問の世界であり、美の世界であり、私の青春であった。これが私のすべての青春であった。私から美術をとりのぞいたらいったい何が残るであろうか。私の青春は美術そのものなのだ。今この世界に、この一方的なる私の青春に彼女が飛び込んできたのだ。私は急に過ぎ去りし青春に寂しさを感じた。従姉が起きていたら、この青春の寂しさを訴えたい。

私は更に二杯のウイスキーを飲み寝ようとした。従姉の小さな体は蒲団の中で小さく動いていた。私はガチャリとスイッチを消した。頬には何時しか温かいものが流れた。

翌日は従姉と銀座へ出た。印材の店が京橋にあったので従姉をひっぱって京橋の支那雑貨商の

瑞芝堂という店に行った。従姉は私が出入りする店に興味を持って
「正ちゃんはどんなとこに行くのかしら」などと云いながらついて来た。瑞芝堂の主人の好意で多く印材が並べられた。私は従姉と二人で夏子にと思う石を一つと、あと二三の印材を買い求めた。
肉池《ニクチ》を求めたが鬢ダレは禁制品で作れなく生憎ストックがないと主人は残念そうに云った。従姉は店に置かれてあるいろんなものに興味を覚えたのか、あれこれと目を走らせ私に聞いた。従姉は美しい支那の紙と筆を買い求めた。

二人は店を出た。従姉は素敵な店だと店をほめると同時に、こんなところに出入りしていた私のことを変っていると云った。私は——もっと変ったところにつれていってあげると一軒の骨董屋に彼女を誘った。骨董屋の看板には穴のあいた古ぼけた板に「壺中居」なる字が力強く描かれ、ウインドに美しい壺が一つ、光彩をはなっていた。私は従姉の顔を見て
「入りましょうか」とうながした。こんな店に入ったことのない従姉は、大丈夫?と心配そうにつぶやきながらも入ってみたいと振りむいたので私は戸を開けた。店先には見慣れた小僧が火鉢の前にキチンと座っていた。小僧は私を見てピョコンと頭をさげ奥に入った。やがて主人が出て、しばらく顔を見せないのをせめながら、先生―先生は私の恩師である―はどうしているとか、近ごろ素晴らしい明器が入ったので先生が来たら是非見て戴こうと思っているなど喋舌り奥からその珍品たる明器を取り出し私の前に置いた。従姉は不安な顔で私を見た。
「それじゃ、先づ先生のお弟子さんに見て貰いましょうか」と主人は、顎をなぜながら素晴らしいでしょう、これは本物ですよといった顔で器を見せ私の言葉を待っていた。
「先生のお弟子さんはよかった」と私は、明器を手にとった。それは漢時代の美しい女俑であった。夏子の姿がさっと通った。私は、
「本物ですね、素晴らしいものです」とほめながら側で見ている従姉に
「どうですか、美しいでしょう」と言った。従姉は首をふって一生懸命ながめた。小僧が美しい器にお茶を入れて来た。私達は何となくお茶をのんで店を出た。従姉は
「正ちゃんなかなかすごいのね」と今更の様に私を見直した様子だった。私は
「美術の方じゃ若干ね」と云いながら壺中居なる看板は先生の書いたもので、美術家骨董屋仲間じゃうるさいものという事を話した。従姉はそれだったらもっとよく見ておくのだったと云いながら漢時代の女俑のことをしきりにほめた。そしておしいとまでいった。私は笑ってとり合わなかったら、従姉は人が悪いと私を責めた。

書体は象形文字に近いものを選んだ。私は印を創作であると文学仲間の友人に言った。とり合わない連中もいたが気にしなかった。私は全生命を打ち込んで印を彫るときは、それは出来上ったものにあまりに自己というものがよく現われるからである。小説、詩等もよく現われるが全体の感じというか、そんなものが丸裸のまゝこじんまりと現われるのは印が一番よく現われると思った。自己というものが小さな印の中に現われた時には、おどろきとも淋しさともつかないものを感じ、まだまだ自分は駄目だと思うことがよくある。だから滅多に刻る気がしない。

もう夜があけ初めた。ひっくり廻していた篆刻台に、彼女の姓が刻り上った。私は篆刻台(本書I「人間をみつめて」四七頁の写真参照)から出来上がった印をとりはづして、唐紙におした。
(関場と刻られた印を唐紙の上に静かにおした)
一度そして又一度、印肉がもり上って、美しい線を描いて唐紙に浮いた。弱いなと私は思った。その弱さはいつも、どうしても私につきまとっている様に思った。ちょっと寂しかったがこれで完成したことにした。

肉池を捜すので随分骨董屋を歩き廻った。禁制品なので大抵どこの店にもなかった。手にかけた印がみすぼらしい肉池でおされることはたまらなく私につらいことだった。私の気持としてはどうしても探したかった。私はやっと道玄坂のとある古道具屋のウインドウにそろいの肉池を見つけ

た。正方形と矩形のそれだった。主人を相手に売ってくれる様にたのんだが主人は色々と難くせをつけてなかなか手離そうにない。店に入るとき、この客は絶対にこれをほしがっているということを見てとったのだと見すかされた私の態度がなさけなく思われる位主人の態度にその色が見えた。普通だったらたたきつけて帰るのだが、今はどうしても買わなければいけないのだ。入営を肩にきて、よっぽど買いとって行こうかと思ったが、あとで不快になることを恐れてだしぬかれたと思いながらも物凄い高値で矩形のを彼女に贈り、四角いのを自分にとって置くつもりで二個を買って家に帰った。たしかに素晴らしい品物だった。私はちっとも後悔はしなかった。

京橋の瑞芝堂で朱肉を入れてもらって、鎌倉山をおとづれたのは翌日だった。従姉は私を待っていた。私は従姉の手に印と肉池を渡した。従姉はわからないながら美しいとほめ、肉池の美しいのに更に驚いていた。私は肉池買入の一件を従姉に話した。従姉はまあくやしいわと残念そうだったが、

「でも手に入ってよかったわ」とつぶやき小箪笥より小さな箱をとり出し

「これは私が寄付してあげるわ」と言いながら印と肉池をその中に収めた。私は夏子に渡す伝達法を従姉にたのんだ。従姉はそれはいけない自分で持って行くべきだと主張したが印をもって帰ってしまい兼ねない私の態度を見てとって

「随分気が弱いのね、じゃ私が渡しましょう。でも手紙だけは書いてください」と言った。しかし本当はそれもいやだった。出来れば贈り主も何んにも知らないで、彼女に使ってもらいたかったのだ。それが一番今度の二人の関係に適した処置の様に思えたから。しかしそれまで断る訳にはいかないので簡単に次のように書いて、従姉に示した。

「お菓子のことばかり書いたんじゃいけないかしら」とつぶやいた。

「虎屋の羊羹、そして真紅のおじうのおはぎがあんまり印象的だったので、あなたに印を刻って差し上げることにしました。御受取下さい」

従姉は読み終って、

「この方が却って面白いわ、言い足りないところに正ちゃんらしいところがあって」と大いに気に入ったらしかった。

二日ばかりして、村の仕事も終えたので、共に奈良に出発することにした。いよいよ今夜の夜行で行くことに決めた夕方、従姉から電話があり、印は夏子に渡したむね知らせて来た。そしてその時の状況は決して悪いものではなかった事、又昨日昼夏子さんから電話があり、私の住所を聞いて来たのでしらせたから近い中に便りがあるかも知れない。詳細はいづれ逢ってからという報せであった。私の脳裡の奥みにおしやられた彼女の事が又浮んできた。昨夜だったらひょっとすると今夜か明朝手紙が来るかも知れない。明日まで出発をのばしたらひょっとすると手紙を受け取ることが出来るかも知れない。村には悪いとは思いながら明朝十時の急行で発つ事に変更して貰った。延ばさなければいられない今の自分の気持が不思議でたまらなかった。こんな馬鹿な話ってあるものかと思いながらもその夜の一日は何か悪いことをした様な暗い気持であった。がその夜、名古屋の叔父から電報が舞い込んだ。用件は名古屋に是非立ち寄ってくれとの事だった。名古屋で乗り換えて関急で奈良に行った方が近いのでそれでも良いと思った。又、最近決まった兄のお嫁さんにも一度逢っておいてもいゝと思っていたので、この突然の電報で大して腹も立たなかった。

その夜は便りらしいものは来なかった。次の日の朝になって郵便箱にはいつまでたっても手紙らしいものは見当たらなかった。私は何にかに憑かれていたのだ。馬鹿さ加減も甚だしいと昨夜とった私の態度におかしさがこみあげてくるのであった。

私の旅行は簡単だった。特に今度の旅行は学生気分でしたいと思っていたので、身なりも簡単でスーツケース一つをぶらさげて行くだけであった。

ケースには懐中電灯、旅行案内、古寺巡礼と、その他二三冊の書籍に原稿用紙、煙草が入っているばかりだ。私は父に奈良に行くむねを告げて、玄関に出た。靴をはいて何にげなく郵便箱に目をやった途端、真白い封筒が私の胸を躍らせた。

それは見るまでもなく彼女からの便りだと直感した。

オーバーのポケットに白い封筒は入れられた。脚は軽かった。田園調布の坂道も事の外美しく思えた。落葉した――の並樹路はよろこんで私に道を開けてくれている様に思えた。嘘ではなかったのだ。本当だったのだ。一日延ばしてよかった。私が旅した後、主ない白い封筒が私の机に置かれている風景を想像して本当に伸ばしてよかったと思った。昨夜私の馬鹿さ加減をあざけった気持は、私の何処を捜しても見い出せなかった。

静かに封筒を取りだした。女らしい筆先で彼女の名前が角の方に座っていた。それを見て心の落ち着きをやっと取りもどした。東横線は混んでいた。先頭の電車の一番前に私は立った。手紙を読むには人が多過ぎた。過ぎゆく景色を見ている中に、前の席があいた。私は座って四囲を見たが誰れも私のよろこびに邪魔を入れるものがなかった。

封筒は開かれた。奇麗な字が数行ならんでいた。

「本当に珍しい御贈物、よろこんで頂戴いたします。永く大切にしまって置きます。有難う存じます。田中さんからあなたが入営される事を聞きまして吃驚りしました。最後に奈良へ御旅行とかうらやましい限りです。私は二五日から来年の七日まで国際でアトラクションに出演します。もうお逢い出来ないかも知れませんが、入営するあなたに何か編んで差上げたいと思っております。取急ぎ御礼まで」

簡単な文面だったが、しまって置くという言葉が不憫に思えた。私は何回も読み返した。私の印鑑を何よりもよろこんでくれた事がうれしかった。あの印の感じだけは判って貰える様な気がした。又、従姉が印と同封した私の簡単な文面に、多分つけ加えてくれたであろう言葉を想像してその好意も嬉しく思った。最後に毛糸の玉をころがしている彼女の姿を私は想像してたまらない幸福感を覚えた。電車はいつの間にか横浜についていた。

横浜駅で待っている間、誰か会社の人に逢わないかしらと思っていたが、誰れにも逢わなかった。

私はシュウマイを二つ買い込んだ。その中に急行列車がホームにすべり込んできた。手をふって合図している村の姿は、すぐに私の目にとまった。村も自由になったせいか、仕事を終えたせいか余程朗らかそうに見えた。二人は向い合わせて車中の人となった。

私は彼女の事を村に話してよいものかと色々考えたが、もう少し待ってと思って、このよろこびをひとり胸にしまっていた。汽車は大船を過ぎ、藤沢も過ぎた。二人の話は到底尽きそうにない。あたりの客をもかまわず、二人は熱心に仕事の事を喋舌った。会社での義憤は何時も二人の話題の中心になった。二人は会社に義憤を感じた。そしてなげき、我等の抱負を夢みた。二人の前に兵隊生活が待っているという事もすっかり忘れて、話題は会社の事から今度の旅行での創作の事にうつった。

私は、今思っているテーマが二つあることを話し、それを彼に語った。一つは膨大なもので入営までには間に合いそうになかった。

もう一つの方には、彼は乗り気だった。私も喋舌っている間に、何かしらすぐにでも書けそうに思った。

主人公に召集令状が来て、入営するまでに十日間の余裕がある。その十日間に於て主人公の生活を、学問と戦争が矛盾なく発展していく姿を描くのがこの脚本のストーリーであった。

汽車はスピードを加えて来た。主題題材の話は、二人の間に更に展開した。彼はカバンから紙を取り出し、私の云うことを拾って書きとめた。私は頭に浮かんだシーンを次へ次へと話した。全く気持よく浮かんで来た、不思議な位に。大体のシーンが決まった時には汽車は沼津を過ぎていた。

〔以下の文面は大きく×で消されているが、内容は『われ征かん』のシノプシスである〕

脚本のテーマは次の通りであった。

主人公に召集令状がきた。入営までに十日間の間があった。彼には恩師の記念論文集に提出する書きかけの論文があった。彼は父に黙ってその論文を書き上げに奈良に出掛けた。彼は東洋美術家だった。

父と彼とは大抵の息子が成年に達すると父に対して感ずる男同士のある気まづさを感じていた。この気まずさは、父と息子との間に極度にまで達した。従ってその気まずさは、父は父で、息子は息子で、お互いに腹をわって話すことが大きな障害となって発展した。

昔父の親友がいた。彼は死んでしまったが、娘がひとりいた。父は彼女を息子の嫁にと思っていたが、なかなか息子にそれを言い出すことは出来なかった。しかし父は息子の学者生活を期待していた。息子と彼女は親しい友達だった。お互いに結婚してもよいと内心は思っていたが、何時でも出来ると思っていた。それ程二人は楽な気で、お互いの道に進んでいた。息子には妹が一人あった。その妹は彼の親友のところに嫁に行っていた。親友は奈良の女高師の講師をしていた。息子は奈良行きを父に話すことが出来なく、彼女に些細を父に話してくれる様にたのんで出発した。彼は奈良の友達の家に行った。そして今度の論文の事を話したが、何かのひょうしに親友は息子の学的態度に貴族的なところがあることを批難し、それがあらゆる生活ににじんでいることを攻撃した。そして息子の論文の態度には価値のないことを言ってのけた。息子は憤慨して、戦争に行かないものには、俺の気持は解るものかと親友をののしって、寺に入って論文を書き始めた。親友には片脚がなかった。

入営の日が迫ったけれど論文は完成しないどころか一大頓挫をもたらした。息子は苦しんだ。そして病気になる。それをおかして彼は一心に書き始めたが、遂に出来なく、敗ボクの姿を親友の家に運んだ。前とうってかわって親友は息子を力づけた。なき恩師の言葉は息子の脳裡に深くしみこんだ。息子は論文の如何に小さいこと、戦争の如何に大なることを悟って論文を親友にたのんで家に帰った。家では父と彼女とが首を長くして彼の帰りを待っていた。一週間余りの時が、父と息子との幕をはらいのけた。父はいつにない愛情を息子に吐き出した。息子も同じ気持だった。二人は僅かしか語らなかったが、何もかもとかれていた。息子は父に煙草をつけてやった。父も煙草を息子に勧めた。彼女は息子の帰りを聞いて寒い星空を息子の家へと急ぐのであった。〔シノップシスはここまで〕

私は出来るだけ書き上げてくるから後半を村に書いてくれまいかと頼んだ。村も気持よくそれを承知し、共同作品ということにした。

汽車は静岡に着いた。村の家は静岡にあった。彼はおりた。ひとり取り残された私は、創作への主旨から主題への中心へ深く浸透して行く欲求で一杯だった。汽車は幸福な私を間もなく名古屋へ運んでくれた。

叔父一家は揃って私の来るのを待っていた。叔父一家に於ける私の存在は、私の家族に於ける存在以上を占めていた。私は家に帰った気楽さで叔父一家の人となった。兄の顔も見えた。叔父は父の末の弟であった。叔父には男女二人の子供がいた。女の子は女学校の四年生、弟は六年生だった。二人の子供は私と兄弟以上の親しさを持っていた。叔父は云い難そうに

「~~亮十~~太郎〔以降、太郎とする〕がお兄ちゃんと門司へ行くんだと云って聞かないんだけど、門司に遊びに行きがてら太郎をつれてってくれないか」と頼んだ。太郎は弟の名前だった。父から話されるまでそのなり行きをだまってきいていた太郎は父の云い終るのを待って富士〔九州への急行列車〕の切符を二枚もってどうしてもつれてってくれとねだった。今夜九時に富士は名古屋を通過するのだ。

私は困った。私のプランに支障をきたした事が、何かしら私を落着かせなかった。又創作の事もあったから、叔母を初め姉の~~和子~~節子〔以降、節子とする〕は私を発たせたくなかったので

「太郎ちゃん門司行き止めなさいよ」と繰り返して言っていた。

門司には叔母の母と、妹が二人で住んでいた。妹の名は~~伸子~~〔井上伸子〕秋子〔以降、秋子とする〕といって、年に二三度は名古屋に来たり、東京へ行ったりして、一ヶ月でも二ヶ月でも家事を見習って帰った。私とは兄妹の様に仲がよかった。彼女は

感覚の鋭い理智的な女性であり、女性には珍しい向学心があった。私の学問にも尠なからず興味をもっており、よく学問に就いて色々私に質問した。彼女の感じ方は現在の女性に珍らしい独自の物であり、正しい方向をもって修練されていた。彼女は門司で勉強して東京にいる我々若い人達の中に飛び込んで来て、青春に花を咲かせた。彼女と私は、学問を通じてだんだん親しくなった。友人達は私の恋人じゃないかと疑う位何処へ行く時も一緒だった。その中に、叔父叔母の心に、私と秋子との結婚話が暗々裡に運ばれた。それが形になって現われたのは私の卒業と同時だった。二人は驚いた。が、二人とも逆わなかった。ただ顔を見合わせて笑った。その笑いは、二人の愛情を、ふたりの結婚という事以外に理解していない叔父叔母に対する笑いだった。二人の間では、この結婚話は解決されず未知のまゝだった。二人の愛情は結婚する人達の愛情でないことを二人は誰れよりもよく知っていた。太郎と私との門司行を勧めた叔父の気持が案外その事に関係しているのかも知れないと思って、ちょっと不快になった。叔父が何んと云っても私の意志は絶対まげられないものであるという事は誰れよりも私がよく知っていた。私は秋子と話したいと思った。そして白黒をはっきりさせて兵隊に出掛けるのが正しい様に思った。私もとんだものを置き忘れて入営するとこだったと今更私のウカツさに驚いた。その夜は私のために、素晴らしい晩餐が開かれた。私は主賓だった。兄の嫁になる女性の姿が叔父の家に美しく立ち働いていた。兄は満足そうにその姿を見ていた。私は兄の結婚を心から祈った。彼女を美しい女性だと思った。

　太郎と私の楽しい旅は門司まで続けられた。太郎は子供に似合わないセンスのある子供だったので車中は退屈どころか大変な騒ぎだった。創作も何も忘れて腹蔵のない旅だった。

　欧州航路の船が関門海峡を通って行く。門司の家は、高台の美しい家だった。秋子の母は孫の太郎と将来むすめの夫になるかも知れない私を迎えて、大変よろこんだ。私は小母さんが好きだった。こんないい小母さんを母に持てたらと思った。小母はさっぱりした性格で大まかなひとだった。時々素晴しい駄洒落などとばして、皆んなを笑わした。こんな性格の女性だったので集まる客は絶えなかった。

　私が秋子に何を云いに来たかも知らないで、私を迎えてくれる。小母にちょっと気の毒に思えたがしかたがないと思った。私の滞在は一泊二日の予定だった。第一日目は鯛料理で私を歓待してくれた。何もかも鯛だった。東京の鯛は内海の鯛の足元にも及ばないと思った。私は随分食べた。秋子は

「相かわらずいけるのね」と笑いながら彼女も随分食べた。二日目はフグ料理だった。小母のフグ料理に関する講釈を聞きながらフグを満喫した。美しくてこんなうまい料理は初めてだと思った。秋子は通人の食べ方を色々おしえてくれた。小母はそれを見て「まあこのひとは」と楽しそうに笑った。太郎は秋子のやることをひとつひとつ真似て皆んなを笑わせた。二日目の夕方だった。小母は私に

「ちょっと私は正キちゃんに話があるんだけど」ときり出した。小母に何もかも話して解って貰える自信は私にはなかった。年齢や生活様式の相違で解ることも解って貰えなく気まづい感情のまゝこの家を去ることは、今度の旅の致命的なものの様に思った。私は

「秋ちゃんの事でしょう? 秋ちゃんの事だったらこれから二人だけで話をすることになってますから小母さんは待って下さい」と言った。小母は

「まあ二人で?」とちょっと不満らしい様子で

「私にも聞かせて貰えないかしら、だまって聞いていますから」と言った。秋子は

「お母さんは駄目よ、二人だけの話なんだから」と笑いながら止めをさした。小母は娘の笑いを見て、何かしら安心したのであろう、

「今の若い人の気持はとても解らないよ」とひとこと洩らした。

　秋子と二人で話すことは、ここへ来て初めてだった。二人だけになって話すとは言ったものゝ別に改まって話すこともなかった。二人になって秋子は

「とうとう入営ね」と私の顔を見てお兄ちゃんに

務まるかしらと言いたげなひとみを向けた。彼女の部屋から海が見えた。私は窓から対岸を見た。下関に自分の祖先の墓がある日和山があった。私はそれを黙って見ていた。秋子も窓に寄って来て、

「気に入って、景色?」とつぶやいた。

「気に入ったよ。でも関門は僕は好きになれない、きらいだ。ごみごみしていて」以前一度来た時、私はひどく関門をけなした事があった。秋子は笑って
「相変わらずね、でもここはいいでしょう。私も滅多に外には出ないのよ」と言って
「自分の部屋は俗界から離れたところよ」と云った。

「勉強家だからな」と私は冷やかした。

「まあひどい」と彼女は小さな舌を出した。彼女の本箱には、沢山の本があった。

「随分揃ってるなあ、お嫁に行く時どうするんだい」

「おおきにお世話様」と私に背を向けて炬燵に入った。私は本箱から一冊の本を手にした。恩師の著した「鹿鳴集」を。

「夢殿は静かなりけりものもひに　こもりて今もましますがごと　か。いい歌だな、さすがは先生だ」と独り言をつぶやいた。

「お兄ちゃんの先生自慢が又始まったわ」とクスクス笑った。私も炬燵に入った。秋子は続けて
「明日は奈良ね…(今日どうしても発つの?)」と手にした本を見ながら言った。

「うむ　奈良だよ、行きたい?」

「行きたいって言ってつれてってくれっこないんだから言うだけ損よ」

「よく知ってるな」と私は声をあげて笑った。

秋子は
「いかるがの里のおとめはよもすがら　きぬはたおれり秋近みかも」と小さな声でよんだ。二人になると何時もこんな話になってしまう。私は今日はこんな話をしに来たのではなくもっと現実的な話のために来たのだからその積りで話そうと言った。

彼女は
「そんなことを言うとお兄ちゃんらしくない」といって、真面目くさった私の顔を見て笑った。私も結婚の話なんて苦手だった。でも一応は話そうと思ったので、

「お互いに解ってるんだからいゝと思うけどなあ」

「そうよ、お母さんがあゝだから困ってるのよ。でもうちのお母さんはまだ話が分かる方だと思うわ。何時かはお兄ちゃんの気持を納得する時が来ると思うけど」苦手でも今喋舌らなきゃ話すときがないと思った。その前に、僕の思っていることを話そうといって話し出した。


私は経済的に独立していなかった。云わば学校は出ても親のすねかじりだった。結婚はしてもとうてい二人はおろか、一人さえ食えないことは明瞭だった。それかといって、相手の家からすべてを出して貰うことは私には全く考えられないことであった。男としての恥辱と思っていたから。又私は藝術をこころざしている若輩である。この私が結婚することは精神力、肉体力の消耗であり、芸術家として致命的なものであると私は考えていた。この二つの理由から結婚は到底あきらめて貰いたかった。又、気持から云っても、二人は兄妹の愛に近いもので、恋人のそれとは少し遠い様に思った。私は大体そんな様なことを秋子に話した。秋子はよく解っているとうなづき、

「お兄ちゃんと結婚するなんておかしいわ」とひとこと云って、

「もうこの話はやめましょう。お兄ちゃんの好きな奈良の話をしましょう」と話題をかえた。その瞬間彼女の瞳にさっと哀愁のいろが見えたことを私はみのがさなかった。


関門連絡線(船)はよかった。夜は特に美しく思った。それは夜が汚物をすっかりぬぐい去り汽車より船の方がより多くのロマンテックなものであるから。どの舟にも灯がついている。その間を小さな連絡線は湖　―　の様な音をたてて進んで行く。ヘサキの椅子には誰れも乗客はなかった。師走の寒さが身にこたえたが、私と秋子はそこに腰をおろした。太郎もいっしょだったが太郎は手すりに手を掛けていた。星は降る様だった。二人は殆んど話すことはなかった。蒸気の音が淋しく鳴った。私は秋子との楽しかったことなど思い浮かべた。(それにつけても仲の存在)二人の交際は一方的な私の青春のすべてである学の世界での交際だった。

二人はそこを脱け出そうともしなかった。尽きざる楽しい世界だったから。急に私の耳元に「お兄ちゃん」という彼女の声がかすかに聞こえた。それは彼女らしくない声の様に思えた。二人の世界外からの声の様だった。彼女はだまって私の顔を見ていた。彼女のひとみには「お兄ちゃんと結婚するなんておかしいわ」と言った時の哀愁がなかった。

「なんだい?」私は何の気なく聞いた。

「お兄ちゃんにお話したいことがあるの」と彼女は下をむいた。

「馬鹿にセンチじゃないか、何んでも聞くぜ」と私は冗談の様に云った。

「でもこれは今じゃないのよ、何時かよ、ただ今そう云って見たかったのよ」とクスクスと笑って私の心配そうな顔を見て

「何んでもないのよ、まあ奇麗」と光々と輝いている外国船をゆび指した。彼女の顔にはもう哀愁の色は見えなかった。私は急に彼女と別れるさびしさがこみあげて来た。

連絡船が遅れたために、私の乗る汽車は出てしまった。一列車私は待った。寒いから帰ったらとすすめたが秋子も太郎も、最後の連絡船までいるといってきかなかった。私の汽車は、十二時過ぎの汽車だった。

十一時に最後の連絡船が出た。二人は連絡船に乗った。乗客も少なかった。二人の姿が夜空にくっきりと浮いた。私は手をふった。向うからも手を振りかえした。兵隊生活に入るということが、どこかずっと遠いところに行く様な気がした。ひょっとすると二人とも逢えないかも知れないと思った。途端、汽笛の音が耳元で鳴った。そしてそれはどこまでも遠く余インを残した。船は出た。太郎の

「お兄ちゃん、さようなら」の声が聞えた。秋子はハンカチを出して振った。私も帽子を振った。二人の姿は闇の中にすいこまれて行く様に消えてしまった。暗闇に流れて行く町の灯を私の瞳は何時までもおいかけた。

奈良は夕闇にとざされていた。(暮れていた)私は登大路の緩やかな勾配を一歩一歩かみしめる様に博物館の方へ歩いて来た。私は奈良の大地に於て、奈良時代とのつながりを得た様な気がした。

私の宿は、博物館の前にある小さな日吉館という宿だった。この看板はやっぱり恩師の書いたものだった。日吉館なる宿は、奈良の遊び客のためにある宿とは全く別箇のものだった。奈良研究の学徒のための宿といってよかった。(先生の書いた看板と)宿は小さくて全く貧弱だった。日吉館なる名前を知って(聞いて)いない人は、この宿に足をとどめるということは先づないといってよかった。しかし先生の看板をかかげたこの宿は何時も何時も我々のために両手を広げてまってくれた。私の姿を見て小母さんは

「とうとう小林はん来やはった」と言った。我々を待つ小母さんの気持と、奈良に来る我々の気持をこのひとこと程、よく伝えてくれるものはなかった。私はうれしかった。私は

「又来ました」と重いオーバーを脱いだ。背広でこの宿を訪ねるのは最初だった。小母さんは私の背広姿を見て

「なかなかよう似合まんな、早よう嫁はんもらいはらんことには」と、私の姿を上から下まで見て笑った。夕飯にはまだ間があった。私はその脚で外に出た。何処へ行くあてもなかった。ただ奈良を歩いて見たかった。

奈良には歴史という偉大なる雰囲気がある。何処も彼処も歴史の香りで一杯だった。歴史にはさびがありあわれがある。これは我が祖先の香りである様な気がした。いつしか東大寺の南大門前に来ていた。大晦日なのに人は殆んど出ていなかった。巨大なる南大門は、厳然と鎌倉時代のはげしさをもって聳え立っていた。夕暮れの南大門の感じもなかなか捨て難いものだったが、南大門は夜の門であると私は思っている。昼と夜がかくも南大門に大きな変化を与えるものかと思う位、夜の南大門は夜空を圧している。大佛殿の屋根の瓦が美しい。大佛殿を正面から見た感じは、私は好きだった。私は戒壇院の裏手に出た。静かな戒壇院の中のはげしい四天王の姿が浮かんだ。何処も彼処も思い出の場所だった。感激の

場所だった。正倉院の清楚な白壁が杉林の彼方に隠見する。私はゆっくり歩いた。もしも、歴史に歩みというものがあったら、私の歩みは正しく歴史の歩みだったに違いないと思われる位に。東大寺の裏手のさか道は私の大好きな散歩道だった。大佛殿の前を通って二月堂に登った。一望の下に奈良の全景が見えた。私は脚本の事を思い出した。主人公が奈良へ着いたFirst sceneは、二月堂から見下ろした奈良の全景にしたらと思った。それ程この位置から見下ろした奈良の全景はポピュラーだった。

三月堂に入った。寺務所の案内人は顔みしりだった。私の顔を見て

「先生も一緒ですか？」と尋ねた。私は独りだと云ったら、

「ようきやはった」と云いながら渋茶を入れた。

堂内は暗かった。懐中電灯を持たなかったが、月光菩薩の顔も当分見られないと思うと入って見たくなった。月光菩薩は美しかった。夕闇にぽつんと浮んだ彼女の姿は、菩薩の威厳さを脱ぎ捨て人間的なものを感じた。三月堂を後にした時は、電気がついていた。

鐘楼の鐘が大きくゆれた。小坊主が力一杯鐘をついていた。私は鐘楼に上った。私と小坊主の二人しかいなかった。小坊主は私についてみたらどうかと勧めた。小坊主が求めなくとも私は小坊主につかせてくれとたのむつもりで鐘楼に登ったのだった。鐘つきを手にした。随分重たかった。私の目の前を、鎌倉時代の大鐘が厳然とふさいでいた。鐘は時を知らせるばかりでなく、煩悩を捨てる意味でつくということを小さい時から聞いていた。瞬間今つくこの鐘響に何を托そうかしらと思った。今の私には托すべき何ものもなかった。ただうつことに依って私のもっているすべてのものが清められるような気がした。

私はうちおろした。鐘はごう然と四囲を圧して何処までも何処までも響いて止まなかった。この響きと同じに私の今までの青春が過ぎ去ってしまい、再び帰って来ない様に思った。私は再び力を入れて打ち降ろした。鐘は何時までも響いた。私はじっと耳をすませた。我が青春を追うが如く。

研究旅行で疲れた体と物凄い食欲を感じて帰った我々にはすき焼きが一番たのしみだった。宿の小母さんはそれを心得てよくすき焼をしてくれた。大晦日のいそがしい今日も宿の小母さんは思い出のすき焼を披露してくれた。小母さんの心尽しがうれしかった。

最後の奈良旅行の感想を述べた葉書を先生のところと村のところに送った。別に夏子にも簡単に一通出した。

初詣りの人がしげく通りを行き来した。私は古都奈良で年を送り年を迎える自分を全く幸福だと思った。今夜は夜を徹して書き終え様と思い、机に向った。

旅の疲れで二時頃には睡魔に襲われた。丹前の上に重いオーバーを着て、私は外に出た。奈良盆地の冬はとても寒かった。私は奈良時代の人々の間に奈良の寒さが生んだromanceを想像してみた。外套の襟を立てて、西大寺・唐招提寺への電車に乗った。（西大寺で乗り換え、西の京で下車した）平城京を中心に、西大寺と東大寺が建立された。現在の東大寺に較べて西大寺は全く荒廃し切っていた。寺の荒廃がはげしければはげしい程、その寺に対する幻想は人間の頭の中でかもし出される。夜は現実をかくして幻想は自由に動いた。平城京の西を守護する西大寺の寺影が夜空にくっきりと浮かぶ。

私は西大寺で下車した。

駅前の赤膚焼の店にはまだ灯がついていた。余程入ってみようかと思ったがやめた。田圃道を通って裏手に出た。闇に金堂が浮いた。それは奈良時代の強大なる骨骼《こっかく》でもあるかの如く堂は迫って来る。それは我が祖先の良心であるかの如く、私は同時に私の良心であると思った。われわれはこれからのがれることは出来ない。これは過去の声である。これを造った鑑真和上は、日本にいや世界に神の反映を投じた。彼等は我々を大きくするために彼の魂を我々の魂につけ加えた。かくて彼等の魂は我々のものになったのである。

4月22日(日)

★この私小説を題して「青春の旅」「青春哀歌」「青春賛歌」「青春旅情」

●西大寺資財帳に、西大寺建立にケン爛たる容姿が書かれてある。聖武天皇の御計画が如何に膨大であったかが、それをもってしても知ることが出来る。今でこそ西大寺は荒廃その極度に達しているが、資財帳を通してみる西大寺は奈良財政が許す最大限の豪華さを尽くしている。田舎途を歩いた。西大寺は目の前に荒廃たる姿を横たえている。鎌倉時代に社寺——の思想が極度に低下した時があった。その当時佛像の価値は全くなく、佛像は僧侶の手に依って田圃に投げられたり、外の寺内に夜にまぎれて運んで放棄したり今では考えられない事が行われていた。今我々が国宝といわれる美しい佛像もそんな過去をもっているのだといつか先生が話した事があった。

そんな話が頭に残っているせいか、西大寺は何かしら哀しさを私は何時も覚えた。私も今西大寺の堂趾に立っているのだ。西大寺は何も語らない。しかし、私の頭の中で幻想の中で西大寺は生き生きとしてその容姿を輝かしていると思えた。○○山の麓に整然と居を据えている平城京が頭に浮かんで来る。平城の——然たる街路は、空の下に、美しく東西にのびている。大佛殿が若草山の彼方に聳え立っている。

光明皇后の法華寺、印象的な白壁を残している海龍王寺、象徴的な美しい手を空間に占めている佛像のある秋篠寺は皆んな皆んな昔に還って美しい姿を平城京に輝かせている。奈良は生まれ還った。今私の目の前にある西大寺も何時しか歴史をさかのぼり、ケン爛たる姿をこれみよがしに——し初めた。塔が夜空に彷彿として浮んだ。美しい佛像の姿が私の廻りをとりまいた。その中の一つの佛像が何時のまにか夏子の顔にかわった。佛像はにっこり笑った。私はやっと現実に還った。

唐招提寺、薬師寺と廻って宿に帰った時は夜がすっかりあけていた。宿の小母さんは早くから何処に行って来たかと尋ねた。私は西大寺から薬師寺の方に廻って来たむね話したら

「小林はんほんまに好きやなあ、兵隊行きはったら見られへんからよう見とこう思うて」と言った。

朝飯は出来ていた。小母さんは私を主座に座らせた。この家の主人は博物館に勤めていた。おかしら付きの二の膳が私を待っていた。家族以上のもてなしだった。宿の主人はしきりに酒をすゝめた。

私があまり行かないといって断わると、先生は随分飲んだから弟子のあんたも飲まなきゃいけないと、盛んについだ。彼は大の先生贔屓だった。私の外に朝日新聞奈良支局につとめている人がここに宿っていた。彼も先生の事を知っていて、是非一度、新聞に何か書いてもらいたいむね私に話した。彼はなかなかの酒豪であり、またよく喋舌った。話題は先生の話から、昔の日吉館の話に移った。そして結局日吉館に宿をしない美術家は日本にはいない、日吉館は日本の美術学者の100%を出している。正しく美術学者の——であるということになった。宿の主人は先生の学生時分、河上博士の学生時代等話した。私は感激して聞いた。

鹿が宿先に首を出した。その中に入って来た。(鹿と戯れて奈良の大宮人は)私は先生と奈良の人になった様な気がした。

私は昼までぐっすり寝た。

日数は僅かではあったが、奈良での滞在は比較的落ち着いて出来た。一つは創作という仕事をもっていたせいもあったが、創作の合間を見て、創作に必要なる寺々を廻った。卒業論文に書いた室生寺へも泊りがけで出掛けた。学生時代夏休みを一ヶ月余りここで過した事のある寺だけに、たまらないなつかしさがあった。思い出の場所はあまりにも多過ぎた。僅かの日数ではとてもまわりきれなかった。

五日の日、名古屋から叔父一家の寄せ書きがとどいた。奈良の帰りには是非とも立寄るべしという命令的な内容を持ったものが多かった。叔母の文句はその甚だしきものである。母がわりの私が子供であるあなたに立寄る様に云うのだからそれは絶対であるとまで云ってよこした。私に対する皆んの愛情は、感謝してもしきれないもの

を私は感じた。創作は未だ完成していなかった。七日頃までいる積りでいたが、その日の夕方、数々の青春の思い出を残した寧楽〔奈良〕に別れを告げて名古屋へ向った。

叔父の家に着いた時は十時過ぎだった。名古屋には秋子も太郎も帰っていた。温い叔父一家の愛情にひたって一日は過ぎ、やがて帰らねばならない夜が来た。私が着いた時の様子とは違って、誰れの心の中にも離別の感情が支配しはじめた。私は誰れよりもその情が激しかった様に思った。楽しかるべき晩餐も、何かしらものさびしく終わった。私は兄と二人で東京に立つことにしていた。兄のお嫁さんになる人も来ていた。汽車がたつまでにまだ三時間余りあった。食事がすんで皆んな炬燵に足を入れた。誰れもあまり喋舌ろうとしなかった。叔父は

「馬鹿に静かじゃないか、歌でも歌ったらいゝじゃないか」と気分転換の積りで云った。一人一人私に聞かせる歌を唄うことにした。部屋の雰囲気は少し転換しはじめた。かわきりに叔父が歌った。叔父が歌うとは珍しかった。叔父は渋いところで「青柳」を歌った。拍手が起った。節子、太郎、兄、叔母と歌は進んで行った。歌は人を楽しくさせるものには違いないが、一方たまらない寂しさの中にけ落とすこともある。私のために次から次へと唄われる歌は、私をだんだんさびしくさせた。私は寝ころんで聞いている中に、過去の想い出が次から次へと脳裡に浮んだ。節子が

「今度はお兄ちゃんの番よ、さあ最後の歌を聞かせて」と言った。最後の歌という言葉が、グッと胸をうった。伊那節が悲しい旋律を以て私の喉から流れた。歌い終った時私の心は泣いていた。又しても沈黙が続いた。誰れ彼れも思い思いに過去を追っている様に思った。いよいよ時間が来た。

節子が私にオーバーを着せてくれた。彼女は着せ終るとそのまゝ奥に入り、私が玄関を出るまで出て来なかった。節子も私との別れを惜しんで泣いてくれたのだ。秋子も玄関に顔を見せたなり何処かへいなくなった。叔母は悲しい表情に涙をふくんで、体だけは大事にと私に別れを告げた。私は少しでも早く外へ出たかった。私は太郎の手に握手をして外に出た。夜気がそっと顔をかすめる。私の頬から涙が伝わった。私は兄の後から今にもふさがりそうな胸をおさえて、停車場へと急いだ。

脚本は未完のまゝ私は東京に帰った。入営までにはあと三日しかなかった。七日、八日と脚本のためについやされた。私が何処へも挨拶に行かないので、親戚の方からわざわざ訪ねて来た。貴重な時間だったが、逢わないわけには行かなかった。

脚本は到底間に合いそうになかった。未完のまゝ入営しなければならないかもしれない。残念だが後を友人に頼むことにした。友人は喜んでひきうけた。

帰ったら夏子から便りがあると思っていたがそれらしいものは何にも来ていなかった。

八日も暮れようとしている。私は自分の部屋に入り、書籍の整理をしていた。主婦代理の綾子さんも手伝ってくれ、美術書、美術写真集、哲学書、全集物、評論、映画、小説の分類で整理をした。

書籍の中にうづまっての生活もいよいよ今日で終りかと思う。書籍のないこれからの生活に、たまらない不安を覚えた。私の机の上に置かれた色々な日用品も全部整理した。後には主なき紫檀の机が寂しく残った。玄昉頭塔阿弥陀如来像《ゲンボウズトウアミダニョライゾウ》の拓本の掛物をも私は外した。自ら拓本したものである。

私はベッドに寝ころがった。何んにも考えたくなかった。早く来るべきものが来て、現実にぶつかって行きたかった。私は何時の間にか寝てしまった。綾子さんに起された時は、夕方の六時ごろだった。綾子さんは速達を手にしていた。夏子からの便りだと私は直感した。内容は、是非一度食事をしたい、明日お昼でも夜でも結構です。承知なら電話をくれる様にとの事だった。私の目の前に大地がひらくような思いだった。私は読み返した。昼にしようか夜にしようかと随分まよった。それはまだ父とゆっくり別れの食事をしていなかったからであった。父と食事らしい食事をしたのは七

日の夜だけだった。七・八・九とこの三日間は父と共に最後の食事をしたいと思いながらもそれはついに出来なかった。父には済まないと思ったが、夜に決めた。

　明日の晩餐は私にとって青春の最後の様に思えたからだ。私は早速彼女のところへ電話をかけた。受話器を通して流れてくる彼女の声はたまらないなつかしさをもって訴えて来た。彼女は明日五時、有楽町の富士アイスで待っていますと云って電話をきった。私は従姉に電話をかけた。従姉は話したい事があるから忙しいだろうが是非来てくれる様にと云った。綾子さんに父へはよく話してくれと頼んだ。綾子さんは、父は正キが帰って来てもさっぱり顔を見せないねと、昨日云っていたと私に云った。

4月23日(月)

★敵一機墜落、搭乗者落下傘にて降る

★昨日空中戦を敢行。友軍機20機、敵機数機のために散る。敗ボク甚だしきものあり

●鎌倉山は相も変らず静かだった。従姉は炬燵に入って、私の来るのを待っていた。

　従姉は、私の彼女への贈り物の印を渡すときの情況を細かく話した。そして受け取る時の彼女の動作に、何か恋する人のみがしめすある情緒を感じた事を力説した。そして明日の晩餐の様子が聞きたいと云ったのだけどそのまゝ入営するのじゃ駄目ねと残念がった。私は一緒に行ったらどうとすすめたが、彼女はその言葉を退けて全く取り合おうとしなかった。私と従姉の頭の中は、私と夏子との明日の会見の色々なる場合の想像で一杯だった。従姉は明日の晩餐の場所費用は二人の記念に従姉が全部取りなしたいと言って、銀茶寮に電話をかけてくれた。私は夏子と二人きりで差し向いで食事をとる自分の様子を想像した。私にはとても出来そうにない芸とうのように思えた。何んの話題もなく黙って手持ち無沙汰に座っている二人の姿を想像した。私はもう一度従姉に一緒に行ってくれる様に頼んだが従姉は、厳として取り合わなかった。そして、入営を前にこんないゝromanceを残して行く私を幸福であるとしきりに云い、最後に

「素晴らしい青春だわ」とつけ加えた。私はその言葉を、私の青春の終りを意味するものだと解釈するのが正しい様に思った。青春のどんづまりに行って、最後の光を放つ花火線香の様に感じた。(強いものを感じた。これが一般の若い人々が感ずる青春なのであろうか)しかしこの青春は、最後の父との晩餐まで断念させたではないか。こんな力が何処から湧いてくるのかしら。今私は従姉との話題に今まで味わったことのない幸福感を覚えているではないか。彼女との会見に、不安とも喜びともつかない胸のときめきを感じているではないか。これを楽しい青春と解釈しないで何と解釈がつくだろうか。(解釈してよいものだろうか)──明後日は入営する身である。入営は、社会との──の断念を意味すると同じに、この青春とのつながりも無残に切り離してしまうのだ。青春とはこんな瞬間的なものであろうか。これが一般の若い人達が感ずる楽しい青春なのであろうか。

　消えゆくうたかたの様に、明後日という時と共に忘れ去って行くこの青春は、学の世界からしみだした尽きざる泉のあの青春と何んとへだたりがあるのだろう。いづれが本当の青春なのだろうか。前者は不安定なものであり、後者は永久的な安定を持っている。しかしいづれも捨てがたい若い力のみが欲求する一つの道の様に思えた。この青春の──の闘いに夏子の姿はいつまでも回転してとまらなかった。

　私は有楽町のガード下を何回となく行ったり来たりした。彼女と待合せする富士アイスは小さな店であった。中をのぞいたら人がこみ合っていたので、入ることを止めた。こんな人ごみの中で彼女と話したくないと思ったので。まだ四時半を少し出たばかりだったがあたりは既に暗かった。私は早いと思ったが、女性を待つ時は少なくとも三〇分前から待っているのが礼儀だと云った従姉の言を入れたのだった。

ラッシュアワーで有楽町の駅は大変な人だった。私の立っているところから(行き来しているところか

ら）、蒲田から来る電車がよく見えた。電車が来る度に、私の目は駅から吐き出される人の群を追いかけた。彼女の姿はなかなか見えなかった。まだ五時には一五分もあった。彼女が来たらまず最初に何んと口を開こうかしらと思う。そんな事に気をつかう自分が何か別人のような気がした。私は場所が悪いのだと思った。何か静かな郊外で待っている自分を想像した（有楽町のガード下の向こうは暗かった。人の見分けはちょっとつきかねた）暗闇の中に彼女の気配がした。彼女は和服にコートを着ていた。はっと思ってふりむいた途端、彼女の
「お待ちして」という声と顔が私をとりこにした。私の口からは「えゝ」という言葉がとび出した。それは待ったとも待たないともつかない言葉だったが、
「済みませんでしたね」という彼女の言葉を聞いて、待たなかったとはっきり言った方が良かったと思った。彼女は
「さあ行きましょう」と私をうながした。彼女の言葉には、今日は何もかも私にまかせて下さいという信念に近いものがあった。私は二人を待っている銀茶寮の事を想い出した。云うのなら今でなきゃ云う時がないと思って従姉の事を話した。彼女は困ったような顔をしたが、
「今日だけは私にまかせて下さい。そちらの方は電話で断りましょう」。私はそれ以上言い張る事が出来ない程、彼女の決心は明らかに動かせないものの様に思った。私はだまって彼女の後についた。
宮城は深い沈もりの中に深遠たる姿を浮かべていた。夜の宮城は初めてだった。彼女が私をここへ誘ったのだ。彼女のこころづくしだと恥しく思った。じゃりの音が大きな静けさのなかにすいこまれた。大東京の真中にこんな静寂があることに気づかなかった。私は——の様な気がした。私は頭をさげた。彼女はそれを知ってか知らずか、歩を銀座の方へ向けた。宮城を後にした。
彼女と私が向い合って真白いテーブルに腰掛けたのはそれから間もなくだった。テーブルには三人の支度が出来ていた。誰か来るのですかという私の問いに、彼女は弟が来る筈でしたが用事が出来て来られなくなったむね私に話した。彼女は本当に弟をつれてくる積りだったのか、それとも一つのジェスチャーとして三つのテーブルを用意させたのか、私にはわからなかった。彼女は遠いところに座っていて、私の手の届かないところにいる様な気がした。二人は顔を見合せた。彼女は、何んとなく笑っていた。そして
「いよいよ兵隊ですのね、お気の毒ね」といった。ボーイが来た。彼女はビールを注文したが、私は今日は飲みたくないと断った。彼女はむりにすすめなかった。食事が運ばれるまで間があった。彼女は国際出演で風邪をひいた。そして未だよくなっていなかった。そんな事を話した。彼女の真白い手がハンドバッグから小さな包みと、私が彼女に贈った印の箱をとり出した。見憶えのある箱は、私の前でひらかれた。彼女はそれを手にしたまゝ私のすぐ前にそれを出した。私は突嗟の彼女のしぐさが何を意味するのか解らなかった。彼女は真面目に
「今日改めてこれ戴きます」とピョコンと頭をさげた。
「いやつまんないものをよろこんでいただいて、却って恐縮です」そう云った。私は目の前にある印が、何んだか貧弱の様な気がした。彼女は更に続けて
「でも折角いただいたのですけど、字がよくわかんないのですが」と私に説明を求めた。私は篆刻といって、支那の漢時代の字で象形文字に一番近い文字で、支那の漢時代には皆んなこんな文字を使ったのですと、紙に字を書いて説明した。（支那の漢時代の字で象形文字からのその変遷を話した。）彼女は熱心に聞いていた。私が云い終ると同時に
「まあ大変なのですね」と云いながら、もう一度「いただくわ」といって印をしまった。ハンドバッグの中に大事にしまわれた印を私は幸福に思った。彼女は小さな包みをといた。美しい香りと共にグレーのチョッキが現われた。ある香りがテーブルの上にひろがった。私は彼女の香りだと信じた。私は彼女の香りをそれから感じた。毛糸のたまをころがしながら編んでいる彼女の姿が浮かんだ。彼女はそれをひろげて

「これですの」といって私の前に出した。それは私への手紙にあった約束を意味したものだった。私は国際でのいそがしいところをわざわざ済まなかったことを告げ有難くいただいた。彼女はチョッキを是非着て見せてくれといった。私はちょっときまりが悪かったが、チョッキと印と創作ということには、何らかわりがない。私が着ることに依って完成のよろこびを味わいたい彼女の気持がわかる様な気がしたので、私は上着をとって、それを着た。彼女は少し小さいかしらと云いながら美しい顔によろこびの色をたたえた。着終った私は、下の右に真紅な毛糸で彼女のイニシャルが編まれていることに気がついた。そしてそれが、私が印にきざんだと同じ篆書で編まれているので更におどろいた。彼女は私のおどろきを見て

「ちょっといたずらしたの、支那の大変な文字だっていうこと知らなかったものですから」とちょっとわびる様に私の顔を見た。私は彼女の遠慮がちなつゝまししい態度にたまらない美しさを感じた。あたゝかいものが胸をしめつけた。私はいつまでも着ていたい様な気がしたが、それを脱ぎながら心からお礼を言った。彼女はチョッキを奇麗にたたんでもとの紙に包んで私に渡した。その瞬間、彼女と私の距離がずっと近くなった。手を出せばとどく様な気がした。

　ビルを新橋駅の方へ向って私達は歩いた。七時だというのに、人の通りは殆んどなかった。この通りには、工芸、日動画廊、タクミなどという芸術に関した店があったので、銀座に出ると必ず歩いた通りだった。新橋駅につくまで、私は今書いている脚本の話をした。私は話をしながら、自分の話の下手なのをつくづく感じた。そしてどうしてこんな話を持ち出したのか自分でも腹だたしくなった。私は度々

「聞いてて解りますか」と尋ねた。彼女は

「よく解ってよ」とうなづきながら熱心に聞いていた。語り終って

「これが私の青春の全部です。出来上ったら一部差し上げますから読んでください」とつけ加えた。彼女は

「楽しみにしております。いつ頃に出来まして?」と尋ねた。私は

「何時になりますか。あなたのもとにとどいたら私を想い出して下さい」と感傷的な気持になって云った。

　彼女の家は蒲田にあった。私は蒲田まで彼女をおくり、目蒲線で田園調布へと帰る積りだった。電車の中はこんでいた。私の目の前に彼女は立って気易く家の事などを私に聞いた。私は父との平凡な家庭を語った。彼女は弟の事をしきりに話し、弟が近頃撞球を覚えて時々夜遅く帰るので心配ですと姉らしい口ぶりで尋ね、

「あなたにもこんなことおありになって?」と聞いた。私はそんな事は心配するに足りない、それより問題は、本人の――だと云った。彼女は安心した様に

「男ですものね」と少しはそんなことでもやらなきゃといった風だった。

　彼女は家に是非寄って行く様にと勧めた。私は何んの躊躇もなく寄る事にした。蒲田には学生時代に一年ばかり下宿にいた事があった。それ以後あまり蒲田に立寄る用事がなかった。私はあるなつかしさで蒲田駅に下車した。繁華な街を通り抜け、小川の流れている静かな道に出た。小川を右に入ったところに彼女の家があった。くぐり戸が開いた。中から彼女を呼ぶ母の声が響いた。母の声には彼女の帰宅に対する心配の色が含んでいた。私は自分の母の声をその中から聞き取った。家に帰った彼女は母を持つ一娘に過ぎなかった。職業のからは、彼女の何処を捜しても見出せなかった。彼女は生き生きとしていた。私は彼女の部屋に通された。奥に入った彼女が出て来るまでにしばらく間があった。彼女の部屋は彼女の香りで一杯だった。その香りはチョッキからの香りと同じであった。部屋は整然としている。従姉のそれとは全く異っていた。若さがあふれていた。私はこの雰囲気を深ゝ深ゝ胸にきざみつけた。彼女はいつの間にか私の後で笑っていた。彼女は普段着に着替えて紅茶を持って来た。二人の間には、彼女のアルバムを見るという平凡なる時が経過した。私はこんな平凡なる事が、こん

小林が軍隊時代のアルバムに残していた水戸光子の写真

なにかくも生の満ちあふれた青春のひとときであるということに今更おどろいた。平凡であればある程青春があふれ出づる様な気がした。私はアルバムの中から一番小さい彼女の写真を一枚貰った。気持よく承知した。真紅なほし柿をたべた。私は彼女のまでも食べた。彼女は
「随分お好きですのね」と何かを想い出した様に笑った。私にはそれが何んであるかがピンと来た。私は
「おかしなものですね、虎屋の羊羹でこんなお近づきになるなんて」彼女も不思議ねといった風に私の顔を見た。

　その時障子があいて、弟らしい人が入って来た。彼女は弟を私に紹介した。そして、

「会社の小林さんです」と紹介した。その仕方から何か真面目なものを感じた。私は彼女の真面目な紹介の仕方から自分も社会人になったのかしらと思った瞬間、私の青春が過ぎ去った様な気がした。

弟は真面目そうな学生だった。私は好感を持った。楽しい時はどんどん過ぎて行った。帰らなければならない時が来た様に思った。私がここで別れて帰るという気持が一つのかたまりとなって頭を回転した。大切なものが心から脱け出るような気がした。彼女の白い手が、私にオーバーを着せた。弟も母も送りに出てて、体を大切に、しっかりやってくれる様に云った。私は玄関を出た。彼女はそこまで送りましょうと言ってついて来た。小川のほとりに来た。いよいよ別れる時が来た。

「ではさようなら」と私は静かに手を差し出した。彼女は「本当にさようなら」と言って、美しい手をすっと出した。淋しさをふくんだ美しい顔が印象深く迫った。私は彼女の手を取った。あたたかいぬくもりが、逆流する血潮と共に私の体内をかけめぐった。そのぬくもりをいだいて、私は暗闇の道を走る様に歩いた。まがり角で私はふり返った。彼女の姿が街燈の下に佛像の様にぽっかり浮いていた。私は薄暗い三月堂の月光菩薩を想い出した。

　電車のライトが暗闇を押しのける様にどんどん走った。私はライトの一点をみつめて動かなかった。過ぎ去る暗闇は我が青春の様に後へ後へと飛んで行く。暗闇の中に彼女の淋しさをふくんだ姿が彷彿とした。私の胸には小さな包みが強く強くいだかれていた。

〔続いて同じ惜別のシーンが書き直されている〕
　楽しい刻一刻はどんどん過ぎて行く。帰らなければならない時が来た。別れて帰るということが、一つの塊《かたまり》となって私の胸をふさぐと同時にはりつめた気持がぐっと脱けて行く様な気がした。私はこの楽しい現実とこれから展開される未来とのつながりが果たしてあるだろうかと考えた。私は結ばれる一点を何処にも見出すことが出来なかった。歓喜の現実はここに切断され青春の帳り深くとざされたのだと思った。彼女の白い手が私の重いオーバーをとった。私は玄関に立ったのだ。母も弟も玄関に出て来て、体を大切にしっかりやってくれる様にと云った。重い脚が玄関《しきい》をまたいで私を表に運んだ。彼女は
「そこまで送りましょう」と言ってついて来た。暗闇が二人を完全につつんだ。最早、話すべき何ものもなかった。迫り来る別れの瞬間が沈黙を続けた。小川のほとりに来た。遂に別れる時が来た。私はゆるい足取りを止めてふりかえった。薄暗い街燈が彼女の顔を暗に浮ばせた。それは余りに美し過ぎた。
「ではさようなら」私は静かに云った。小さな声ではあったが力がこもっていた。何時しか私は手を差し伸べていた。彼女は
「本当にさようならね」と言って白い美しい手をすっと動かした。寂しさを含んだ美しい顔が印象的にせまった。私は手をとった。温かいぬくもり

が逆流する血潮と共に私の体内をかけめぐった。

ぬくもりをいだいた私は、暗闇の道を走る様に歩いた。まがり角で私はふり返った。あわい光の街燈の下に浮んだ彼女の姿は佛像の様だった。私はふと薄暗い三月堂の月光菩薩の姿を想い浮かべた。

電車のライトが暗闇をおしのける様に先へ先へと走った。明るいライトの一点をみつめたまゝ私は動かなかった。青春の数々が走馬燈の様に浮ぶ。しかし私の青春は過ぎゆく暗闇の様に、ライトの一点に浮んだと思うとどんどん消え去ってしまい、最後にそれは寂しさをふくんだ彼女の顔がライトをいっぱいにした。私は自分の青春がこれで完全に終ってしまった事をはっきり意味した。

私の胸には小さな包がしっかり抱かれていた。

〔日記(1)、終〕

『宮古島戦場日記』(2)

ノート　18×25センチメートル

●表紙

雑文　雑記　II〔筆・横書き〕
主として
日記
感想
追憶
昭和二十年四月二五日
小林正樹
㊞〔(1)と同印〕

4月25日(水)　曇時々雨

★「青春の旅」を一昨日書き上げた。私最初の私小説。よく出来たかどうかはまだ誰れにも読んで貰わないので解らないけど、自ら読みたいと云って来るものがないところを見ると、大衆向きのするものでないらしい。
自分としては、比較的感じが出ており、青春の詩情にあふれている様に思うのだが、これは身ビイキかも知れない。

完成のよろこびを訴える相手がいないのが淋しい。誰れをおいても川西兄に読んで貰いたい様な気がする。これで、映画の脚本、戯曲、小説と皆んな一応書いて見た。それぞれ違った形式なので、形式形式に依って同じものでも感情の表現が異なるものであるということがよくわかった様な気がする。小説が一番面倒であり且つやさしい様に思った。

★創作をしていたので日記をつける暇がなかった。別にこれといって書きとどめることもないけど、一日に何か――べきできごとがある様に思える。昨日命令で中隊長が代わった。仮屋中尉である。士官候補生との事、私には大した問題ではないが、気持よい中隊になってくれればとそればかりが期待するところである。

4月26日(木)雨

★新任中隊長新任の挨拶あり。残留部隊も現地に赴く。但し自分はかい癬のため残る。

★「青春の旅」
毎日離せないで手許に置いて読む。軍隊生活で追っていた夢が文章になって描かれたのであるが、幻想が規定された様で淋しさを感ずる。どんな感じのものか解ってくれる人に読んでもらいたい。

★相澤軍曹、白百合を切って飾る。芳香茅葺きの家に満つ。

4月27日(金)晴

★敵空襲はげし。昨日まで下火になっていた空襲が今日の晴天ここぞとばかり来る。
先日ののべ数八百機とまでは行かないだろう。

★軍隊は余りに馬鹿が多過ぎる。

4月30日(日)晴

★無性に内地に帰りたい。最高学府を出た人でさえ人道の何たるかを弁えず我儘のし放題。どんなに自分が偉いと思っているのだろう。階級が何だ。これは一時的なものに過ぎないじゃないか。普遍的なる人格が如何に偉大なるものであるかということを口にしながら、さて自分の行為になると人格のジの字さえ見ることが出来ないじゃないか。これが皆んな自覚された行為なのだから無智なる人間が暴威をふるうのよりもずっとたちが悪い。こんな人間の中に一日一日が過ぎて行くのだからたまらない。何故にこんな人間にお世辞たら たら自らを低くするのであろうか。私の武器はただ沈黙あるのみ。早く自由意志の生活がしたい。そこに生きるのは至高の倫理があるのだから。

★夢

私と釋さんが會津先生宅のベルをおす。二階から誰かの来る音がする。やがて二階の階段の電気がパッとつく。先生はきっと勉強していたのだ。やがて、今まで見たことのないすっきりした先生の顔が目の前にうかぶ。「只今帰って来ました」と私が云う。先生はにこにこ笑って学生時代に共に勉学、共に談じたなつかしい部屋に私を通す。ここで夢が覚めた。先生が死んだのじゃないかしら。

★追憶

私物を整理した。煙草のケースをあける。美しい光ちゃんの姿が映る。何年振りかで見る様な気がした。生き生きとして私に何かを訴えている様だ。美しい素晴らしく美しい。

「しばらくですね、昨日帰って来ました」

「まあ御無事で、よかったわ」彼女の姿は、昔私が一番美しいと思ったimageよりも遙かに美しく私に呼びかける。軍隊生活四ヶ年のギャク待は夢の様にぬぐい去られる。私の本当の生活がこれから始まるのだ。どんなに嬉しいだろうか。たまらなく帰りたい。

★昨日石橋が嘉手苅陣地の方に行く。何ら悲しみの情湧かず。

★敵機撃墜

艦爆が火をふいて落ちると突如パラシュートが天空にひらく。落ちた米飛行士に向って兵隊が群がって殴打した。これが兵隊の真の気持であろうか。敵の飛行士を殴って、果たして今の我々の気持がいやせるかしら。殴った後にはもっとはかない気持が残るのではないかしら。殴られた敵飛行士の姿が、自分の姿の様な気がする。

5月1日(火)晴

★相澤軍曹嘉手苅露営地に昨夜出発。彼が軍装はこの島で最初ならんや。

★小笠原准尉今朝まで寝て行く。防衛隊の責務に任じながら職務を忘れている彼の態度は面白くない。だから何時までたっても馬鹿にされるのだ。

★物凄く何か書きたい意欲にかられる。「島の人々」を続けようかしら。新しい戯曲でも書きたい様な気もする。

5月3日(木)曇時々雨

★昨夜「男の魂」「鐘」の朗読会をやる。劇団解散直後では感傷的な気持になって朗読できたのだが、精神的に落着きを見た近頃、無内容にただあきれるばかり。感興さらに湧かず。「鐘」はまだ夫婦の会話にちょっとデリカシーなところがあった様に思ったけど、やっぱり低い階級を意識して書いたり、他から期日を限られて書いたりしたものは、後になって馬脚を現わすもの。聞く方の人達はそれでも満足して聞いたけど、劇団編成中の自分の精神或は頭は、大分ピントがはづれていたらしい。人間なんて、その流れに入ってしまうと、客観的判断をしているつもりでも、随分くいが出来るものらしい。特に注意を要す。

★相澤軍曹一行来る。

ふだんでさえ暴君気味のある人がたまに帰って来るという特別な意識が働いて、非良心的行動を平気でやる。最高学府を出た誇りを顧る余裕さえないのだからあきれてものが云えない。

★「斐猫牌」一箱入手

煙草のない折柄飛行隊より10本の煙草が入る。夢の様な気持なり。

★独、英米に降伏す。

何んだ独逸の奴、降伏しやがってと報道を耳にした瞬間思ったが、よく戦ったと降伏した独逸国民の姿を思い浮べて感謝したい気の毒な気持になる。日ソ関係の懸念大いにあり。

独逸の降伏はベルリン市司令官のみと聞く。独逸国民よしっかりやってくれと励ましてやりたい。

★手

調子良好なり。

★何か書きたい。食事が毎度毎度塩だけ。貧しくなればなる程、創作意欲旺盛となる。

★「復活」を読む。（上巻のみ）
文豪トルストイ晩年の作「復活」を読む。恐らくこれは、彼の文学の集大成ならんと思う。大して感心しなかった。聊かトルストイなる文学者に幻滅を感じた。トルストイ大したことなしと思った。しかし、ロシヤという国家の臭いが全面的に感じられたと同時に、自分は日本に生れてよかったと思った。彼が自国のあらゆる制度に対して、全面的に否定的態度を取り、自我の孤高の昇華に向って前進する姿に必然性がない。徹底的に否定的態度をとっていない。即ち、制度が完全に描かれていないから否定的態度が浮いていない様に思う。従って彼がこの否定的態度を高めて、自我の精神に昇華する姿に同情が出来ない。又、人物の性格が紋切型である。公爵にしろカチューシャにしろ、類型的であり、場所々々に於ける創造的情緒に欠けている。こういう人間はこういう時にはこう喋舌という型を出ていない。だから詩情に欠けている点がある。カチューシャを美しいと思えないし、公爵を、社会を捨てて心の真実に生きる情熱家であるとも思えない。国民性かしら。もし国民性としたら日本のそれが如何に偉大であるか、ただそう思うばかりだ。

4月4日(金)晴天〔5月4日の誤り〕
★雨で二日間来なかった敵機、二十数機の編隊で来襲。満期はまだまだ。
★貞ちゃん敵機からとった合成樹脂で煙草のケース造る。目下構想を練って、制作にとりかかった。あとは何にも云わない。
★
1767年 フンボルト誕生
カント47才
レッシング38才
ゲーテ18才
シラー8才
ヘンデル23才
フィヒテ5才
〃68年 ヴィンケルマン死去
シュテイエルマヘル誕生
〃69年 ヘンデル「批評の森」発表
1770年 ヘーゲル
ヘルザルリン
ベートーヴェン　誕生
1773年 ゲーテの「ゲッツ・フォン・ベルリヒンゲン」出づ
1774年 ゲーテ「ヴエルテルの悩み」出づ
1778年 ピット
ヴォルテール
ルソー　死去
ヘルデル「人間の魂の認識と知覚について」「造型美術論」など論文発表
1781年 カント「純粋理性批判」
シルレル「群盗」出づ
レッシング死去
1783年 シラー「クイエスコ」出づ
1784年 シラー「たくらみと恋」
1786年 メンデルスゾーン死去
ゲーテ　イタリヤに旅行ス
1787年 「実践理性批判」
ゲーテ「イフィゲーニエ」「エグモンド」
シラー「ドン・カルロス」
1788年 ショーペンハウエル出生
ゲーテ　イタリヤの旅より帰還、
シラー　イエナ大学講師トナル
1790年 アダムスミス死去
カント「判断力批判」
1796年 ナポレオン　イタリヤ遠征
ゲーテ「マイステル修業時代」完成
シラー「素朴文学と感傷文学について」完成
1797年 「ゲーテのヘルマンとドロテア論」フンボルト
1799年 シラー「ヴァレンシュタイン」
ハイネ誕生
1800年 シラー「マリア・シュテアルト」
1801年 シラー「オルレアンの乙女」
1804年 ナポレオン　帝位にのぼる
カント死去
メーリケ出生
シラー「ウイルヘルム・テル」

1805年 シラー死去
1807年 ヘーゲル「精神現象学」
1808年 ナポレオン　プロイセンに迫る。
　フィヒテ「国民に告ぐ」をベルリンにて講演す
1809年 ゲーテ「親和力」
1811年 ゲーテ自伝「詩と真実」第一巻現わる。
1812年 ナポレオン　ロシヤ遠征。
　10月モスコーで潰滅
　ヘーゲル「論理学」第一部
1813年 ドイツ独立戦争
　ヴァグネル生る
1814年 ヴィーン会議開かる
　フィフテ死去
1815年 ナポレオン　エルバ島脱出
　3月20日パリ入城
　ワーテルローの戦
　ビスマルク誕生
1816年 ヘーゲル「論理学」完成
1831年 ヘーゲル死去
1832年 ゲーテ死去

★零時頃敵艦九隻、宮古島沖に現わる　戦闘機グラマンと相呼応して恐るべき艦砲射撃の雨を降らす。確かに怖ろしい。爆弾の比ではない。遠方からだんだん近づいてくる砲の音炸裂の音。自分もいよいよ駄目かなと思った。その中に音の距離に耳がなれると同時に、――宿命的な気持になって来るし、どうにでもなれ気分がみなぎる。こういう風にして、新しい宿命的恐怖に慣れて、我々の生活は日一日と最後の戦闘へと近づいて行くのである。

★宮古の海は真蒼だった
白い船が一つ又一つ　皆んなで九隻
白波蹴って進んで来た
それは日本のお船とよく似ていた
初めて船を見る兵隊達は
小高い丘に上って皆んな皆んな
海の方を眺めた
空には敵の飛行機がたえず旋回していた
ものねらう鷹の様に
飛行機はもう怖くなかった
白い船への不可思議な魅惑のために
轟然一発　宮古の大地にとどろき渡った
地も人も兵隊も　大地とともにはね上った
一発　又　一発　白い船からひびく砲声に
宮古はひっくり返る大騒ぎ
やがて船は何処かへ消えてしまった
宮古の海は前よりも真蒼だった

4月5日(土)晴天〔5月5日の誤り〕

★昨日とは全く変った今朝、空は何処までも澄み切ってボアーの様な雲が浮き上っている。友軍の飛行機が朝飛んで来るなんて。それだけでも平和なのだ。昨夜の作命にある総攻撃が功を奏したのだろうか。艦砲射撃の砲弾で昨日は死んでしまうんじゃないかしらと思ったのに、その上昨日は4月4日という死と死が重なった悪日だったと思うと、ぞっとする。死の魔は通り過ぎて素晴らしき朝、今日空襲が来なかったら、満期という宝船の夢も安らかに頭に浮かんで来る。

★昨日師団司令部に行く。
　城下さんに逢ってガソリンを貰う。小林少尉にも逢う。大した人とは思えない。芸術の解らない人の様な気がした。逢わないで依然の夢のまゝの小林少尉殿の方がよかった様に思う。鏑木班長と劇団華やかなりし当時の想い出話をした。彼はわざわざ私を送って吾妻屋まで来てくれた。劇団当時よりもっとなつかしく親しく話が出来た。月のない星ばかりの夜道を想い出の糸を手繰りながら語った。想い出は美しく、情緒豊かなものであると思った。

★端午の節句
　ち巻きが食いたい。

5月10日(木)晴天

★日本晴れ。敵機の来襲なし。こんなことは今までに全くなかった。満期も余り遠い先でもあるまい。朝から司令部より鏑木班長が遊びに来る。青空の下、草原に横になって「青春の旅」を彼のために朗読する。二時間余り二人は創作の人となった。平和なひとときだった。彼の読後感「堤千代の様な感じです」

余りうれしくなかったが、少しでも解って貰えたよろこびはかくしきれなかった。

★「島の人々」仮題

このために日記を中絶した。半ば位まで書いて行ったのだったが又行き詰りの感あり。シーンシーンの有機的な関連が薄弱、会話がまわりくどい、山が足りない、など思わしからぬところが目について筆をとめる。

★手

良好。全快間もなし

5月17日 晴天

「島の人々」なる題名を変更して「珊瑚礁」とつけた。脚本に主材した島は珊瑚礁で出来上っており、奇怪なるその形骸は、恰も島の根強い伝説の象徴の様に南国の海洋にその姿を横たえている。自分はこの珊瑚礁と、若い情熱にあふれた島の人達を対蹠させてストーリーを発展させてみたのである。「珊瑚礁」なる題名は自分にはとても気に入った。

「珊瑚礁」第一稿は、昭和二十年五月十五日に完成し、第二稿が今日出来上った。自分の思っていることがどの程度に表現されたかは第三稿でないと云えないが、まだスムーズをかいた点がある様な気がする。第三稿　第四稿と改めて行きたいと思っているが、何時出来るか。この写真は吉村さん〔吉村公三郎監督〕か渋谷さん〔渋谷実監督〕に演出して貰いたい様な気がする。とに角書き上げたうれしさは、何時もながら何ものにもかえ難いものがある。敵飛行機の爆音も、今の僕には音楽としか思えない。

5月20日

★「珊瑚礁」に続いて「青春の旅」を整理して一冊の本とした。それが昨日完成。兵隊を集めて朗読した。「青春の旅」の方が微に入り細を尽くしている様な気がした。表現したい事が比較的よく出ている様な気がした。その点「珊瑚礁」は全体のテンポが整っていなく、思想がむき出しのまゝなところがまだある。第三稿・第四稿とまだ重ねなければならない様な気がする。

★敵の機動部隊二ヶ師団が上陸する効算大なるものありとの情報入る。敵の上陸が実現するか。

5月21日 晴

★昨日までの豪雨が晴れ上がって気持のよい朝。手の調子も比較的良好。そろそろ留守部隊にさらばして帰るつもり。思えば三ヶ月余りの休養。戦友にも悪い。しかしこの間「青春の旅」「珊瑚礁」を書き上げたことは何んとしてもうれしい。強敵米の爆撃下に書いただけにその感ますます深いものを感ず。二三日中に帰營するつもり。

★「珊瑚礁」断片

S9　田畠の道
農家の娘、母、父などが皆んな畠に出て、芋などを掘っている。
道をお巡りさんが自転車で走って来る。
皆んな手をあげる。
お巡りさんの大きな声が
「おーい、兵隊さんが××島に来るぞ〜」
と響きわたる。
皆んな芋掘る手をやすめて隣りの人に
「兵隊さんが来るんだと」
「お巡りさん本当かい」などの声がひびく。
かくしきれない喜びの色をたたえる娘達の顔
母、父の顔
牛のいなき、馬のいなき、そして羊の。
どんどん走って行くお巡りさん
しわくちゃの老婆の顔

9B　街の通りのある店《しにせ》
軒には店を開け始めている小僧が奥に
「大将、兵隊さんがこの島に来るんだと」
とどなる。
「何に兵隊さんが」
ととび出て来る主人。

9C　小さなデパート
「花ちゃん、兵隊さんが」
「何万という兵隊さんかね」
と兵隊の噂がリレー式に伝わって行く。

9D　街の通り

お巡りさんが得意顔で大街りを車を走らせる。

6月2日(雨)

★賀良原に来て、一週間余りになる。環境の変化に肉体的にも精神的にもshockは大きかった。二小隊に帰る事も昨日で断念。大隊の情報係として甲戦備になると活躍するむね達せられ、それまで指揮班の要員として起居する事になった。当番根性そのものの兵隊の中にあって、私の如き存在はとても生活しにくい。二小隊に帰りたかったのに。でも今日ではそれもなれ、やっと日記をつける気持にだけなった。

昨払暁、敵空挺部隊来襲の公算大との情報が入り、陣地につく。

私の手が又悪くなり残留となる。

★賀良原に来たその夜、魚拝領で——に行く。彦さんに逢うために行ったといってよかった。星のない夜空の下に、彦さんと話す。ほんのひとときだったがたまらないなつかしさがこみあげて来る。

★昨夜野上と久松に材木授領に行く。平良に立寄り、先生の宅をたゝく。

「まあ小林さん?」迎えてくれるその雰囲気は、やっぱり地方人の地方人たる特権の様な気がして、自分の現在の立場がつくづくいやになる。

★敵機の来襲猛然。本島にも近く上陸との情報あり。生きて帰れるやら

★先生から「哲学以前」「竹沢先生といふ人」「ロミオとジュリエット」を拝借。現在「竹沢先生といふ人」を読む。なかなか面白い。

6月5日 晴

★手が快癒したので昨夜の夜間演習及び今日からの作業に出る事になった。雨又雨のうっとうしい日々は何処へやら今日は晴天。さぞ飛行機の来襲が多いことであろう。

★平良町の先生のよさがだんだん解って来る様だ。竹沢先生の生き方に全面的に肯定するわけじゃないが、大いなる魅力を感ずる。しかし広田先生の方が好感がもてる様だ。竹沢先生は思想的には深いかも知れないが、現実の行為に於て広田先生程厳粛味がない。故に俗な話になるとそれも露骨に現われる。広田先生と奥さんとの会話には話題の如何を問わず俗ッポサはなかったが、竹沢先生と奥さんの話にはそれが感じられる。

★何処に行っても幹部の横暴ははてない。僅かの二位で人間を人間とも思わなくなるのだからたまらない。権力とはこんなものかしら。

6月6日

★昨夜半より甲戦備演習開始

敵の来ない中に、兵隊の方がまいってしまいそう。

★兵隊達は鴉は黒いという。幹部は鴉は白いと言い張る。このひとことで鴉が黒いという命題がくづれて、鴉が白くなるという珍現象を現実に承認しなければならなくなる。そこから来る相違なのであろうか、私は鴉は黒いという命題は絶対であると思う。

6月7日

★昨夜山中に行く。途中荷馬車弾痕の中に落ちる。四中隊の兵隊の手をかりてやっとあげる。三時に帰営。今日は爆撃下に午前中就寝。

★山中にて煙草を入手。

★「哲学以前」を数日前から読み出す。

「自覚に於ける直観と反省」が読みたい。

★「ロミオとジュリエット」久米正雄訳のを読む。軽快なる洒落で終始、悲劇的なる情緒がピッタリ来ない。ドイツの戯曲の方がやっぱり日本人には向く。坪内さんがShakespeareのどこが好きで翻訳したかちょっとわからない。「As you like it」の方がまだ感情のやりとりに細かい。

★ドラム缶を——に嘉手苅本部に来る。

小さな子供が豆をたたいている。その中の一人の女の児が何処となく光ちゃんと感じが似ている。部分的に何処というところはないが全体の感じが似ているのである。

みている中に東京が思い出される。

6月15日

　不愉快その極に達す。悪、偽善、虚偽の——のかたまりのような軍隊。気が狂いそう。それよりも大きな事故、自分では正しいと思う事故を起こしそうな自分を感ずる。我慢する?正しいことを云うのに何が我慢だ。誰れの顔を見るのもいや。一分間でも早く、この世界から出たい。

伊藤戦死

　腐敗した彼の死骸を見て、生のあまりにはかなさを知ると同時に、生に対する執着が少なくなった。生と死は、動くと動かなくなるという相違にしかない様だ。動く事がそれだけ素晴らしい事であろうか。戦争には更に更に興味なし。

7月1日

★川満作業を終了帰隊。

7月4日

　対空衛兵に就く。

ヒトヂ部落にて

煙草を民家にて求む。一本2円50銭也。5本求めて12円50銭を支払う。馬鹿々々しき限りなれども好きなのだからしょうがない。内地に帰ってからのこれも笑い話とやならむ。

　ここ一ヶ月ばかり精神的にも肉体的にも多忙であり、日記をつける気持にはとてもなれなかった。今断片的に記憶をたどってしたためて見よう。

6月○日

　長谷川准尉に叱られる。私が何をしたって云うんです、自分の行いの一つ一つが私のやる事の何十倍も悪いことをしているということを顧みることもしないで、よくつまらんことを小言が言えるものですね。私が返事もしなかったらますます亢奮して怒り始める。いくら怒っても私が彼に対する考え方が根本的には何ら変らないのだから可哀想なもの

6月18日

★川満に三大隊応援のために作業に行く。10日間の予定で。

★私は炊事長になって21名の食事をやることになった。今までの軍隊炊事に対する悪感情をもっているから刷新的な炊事をやらんと努力し、その結果良好、兵隊から大いに喜ばれる。でもこれで炊事は二度とやる気にならない。

★川満滞在間　平良に四度足を運ぶ。

「珊瑚礁」を先生のところに持って行く。読後感はまだ聞かざるも、相当の注文があることを知る。落着いて聞いてみたいと思うのだが、軍隊じゃそれも出来ない。「珊瑚礁」にはそれでなくとも手を加えたいと思っていたのだから。島の非文化的なることをもっと最初に紹介して置かなければいけない。

「絶対の探求」「カルメン」を拝借す。

★川満にて十五夜を迎う。

海岸を散歩する。感傷的にならざるを得ない。

★沖縄本島玉砕に瀕す。

牛島閣下辞世を残して最後の突撃を敢行。

辞世

明日を待たで　枯れ行く島の青草は

　御国の春によみがへりなむ

読むだに感じはちょっと弱いがそこを流れているものに強いものがある様に思う。硫黄島の司令官の歌よりも歌らしくてよろしい。

6月30日

★川満より帰隊す。

★昨、点呼の時、小笠原准尉に叱られる。

「お前はなめているのだ」

如何にしたらなめられなくするかを彼らは少しも考えないのだ。

★支那大陸に転出のデマしきりに飛ぶ。

煙草が喫えるだけでもうれしい。

★会話

「もう帰れないなあ」

「いやまだ解らん、俺は帰れるような気がするよ」

「島にいたんじゃ帰れんよ、玉砕だ」

「第一こんな島に敵さんが来るもんか。もしも来たとしたらよっぽど米国は——だよ。あと一ヶ年

位今の村に生活をしたら帰ることが出来るさ」

「一ヶ年か」

「うむ、一ヶ年たつと今着てるものは皆んなボロボロ、芭蕉の葉一枚が南風にさびしくフンドシ代用にひらめいているだろ、地方人も兵隊も皆んな同じだよ」

「ハハ…」

「それにしても腹がへったよ」

「うむ、腹がいたくなるんだからなあ」

「今晩も又犬を殺して一杯やろうか?」

「犬がいるか、どうも犬も我々の殺意を感じるのか顔を見るとすぐに逃げてしまうよ」

「うむ、一発、ぶっ放すんだ」

「よし、あゝ犬が来た。赤だ、うまそうだぞ」

「畜生」

轟音一発、犬は斃れる。

6月4日

ねながら一日「哲学以前」を読む。

7月○○日

〔以降異常な乱筆、書きなぐりの感あり〕

何日だか全く日数の観念がなくなった。
大体20と何日からしい。
それ程最近は多忙であり、又疲労がはげしい。
今日は十三日の月夜　自活で月が登って帰営。
たまらなく何か書きたい衝動にかられて　筆をとった。書き度い事が山程ある。しかもそれが全部鬱憤と悲しみで充満しているのだ。
毎日の生活、それは作業か自活かいづれかである。
朝　起床して30分バッタ取り
現在食物が全くなくバッタを食べなければ栄養がつかない始末なのだ。
バッタ取りが終ってかけ盆に半分足らずの食事を二口半で平らげて作業なり自活へなり出掛ける。
夏の陽は焼け付く様に照る。
あな掘りか芋植え
昼食も又二口半で平らげ煙草も喫わずに昼寝
二時より又作業と芋植え
夜は八時頃帰營してカユ食をのみこむ始末
たまらなく家に帰りたい　こんな生活のまゝ死に切れるものか　幹部からの屈辱も毎日
時に光ちゃんの事を思い出す
又書こう

〔この日記(2)はここで終わり、同ノートの最終ページから軍事命達に関する書き込みになっている。以降、ノートを逆さまにした状態で8ページにわたりメモがある〕

城《グスク》　下見〔城(陣地)の下見という意味か。手書きの地図〕

部隊長訓示
昨晩茲ニ朝ノ数機ノ偵察ヲ見ルニ敵ハ新ニ銃爆撃｜日標ヲキメテ居ル模様ナリ　特ニ昨晩ノ偵察ハ｜事｜メ居ル模様ナリ　防｜警報中ハ一兵タリトモ歩行セザルコト
注意(一兵｜ニ｜徹底)

21、会報
｜城
一、計画立案ニ回蜜シ根本的ニ任務ニ基ク諸条件ノ｜備セシメアルコト
1・戦斗抗ニ交通｜壕ノ連接
2・肉攻爆ニ対スル火力支援

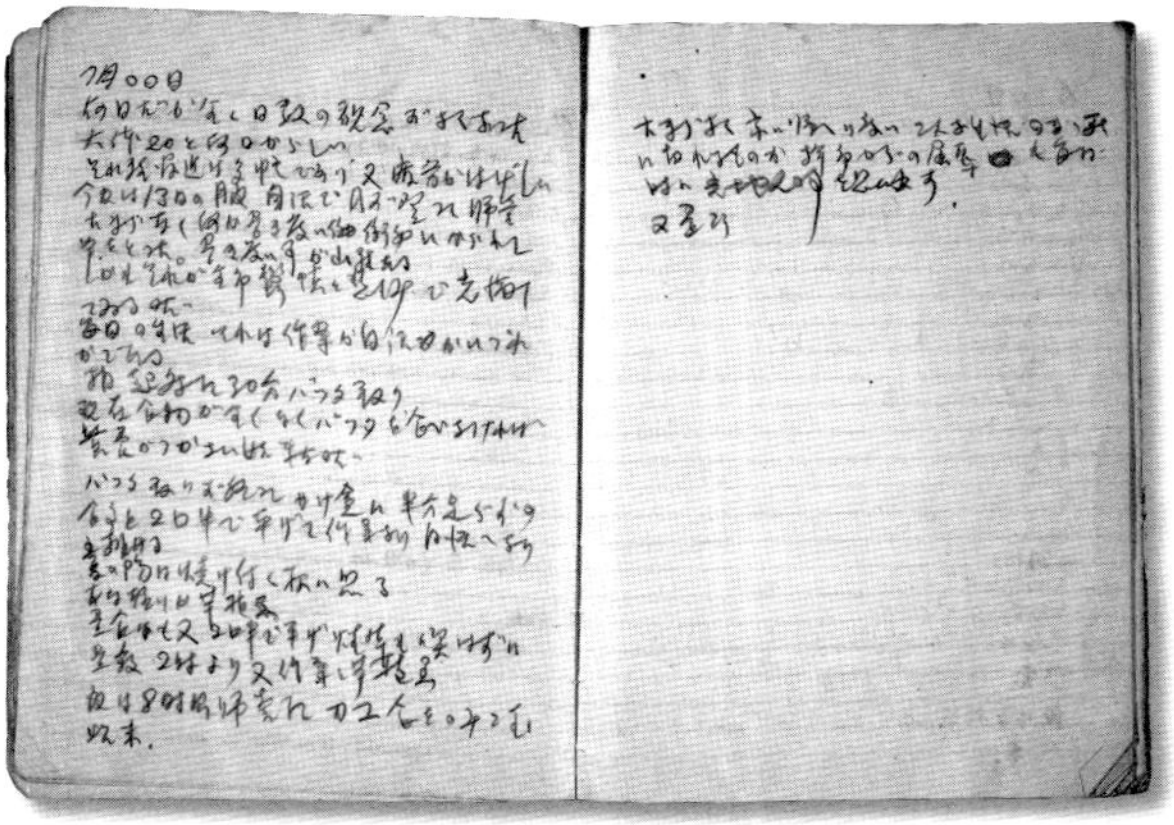
写真5　7月○○日の頁の筆跡

3・倒防ト障害物
4・戦車壕ト肉攻
迅速ニ教育シアルコトヲ初メヨリ立案終始
シ｜意味デ労働ヲシイルコトナキ様

二・偽装ハ作業ニ併行実施シ完成シテカラ偽装ス
ル事ハ敵の空中偵察ノ目標トナルニ付対空｜
｜ト併セ実施ヲ徹底ス

三・｜便検便ノ清浄ハ未ダ徹底セズ充分実施ノコ
ト　特ニ分隊長ハ毎日｜手ニシアル如クナ
スベシ(マラリヤ近接防止)

四・｜セル土砂ハ一面ニバラ撒ク事ナク｜遮蔽
物タラシムル為メ掩体交通壕ノ適方ニ所々導
入利用ス

これから炊事に行く場合は　荷物をもっていな
い前は草を一たばおさめる　道路の向う側のオウ
地｜の前におく

入浴
飯上
位置不明なら炊事に聞く
命令｜徹底実行　[2つを完了する]

作命　六月二二日　於｜間

一、地区隊は新｜間及川満接点の陣地構築を増
進す。

二、大隊は川満新｜間接点特ニ南面陣地ニ重点ヲ
指南、之ヲ構築完成セントス(別紙要図参照)

｜更ニ第二大隊ヨリ約二小隊(｜士ノ｜一部｜)
下士候隊ノ主力歩兵作業小隊ヲ余ノ指揮
下ニ入ラシメラル

三、各隊ハ別紙作業部署ニ依リ速ニ陣地ヲ完成スベ
シ

四、其他細部ニ関シテ｜作命第二八号ニ依ッテ
：　篠原少佐

下達法　各隊長ヲ集メ、要旨口達
命受口達筆記

20作命甲第888占地区隊命令19／6・1200

1、各守備部隊　毎日朝夕ニ於ケル新重指揮ノ
戦斗配備ハ六月十九日夕ヨリ一時之ヲ中止、
又状況ニ応ジテ随時対応推｜ニ就き｜ニ準
備ニ｜ルベシ
新重指揮　又之ラ、連絡ハ依然実施スベシ

2、中飛行場対空射撃ハ作命甲第31号第1項ニ
依リ依然実施スベシ

南地区隊長

〔鉛筆写生画・砂糖キビ収穫作業と砂糖キビを頭に載せた中年女〕

砂糖キビを頭にのせる中年女

1、午前中　1　指　山根湾《ヤマネワン》
午后キ所
32　午后山根湾

2・その他の予定は各小隊長に
計画実施
以後実施
作業前に物品全部
タコ壺に入れる
何時焼けてもよろしい

〔以下、少女の後ろ姿スケッチの上に以下の記述・原文にはケイ線はない〕

	指揮	一小隊	二小隊	三小隊
十字鎌	1(代田)	3(代田工2)	2	2
円匙	1	4	3	3
槌	2	5	大1 小2(代田)	2完
ノミ	2	5(代3)	3	2完
鎌			2	2
斧	1			
ノコ				1
飯盒	一組	四組 二重外合1	一重2 (フタ一欠)	六組
		(フタ一欠)	二重外合1 (フタ付)	
毛布	2	7	5	4 4小隊長

13組(フタ欠)
外合二(フタナシ1)

『宮古島戦場日記』(3)

ノートを半切にしたものの下の方
14・5×10・5センチメートル

●表紙

記録と追憶〔ペン・横書き〕
小林正樹

京浜地帯の地図〔一頁に切り貼り〕

中部地方中心の降水量分布等の気候情報地図〔一頁に切り貼り〕

奈良市の地図〔図1〕

この地図を見ただけで私は奈良の古寺とそしてその中に千年の過去を体している美しい佛像の姿で一杯になる。どの寺もそしてどこの通も小途も私の行かないところのない追憶のところである。私の創作の大部分が奈良を主材としたということも、私の奈良に対する限りない愛着のいたすところである。

今、本土爆撃のはげしい折、古都奈良に対する愛着は更に更に深く募るばかりである。どの寺もどの佛像も皆んな残ってもとのまゝであってくれればと祈るものである。

「奈良盆地」の地図〔一頁に切り貼り〕

「京都市付近」地図〔一頁に切り貼り〕

高橋〔篆刻角印の押印一頁に〕

北海道小樽付近の地図〔図2〕

「小樽市」地図〔一頁に切り貼り〕

「薩南・琉球列島」地図〔一頁に切り貼り〕

台湾北半部地図〔一頁に切り貼り〕

7月29日

★古き地図を爆撃された学校から拾って来て、私の過去の楽しい想い出の処を切取って整理した。東京、奈良、京都、そして小樽など、地図を見ながら楽しい過去と無意味な余りに無意味な現実の交錯を書きとどめて行くことにしよう。

幹部の横暴と無智が、のっぴきならない現実を支配している現在の生活に対して、反抗が許されないのだ。たどり行くは過去の純粋な姿への恋慕であり、追憶である。この記録は、ある現実の生活に対する反撥をしたため様とも思って見たが、それは余りに私らしくないと思ったので止めることにした。純粋なる過去、それだけでこのノートは一杯になるであろう。しかし、現実の生活の記録もしたためたいと思っている。

★山根湾

小学校と中学校の少年時代を過した小樽当時の生活の一つの思い出であった、魚とり、貝とりを思い出して、今日は一里位山根湾の沖に出て、伊良部貝というおいしい貝をとった。

三時間余り海につかった。楽しいひとときだった。今朝、准尉の横暴な行為も何もかも忘れてしまった。今夕は、貝で一杯、泡盛と行こう。月も今宵は寝待ちの月、源氏物語がふらっと頭をかすめる。

★煙草10本入る。一本3円という宮古煙草なり。皆んなにふるまい今日でなくなってしまう。

7月31日 晴時々 豪雨

昨日、狩又に行く。往復一五里の道を歩く。途中、先生の家と比嘉松の家に立寄る。一装米で食事を取り、満腹にて帰る。

狩又の風景よろし。道中池田の女の子と歌を唄いながら楽しく行く。ロケに適切なる場所二、三か所あり。比嘉の家にて、酒の用意あり、七三才の老人と語り飲む。楽しきひとときなり。

キヨ先生の感じ、次第に悪くなる。私の作品をたんにromanticとして退けるなんて生意気の様なり。不快千満。

8月4日

★福島曹長に頼まれて、下の様な印を篆刻した。これできんし一個貰える訳。きんし欲しさに何んにも解らない人にこんな印を刻ってやることは自分ながら不甲斐ないのだが煙草だけはどうしても欲しい。

福島〔篆刻丸印〕

★今日は演習日。雨の中。食料が欠乏。昼食の量がカケ盒に半分。毎日の如く我が家を想い出す。甘いものが楽しく食べたい。先日、飛行場で川西兄と逢った瞬間を想像した。

★我々の話題は、もはや決定的なものになった。それは食う話itselfである。自由主義華やかなりし頃のあの食物の豊富な頃を想い出して、現在の余りに少ない食物に涙している。

主食　米430瓦〔グラム〕　芋550瓦

　430瓦の米は、朝・昼がカケ盒に半分、

　夜　粥一杯

副食　バッタ、カタツムリ、芋葉、パイナ等の野草、

　丘海苔、海草　etc

調味品　塩、太平洋海水

　兵隊の目に入るものは皆、食物に見える現今、東京の天麩羅、うなぎ、カツ、ビフテキ、サシミに想いは走るのである。兵隊の大部分が、食べる事以外に何んにも考えないであろう。それなのに幹部のある部分では肉、白米、魚で、毎晩一杯飲んでいるのだから全く矛盾も甚だしい。

8月6日　雨時々曇

★衛兵司令につくことになった。一ヶ月ばかり前から、キヨ先生から借りた「絶対の探求」を、衛兵という暇な時間を持てる今日完読した。約一ヶ月もかゝったであろう。バルザックにはまだ親しめない点があるが、主人公のたくましい描写には打たれた。中学教師と、主人公のromanticな描写の美しさに、バルザックにもこんな部分があったのかしらと思って意外な感じがした。雨の降るいやな日であったが、食するということにうばわれ勝ちな昨今、何かしら精神的な一日であった様な気がする。

★顔

　自分の顔を久し振りで鏡に写した。髯とあかで一杯だ。しかも目がくぼみ、やせた様な気がする。目つきも何かしら昔の柔か味がなくなった様な気がする。なさけないような気がした。環境の変化がこうも適確に我が相に現われるものかしらと、つくづく我が家にいた頃がなつかしくなる。つやのあったあの顔、若さに燃えていたあのひとみ、何かしら軍隊生活をのろいたい様な気がする。戦争に対しても同じ様な気さえしてくる。寝ること、食うこと以外に神経が動かなくなってしまった現在、何か生甲斐があろう。何もかも夢。あまりに楽し過ぎた夢でしかない。これからの未来に、現在の環境を顧みて、あゝあの時はと云う時があろうかしら。米も一〇月でなくなってしまうというのだ。

★**8月6日**〔8日の誤りか〕

　昨夜、玄米をたいて、民家の親切な小母さんから味噌をもらって泡盛で一杯やる。大隊本部も大隊長がいないので幹部連中が会食の大騒ぎ。兵隊が夜もねないで働いているというのに、一日に二回もひげをそり、ヘチマコロンをぬりたてて、ピー屋で一晩泊るという大隊長が何故それ程怖いのかしら。彼の目を盗んでヒソカに会食をやる幹部、あの悪代官たる──大なる大隊長にしてこの幹部あり。陸軍の伝統もかくなりしものなるやの慨久しうす。馬鹿さ加減も甚だしい。

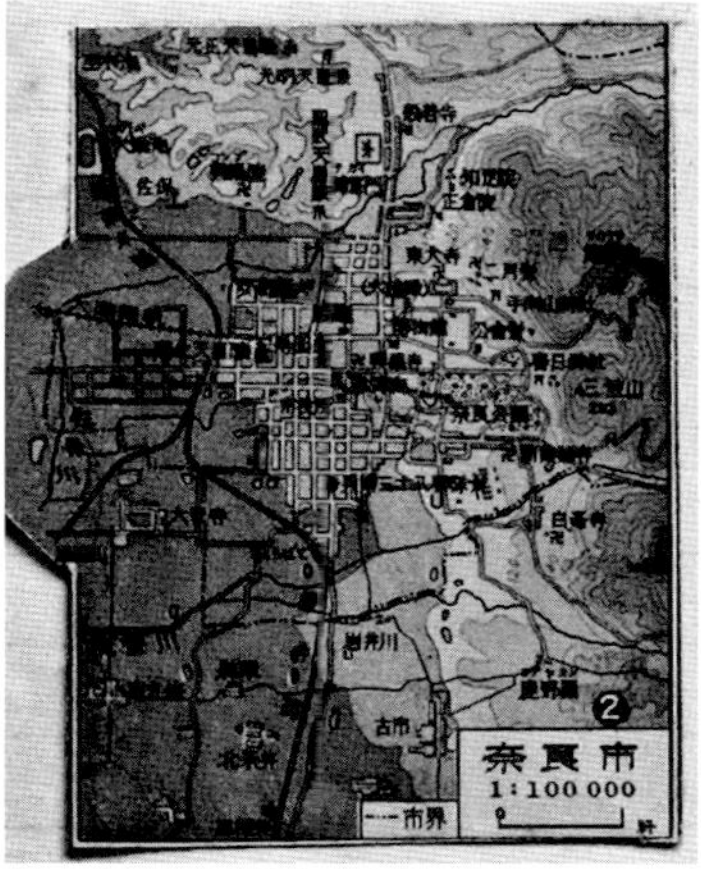

図1　「奈良市」地図を切り貼りした頁

図2　「小樽市」地図を切り貼りした頁

★昨夜、尾針が一五日頃台湾に移動とか、言い洩らす。本当だったら、海軍のある予言者曰く、「大東亜戦、一二日に終了」と。今戦争に対する彼の予言は、今まで全部適中しているとの事。日本が勝って終了するのならいいのだが、日米共に戦況は目下活発ならず、——戦思想が両国家に漲っているとの事。

★衛兵も今日で下番。読書が出来、日記が書け、食事がおいしく出来、煙草が喫える。今の環境では全くparadiseなり。

★横暴な統帥権の乱用と、そして悪の世界が軍隊なり。誰れの罪ならんや。こうせしめた伝統に対する反省がない。つばをひっかけて、足蹴にして家に帰りたい。

★昨夜、暗闇の中で小出、村越と、東京の天麩羅、どじょう、うなぎ、味噌汁、そば、豆腐、つけものなどの話をする。切実なるものあり。現実が夢となり得る日の遠からざる事を祈る。

★「爪髪集」

　高見順の随筆集である。高見順のものは二三読むには読んだが殆んど記憶にない。というのも、大して彼が気にいらなかったからでもある。随筆集は勿論初の御目見得である。書物のない現在だから手にしたのだからかも知れない。面白くなさそうに、本を手にして読み始めた途端、私は一字一字が、一頁一頁がめくられて行く惜しさに一杯になった。文章も読み易く、感受性も文学者らしい独自なものを感じた。どうして彼が今まで好きになれなかったのかしらと思っても見た。

　この随筆集は、昭和一四年に単こ本〔単行本〕となって出版された。したがって書かれてあるものは一四年以前のもの。私が学生時代、知識欲旺盛な時代を生活していた随筆集である。対象物は皆私が思い切りすいこんだ社会の空気である。私が見た、感じた生活である。私の三〇年間中最も華やかなりし頃である。それを彼が自由に書きなぐっているのである。私は読んで行く中に、学生時代に完全に立ち帰って限りない追憶と自由とよろこびに、現在の環境すら忘れてしまった。そこには学生時代の自由があり、藝術があり、銀座の雰囲気があり、昔の仲間の姿がありありと浮かんでいる。当時をこんなに切実に要求している現在がかくも私を感激させたのだ。出て来る名前は皆んな皆んな軍隊とは余りにかけ離れた私の全世界なのである。本当に読んでよかったと思った。そして、本当にうれしいと思った。そして私も必ず一本造り上げる意気が高じると同時に、近い中に帰れる様な気がしきりにした。

8月9日　晴

★兵隊がバッタの需要甚だしきため、バッタの逃げ足が早くなった。近頃は犬も兵隊の顔を見ると矢の様に逃げて行く。

★平良行き

　7日平良に行く。例に依って先生と比嘉さんの家に立寄る。先生の挙動何かしら落着きのないものの様に感ずる。恋愛でもしているのかも知れないとも思って見たが、それにしては溌剌としたところに欠けている様に思う。所詮島人かなの感いよいよ深し。

　比嘉さんの家にて七三才の老婆が、奈良の奥山の老婆の様に素朴な感じで、クワ飯を馳走してくれる。涙が出る程うれしかった。老爺は仕事にて姿を見せず。

　兵寮に立寄って味噌、塩、干魚を吉田兵長に依頼されていただく。親爺さんより多良間〔タラマ〕煙草をもらう。金がないので貰うばかり。

　帰途、六〇才位の初老の人と共にす。話すこと二時間余、尽きざるものあり。話題は、米英支の対日無条件降伏申入れから私が口を切る。私の悲観説に対する彼の必勝の信念は大いに学ぶべきところあり。

8月13日

★宮古島進駐記念日

★昨日休養。山根湾に行き、貝類を取り、昼食持参にて楽しい一日を過す。

坂本貝にあたって夜より大腸炎を起す。

★一昨日、日ソ間にて交戦状態に入り、ソ軍は西部、東部国境に進出との報を聞く。されど正確に宣戦布告や否やは不明なりしも、今日正式に中隊長より、ソ連宣戦布告せしこと発表さる。我何をか言わんやである。ここに於て、私の将来は決定されると同時に、私の使命も動かざるものとなった。戦況如何なりしものなるや。将校の言の中に、必勝の信念乏しきものを感ず。宮古島の如き離島の生活に於いて、今後如何に生活し、命尽きるまでの生活方向を如何にとるべきかは、私にとって以前と同じである。先生の学規に依る生活に毫も変わりはない。宮古島死守に遭遇するのみという――大 中 分隊長の言、我に取りそは子供の気休め、故郷を想い、満州、中国にいたく想いを走らせる我である。

★矛盾

幹部には金がある。俸給が多いから。又彼等には権力がある。彼等はこれを統帥権と称している。これが乱用に依って彼等は兵隊をやたらに使うのみで、彼等自身は一握の円匙すら握ろうしない。故に、energyの消耗という点に於ては彼等支障を来たさない。又彼等は、陛下からたまわった階級の悪用に依って、官物を利用して、320瓦しか食していない兵隊を前に、白米、魚を沢山食卓に飾る。俸給、energy 食物、この三つの点を兵隊のそれと比較した場合、兵隊はこの三つの点は、全く対蹠的である。一生懸命働いている兵隊が月5円の俸給を、一ヶ月おきにもらうだけで、犬馬の如く叱咤され、酷使されるのである。そしてその代償として、一杯のおかゆ、320瓦の飯である。それでまだまだ働きが足りないというのである。

8月14日

★上陸一周年記念も昨日終って、今日から又陣地構築。戦争が終るまで続くであろう作業。兵隊はひと飲みのおかゆでは十字鍬をふり上げる事は出来ない。幹部はそれを要求する。そして彼らは何処かで一日寝ている。こんな状態だから一周年記念日もたかがしれている。感激も何もない。ただただ郷愁にくれるのみ。ソ連虎林を突破して琢合に進入とのこと、最近では何かしらあたり前の様な気がする。それだけどんかんになったのだ。第一日ソ宣戦布告それすら衝撃は大した事がないのだから。

★兎に角、飯というより食う物が少ない。余りに少ない。ちょっと力を入れると腹の皮がくっついてしまうという有様。だんだん辛酷になってゆく生活、東京で食べたうまいものが目にちらつく。そして一家団欒の食卓が。楽しく想像する未来が全く夢に終ってしまう様な気がする。これで私の青年時代がとざされてしまうかも知れない。

8月16日 晴時々スコール

★特報

昨夜、特報あり。大隊長、中隊長集合。重大会議発表、我々にはまだ確定的に発表せざるも、山砲の兵隊より大要を聞く。

畏れ多くも陛下御自らマイクの前に立ちて詔音をお降しになる。その内容は、敵の科学的兵器の活動とソ連の進入により、我が国の戦闘続行は大和民族の根絶と本国焦土化を予想される。これは陛下として見るにしのびない。来るべき日本の建設を―き、ここに日本本土確保を残して、降伏との詔音である。

陛下の御心中おもいやられ、ただただおそれ多い。宮古島は平和そのもの、降伏などは全く信じられない。敵の爆撃下にある本土にある国民の心中如何ばかりか。

8月17日 晴

★昨夜、中隊長より正式に大訳の内容が発表された。

「江の島・鎌倉附近」地図〔切り貼り〕

ポツダム条約に依って、本州、九州、四国、北海道を認め、民主主義国家となすというものなり。余りと云えば余りである。これほどの屈辱が又とあろうか。敗戦とはかくも悲惨なものなのであろうか。この大況に対して、ただただ天皇陛下の大命のまにまに動くのが軍人であるとすまし込んでいる事が出来るのだろうか。赤穂城あけ渡しと籠城の異見こもごもなる状態が軍人の間に何故に活発にならないのだろうか。その豪気の見られない幹部連中の姿が日本敗戦の象徴の様な気がする。
兵隊はその瞬間はおどろきと悲しみのどん底に落ちたのだろうけれど、今日はもう、内地に帰った時の話などしていたってほがらか。何かさみしい様な気がする。

8月19日　晴

★日本は、あらゆる意味で反省の時機が来た。それなのに、いまだ自己のとっている態度が根本的に正しいと思っている人達が多い。敗戦の将、何をか語らんやである。特に軍人に於てその反省が深くなければならない。反省は謙虚なる行動に依って始まる。それなのに、

「大阪市」地図〔切り貼り〕

依然横暴そのものである。我々兵隊が来たるべき内地の建設に夢みる事すら彼等には癪にさわるらしい。我々は敗因をたしかめ、静かに未来を考えなければならない。
★昨日週番を下番して、今日自活。畠の草取、そしてパイ菜を植える。五〇年遅れているという宮古人の農業をそのまゝの形にしか受けつげないのが今の軍隊だ。最も原始的な方法で畑をたがやし、草を取り、イモをうえるのだ。労働としては一番疲労する。二四時間、兵隊を畠上に疲労させて初めて今日の成績は優秀だったと幹部の人は思う。アメリカは兵隊の疲労を最も少なくして最上の能率あげて初めて一日が優―であると結論する。この差が今日の敗戦の大きな原因である。この様な考え方が軍隊の伝統として反省されて来たのではなくて、最も素晴らしい伝統として継続されて来たのだからたまらない。飛行場作業に於てしかりである。
★もう二度と軍隊に来る事はないであろう。なぜなら軍隊が立ち直るまでには相当の年数を要するから。日本が立ち直っても軍隊は立直ったとは云えないし、それまでには自分も年寄りになってしまうから。

8月20日

★自活
　今日は自活の査閲。ある人はこれを重大視して観ているけれども、私は殆んど無意味であると思っている。自活そのものが無意味なのではなく、査閲が無意味である。大東亜戦の遺物であるから、あらゆる意味で。
　パイ菜を砂糖でにる。海水をとって来て、太平洋汁として飲む。食大いに進む。
★帰還
　帰るデマがデマとも本当ともつかない状態で宮古島に飛び散る。停戦の二字は無性に望郷の心をつのらせる。毎夜空想ともつかず、夢ともつかず、内地に帰った時のことを想像して寝つかれない。早く帰って父に、そして先生に、親戚に、そして東京の女性に逢いたい。それに反して未だに士官づらをして兵隊を叱咤する幹部連中の行為が日に日に私を不快にする。鼻もちならない。もう少しの辛棒、これが兵隊の合言葉である。

8月21日　晴

★十三夜、遠くから美や国の網引き踊りのホラ貝が聞えてくる。今夜はお盆、「珊瑚礁」の中にこの踊りのsceneを入れたいと思っている。だから今夜是非見に行きたいと思うのだが軍隊ゆえそれも出来ない。
　デマがみだれ飛ぶ。それに支配されまいと思いながら、デマのひとつひとつで心が踊ったり悲しくなったりする。落着いて将来の事でも考えてみる。それでいいと思いながらまだまだその安定を得ない。まだまだ人間的に出来ていないとつくづく思う。帰るという事があまりにうれしいのでそれと付随して起るいろいろの出来事が気になるのだ。
★今日伸ちゃんからの便りを何気なく読んで見る。受取った時感じなかったところに又新たなものを感じ懐かしく思った。私の便りが向うにつくまでは、彼女は私を完全に死んだと思っていた。そこへ私のの生存を知らせて、彼女達を安心させたのだが、それもつかの間沖縄玉砕での死の決定

を彼女に刻み付けた。マコちゃん死なないでねの最後のひとことが深く残っており、そのひびきが私の生を持続せしめている様な気がする。私が生きていることを知らせたい。「死なないで」のひとことに対して、大丈夫生きてるよ、近い中に逢えると言ってやりたい。知ったらどんなによろこぶかしら。何かが私の生きていることを　彼女の心に伝えているらしい様な気がする。今夜の月を見ながらそんな気がした。

「名古屋市」地図〔切り貼り〕

8月23日　晴

★炎天下今日の自活、芋植え。草が生えている、うねを立たせ、土をくずせなどといろいろ世話をやく幹部連中。この芋が出来る頃には私達は東京ですよと云ってやりたい。

「中部地方(四)」地図〔切り貼り〕

名古屋から東京までの地図〔切り貼り〕

「日光附近」地図〔切り貼り〕

8月24日

★月十七夜。いよいよ29日から輸送開始らしい。我々は来月出発との事。もしそれが嘘でなかったら、実現されたらどんなに愉しいだろうか。その日が来るをどんなにか待ったであろう。

近頃日々やせて行くのが目に見える。何故やせるのか。内地に帰る嬉しさに、夜睡眠が充分にとれないためか。極度に少ない食事と日々の過労のためか。とに角身体を丈夫にしなければ帰れないのだから、一番大切な時。

★自活作業が何よりつらい、そして嫌い。余りに馬鹿馬鹿しいから。

★東京で私を出迎えてくれるのはどうも伸ちゃんらしい様な気がする。

★敵、東京、厚木、横須賀へ進駐とか。内地の人々のこの心境や如何ばかりなりや。

「神戸市」地図〔切り貼り〕

8月27日

★病院の帰り、師団司令部に立寄る。城下兄より煙草いただく。又、極秘のニュースを聞く。それによると、9月1日以降、部隊解散との事。そうなるとこの島にて我々は解放される事になるのだ。何時内地に帰る事が出来るか疑問であるが、長い軍隊生活から自由な体になる事はうれしい。この島でのこれからの生活を色々考えて昨夜は殆んど寝つかれなかった。豊劇団の人達と劇団を編成して興行するか、比嘉松さんの居候をやり、百姓かたわら著述でもするか、好きな仲間同士で一家を造り生活するか。そんな事が頭に浮ぶ。第一の生活が心をひく。その中に内地へ帰る楽しみが近づくのだから、嬉しき限りである。

8月28日

★軍旗奉還式

光輝ある歩三の軍旗も昨日、最も平穏なる状態で奉還式を終了した。最も平穏なる状態とは、何んの事故もなくである。事故とは、送るものがさしたる感謝の情の吐出さえなく終わった事である。多くの士官候補生、少尉候補生、幹部候補生の中から誰一人の切腹者を見出すことなく終了した事を意味するのである。割腹どころか誰れ一人のすすり泣きさえも聞えなかったのである。とは何を意味するものであろうかしら。我何をか語らんや。

★9月1日初年兵除隊確定す。

★我々が内地に帰る日時決定とのデマ飛ぶ。9月1日以降部隊解散とのデマあり。

9月2日

★8月31日夜から急に師団漁撈督励班要員として師団に集合、1日狩俣にて編成、久松の漁撈班に生活する事になった。中隊の給与とは雲泥の差。魚、砂糖、白米、味噌、塩、あらゆる食糧が山とある。昨夜はかますの塩焼き、小魚の塩漬の海の珍味。ただ驚くばかり。これから毎日魚が腹一杯食べられるという訳。班長以下六名の小家族、皆んな感じのよき人ばかり。どんな生活が始まるか。

★9月15日出帆のデマも立消えになりそう。

★9月1日　在島初年兵満期。

★9月1日以降、部隊解散の筈だが何んの音沙汰もなし。

★数ヶ年この地に滞在ということになると、私は現地満期とするつもり。大東亜戦を勝ち抜くという目的が消滅して、一日として軍隊にいることは無意味であり、愚劣であるから、数ヶ月で帰れるというのなら別だが、軍隊には貸しこそあれ借りはすこしもないのだ。さて現地満期をして如何するか。劇団でも

9月3日

★昨夜新人我々のために会食。酒泡盛一升、アジの塩焼、同煮魚、同さしみ、小魚塩漬、トウ瓜とアジの醤油汁。まさしく海の珍味。久し振りに満喫す。

★各水揚場を巡回す。どうも今度の仕事は私向きでなさそう。ロケに適したところあり。これから毎日海岸に出て広い大海原を観ながら本を読み、物を考えることが出来る。それだけでもうれしい。

★劇団

　金主、平、資本金、というより、劇場借用費

「富士山地図」〔切り貼り〕

適当な学校を使用、これは、支庁の平さんに交渉。衣裳は師団へ交渉と民間からの供出。供出した人には無料にて入場することを許可する。

民間側

平、羽地、伊礼、兵寮の主人、その他資金供出者。

現満兵〔現地で満期を迎えた兵〕

豊劇団の人々から募集

又、民間より演劇に興味ある人を試験の結果入団せしむ。

公演は約一ヶ月の予定。

平良町　四日間公演、久松　一日乃至二日、
山中《ヤマナカ》　一日、ソバミネ　一日、嘉手苅　一日、
上地《カミチ》　一日、下地《シモチ》　一日、城辺《グスクベ》　三日、
美国　一日、賀良原　一日、　野原《ノバル》　一日、
川満　一日、西春《ニシバル》　一日、狩俣　一日、
伊良部《イラブ》　二日、池間《イケマ》　一日、
その他、各部隊よりの申し込みに応ず。

「箱根附近」地図〔切り貼り〕

演芸主目

　劇、浪曲、漫才、落語、舞踊、漫談、歌謡曲等

主旨　島民及び部隊の慰安。島民の娯楽、及び文化的向上を目的とするもの

9月7日　晴

★昨午後三時頃、敵水陸両用機一、グラマン一、飛行場に降りる。武器の申受らしい。

★宮古と那覇との折衝の結果はまだ判明せず。この結果如何で我々がこの島に永住するか、一ヶ月以内に内地に帰るかが決する訳。

★「久松」と題して、何か短編小説が出来そう。

「札幌市」地図〔切り貼り〕

★四五日前よりフローベルの「感情教育」を読み始める。作者がフローベルなることを知らずに読み始めた。

★昨日、班長のために、右記の如き印を篆刻す。人間的に好きになれない人のための篆刻、よきものが出来る訳なし。

〔直径2センチメートルの丸印・文字は判読できず〕

9月17日

★創作「久松にて」を書き始めたのだが、気が乗らんので中止の状態にある。気分が乗ったらまた書き始めるつもり。今のところ日々が落着きなし。なんとなくその日暮らしで日々が過ぎ行く状態。帰えったらという五字が何事をやる上にもつきまとって、気持ばかり先走りして、何んにもする気がしない。こんな状態が何時までも続いたらたま

らない。

「関門地方」地図〔切り貼り〕

★満月もまじかに迫った。その準備で村の人達は毎晩演芸の稽古や、月見台や、逢曳きなど、なかなか盛んなものである。ここの女性、勿論若い女性だが、昼間は比較的話そうとする気配が薄いが、夜、それも月夜となると全く昼間とは別級の女性の様に、大胆に口もきくし、慣れ〱しい振舞いもその中に見られる。東京でも昼よりも夜の方がそうなり勝ちだが、東京の女性は、夜はすべてにcarefulであるのに、久松の女性は、夜という自然を絶対なものとして是にまかしきっている風なり。

9月19日

★手紙と写真

昨日は、班長以下5名の人達が皆んな出掛けて自分だけが留守番という事になった。全く独りになったので、大切な手紙と写真を取出した。この島の女性しか見ていない最近、光ちゃんの写真を見て、本当に美しいと思った。こんな美しい人と近い中に逢えるのかと思うと、今まで忘れ勝ちでいた光ちゃんの事が急になつかしく、想い出の糸を一本づつたぐり始めた。

9月21日

★夢の分析

昨夜は長い夢を見た。夢って奴は、大抵現実とあこがれが混線して救われない現実がすみの方へ押しやられて、到底現実では実現されそうにない一つの夢が達せられそうになる。それだけに楽しいものだが、ちょっと芸術的になるとそこに得も云われぬ哀愁の影が底を流れているものだ。

場所は鎌倉山である。晴男さん〔田中絹代の三兄〕と私と二人で話合っていると、突然晴男さんが私に貯金通帳1000円を私にとってくれと云う。私は現在(この現在は今の軍隊生活である)の状況からおして欲しくてたまらないのだが、遠慮して辞退するのだが、晴男さんはどうしてもきかない。私がどうしても受取らないので、今度は現金500円を取り出し、「俺は金を持っていてもしかたがないから是非とってくれ」と云う。晴男さんらしいそ振りと親切の故に私は500円を手にする。これは私が現在煙草を買う金にさえ困って、金が欲しくて仕方ないのでこんな夢が第一段となって私を喜ばしたのだ。鎌倉山とか晴男さんは、この夢が次の段階にうつるに必要な場所でもあり、人物でもあるのだ。又、私に金をくれる人は晴男さん位なものなのかも知れないということから晴男さんが夢に出て来たのかも知れない。

晴男さんは、私が学生時代、といっても私が最も困っていた頃、即ち浪人時代によく私のためにいろいろ御馳走してくれたので、苦難の浪人時代と、辛苦の軍隊生活が結び付いたのかも知れない。

―

二人で話している中に、玄関がサッと開いて風とともに絹代さんが入って来る。私は500円をふところに入れる。絹代さんとは何を話したか記憶にないが、光ちゃんとの今までのいきさつは一言も喋らない。それは絹さんが私に、その後光ちゃんの事について殆んど世話をやいてくれた事がなかったので、夢の中でも自然と冷たいものになってしまったのであろう。絹さんと私とはそのままの状態で撮影所に出掛ける。撮影所で何をしたか、明確に記憶に残っていないが、光ちゃんと会った様な気もするし、助監督としてすぐに仕事を始めた様な気もするし、更に又、所前の食堂で食事をした事も記憶に残っている。しかし、全体が淋しい感じのものであり、すべての人が私に無関心であった様に思う。それだけに淋しきものなり。

9月22日

★続　夢の分析

夜である。皆んな寝に就いている。私も独り床に入っている。一つおいてとなりを見ると光ちゃんも寝ている。彼女は私の知らない下品な男と二人で床に入っている。それは寝るところがないためか、そういう風に規定されているためか、兎に角そうせざるを得ない状況から寝ているのである。知らない男の顔を見ると彼はぐっすり寝ていて、一息ごとに歯をむき出して獣のような感じで寝ているのである。彼女はと見ると、淋しそうに目に涙を浮べている。初めは私はだまって見ていたが、知らない男のねざまのみにくさに耐えられなくなって、彼女をそこから誘って、隣りの広い部屋に連れ出して大きな蚊帳に入れて寝かせたのである。彼女は安心して眠りにつく。
彼女の美しい顔は、更に更に美しく輝く。

　場所は物凄く広い劇場である。横に長いスクリーンが、普通のスクリーンの何倍かの大きさで正面に拡がっている。そのわきに小さいのが一つ、そこで特別試写会があるのである。私達は入れない。中には絹代さんとかおえら方が開幕を待っている。私は入りたいばかりに門から中をのぞいている。その中に開幕のベルが鳴り、開かれざる門が開かれて私は中にとび込む。スクリーンには大河内伝次郎が颯爽と出て来る。私は伝ちゃんに、これがあなたの初デビューの映画ですねと尋ねると、彼は、いや○○○がありますと答える。私は○○○を思い出して、ああそうかとうなづいて映画を見る。映画は何時か以前に私が観たものである。膨大に長いものでstoryは──然としている。

　前篇が終り、私の隣りを見ると光ちゃんがほゝえんでいる。突然絹さんが大きなスクリーンでは見にくいから小さいので映そうと云う。彼女の一言で時間がかかったが小さなスクリーンで後篇が映写された。これで夢は終る。

★十五夜

　昨夜久松の十五夜であった。民衆はその準備で大騒ぎ。私達もカツオのさしみ、アジのさしみ、タコのさしみ、カマスその他の煮付、やき魚と泡盛で盛大に月夜の宴を催す。酩酊す。月を見て、故郷を思い出し、帰る日の近い予想に心をおどらす。

9月26日

★一昨日、米国艦三隻入港して米軍が進駐した。

★伊藤班長他数名、司令部に還る。餞別にcigarette caseを贈る。

★昨夜米を盗まる。二斗余り。　犯人不明。

★満期来月中旬らしき噂あり。すべての状況からおして近き将来にある事だけは慥かである。

★中隊の主食量増加とのこと、帰還期日の切迫を証拠立てるもの充分あり。

9月28日

★炊事当番長となる。長となってもたった一人きり。何から何までやらねばならんのだが、炊事以外の勤務は全くないのだから、創作でもいざ初め様と思う。近い中にカツオ舟が出る。カツオは風のある程よく釣れるという。島から十里も沖に出てもしもの事があったら大変。炊事当番長でのんびりやっていた方が命に別状ないだけよろしい。

★久松の夜、ことの外面白し。

10月27日

★約一ヶ月余り日記を書かなかった。別にこれといった仕事もしなかったのだが、というより、何かしようとして色々手にかけたのだが、一つとしてまとまらない状態に終ってしまった。だからといって、今手にしている仕事を放棄しようとはしないつもりである。

　「久松」なる創作、──を中心にした戯曲、そしてシナリオ、などなど色々ある。その上民間の伊礼さん羽地さんから依頼された宮古島で上演するギ曲などもある。あまり張り切らないのだが、色々世話になった御礼といった意味で書いてあげねばならない。そんな事などで日記も遂にこんな状態になってしまった。色々心の日記も書きとめて置きたかったのだが、暇があるとなかなか外の事に時を過してしまって駄目だ。といってもこれといった事柄もなかったのだ。米軍進駐に依って対米軍人との接衝ぐらいなもの。毎日筆をとったり、読書したりして過ごしてしまったのだ。

　ところで、何時帰れるやらの問題なのだが、今年中にはなんとか内地の地が踏めそう。こんなよろこばしいことはないであらう。

〔この後に篆刻印が幾つも捺されたページがあり、日記(3)、終〕

『宮古島戦場日記』（4）

ノートを半切した上方
14・5×10・5センチメートル

⦿**表紙**　―創作［横書き］

［日記（3）の「9月17日」記載「創作「久松にて」を書き始めたが、気が乗らんので中止の状態にある。気分が乗ったらまた書き始めるつもり。」とある創作である］

（本文）

今日も船は一艘も出ていない。220日の強風が海洋の面をすざまじい勢いで吹きまくっている。リーフが真白い波を至るところにさかまいている。信はあの波のそして海岸の彼方に故国の姿を思い浮べて、故国の土をふんで、肉親に逢えた瞬間の感覚に胸を躍らせるのであった。

信が久松というところに来たのはつい数日前であった。彼は久松に来る前までは兵隊の大部分が毎日毎日繰返している自活作業に日を送っていたのであったが、全く突然、師団の漁撈班督励班に出張を命ぜられ、本部のある狩俣という島のはづれの小さな漁村に集合して更にこの久松という漁村に勤務することになったのだ。信は兵長だった。彼は普通ならば当然中隊の仕事に従事して対外勤務に出る兵隊ではなかったのであったが、日本降伏の日から武装被服の奉還準備というあわただしい日々のために師団から漁撈督励班要員の命令があった時、信以外に残留している兵隊が一人もいなかった。人事係の准尉はやむなく信を一時的に漁撈班の方へ勤務させたのだった。信はその勤務を命ぜられた時、ちょっといやな気がしないでもなかった。というのは、その当時中隊には内地帰還の噂がひろまり、その実現が近い中にあるという希望で一杯だった。信はこのよろこびを前に、漁撈班に出張してもしものことがあったら、この四ヶ年の辛苦に耐えて来たことが水の泡に帰してしまう。何かくらい影がサッと彼の脳裡をかすめた。信は又親しい同年兵と別れて誰れも知らないところに行くことが気分的におっくうだった。

漁撈班に行けば中隊にいる様に、朝夕の水の様なカユ食と少ない昼食からは逃れて、豊富な料理と魚でこの一ヶ年の空腹を満たすことは出来る。この一ヶ年来、疲労と食不足のため目立ってやせて来たことを感じていた。信は帰還までせいぜい兵隊の誰れもが最も手近な最大の希望である真白い米と旨い魚を食べる事に依って体を造って置いてもいいと思った。

「他とは違って海だからな、充分気をつけてな、もうお帰りも近いんだし…」

と彼に近づいて来た戦友の一人の言葉をあとに、信は暗い影をふり捨てる様に、個人装備装具を肩に、中隊を後にしたのであった。

個人装備と云っても、銃、銃創、鉄帽、被甲等を奉還してしまった現在、身につけている被服と、彼が大切にしまってある手紙その他の僅かの私物だけだった。

突然飛行機の爆音が強風の合間からとぎれとぎれ聞えてきた。それがやがて大きくなると同時に数機の機影がだんだん近づいて来た。そうだ今日は敵いやアメリカの兵隊が飛行機でこの離島に拾数機来ることになっているのだ。

（大きな輸送機を中心についこの間までこの島を爆撃したグラマンが悠々と警備に来た）

何も好きこのんで220日の強風をついて進駐しなくてもいゝものをと思いながら、信は大空を仰いで米国の飛行機を打ち眺めた。戦闘中に見た時は、グラマンを簡単に打ち落せる様な気がしたが、今見るグラマンは何かしら戦―という決定的なpointを扱った動かし難い力を持っている様に思った。我々に勝ったということがこれ程決定的な強さをもって迫って来る事に信は今更敗戦国の崩れ行くあるものを感じた。グラマンに護衛された輸送機は上空を数回旋回して飛行場に着陸した。誰れも出ていなかった。浜辺にはいつしか子供達の「アメリカ、アメリカ」という言葉だけが風の音にまぎれて聞えて来た。一段と強い風が上空を音を立てて走った。彼はその風を通して神風を連想した。兵隊、いや日本人の一人として神風的なものを心の奥に大切に抱いており、この出現を期待していなかったものは恐らくいなかったであろう。信の心にも神風にかわる何ものかが日本の危機を救ってくれる様な気がしていた。しかし、敵機が220日の烈風の中を悠々と飛んで来たことまでがそれにからんで何かしら信の精神的なものさえうばい去って行った様な気がした。

　彼はアメリカ国を象徴している物質的観念と、日本の国に根強く流れている精神的観念を今更の様に比較して見るのだった。そしてその精神的なるものが、降伏直前まで平然と日本の軍隊を戦場に戦わしめ(る)た原動力であり、同時に日本を敗戦に至らしめた大きな原因の一つである様に思った。兵隊で誰れが降伏を予期したものがあったろうか。大詔が中隊長の口から兵隊に伝えられた時でさえも誰れもがそれを本当の事の様に思えなかった。それ程日本が負けないという信念は、神風という精神的なものを通して一つの信仰とまで到達していたのだった。それだけに、降伏という事が事実となって動かすべからざることに決定した時、精神的なるものの否定が信の心にも強く起って来た。日本人がたのんでいたものが根拠のないものであり、狐にでもばかされたあとの様な空虚さが襲って来るのだった。何が神風だ、何が精神力だ、我々が大切にしまっていたものは、皆んな二十世紀の遺物の様にしか思えなかった。日本の主脳部の人達の心の中にもこの神風的なものが降伏直前まで巣喰っていた様な気がした。もしそれが事実だったとしたら、信はおそろしい様な気がした。(信はこの島に上陸してから一ヶ年という年月に起った多くの事が、皆この神風的なものを根拠にして行われた様な気がした。それは否定してもしきれないものがあった様に思った。

　前にも書いた通り、久松というところは、漁村である。周囲が二四粁しかない離島の中にある漁村であるから大きいと云ってもたかが知れたものであるが、二〇数戸位の村落の多いこの島では、久松は200戸余という大きな村落だった。部落の中央を貫いている大通りを中心に山手の方を久旻といい、下手の方を松原〔マッバル〕といって二つに区分されていた。

　旧の十五夜が今日か明日かと町の人達に依って意見がまちまちできまらない状態であった。私は小学校時代にならった新暦から旧暦を出す計算方法で、今日は十四夜であると思った。しかし町の人達は今日が十五夜でも明日が十五夜でもどちらでもそんな事は問題ではなかった。ただ、漁がとれて十五夜の準備が順調に整えさえすればよいのである。ところが私の云う十四夜は、生憎と不漁で、沖から帰る船は皆んな空ふねが多かった。平良の町から魚を買いに来る連中はからかごを手に帰るより他仕方がなかった。不漁のために十五夜は明日と云うことに、街の人達の中には暗黙裡にきめられてしまった。私はそれでよいと思った。正式の十五夜に十五夜のお祝いをやるのは当然であると思ったから。それ程この漁師村は日に関する関心はなく、何処の家にも暦と云うものがないのである。

〔以降は歌の歌詞が書き連ねてあるが、タイトルのみ記す〕

サノサ節　都都逸　宵待草　小さな喫茶店
巴里祭　夜の調べ　待ちぼうけ　伊那節
つばめ　娘心　東京行進曲
誰か故郷を想わざる　日本橋から　この太陽
I LOVE WAY MAKE ME VERY BLUE HEAVEN
WHEN ITS LUMP LIGHTENTIME IN THE VALLY
江戸子守歌　大島民謡　島の娘　波浮の港
ドリコのセレナーデ　ラ・スパニヨラ
君恋し　巴里の屋根の下　モン巴里　ダイナ
夜明けの歌　椰子の実　オーソレミオ
サンタルチア　出船の歌　青い背広
東京ラプソデー

高橋〔篆刻印〕

小林正樹アルバム㉛ プライベート

1972年、17歳で日本でプロデビューした
評判の米プロゴルファー
ローラ・ボー(正面傘の下の女性)とのゴルフマッチ
さすがに勝てなかったが
週刊誌グラビア頁に写真が掲載されて
話題になった(左端が小林)

相模原カントリークラブの
なじみの仲間たちと
小林(前列中央)のゴルフの腕前は
ハンディ7
アマチュアとしては
抜群のレベルに
あった

居間のテレビの上に置かれていた
ゴルフプレーヤーの置物

子供のなかった小林夫妻のそばには
いつもペットの姿があった
写真は麻布笄町時代の愛犬ヘレ
梅が丘時代の晩年には猫のミーがいた

最晩年期の戦友会・竜土会(1988年8月17日)
神奈川県三浦三崎諸磯の旧・田中絹代邸にて　中央奥が小林

◉竜土会…麻布竜土町にあった歩兵第三連隊の昭和一七(一九四二)年一月一〇日入営兵の戦友会。昭和二七、八(一九五二、三)年頃少数有志が集まり、旧兵営の見える青山墓地で花見の会を始めると、次第に参加者が増え、やがて竜土会を名乗る団体に発展。毎年一、二月に懇親会を開き、最盛時は常時三〇名余りが出席、小林もよく参加した。

砂漠に遺された沙州城跡にて

小林正樹アルバム㉜

敦煌
一九七九年

5月16日〜6月3日
日本敦煌美術研究者友好訪中団に特別参加
宿願の敦煌視察を果たす
中央右手後列 白い帽子が小林 左端が佐藤正之

華麗な彩色を残す
莫高窟の地蔵尊

シナリオ『敦煌』

◉小林正樹『敦煌』には複数の脚本が現存する。本書に収録したのは『「敦煌」製作準備委員会』の名前で作成された「一九八三年二月一五日　検討稿」である。

◉小林のもとに前年の八二年暮れ、『敦煌』企画へ参加・出資を七七年の時点で申し入れていた徳間康快の徳間・大映グループから「(ロケ予定先の)中国側との話が具体的になり、資金の目処もついた」と連絡があり、これを受けて撮影に向けての本格的な検討が始まっていた。

◉「八三年二月一五日　検討稿」はおそらく、七七年に徳間からのアプローチを受けるとすぐ、小林が稲垣公一(筆名・俊)と鎌倉に籠もってまとめた脚本がベースになっている。

◉小林側と徳間・大映側はこの「検討稿」をたたき台に検討を繰り返した。その過程で大映側からの要望を取り入れる形で何度も書き直され、小林の書き込みが多々ある脚本も現存する。しかし両者の折衝はついに折り合いを見いだせず、小林の降板へと至った。

◉小林の書き込みを含む改稿脚本も『敦煌』をめぐる芸術家と企業家の交渉ドキュメントとしては興味深い。しかし本書への『敦煌』脚本収録にあたっては、大映側の要望が浸潤してくる以前の「八三年二月一五日　検討稿」が、「小林が夢見た『敦煌』」を知る最良の手がかりになると考え、本稿を選択した。

◉なお、脚本冒頭に掲げられている「敦煌」製作準備委員会の名前は以下の通り。

代表＝徳間康快
準備委員＝井上靖　小林正樹　佐藤正之　白土吾夫(編集部注・日中文化交流協会専務理事)　武田敦　森繁

◉脚本に記されたスタッフは以下の通り。

原作＝井上靖
脚本＝稲垣俊
監督＝小林正樹

◉脚本に記された登場人物は以下の通り(配役の記載はない)。

趙行徳《ちょうぎょうとく》／朱王礼／李元昊《りげんこう》／尉遅光《うっちこう》／回鶻《ウイグル》の王女／西夏の女(開封)／曹延恵(瓜州《かしゅう》太守)／曹賢順(沙州節度使)／嬌々《きょうきょう》／回鶻隊商の隊長／その部下／霊州の宗兵／霊州の踊り子／西夏軍の騎兵／兎唇の兵士(漢人部隊)／朱王礼の副官／西夏の近衛兵／回鶻の青年将校(王女の許嫁)／興慶府の学監索／学問僧・書記生(瓜州へ行く六名を含む　六名中更に二名沙州まで)／騎馬の伝令／附添の兵士一(落伍した行徳に)／同二／王女の従者／朱王礼の幹部一／同二／同三／王女の侍女一(行宮)／同二(同)／迎いの近衛兵(西夏)／元昊の侍従／幕僚／瓜州太守の近臣達／辻説法の僧(粛州)／伝令使一／同二／朱王礼の幹部一(小柄)／同二(大兵)／同三／同四／延恵の館の侍女一／同二／同三／同四／回鶻の商人一(瓜州)／同二／同三／尉遅光の傭兵／布告を読む騎馬兵(沙州)／女を売る男(開封)／枯芦の束を持った兵(沙州)

◉シナリオ中の記号

N＝ナレーション
Ⓣ・ⓣ＝字幕タイトル
C・UP＝クローズアップ
F・O＝フェイド・アウト
O・L＝オーバーラップ

㊟台詞及び叫び声傍線を付したものは、異民族の言葉とする。

1 モンタージュ

ロンドンの情景(テームズ河の水面、水鳥、船、寺院、橋そして街路をゆく車の流れ)からキャメラ大英博物館に近づき、その中へ入ってゆく。厖大な、そして高名な収蔵品の数々の印象から奥の一室へ。敦煌出土品の数々。その片隅で文物にかがみこんだ老研究者が顔を上げて一瞥を投げチラと微笑するが、又、文物に没頭する。――壁にかけられた肖像写真――サー・オーレル・スタイン(一八六二―一九四三)の文字が金色の額縁に刻まれている。

N「――ロンドン。大英博物館。正《まさ》しく、世界の記憶と呼ばれるのに相応しいその収蔵品の中に、スタイン・コレクションがある。今世紀初め、東洋学者オーレル・スタインが二度に及ぶ探検によって、中国甘粛省の奥地から入手した四万点に余る古文書は、全世界を驚かせ、人々の耳目を忘れられていた辺境の一オアシスに集めることになった――」

高空から俯瞰した砂漠の中の集落、敦煌市街(現在)。急速度でキャメラは泥土で固められたその低い家並に近づく。

――メイン・タイトル「敦煌」Ⓣ

市街の中央から周囲を、ゆっくり三六〇度パンするキャメラ、南方南山山脈に連る丘陵地帯を遠望する。鳴沙《めいさ》山《ざん》の小ⓣ

N「かつて、東方へ旅した一三世紀のヴェネチア人《びと》マルコ・ポーロは、この地をサチュウ、すなわち、沙《すな》の州《とち》と記し、多くの寺院、僧院について語った。当時にして、すでにこの地は東と西を繋ぐシルク・ロード、中国の門戸たるのみならず、南北の異民族が交る文化燦烈たる十字路でもあった。敦煌の地名は古く、紀元前一世紀、漢帝国の時代に遡る。〝大きく、盛んなり〟という意味である」

――敦煌市街(現在)の点景から、再び極低空の俯瞰――家並を更に沙地を後方に飛して一路南東の鳴沙山千仏洞へ向いながら、次弟に上昇し、半回転して鳴沙山一帯と北方に横たわる敦煌市街を遠望(地名小タイトルⓣ)、次いで、鳴沙山山麓に降下する。

――漠高窟・千仏洞の点景(現在)ⓣ

N「数百を数えるこの洞窟の一つから、偶然に発見された敦煌遺書。厖大なスタイン・コレクションもその一部に過ぎない。スタインと前後してロシア人が、フランス人が、日本人が、アメリカ人が、この世紀の発見に群がり、敦煌の文物は清朝倒壊、辛亥革命の混乱期に世界各地に運び去られた。が然し、その文物の歴史的価値は、時を経るに従って、輝きを加えるばかりである」

――中華人民共和国敦煌文物研究所(現在)ⓣの情景、その文物。調査する研究員のC・UP。

N「なぜなら、研究者たちのたゆみない調査によって、〝取戻されつつある世界の記憶〟は、たゞに東洋学のみならず、世界文化史上のあらゆる分野の研究を改変する全人類の宝物であり、さらに、遥か歴史の彼方に過ぎ去った遠い時代に、人々の夢を誘うからである」

――露、仏、日、米の研究者達の表情のC・UPと調査される敦煌文物。

――出土の洞窟、遠景からキャメラその一つにゆっくり接近し、その中へ入り、更に奥の匿し穴へ

N「これらの貴重な文物を鳴沙山の洞窟へ運び、匿し穴に塗りこめ、後世への贈物としたのが誰であったかは、判らない。然し、研究者達は、それを、略、九百年前、敦煌の地がタングート族の国、西夏によって占領された頃、その兵火を避けたものと推定する。とすれば、当時、中国は、北宋。天子仁宗の時代である……」

――悠々たる黄河ⓣの流れ。そこに影を映す開封の街(現在)ⓣ。往時の絵図へ(上河図)

N「宋は文官優位の中国史上ですら、とりわけ官吏万能の帝国であった。武人の跋扈を防ぐため、文官を重用する政府の方針は、太祖以来、聊かも変らず、学問を身につけ、都開封で官吏登用試験に合格すれば、宰相を初め、いかなる高官を望むことも不可能ではなかった。この絵図は、そうした都、開封の賑いを今に生々と伝えている」

――「清明上河図ⓣ」のモンタージュから、宋の版

図を示す地図へ——

N「文官優位の政策の下、その文化は西欧ルネッサンスに比肩する隆盛を見せた。——が、しかし、同時に宋代は、漢民族が北方、騎馬遊牧民族の国家による未曽有の重圧に苦しんだ時代でもある——」

版図図の上方に遼、そして西夏がある、キャメラは、黄河の上流、西夏との辺境へゆっくり近づく。興慶、霊州などの文字へ。

2 藩鎮・霊州(霊武《リンウー》)城外

荒涼たる丘陵地帯の砂礫の道を疾駆して来た騎馬の回鶻人、閉された城門の前に馬を止めると何事か短く大声で叫び声を上げる。——二度、三度、叫ぶうちに城壁の上に宋兵の影が現れ、手を挙げて合図する。

騎馬の回鶻人、頷くと馬首を返して走り去る

——

丘陵の向うから、回鶻人の隊商が姿を現す。重い荷を積んだ二十頭の駱駝、三十頭の馬、騎乗の数人から成る一団の先頭に先刻の回鶻人(隊長)がいる。巨大な城門の扉が、ゆっくりと開き、隊商は中へ吸いこまれる。馬上から扉を開いた兵士に小銭を投げる隊長、片手で受け取る兵士ニヤリとする。

3 霊州城内

城壁に連る物陰から一人の男(趙行徳)がその光景にじっと眼を注いでいる。

隊商が平然と通り過ぎる城内の壁際には、手枷、首枷の罪人が二人曝されている。——既に土色の顔をした頸の札が越境の罪により斬首されることを告げている。

4 城内の酒家

狭い土間は人いきれと紫煙がたちこめ、回鶻《ウイグル》、吐蕃《チベット》、党項《タングート》など雑多な民族衣裳の人々が漢人を上廻る。異国の旋律にのって軽羅をまとった碧眼の踊り子が旋回する様に舞い踊るさんざめき、喝采する兵士や商人たちを掻き分けて上席に座を占める回鶻人の隊長と部下たち——

隊長、運ばれた酒を一気に干すと、旋回して近づいた踊り子を抱きすくめる。逞しいその耳に唇をふれて囁き、大笑で笑う隊長の抱擁から身をくねらせて逃れ乍ら踊り終える踊り子に、喝采と隊長の投げ銭が飛ぶ。媚笑で受けて引上げてゆく踊り子——部下たちと傍若無人に痛飲して大笑する隊長に、、片隅からじっと限を注いでいる趙行徳——やがて、意を決した様に立ち上ると、喧騒を分けて、その卓に近づいてゆく。

部下たちと笑い転げていた隊長、前に立った行徳に気づいて、笑いをやめ怪訝な眼を向ける。

緊張に頬をこわばらせ、会釈して、

行徳「……(口籠もり乍ら)あんたは塩の密輸をやってる回鶻《ウイグル》の親方でしょう」

隊長「……?!」

凶暴な目付になる、「何だと。この野郎!」

血相を変えて立ち上る部下の男達、行徳を取囲んで襟首を摑み、小突き、締め上げる。

行徳「(慌てて)いや、私は……その事を別に……とやかく、言う訳じゃ……決して……ない」

部下「なら、何だって因縁つけやがるんだ!」

突然の騒ぎに静まりかえって注視する周囲。

行徳「違う。私は、たゞ、親方に、是非、頼みたい事が——」

締め上げられ乍ら隊長に向って切れ切れに言う行徳。

隊長「俺に頼みだと?……何だ?!」

部下に合図するとやめさせる。

行徳「(息を入れて)……この通りだ、是非、頼まれて貰いたい」

叩頭して、懐から砂金の入った袋を取り出すと隊長の前に置く。

隊長「何だ、こりゃ?」

手を伸してずっしりした重さを計るように持上げるが、ようやくその表情がゆるむのを見て行徳、腰を下して隊長に顔を近づける。

行徳「(声を殺して)私を一緒に連れて行って貰いたい

んだ。是非。是非、頼む。親方なら出来る筈だ。今日の今まで、半歳も機会を待っていた。親方に頼むしかない。それは、私の有金の全部だが、頼みをきいてくれれば、差上げる。この身一つでいゝ。親方と一緒に向うへ連れて行ってくれ」

必死の面持ちで頼む行徳——初め、呆れ顔だった隊長もその真剣さに真顔になって来る。

顔を見合せて囁き合う部下の男達。

行徳「決して親方に迷惑はかけない。たゞ、連れて行ってくれさえすれば、いゝ。どうだろう、親方」

隊長「お前さん、向うって言うが、一体、何処のこったい?」

行徳「私の言うのは、(声を落して)西夏の国だ、私は西夏の都、興慶に行きたい。どうしても、行ってみたいんだ」

隊長「……気易く行ってみたいなんて言うが、お前さん、失敗《しくじ》って、捕まりゃ、首が飛ぶんだぜ。ん?」

行徳「……覚悟は出来ているよ」

金の袋を弄び乍ら、

隊長「金も生命もいらねえ、西夏へ行きてえなんて、随分酔狂なお人だなァ、お前さん。何だって、あんな所、行きてえんだい。面白え事なんか、何もありゃしねえよ」

行徳「そんな事は、親方が心配してくれなくてもいゝ」

隊長「(笑って)仰言る通りだがよ。見た所、お前さんは一山狙って金儲けを企む柄じゃなし、かといって食いつめた悪党でもなさそうだ」

行徳「連れて行ってくれるんだな」

隊長「口のきゝ様なんざ、まるで旦那衆だ」

行徳「——」

隊長「役人崩れかい、お前さん?」

行徳「いや、違う。私は、趙行徳という者だ。それだけだ。罪を犯して外国に逃げる訳じゃない。やましい事は何一つない。信じて貰いたい」

隊長「ふん、(部下に向って)やましい事は、これからって訳だ。なア、皆な」

一同を見廻して言い、部下たちと卓を叩いて、大声で笑い転げる。

初め憮然として見ていた行徳の頬に微笑が浮びやがて一同に混って声を上げ卓を叩いて笑い出す。

それを見て、更に笑う隊長と部下達——。

隊長「(喚く)おーい、酒がねえぞ。酒だ」

行徳「(怒鳴る)そうだ、酒だ!」

5 平原の道(夜明け)

回鶻の隊商が、白み始めた空を後にして西へ向う。先頭に騎乗の隊長、駱駝と馬合せて五十頭余りを守るようにして騎乗の部下四人がおり、最後尾にやはり騎乗、一頭の馬を牽いた行徳がいる。振り向いて地平線の向うに昇り始めた太陽に眼をやる行徳の頬に照り映える陽光。草原の日の出は早い。うねる丘陵から見る夜の名残りの影が東に退いてゆく。

6 黄河の流域を行く隊商

夕陽を目指して道を急ぐ隊長と部下たちの影は見る見る磧《かわら》にのびる。駱駝と荷馬を追って馬を前後に走らせる隊商の邪魔にならぬよう脇へ退《よ》ける行徳——。

7 黄河の流れ(航空俯瞰)

荒れた大地を縫う帯の様に白く光る黄河。

その流れに平行に進む隊商の黒い列は、広大な風土の中で蟻の歩みの様にのろい。

8 高原地帯

丘陵の灌木の間を抜ける坂道を喘ぎ乍ら登りつめる。駱駝と荷馬、馬を牽いてゆく隊商の鋭い声が飛び、陰から登り午后の斜光に一瞬照らし出された人馬は、再び下り坂の影に入ってゆく。

喘ぎ乍ら馬を牽き、崩れる足許を這うように支えて従う行徳を、丘陵の頂で騎乗の隊長が眺めてニヤリとする。

立上り、埃と汗にまみれた額を拭った行徳、無理に笑顔を返すが、坂を降りる馬の手綱に足をとられて転り落ちる様に引ずられる。

大笑いする隊長、鞍を叩いて笑い転げる。

必死で起上り、憤然と馬を牽く行徳――。

9 水草地帯

陽は高い――浅い水面を踏んでゆく隊商の馬と駱駝の蹄が、銀色の飛沫を散らす。
隊長と騎首を並べている行徳、鞍の上で居眠りをしながら揺られてゆく。――気づいて微笑する隊長、が黙って馬を進める。

10 砂漠・(1)

烈風が砂塵を巻いて、前のめりに歩む人々のシルエットもかすんで見える。

顔を覆い辛うじて馬に牽かれるようにして歩む行徳、息もつけぬ程の砂嵐と必死に戦いながら、砂にとられ勝ちな歩みを続ける――突然、その腕を摑んで引きずられる、砂の斜面を隊長ともつれ合う様にして転げ下りる行徳――風を避けて砂の窪地にうずくまっている人馬と駱駝に気づいて、隊長と一緒に砂に身を投げるように坐る。

隊長「阿呆ンだら、死ぬ気か、この砂嵐によ」
顔を寄せて怒鳴る隊長の声も砂と風の唸りに掻き消され勝ちである。

行徳「(怒鳴り返す)すまん。うっかりしてたんだ」
隊長、叩頭した行徳を見て、苦笑いで頷くと顔を布で覆って窪地に寝転る。――それに倣う行徳――。

11 砂漠・(2)

稜線の上をゆく隊商。先頭を隊長と行徳が馬首を並べてゆく――前方の一角に数条の黒煙が殆んど垂直に上っているのを認めた隊長が眉をひそめる。

行徳もそれに気づく、隊長を窺って呟く、

行徳「何だろう、あれは？」

涯しなく起伏する稜線の彼方に、人影もなくたゞ静かに立昇る黒煙は何か不吉な廃墟に朽ち残った建築物の柱のようにも見える――

行徳に答えず、半身になって部下の一人を鋭く呼びつける隊長――騎乗の部下が馬を走らせて隊長の所に駈け寄る。

――黒煙を背にして砂の斜面を先刻の部下が砂煙を上げて駈け戻って来る。

稜線のこちら側に身を伏せて窺っていた隊長と行徳が立ち上る――一散に斜面を駈け登って来た騎乗の部下、二人の脇で手綱を引き絞り、前脚を上げて急停止させた馬の上から怒鳴る。

部下「戦さだ！　戦さが始った」
息を呑んで見上げる行徳の傍で隊長が斜面の下に待機させた部下と駱駝、荷車の一団に怒鳴る。

隊長「北へ行くんだ。早くしろ」

嘶き乍ら重い荷を負った駱駝が身を起し、叫び乍ら騎馬の部下たちが馬達を隊伍に整えようと走り廻り隊商は騒然となる。

斜面を転る様に駈け下りて、馬に飛び跨る隊長を追う様に、行徳も馬に跨る。小走りに隊の先頭に向う隊長の横に追い縋る様に馬首を並べて、

行徳「――誰と誰が戦さなんだ？」

隊長「(ジロりと睨んで)決ってるじゃねえか。お前《めえ》の大好きな西夏と回鶻とよ」

行徳「――」

隊長「あん畜生ども、とうとうおっ始めやアがった、阿呆ンだらが。戦さして、殺し合って何の得になるんだ、糞ったれ！」
吐き棄てる様に言うと、進みながら隊伍を作り始めた荷馬の駱駝を追う部下たちの方に馬首を向けて喚く。

隊長「急がせろ！　まきこまれたら元も子もねえぞ！」

12 砂漠・(3)

天に柱する黒煙を左にして窪地の谷を縫うように、北へ向う隊商。襞なす斜面の裾を廻った時、突然、行手の稜線上に、弓を引き絞った西夏軍の兵士達の散開したシルエットが眼に入る。待伏せの罠の真中へ迷いこんだらしい。

先頭を来た隊長は辛うじて手綱を引き、馬をとめるが、行徳は前脚をはねた馬の背から振り落され、革の鐙《あぶみ》に足をとられて引きずられる。

隊長「(喚く)違う、待ってくれ、俺たちは商人だ、兵隊じゃねえ!」

気違いの様に手をふり廻して叫ぶ隊長、凄まじい唸りを上げて、その周囲に降り注いだ箭の一本が、その頸を貫く。声にならぬ叫びを上げた口から、どっと血を吹いて落馬する隊長。

混乱の極に陥って、右へ左へ斜面をよじり、前後にごった返す隊商の駱駝や荷馬。騎乗の部下たちを目がけて、今や三方の稜線に姿を現した射手たちが、箭の雨を注ぐ。

次々と針鼠の様になって射殺される隊商の男たち——混乱の底をどうどう巡りする馬のずり落ちた腹帯と延びた鐙に片足を引きずられている行徳の砂煙と血でかすんだ視野に、手に手に抜刀し、槍の穂先をきらめかせた騎兵が数騎、斜面を突撃して来るのが見える。

引きずられる行徳の身体を馬蹄にかける勢いで駆け抜けて逃れようとした隊商の一人に追い縋った騎兵の刀が一閃する。血しぶきを上げて斬り落された隊商の身体に、引きずられた行徳の身体がぶち当る。首のない屍体ともつれ合うように砂地にのびた行徳の視界が暗くなる——

(F・O)

13 涼州(武威《ウーウェイ》)城外

夜明け前、まだ暗く黒々とした大地のとりわけ暗い凹地に掘られた穴に、漢人の兵士達が荷馬車に積んで来た屍体を次々と投げこんでいる。

夜通しの作業で血と汗と埃にまみれ、無表情に死体を投げこむ兵士たちの眼だけが充血して赤い。凹地の縁に三人の僧侶があるいは坐りあるいは立ったまゝ合掌して、経文を低く呟く様に唱えているが、兵士たちはそれに目もくれず、別の方から近づいて来る人馬の一団に眼をやる。

不吉な葬列のようにのろのろと近づいて来たのは、数人の騎兵に護送された隊商の生残り、数の半減した荷馬と駱駝の一団である。

騎兵「おーい、丁度よかった。手伝ってやるぜ」

兵士「何、言ってやがんだ。どうした?」

騎兵「間違えてな、隊商をやっちまった。可哀想だから、積んで来てやったのよ」

兵士「ふん、手前で殺《や》っといて、可哀想があるか」

兎唇を歪めて笑い屍体を積んだ馬と駱駝を認めるとその綱を引いて凹地の穴の縁へ引いて行き、結んだ革紐を切って屍体を穴の中へ引きずり落す。

最后に引き落された行徳、呻いて堅く貼りついた様な瞼を開く。低い呪文の様な読経を聞き乍らぼんやりと白み始めた空を区切る黒い穴の縁を見上げていた行徳の視野に、黒い兵士の人影が二つ、丸太の様なものの端を持って立つのが見える。そのシルエットを突然、朝の最初の陽光が照し出す。丸太と見えたのは手と脚で持ち上げられた屍体である。兵士二人、その屍体を拍子をとる様に振って、行徳の真上に抛り出す。

獣じみた叫び声を上げて、身を起す行徳、落ちて来た屍体の下敷きになるが、狂った様に身をもがいて、その下から抜け出し、更に、死体の穴に気づいて、訳の判らぬ叫び声を上げ続ける。

ギョッとした様に顔を見合せる兎唇の兵士と僧侶たち——。

14 涼州城内・屋敷の中庭

褌だけの裸に剝がれ、頸を綱で珠数繋ぎにされた住民の壮丁が、石畳の中庭に引きこまれてゆく。

中庭を囲む回廊に充満した漢人の兵士たちは、夫々武器の手入れをする者、飯を食う者、繕いをする者、思い思いに手を動し乍ら、体格を調べられ、頸縄を剣で断たれて二組に撰別されてゆく壮丁を見物している。

剣を手にした副官の撰別を、日陰の椅子に腰を下し、投げ出した両脚の間に剣を置いた髭面の隊長(朱王礼)が、眠たげな眼で眺め乍ら酒を呑んでいる。

四人に一人屈強な者は中庭に残され、兵士の服を着せられるが、他の者は、改めて頸縄に繋れ、外に連れ出されてゆく——その出入口から、兎昏の男に突き飛ばされるようにして行徳が入って来る。

兎昏「脱げ！　死に損い！」

呆然と見廻している行徳。

兎昏「裸にしろ！」

警備兵が二人、飛びかかって、抗おうとする行徳を殴りつけ、あっと言う間に褌一つにしてしまう。裸にされ乍ら下着の間から落ちた布切れを必死で拾い握りしめると、おとなしく最後尾に立った行徳を朱が眠そうな眼で見ている。

撰別が終りに近づき、行徳、剣を手にした副官の前に突き飛ばされる。

副官「(一瞥して)駄目！」

外に連れ出される組の方へ顎をしゃくる。

警備兵が行徳を突き飛ばして頸縄をつけようとした時、朱がのっそりと半身を起す。

朱「待て、一寸、連れてこい」

もう一度、突き飛ばされて朱の前に立たされた行徳の握りしめた右手からはみ出して見える布に顎をしゃくって、

朱「何握ってんだ。見せろ」

行徳「厭だ。私は――」

警備兵が横から殴りつける――よろめく行徳。

朱「見せろ、取りゃしねえ」

行徳「厭だ、こんな理不尽な――」

又、殴りつけられ、よろめく行徳。

朱「強情な奴だな、いゝから、見せろ」

行徳「私は漢人だ、あんたらだって同じ――」

今度は副官が剣の鞘ごと腰のあたりを叩きつける。

朱の足許に這った行徳の腕をねじ上げて兎昏が無理矢理、行徳の掌を開かせ布切れをとり上げて朱に渡す。

朱「(手にとって眺める)――ふん、何でこんなもの、後生大事にしてやがるんだ」

急に興味を失った様に布切れを、行徳の抑えつけられている地面に抛り出す、その布切れには異様な文字が十個ずつ三行に認められている。

朱「もう、よし」

上体を倒して酒に手を伸す朱に、布片を再び手にして立ち上った行徳が喚く。

行徳「何だ、明き盲！　西夏の傭い兵が西夏の文字を知らんのか。こんなものたア何だ！」

朱「何だと、この野郎！」

破れ鐘の様な声で怒鳴ると、弾かれた様に椅子から立ち上りざま、傍の机を引っくり返し、剣を抜く朱王礼、行徳を睨みつけて、

朱「もう一遍言ってみろ。ぶった斬ってやる！」

凄まじい怒声に、流石にたじろぐが、切れぎれに、

行徳「……素手の、裸の……人間を斬るのは、さぞ、勇気がいるだろう。き、斬ってみろ！」

朱「もう一遍、言え！　この野郎！」

行徳「……おう、言ってやる……あ、明き盲！」

剣を振り上げた朱に、思わず眼をつむる行徳、しかし、剣は来ない。恐る恐る固く閉ざした眼を開いた行徳の真前に、朱の髭面がある。

行徳「……？」

朱「勘弁してやるよ。人を盲呼ばわりする所を見るとお前は目明きらしいからな」

思わず肩の力を抜く行徳、吐息する。

朱「(ニヤリとして)その割にゃ、いゝ度胸だ、兵隊にしてやる」

呆然としている行徳、突き飛ばされ兵隊の服を押しつけられる。

兎昏「着ろ！」

まだ、ぼんやりしている行徳に兎昏が笑って、

兎昏「呆れた死に損いだな、お前は。又、生命拾いしやがった」

15 モンタージュ・(2)

涼州城外の牧地――衛兵にされた行徳と、彼の見た放牧と軍馬調教の情景。

N「趙行徳に与えられた最初の任務は、城外、放牧地の衛兵であった。そこで初めて、自分の部隊が漢人だけで編成された西夏の第一線部隊であること、そして、この土地が、西夏によって占領された涼州であることを知った。涼州は河西の東端に位置して、交通上の要衝であり、古来名馬の産地として知られる――。この地は、宋にとっても、西夏にとっても、また甘州に拠る回鶻人にとっても必要な土地であった。宋と西

夏は共に大部分の馬をここに仰ぎ、回鶻人はその売買によって巨利を占めた。西夏は宋との衝突も辞さぬ覚悟で、涼州攻略の軍を起し、僅か三日にして、それを、自己の手中に収めたのである」

——涼州城外の四季。春・夏・秋・冬・そして再び巡る春の点景。

N「趙行徳は兵卒として西夏の漢人部隊に配されたまゝ、涼州でその年を送り、翌年の春を迎えた。西夏は涼州を占領しても住民の一人をも害せず、兵隊にならぬものは、黄河西岸の肥沃な地帯に移し農耕、放牧に従事させた。西夏人自身もまた、男子は十五才にして悉く兵役に従い、さもなければ負担と称して、雑役に従軍させていたのである」

——フルスピードで疾駆する軍馬の背に、背を踞《かが》め、必死で縋りついている行徳、その軍馬は小型軽量の車を引いており、二輪の車の縁には左右の外側に鋭い長剣が植えてあり疾駆する時は回転して銀色の柱の様に見える。草も灌木も藁人形もその銀色の柱に触れるものは薙ぎ倒される。

N「趙行徳は毎日のように城外で訓練を受けた。生れつき非力ではあったが。真剣に訓練を受けた。落伍して荒地の開墾にやられるより、幾ら辛くても一兵卒として涼州にいる方が有難かった。行徳の兵卒としての役目は、馬の鞍にすがり、敵陣に向って駈けに駈けることであった。一年の間に三回甘州の回鶻人との間の戦闘に参加したが、馬は命じられなくとも、軽い主人を乗せてまっしぐらに駈けてくれた。そしていつも気を失い、気がついた時は本軍に帰りついていた。敵軍の中を駈け抜ける事も、帰陣することもすべて馬がやってくれたのである」

疾駆する訓練の行徳。実戦の行徳は同じ様な恰好で血まみれで失神しながら敵兵を薙ぎ倒して駈ける。——失神したまゝ辛うじて身体に結んだ索で馬側に仰のいたまゝ帰陣した行徳、索を斬り離され地に墜落して、意識をとり戻す。その目の前に、荷を下して動いた馬が引く車輪の双刃がぐいと迫り、仰天した行徳、地を這って逃れる。兎唇の男、面白がって笑い転げるが、それでも、やっと逃げて、のびた行徳の脇に膝をついて傷の手当をしてくれる。

兎唇「大した傷じゃねえ、大丈夫だ。死に損いって奴は滅多な事じゃ死にゃしねえんだ」

憤然と眼を向けた行徳、笑っている兎唇にやっと笑顔を返す。

（O・L）

16 涼州城外の曠野（夜）

燠《おき》の様な赤くほの暗い火に照らし出されて西夏兵が馬の世話をし、武器の手入れをし、炊事をしている。野営である。その間を新しく集結地に到着した騎兵隊が黒々と通り過ぎる。嘶く軍馬、叫ぶ兵、駈ける伝令。

N「春を迎えると近く甘州に対する大々的な作戦の噂が専らとなった。城外は急に騒がしくなった。毎日、新しい部隊が到着し、駐屯し始めたのである」

城壁から俯瞰した城外の曠野、黒々と夜の闇の底に沈んだ大地を埋め尽す設営の赤い火、火、火——。

17 涼州城外の広場（朝——夕）

西夏の軍団が部隊毎に整列している、轟く軍鼓の響きにそよぐ葦の様に全軍に緊張が漲る。

幕僚、将軍を従え、近衛兵に護られた西夏の皇太子李元昊《りげんこう》が悠然と手綱をとって、城門から姿を現す——徒歩で閲兵する李元昊。

N「そして、四月に入ったある日、全軍が城外の広場に集められた。西夏の全軍を率いる皇太子李元昊の点検である——漢人部隊は最後だったので趙行徳達の順番になったのは日没時《とき》であった」

落日の空——夕陽を浴びて赤く燃えるような李元昊が、整列した漢人部隊をゆっくり点検してゆく。緊張にこわばった兵卒の頬と対照的な威厳の中におだやかな微笑を与えて過ぎる。従う隊長朱王礼はたゞ火の様だ。

N「李元昊は一人の点検を終える度に、微かな微笑をその兵隊に与えた、心に泌みるようなおだやかな微笑であった、それを受けた者の誰もが、彼のためには身命を捧げても惜しくないと思うような、不思議な力を持つ微笑であった」

李元昊、朱王礼を従えて、行徳にも同様の微笑を与えて通り過ぎ、次ぎの八牛弩隊に移ってゆく。弩床を持つ攻城用の強力な弩《おおゆみ》である。

N「趙行徳は、自分がいま李元昊の部下であることが不思議に思われた。彼のために命を擲って戦い、これから又、戦場に出ようとしていることが不思議に思われた。それをさほど厭と思っていない自分が不思議だった——」

赤く燃える落日の空を背に身じろぎもせずに立っている趙行徳。

18 涼州城内・兵舎・中庭(夜)

兎唇の兵士が呼ぶ。

兎唇「おーい、死に損い!」

馬具を外す兵隊達の中で行徳、顔を上げて兎唇を見る。

兎唇「(招いて)隊長が呼んでる、すぐ行け」

19 同・隊長宿舎・中庭(夜)

灯を手にした隊長朱王礼が中庭の真中に据えた八牛弩を眺めている。

やって来た行徳、弩床の回りを巡ってためつすかしつ眺め入る朱の姿を認めて声をかけるのを躊って立ったまゝ待つ。

朱、一巡すると行徳の会釈を一瞥する。が、黙って太く長い踏橛箭《とうけつせん》を装着して狙いをつける。

眉をひそめるが、睨んで動かずにいる。

力一杯足をふんばって弩《おおゆみ》を引こうとする朱王礼、かすかにきしむが強力な弩は一人では無理である。

踏んばる朱の顔は真赤になるが弩は動かない。

意地になって弩を引きしぼろうとする朱に、行徳、笑って、

行徳「いくら、隊長でもこの弩は一人じゃ無理でしょう」

もう一度踏んばるが諦めて、睨みつける。

朱「悧巧ぶるな。そんな事は言われなくたって判ってる」

笑いを殺して軽く頭を下げる行徳。

灯りをとり上げると、もう一度睨んで顎をしゃくると、部屋の方へ——従う行徳。

20 同・部屋の中

入って来た朱、立ったまゝ卓上の酒をとって注ぎ一息に干すと、戸口の行徳に坐れと顎をしゃくる。坐る行徳。近づいて行徳の顔からゆっくり視線を襟元に下し、趙行徳と記した名を見つける。

朱「ふん」

もう一度、行徳の顔に眼をやって卓の向うに行き、盃に酒を注ぐと口へ、

行徳「——」

朱「(一気に干して、漸く坐る)俺はな、読み書きが出来るからって鼻にかけてる奴は、ほんとうは大嫌いだ——(見る)」

行徳「——いや——私は、別に、鼻にかけてるつもりじゃ——」

朱「俺の事を、明盲って抜かしたろうが。忘れたのか」

行徳「いや、あれは、あの時は——私も、腹が立ったから、つい、そう言ったが——」

朱「もう、いゝ。そんな事で呼んだ訳じゃねえ」

後の卓に手をのばして布片をとり行徳の方に抛る。

行徳「——?・(手にとる)」

朱「読んでみろ」

拡げた布片に眼をこらすが、顔を上げると情けない面持で首を横に振ると、

行徳「残念だが、これは読めない。これは、西夏の文字だから、私には——」

朱「何だ、読めねえのか。眼明だろう、どうして読めねえんだ」

行徳「どうしてって——、西夏の文字は習った事がないからだ。習いたいと思ったが、誰も教えてくれるものがない、それで、私は——」

眼を布切れに落す行徳に、

朱「ふーん。それで、お前は河西くんだり迄来たのか、西夏の字を習いに——」

行徳「——(頷く)」

朱「呆れた奴だ、全く。(酒を干して立つ)呆れ返った奴だな、えゝ?! お前って奴は――」
行徳「どうして?!」
朱「漢字の読み書きなら出来るんだろう」
行徳「出来る」
朱「読み書き学問が出来たら、こんな所に流れて来なくったって故郷《くに》で出世が出来るじゃねえか、えゝ?」
行徳「私も、都に上る時は、そのつもりだったが――」
朱「何だ、都で試験に失敗《しくじ》ったのか?」
行徳「(頷く)失敗った――それから、女に逢った……西夏の女だ……」
突然、撥《はじ》けるように呵々大笑する隊長朱。
行徳「――?」
朱「(笑いを残して)女か、女は怖いな、国を傾け、身を誤らせる――女か(一人合点)」
行徳「西夏の文字を知っている人に会えれば、こんな文字はすぐ読める様になれる。西夏の都、興慶へやってくれれば、すぐ、隊長の役に立てる様になる。どうだろう」
朱「(ギロリと睨む)――よし、今度の戦《いくさ》が終って、若しお前が死なずにいたらな」
行徳「ほんとうに、行かしてくれるか!」
朱「俺は約束したら必ず守る人間だ、覚えとけ」
行けという様に顎をしゃくる――立って微笑で一礼した行徳、出て行こうとするが、
行徳「(振り向いて)隊長」
朱「ん?(見る)」
行徳「何で、私の事、読み書きの事、思い出したんです、急に?」
朱「俺は思い出したりせん、李元昊だ」
行徳「――あの……」
朱「(頷いて)俺に、もし、お前位の学があったら将軍にしてやるんだが――だと。あの野郎め、抜かしやがった」
忌々しそうに最後は呟く隊長に思わず笑みを浮べる行徳に、いきなり、
朱「今度の戦に勝ったらな、そうだ、部隊の碑を作ろう。お前に書かしてやる」
行徳「碑を? どこへ?」
朱「そんな事は、まだ判らん、沙漠の中か、甘州のどこかの村かだ(見据えて)だから死ぬなよ」
行徳「――」
朱「出動の前の夜、俺と話をした奴は、皆な死んでる、気をつけろ」
行徳「(苦笑して頷き)碑の文字は漢字で書くんだろうな」
朱「当り前だ。西夏の文字なんぞ、これに(と布片をつまみ上げ)しか用はない」

21 行軍する漢人部隊

先頭をゆく隊長朱王礼――隊伍の中に兎唇も行徳も馬首を連ねている。
N「涼州から甘州までは、五百支里の道程である。十日目の朝、先鋒の漢人部隊は、迎え撃つ回鶻の大部隊と接触した」

22 丘陵地帯

馬上に仁王立ちになった朱王礼が、白刃を振って怒号する。

朱「行くぞおッ! 突撃イッ!」

なだらかな丘陵の頂から逆落した突撃する隊長の脇を、追い縋る様に長槍を構えた騎兵が守り続いて、牙竜車を引いた行徳達の一団が山型に拡がって続く。丘陵地帯の底で一瞬、不意を衝かれて混乱に陥った回鶻の騎射部隊、馬を駆り、散開しながら、濛々たる砂塵を上げて突進して来る漢人部隊に向って矢を注ぐ。

砂塵の中、騎射する回鶻部隊の間を、馬首にしがみついた行徳が突抜けるように走る。射落される漢人兵士、牙竜車に捲きこまれて横倒しになる回鶻騎兵、阿鼻叫喚の地獄図が、砂塵の中で一瞬、影絵の様に見える。

――再び丘陵の頂に仁王立ちの朱王礼、返り血を浴びた阿修羅の様に怒号して突撃――散開した敵中を突走る地獄図を繰返す。

――三たび、突撃する朱王礼と漢人部隊、その数は半減している。馬にしがみついたまゝ砂塵濛々たる中を駈けに駈ける行徳――やがて、馬

が止り叫喚が消え行徳の身体がぐらりと動いてずり落ちそうになる。凄まじい阿修羅の朱王礼が近づくと無雑作に行徳の襟首を摑んで引起す——水から引上げられた魚の様に喘いで漸く眼を見開いて朱の髭面を認める行徳。

朱「だらしのない奴だな」

行徳「生きてたのか、隊長も！」

朱「そりゃ、こっちの言う事だ。これから甘州攻略の先鋒部隊を編成する。お前も、連れて行ってやろう」

頷くが、行徳再び、気を失って馬から逆さ吊りになる。

苦笑する朱王礼。

二人の周囲は、倒れた人馬で死屍累々の惨状である——。

23 甘州（張掖《チャンイエ》）城外（夕）

城門を閉ざし、鳴りを静めて待ち受けるような城郭——忍び寄るように、八牛弩を弩床に据える漢人部隊——三台の弩が城壁の一線に狙いを定める間、挺身隊の数名が這い乍ら城壁下へ——。

朱王礼が黄旗を振り下す。凄まじい唸りを上げて飛ぶ踏橛箭——城壁を縦一文字に斬る様に突刺さる九本の箭を伝って猿の様に挺身隊の兵士が城壁を上り城内に飛びこむ。燃える様な眼で睨んでいる朱王礼の傍で息を呑んでいる趙行徳。

城門が内側にゆっくり開き、飛び出して来た挺身隊の一人が黄旗を振る。

朱「行くぞッ！」

低く叫んで馬にとび乗る——倣う行徳と他の兵士達、まっしぐらに駆ける朱に続いて城門へ——。

24 同・城内・街路

城門から一散に人気の消えた城内へ馬を走らせて来た朱王礼に続く漢人部隊の騎兵隊朱の合図で停止して十子街の周囲に眼を配る。

朱「どうやら、敵は逃げたらしいな、おい、狼煙《のろし》を上げろ」

傍の行徳を見もせずに、烽台《ほうだい》を刀で指して命ずる。頷いて行徳、たゞ一騎城壁の下へ一散に馬を走らせる。

25 城内・烽台の下

駈け寄った行徳、馬から飛び下り烽火用具の包みを抱えると烽台に通ずる階段を駈け登る——行徳が城壁から更にその上に建てられた烽台に入り中の暗い梯子を上って何層めかの床から半身を出した時、ハッとして息を呑む。

一見して上流階級と判る衣裳に身を包み、彫りの深い黒い瞳に怯えを見せながら、凛として身構えている若い女がいる。

一瞬総てを忘れた様に女を見つめた行徳が身をのり出してその床に上ろうとした時女がはっとしたように後退り半身に身構える——衣裳の下で短剣を握りしめているらしい。

女の痛々しい程の強張りを解くような微笑で首を横に振って、

行徳「心配するな。危害は加えない」

言い切って身を躍らせ、再び床を鳴らして身構える女に構わず、最上層への梯子を昇る行徳——包みから発火具をとり出すと錐を揉むように点火にかかる。下から行徳を見上げている女は、まだ身構えを解かないが、深い淵の様に黒い瞳をじっと行徳に注いでいる。

行徳の両掌の下から白い煙が上り始める。

更に手に力を加え乍ら、女を見て、

行徳「役人の娘か？」

黒い瞳を注いだまゝ、かすかに首を横に振る女。

行徳「何故、逃げずにこんな所にいるんだ、父親は？」

焔を発した発火具。

行徳「——？（じっと女を見る）」

女「——可汗の弟」

低いが透き通った凛とした声である。

行徳「可汗！ それでは、あなたは王族か」

じっと見つめたまゝ、かすかに頷く女。

フッと吐息を洩らして行徳、女から眼を外すと烽火用の燃料に火を点ずる。

夕闇迫る真紅の空に立ち昇る黒い一条の煙。

見上げていた朱王礼、会心の微笑を浮べて馬首を城門に向ける。

26 城外

稜線の彼方から黒々と姿を現す西夏の大部隊、馬首を城門に向けて動き出す。叫喚。

27 城内・烽台

後退りして烽台の角に身を堅くする王女に向って距離を置いたまゝ行徳が、低く柔かに言う。

行徳「――心配しなくてもいゝ。安全な匿れ場所を探してみよう。私が、迎えに来るまで、ここに居た方がいゝ」

またたきもせずに行徳を見つめている黒い眼。

行徳「――いゝね」

かすかに、かすかに王女の捷毛がふるえ、二本の首飾りをかけた顎が頷く。

微笑で頷き返して梯子を下りる行徳。

始めて若い娘らしい弱さを見せて、下りてゆく行徳を見送る王女。

28 城内・街路(夜)

民家の扉を叩き壊して焚火に投げこむ者、火を囲んで酒を呑む者、金目のものをその明りでより分ける者、女の衣裳をかぶってふざけ散らす者、酔って剣を振り廻して喚く者――一夜限りの掠奪が許されて城内は煮え返る様な騒ぎである――荒れ狂う兵士達の眼を掠めて露地裏の暗がり伝いに行徳が、顔を媒で汚し男物の外套で身を包んだ王女を連れて来ると、大通りを走り抜け、反対側の露路の暗がりに消える。

そうした二人に全く気づかない街路の兵士たちの掠奪の宴――

(O・L)

29 同じ街路(昼)(数日後)

掠奪の影もなく清掃整頓された同じ街路を西夏の本隊が入城して来る。――近衛兵達に囲まれて悠然と通り過ぎる李元昊を露路の物影から窺う様に見上げる趙行徳、やがて衣服に隠し持った包みをかかえる様にしてその奥へ遠ざかる――。

30 城内・匿れ場所

ある屋敷の中庭から続く裏手の空地――行徳が周囲に眼を配り乍らそっと入って来るが、ハッとした様に立止る、隅にある井戸の陰から身を起して行徳を認めた王女、ぬれた髪、顔を拭わずかすかに笑みを見せて会釈を送る。

駈け寄って、
行徳「――人に見つかったらどうするんです。さ、入りなさい」

思わず王女の肱に手をかける。

王女「大丈夫。――私、気をつけています」

じっと行徳を見つめたまゝ、呟く様に、しかし、はっきりと言うと布で顔と髪を拭い乍ら、小さい倉庫の方へゆっくりと歩き出す、不安げに後を気にしながら従者のように続く行徳――身を屈めて倉庫の暗がりの中へ、――壊れた車や籠などが所狭しと置かれた暗がりを宮殿の玉廊を歩くように抜けて奥のがらんと広い穀物倉のような匿れ場所に入ってゆく王女、髪を拭い乍ら行徳を接見する様に二階に続く階段に腰を下す。

小さな天窓から数条の光が流れこんでいる。

黙って王女の足許に食料の包みと革袋の飲水を置く行徳に、
王女「お前は、なぜ、こうして毎日食物を運ぶのですか」

行徳「――なぜという事はない。あなたを助けたいからだ」

王女「なぜ、助けたいのですか」

髪に布を当て首を傾けながら真直に眼を向けて

静かに言う王女。
言葉に窮した様に、黙って見つめる行徳。
王女「ここに隠れてからもう五日になります。私、もう、匿れているのは厭です。こんな所に――お前は、いつまで、私をここに置くつもりなのですか?」
行徳「(困った様に)少しずつだが……城内に回鶻人たちが帰って来ている、そのうちに女達も帰って来るでしょう。そうすれば、あなたも、ここから出られると思う」
手を止めて、じっと行徳を見つめると、
王女「――それから? 私に、どうしろというのですか」
行徳「――身分を隠して、回鶻人の中にまぎれこんだらいゝでしょう。そして、折があったら城を脱け出せばいゝ」
口ごもる様に言う行徳を、むしろ悲しみをたたえた様な深い瞳で見つめる王女。眼を伏せる行徳――王女の胸を飾る二条の首飾りの玉がぬれた様な光を放っている。 (O・L)

31 城内・民家(朱王礼の宿舎)

狭い庭先の棗《なつめ》の木の下で半身裸の朱王礼が剣を振っている。満身創痍の逞しい半身に流れる汗が光る。――急ぎ足に来た趙行徳を認めて、最後の一振りを終えると破顔して近づく。
朱「よう。約束通り興慶へ行かしてやる。西夏の字を習ったら、直ぐ帰ってこいよ」
突然の事に返事を忘れている様な行徳に、
朱「帰って来たらな、参謀にしてやる。俺も今度、大部隊を預る事になったんだ」
黙って頷いている行徳に、
朱「何だ。喜ばんのか、不服そうな面しやがって、興慶行きは厭んなったのか」
行徳「いや、そういう訳じゃない」
朱「なら、明日、発て。興慶へ行く部隊に話をつけてある」
行徳「明日?! それは急だ――半月程、のばす訳に行かないだろうか」
朱「馬鹿ヤロウ! 明日と言ったら明日だ。命令だ」
怒鳴りつけて、プイと背を向け、「ヤアッ」と怒号して剣を振るう朱王礼。

32 城内・匿れ場所(夜)

王女の深い瞳が、行徳の手の中の灯のゆらめきの中で怯えた様にまたたく。
王女「――明日?!」
小さく叫ぶように言ってがらんとした倉庫の二階寝藁の上に半身を起す王女。
立ったまゝ灯を手にして黙って頷く行徳に、
王女「困ります。今、お前に行かれては、困ります、私《わたくし》――」
行徳「――済まない。私《わたし》も、出来れば、出発を延ばして、あなたがここから出て行けるようになるまで、見届けたかったんだが――」
王女「――」
行徳「――どうしても、それが出来ない」
辛そうに漸く言って眼を伏せる行徳。
寝藁に、倒れるようにあおのいて唇を堅く噛みしめて、必死で何かをこらえている王女の白い衣裳に包まれた全身は痛ましい程細く、無防備である。息を殺してその姿態と必死に耐える王女の横顔を盗み見る行徳の手の中で灯がゆれる。その明りが投げる大きく黒い影の不吉なゆらめきに眼を向けて呟く王女。
王女「……私が、あの狼火《のろし》の櫓《やぐら》に一人でいた訳を、言いましょうか」
行徳「――」
夢の中の人のように呟く女を、身じろぎもせず凝視する行徳。
王女「私、戦《たたか》いに行った許嫁を待っていました。約束したのです。生きても、……死んでも、必ず帰って来る。そう約束しました。戦《たたか》いで死んでも必ず帰って来る。狼火《のろし》の台で逢おう、そう言いました……そして、お前に逢いました」
突然、甦った様に、身を起し行徳に挑むような眼を向ける。
行徳「――」
王女「――」

33 イメージ

出陣する回鶻軍を送る叫喚と鼓笛の渦の中で、美々しく精悍な騎上の青年将校と王女が激しい抱擁の中で唇を合せている。官能と精神の飛沫が散るような激しい口づけである。――青年やがて突き放す様に王女を離し閲兵の台上に戻すと、剣を抜き放ち馬腹を蹴って出陣の行進の脇を疾風の様に駈け抜けて遠ざかる――唇を嚙んで見送る王女。

城壁の烽台の黒い影から立ち上る狼火――。

34 城壁――烽台

烽台から見下す城壁内側の階段。馬で駈けつけた青年将校、馬から飛び下りると上に向って叫びながら(多分女の名を)石の段を跳ぶようにかけ上る、――その足どりが西夏兵趙行徳のそれに変って――行徳、烽台の暗い階段を息を弾ませて昇る。

待ちかねたように下を覗きこんだ女と行徳の眼が合う――凝然と身を凍らせて見合う二人――。

35 もとの匿れ場所

憑かれた様に呟く王女。

王女「――狼火の台で逢おうと約束しました。そして、逢いました、お前に――」

最后の、一言を生命を奔らせるように言って自分を見る王女に、一瞬たじろぐ様に身を退くが、次の瞬間行徳の中で血がたぎる。

黙って灯を置いた行徳が大股に歩み寄った時、両手で半身を支えて王女が身を起すと行徳を見上げる。静かに唇を寄せた行徳に融ける様に身を委ねる王女――唇を合せ、お互いの身体をまさぐる様に求め合い乍ら藁の上に身を横たえる――。

36 城内・民家(朱王礼の宿舎)(早朝)

土間の隅の寝台に身を起した朱王礼が趙行徳にギロリと眼を向けると大声を出す。

朱「女?! 女がいるのか」

行徳「(頷く)たゞの女じゃない。王族だ。くどい様だが、私の一生に一度のお願いだ。保護してやって欲しい。約束してくれるか」

朱「(立ち上る)女か。とにかく見せろ」

行徳「約束してくれ。普通の女とは違う」

朱「女は女だ、女には女だけの使い方しかない」

行徳に背を向けて手早く服を身につける朱王礼に眉をひそめるが、

行徳「――手をつける気なら頼まない。約束してくれ」

むっとした様に睨んで、

朱「判った。預ってやる。だから、見せろ」

行徳「隊長のために、念を押すが、手は出さない方がいゝ。昔から回鶻の王族の女と交ると死を早めると言われている」

朱「手を出すと死ぬ?! ふん、馬鹿な」

行徳「ほんとうだ、躰が萎えて死ぬと言われている」

朱「――ふ、躰が萎えるのは願い下げだな」

37 城内・匿れ場所

白く空だけが明け始めた裏手の空地に趙行徳と朱王礼が来る。

倉庫の戸口の暗がりに白い女の姿が見える。一瞬、足をとめる朱王礼。

顧る行徳に、

朱「――あれか」

頷いて行徳、王女に近づく。

王女「あの人が、私を保護してくれるのですか」

行徳「ん、よく頼んでおいた、安心していい」

不遠慮に王女を眺め乍ら、敢て近づかない朱王礼に視線をチラと向けるが、

王女「(行徳に)もう一度約束して、きっと一年以内に帰って来る、必ず――」

行徳「約束する、きっと帰って来る」

頸の飾りを一連素早く外すと行徳の手に握らせて限りなく優しい微笑を送る。

行徳「――」

手をとったまゝ見つめる行徳。

王女「――あ！」

振り向くと、朱王礼が逃げる様に遠ざかる。

行徳「――隊長！」

追うが、ずんずん行く朱王礼に、行徳、中庭で追いつく。

行徳「隊長！」

朱「(足をとめて)俺はあゝいう女は苦手だ。俺は駄目だぞ。食物《くいもの》の面倒位は見させるが、それ以上は駄目だ」

行徳「いや――食事の世話だけしてくれれば」

朱「なんだって、お前はあんな女を匿ったんだ、え?!」

行徳「何故といわれても、よく判らないが――」

朱「そうだろう、自分でも判らねえだろう。そういう女だ。あれは、女であって女じゃねエ。男の頭が上らなくなるんだ、あゝいう女には。俺は、もっと普通の女の方がいい、普通の女は匿ってねえのか、お前」

行徳「――馬鹿な、そんなに何人も匿えるか」

情けない思いで苦笑いする行徳――。奥の空地に立った王女が、そういう二人を遠くからじっと見つめている。

38 甘州城外(昼)

西夏の小部隊が西を指して城壁を後にゆく。

その中に加った行徳、振り返って、烽台を眺める。

狼火の上っていない烽台である。不安な想いを断つように向き直って馬を進める行徳――。

N「趙行徳は正午に城門を出た。暦は天聖六年の六月へはいっていた」

39 モンタージュ・(3)

西夏の都興慶府、現在の銀川《インチョワン》ⓣの景観――北方に連る賀蘭山脈と東方を流れる黄河。

N「西夏第一の根拠地興慶は、これまで趙行徳が足を印した涼州、甘州のいずれともまるで違う土地であった。緑なす平野に囲まれた都邑で、溝渠《こうきょ》は縦横に通じ、耕地や果樹園がどこまでも拡がっていた――行徳は街の西北隅に大きな伽藍を持つ寺院の学舎に廻された。西夏文字を学ぶ若者達は行徳の他、すべて西夏人であったが、教師たちは、悉く漢人であった。寺院に起居し、雑用を命ぜられ乍ら西夏語の訓練を受けたが、やがて、行徳は学識を認められ、久しぶりに文字を相手とする本来の生活を取り戻すことになった。行徳はこの年の秋から翌年の春にかけての期間を西夏文字の習得に費した――そして、黄河の氷の融ける四月頃から西夏文字と漢字の対照表を作る仕事に携った」

銀川とその周辺の四季の点景から、遺書「番漢合時掌中珠」ⓣのC・UP更に地図からハラ・ホトの風景。

N「現在、西夏語研究のロゼッタ・ストーンとも言うべき、漢字、西夏文字の対照表は、一九〇八年ロシア人コズロフによって、内蒙古北西部ガシューン・ノール附近、黒城すなわちハラ・ホトと呼ばれる西夏遺跡から発掘されたものである――西夏人骨勒《こつろく》茂才としか知られぬ、その著者は、対照表を『番漢合時掌中珠』と名づけたようである――」

ハラホトの情景から『掌中珠』とその表紙・標題へ――

40 興慶府・学舎・伽藍の大広間(昼)

塵一つなく掃き清められた黒光りする石の床に整然と卓を並べ十数人の僧侶や書記生があるいは筆を執り、あるいは書物を調べ一心に仕事をしている。昼なお薄暗い各机上には一つずつ燭台が置かれ、音もなく燃えている。末席の奥まった柱の陰で一心に西夏訳の仕事をしている行徳――。

N「――いつしか、二年余りの歳月が過ぎていた。朱王礼の部下として経験した何度かの激戦も、辺境の街での生活も、すべて悪夢の一節のようである。回鶻の王女のことも亦、いまでは遠い存在としか思えなかった。果して、自分はあの女と、本当に交わりを持ったのであろうか。夢の中の出来事ではなかったのか。趙行徳は女のために甘州へ戻って行こうという気を、いまでは失ったようであった――」

仕事の手を休めて行徳、背筋をのばし、卓上の灯にまぶしそうに眼を閉じる、その下に置き忘れられた様に環を描く王女の首飾り――。

その時、突然、外で鋭い叫び声、走り寄り、走り去るあわたゞしい足音が聞える。一せいに眉を寄せて大広間の戸口に顔を向けた僧や書記生たちの眼に、押し開けた扉の中に外の陽光を背にして立ち、黒テンの外套をなびかせた人物のシルエットが見える――西夏の皇太子、李元昊である。

仰天した僧侶、書記生、水を打たれた様にひれ伏して叩頭する。

元昊「(見渡して)仕事を続けるがいゝ、縟礼《じょくれい》は無用」

駈けつけて叩頭した学監の老人(索)に、

元昊「通りがかりに思いついてな。寄ってみた。(中へ踏みこむが、後を振り向き供の者に)お前らは、外におれ。邪魔になる」

学監だけを従えて、大奥間に歩み入る元昊、身を堅くして仕事を始めた机上を一つ一つゆっくりと見て廻る――時々、学監を顧み低い声で質問を発し、説明を受けて頷く李元昊の微笑には、閲兵の時とは別の満足がある。

――最后に行徳の机の前に立った元昊に学監が耳うちする様に告げる言葉を頷いて聞いていた元昊の眼が、俯向いた行徳の手許から燭台の下の首飾りにひたと止る。

元昊の口許から微笑が消え、手にした乗馬用の鞭がその首飾りを指す。

ハッと身を堅くして手の動きを止める行徳の目の前を乗馬鞭が吊り上げるようにして首飾りを持ち上げる。鞭と左手で首飾りを支えじっと行徳と見較べた元昊、やがて――

元昊「――書記には過ぎたものを持っているな」

行徳「(顔を伏せたまゝ)――は」

元昊「顔を上げてよい」

むしろ、おずおずと元昊を見る行徳。

元昊「――(真直に見て)宋国《くに》におれば、進士にも相応しい程の学識だそうだな」

行徳「――いや――」

元昊「何亮の安辺策は知っておるな」

行徳「――は」

元昊「む。余が宋の天子だとしよう、お前なら、どんな策をすすめるか?」

行徳「――私《わたくし》は進士ではありません。挙人に過ぎません、私には、その様な――」

元昊「縟礼も遠慮も無用だ。無用だぞ」

行徳「――はい、では、申し上げます」

元昊「む」

行徳「西夏はやがて宋の大患となりましょう。宋が国力の総てを挙げ、西夏を撃つべき時は、今、現在を措いてありますまい。宋が手を拱いて、西夏に、涼州、甘州の攻略を許したのは、既に大きな誤りでございました」

見すえていた元昊の硬い表情に快心の笑みがひろがる。

元昊「お前が宋の宰相でなかったのは、西夏にとって幸いだった。(笑う)――尤も、文弱の宋が、お前の策をとり上げるとは思えん。どうか」

行徳「は――多分――(顔を伏せる)」

元昊「(近づいて)お前には見覚えがある。涼州だ。前軍の兵士で唯一人名を書いていた男がいた。お前だな」

行徳「――は」

元昊「どうだ。朱王礼の部隊に帰る事もあるまい。余の帷幄《いあく》に加わる気はないか、中央におれば出世栄達も思いのまゝだ」

だが、行徳の眼は元昊の鞭から燭の火の上に垂れて焔にふれんばかりの首飾りに吸いつけられている。――行徳の大きく見開いた眼の前で、その玉を連ねた糸が焼け切れ、玉が床の上に滑り落ち、澄み切った音を立てて弾み飛び散って転がる――。

41 沙漠

砂塵が舞い天日を暗くする砂の谷を西夏の一部隊が西へ向って進む、その後尾に混る趙行徳の顔。

N「――それから十日程して、趙行徳は前線へ赴く部隊に加わり、再び甘州を目指した。曽て通過した道を、今度は逆に向うわけである。聞く所によれば、朱王礼は三千の部隊を率い甘州城より更に西二百支里の山間に駐屯しているという。四隣を圧する西夏の敵は今や、吐蕃《ちべっと》(族)を率いる唃断囉《かくしら》であった――」

42 祈連山脈中・小部落への道(夕)

左右に迫る急峻の底、渓流沿いの道を行く西夏の輜重《しちょう》部隊――趙行徳の旅塵にまみれた顔も混る。
行手の高みに部落と城塞が見える。

43 同・部落

土と石の壁で両側を囲まれた細い迷路の果ての広場に面した大きい建物の中から、ゆっくりと姿を現す朱王礼、身を屈め、ためつすかしつする様に、馬の背から荷を下している趙行徳を眺めるが、顔を上げた行徳の前にやって来る。

行徳「――」

朱「(顔を近づけて)む、帰って来たのか」

めっきり老いの目立つ朱王礼の顔に、頷き返す行徳。

朱「(頷き返し)一年経っても帰って来ねえからな、どっかでのたれ死んだと思ってた」

行徳「馬鹿いえ(笑って)この通り生きてる」

胸を張って見せる行徳に、笑わずいきなり、

朱「死んだぞ!」

行徳「死んだ?!」

朱「死んだ」

背を向けると戸口へ階段を上る。

行徳「(追って)誰の事だ、誰が死んだんだ?」

朱「訊くな!」

全身を強張らせ乍ら足を止めない朱。

行徳「女か?!」

朱「む! 死んだ、死んだ者《もん》は生き返らん、あとは訊くな!」

思わず立止るが、又、追って、

行徳「どうして死んだんだ?」

朱「病気だ」

行徳「何の?!」

朱「とにかく病気だ、(呟く)惜しい事をした」

行徳「――」

朱「惜しい事をした。城一つ失《な》くしたよりも惜しい――世が世なら一国の王妃ともなる女だ」

行徳「――何か言い遺した事はなかったか」

朱「ない! 大体、俺は人の死ぬ時、立ち会ったりはせん」

行徳「――?」

いきなり行徳の襟を摑むと顔を寄せる。

朱「いゝか、何も訊くなと言ったら、訊くな――俺はお前に頼まれた事はした」

突き離すように手を下すと戸口の暗がりの中へ入って行く。

立ったまゝ見送る行徳――。

44 イメージ

燭の火にあぶられる首飾りの玉。糸が焼け切れ玉がゆっくり、ゆっくり床に落ち跳ね上り、弾みながら転がってゆく(スロー・モーション)。

45 もとの場所――息苦しい咽喉元を掻きむしるように襟の間から首飾りを引出して見入る行徳――

空はまだかすかに明るいが影はすっかり部落と山塞と戦死の無数の墓を黒々と覆う。

N「――女が死んでしまった今、ここでは、戦に参加することだけが残されていた。女がどの様に死んだか、行徳は知りたがったが、朱王礼の口から訊く事は出来なかった。女の事となると朱王礼は、途端に不機嫌になり、凶暴になった。趙行徳はこの山間で三ケ月を過し、戦《たたかい》に参加した。不思議に死を惜しむ気持はなかった――」

46 小部落への道

二騎の伝令が、砂礫を蹴立て疾走して来ると、馬腹に滴る汗と白い息を残して部落へ駈け上ってゆく。

N「城塞を捨て、全軍甘州へ急行せよという使者が来たのは、十月の末である」

47 部落・城塞（昼――夕）

怒号する朱王礼の指揮。兵達が土塁を崩し、木造の厩舎を引倒し、建物に火を放つ。黒煙と白煙が渦巻き、火の粉が横なぐりに散る中で兵たちが馬に荷をつける――戦場の様な撤退作業の中を行徳がやはり声をからし乍ら叫んで駈け廻っている。

48 甘州への道（夜）

夜を徹して強行軍する朱王礼の部隊。

N「部隊は夜をこめて甘州へ進発した。騎馬三千の集団は、休みなく川を渡り、部落を横切り、翌夕刻には甘州に到着した。この強行軍で、趙行徳一人だけが落伍した。行徳は朱王礼がつけてくれた二人の兵に守られ、一日遅れて甘州についた」

49 甘州城外

二騎の兵に両脇を守られる様にして趙行徳がやって来る。

城外の曠野は既に集結し、露営する西夏軍の人馬や幕舎で騒然――その中の道を城門を目指して馬を進めていた行徳たち、突然甲高い叫び声と共に疾駆して道を開けさせる近衛の騎兵に、道の脇に馬を寄せ、下馬して轡《くつわ》を取る。貴人の通行を告げる近衛兵の声で道ぞいの兵たちは、歩みをとめ、作業の手をやめ、両側に佇立して待つ。

――やがて、鷹匠や射手、勢子や猟の獲物を背にした一団の騎馬を従えた貴人が、悠然と馬に鞭を当てて通りかかる――李元昊である。拳を上げ萬歳を叫ぶ兵たちに微笑を投げ乍ら通り過ぎてゆく元昊を見上げていた行徳、やゝ遅れて頬を紅潮させ、颯爽と馬を走らせて来た狩猟服の貴婦人に気づいて愕然とする。その潑剌とした乗馬姿は別人の様だが、紛れもなく朱王礼が死んだと言った回鶻の王女である。思わず、道にとび出した行徳に、女も気づいて、愕いて手綱を引く。前脚を立ててはねる馬に従者が駈け寄り、愕いた同行の兵士が、行徳に飛びついて引もどそうとする。きっと振り返る李元昊、揉み合う行徳たちの脇を、辛うじて落馬を免れた女が駈け抜けてゆき、従う騎馬の一人が「馬鹿！　気をつけろ！」と怒鳴りつけ、行徳に鞭の一撃を浴せて駈け抜けてゆく。

打たれた頬を抑えて遠ざかる狩猟の列を見送る行徳に、

兵(一)「どうしたんです、いきなり」

行徳「――いや、つい――」

頬を撫ぜる行徳に、

兵(二)「まだ鞭でよかった。刀でばっさりやられたって、文句もいえんじゃないですか」

答えず、城門の方に眼を向ける行徳。寒々と烽火の台が夕暮の空に立っている。

50 城外の露営地（夜）

朱王礼が幕舎を背に焚火を囲んで、幹部の数人と酒をくんで談笑している。笑いの中で朱王礼、焔の向う側に立った人影に気づいて笑いをやめ、立つ――趙行徳である。

朱「よお、どうした？」

魂を宙に飛ばした様に呆然と空《うつ》ろな眼を向けている行徳に朱が大声で呼びかける。その声に我に返った様に行徳が怒鳴る。

行徳「――俺は見たぞ！　この二つの眼で確かに見た」

一瞬、朱王礼も周りの幹部も、突然発狂した人を見るように声を失って行徳を見る。

行徳「女だ！　判らんのか。さあ、訳を聞こう！」

朱「――(怒鳴り返す)死んだと言うのがわからんのか！」

行徳「嘘を言うな！　生きてる、俺は見たぞ！」

朱「ばか！　死んだものは死んだんだ。忘れろ！」

行徳「都合のいゝ事を言うな！　俺は見たんだぞ、女は李元昊と――」

朱「黙れ！　この大馬鹿野郎！　わからんのか！　もう一遍言ってみろ！　たゞじゃおかんぞ！」
行徳「何遍でも言うぞ、俺は見た。女は――」
いきなり焚火を蹴散らし、剣を抜いた朱王礼が飛びかかって来る。
反射的に傍の棹をとって朱王礼の剣を紡ぐ行徳――狂った様に斬りつけて来る朱王礼の剣を、夢中で防ぎ乍ら逃れようとする。剣と棹をふり廻している二人に手を出しかねて遠巻きの兵たちの間を、朱王礼と行徳、焚火も幕舎も繋がれた羊馬も目に入らぬかの様に追いつ、転びつする。
その最中、行徳、一瞬、仰向けに倒れながら自分の突き出した棹に、朱王礼が身を投げ出すように、隙を見せたまゝ襲いかかるのを見て、思わず棹を横に落す。その肩すれすれに剣を突き立てる朱王礼。
行徳「――（凝視する）」
朱「馬鹿野郎！　何で突かねえんだ！」
行徳「あ、あんたこそ何で剣をそらした」
睨み合う二人、――突然、剣を行徳の肩の上の土から引抜くと、喘ぐように言う。
朱「――まだ――い、う、か！」
凝然と朱王礼を見つめている行徳。

51 甘州城内・李元昊の行宮

帳をめぐらした奥の寝室に、蒼ざめた頬を強張らせて、回鶻の王女が狩の服装のまゝ身じろぎもせず椅子に坐っている。

寝室の扉を激しく叩く音にも、身じろぎもせず、撓む扉の閂を見つめる眼は空である――扉の外、控の間に立った李元昊、傍にひれ伏して怯えた様に泣きじゃくる二人の侍女には目もくれず扉を打ち、叫ぶ。

元昊「――開けろ！――何をしている。開けんか！――」

ひっそりと返事もない寝室の中に一瞬李元昊、不安げに手を止めるが、次の瞬間、満身の力をこめて扉を蹴破る。

椅子に腰を下したまゝ空ろな眼を上げる王女を、元昊息をのんで見下すが、
元昊「――どうしたのだ、一体――」

むしろ悲しげな微笑をかすかに湛えたまゝ黙って、元昊を見上げる王女に、つかつかと近寄った元昊、正気づかせようとするかの様に、王女の襟元を摑んで立上らせる。

王女「――」

元昊「どうしたのだ！　黙っていては判らん！　啞になったのか！」

たゞ空ろな眼で見つめたまゝ無言の王女に、元昊その身体を激しく揺るが、人形の様にされるがまゝの王女に元昊その身体を椅子に突き離す。

高い椅子の背に上半身をのばし顔を上げたまゝ眼を閉じる王女の瞼から始めて白く光る涙が溢れて頬に伝る。

凝然と見下していた李元昊、突然、身を翻すと、荒々しく寝室を出てゆく。

ひれ伏して見送った侍女二人、元昊の姿が消えると王女の足許に駈け寄ると、声を上げて泣き出す。

52 甘州城外・曠野

西夏軍が整然と隊毎に横隊を作り、曠野を埋めている。

恒例の出動前の李元昊の閲兵である――ゆっくりと兵たち一人一人に、微笑を絶やさず閲兵している元昊の表情には、前夜の激昂の陰もない。

N「李元昊の閲兵は、早朝から行われた、この前の時とは異り、朱王礼の部隊は、最前列にあった――」

李元昊が、朱王礼の部隊にさしかかろうとする時、部隊の右翼に、幹部達に混って整列していた趙行徳、城壁に聳える烽台に人影が見えるのに気づいて、不審な面持。そうした、行徳の前を興慶での出来事など無かったかの様に、同じ微笑を湛えた李元昊が通り過ぎてゆく。

再び烽台に眼をやる行徳――突然、先程と同

じ姿勢で立った黒い人影が、長い裳裾を流星の様に引いて落下するのを見て思わず叫び声を上げる。周囲からも低いどよめきが起り、閲兵の李元昊も足をとめて振り向く。
落下現場の城壁際に、警備の騎兵が疾駆してゆく、——馬から飛び降りて身を屈める兵士を見ていた趙行徳、突然、駈け出す。撥かれた様に行徳に追い縋って襟首を摑む朱王礼。

行徳「離せ！」

朱「馬鹿もの！　狂ったか！」

行徳を容赦ない力で殴り倒す傍を、馬に飛び乗った李元昊が城壁に向って駈け抜けてゆく。
——命令に駈け寄った部下達が手とり足とり行徳を隊列の前に連れ戻すのを、もう忘れたかの様に、朱王礼、李元昊が駈け去った城壁の下を凝視したまゝ立ち尽す。

53 甘州城外（夜）

宿営する西夏軍の火が、曠野を埋めているが、むしろ、ひっそりと息を殺しているように見える——。

N「——閲兵は中止され、出動は延期された。城壁から身を投げたのは李元昊の寵妃の一人だという噂が何処からともなく広がり、吐蕃との決戦を控えた西夏軍はその夜、椿事の不吉な影に包まれた様に見えた」

その闇と静かさを破り、数騎の近衛兵が朱王礼の部隊に早駆けで近づいて来る。
——眉を寄せて、幹部達と出迎えた朱王礼に、先頭の下士官が布片を手渡す、黙って受取り、後に従った趙行徳に手渡す朱王礼——騎乗のまゝ見下している近衛兵の手にした槍を見渡す。

行徳「（布片を読む）皇太子が隊長を呼んでいる。——即刻、出頭せよと書いてある」

黙って、無表情に見下している獄吏の様な近衛兵を見上げていた朱王礼、黙って頷くと「馬！」と怒鳴る。
不安げに顔を見合せる幹部に眼もくれず、服装を整えた朱王礼、馬にまたがると、近衛兵達に前後左右を囲まれるようにして、遠ざかる。
——見送る趙行徳。

54 甘州城内・李元昊の行宮

廊下を近衛兵に伴われて来る朱王礼、接見の間らしい広間へ招じ入れられる。入ろうとした時、戸口の衛兵が槍を横たえて拒む。一瞬、身を強張らせるが、苦笑いして腰の剣を外して近衛兵に手渡す朱王礼——広間に歩み入ると、示されるまゝ跪いて待つ。
正面に空の玉座と見える椅子がある。
空の玉座を睨みつけていた朱王礼、心の昂りを抑えつけるように眼を閉じる——永遠の様な、一瞬の様な時が流れ、朱王礼、はっと眼を開く——李元昊が立っている。
一瞬、儀礼を忘れて、むしろ、悲しみを湛えた李元昊を見つめる朱王礼に、

元昊「——あの女は死んだ」

低く呟く様に言う李元昊に、我に返った朱叩頭する。

元昊「（じっと見下して）立つがいゝ」

言いおいて玉座の方に歩むが、突然、振り向いて、

元昊「あの女が何故、死んだか、お前は知っているな」

元昊の射る様な凝視に、眼を落す朱王礼。

元昊「余が、お前から取り上げた女だ。心当りがあろう」

朱「——いや、——判りません——」

元昊「——ほんとうに、判らんのか」

黙って頭を下げる朱王礼。

元昊「あの時、余はお前に、女は死んだと思えと命じた」

朱「——（かすれた声で）は」

元昊「その通りになった。——類《たぐい》、稀な女だったが——」

元昊の語調に呻きに近い肉声を聞いて思わず顔を上げる朱王礼に語調を変える。

元昊「陣中で噂が広まっておろう。兵たちはどう言っている？」

朱「は——城壁から、身を投げたのは、殿下の寵妃らしい——と——」

元昊「む。身を投げた理由について、どう噂している」
朱「それは――その様な事を、憚りもなく噂するものはおりません――」
元昊「お前が判らぬと言ったのは、やはり、余を憚ってか?」
朱「いや――ほんとうに――私には判りません――」
じっと朱王礼を見据えて、やがて口を開く李元昊、決然と、
元昊「――では、教えよう」
驚いて顔を上げる朱王礼に、
元昊「あれの死んだ理由だ。あれは、今度の戦《いくさ》でこの余が死ぬのではないかと怖れていた。戦を止める事は出来ぬまでも、先へ延ばす様にと言って、余を困らせた」
思っても見ない言葉に呆然となっている朱王礼に、
元昊「あれは、わが軍の勝利を祈願し、余の身に替ろうと念じて、投身した」
朱「――」
元昊「判るか」
朱「――は」
元昊「戻ったら、将と兵たちにそう伝えい。陣中に、不確かな噂が広まるのは好ましくない」
朱「は――」
元昊「もう一つ、明日、全軍の将兵参列。あれの火葬を行う。お前の部隊は特にその準備に当るよう――」
朱「は――」
その時、幕僚と侍従が戸口に姿を現す。
元昊「何か」
叩頭して侍従、答える。
侍従「――只今、城外より急使が到着してございます――瓜州の太守が、降伏状を奉呈するため、殿下に拝謁を願い出ておる由にございます」
破顔する元昊、朱王礼を顧みて、
元昊「聞いたか、あれの願いは、少なくとも瓜州には届いた様だ――」
朱「――は」
元昊「――(侍従に)瓜州の太守には、明日の葬儀に参列するよう伝えよ。葬儀の後、謁見を許す」

55 甘州城外

曠野の中、小高い丘陵の頂き。竪坑を掘りその上に井桁に組んだ薪木の上に安置された柩。

その丘を囲んで西夏の全軍が、整列している。

垂れこめた暗雲と大地を揺がす様な軍鼓の連打が、途絶える。

馬上の李元昊が、火箭《かせん》の弓を引絞り、中空に向けて放つ――弧を描いた火箭が、柩に向って落ち、次の瞬間、火箭をつがえて中空に向けた部隊毎に、数百の矢が弧を描いて柩と薪木に降り注ぐ――白熱の焔が吹き上げ柩を包み、全軍が関の声を上げる――再び、地軸を揺がす軍鼓の連打の中で、朱王礼と趙行徳だけが凝然と彼方の丘の上で燃えさかる焔を見つめている。

老いの目立つ鬚面を歪めた朱王礼の眼から大粒の涙が流れ落ち、拭おうともせずにいるのに気づいて息を呑む行徳。

再び軍鼓の連打が止むと、火箭をつがえた騎兵隊が、一隊、又一隊と丘に向って突撃して、あるいは、駈け抜け、あるいは横切り、あるいは、その周囲を巡り乍ら、火箭を集中する。

目の前で展開された西夏騎兵の示威に、凝然として跪いている無腰の一団がいる。――瓜州の太守曹延恵と降伏の軍使の一行である。

快心の笑みを湛えた李元昊が、ゆっくりと馬を、軍使達に近づけると叩頭した一行に、
元昊「――(見下して)瓜州の太守か」

延恵「曹延恵でございます」

元昊「降伏を許す」

再び叩頭した延恵に、
元昊「無益の戦を避け、わが軍に降ったのは、賢明だったな。瓜州はこれまで通り、お前に預けるとしよう」

馬首を返す李元昊――、
丘の上では、焔の中で焼け崩れた薪の丸太が竪穴に燃え落ちて凄まじい焔と火の粉を吹き上げる。――再び、西夏軍の関の声が、大地を揺がす――。

56 塩沢（甘州から粛州（酒泉《チュウチュワン》）への道）

霜を置いた様に白い、その岸辺を征く西夏軍。その漢人部隊の先頭に朱王礼と、参謀格となった趙行徳の顔がある。

N「――部隊は甘州に隣接する粛州を目指して進んだ。粛州は、回鶻人最後の拠点であるが、瓜州が既に降伏した以上、強大な西夏の武力に、長く抵抗出来るとは思われない。部隊は甘州を出て八日目、兵火を交える事なく粛州へ入った」

57 粛州（現在の酒泉《チュウチュワン》）ⓣ

酒泉とその周辺の点景モンタージュ。

N「――こゝは、漢の時代、酒泉と呼ばれた土地であって、泉の水は珠を瀉《そそ》ぎ、味甘くして酒の如しと言われた所である。趙行徳は粛州へ来て、これまで辺土だと思っていた甘州や涼州が遥に都に近い住みよい土地である事を知った。城内こそ人間の住める場所であったが、一歩城外へ出ると、平沙萬里人煙を絶つと謳われた死の沙の海の拡がりがあった――行徳は、この地で度々、骨身の疼くように烈しい望郷の情《おもい》に取り憑かれた。しかし、自分などはまだ宋の土を慕う資格はないと思った。漢書や後漢書に依って、張《ちょう》騫《けん》のことも、班超のことも知っている。一千年前、僅か三十六人の部下を引き連れて都を出た班超が、半生を異民族との闘いに過ごした西域は、粛州から更に万里を隔てた西方である。班超が晩年、帰国の情已《や》みがたく天子に奉った上奏文には、『臣敢て酒泉郡に到るを望まず、願わくば生きながらにして玉門関に入らんことを』とあった。その玉門関は、こゝから更に西行九百里の地点なのである」

粛州の城壁に立つ行徳。西方にそして北方にさらに東方に広がる沙漠を望んでゆっくりと歩む。

58 粛州城門――城外

出動する朱王礼の前軍。朱王礼の後に趙行徳の顔も見える。夏――。

積雪を蹴って帰還する部隊。出陣の時とは見違えるほど汚れ、疲れ、負傷し、数を減じた部隊、吹雪が舞い、兵の中には、城門の直前で崩れる様に落馬するものがいる。

N「朱王礼が前軍を二つに割った、その一方の統率者になると共に、趙行徳の地位もまた上っていた。行徳は参謀といった役柄に就いていた。戦闘の際には朱王礼も行徳も一兵卒と変る事なく死地へ身を投じたが、平時には、持て余す程の時間の余裕と自由があった――」

59 粛州城内

人気ない古蹟、纏頭の回族が集まる市場、城内の各所を散策する趙行徳。

N「回鶻の王族の女の死は、こうした行徳にもう一つの変化を与えていた。始めは、女に対する済まなさと限りない哀憐の情であった。それが、粛州に入ってからは、生と死の世界を超えた絶対者を求めたい気持になっている。そうした心境の変化は自分でも不思議であった。宋にいた時は勿論の事、西夏の都興慶にあった二年間にも、僧侶と交り乍ら、仏教には無関心であった。論語、孟子の一頁すら繙かずして何の空であり、涅槃であろうかと思っていた。それが今は、改めて仏教というものに心を惹かれ始めている――」

市場の賑いを脇に見た街路の外れで、子供達や犬、そして小数の老若男女を周囲に集めた僧侶が唄う口調で説法をしている。

〽……白毫の光の　かがやきや
み光を頂くことの有難や
猛利の心も　いやさらに募りぬ
いつの日か　妙法を聞くべき
いつの時か　輪廻をまぬがるべき

老若の人々の後に立って、じっと佇む趙行徳――。僧たちの唄う様な口調の説法には、無限の時の中に魂を誘い、慰める和やかな単調さがある。じっと眼を閉じる行徳の手が胸にかけた首飾りの玉をいとおしむようにまさぐっている――。

60 沙漠の道

砂塵を蹴立てて二騎の伝令使が粛州城への道を疾駆してゆく。

N「明道元年、西暦一〇三二年、西夏王李徳明、死す。皇太子李元昊は名実共に西夏の支配者となり初代皇帝と名乗った。この西夏の情勢に対応するかの様に、吐蕃の統率者唃厮囉《かくしら》は、宗河城より、青唐、西寧《シーニン》に進出した。朱王礼の部隊が、突如、瓜州への移駐を命ぜられたのは、明道二年三月の事である――」

――興慶、青唐、粛州、瓜州などを示す河西の地図。

（O・L）

61 玉門関の遺跡ⓣ

その遺跡を過ぎて、西方へ向う朱王礼の部隊――先頭に馬首を揃えて白草の沙場を朱王礼と趙行徳。春、三月、辺地には稀な穏かな日和の行軍である。

朱「――穏かな日和だ。地の果てで兵隊を連れ歩いているのが嘘の様だな」

半ば独り言の様に言う朱の言葉に微笑して、

行徳「全くだ。――酒泉西を望む玉門の道、千山万磧皆白草――」

チラと行徳に眼をやる朱王礼。

行徳「(気づかず)誰の詩だったかな――昔、読んだ覚えがある。この辺の事を謳ったのかどうか――」

朱「ふ――しかし、お前という奴も、利口なのか、馬鹿なのか、全く判らん男だ。故郷《くに》へ帰る気なら、興慶に行った時、帰れたろうが――」

行徳「――(苦い笑みになる)――」

朱「こんな所で、俺の相手じゃ、お前の脳味噌に貯めこんだ、折角の学問も、宝の持ち腐れだろうが――」

行徳「(笑って)仕方がないな。とにかく、こうなった。だから、こうしている――」

朱「ふ、仕様のないもんだ、人間なんざ、全く!」

突然、吐き出すように言う朱王礼、思わず顔を見た行徳は、朱王礼の眼に、燃えるような憤怒の色を見る。

行徳「――(むしろ独り言の様に)仏典によるとすべては、因縁というものだそうだ。昔は、気にもとめなかったが、近頃は、そうかも知れないと思うようになった」

朱「ふ、坊主みてえな事、言いやがって――それより、今度瓜州へ着いたら、お前は太守ん所で働け。お前なんぞが、俺なんかと、西夏の前軍にいるのは、大間違いってもんだ。因縁だか何だか知らねえが、間違ってる事だけは確かだ。え!」

仕方なく苦笑する行徳に、

朱「冗談で言ってるんじゃねえ。本気で考えとけ。瓜州は漢人の島だ。気長に待ちゃ故郷へ帰るってめども、つくかも知れねえ」

行徳「――ん、考えておこう。だが、隊長。あんたはどうなんだ」

朱「俺か?!――俺にゃする事がある」

行徳「何を?」

ギロリと凄い目で睨む朱王礼、やがて、

朱「判らねえのか、ん? 毎日毎晩、この俺の(胸を叩いて)ここん中で煮えくり返ってる考えが、お前には、判らねえか?」

プイと行徳から眼を上げた朱王礼、素早く脇に差した弓矢をとると、引きしぼる。

朱「――俺にはな、する事があるんだ(放つ)」

中空から、その矢に射抜かれた黒い鳥影が石の様に沙地に落ちてゆく。

快心の笑みを洩らす朱王礼、怒鳴る。

朱「誰か、とってこい」

従兵が、隊伍の中から、馬に一鞭、当てると、獲物の落ちた方角へ一散に駈けてゆく――。

62 瓜州城(安西《アンツー》)ⓣ

東門――堵列して迎える瓜州の諸民族混成の兵士たちの間を、朱王礼の部隊が入城して来る。

砂塵を巻く凄まじい烈風である。

N「粛州を出て十日目の午、朱王礼の部隊は瓜州城へ入った。――四季、烈風の絶えぬというこの街は、しかし、趙行徳に心の落ち着きを与えた。瓜州は漢民族の拠る土地であり、言語も風俗も、すべてが故国を偲ばせた。行徳は暫くの間、毎日の様に、風の吹き荒れる街衢《がいく》を歩き廻った――」

――瓜州(安西)街路の点景――。

63 瓜州太守・曹延恵の館・広間

N「朱王礼以下部隊の幹部が、太守曹延恵の招きを受けたのは、入城七日目の事である」

若い侍女(嬌々)に案内されて、朱王礼を先頭に四人の部隊幹部が入って来る。最後に続く趙行徳。立派な室内の調度、装飾を眺め廻し、無遠慮に触って見だりしながら、

朱「ふーむ、瓜州の、街は、貧乏臭いが、太守ともなると、豪勢な暮しだな」

幹部㈠「そりゃ、隊長、痩せても枯れても、沙州節度使の一族ですからなあ」

朱「ふん、一つ、今日は大いに飲んで、長年貯めこんだ酒倉のいゝ酒を減らしてやるとするか、ん」

と一同から、隅で席につかぬ客達に困って控えている嬌々に眼をくれ、更に行徳に、

朱「おい、学者の先生。何ってたっけな、ん? 葡萄の美酒、……ん、飲まんと欲して、馬上に催《うなが》すって、詩《うた》。お前俺に教えたろうが」

行徳「(苦笑して)王翰の涼州詞ですか」

朱「題なんざ聞いてない、文句の方だ」

行徳「葡萄の美酒、夜光の杯です。飲まんと欲して、琵琶馬上に催す、酔うて沙場に臥すも、君笑うなかれ」

朱「それよ。それだ。酔っぱらっても、君、笑うなかれ、だ」

嬌々に眼をやるが、再び室内を見渡し、

朱「古来征戦幾人か帰る。いゝ詩だ。古来征戦幾人か帰る――」

隅で笑いをこらえていた嬌々、太守延恵が入って来るのを見ると、会釈して逃げる様に出てゆく。太守を見て容《かたち》を改め会釈した一同に、

延恵「(にこやかに)いや、ようこそ、いらっして下さいました――さ、さ、どうぞ、お寛ぎ下さい」

席につく様にすすめ、自分も坐る。

――先刻の嬌々を始めとする侍女数人が茶菓を、捧げて戸口に現れる。

延恵「(構わず喋りつづけている)私の兄曹賢順がいる沙州ですと、町も豊かで大きいが、こゝには、皆さん方に見て戴けるようなものは、何一つありません」

卓上に並べられる茶菓を見て憮然としている朱王礼、顔を見合わす幹部達。

気づかぬ様に、袖の飾りを弄び乍らボソボソと続ける延恵。

延恵「自慢してお自にかけられるようなものは何一つないのですが、たゞ、私という人間は、仏の教へを信ずる点では、人後に落ちません。それで、経典だけは二、三の寺に、集めさせております。中には、貴重なものもありますので、もし御希望なら、お申しつけ下さい。喜んで、御案内させましょう」

朱「(大声で)いや、太守。われわれは戦《いくさ》と、五欲ですか。それしか縁のない俗人でして、まあ、そういう方面は願い下げですな。そこにいる(と行徳を指し)先生は、変り者で、あるいは、太守とお話が合うかも知れん。妙な男ですワ。長い付合だが、馬鹿か利口かよう判らん人間で――だが、学者です」

延恵「ほう」

じっと行徳に眼をやる。親しげな視線。

行徳「(苦笑で会釈し)確かに隊長の言う通りかも知れません。決して学者などではありませんが――近頃、仏典に心をひかれるようになりました。一度御秘蔵の経典を拝見したいものです」

延恵「ほう、そうですか。いや、喜んで御案内致しましょう」

行徳「お願い致します」

不味そうに茶をすすっている朱王礼と他の幹部達――。

延恵「(構わず行徳に)今度皇太子が皇位につかれて、愈々《いよいよ》例の西夏文字を国字にするおつもりと洩れ承りますが、一つ、それで、思いついた事がある

のです、(一同に)私の持っている経典を西夏文字に移して、皇帝陛下に献上したい。西夏に贈り物としたいのです」

行徳「――それは、よいお考えですね。大へん有意義な事でしょう」

朱王礼たちは憮然としている。

延恵「多分、そういう事も、都の興慶ではやっているのかも知れんが、私は私なりに、御仏に対する報恩のためにと思っているのです。必要な経費は、すべて負担するつもりですが、それに御協力を願う訳にはいきませんか」

天井を向いて、顎髭をさすり返事もせぬ朱王礼――。

黙ったまゝの幹部。

始めて眉を曇らせて一同を見る延恵。

行徳「如何ですか、隊長。太守の仰言るのは、大変よい事だと思いますが――」

朱「むう――」

天井を見上げたまゝうなると、一同に、

朱「さて、俺たちはそろそろ引上げるとするか」

立ち上る――ならう幹部たち。

顔をしかめて行徳も腰を浮かすが、

延恵「あ、隊長、一寸、お待ち下さい。用意した品がありますので――」

手叩きする。待ち兼ねた様にすぐさま嬌々と侍女達が小函を捧げて現れ、一同の前に置き、嬌々だけを残して引退る。

朱「何ですか、これは」

延恵「当地には、西方から隊商も参りまして、こういうものも容易に手に入ります。干闐《うてん》の玉と、漢土で呼んでいますがお持ち帰り下さい」

朱「干闐の玉。そりゃ、大層な――」

延恵「いや、本日は酒、肴もお出しせず失礼致しましたが、実は、私には酒のお相手が出来兼ねるもので、宿舎の方に、届けさせました」

朱「おう、それは、それは――」

延恵「宿舎も落着かれたと思いますが、お気に召しましたかな」

朱「む、まあ、結構な邸ですな」

延恵「それはよかった。ま、隊長も何かと御不自由でしょう、先程申した通り、この地では何の娯しみもないので考えたのですが、この者、(と嬌々を示し)お気に召す様であれば、身の廻りの事など、何なりとお使い下さい」

恭々しく叩頭する嬌々に、破顔する朱王礼。

朱「いやア、これはこれは何から何まで、細い太守のお心遣いですな。いや、恐縮です。喜んでお受けしましょう」

延恵「喜んで戴ければ、何よりですが――」

朱「あ、先刻のお話だが、仏教の事は、その男がお役に立つでしょう。万事よろしく相談して、おやりになるがいゝ。及ばず乍ら、お力にはなれるでしょう」

延恵「そうですか。いや、これは有難い」

破顔する二人に、苦笑いを噛んでいる行徳――。

64 瓜州城内・朱王礼の宿舎

緑の庭園から見たその情景。

N「朱王礼の宿舎は、城内の東、もと、回鶻商人の住んだ家で、広い庭と方形の泉を持つ堂々たる邸宅であった。朱王礼はこゝで、太守から贈られた娘、嬌々に傅《かしず》かれ、多分、その生涯において最良の日々を送ることになった」

玄関に通ずる廊下を、嬌々がツツと滑るように小走りに来ると玄関の扉を開く。

戸口には衣服の砂埃を払い乍ら行徳が立っている。

心からの笑顔で招じ入れる嬌々に、

行徳「(入り乍ら)いや、外は、ひどい風なのに、この家はいつも嘘の様に静かだね。風除けを巧く考えたものだ。隊長は?」

嬌々「奥でお酒を召上がって――さ、どうぞ」

ククと楽しげな笑いを見せ乍ら廊下を案内する――。

65 同・奥の部屋

鍵の手に腰を下ろした行徳に、

朱「何い、太守が催促しとる?」

行徳「うん、あの人はあれで、生一本な所があるからな。隊長は協力すると言ったではないかと少々、お冠りだった」
朱「何を言うか。お経の事は、お前に委《まか》したんだ。いゝ様にやってやれ」
行徳「簡単に言うが、あんた、大変な仕事なんだからね。とても、私一人の手に負えるような事じゃない」
朱「一人で出来なきゃ、助っ人を頼め。他に仕様があるか」
行徳「(苦笑して)荷物を担ぐのとは違うんだね。相当の教養を持った人でないと」
朱「だから、そういう奴を、お前、探せばよかろうが。大体太守に、いゝ事だ、いゝ事だって、調子を合せたのは、お前じゃねえか。今んなって、ぐずぐず故障を言うな」
行徳「いや、そう言う訳じゃない。ただ、協力者となると、都、興慶にしか居ないだろうと思う」
朱「なら、興慶へ行って連れて来るんだな」
事もなげに言うと、手を叩く。
朱「嬌々、おーい、酒がないぞ、酒をくれ」
朱王礼とは思われぬ和んだ甘い響きのある口調に、考えこんでいた行徳、微笑を――。
行徳「――まア、そうする他はないんだからそうするかな」

66 瓜州城内・街路

砂漠の様に堆《うずたか》く砂に埋れた烈風の街路を趙行徳が急ぎ足に行く。
N「行徳が、西夏の都興慶へ赴く準備を整えたのは、五月の初めである。が、出発の日は、いつとも、決らなかった。砂漠を横切り五十日の旅をするには、同行してくれる便を待たねばならなかったからである。だが、月も半ば過ぎたある日、太守延恵に呼ばれた行徳は、沙州、敦煌の貿易商で、興慶へ行く者のある事を知らされた。その商人に同行したらどうかという勧めである」

67 同・駝坊街の広場

小さい渦巻になって舞う砂塵。駱駝の嘶き。広場の片隅で駱駝と積み上げた荷の間で痩軀長身の色黒い長衣を翻した若い男と回鶻の年配の商人数人が声高に取引をしている。
若い男「何を寝言いってやがるんだ。そんな値じゃ、引取らねえぞ。厭なら、も一遍、駱駝に積んで持って帰れ！」
派手な身ぶりで荷を蹴飛す。
回商「あんた、そりゃ、ひどい、約束が違うじゃろうが、こりゃ、商いじゃない、泥棒だよ」
若い男「なんだと、相手を見て物を言へ、尉遅《うっち》光《こう》だぞ、俺は、何が泥棒だ、厭なら持って帰れってのが、どうして泥棒だ。泥棒ってのは、お前らの事だ。元は二足三文で買い叩いてきやがった癖に――厭なら、やめとけ。その値で買う奴を探すこった」
まくし立てて傲然と腕を組む尉遅光、回商たち、仕方なく額を寄せ談合するが、
回商「――(尉遅光に)仕方がない。負けたよ。あんたには――」
尉遅光「よおし、じゃ、向うで金を払う。とっつあんよ。余り手間とらせるな。忙しいんだ。俺は。(手の者に)おーい、この荷を、そっちへ運べ。早くしろ」
歩き出して、趙行徳の方へやってくる。会釈する行徳に顎をしゃくって、
尉遅光「俺に用ってのは、お前か。ふん、西夏軍か――ふん」
じろじろ見下す。
行徳「太守から、あんたの事を聞いて来たんだが、実は太守の御用で――」
尉遅光「おい、太守太守って振り廻すな。太守なんたって、こっちは、一向に驚かねえんだ。河西ならどこだって大手を振って通れる書類もある。その筋々には話もつけてある。用があるんなら手短かに言って貰おう。見ての通り、躰が幾つあっても足りん程、忙しいんだ、俺は」
行徳「判った。だから、今、言う所だ」
尉遅光「何だと」
行徳「実は、興慶へ行かねばならん用がある。一緒に連れて行って貰いたい」
尉遅光「そりゃ、西夏軍の命令か、それとも太守の

命令か。どっちだ？」
行徳「――両方だ」
尉遅光「両方?!　ふん、糞ったれめが！」
忌々しそうに舌打ちして、
尉遅光「仕方がねえ。どっちか片方なら、真平御免蒙る所だが。両方なら仕様ねえ。面倒だが、連れてってやる、いゝか、明後日《あさって》の早朝が出発だ。明日《あした》、月の出の刻《こく》に支度して、ここへ来い。判ったか」
頷く行徳を尻目に、回商たちに大きな手振りで合図すると建物の方へ。
呆れて見送る趙行徳――。

68　同じ場所（翌日、月の出の刻）

数十頭の駱駝の黒々とした影が、うねる様に動き、その啼き声と駝夫《らくだひき》の叫び声が混り合い騒然とした中で隊商の出発準備が進んでいる。
建物の脇、一米ほどの露台に立った尉遅光が、将軍の様にそれを見下している、時々その口から何語とも知れぬ鋭い叱咤の声が飛ぶ。足許に旅装の行徳がいる。場違いの余計者の様に呆然と見るだけである。広場に新しい駱駝の一団が荷を積んで入って来る。騎馬の庸兵達に導かれた弓矢、槍剣などの武器である、尉遅光に挙手して、
傭兵「――隊長、受取って来ましたぜ！」
尉遅光「御苦労、数は大丈夫だな！」
傭兵「勿論でさ」
下から尉遅光を見上げて苦笑する行徳。
N「〝お前のために、奴め、二十人分の武器を捲き上げやがった〟朱王礼が苦笑していたその武器の様であった。それだけではなく、彼は太守の延恵にも、五十頭の駱駝を要求した事を、行徳は聞いていた。二人は、行徳に、だから大威張りで行けばよいと言ったが、行徳には、尉遅光の鋭い面差しは、どんな代償によっても、和らぐとは思えなかった」
行徳の肩の脇を飛び降りて、庸兵に指示を与え、一しきり歩き廻って叱咤した尉遅光が、戻って来る。
行徳「――ずい分、いろんな言葉を使ってる様だな、一体あんた、国は何処だ？」
尉遅光「（ギロリと見て）――俺は、尉遅《うっち》、光《こう》だ」
行徳「それは知ってる。生れた国は何処かと――」
尉遅光「ばかもん！　尉遅を知らんのか。于闐《うてん》の尉遅王朝を知らんのか、貴様は。俺の親父は王族の一人だ！」
行徳「そうか、于闐の王族だったのか」
尉遅光「尉遅一族は、戦いに破れた、いまは謀叛人の李が王位についているが、俺の家は、あんな成り上りもんとは訳が違うんだ」
行徳「で、母親は？」
尉遅光「母親？　阿母は沙州敦煌の名家、氾氏の出だ。阿母の親父は、鳴沙山に、仏洞を幾つも開鑿しているんだ」
行徳「仏洞を開鑿というと？」
いきなり行徳の襟首を摑んで締め上げる。
尉遅光「いゝか。鳴沙山の仏洞を掘るって事はな、大変な事なんだ、余程の名家でなければ出来ん大仕事だ、覚えとけ！」
思い切って締め上げ、そのまゝ突き飛ばす、堆い砂地に仰向けに転る行徳、――咽喉を撫ぜて苦笑、起き上る。
行徳「乱暴な奴だな、あんたが名門の出だという事は、よく判ったよ」
尉遅光「判ったら、忘れるな！」
言い捨てて、背を向け近くの駱駝に跨る尉遅光に、追い縋り、
行徳「――俺の荷物は、どこだ」
尉遅光「お前の乗って来た駱駝だ。ぼやぼやするな。今度、自分の荷物なんぞの事を、俺に訊きやがったら、只じゃおかんぞ」
身を起した駱駝の背から、睨みつけると一声、高く叫んで行徳に背を向ける。

69　沙漠

バイの字の旗を押し立てて、尉遅光の隊商が東へ行く。
N「尉遅光の率いる隊商は、瓜州から興慶まで、

五十日近くを費やした。瓜州にいる限り想像もつかないことだったが、河西一帯、到る所で西夏と吐蕃との衝突があった。尉遅光は、さすがに戦場は避けたものの、西夏軍の陣営を平気で縦に突切り、あるいは対峙する中間を、尉遅家の守神毘沙門天を象徴するバイの字を染め抜いた旗を押立てて通過し、趙行徳を驚かせた」

砂丘と砂丘の谷間を縫う様に行く隊商の先頭に尉遅光。その脇の行徳、稜線上に点々と姿を見せた吐蕃軍騎兵隊に、身を堅くし四囲を見廻す。反対側左手にも騎兵の姿が現れる、西夏軍である。

行徳「――おい、えらい事になった。おい、いいのか、おい」

思わず声をかけた行徳に、不敵な笑みを浮べて、

尉遅光「俺を誰だと思ってるんだ。尉遅光だぞ。びくびくするな!」

バイの旗を押し立てた騎馬の傭兵の脇に駝首を並べると、閲兵する将軍の様な身振りで右手を高く揚げて左右の両軍騎兵を睥睨しながら駱駝を進めてゆく。

稜線上の両軍、何時しか馬首を返して消える。

吐息して肩を落す行徳に、昂然と不敵な笑顔を向ける尉遅光。

N「彼の職業を名付ければ、さしずめ貿易商には違いなかった、しかし又、盗賊と呼んでも恐喝団と言っても、必ずしも言い過ぎではなかった」

――停止した隊商とバイの旗、駱駝から騎馬に乗りかえ、三人の傭兵を率いて、彼方を行く十数匹の駱駝の隊商に向って一散に走り去る尉遅光――見送る趙行徳。

N「――小さい隊商にぶつかると、彼は二、三人の配下を連れて出掛けてゆき、いかなる交渉をするのか、相手の商品を悉く捲き上げて帰って来るのが常であった」

十頭余りの駱駝を引連れて戻って来た尉遅光、下馬すると駱駝にのりかえる。

行徳「――どうしたんだ? これは――」

尉遅光「(ギロリと睨んで)商売の手間を省いてな、やったんだ。一々口を出して訊くな。うるさいぞ、お前は」

遠くを去って行く数頭に減じた隊商を横目に鋭く出発を命ずる尉遅光。

再び沙漠を動き始める隊商。行徳も――。

N「行徳はこの不逞な若者のあらゆる行為を支配するものは、その出生に関する誇りである事を知った。いまは地上から消えた于闐の王朝、尉遅家の持つ輝かしさは、彼を瞬時にしてどのようにも変貌させた。どのように勇敢になることも、冷酷になることも出来た。沙漠で隊商を掠奪する時ですら、彼は、己が祖先の栄光と権勢にかけ、根こそぎ奪《と》り上げねば気がすまぬようなところを見せた――」

70 興慶府モンタージュ

北方に連る賀蘭山脈の山波――黄河の流れ――それを目指し、それに添うと翻るバイの旗。

N「興慶は、三年前と打って変り、西夏が急激に大国となったのと同様、一廻り大きな街に膨脹しつつあった――行徳は、興慶へ入るとすぐ、索という曽ての上役を通じて必要な手続きをとり、六名の漢人が延恵の招聘という形で瓜州へ派遣される事になった。準備のため出発の遅れる彼等を残して、再び尉遅光の隊商に加り、西方へ向ったのは、七月。暑い盛りの頃である」

――学舎の大伽藍を索と歩み乍ら話す行徳。

六人の旧同僚と親しく会釈を交す――その学舎の暗い静寂を見渡す行徳の面の感慨。

71 甘州城

黒々と聳える烽台――したたる汗を拭い乍ら行徳が城壁の下に立って烽台を仰いでいるが、やがて、ゆっくりと城壁の階段を上り始める――暗い烽台の内部の梯子を上る行徳――暗いがらんとした烽台内の階段、その朽ちかけた床を見廻す行徳――まばゆい台上に立つ行徳、一瞬烈々の陽光に眼まいしたかの様に、よろめいて手摺に身を支える――遠く、拡がる曠野をゆく人々は豆粒のように見えるが、眼下の城壁の際に白

衣を血に染めて身体をくの字に折り大地に頬を伏せた回鶻の王女の横顔だけは生きている様である。

思わず眼を閉ざす行徳の頬を滂沱として流れる涙――。

72 甘州城内・駝坊前の広場

尉遅光が部下の傭兵を従えて、駱駝や商人達の間をやってくる。見るからに不機嫌な面持ちである。駝坊から荷を担いで出て来た出会い頭の駝夫を怒鳴りつけ、中へ――。

73 同・駝坊の一室

づかづかと入って来た尉遅光、窓際で書物(経典)を繙いていた行徳が、驚いて顔を上げるのを見もせず、寝台に腰を下すと、
尉遅光「畜生め。あっちにも、こっちにも泥棒ばっかりだ。ふざけやがって――」
行徳「――どうした」
尉遅光「どうしたも、こうしたもあるか。いいか、前はな、まだましだった。今じゃ、通行税も袖の下もな、西夏と回鶻と両方でふんだくりやがる。西夏もだらしがねえが、回鶻の奴らも、全く泥棒だ」
思わず苦笑する行徳に、
尉遅光「何が可笑しい!」
行徳「いや――失礼」
尉遅光「(睨むが寝転んで)――全く、回鶻って奴は男は泥棒、女は売女ばっかりだ」
最後の一言に頬をこわばらせる行徳に気づかず、
尉遅光「ほんとだぞ。お前もよく覚えといて、気をつけた方がいい」
突然立上り、
行徳「そんな事はない」
行徳の語気に驚いて見上げる尉遅光。
行徳「回鶻の女にも貞節はある!」
呆れたように見上げて、訝げに、
尉遅光「――お前、急に、どうしたんだ?」
行徳「回鶻の女にだって、貞節はあるぞ!」
尉遅光「(身を起して怒鳴る)そんなものはない!」
行徳「ある!」
尉遅光「なんだと、この野郎! もう一遍言ってみろ!」
行徳「売女もいるかも知れん。だが、歴とした王族の女は、貞節の証しに、生命だって捨てるぞ、俺は知ってる!」
尉遅光「うるさい、つべこべ言うな!(立上り)大体な、回鶻の王族なんぞ、どこの馬の骨か、わかったもんじゃない、歴とした王族だと。ふざけるな!」
行徳「――歴とした王族というのは、高貴な精神を継承した一族を言うんだ、馬の骨でもない! 威張り散らしもせん!」
いきなり行徳の襟を摑んで締め上げ、
尉遅光「この野郎、今言った世迷言をもう一遍言ってみろ! さあ、言ってみろ」
締め上げられて声が出せぬ行徳を寝台の方に突き飛ばす尉遅光、更に締め上げ、
尉遅光「さ、王族と言えるのは于闐の尉遅家だけだと言え!」
行徳「厭だ!」
尉遅光「締め殺すぞ、言え!」
行徳「――い、わ、ん――」
尉遅光「畜生! 言え!」
行徳「――く――う――」
少しゆるめて、
尉遅光「なら、回鶻の女はみんな売女だと言え」
行徳「言わん!」
尉遅光「この野郎、なめやがって!」
襟を深く摑み直してもう一度締め上げようとした尉遅光、行徳の胸の首飾りを摑み出す。
尉遅光「――何だ、これは――」
まじまじと手にしたそれを見つめて、声まで変っている。
行徳「――さ、さわるな」
尉遅光「――大変なものを、持ってるんだな、お前」
呟く様に言うと、手を離して立つ。肩で息をして頸をさする行徳に、
尉遅光「大事にしまっとけ」
行徳「――(むっとして襟元を直す)」

尉遅光「(なだめる様に)一体、お前、それどこで、
　手に入れたんだ、え?」
　睨み返して、黙って立つ行徳――。

74 甘州城・城壁

　落日に向って行徳が佇む。
N「甘州に滞在した三日間、行徳は毎日、城壁に登った。烽台を仰ぎ、城壁を歩き廻った。瓜州へ戻ったら、これからの仕事を、自ら生命を断った回鶻の王族の女のために捧げようと思った。経典を西夏文字に移す仕事を、回鶻の王族の女の供養のために為そうと思った――」
　強烈な日ざしに流れる汗を拭いもせず歩く行徳、突然、唇を動かすと呟きつゞける。
N「行徳の口から流れたのは金剛般若波羅蜜多経の啓請発願文である――三界ノ尊ニ稽首シタテマツリ、十方ノ仏ニ帰依シタテマツル、ワレイマ弘願ヲ発シ、コノ金剛経ヲ持シテ、上ハ四ツノ重キ恩ニ報ジ、下ハ三塗ノ苦シミヲ救ワントス」
行徳「三界ノ尊ニ稽首シタテマツリ、十方ノ仏ニ帰依シタテマツル、ワレイマ弘願ヲ発シ――」
　崩れるように脚を折って跪いた行徳、そのまゝ聳える烽台と城壁の下に蹲るように首を折り背を屈めて大地に額づく――行徳の額際にのびた白い女の指――額づく行徳を俯瞰するキャメラには、身体をくの字に折って眠るように大地に頬を横たえた白衣の女の姿があるが、その姿は次第に薄れて消え、身を屈めた行徳の姿だけが残る。

75 瓜州城内・太守曹延恵の館

　緑のしたたるその庭園、花、泉、亭、更に本屋に繋る回廊と別棟。訳経に勤《いそし》む行徳達。
N「明道二年の夏から、翌年にかけて、趙行徳は、瓜州の太守曹延恵から館《やかた》内の一棟を提供され、経典の西夏訳に専念した。秋には、興慶から六人の協力者も到着し、七人は分担した仕事に終日携る事になった。だが、朱王礼は、夏以来付近に出没し始めた吐蕃軍と戦うため、屢々《しばしば》、自ら、行徳の抜けた部隊を率いて出動した。秋の中頃、行徳は、何日かに亘る戦闘を終えて帰還した朱王礼を、いつもの様に訪ねた」

76 同・朱王礼の宿舎

　立ったまゝ軍装を外す朱王礼の後に侍る嬌々、二人に腰を下した趙行徳が和やかな眼を向けている。

朱「どうだ、仕事は捗ってるか」

行徳「(微笑で頷き)漸く転り出したという所かな、
　それより今度の戦は?」、
朱「相変らず鬼ごっこだな。こんな事をしていたんじゃ、どうにもならん。思い切った手を打たん事にはな。嬌々、酒にしようか」

　話し乍ら軍装を外し上衣を脱いだ朱が、片隅で、それを改めていた嬌々に声をかける。

嬌々「はい、只今――あ、これ、何でしょう」

　片手に着衣を、別の手に首飾りを持った嬌々が無邪気な微笑を朱に向けている。

行徳「――」

朱「(振り向いて)触るな!」

　顔色を変えて、怒鳴る朱の語調に、嬌々ハッと頷いて着衣の中へそれを戻すと卓上に置いて逃げる様に出てゆく。

　思わず二人を見較べた行徳の脇に朱王礼、頬を紅潮させたまゝ、腰を下すと背をのばし、天井を仰いでじっと眼を閉じる――何か行徳が口に出し或いは行動に移るすべてを受入れるという風情の朱王礼の投げだした態度に、息を殺して、その表情を見つめる行徳――。

77 瓜州城内の道

　砂塵が舞う道を隊商の駱駝の列がゆく。

N「行徳は一瞬嬌々の掌の中に見た首飾りから暫く思いを他に向けることが出来なかった。だが、最後に、自分がこれまで朱王礼に、彼と回鶻の王女との関係について訊かなかった様に、こんども又、首飾りの事は一切触れまいと思い切った。だが、それから半月後のある日、突然行徳の前

に、尉遅光が一年ぶりに姿を現した」

78 瓜州太守延恵の館・別棟の前

太守と会った帰途らしく盛装の尉遅光が訝げな面持で出て来た行徳に、笑顔を向ける。

尉遅光「よう。どうだ、真面目にやってるか」

行徳「(苦笑して)まァな、久しぶりだが、用事は何だ」

尉遅光「俺がお前に用事といえば一つしかない」

行徳「――?」

尉遅光「例の首飾りだ。あれは、そうざらにある玉じゃない。于闐では月光玉といってな、この俺も初めてお目にかかるような逸品だ」

行徳「――」

尉遅光「何も、俺はお前のを寄こせとはいわん、言わんが、俺はもう一つの方を手に入れたい」

行徳「もう一つ?!」

尉遅光「ん、ある筈だ、あの首飾りは二つで一対になっている筈だ。もう一つの方は、誰が持っているか、教えてくれ、頼む」

行徳「知らん」

尉遅光「(むっとするが)邪慳な事を言うな、興慶まで一緒に行った仲だろう、え、兄弟」

行徳「知らん」

尉遅光「ばかにするな! 尉遅光がこれだけ頭を下げて頼んでるんだぞ」

行徳「知らんものは知らん」

尉遅光「――(大きく息を入れて)あれほどの玉はちゃんと収まるべき所へ収まるのがいいんだ。于闐の尉遅家の俺の所へ収まるんなら玉だって本望だろう。考えといてくれ、な」

79 瓜州城・朝京門

雪を伴った烈風に面をさらした朱王礼、部下を率いて、出動してゆく。

N「翌景祐二年の正月、朱王礼の部隊は、瓜州を出動し東に向った。これまでの出動とは異り、西夏は吐蕃の唃厮囉《かくしら》の本拠青唐、すなわち西寧《シーニン》総攻撃の軍を起し、朱王礼はその先鋒を命ぜられたのである」

酷寒の吹雪の曠野に後尾が遠ざかるのを見送っていた行徳、肩を小突かれる――尉遅光が立っている。

尉遅光「留守部隊長だってな。生命拾いしたじゃないか。今度の戦、今出てった四千五百人のうち何人帰れるかだ」

行徳「(むっとして)俺は一緒に行く積りだった。命令で無理に残されたんだ」

尉遅光「馬鹿、意気がるな。李元昊のために死にたいのか」

背を向けて歩き出した行徳に追い縋り、

尉遅光「おい、例の件、考えてくれたんだろうな――おい」

行徳「――俺は知らん」

歩き続ける。尉遅光、一瞬凄い目で立止るが、思い直して再び追う。

80 瓜州城内

冬から春へ、夏そして秋から再び冬の点景。

N「空になった瓜州城内で五百人の留守部隊を預ることになった趙行徳に、これまでの様に訳経だけに没入する生活は戻らなかった。付近で吐蕃兵の蠢動は不思議になくなったが、部隊の長としての責任があり、何より自分自身を訓練せねばならなかった。――半歳を経た六月、朱王礼からの消息が齎《もたら》された。猫牛城を攻める事一ケ月、詐《いつわ》って和を約し、殺戮を恣《ほしいまま》にす、損失五百。簡潔ながら、激戦の模様を彷彿させる朱王礼の口述は、八月半ばには、安子羅兵を以て帰路を断つ、角戦既に月余、わが隊は損失三千と更に恐るべき惨状を伝えた。そして、十一月、第三の通報が、伝えられた――蕃地ニ転戦二百余日、唃厮囉南に奔《はし》る。われ帰城の途につく。続いて元昊の率いる本隊もまた瓜州に向かわんとす――」

81 大通山山麓

白く光る青海湖を背後遥かに望む山間の道を

林立する旌旗をなびかせた李元昊の本軍が進む、
連戦に陽焼けした李元昊の精悍な面持ち――。

82 瓜州城内・太守延恵の館

肥満体をだるそうに椅子に委ねた太守延恵が、一瞬、言葉を失った様に天井を仰ぐ。
卓上に置かれた手の中の書状、前に立った行徳に、やがて、
延恵「――隊長が無事帰還されるのは、御同慶の至りですが、――(太い吐息)西夏の本軍が来るという事は――」
絶句して、息苦しそうに咽喉に手をやり言葉を探しあぐねる。
行徳「――太守の御心痛は尤《もっと》もです。吐蕃という脇腹の脅威が除かれた今、西夏皇帝は愈々当地を足掛りとし、沙州節度使に最後の断を下す積りでしょう」
大きな身体を椅子の中で苦しそうにゆすり乍ら、何度も頷く延恵、呟く様に、
延恵「――だから私は、沙州の兄に何度も言ったのだ。西夏に対して早く手を打たぬと由緒ある沙州敦煌の街も廃墟にされてしまう、そう、言ったのだ――」
行徳「――(頷いて)今からでも、もう一度兄上に、この事を伝えて、早急に何かの手を打つ様に申されては、如何ですか。遅すぎるかも知れませんが、あるいはということも」
延恵「いや、いや、諾《き》くような男ではないのです。とに角節度使の誇りでこり固った男ですから。小さい意地ではないかと言ったのですが、諾きません。私を見下げ果てた奴だと罵りました。(憑かれた様に)兄は、誇りを守って死ぬ。それはいいでしょう。それも一つの生き方だ。だが、その巻き添えになる人間はどうです。男は兵隊にされ、女は奴婢にされる。由緒ある寺院も塔も灰になり、貴重な経典も書物も灰になる。あの沙州敦煌の床しい街がこの地上からなくなってしまう。一人の男の頑な誇り、意地のためにです」
憑かれた様に、喘ぎ乍ら、呟く延恵の頬に涙がとめどなく流れるのを、痛ましい思いで見つめる行徳――。

83 瓜州城・朝京門外(夕)

朱王礼が、門外に出迎えた趙行徳を認めて馬から下り立つ。その一瞬、ぎごちない四肢の動きに眉をひそめ、手を貸そうとする行徳の手を、不器用に払う朱王礼。歴戦の襞を刻んだ白髭を行徳に寄せると口を開く――聞きとれぬほど、潰れた声である。

朱「死なないで帰ってきた」

大きく頷いて、朱の手をとり固く握りしめ別の掌でそれを包むようにして握る行徳。

二人の後を戦い疲れた兵と馬、駱駝の列が途切れることなく城内へ続く――。

84 瓜州城内・駝坊の広場(夜)

隊商や駱駝の影もなく、その代りに大きな焚火が、各所にたかれ、その周りで兵士たちの酒宴が催されている。
見下す露台にしつらえた卓についている朱王礼と幹部の将校たち三人、同席の行徳のさす盃を一息に干すと朱王礼、手招きする。その口許に耳を寄せる行徳に、
朱「太守と城内の者を全部避難させろ」
行徳「(訝げに)太守と住民を避難させろ?」
朱「(頷いて)明日の昼、戦闘だ」
行徳「戦闘?! ここで?!」
頷く朱王礼に、
行徳「何で、戦闘があるんだ?!」
愕いて朱王礼から、幹部達に眼をやる行徳に、ニコリともせず堅く頷く幹部達。
行徳「隊長?! あんた一体?!」
朱「明日の昼、李元昊が入城して来る。二度とない機会だ。俺は、奴を――」
突然、咽喉をつまらせ、激しく咳きこんで痰を吐き棄てると、大きな身振りの手刀を卓に叩きつけ乍ら、
朱「――これだ!」

盃が飛び、皿が砕ける。
仰天し、言葉を失って朱王礼を凝視する趙行徳。
露台の下、焚火の周りでは、慰問の楽士達や踊り子に、唄い、手を叩き、又踊る兵たちが混り合い、底抜けの騒ぎが始り、薪や酒を投げ込まれた焚火が、夜空に、焔と火の粉を吹き上げ、露台の上の朱王礼と行徳の頬を赧く染める、眼下で火の粉と踊る女たちにむしろ空ろな眼を向けている朱王礼。そういう朱を見つめていた行徳――やがて、口を寄せて、低く囁く。

行徳「――あの――女のためにか?」

朱「(じっと眼を閉じ)俺は、あの女が好きだった――」

行徳「――たゞ、それだけか?」

朱「女の気持など、俺は知らん――あの女を自分のものにしてから、俺は、あの女が忘れられなくなった――今でも、俺は――」

火の粉と煙の舞う夜空に眼を上げた朱王礼の頬を伝う涙。

行徳「(眼を外して)あの首飾りは、それでか――」

朱「(行徳を見ずに)李元昊に奪われた時、俺はあの女の身につけたものだ、欲しかった――」

行徳「彼女がくれたのか」

朱「(初めて眼を向ける)いや、奪《と》った。俺が、首飾りへ手をかけたら、しかし、あの女は黙って自分で外して、呉れた」

凝然と朱の胸元を見つめる行徳。

朱「――俺は、とにかく李元昊をやる。だがお前は自由だ。厭なら、今から城を出ればいゝ」

行徳「(眼を上げる)いや、俺も李元昊をやる」

じっと行徳の眼を見る朱王礼の両眼には、嘗ての鋭さに替って、穏かな感謝に似た光がある。

行徳「(微笑で頷き)俺だって、李元昊がこわくて逃げたりはしない――たゞ、たゞ、万が一失敗した場合、瓜州や沙州敦煌の住民が、飛んでもない巻き添えになる。街も廃墟になるかも知れん。――その事を」

朱「ばか! お前は李元昊が青唐で何をしたか知らんから、そんな事を言うんだ。降参しようとしまいと、西夏は、青唐で何千という女子供を皆殺しにした! この俺も、俺の兵隊も李元昊の命令でそれをした! 沙州、瓜州が反抗しようとしまいと同じ事だ。宋と吐蕃を敵に廻した西夏は、その位の事をせんけりゃ、戦に勝てんのだ。李元昊は、そう思っているんだ!」

潰れた声で吐き棄てる朱王礼に暗然と頷きを返す趙行徳、立上る朱王礼。

朱「兵隊は宿舎へ入れるな。こゝで、そのまゝ寝かせろ。留守部隊と瓜州の兵は暁方に非常呼集だ。城内であるだけの矢を集めろ。的は、李元昊だ」

85 瓜州城・城壁

壁上から見る曠野に、無数の旌旗をなびかせた李元昊麾下の軍団が姿を現す。初め黒々と見えたそれぞれが次第にその姿を明にする――息を殺して壁上の兵たちは、身を伏せ、行徳も息を呑んでみつめたまま、右手で烽台の兵に合図する――やがて黒々と狼煙が立ち昇る。

N「夜を徹して趙行徳は、城内を奔った。太守に対する全住民の避難勧告。戦闘の準備。避難命令の徹底。恐慌状態に陥った城内は、辛うじて正午前、秩序に、いや無人の街と化した死の様な静寂に帰った――行徳の合図によって、今、黒々と上った煙は、城東十支里の地点に到着した李元昊の軍団に、入城の準備がすべて整ったことを告げる狼煙であった」

86 瓜州城・朝京門の内外付近

朝京門に到る街路上に、整列した五十騎ほどの出迎え部隊の先頭の馬に朱王礼が近づく、乗馬する朱に行徳が近づき手を貸す。
一瞬、鋭く見るが拒まずに受けて馬上の人となる朱王礼、行徳を見下して微笑する。

朱「――やるぞ、奴の首を見る迄、死ぬな」

黙って頷く行徳。
城門に向って馬を進める朱王礼、続く出迎え部隊。――曠野の向うに林立する旌旗、李元昊の本隊を目指して、一路朱王礼の出迎え部隊の縦列が近づいてゆく。地平を黒々と埋めて数を増した西夏軍に対して、それは一条の糸にしか見えない。

城壁の上、朱王礼の幹部で城内の指揮をとる小柄な将校と、大兵肥満の城壁部隊長の傍に行徳も立って見つめている。

——先鋒の西夏騎兵に続く朱王礼の出迎え部隊、更に旌旗を掲げた一隊、続く近衛騎兵の一団の中央に、悠然と馬をすすめる李元昊の顔が見える。

——城壁上、片唾を呑む行徳の脇で大兵の将校が、会心の笑みを洩らす。

——朝京門を入る西夏兵の先鋒に続いて朱王礼とその部隊が、ゆっくりと足下の城門に吸いこまれてゆく。続く旌旗の儀仗隊。

——朝京門内、小柄な将校が、通り過ぎる朱王礼の出迎え部隊を凝視している。

——城壁上、大兵の将校のかすかな合図で兵たちは弓に箭をつがえ、楼門付近の一隊は投下弾万人敵の火縄に点火する。一瞬、身震いする行徳の眼下を、旌旗隊に続く騎兵が続々と城門に近づく。

李元昊をとり巻く近衛兵の一団が何時の間にか脇に寄って動かず入城の部隊を閲兵する形になっている。愕然とする行徳、蒼白になった大兵の将校。

——朝京門に続々と入城する騎兵の列に、小柄な将校の額に脂汗が滲んでいる。

——城内に馬を進めた朱王礼、愕然と馬首を返して、城門が未だ閉されず続々と騎兵が入りこむのに気づいて、突然、叫び声を上げ、剣を抜く。
——朝京門、小柄な将校、剣を振って怒号する。轟然と落下する鉄扉。
——城壁上、怒号する大兵の将校に弓箭隊が一せいに立ち、万人敵の隊も撥かれたようにその木杵を持ち上げて投下する。
——閉ざされた城門外で、一瞬棒立ちになり混乱した縦隊に投下され炸裂する万人敵、黒い爆風になぎ倒される人馬——弓箭隊の一斉射撃——城の内、外で、射抜かれた西夏軍の人馬が濛々と上った砂塵の中に打倒される——朝京門内、怒号しながら剣を振う小柄な将校を殺到した西夏兵の長槍が貫く、——棹を取った朱王礼が怒号しながら右往左往する西夏騎兵の間を城門に向って疾駆する。
朱「李元昊だ！　李元昊を狙え、李元昊だ！」
——城壁上、大兵が怒号し自らも弓を取って濛々たる砂塵に包まれて、引き潮の様に後退する西夏軍を射つ。その傍で行徳も弓を。——朱王礼が駆け上って来る。
朱「李元昊は？　元昊はどこだ！　やったか、奴は?!」
行徳、汗と埃まみれの顔を横に振る。
行徳「わからん、奴は外だ、入らなかった」
朱「糞ッ！　騎兵隊！　騎兵！　馬だ、城門を開けろ、追撃するぞッ！　李元昊を逃がすな！」
城壁をかけ下りようとする朱王礼に追い縋る行徳、必死で朱王礼を抱きとめる。
行徳「やめろ、無理だ！　小人数で飛び出してどうなる！　やられるだけだッ！」
朱「馬鹿！　離せ、李元昊を逃してどうなる！」
怒鳴り合い乍ら揉み合う二人——突然、朱、力を抜いて階段に尻をつく。
朱「糞ッ！　李元昊の畜生！　悪運の強い野郎だ！」
行徳「奴は感づいたんだ、だから、——」
朱「——」
行徳「しかし、まだ判らん、或いは弓でやったかも知れん、そこまでは来たんだ——」
朱「(頷く)奴をやる迄は、俺は死なんぞ」
言い乍ら、足を引きずる様にして立つ。その腿から流れる血。
行徳「そうだ。もし、李元昊を逃しても、まだ沙州がある。沙州で節度使の部隊と合流して——」
朱「(頷く)よし、参謀の言う通りだ」
——濛々たる砂塵に助けられ、城壁の弓箭隊の乱射を逃れ、遠ざかる西夏軍。
大兵の将校が射ち方止めと怒号して歩くのを凝然と見つめる趙行徳、そして朱王礼。眼下には累々たる西夏軍の人馬の屍体である。
N「西夏軍は数百の屍体を遺して平原の彼方に退

避したが、遺棄された戦死者の中に、李元昊の姿はなかった。恐ろしく短い一日の終りは早く、夕闇が迫った。闇に乗じ西夏軍が包囲、反撃に出る前に、城を棄て沙州に向って脱出する。一日も早く沙州に着き、西夏の大軍に抵抗する態勢を整える。それだけが、現在、朱王礼の部隊と趙行徳、そして太守曹延恵の一族に残された唯一の活路であった」

87 瓜州城内・太守延恵の館

慌ただしい避難の痕を残して無人となった館の庭園を別棟の訳経堂へ急ぐ行徳、開け放した扉から中へ入る。空になった書棚と卓上に散った反古、そして、開け放し空の戸棚、見廻した行徳、愕然と息をのむ。太守延恵が片隅の椅子に腰を下して息を弾ませている。思わず声を荒らげて——

行徳「——太守！　あなた、まだ、こんな所に！」

延恵「(弱々しく微笑して)いや、運び遺した経典がないかと、気になってな——いや、私は又、もう、西夏兵が来たかと思うた」

行徳「太守」

延恵「もう、私は太守ではないよ。たゞの、我身を扱いかねる年寄だ。苦労して沙州まで逃げて、死なんでも、こゝで死んでも同じではないか。それも御仏の思し召しなら——」

行徳「馬鹿な！　さ、行きましょう」

近づき、強引に手をとって立ち上がらせると抱えるようにして戸口へ。

その時、凄まじい唸り声を上げ弩で発射されたらしい太く長い火箭が落下して来る。続いて二本、三本と降り始める火箭が庭に建物に随所に落下して燃え始める。

延恵「——おゝ、燃える、燃える、瓜州が燃える」

行徳「さ、太守、行くんです。まだ、間に合います！」

抱えるようにして庭園を抜けてゆく行徳。

88 沙漠（瓜州から沙州敦煌への道）

沿道の情景——沙場の土屋と井戸。赤銹びた鋸の刃の様な山を半ば埋める砂の堆積。

廃城。塩池。河床——。

N「瓜州から沙州、敦煌までは三百支里、七日の道程である。城外に脱出して集結を終えた朱王礼の部隊は、西方沙州を目指し殆ど休みない強行軍に移った。五日目、漸く沙州、敦煌のオアシスを遠望する丘に達した部隊は、瓜州脱出以来初めて大休止といえる休憩をとった」

丘をめぐる砂地の窪みなどに、駱駝や馬の体に寄り添って暖をとりながら死んだ様に眠る兵士たち、同じようにして、朱王礼も延恵も眠っている。近くで眠っていた行徳の伸した掌を蜥蜴が注意深く探って、その下に潜りこむ——身じろぎする行徳——やがてぼんやりと目を開く、周囲に黒々と蹲《せぐくま》り動かない人馬の塊、その間から見える彼方の地平から駱駝の隊列が見える——ぼんやりと眺めていた行徳、ハッとした様に身を起す——近づきつつある先頭に近い一頭に揚げられている『ばい』の旗。

——隊列を離れ砂丘を下りて来る尉遅光と三人の部下に、反対側の砂丘に立った行徳が大声で呼びかける。

行徳「——尉遅光！　尉遅光！」

手を掲げて応える尉遅光、拍車を駆る。

砂丘を下りる行徳——駈け上って来た尉遅光、馬上からニヤリとして、

尉遅光「よう、沙州へ移駐して来たんか」

行徳「(応えず)あんたらは何処へ行く？」

尉遅光「俺たちか、瓜州だ」

行徳「相憎だが、瓜州はもうない」

尉遅光「何い？」

行徳「焼けて灰になった。西夏軍の火箭で」

尉遅光「西夏軍が何で瓜州を攻める?!」

行徳「俺たちが李元昊に弓を引いたもんでな」

一瞬、絶句してまじまじと行徳を眺める尉遅光、跳ぶように下馬して襟を摑むと、

尉遅光「馬鹿もん！　ど阿呆！　何を血迷って、つまらん事を仕出かしたんだ、気違いが！(小突いて)いゝか、西域じゃ、今回教徒が叛乱だ。俺の国の于闐じゃ尉遅家を亡した李家の奴らがや

られてしまった。沙州がやられるのも時間の問題だ。沙州のばか共は俺の言う事を信じないが、俺達は家を畳んで引き揚げて来たんだ」
行徳「西から回教徒が来るのか！」
尉遅光「そうだ！　その上、東の西夏まで敵に廻しやアがって。行く所がねえじゃねえか、馬鹿野郎め！」
行徳「――しかし、とにかく、差し当っては沙州へ行く他はない――」
呟く行徳を睨みつけた尉遅光、プイと背を向けると馬に――

89 沙州（敦煌《トウンホワン》）ⓣ市街

軒を並べる商舗、石畳の道に犇く漢人の老若男女が賑う平和で賑やかな街。

汚れ疲れた兵士たちの隊列に道を開け、物珍しそうに見物する人々――宋土を偲ばせる街並みと人々である。

N「――部隊は城外の賑やかで平和な、懐かしい宋土を偲ばせる街を抜け、城門に入るとその広場で長く辛かった行軍を終えた。行徳は朱王礼と共に、延恵に導かれ、城内の中心にある節度使曹賢順の館へ赴いた。曹賢順は皇帝の命により兵、民、財の三権を率べる武官であり、唐代に遡る節度使の威厳を具えた人物であった――」

90 沙州城内・節度使賢順の館

贅美を尽したその館の長い回廊から応接の広間へ。

正面の椅子に反身になって腰を下した小柄なしかし眼光爛々とした武人曹賢順。

朱王礼、趙行徳、尉遅光、大兵の将校らを従えて坐った延恵が咄々と語る言葉に静かに頷き乍ら聞き入っているがやがて、口を開く。静かな落着いた口調である。

賢順「いつかはこの様な日が来ると思っていた。唐の末、張議潮が吐蕃の支配を打破って帰義軍節度使の称を許されて以来二百年、沙州節度使の名誉にかけても闘わねばなるまい。惜しむらくは、西夏の大軍に敵し得る武力を持たぬ事だが、それも止むを得まい。曹氏は私の代で亡びる事になるが、人は滅んでも、名は残る筈だ。そして、吐蕃が去った様に、西夏が去る日も又、来るに違いない。どんな侵略者もこの沙州の大地までは滅せぬ」

延恵、朱王礼、趙行徳、夫々の想いをこめて聞いた人々を静かに見廻す賢順。尉遅光だけが傲然と天井を見上げている。

賢順「――尉遅家の後裔は回教徒を心配するように言ってくれたが、今やその心配も無用という事になる――」

尉遅光「節度使を初め皆さん方は死ぬつもりで居られるようだが、私は死なない。面白い時代になりそうだ。生きて、この眼でそういう時代を私は見たい。尉遅家の旗は戦乱を生き抜く旗だ。滅びる事を知らぬ旗です」

昂然と言って立つ尉遅光に、賢順も延恵も、朱王礼も行徳も、微笑を贈る。

91 沙州・市街（昼――夜）

平和な賑いをみせている街並を旗を掲げた尉遅光が悠然と行く。と、武装した騎馬兵が駆け抜け街角に止ると、布告を大声で読み上げ、再び走り去る。一瞬、その場で呆然と囁き交していた人々に突然パニックが襲い、走り出すもの、しゃがみこむもの、叫ぶもの、店舗は店を閉め、見る見る街並から人影が消える。走り廻る犬が道に散乱した饅頭を貪る。――そして、走る兵士の一隊、騎馬兵の往来に続いて、夕闇の近づいた街に避難する大荷物の車馬、人々が現れ、走り抜け始め――月明の夜と共に街は避難者の流れで雑踏を極める。その人の流れに逆って『バイ』の旗を掲げた駱駝に雑踏を見下す尉遅光の姿が見える。

N「曹賢順は朱王礼たちのために、恐らく節度使として最後の酒宴を催し、終ると、三、四日後と予想される西夏軍襲来に備え、朱王礼に、部隊を充分休養させる様、その間《かん》、節度使の部隊は、戦闘配置につき城外に無数の陥馬坑、馬の陥し穴を掘るだろうと言った。趙行徳は、宿舎に充てられた寺の一室で、夕刻から眠り、町の喧騒にも眠りを妨げられる事はなかった。行徳が、眼覚めたのは、翌日の夕刻である——」

92 沙州城・東門広場（昼——夜）

がらんとした広場に次第に夕闇が迫り、焚火と、その周りに集る兵士達の数が次第に増してゆく。三々五々、起き出して広場へ集って来る兵隊に混って、趙行徳が来る。

見廻す行徳、近づいて来る朱王礼。

朱「——おう、何だ、もう起きたのか」

行徳「よく眠ったよ。（苦笑して）人間、そうそう眠り通せるもんでもないな、皆なそうらしい」

周囲に顎をしゃくる。

朱「まアな、俺も西夏の軍鼓で目が覚めるまで、三日三晩眠ってやろうと思ったが——しかし、兵隊たちは、もう一晩眠らせよう。多分、明日の夕方、遅くとも明後日の朝には、戦闘だ——」

黙って頷く行徳。

朱「眠り収めかも知れんからな、俺も眠ってみる」

軽く呟いて、背を向け歩み去る。

N「その時、行徳は、朱王礼の後姿に、突然、泣き出したいほどの淋しさを覚えた。それは、今や蔽うべくもない朱王礼の老いであった——」

凝然と見送る行徳の耳朶に響く若々しい声。

朱王礼の声「ふーん。それで、お前は河西くんだり迄来たのか。西夏の文字を習いに——呆れた奴だ、全く。呆れ返った奴だな、えゝ?! お前って奴は——」

93 イメージ（涼州城内の宿舎）

朱「読み書き学問が出来たら、こんな所に流れて来なくったって故郷《くに》で出世が出来るじゃねえか、えゝ?」

行徳「私も、都に上る時は、そのつもりだったが——」

朱「何だ。都で試験に失敗《しくじ》ったのか?」

行徳「失敗った——それから、女に逢った……西夏の女だ……」

突然、撥けるように呵々大笑すると、

朱「女か。女は怖いな。国を傾け、身を誤らせる——女か」

94 沙州城内・東門広場（もとの）（夜）

苦い笑みを噛んで、焚火の囲りに屯《たむろ》する兵士たちの間を歩む行徳。

95 イメージ

何時しか、行徳は宋都開封の賑わう市場の雑踏を歩んでいる。戦塵に汚れた行徳の異様な風体にも人々は全く目もくれない。

N「——行徳は、宋の都開封の賑かな街衢を歩んでいた。砂粒を交えない風の吹き渡る都大路である、芝居町。御街《ぎょがい》。藩楼《はんろう》門。酸棗《さんそう》門、そして東角楼付近の殷賑——」

足をとめた行徳、焚火の周りに屯する兵士を見廻す。

——低く呻く行徳。

N「開封が懐かしかったのでも、その土を踏みたかったのでもない。こゝから開封まで、数千里の遠さを、過ぎ越した時の流れを、思ったのである。開封から、あの時から、何と遠くに、今自分はいる事か。しかし、数えれば、わずか、十年の昔に過ぎない」

——開封城外の市場の狭い露路の雑踏を蹌踉と歩む趙行徳、黒山の人だかりに足をとめ、肩越しに覗きこむ——木箱の上に置かれた板の上に横たわる全裸の女、獰猛な半裸の異邦人が、突然、刃物を閃かせ、女の左指二本を断つ。低い女の呻き、群衆がどよめき、たじろぐのを掻き分けて行徳前へ。

行徳「（叫ぶ）女は、俺が買う、全部買う」

男「（ニヤリとして）本気か?」

行徳「買う」

突然、身を起す女、行徳に、

女「お相憎だが、みんなは売らないよ。西夏の女を見損って貰っちゃ困る、買うんならばらばらにして買いな」

再び仰けになる女――ざわめく見物人、呆然と横たわる女を見る行徳――

「おい」と肩を摑まれて、ハッと眼を上げる。

96 沙州城内・東門広場（夜）

尉遅光「昨日から、お前を探してたんだぞ。何、ぼんやりしてるんだ」

行徳「余計なお世話だ。何か用か！」

尉遅光「（笑って）おい、何だって急にそう威張るんだ。俺はお前の事を心配してやってるんだぞ。どうする気だ一体。勝ちっこない戦だ。お前も死ぬ気か」

行徳「別に――それも、これも運次第だろう」

尉遅光「なるほどな、しかし、お前の持ってる首飾りは、俺に預けた方がいゝ。生きた時、あれ一つあれば、先づ困ることはないからな。戦するのに持ち歩いて、落したらどうする、ん？」

行徳「お前に預けたら、大丈夫って訳か」

尉遅光「当り前だ。だから、言ってる。いゝか、俺はな（低声になる）宝物を匿す場所を知ってる。西夏だろうと回教徒だろうと絶対、安全な場所だ――俺が、そこへ保管しておいてやる」

行徳「――」

尉遅光「お前から何も取り上げようってんじゃない。生きてたら必ず返してやる。死んだら、俺が貰ったっていゝだろう、な」

思わず失笑する行徳。

尉遅光「俺以外の誰も知らん場所だぞ。お前には教えてもいゝ。たとえ沙州全部が灰になっても、そこだけは安全なんだ。何十年戦が続いても、あすこへ埋めたものは安全な姿で残る」

行徳「埋めるのか？」

尉遅光「ふん、昨夜から部下をやって用意させてある、曹家にも、その気なら宝物を預ってやると言ってるんだが、あいつら、俺を疑って、まだ諾かん。しかし、最後には泣きついて来るに決ってる。お前も、明日の朝までよく考えとけ。後で泣いても始らんぞ」

行きかけるが、振り向いて、

尉遅光「そうだ、瓜州から逃げて来た坊主がお前を探してた」

行徳「あ――そうか――」

尉遅光「坊主なんて仕様のないもんだ。大雲寺に、お経を一山持ち込んだのはいゝが、おろおろ、うろうろするだけだ。お前を探してた」

行徳「判った。行ってみる」

尉遅光「明日の朝までだぞ。考える事を忘れるな」

背を向ける尉遅光――焚火の焰の向うへ。

見送る行徳、突然「おい、尉遅！」と叫んで追う。

尉遅光「（振り向き）ん」

行徳「首飾りは預けてもいゝ。その代り場所を教えろ」

尉遅光「明日、俺と一緒に行けば判る」

行徳「朝一緒に行けるかどうか判らん。俺は曹家の宝物も、お前の匿し穴に預けるよう話して見るつもりなんだ。お前と違って俺は曹家に信用がある」

尉遅光「本当か」

行徳「（頷いて）本当に、その場所が安全かどうか、俺自身が納得出来なければ、駄目だ」

尉遅光「――よし、口外するなよ（顔を寄せる）匿し穴はな、鳴沙山の千仏洞だ。石窟の奥に、恰好な匿し穴を二つ三つ探してある」

行徳「――なるほど。（深く頷き）ここから遠いか」

尉遅光「四十里だ。馬を走らせれば、一刻で行ける」

もう一度深く頷く行徳の頰を赤々と照らし乍ら燃える兵士たちの焚火――。

N「城は焼け、財宝は消え、人は滅ぶかも知れぬ、併し、経典だけは救えるかも知れぬ、と行徳は思った。財宝も生命も権力も、それは、所有者の持物である。だが、経典は、焼かれず、失われずそこにあるだけでよい。そこにあるというだけで、それは価値を持っている。何人も奪い得ぬ価値である。尉遅光の匿し穴は、今や、趙行徳にとって、生き生きとした意味を持ったのである――」

97 沙州城内・大雲寺・境内（夜――朝）

瓜州から来た僧二人が大雲寺の若い僧三人と

手わけして経蔵の夥しい経巻を撰り分け、包み、外に運び、箱につめ、忙しく立ち働く中に混る趙行徳。空は白み始めている――慌しく一人の兵が駈けこんで来る。眉を寄せて見る行徳、僧たちも一瞬手をとめる。

98 同・朱王礼の宿舎（寺）の中庭

完全武装の朱王礼が土間から出て来る、行徳に、

朱「出動する、お前は残れ。約束した事があったな、何年にもなる、お前は残って、俺のために碑を造れ、いゝな」

問答無用の口調で言う朱王礼を見つめる行徳の耳に叫び合う兵士たちの呼集の声、駈ける足音などが聞えている。

N「西夏軍は、昨日、朱王礼が予想したより一日早く姿を現したのである――敵も亦強行軍を重ね、時をおかず沙州を攻撃しようとしていた――」

99 沙州城内・東門広場

集合しつつある部隊――朱王礼、馬に歩み寄る。手を貸した行徳に素直に従って馬上の人となる朱王礼、チラと行徳に眼を向けただけで馬を進める。

――朱王礼に率いられ動き出す騎兵、歩兵、東門を出てゆく。

N「――数えきれぬほど朱王礼の出動を見送って来た行徳である。だが、この日ほど寒々とした出動の記憶はない。兵も馬も見すぼらしくかつて西夏軍の先鋒であった朱王礼麾下の面影は既になかった」

――空になった広場に黒々と残る数十の焚火の痕を行徳が城壁下の階段から見下している――

その黒い斑模様の中に現れた人影が大仰な身振で腕を振り招く。尉遅光である。階段を下りて近づく行徳。

尉遅光「どうした荷物は――」

行徳「駄目だ――夕方がせい一杯だ」

尉遅光「早くせんと西夏軍が来るって事は判ってるんだろうな。兵隊があのざまじゃ、何時まで持ちこたえるか判ったもんじゃない」

行徳「それより駱駝の心配をしとけ。大丈夫だろうな、多ければ多い程いゝ、百頭は要るぞ」

尉遅光「百頭か―きついが何とかしよう」

身を翻して去る尉遅光――広場に一人立つ趙行徳――やがて、広場の反対側にある民家の方に歩んでゆく。

N「――行徳は、自分の生涯が、ここ沙州敦煌の城と共に亡び終っても、少しも悔いる事のないのを感じた。もう一度人生をやり直すとしても、同じ条件ならば、恐らく同じ道を歩くことであろう。後悔すべき何ものもなかった――」

避難して無人となった民家の戸口に立った行徳、呼びとめられたかの様に立ち止り振り返る――。

100 イメージ

開封市場の雑踏を粗末な胡服を纏った西夏の女が叫び乍ら追って来る。振り返って待つ行徳にぼろ布で左手首を包んだ女が一枚の布片を差出す。拡げて見る行徳。異様な三行の西夏文字を見る。

女「お金をたゞ恵んで貰うのは、厭だから、これでも持って行っておくれ。これ以外、私は何も持ってないんだ」

行徳「何だ?」

女「私は読めないけど、イルガイにはこれを持ってないと入れないんだ。私にはもう用はないから、あんたに上げる」

行徳「イルガイ」

女「知らないのかい。西夏の都じゃないか、珠のお城っていう意味だよ」

行徳「――西夏の都、するとこれは西夏の文字か」

布片に眼を落す行徳――周囲の雑踏に構わず異様な文字を見つめる。

101 沙州城内・広場近くの民家

避難のあとも生々しい無人の民家、奥の一室に腰を下した行徳――写経の支度を始める。

N「自分を西夏へ、この辺土へと導いたのはあの女であった。女の呉れた布切であった、そこに記された異形の文字であった。だが、行徳は、朱王礼が笑ったように、身を誤ったとは思わなかった。官吏登用の門に再び、挑む事をやめ、辺土への道を歩んだのは、趙行徳にとって、未知の世界と人間の真実を探る旅であった――」

駒落しで捉えた窓外の空に流れる雲。初めそれは流れ翻る白い旗に見えるが、見る見る形と色を変え、真紅の模様となる――

N「行徳は夕刻までの時間を写経のために費した。時間の短かさを思い行徳は、般若心経を撰んだ。自分の若い日を記念するため、それを西夏文字に移した。自分にとって忘れる事の出来ないもう一人の女人、回鶻の王族の娘の霊を供養するため、行徳は心をこめた――」

最后の呪《じゅ》を西夏文字で認め終った行徳、最後の余白に、呟き乍ら漢字で記す。

維時景祐二年乙亥十二月十三日　大宋国潭州府挙人趙行徳――

筆をとめ、宙を仰ぐ行徳の眼は、もう朱に染った空を見てはいない。

N「潭州の文字を記した時、行徳は故郷、湖南省長沙の懐しい山河を、洞庭湖を見た」

102 イメージ（中国・湖南省・長沙付近）

その風物。洞庭湖を渡る爽やかな風。

行徳の声「――大宋国潭州府挙人趙行徳。流歴河西、適寓沙州、今緑外賊掩襲、国土擾乱、大雲寺北丘等搬移聖経於莫高窟、而罩蔵壁中、於是発心、敬写般若波羅蜜多心経一巻安置洞内已」

103 もとの民家の一室

書き続ける行徳――

伏願竜天八部　長為護助　城隍安泰　百姓康寧　次願甘州小娘子　承比善因　不溺幽冥　現世罪障　並皆消滅　獲福無量　永充供養

N「趙行徳は、甘州小娘子という文字を認める時、もう一度、筆をとめた。女の面影が一瞬、行徳の瞼によみがえった、女の顔は実際の、生前のそれよりは白く、頭髪は茶色がかった光沢を持っており、体は少し痩せていた。歳月は行徳の心の中で、回鶻の女を、そのように変えていた」

104 沙州城内・東門広場

既に夕闇が閉ざした広場に集った駱駝の群れ――駝夫たちに混る大雲寺の僧や訳経僧たちが荷を下し、荷をつけ、騒然としている。

尉遅光「（行徳に）荷はこれだけか、まだ、あるんなら、幾らでも持って来い。穴は増やせばいい。運ぶ手間だけだ」

行徳「まだあるが、あとの分は少し手間どるな」

尉遅光「あとはあととして、一回行ってくるか。それにしても、この荷、中身は何だ」

僧と駝夫が運んでゆく荷に顎をしゃくる。

行徳「それは俺も知らん。いちいち立ち会った訳じゃない。だが財宝には違いない」

尉遅光「玉もあるか」

行徳「勿論あるだろう。見た訳じゃないが、あるに決ってる。あらゆる天下の玉が詰っているんだろう。瑟瑟《しつしつ》、琥珀、瑠璃《るり》、琅玕《ろうかん》。何れにしても開けてはならぬ約束だ。手をつけるな」

眼を輝かせて呻く様に、

尉遅光「――よおし」

105 鳴沙山・千仏洞への道

月明の下、荷を積んだ駱駝の列がゆく。傲然と先頭をゆく尉遅光――遅れて続く行徳――。

沙漠、河畔、河床。山麓。

――やがて、行く手に、月光に白々と光る千仏洞の斜面が見えて来る。

N「尉遅光の揚言した通り、そこは匿し場所として完璧であった。尉遅光たちが引返した後行徳と僧、残った駝夫達は夜を徹して経典を匿し穴に運んだ。行徳達が再び沙州に帰った時、既に陽は高く昇っていた」

106 沙州城内・東門広場

高々と昇った陽光の下、人気のない広場を全身血にまみれ、数本の矢を身体に立てた朱王礼が棹を杖に、足を引きづり、よろめき乍ら、無人の民家の戸口に近づく、低い石段を辛うじて上り、暗い洞穴のような戸口へ入る朱王礼。

107 同・民家の中

辛うじて壁を伝って来る朱王礼、奥の一室に辿りつく。凝然と見る行徳に、

朱「——勘弁しろ。お前にな——渡さなきゃならんものを——俺は失くしちまった」

行徳「——？」

朱「首飾りだ、——李元昊の野郎を——夢中で追っかけてるうちに——落しちまった。——あれを失くす様じゃ、俺ももういかんらしい、残念だが。仕方がない——勘弁しろ」

矢を抜こうと手を出す行徳を振って、

朱「抜くな、いいものを見してやる——来い」

室の戸口から外へ——続く行徳。

——二人は甘州城の烽台に立っている。

朱「見ろ。あそこに李元昊がいる。俺がどうするか、見ろ」

突然、大刀を抜き、切先を口に突き立てる様にして台上から身を躍らす。

流星の様に烽台から落下する朱王礼。

108 沙州城内・東門広場の民家（夕）

叫び声を上げて床から身を起す趙行徳。眼を血走らせた兵隊が戸口で身構える。その手の中に燃える枯芦の束。

行徳「——どうしたんだ！」

兵「街を焼くんだ、城も、王宮もだ」

行徳「朱王礼は?!」

兵「戦死した、節度使も死んだ、命令だ。早く火をかけて、どこへでも落ちて行けという命令だ」

行徳「瓜州の太守は王宮にいる筈だ。報せたか」

兵「そんな事は知らん」

火を投げて飛び出す兵、行徳も撥かれた様に続く——。

109 沙州城内・東門広場

燃える束を手に手に、眼を血走らせた兵たちが走り廻っている。渦巻く黒煙、白煙。

既に焔を吹き出し始めた家もある——民家の戸口から飛び出して来た行徳、広場を横切って走る。怒号、叫喚。遠雷の様な西夏の軍鼓の轟き——。

110 同・節度使曹賢順の館

豪奢な大広間に濛々たる白煙が立ちこめ奥の隅には既に火の舌が見える。行徳が駈けこんで来る。

行徳「太守！　太守！」

白煙の中から、大きな箱を引きずった人影が現れる、尉遅光である。

行徳「尉遅！　何をしてる?!」

尉遅光「馬鹿共が！　敵も来ないうちに自分で火をつけやがって」

行徳「瓜州の太守を知らんか」

奥を顎でしゃくると、

尉遅光「焼け死ぬ気だ、ほっとけ」

煙の奥へ駈けこむ行徳。

——廊下を叫び、むせび乍ら、一間毎に探してゆく、まだ煙は比較的少ない。

——奥の一室、延恵が椅子に腰を下し、眼を閉じて、経文を呟いている。行徳が来る。

行徳「太守！」

延恵「おう（眼を開く）」

行徳「生きられる限り、人間は生きるべきでしょう、さ」

手をさしのべる行徳に、静かに首を振って、

延恵「——生きたい人間だけが、生きればいゝ、生きられる」

行徳「——」

延恵「そうか、あんたが生きる気なら、これを(と傍の厨子の扉から巻物を取り出す)これを預けよう」

差出されたそれを手にし乍ら、

行徳「何ですか」

延恵「節度使曹氏の家伝だ」

行徳「私に預けられても――」

延恵「たゞ預ってくれゝばいゝ、生きるあんたに任せる。焼くなり、棄てるなり勝手にしていゝ」

行徳「それなら、こゝに置いても――」

延恵「いや、困る。私は兄から預けられて困っていた。あんたに譲る」

椅子に身を沈めて、眼を閉じる延恵。言葉もなく見つめる行徳。怒号と叫喚と燃える焔の音が聞えている。突然、どっと吹きこむ黒煙と一緒に、尉遅光が飛びこんで来る。行徳の肱を摑んで、

尉遅光「来い！　お前にゃ用があるんだ。馬鹿野郎、死にたいのか！」

噛みつく様に怒鳴って、行徳を引ずり出す。

111 炎上する沙州・敦煌の街と曹氏の館

112 鳴沙山・千仏洞への道

沙漠地帯を行く尉遅光と行徳の駱駝。二人に駝夫のいない駱駝が二十頭ほど従っている。突然、尉遅光が行徳の脇に駱駝を寄せる。

尉遅光「行徳！」

たゞならぬ語気に身を退く行徳。

尉遅光「首飾りはどうした？　穴へ入れたか」

行徳「――」

尉遅光「まだ持ってるな。俺に寄越せ、いつまでも強情を張るな。悪いようにはしない」

行徳「厭だ」

尉遅光「駝夫たちのようになりたいか(いきなり胸倉をとる)さ、文句を言わずに出せ」

行徳「駝夫たちはどうした」

尉遅光「片付けた。宝物倉へ閉じこめて来たから、今頃は蒸焼になったろう」

行徳「なんで、そんなことを――」

尉遅光「あいつらを生かしておけるか。千仏洞の匿し穴を知ってる奴らだ。あとは、お前と坊主だけだ、さ、寄越せ。玉を寄越せば生かしといてやる」

行徳「厭だ」

尉遅光「貴様！――じゃ、殺してやる」

行徳を突き飛ばすようにして飛びかかる尉遅光。もつれる様に砂上に落ちる二人。行徳を組み敷き、滅多打ちにするとその胸を開いて、首飾りを摑み出して立ち上る。尉遅光が首飾りを月光にかざして笑みを洩らした時、黒々とした西夏軍の騎兵隊が、目の前の稜線を横切ってゆく。

愕然とした尉遅光の足に、意識をとり戻した行徳が必死でしがみつく。

行徳「返せ！」

尉遅光「離せ！　この野郎、離せ」

行徳「返せ！　貴様！」

必死の行徳を蹴り、殴る尉遅光。だが、足をとられて砂上に倒れる。組み合い転げる二人。その近傍を砂塵を立てて騎兵隊が黒い影の様に、怒濤の様に過ぎる。

尉遅光「馬鹿、離せ、危い！」

行徳「返せ！　尉遅！」

尉遅光「この馬鹿野郎！　貴様ッ！」

行徳の手が、再び身を起した尉遅光の手の首飾りにかかる、張りつめ、糸が千切れ、玉が飛ぶ。尉遅光が身を泳した時、西夏騎兵の黒い怒濤が二人の周囲に砂塵を蹴立てて通過してゆく、見えなくなる二人。

――黒い雲が飛ぶように流れ、耿々《こうこう》たる月が次第に現れる。

月下の砂地に突伏して動かない行徳、指先からゆっくりゆっくり動き漸く仰向けになり空ろな眼を月に向ける。ゆっくり右手を目の前に持って来る行徳、玉を飛した糸だけがたれている――瞼を開いている力を失した様に眼を閉じる行徳、その眼尻から白く光る条が流れている。行徳の仰向いた場所から少し離れた砂の坂を不具の虫のように起きつ転びつ昇る人影――尉遅

光である。

113 モンタージュ

砂漠の風紋の上を巻くつむじ風――竜巻。

N「――西夏は沙漠を馬蹄に蹂躙し、節度使曹氏を亡ぼし、こゝに河西全域を自己の手中に収めることが出来た。回教徒はついに沙州に至らなかった――宋・西夏両国の間に和議が成ったのは、慶歴三年。沙州が西夏に占領されてから六年目の事である。共に多年にわたる戦いに疲れ果てた末であった。――慶歴八年正月かつて大夏皇帝を号した李元昊は四十六歳で没した。皇太子甯令哥《ねいれいか》の夫人を奪って新皇后とし、寵愛した事から、憤激した皇子の刃を受け、鼻の瘡がもとで死んだと伝えられる――」

鳴沙山付近の四季――。

N「沙州が落ちて四年目の夏、深夜、千仏洞を訪れた隊商があった。その夜、雷鳴と豪雨があった。翌朝ある石窟の近くに、黒焦げ、何人とも知れぬ屍体があったと言う。一月程後、人々は駝夫《らくだひき》の言葉から、その死者は、かつて于闐の王族尉遅家の後裔であると自称していた人物だ――と噂し合った――」

莫高窟・千仏洞の点景――。

N「西夏と宋との国交が再び破れたのは、元昊死後二十余年、宋の天子神宗の時代である。その頃、于闐から沙州に入った隊商の一人が三界寺に一通の書面と巻物を托されて来た。書面には、自分は縁あって、曽ての沙州の権力者曹氏一族の家伝を持っている。たまたま便を得たのでこれを寄進したい。そして、一遍の回向を頼みたいと堂々たる筆蹟で認められていた。その筆者は、末尾に、たゞ〝大宋国挙人趙行徳〟と記しているだけであった」

沙州敦煌付近の情景――その四季の風物。

N「沙州一帯の地は、その後、数百年の間、屢々所属と名称を変えた。宋の時、西夏に属して州名を失ったが、元代に再び沙州となり、明に至って沙州衛となり、清の乾隆年間には敦煌県となった――」

敦煌石窟の内部と匿し穴――。

N「鳴沙山の千仏洞も、敦煌の名の復活と共に敦煌石窟と呼ばれるようになった。大きく盛んなるという名称にも拘らず、殆ど世に知られる事なく過ぎたこの石窟に、一九〇〇年頃、王円籙《おうえんろく》という道士が住みついた。そして王道士は、石窟の一つに匿し穴があり厖大な経巻類が隠されているのを発見したのである。ロシア人が、イギリス人が、フランス人が、日本人がこの地に群り、経典類を手に入れる事が出来たのは、王道士がその計り知れぬ価値を知らなかったからである――」

落日の沙漠――十数頭のラクダの背に敦煌の遺物をのせた探険隊が去ってゆく。

終

「映画監督　小林正樹」年譜

作成＝小笠原清

❖映画の日付は日本公開日を基本

西暦(和暦)　齢	事項	備考
一九一六(大正5) 0歳	◉**2月14日**…北海道小樽市に誕生。四人兄妹の三男。父雄一は三井物産小樽支店勤務。比較的裕福な家庭だった。	**11月3日**…裕仁親王立太子式
一九二一(大正10) 5歳	◉父、三井物産同系の北海道炭礦汽船に移籍。	前年6月松竹蒲田撮影所開所 **4月12日**…メートル法採用
一九二二(大正11) 6歳	◉**4月**…小樽稲穂尋常小学校に入学後、父の東京転任で妹と共に上京、本郷富士前尋常小学校に転校。	**12月30日**…ソビエト連邦成立
一九二三(大正12) 7歳	◉父母と浅草映画街で初めて活動写真『オーヴァー・ゼ・ヒル』(邦題『丘を越えて』)を見る。 ◉**9月1日**…関東大震災、のち父の小樽転勤で小樽に戻る。	**9月16日**…大杉栄虐殺事件
一九二四(大正13) 8歳	◉自由な家庭環境の中で、生活を楽しむ。	**6月13日**…築地小劇場創立 **11月29日**…東京放送局設立 會津八一歌集『南京新唱』
一九二八(昭和3) 12歳	◉**4月**…兄たちと同じ北海道庁立小樽中学校に進学。母の自由主義的な家庭環境のもと歌舞伎や展覧会鑑賞に同行、大河内伝次郎の『照る日くもる日』『新版 大岡政談』などの活動写真に興奮。学校ではスキー、テニスに打ち興じ、庭球部の兄二人と全道大会出場。 ◉**10月10日**…母久子、盲腸の手術で不慮の死(三七歳)。	**1月4日**…牛原虚彦監督『近代武者修行』鈴木傳明、田中絹代青春コンビ第一作 伊藤大輔監督『新版 大岡政談』が評判 **8月27日**…パリ不戦条約

一九二九（昭和4） 13歳	◉4月…兄靖比古、慶應義塾大学予科に入学。東京での生活を機に父の従兄妹で、松竹蒲田撮影所の幹部女優田中絹代と交流が始まる。	5月16日…第一回米国アカデミー賞 5月…小林多喜二『蟹工船』発表、9月発禁 9月6日…小津安二郎監督『大学は出たけれど』 10月29日…NY株大暴落で世界恐慌
一九三〇（昭和5） 14歳	◉この頃、田中絹代主演の映画が上映されると、家族ぐるみで映画館に出かける。	11月15日…牛原虚彦監督、田中絹代出演『若者よなぜ泣くか』 10月20日…L・マイルストン監督『西部戦線異状なし』
一九三一（昭和6） 15歳	◉兄靖比古・珍彦に続き、テニス全道大会で優勝、兄弟で三連覇が新聞記事となる。勉強よりも内外の映画を見まくり、北海道の四季自然を楽しむ日々を過ごす。	2月25日…J・F・スタンバーグ監督トーキー映画『モロッコ』初の字幕付上映 8月1日…五所平之助監督、田中絹代出演初の国産オールトーキー映画『マダムと女房』 9月18日…満州事変
一九三二（昭和7） 16歳	◉4月…次兄珍彦慶應義塾大学予科に進学。 ◉11月…父雄一、北炭より新会社昭和石炭に転任。	5月15日…五・一五事件
一九三三（昭和8） 17歳	◉3〜4月…小樽中学を卒業し上京（3月7日）、大学予科受験に失敗、浪人となり兄弟三人で蒲田に下宿。長兄の影響で映画、文学に関心を深め、田中絹代と初めて出会う。	1月1日…柳田国男『桃太郎の誕生』 1月30日…ヒトラー独首相となりナチスが政権を獲得 3月27日…日本が国際連盟を脱退
一九三四（昭和9） 18歳	◉4月…再度受験失敗。京都桂離宮近くに下宿し予備校へ通学。映画、文学、美術への関心が高まり、映画監督への道を念頭に、早稲田進学を志す。	11月4日…最初の満州開拓団出発 12月1日…丹那トンネル開業
一九三五（昭和10） 19歳	◉4月…第一早稲田高等学院文科に入学。田園調布の田中絹代邸の隣に転居、小樽より上京した祖母ハツ（絹代の母と義姉妹）と兄弟三人の生活となる。この頃父は名古屋に転勤。	6月5日…島津保次郎監督『春琴抄 お琴と佐助』に田中絹代が出演、松竹大幹部となる 8月25日…山中貞雄監督『人情紙風船』
一九三六（昭和11） 20歳	◉1月…松竹が蒲田撮影所を引払い大船へ移転。田中絹代も鎌倉山に転居。 ◉2月26日…2・26事件（麻布三連隊一部将兵決起）、赤坂の学友宅で事件の推移を見守る。	7月17日…スペイン内戦

一九三七（昭和12）21歳

◉**2月17日**…絹代の母ヤス没、鎌倉旭丘絹代御殿の葬儀に、小林家父兄弟が揃って参列。
◉**4月**…高等学院三年に進級、會津八一教授の英語の授業を受け、教科外の京都奈良美術談話と人格に感銘、師事の意を固める。長兄靖比古、北海道炭礦汽船に就職し室蘭へ。
◉**5月17日**…妹深雪が裁判官と結婚。
◉**11月**…この頃、田園調布3-393香山荘に転居。

7月7日…盧溝橋事件・日華事変
12月13日…南京陥落

一九三八（昭和13）22歳

◉この頃、東京に転居した國弘勒之亮家（父の末弟）に同居。
◉**4月**…早稲田大学文学部哲学科に進み芸術学を専攻、會津教授のもとで東洋美術を学び、中国の大同雲崗、敦煌莫高窟の美術講話や骨董店巡り、篆刻などを通じて美学的教養を深める。
◉**7月**…夏、肺尖カタルを患い、読書筆記も禁じられ安静生活を送る。

2月9日…C・チャップリン監督『モダン・タイムス』
4月1日…国家総動員法公布
野村浩将監督、田中絹代の『愛染かつら』空前の大ヒット
10月27日…中国侵攻日本軍、武漢三鎮占領

一九三九（昭和14）23歳

◉**1月12日**…養子の話を受け東京目黒区本郷の叔父（父の次弟）山本憲介宅で同居、そりが合わず二カ月足らずで世田谷奥沢の月ヶ瀬荘に移る。
◉**7月**…夏休み、田中絹代の伝手で清水宏監督『桑の實は紅い』のロケに一カ月体験参加。一方で軍事教練を嫌い敬遠、受けても銃を逆さに担いで教官を怒らせる。
◉**10月**…會津教授引率のもと、二週間の「奈良大和研究旅行」に学友ら十数人とともに参加、充実感を味わう。

2月9日…J・デュヴィヴィエ『望郷』
7月26日…米、日米通商航海条約破棄
9月1日…独ポーランド侵攻・第二次世界大戦始まる
12月15日…V・フレミング監督『風と共に去りぬ』米公開（日本公開は1952年9月4日）

一九四〇（昭和15）24歳

◉田園調布の俳優大日方伝宅の隣家で、東京転任の父と二人の生活となる。
◉**3月15日**…親友川西信夫、中村英雄と三人で奈良の古寺を巡り、前年の會津研究旅行の復習を楽しむ。
◉**7月**…卒業論文「室生寺建立年代の研究」執筆で、同寺塔頭実行庵にひと夏を過ごす。この年次兄珍彦入営。
◉**9月**…友人たちには、映画の道を志すことを明かす。

2月2日…民政党斎藤隆夫が国会で戦争政策批判演説、のち除名
5月22日…會津八一『鹿鳴集』
6月29日…J・フォード監督『駅馬車』
9月27日…日独伊三国同盟

一九四一（昭和16）25歳

◉**3月**…早稲田大学卒業。會津八一邸に招かれ、赤飯に鯛の尾頭付きで祝膳、會津自戒規範「学規」の揮毫を受ける。

1月1日…映画館でニュース・文化映画の強制上映
4月1日…O・ウェルズ監督主演『市民ケーン』米公開

●4月…松竹大船撮影所入社試験。
●5月25日…入社。清水宏監督『暁の合唱』につく。続いて文化映画につく。
●10月…大庭秀雄監督『風薫る庭』につき、女優水戸光子と親しむ。
●12月8日…大庭組徹夜撮影でクランクアップ、朝スタジオの扉を開けたとき、開戦を知る。
●20日…田中絹代を訪ね年明けの入営を報告。翌日銀座で身の回りのものを買い整えるなど世話を受ける。
●入営の挨拶で會津八一邸を訪問。「みとらしの あつさのまゆみ つるはけて ひきてかへらぬ いにしへ あはれ」(『南京新唱』所収)の揮毫を得る。
●31日…親類の招きに応じ名古屋、門司を訪ねた後、大晦日から数日奈良日吉館に滞在。創作シナリオ『われ征《ゆ》かん』(小林・川西・中村共著)を執筆、古寺古仏を再訪。

4月13日…日ソ中立条約成立
7月28日…日本軍南部仏印進駐、米英蘭が日本資産凍結
10月18日…東條内閣発足
12月8日…日本軍真珠湾攻撃、太平洋戦争突入
12月12日…戦争の名称を「大東亜戦争」と閣議決定
12月16日…世界最大の戦艦「大和」竣工

一九四二(昭和17) 26歳

●1月9日…出征前夜、水戸光子より送別の会食に招かれ、手編み毛糸のチョッキを贈られる。
●10日…麻布三連隊に入営、重機関銃中隊に配属。
●3月27日…初年兵訓練で最右翼(最優秀)の評価を受け、一三〇〇名を代表して連隊長に渡満の申告(報告)、任地満州へ出発。
●4月4日…ハルビン郊外孫家着、常盤大隊第一機関銃中隊に編入され、厳しい現地訓練の日々を送る。
●7月…この頃幹部候補生筆記試験に合格、面接で試験官から「映画の助監督は女優のケツを追いかけるか」と挑発され抗弁、不合格。その後学歴と実績で「一選抜上等兵」となる。

1月2日…日本軍マニラ占領
4月18日…米空母発進のB25爆撃機16機による初の日本本土空襲
6月5日〜7日…ミッドウェイ海戦、日本の戦局後退へ
8月7日…米軍ガダルカナル島上陸、反攻開始
12月8日…山本嘉次郎監督『ハワイ・マレー沖海戦』大ヒット

一九四三(昭和18) 27歳

●2月2日…関東軍冬期演習において、他部隊のスキーの指導にあたる。
●7月16日…休日、ハルビンの写真屋で撮影(上等兵)。裏書に「上前歯二本折った」とある。
●9月20日…虎林県吉祥屯の杉崎隊に配属、ソ満国境ウスリー川虎頭一帯の巡察警備に当たる。

3月25日…黒澤明『姿三四郎』で監督デビュー
4月18日…山本五十六連合艦隊司令長官戦死
5月29日…アッツ島玉砕
7月29日…木下惠介『花咲く港』で監督デビュー

●巡察の合間に、シナリオ『防人《さきもり》』を執筆。趣味の篆刻を再開し、恩師會津八一と郵便で交流。

9月8日…イタリア降伏
10月21日…学徒出陣壮行会

一九四四(昭和19) 28歳

●**2月2日**…杉崎隊内紙「北斗通信」編集に関わる。この頃、携行していた『姿三四郎』『加藤隼戦闘隊』などの名作脚本数冊を僚友や部下にも読ませ喜ばれる。

●**4月10日**…孫家の原隊に復帰後、満鉄終点駅納金に移動、陣地構築や警備の傍ら初年兵を教育。小林上等兵は品位のある偉丈夫として隊内で知らぬ者無き存在だった(当時の初年兵回想)。

●**6月27日**…第二八師団に南方へ動員命令。7月7日納金を出発、朝鮮釜山港へ。

●**7月22日**…門司に寄港。旧大連航路の埠頭上屋《うわや》の洗面所に、シナリオ『われ征かん』『防人』と手紙、日記類をまとめた風呂敷包みを置き、シナリオの表紙に父の宛て先と一〇円札を貼りつけ、拾得者に郵送を依頼(港湾憲兵隊の扱いで無事配達)。

●**8月12日**…宮古島平良《ヒララ》港で下船、同島の守備につく。食糧不足に耐え、マラリヤ・デング熱・疥癬《かいせん》に悩まされながら、連日飛行場(台湾から飛来の友軍機中継地)の造成、水際陣地や洞窟の穴掘り作業が続く。

●**10月10日**…米機F6Fヘルキャットによる初空襲。目的は滑走路の爆破。

3月7日…通年の学徒勤労動員閣議決定
7月7日…サイパン島玉砕
8月4日…学徒集団疎開開始
F・キャプラ、A・リトヴァク監督の反日映画『ザ・バトル・オブ・チャイナ』米公開
10月20日…神風特別攻撃隊フィリピン沖海戦で初出撃
11月24日…サイパン島からB29の本土初爆撃
12月7日…木下惠介監督『陸軍』、出征する息子を追う母親(田中絹代)の姿は戦時に不適として陸軍の不興を買う

一九四五(昭和20) 29歳

●**1月27日**…宮古島新世界劇場にて浪曲劇『男の魂』上演、演出小林正樹。

●**4月1日**…終日米軍の空襲下、シナリオ用ノートに「青春の旅」日記を書き始める。「アメリカが停戦協定を申し込んで来たらしい。空にはGrummanが空襲しているのに　停戦協定がApril foolなのか　Grumman空襲がApril foolなのか」と記す。

●**23日**…前日友軍機二〇機が敵機との空中戦で惨敗、敗北感を味わうも、この日来襲した敵艦載機が撃墜され、脱出操縦士の落下傘降下を見届ける。その夜の日記に、入営前日の水戸光子との逢瀬の回想を綿々と綴る。

●**8月15日**…終戦。翌日他部隊から詔勅の情報を得て「宮古島は平和そのもの、降伏などは全く信じられない。敵の爆撃下にある本土にある国民の心中如何ばかりか」と記す。

2月4日~11日…ヤルタ会談
3月15日…米軍硫黄島占領(日本軍21日玉砕)
3月9日~10日…東京大空襲で死傷者一二万。家屋二三万戸、映画館四五館焼失
4月1日…米軍沖縄本島上陸
5月8日…ドイツ降伏
6月23日…沖縄本島日本軍壊滅
7月26日…ポツダム宣言
8月6日…広島、**9日**…長崎に原爆投下

●8月28日…軍旗奉還式。歩兵三連隊史では9月上旬軍旗焼却。
●10日…米軍約二個中隊が宮古島に上陸、武装解除。九二式重機関銃や銃剣などの武器類が海中投棄される。
●12月20日…米軍の労働要員健康者八〇〇〇名の一人として、沖縄本島に移送され、当初屋嘉《やか》捕虜収容所に入る。
●22日…屋嘉収容所で捕虜慰問の劇団編成、団員名簿脚本部の筆頭に「松竹大船小林正樹」の記載。

8月9日…ソ連対日参戦満洲に侵攻
8月23日…スターリンが中国の全東北(満州)の解放を宣言
9月2日…降伏文書調印、GHQ陸海軍解体指令
10月11日…戦後GHQ許可第一号映画、佐々木康監督『そよかぜ』封切、並木路子の歌う「リンゴの唄」が大流行
全国映画館数八四五館

一九四六(昭和21) 30歳

●1月10日…屋嘉収容所の星都劇場で泉鏡花の『婦系図』四幕四場を小林正樹演出で上演。
●3月…この頃、屋嘉から嘉手納収容所に移動か。
●水戸光子の結婚をラジオ放送で知り、手紙と毛糸のチョッキを焼却、演劇楽団員の戦友小松哲也が立ち会う。
●4月7日…嘉手納劇場第一回公演第二演目『浅草の灯』四幕四場を小林正樹が演出。帰国まで七作品を手がける。
●9月13日…隊内の手書きガリ版刷り「沖縄新聞」二〇号の記事「日本の映画界を語る 沈黙を続ける巨匠たち」(沖縄歴史博物館蔵)で、小林正樹と関根重行(のち松竹京都の撮影技師)が談話。
●11月21日…復員。東京荻窪の叔父國弘家に身を寄せ、そこで父雄一の脳溢血死(45年2月2日於名古屋)、兄靖比古の戦傷死(44年9月30日於南支方面)、親友川西信夫の戦死(44年12月22日於比島レイテ)と恩師會津八一に預けた卒論の戦災焼滅を知る。
●12月…大船撮影所に助監督として復職、佐々木啓祐監督『二連銃の鬼』につく。

1月1日…天皇人間宣言
1月4日…GHQ公職追放令
5月3日…極東国際軍事裁判(東京裁判)開廷
10月24日…国際連合成立
毎日映画コンクール創設
10月1日…ニュルンベルク裁判終結
11月21日…W・ワイラー監督『我等の生涯の最良の年』米公開(日本公開一九四八年)

一九四七(昭和22) 31歳

●木下惠介監督の『不死島』(田中絹代、佐田啓二主演)につく。初めて木下組助監督となり、創作的作業に充実感を覚え、以後木下組付となる。

2・1ゼネストにマッカーサーが中止令
3月8日…東宝争議の余波で新東宝映画発足

一九四八（昭和23） 32歳	●國弘家を離れ、高円寺に転居。一時、夫と死別した妹の深雪母子を引き取る。 ●木下監督『女』『肖像』『破戒』につく。	1月30日…ガンディー暗殺 4月26日…黒澤明監督『酔いどれ天使』 5月1日…美空ひばり歌手デビュー 10月18日…三次にわたる東宝大争議終息 11月12日…極東国際軍事裁判判決
一九四九（昭和24） 33歳	●木下監督『お嬢さん乾杯』『新釈　四谷怪談』（前編・後編）『破れ太鼓』（木下監督と共同脚本、シナリオ作家協会のシナリオ賞受賞）につく。	4月23日…一ドル三六〇円レート 10月1日…中華人民共和国建国 10月21日…日米親善芸術使節田中絹代渡米 11月3日…湯川秀樹にノーベル物理学賞 7月19日…今井正監督『青い山脈』ヒット
一九五〇（昭和25） 34歳	●木下監督『婚約指輪　エンゲージリング』につく。 ●4月1日…ピカデリー実験劇場で劇団青俳の『ガラスの動物園』公演。主役のローラ役に松竹大船女優でもあった文谷千代子が出演。上演中小林が花束を持ってたびたび楽屋を訪問。	2月9日…米マッカーシー上院議員の演説で赤狩り旋風 中華民国『中国の怒吼』（戦時日本の告発映画） 6月25日…朝鮮戦争勃発 10月13日…公職追放令解除、城戸四郎松竹へ復帰 全国映画館数二六四一館、終戦時の約三倍
一九五一（昭和26） 35歳	●木下監督『善魔』『カルメン故郷に帰る』『少年期』『海の花火』『カルメン純情す』（翌年）につく。 ●7月20日…小津安二郎監督の依頼をうけ、會津八一に揮毫要請の手紙を送る。	黒澤明監督『羅生門』ヴェネツィア国際映画祭でサンマルコ銀獅子賞 9月1日…民放ラジオ放送開始
一九五二（昭和27） 36歳	●4月1日…文谷千代子と結婚。軽井沢の教会で二人だけで挙式。田中絹代の祝儀で、港区麻布笄町に新居を構える。 ●6月25日…助監督在籍のまま四四分の中編（シスター映画）『息子の青春』（三宅邦子、石濱朗主演）を初監督、好評を得る。 ●コンテニュイティ勉強のため、志願して木下監督『日本の悲劇』（53年6月17日封切）のシートマンとしてつく（最後の助監督）。	4月28日…講和条約発効、GHQ廃止 4月17日…溝口健二監督『西鶴一代女』（田中絹代の代表作） チャップリン『ライムライト』完成後赤狩りで米国追放 岩波写真文庫『日本映画』（『日本の悲劇』の現場を取材）

一九五三（昭和28）　37歳

◉**1月29日**…木下恵介脚本による監督昇進第一回作品『まごころ』封切。田中絹代の唯一の小林作品出演作。木下監督より監督昇進の祝儀として、初作『息子の青春』の16ミリプリントを贈られる（東京国立近代美術館フィルムセンター蔵）。

◉**10月**…BC級戦犯手記、安部公房脚本で『壁あつき部屋』（新鋭プロダクション）を監督、異色作として注目されるが、完成後松竹が突然公開を延期。

◉**9月8日**…新潟日報に「将来の大物小林・野村　期待される新人監督」の記事掲載。切り抜きを會津八一がスクラップ保存。

2月1日…NHKTV、**8月28日**…民放TV放送開始
7月27日…朝鮮戦争休戦協定
11月3日…小津安二郎監督『東京物語』
12月13日…田中絹代が『恋文』で監督デビュー
12月26日…シネマスコープ映画『聖衣』初公開
9月10日…五社協定発効、映画五社が日活の製作参入を警戒、監督俳優の移動貸借を規制

一九五四（昭和29）　38歳

◉**4月1日**…キネマ旬報四月上旬号で「新時代に夢を抱いて」と題し小林正樹と橋本忍が対談。

◉**26日**…文芸プロダクションにんじんくらぶ設立に、同人として参加。

◉**8月25日**…助監督時代に書いたオリジナル脚本による『三つの愛』公開。

◉**11月23日**…『この広い空のどこかに』封切（文部省特選）。

◉**12月19日**…佐田啓二ら俳優、脚本家など数氏の依頼により、會津八一に手紙で書の揮毫を要望。

3月1日…ビキニ環礁水爆実験、第五福竜丸被曝
3月31日…溝口健二監督『山椒大夫』、**4月26日**…黒澤明監督『七人の侍』がヴェネツィア国際映画祭サンマルコ銀獅子賞
7月1日…防衛庁の陸海空三自衛隊発足
10月31日…衣笠貞之助監督『地獄門』がカンヌ国際映画祭でグランプリ
11月3日…『ゴジラ』登場、以後シリーズ二九作

一九五五（昭和30）　39歳

◉**5月25日**…『美わしき歳月』封切（文部省特選）。

1月5日…M・C・クーパー監督『これがシネラマだ』
1月15日…成瀬巳喜男監督『浮雲』
11月1日…B・ワイルダー監督『七年目の浮気』
「神武景気」を迎える

一九五六（昭和31）　40歳

◉**2月26日**…『泉』封切。

◉**10月31日**…『壁あつき部屋』が完成三年を経て公開、翌年日本文化人会議の平和文化賞受賞。

◉**11月21日**…『あなた買います』封切。

◉恩師會津八一没。

5月24日…売春防止法公布
10月19日…日ソ国交回復　**10月29日**…スエズ動乱
11月19日…東海道線全線電化
1月21日…市川崑監督『ビルマの竪琴』
5月17日…古川卓巳監督『太陽の季節』で石原裕次郎デビュー

		12月18日…日本、国連に加盟
一九五七(昭和32) 41歳	◉8月5日…小林、松山善三、若槻繁三者の共同出資で、五味川純平原作『人間の條件』の映画化権を得る。 ◉10月23日…『黒い河』封切、仲代達矢が小林映画に初出演。大船調の殻を破る作品として注目される。	4月1日…西独徴兵制実施、連邦軍を編成 5月25日…F・フェリーニ監督『道』 10月4日…ソ連、人工衛星スプートニク打上げ成功
一九五八(昭和33) 42歳	◉8月15日…にんじんくらぶ製作で『人間の條件』第一部・第二部クランクイン。	12月23日…東京タワー竣工 全国映画館数七四五七館で戦後最多を記録
一九五九(昭和34) 43歳	◉1月15日…『人間の條件』第一部・第二部松竹系公開、二週間のロングランで大ヒット。 ◉4月21日…人間プロ設立、『人間の條件』第三部・第四部を製作(11月20日公開)。札幌ロケ中、井上靖の初版本『敦煌』を一読して映画化の意を固める。	1月1日…キューバ革命 3月28日…千鳥ヶ淵戦没者墓苑開園 4月16日…国民年金法公布 6月3日…シンガポール、英国自治領となる 日本下半期から岩戸景気 フランス映画界ヌーベルヴァーグ台頭 7月7日…A・ワイダ監督『灰とダイヤモンド』 8月1日…S・ルメット監督『12人の怒れる男』
一九六〇(昭和35) 44歳	◉8月9日…にんじんくらぶ製作『人間の條件』第五部・第六部、網走ロケからクランクイン、一一月御殿場ロケでクランクアップ。 ◉9月7日…第二一回ヴェネツィア国際映画祭で『人間の條件』第一部・第二部がサン・ジョルジョ賞銀賞を受賞、同、批評家協会パシネッティ賞受賞。海外で初の受賞。	5月14日…安保阻止国民会議一〇万人デモ、以後安保闘争激化 6月3日…大島渚監督『青春残酷物語』、日本のヌーベルヴァーグと評価 9月10日…カラーテレビ本放送 12月27日…「国民所得倍増計画」閣議決定
一九六一(昭和36) 45歳	◉1月28日…『人間の條件』第五部・第六部公開。六部作完結で大きな話題となる。 ◉8月5日…カナダ・モントリオール国際映画祭に『人間の條件』第五部・第六部を携えて出席。	1月21日…今村昌平監督『豚と軍艦』 4月1日…国民年金法成立 7月18日…加山雄三主演の『大学の若大将』、一九七一年までシリーズ一七作

一九六二（昭和37）　46歳

◉**2月17日**…『からみ合い』封切。作曲家武満徹初参加、モダンジャズが評判となる。

◉**9月16日**…『切腹』封切。重厚緻密な構成と竹光切腹の残酷性が話題となる。

1月30日…M・アントニオーニ監督『情事』

4月8日…勝新太郎主演の『座頭市物語』一九八九年までシリーズ二六作

11月1日…I・ベルイマン監督『野いちご』

11月15日…ATG（アートシアターギルド）発足

一九六三（昭和38）　47歳

◉**5月8日**…カンヌ国際映画祭に仲代達矢夫妻と出席、『切腹』が審査員特別賞受賞。

◉**5〜6月**…映画祭終了後、仲代と二人で仏伊英他欧州数カ国をめぐり、イングマール・ベルイマンの撮影現場も訪問。

◉**10月**…『怪談』初のカラー作品として準備開始。

◉井上靖と会い『敦煌』の映画化を申し入れ快諾を得る。

1月1日…「鉄腕アトム」TV放送開始

3月2日…D・リーン監督『アラビアのロレンス』

11月16日…山口瞳原作、岡本喜八監督『江分利満氏の優雅な生活』

8月16日…TVDC大島渚「忘れられた皇軍」放送

11月1日…南ベトナム軍部クーデター

11月22日…ケネディ大統領暗殺

12月12日…小津安二郎没。

一九六四（昭和39）　48歳

◉**3月22日**…『怪談』クランクイン。スタジオ条件や巨大セットほか諸々の悪条件重なり日程が大幅遅延、12月24日に完成するも、膨大な債務により製作のにんじんくらぶは倒産。自身も製作費調達の一環で自宅を売却、以後借家生活となる。

7月4日…篠田正浩監督『暗殺』

8月2日…トンキン湾事件、米北ベトナムと交戦

10月1日…東海道新幹線開業

10月10日…東京オリンピック開催

一九六五（昭和40）　49歳

◉**1月6日**…『怪談』は東宝作品としてロードショー公開、興業不振。

◉**2月1日**…松竹を退社し、東京映画と一年契約締結。

◉**5月**…『怪談』をカンヌ国際映画祭出品、新珠三千代、武満徹、川喜多夫妻と出席。この年異例の上映時間規制で、不本意ながら第二話「雪女」を外して上映するも、審査員特別賞受賞。

◉**6月6日**…パリ・シャイヨー宮シネマテークで『怪談』四話全編完形で上映、映画祭規制による不備を補い、期待に応える。

2月7日…米軍北ベトナム爆撃

3月20日…市川崑監督『東京オリンピック』

4月17日…ワシントンで一万五千人ベトナム反戦デモ

6月22日…日韓基本条約

10月1日…第一〇回国勢調査実施、総人口九八二七万五〇〇〇人

12月25日…『荒野の用心棒』、マカロニ・ウエスタン登場

	◉7日…パリからローマへ、フェデリコ・フェリーニ、ミケランジェロ・アントニオーニ、ベルナルド・ベルトルッチ、ニーノ・ロータに会い、その後ギリシャ、イスラエルを旅行。	
一九六六(昭和41) 50歳	◉この年、『日本のいちばん長い日』(東宝・藤本真澄提示)、井上光晴の『他国の死』(㈱仕事・佐藤正之)、『黒部の太陽』(石原プロ)等の企画が浮沈、最終的に『上意討ち』に決まり、準備に入る。	**8月18日**…中国文化大革命始まる **10月11日**…S・レイ監督『大地のうた』 **11月1日**…国立劇場開場
一九六七(昭和42) 51歳	◉**5月24日**…東宝創立三五周年記念映画、三船プロ製作『上意討ち―拝領妻始末―』ロードショー公開、ヒット作品となる。 ◉**8月**…モントリオール国際映画祭に『上意討ち―拝領妻始末―』出品。 ◉カナダのプロデューサー、ロック・ドメール氏との間で『敦煌』映画化の話が進むが、カナダ万博不調により実現せず。	**3月6日**…日本航空世界一周線開業 **8月3日**…岡本喜八監督『日本のいちばん長い日』 **6月5日**…中東戦争勃発、イスラエルがガザ占領
一九六八(昭和43) 52歳	◉**6月8日**…東京映画『日本の青春』封切。この作品から岡崎宏三カメラマンとのコンビが成立。 ◉**9月13日**…『日本の休日』(ベトナム帰休兵の話)を企画、脚本に武満徹も参加するが不成立に終わる。 ◉ロンドン映画祭短編部門に『怪談』の「雪女」を出品、 ◉劇映画『東京裁判』を八住利雄脚本で準備、製作費が懸念され実現に至らず。	**1月29日**…東大医学部紛争起こり、学生運動・大学紛争全国的に激化 **2月9日**…岩波ホール開館 **8月20日**…ソ連チェコ侵攻、「プラハの春」蹂躙
一九六九(昭和44) 53歳	◉**4月**…カンヌ国際映画祭で『日本の青春』招待試写、**6月**…ベルリン映画祭審査員として招致、**7月**…モスクワ映画祭招待等、海外映画祭への出席が続く。 ◉**7月25日**…黒澤明、木下惠介、市川崑と共に「四騎の会」を結成。**8月25日**…山本周五郎原作『どら平太』を会の第一作と発表し、脚本作成に入るが実現せず。	**8月27日**…山田洋次監督、渥美清主演の『男はつらいよ』、以降一九九五年までシリーズ四八作に及ぶ **7月20日**…米アポロ11号、人類初の月面着陸
一九七〇(昭和45) 54歳	◉**3月19日**…『いのち・ぼうにふろう』、相模川河川敷のオールロケセット撮影でクランクイン。 ◉**7月6日**…同作検定試写。	**3月31日**…日本赤軍「よど号」ハイジャック　**5月27日**…国立フィルムセンター発足　**8月14日**…山本薩夫監督『戦争と人間』　**11月25日**…三島由紀夫防衛庁で割腹自殺

一九七一（昭和46）
55歳

◉**2月11日**…『いのち・ぼうにふろう』千代田劇場で特別試写会。9月11日東宝系で封切。
◉**5月**…カンヌ国際映画祭に招かれ、同映画祭二五周年記念の世界で最も功績のあった一〇人の監督（ミケランジェロ・アントニオーニ、フェデリコ・フェリーニ、ルイス・ブニュエル、マサキ・コバヤシ、ウィリアム・ワイラー、ロベール・ブレッソン、チャールズ・チャップリン、オーソン・ウェルズ、リンゼイ・アンダーソン、ルネ・クレマン）の一人として、功労賞（オマージュトロフィー）を受賞。
◉**9月**…「四騎の会」企画テレビ映画『化石』製作開始、パリロケ開始。

水俣病、イタイイタイ病、光化学スモッグ等公害問題続く
日本映画観客数減少で衰退　東宝専属俳優解雇
大映・日活映画製作中止　五社協定自然消滅
7月1日…環境庁設置
11月…日活ロマンポルノ映画スタート

一九七二（昭和47）
56歳

◉**1月31日**…フジテレビで『化石』八話の放送開始、終了3月21日。

2月19日…日本赤軍浅間山荘事件　**2月21日**…ニクソン大統領訪中　**5月15日**…沖縄日本復帰　**9月25日**…田中首相訪中、日中国交正常化交渉

一九七三（昭和48）
57歳

◉**4月14日**…テレビ映画『化石』の本編映画作品化により高遠の桜を追加撮影、その後再編集作業を開始、12月13日に基本版を完成。
◉**5月14日**…松本清張原作『昭和史発掘』より『日本を凍らせた四日間　二・二六事件』を企画、脚本打ち合わせに入るが、実現に至らず。

1月13日…深作欣二監督『仁義なき戦い』第一作、以後一九七六年まで八作
1月27日…ベトナム平和協定

一九七四（昭和49）
58歳

◉**1月9日**…カナダのトロント市ヨーク大学で講演（自作を語る）、ほぼ全作品を上映。次いでモントリオールのケベック大学でも。その後ドメール氏とニューヨーク、ラスベガス、ロサンゼルスをめぐる。
◉**5月15日**…カンヌ国際映画祭見本市で英語字幕版『化石』を上映、帰国後に再編集、ダビング。

11月26日…田中首相金権問題で辞任
12月14日…国連総会「侵略」の定義採択

一九七五（昭和50）
59歳

◉**2月26日〜3月1日**…「オランダ・ロッテルダム小林正樹映画週間」に招待され、次いでパリ、ロンドン、ルルーシュ、ロサンゼルスで『化石』を上映。
◉**10月4日〜10月31日**…帰国後再々編集した決定版『化石』がみゆき座でロードショー公開。

4月30日…サイゴン陥落、ベトナム戦争終結
9月30日…天皇・皇后、訪米

年	事項	社会
一九七七（昭和52） 61歳	◉1月12日…田中絹代が脳腫瘍で順天堂病院に入院、以後夫妻で看病と生活の後見に専念。 ◉3月21日…田中絹代没。3月31日築地本願寺で映画テレビ人葬（葬儀委員長城戸四郎）、喪主となる。 ◉6月24日…訪中の大映徳間康快社長が映画『敦煌』合作につき中国側と基本合意したとし、監督小林正樹、製作費五〇億円で、翌年から撮影に入るとして新聞発表（その後計画は立消え）。 ◉田中絹代葬儀会葬御礼挨拶文で、田中絹代賞の設定、記念館建設などの抱負を述べる。 ◉10月31日…日本映画人代表団の一員として訪中、中国文化人、映画人と交流（小林は『切腹』『化石』を持参）。念願の大同雲崗石窟も視察、11月17日帰国。 ◉11月23日…藤本真澄、佐藤正之が五木寛之と会談、『燃える秋』の映画化決定。	4月18日…城戸四郎没 7月16日…中国文化大革命終息、鄧小平復活 9月28日…日本赤軍日航機をボンベイでハイジャック、浅間山荘事件犯九人の釈放を要求
一九七八（昭和53） 62歳	◉4月16日…東宝・三越製作『燃える秋』イランにロケ、12月23日ロードショー公開。 ◉12月…講談社より、記録映画『東京裁判』の監督を依頼される。	5月20日…成田空港開港 10月17日…靖国神社がA級戦犯ら一四名を合祀
一九七九（昭和54） 63歳	◉2月23日…『東京裁判』の製作作業開始。某プロダクションへの製作委託体制のもと、港区鳥居坂マンションに拠点を置き、大量の法廷フィルムを裁判速記録と照合しながら脚本を準備。 ◉3月21日…田中絹代三回忌。円覚寺松嶺院墓地に分骨し、自身のデザインで絹代のブロンズ胸像と、會津八一書「藝に游ぶ」を配した墓碑を建立し供養。 ◉5月16日…井上靖の紹介で日本敦煌美術研究者友好訪中団に佐藤正之と参加、『敦煌』製作に向けての視察を果たす。 ◉11月1日…『東京裁判』の製作委託体制に支障が生じ、講談社が直接製作に乗りだす。	1月1日…米中国交樹立 1月7日…ベトナムの支援でカンボジア・ポルポト政権を解体 8月11日…T・アンゲロプロス監督『旅芸人の記録』 12月12日…若槻繁没
一九八〇（昭和55） 64歳	◉6月3日…『東京裁判』素材フィルム補足のため渡米、国立公文書館ほかプロダクション所蔵の戦時ニュースリールを収集。全体の製作遅延やむなく完成時期を再延長。	自動車生産台数が米を超え世界第一位 全国映画館数二三六四館で最盛時の三分の一以下となる

一九八一（昭和56）
65歳

◉4月…『東京裁判』の情景実写や資料撮影を開始、編集作業に入る。

◉6月30日…脚本遅延により製作体制、スケジュール再編必至となり講談社と協議。脚本は担当交代、アオイスタジオに拠点を移し、九月の作業再開とする。

◉9月5日…編集・録音スタッフ再集合、アオイスタジオで作業再開。

◉29日…小林・小笠原清が、脚本の仕上げに入る。

◉10月11日…ナレーション録音再開、ナレーター・佐藤慶。音声統一の必要上、冒頭より全編リテークとなる。

◉12月4日…『東京裁判』五時間二五分のオールラッシュ、多くの課題を残すが作品としてのメドが立つ。

2月15日…日劇閉館さよならフェスティバル
3月2日…中国残留孤児四七名初来日
3月16日…経団連土光敏夫の増税なき行革臨調発足
10月2日…レーガン大統領、核戦力強化発表
12月…平城京跡発掘調査開始

一九八二（昭和57）
66歳

◉3月21日…『東京裁判』四時間三七分の0号プリント試写、さらに修正作業続く。この頃東京裁判の映画化を懸念する「白菊会」など遺族会や団体などの代表を試写に招く。

◉6月14日…公開用修正初号プリント試写。この頃、試写、講演、インタビュー等において、エンドマークなき映画『東京裁判』について語る。

◉9月22日…有楽座、みゆき座で、各界の人士を招いて試写会、招待客二〇〇〇名に及ぶ。続いて主要都市で試写会を開催。

3月2日…(財)川喜多記念映画文化財団発足
6月23日…東北、11月15日…上越新幹線一部開業

一九八三（昭和58）
67歳

◉1月…『敦煌』のシノプシス上がり、稲垣俊が脚本を担当、その後吉田剛も執筆にかかわる。

◉4月6日…大映の映連復帰記念パーティで徳間康快社長が『敦煌』の製作を発表。

◉6月4日…『東京裁判』全国一斉封切。試写、公開時を通じて空前の反響を呼び、新聞、テレビ、雑誌等での掲載放送件数が三三九例に及ぶ。

◉9月24日…『東京裁判』アンコール・ロードショー。

◉12月21日…『敦煌』脚本の文学性と娯楽性の指向をめぐって、大映徳間社長と対立が深まり、決裂。

1月24日…中曽根首相、施政方針で戦後史の転換点を強調
5月28日…「国際シンポジウム東京裁判」を当時の判事、弁護士を招いて開催
10月12日…ロッキード事件で田中角栄に有罪判決

一九八四（昭和59）
68歳

◉**4月3日**…大映徳間社長、日中合作映画『敦煌』の製作を、深作欣二監督（のち佐藤純彌監督に変更）で発表、小林は無念の涙見せる。
◉**29日**…紫綬褒章新聞発表。
◉**9月6日**…『食卓のない家』の製作準備、キャスティングに入る。
◉**12月20日**…映画『東京裁判』英語版完成試写。ナレーター・英国人スチューウット・アットキン。

2月12日…植村直己、北米マッキンリー冬季登頂後不明
5月12日…NHK衛星TV放送開始
日本世界一の長寿国となる

一九八五（昭和60）
69歳

◉**1月**…仏アボリアッツ映画祭に審査員として出席。
◉**2月15日**…『東京裁判』ベルリン国際映画祭の招待作品として出品、出席。国際映画批評家協会賞を受賞。以降、各地の国際映画祭から招致され、大きな話題を呼び、賛否さまざまな論評を受ける。
◉**3月27日**…『食卓のない家』クランクイン、11月2日公開。
◉**8月20日**…『東京裁判』がモントリオール国際映画祭に招待作品となり、出席。
◉**11月26日～12月6日**…ロンドン国際映画祭『東京裁判』招待出品、12月4日上映、作品賞受賞。11月28日『食卓のない家』も上映。

8月31日…R・ジョフィ監督『キリング・フィールド』

一九八六（昭和61）
70歳

◉**1月22日**…脳梗塞で虎ノ門病院に緊急入院（最初の入院）。
◉**2月**…毎日新聞社と図り毎日映画コンクールに田中絹代賞を設定、第一回受賞者吉永小百合。
◉**10月13日～20日**…独カールスルーエの「小林正樹フェア」に招待され、『人間の條件』『怪談』『化石』『食卓のない家』を上映、フランクフルト、ハンブルクでも上映。『伯林――一八八八年』の合作も打ち合せ。

バブル経済、地価上昇全国平均七・七パーセント
4月1日…国鉄分割民営化、JR六社発足
4月26日…ソ連チェルノブイリ原発事故

一九八七（昭和62）
71歳

◉**6月22日**…ビデオ販売用『人間の條件』調整作業開始、9月21日発売。

1月25日…美術・戸田重昌没
8月1日…原一男監督『ゆきゆきて、神軍』

一九八八（昭和63）
72歳

◉**8月13日**…毎日放送テレビ番組『真珠の小箱―會津八一と奈良―』放送。
◉**10月28日**…虎ノ門病院にて、循環器系の手術を受ける。

4月16日…野坂昭如原作、高畑勲監督『火垂るの墓』
6月25日…佐藤純彌監督『敦煌』

	◉12月3日…テアトル新宿にて、「第一回　日本映画の発見　SINJUKU '88　小林正樹ノ世界」開催、12月7日木下惠介監督が「木下映画と小林正樹」と題して講演。	
一九八九(平成1) 73歳	◉2月14日…虎ノ門病院にて再手術。 ◉6月28日…ラ・ロシェール映画祭に審査員として出席。	1月7日…昭和天皇薨去 1月27日…張芸謀『紅いコーリャン』中国映画台頭 4月1日…3パーセント消費税　6月4日…天安門事件
一九九〇(平成2) 74歳	◉3月6日〜12日…パリ・シネマテークの「小林正樹フェア」に出席、仏オフィシェ・アール・エ・レットゥール(芸術・文芸)勲章受章。 ◉5月31日…田中絹代記念館設立準備の作業として、鳥山城カントリークラブのロッジで絹代の遺品資料等の整理開始、9月4日三浦三崎旧田中邸へ引き上げる。 ◉12月14日…勲四等旭日小綬章受章。	4月21日…侯孝賢監督『悲情城市』 3月27日…北海道夕張炭鉱閉山 10月3日…東西両ドイツ統一
一九九一(平成3) 75歳	◉3月…この頃、立ちくらみなど、体調悪化の自覚症状の頻度が高まる。 ◉11月28日…東京の映画人・俳優、下関市民有志一〇〇名で「田中絹代記念館建設推進委員会」設立、長府マリンホテルで第一回総会。その後予定地旧毛利邸への建設反対運動起こり、計画を断念。	1月29日…井上靖没 10月1日…バブル経済崩壊 12月26日…ソビエト連邦共和国消滅
一九九二(平成4) 76歳	◉1月7日…妹深雪没。 ◉9月24日…小樽中学校同窓会「樽中二八会」に出席(最後の帰郷)。	9月12〜20日…米スペースシャトルに搭乗の日本人宇宙飛行士・毛利衛「宇宙船から国境線は見えなかった」とコメント
一九九三(平成5) 77歳	◉8月5日…イマジカにて『化石』のフィルム再生作業によるニュープリントを試写、良好な結果を得る。 ◉9月16日…北海道新聞の関正喜記者による二〇回連載インタビュー記事「私のなかの歴史」の夕刊掲載開始。 ◉10月…日本映画監督協会企画『わが映画人生』録画で、篠田正浩監督のインタビューを俳優座劇場で受ける。	5月…初の外国人横綱にハワイ出身の曙 11月1日…欧州連合発足 12月…屋久島、白神山地が世界自然遺産に、法隆寺、姫路城が世界文化遺産に登録

一九九四（平成6）78歳	◉**6月27日**…NHKハイビジョン番組『會津八一の世界　奈良の佛たち』の製作が決定。この頃より歩行著しく困難となり、入退院を繰り返す。 ◉**10月5日〜6日**…墓参を兼ねロケハンで新潟市の會津八一の故地、記念館などを佐藤正之、NHKプロデューサーらと訪ねる。	**2月4日**…国産初の大型ロケットH-2発射成功 **2月11日**…陳凱歌監督『さらばわが愛 覇王別姫』 **2月26日**…S・スピルバーグ監督『シンドラーのリスト』 **4月26日**…南アのマンデラ大統領 アパルトヘイト撤廃
一九九五（平成7）79歳	◉**8月12日**…有楽町みゆき座で『東京裁判』を再上映。 ◉**9月5日**…『會津八一の世界』の脚本打ち合わせの出がけに倒れ、緊急入院。 ◉**12月1日**…東宝の倉庫で発見されたカンヌ版『怪談』DNフィルムのデジタル補正版を、イマジカでのプレビューで確認。	**1月17日**…阪神淡路大震災 **3月20日**…オウム真理教地下鉄サリン事件 全国映画館数一七七六館に激減
一九九六（平成8）80歳	◉**1月18日**…入院、手術。 ◉**4月7日**…小林正樹監修、松林宗恵監督でNHK『會津八一の世界　奈良の佛たち』の撮影に入る。 ◉**8月5日**…五月以降入退院を繰り返し、この日医師の制止を聞かずに退院。 ◉**10月4日**…午後九時、心筋梗塞により自宅で没。 ◉**13日**…NHK『會津八一の世界　奈良の佛たち』放映。 ◉**12月16日**…盟友の佐藤正之（㈱仕事代表）没。	**2月20日**…武満徹没 **5月22日**…水俣病被害者とチッソが和解 **12月5日**…原爆ドーム・厳島神社が世界遺産に登録
一九九七（平成9）	◉**2月7日**…毎日映画コンクール特別賞、日本アカデミー賞協会会長特別賞受賞。 ◉**3月**…下関において、小林正樹メモリアル映画祭開催、作品上映、俳優佐藤慶らが招かれて対談。 ◉**4月15日**…千代子夫人、世田谷梅ヶ丘の居宅から富ヶ谷のマンションに転居。 ◉**5月18日〜22日**…早稲田大学で「會津八一と小林正樹展」、作品上映と講演会。	**5月8日**…アイヌ文化振興法成立、北海道旧土人保護法廃止 **11月5日**…普天間飛行場の名護市移転構想提示 **12月11日**…地球温暖化対策「京都議定書」採択 この年映画館入場者数一七・七パーセント増加
一九九八（平成10）	◉**9月12日〜11月3日**…市立小樽文学館特別展「鋼鉄の映画人　小林正樹」開催、『東京裁判』を上映。 ◉**12月1日**…東宝撮影所の解体予定倉庫で『怪談』のオリジナルマスターポジが発見され、デジタル補正等で原状復元。	**9月6日**…黒澤明没 **12月30日**…木下惠介没

一九九九（平成11）

◉3月22日…千代子夫人、下関市の要請に応じ、田中絹代遺品約六〇〇点を記念館設置を条件に寄贈、三浦三崎諸磯の旧絹代邸より搬出。以後遺品資料等については田中絹代メモリアル懇談会での対処とする。

◉9月25日…千代子夫人、小林正樹資料と遺品二七〇二点を世田谷文学館に寄贈。

◉11月3日…下関大丸デパートにて、寄贈遺品による「田中絹代の世界展」を開催、田中絹代メモリアル懇談会が協力。

◉12月18日〜2月6日…世田谷文学館にて「映画監督小林正樹の世界展」、同時に第一回世田谷フィルムフェスティバルを開催、区内の映画館で小林作品を上映。

3月27日…東京九段に戦中戦後の国民生活を伝える国立「昭和館」開館

二〇〇〇（平成12）

◉4月4日〜5月20日…東京国立近代美術館フィルムセンターにて「偉大なる〝K〟シリーズ1」として、小林正樹作品上映会を開催。

◉8月26日…小林監督の資料、遺品等の寄贈により千代子夫人が紺綬褒章受章。

6月30日…大船撮影所閉鎖

翌年9月11日…米国同時多発テロ、NY世界貿易センタービル崩壊

二〇〇三（平成15）

◉2月…ゆうばり国際ファンタスティック映画祭開催、新設された映画記念館「シネマのバラード」に、小林正樹、田中絹代、岡崎宏三の展示コーナーを設置。

前年2月21日…西崎英雄没

3月19日…イラク戦争始まる

二〇〇四（平成16）

◉7月31日〜8月15日…東京文京区の三百人劇場にて「巨星 小林正樹の世界」として『息子の青春』と『食卓のない家』を除く全作品を上映、劇場関係者の出資で『壁あつき部屋』をニュープリント化。

10月1日…イチロー米大リーグで最多二五八安打達成

11月6日…崔洋一監督『血と骨』

二〇〇六（平成18）

◉4月26日…千代子夫人没。

◉6月…日本映画専門チャンネル・衛星劇場共同企画第二弾「巨匠が残した偉大なる足跡 没後一〇年 監督小林正樹の世界」として、前者は『怪談』『日本の青春』『上意討ち』『化石』『燃える秋』を、後者は『息子の青春』『まごころ』『人間の條件』一—六部ほか全一四作品を放送。

◉6月30日…新潟市民芸術文化会館にて、會津八一没後五〇年記念イベント「仲代達矢座談の夕べ『會津八一』を演じて—小林正樹監督の思い出とわが役者人生」開催。

◉7月1日〜9月24日…新潟市會津八一記念館にて、企画展「會津八一と早稲田人脈」開催、小林資料も展示。

前年1月13日…岡崎宏三没

12月…全館デジタル上映のシネコン登場

二〇〇七(平成19)	●4月1日…「世田谷文学館ニュース」三六号「当館収蔵品のご紹介二九」として「映画監督・小林正樹関連資料」を解説。 ●11月1日〜13日…早稲田大学小野梓記念館早稲田ギャラリーにて、「早稲田と映画」展開催、小林正樹、今村昌平、篠田正浩ほか早大出身映画監督を紹介。	3月…JR各線喫煙車両廃止、禁煙化が進む 11月…京都大学中山教授 iPS細胞作成に成功 12月…李纓監督『靖国 YASUKUNI』マスコミ試写、翌年上映反対運動激化するも4月12日公開
二〇〇九(平成21)	●1月16日…小林監督からの遺品整理業務継承機関として「一般社団法人 小林正樹監督遺託業務世話人会・芸游会」を設立。	前年9月よりリーマン・ショックで世界経済混乱 9月24日…安保理首脳会合「核なき世界」を初決議
二〇一〇(平成22)	●2月13日…下関市立近代先人顕彰館・田中絹代ぶんか館が開館。	
二〇一一(平成23)	●7月1日〜20日…韓国ソウルのシネマテーク(映像資料院)で「3K　3人の日本巨匠(木下恵介、木村威夫、小林正樹)展」が開催され、小林作品を上映。 ●12月3日〜23日…大阪シネ・ヌーヴォにて「没後一五年・特集上映 小林正樹の世界」として一一作品を上映。	3月11日…東日本大震災、東京電力福島第一原発が津波を受けてメルトダウン事故に発展
二〇一四(平成26)	●8月18日…岩波書店において、書籍『映画監督 小林正樹』の刊行に向けて準備に入る。	7月1日…集団的自衛権閣議決定
二〇一六(平成28)	●2月10日…小林正樹生誕一〇〇年、没後二〇年の関連イベント「映画監督小林正樹生誕一〇〇年記念プロジェクト」として各種行事、事業等の予定が発表される。実施は以下の通り。衛星放送「小林正樹監督生誕一〇〇年特集—松竹時代の作品より」2〜5月、市立小樽文学館『映画監督小林正樹と小樽』7月9日〜8月11日、世田谷文学館「映画監督・小林正樹展」7月16日〜9月15日、新潟市會津八一記念館「小林正樹と會津八一」10月7日〜12月11日、渋谷ユーロスペース「小林正樹生誕一〇〇年記念特集上映」10月8日〜28日、及び松竹より一〇〇年記念として一四作品のDVD、ブルーレイの発売、東宝より『いのち・ぼうにふろう』初DVD化、『怪談』価格改定版DVD発売。 ●9月1日〜11日…韓国シネマテックソウルアートシネマにおいて「小林正樹生誕一〇〇周年特別展」として、『人間の條件』『切腹』など一一作品を特集上映。	2月23日…衛星写真で、中国が南沙諸島の人工島に設置したレーダーが観測される。 6月23日…英国国民投票で欧州連合離脱を選択 8月8日…天皇テレビ談話で退位の意向を示唆

本書の主な参考文献・資料

【小林正樹関連】

小林正樹の「手帳」、「日記」、「メモ」、書簡類、アルバム、スクラップブック

図録『鋼鉄ノ日本映画　小林正樹ノ世界』日本映画学校、一九八八

世田谷文学館編『生誕100年　映画監督・小林正樹』リーフレット年表、二〇一六

【一般年表・地図】

『近代日本総合年表』岩波書店

『世界史年表・地図』『日本史年表・地図』吉川弘文館

国際地学協会編『満洲建国十周年記念版 満州帝国分省地図 並 地名総覧』国書刊行会、一九八〇

【戦史】

『第28師団戦史史料　昭和一七／一八／一九／二〇年』(陸軍)

『歩兵第三聯隊戦史史料』

『太平洋戦争記録　先島群島作戦(宮古島編)』

『沖縄方面部隊史料一〇・一二・一五』

『歩兵第三聯隊宮古島戦没者慰霊碑建立記念誌』歩三会(一九八五)

杉崎栄吉『歩兵第三聯隊　第一中隊とともに　満洲から沖縄へ』(私家版)

『竜土』竜土会会誌(一九八八・一九九〇年)

『沖縄県史　宮古編』沖縄県教育委員会、一九七四

『平良市史　第一巻　通史編　先史～近代編(宮古郷土史年表)』平良市史編さん委員会、一九七九

『平良市史 第四巻 資料編2 近代資料編(宮古郡民の戦争体験)』平良市史編さん委員会、一九七八

沖縄新聞一九四六年九月一三日(嘉手納捕虜収容所内新聞)那覇市歴史資料館

【映画関連】

『松竹八十年史』、『松竹九十年史』、『松竹百年史』本史、演劇資料、映像資料の三分冊

『東宝七十年映画・演劇テレビ・ビデオ作品リスト』

『国立近代美術館フィルムセンター所蔵映画目録――日本劇映画』一九八六版、二〇〇〇版

松浦幸三編著『日本映画史大鑑――映画渡来から現代まで　八六年間の記録』文化出版局、一九八二

『映画年鑑』時事通信社

スティングレイ・日外アソシエーツ編『映画賞受賞作品事典　邦画編』二〇一一

世界映画史研究会編『舶来キネマ作品辞典　日本で戦前に上映された外国映画一覧』科学書院、一九九七

『世界映画記録全集』キネマ旬報増刊号、一九七三

『日本映画人大鑑』キネマ旬報別冊、6―4、一九五九

『日本映画俳優全集　男優編』キネマ旬報増刊、一九七九

『日本映画俳優全集　女優編』キネマ旬報増刊・創刊六〇周年記念出版、一九八〇

『日本映画監督全集』キネマ旬報別冊、一九七六

『日本映画テレビ人名鑑1991』日本映画テレビ人名鑑編集委員会、一九九一

『映画賞・映画祭データブック』キネマ旬報臨時増刊、一九八八

佐藤忠男編『日本の映画人――日本映画の創造者たち』日外アソシエーツ、二〇〇七

柿田清二『日本映画監督協会の五〇年』協同組合日本映画監督協会、一九九二

山田太一ほか編著『人は大切なことも忘れてしまうから――松竹大船撮影所物語』マガジンハウス、一九九五

森田郷平・大嶺俊順編『思ひ出55話　松竹大船撮影所』集英社、二〇〇四

石渡均編『ひまわりとキャメラ――撮影監督・岡崎宏三一代記』三一書房、一九九九

あとがき

小笠原清

本書は、他力の恩恵を最大限に受けて、小林正樹生誕一〇〇年記念にかろうじて上梓を間に合わせることができました。整理途上の厖大な資料と、小林さんを識る同時代業界人の大半が鬼籍に入っているという現実は、本書編纂の大きなハードルかと懸念されましたが、結果として、今日の視点における作品の評価を含め、映画人生に関わる基本的な情報と、遺託・収集資料の基本に関わる部分の公開という至近の課題には、何とか到達し得たのではないかと思います。

小林夫妻没後、梶山は小林監督と田中絹代の遺品、資料のすべてを託されることになり、以来その仕分けや資料の読み取り、活用などに全力で取り組まざるをえない日々となりました。晩年の監督との関わりから、私も対応の共有を余儀なくされ、監督の甥で当時日本経済新聞社在籍中の小林省太氏にも参加を求め、一般社団法人小林正樹遺託業務世話人会・芸游会を立ち上げて今日に至りました。この間、小林さんの遺品については、世田谷文学館に相当量を収受していただいたものの、これまで映画監督としてのまとまった評伝や論考もなく、研究に資する公表資料も極めて乏しいという有様でした。生誕一〇〇年記念の課題は言うまでもなくそれをクリアすることでしたが、仕掛けの糸口がつかめずにいました。

奇しくもそんな折、二〇一四年七月、芸游会は岩波書店から記念出版企画について問い合わせを受けました。その契機を作ったのは、本書第Ⅰ部の小林の映画人生語りをまとめた当時北海道新聞記者の関正喜氏でした。長時間に及んだインタビューの録音テープには、未公開の多くの貴重な情報が温存されており、かねてより小林監督の実績集成の必要性を感じていた関氏が、その活用も考慮して、岩波書店編集部の某氏に相談された結果、担当の田中朋子氏のもとで急遽企画が進められました。芸游会にとってはまさに僥倖の流れであり、千載一遇の機会となりました。

翌月中旬、田中、関、梶山、小笠原が初めて顔合わせをし、以後急ピッチで原稿テーマと執筆依頼の検討が始められました。このときすでに、生誕記念年まで余裕があるとは言えない間合いになっていましたが、それから二年四カ月余り、諸々の紆余曲折を経て無事日の目をみるに至りました。

収録原稿は付記事項を除き計二九編、このうち、小林本人、木下惠介、篠田正浩、武満徹、岡崎宏三の名義による五編は、既に公開済みの素材の再編、講演テープからの採録あるいは発表誌よりの転載となっていますが、その他はすべて書き下ろしと初公開資料です。余裕のない日程の中、原稿を寄せていただいた執筆者の皆様に改めて厚く御礼を申し上げます。

編集を終えたいま、当初は予想もできなかったことですが、海外からの五編の寄稿によって、これまでおぼろげだった小林監督の国際的な評価や位置づけが見えてきた、ということも含め、さまざまな視点から照射された小林像とその作品が、新鮮な趣きをもって蘇ったのではないか、というような思いを深めています。

一方で仲代達矢氏と吉田剛氏の原稿表題「鬼と仏の迷彩」と「小林正樹というカオス」が、実に言い得て妙であることも、改めて実感しました。小林さんの〝鬼〟たる要素は、あくまで作品完成度の達成の延長上にありましたが、〝鬼と仏〟とは、品性尊重のヒューマニストであるとともに、ときには冷厳なリアリストでもあったということでしょう。その振幅がすでにカオスです。

小林さんの計りがたいスケールの振幅の一例として、これまでにも指摘されてきたことですが、監督昇進後ほどなく、大船調ホームドラマづくりの優等生でありながら、その作風を真っ向から覆すほどの社会派ドラマに取り組み、しかもそのどちらにおいても、作品が高く評価されたということがあげられます。

そんな兆候がすでに青春時代から顕著であったということも、このたびの編集中に知りえたことでした。学生時代の軍事教練では銃を逆さに担いで教官を怒らせたり、迫り来る兵役には暗澹として受容し難い日々を送っていましたが、入営後は一転、厳しい訓練の中、軍隊で生き抜くためには強兵としての体力づくりのほかはないと感得し、三カ月後には同期最優秀兵となって満州に赴任しています。一八〇度の自己変革と達成力は、現実を見定め、自身の鍛錬には鬼として臨んだことになります。しかも、初年兵教育の最中、兵営に当世の人気映画女優水戸光子の面会訪問を受けるなど、当時の軍国風潮の中にあって〝新兵の分際で〟〝破格のロマンスまで演じていました。すでに神話レベルの語り草を残していたわけですが、これまでの私の三作品のお付き合いの間、小林さんからはこんな話はチラとも聞くことがありませんでした。

このほか、本書第I部の「人間をみつめて」や新たに披露された軍隊時代の日記、その他の資料を通じて、小林さんは多忙なはずの軍務の合間をぬってシナリオを書き、隊内演劇活動に積極的に関わるなど、創作意欲を燃やし続けていた様子もかなり明らかになりました。そんな青春像に小林映画の源泉を垣間見た思いをしています。

少々私事絡みの話になりますが、私がついた三作品『怪談』『化石』『東京裁判』のフィルム保全再生のことにふれておきます。ひとつは監督他界の前年まで行方不明とされていた『怪談』の原版のことです。小林さんからその話を聞いた私は、友人の東宝映画事業部矢吹圭司氏に調査を依頼しました。三カ月後、カンヌ上映用縮小版(一六一分)のネガが東宝の倉庫で発見され、デジタル補正を小林監督に見てもらい、ニュープリントの作成に至りました。監督の生前確認は際どいタイミングでした。ついで監督没後の翌年には、オリジナル長尺版マスターポジ(一八二分)も見つかり、こちらはデジタル補正のうえ、DVD版として活用されています。現在は両版とも東宝で永久保存措置のもとにあります。

次は『化石』。監督、岡崎カメラマン立ち会いで再生した原版が、二〇年経過で退色が心配されたため、版権者㈱仕事の協力のもとに、芸游会事業として二〇一二年にデジタル化を図りました。良好な補正ができて、当面は上映プリント、DVD原版としての活用に供することができました。

そして『東京裁判』。こちらは小林監督の指示で米国その他海外から収集された膨大なフィルム素材ですが、その大部分がいまなお資料性の高い未使用フィルムの宝庫です。私も後世への継承を講談社に進言し、早くからリスト化に協力してきましたが、近年に至り同社としては専門外資料の管理は断念を余儀なくされたため、東京国立近代美術館フィルムセンターへ取りついで寄贈成立となりました。現在も移管業務進行中ですが、これをもって小林監督関連の宿題も、本書の刊行と歩調を合わせて一段落しそうです。

話を本書の編集報告に戻します。編集作業にあたって、追加調査や資料収集、執筆交渉などさまざまな要件において、多くの方々や機関のご協力をいただいたことは枚挙にいとまがないほどでした。お名前を別項に紹介し、謝意に替えさせていただきます。またカナダの映画監督マーティ・グロス氏には、海外執筆者の交渉に少なからずご尽力をいただきました。大変助かりました。

一方、試行錯誤の作業を受けて、膨大な原稿の整理、レイアウトにあたっていただいた鈴木一誌氏とスタッフの桜井雄一郎氏には、大きな負担をおかけしました。折にふれ啓発的なご提言をいただきながら、協働的意見交換のもとに格調高いデザインに仕上げていただきました。ありがとうございました。

なお、本書編纂業務と並行する形で、小林正樹生誕一〇〇年を記念する行事や事業が関連機関で企画されました。市立小樽文学館(七月九日〜八月一一日)、世田谷文学館(七月一六日〜九月一五日)、新潟市會津八一記念館(一〇月七日

〜一二月一日)におけるそれぞれの小林にちなんだ企画展、テレビ衛星劇場における松竹時代小林作品の特集放送(二月〜五月)、東京渋谷・ユーロスペースでの記念特集上映(一〇月八日〜二八日)のほか、東宝の『いのち・ぼうにふろう』のDVD化、松竹の『人間の條件』六部作のブルーレイ化、『息子の青春/まごころ』など九作品の初DVD化等々、多彩を極めました。そして松竹株式会社映像本部メディア事業部がこれらの連携を主導し、「映画監督小林正樹生誕一〇〇年記念プロジェクト」とすることにより、関係者・諸団体が共通の目標を共有できたことは大きな収穫でした。

　またプロジェクトとは別に、北九州市・小倉昭和館では「仲代達矢特集」(一月二二日〜二月五日)において、東京池袋・新文芸座でも「第三回仲代達矢映画祭」(六月三日〜一七日)で小林作品が上映されました。さらに韓国のシネマテックソウルアートシネマにおいても「小林正樹生誕一〇〇周年記念特別展」(九月一日〜一一日)として一一作品が鑑賞され、仲代達矢氏も招致されました。同氏はその後米国エール大学での小林映画の上映と講演のために渡米しており、この一年、当初は予想もしなかった賑やかな話題で充実感を味わいました。

　私たちもこの波にのって、図らずもそのしんがりを預かる格好になりました。この成果を小林監督没後二〇年への手向けとし、当面の命題を果たし得たことになれば幸いです。

　最後になりましたが、本書の出版にあたり、終始創意をもって対応され、繁多な素材整理や多岐にわたる事務に精力的に取り組んでくださった編集担当の田中朋子氏と、半年近くも遅滞を余儀なくされた編纂業務を辛抱強く見守っていただいた岩波書店には、お礼の言葉もありません。同書店の盤石なバックアップがあってこそ、本書の誕生が実現されたものであることを付記し、深謝の意とさせていただきます。

　小林映画は関係機関並びに諸氏のご尽力で、特別上映やDVDなどにおいて復活、再会が可能になりました。読者の皆様には、本書をもって小林監督の映画人生をたどりながら、現実直視とヒューマニズムの視点で描かれた、小林作品の「人間世界」を読み直していただければ幸甚です。

二〇一六年一二月

索引——人名を中心とした

⊙本文、写真キャプション、年表に出てくるなかで、人名と団体名について、姓-名を五十音順で記載した。ゴシック体のノンブル数字は、注による記載頁をさす。

⊙属性が必要と思われる人名には、本書で登場する文脈に添って（ ）に補った。

⊙映画監督については、本文を中心に登場する作品名と日本公開年を、人名の下位に記載した。作品名が複数ある場合は、公開年順に並べた。

⊙映画作品名のみが本文にある場合は、作品名のあとの（ ）内に監督名と日本公開年を補った。

⊙小林正樹作品について、ゴシック体のノンブル数字は、フィルモグラフィの開始頁をさす。（未）は未完の作品名であり、構想・製作年代については本文ならびに年表を参照されたい。シナリオ『われ征かん』『防人』は特記した。

⊙特定の小林作品を対象としたエッセイ・論考では、対象である作品名と人名は初出頁のみを採った。

あ行

か行

さ行

た行

な行

は行

ま行

写真提供・出典一覧

映画作品スチール・製作時スナップ

松竹株式会社

P 79, 184, 483：『息子の青春』
P79右中・左下, 179上, 185, 259, 463, 484：『まごころ』
P85上二点, 186-187, 225, 433, 467上, 486：『壁あつき部屋』
P85中・下, 187, 488：『三つの愛』
P89, 188-189, 490：『この広い空のどこかに』
P91上三点, 188-189, 491：『美わしき歳月』
P91下三点, 190, 493：『泉』
P97上二点, 191, 495：『あなた買います』
P4-5, P97右中・下二点, 192-193, 227, 497：『黒い河』
P2-3, 107, 110上, 194-195, 231上, 437, 451, 452, 475, 499：『人間の條件』(第一部・第二部)
P105, 196-197, 243上, 298上・下, 303上, 501：『人間の條件』(第三部・第四部)
P111上, 198-199, 214-215, 231下, 243中・下, 303下, 447, 465, 503：『人間の條件』(第五部・第六部)
P22-23：『人間の條件』として
P121上・右中, 200, 505：『からみ合い』

P6-7, 8-9, 10-11, 121左中・下, 201-203, 245, 261, 419, 421, 423, 425, 471上, 507, 538下：『切腹』
P70上・右中：『カルメン故郷に帰る』
P71上：『二連銃の鬼』
P81下：『乙女のめざめ』
P220：『破れ太鼓』

東宝株式会社

P12, 13, 130上・下, 131, 141上二点, 204-205, 234, 292-293, 310, 321, 510：『怪談』
P206, 249上, 512：『上意討ち―拝領妻始末―』
P10-11, 141左中・下二点, 206-207, 345, 441, 514：『日本の青春』
P145スケッチ除く六点, 208-209, 251上, 347, 398-399, 516：『いのち・ぼうにふろう』

P209, 415, 519：『化石』㈱仕事
P211, 334, 444, 523：『東京裁判』講談社

映画製作時の資料、スナップ、小林監督遺品など

一般社団法人　小林正樹監督遺託業務世話人会・芸游会

P1, 2-3, 21, 24-25, 29上・中, 31上二点・中, 33, 37, 39, 40, 41, 47, 52, 58, 59, 61上・右下二点, 70右下・左下, 71下, 73, 79右下, 81上二点, 97左中, 111下, 130右中, 153, 157, 159, 175, 179中・下, 181, 210, 212, 219, 247, 249下, 251下, 253, 256, 257, 269, 271, 308上, 311, 315, 316, 327, 329, 332, 337, 339, 341, 343, 348, 351, 359, 361, 365, 367上, 369, 373, 377, 379上, 387, 396, 397上・左, 403中・下, 405, 411, 417, 455, 467中・下, 471下, 473, 477, 478, 479上二点・右下, 480-481, 521, 525, 527, 529, 530, 535, 536, 537, 538上, 539, 541, 551, 553, 555, 576, 584, 587, 597, 598, 678-679

P61左下二点, 69, 85(脚本), 130中(脚本), 213, 308下, 389, 394, 395, 397右下, 407, 479(企画書), 599：世田谷文学館
P110下, 298中, 302：吉田剛氏
P145スケッチ：新藤兼人・林美一監修『水谷浩映画美術の創造』光潮社、一九七三
P367下：丸山裕司氏
P533, 534：新潟市會津八一記念館

その他資料写真

P29下：市立小樽文学館編『鋼鉄の映画人――小林正樹』一九九八
P31下, 403上：小樽市総合博物館
P45：毎日新聞社
P55：杉崎栄吉氏撮影
P129：秋山邦晴『日本の作曲家たち・下』音楽之友社、一九七九
P239：日本映画監督協会「わが映画人生」
P267, 268：ロック・ドメール氏
P300：岩波写真文庫『日本の映画――社会心理的に見た――』一九五四
P379下：下関市立近代先人顕彰館・田中絹代ぶんか館
カバー　小林正樹写真(芸游会)と自作の篆刻印(世田谷文学館蔵)
本表紙　『怪談』『雪女』のセット(東宝株式会社)

❖掲載した写真に関し、撮影者もしくは著作権継承者に掲載許諾の確認を行いましたが、連絡先の不明な方がおられました。心当たりの方は岩波書店編集部までご連絡下さい。

編者紹介

小笠原清……おがさわら・きよし
映画作家。一九三六年生まれ。日本大学芸術学部映画学科卒業後、文芸プロダクションにんじんくらぶに入社。小林正樹、篠田正浩、大島渚監督らの助監督を務め、小林作品は『怪談』『化石』『東京裁判』(脚本共同執筆)の三作。フリーとしてテレビ、映画のノンフィクション作品を監督。『素顔の韓国を行く』『東西南北〇に候——二宮尊徳の世界』、『吉川英治「三国志」紀行』『瀬戸内寂聴訳「源氏物語」を歩く』など。著書に『一枚の古い写真——小田原近代史の光と影』(小田原市立図書館)ほか。「小林正樹遺託業務世話人会・芸游会」理事。

梶山弘子……かじやま・こうこ
スクリプター。一九三六年生まれ。京都女子大学文学部国文学科卒業後、宝塚映画に入社。六八年東宝へ移籍、八一年よりフリー。須川栄三、佐伯幸三、岡本喜八、木下惠介、市川崑、今井正、森谷司郎、浦山桐郎、松林宗惠ほかの九〇作品余につく。小林作品は『化石』『食卓のない家』、テレビ番組『會津八一の世界　奈良の佛たち』では助監督。田中絹代記念館設立準備中の小林に呼ばれ資料調査に参加。小林没後、田中と小林の遺品を継承、小笠原らとともに芸游会を設立、代表に。遺品の整理、顕彰活動を続ける。

執筆者紹介

木下惠介……きのした・けいすけ
映画監督、脚本家。一九一二〜九八。三三年松竹蒲田撮影所現像部に入社。四〇年に召集され、除隊後の四三年『花咲く港』で監督デビューするが、四四年の『陸軍』が陸軍の不興を買い戦時中は沈黙。戦後は黒澤明とともに日本映画を牽引。代表作に『カルメン故郷に帰る』『日本の悲劇』『二十四の瞳』『野菊の如き君なりき』『喜びも悲しみも幾歳月』『楢山節考』など。生涯の映画監督作品は四九本。作品賞、監督賞など受賞作多数。

篠田正浩……しのだ・まさひろ
映画監督。一九三一年生まれ。五三年松竹入社。六〇年『恋の片道切符』で監督デビュー。松竹ヌーベルバーグの旗手として『乾いた湖』『暗殺』『乾いた花』など話題作を発表。六七年表現社を設立。代表作に『心中天網島』『札幌オリンピック』『瀬戸内少年野球団』など。八六年の『鑓の権三』でベルリン国際映画祭銀熊賞。九〇年の『少年時代』で日本アカデミー賞とブルーリボン賞の作品賞、監督賞を受賞。二〇〇三年『スパイ・ゾルゲ』をもって監督業から引退。著書に『河原者ノススメ—死穢と修羅の記憶』(幻戯書房、第三八回泉鏡花文学賞受賞)など。

仲代達矢……なかだい・たつや
俳優。一九三二年生まれ。五二年、俳優座付属養成所に四期生として入所。千田是也に師事し、『ハムレット』『四谷怪談』など多数の舞台に出演。五六年『火の鳥』(井上梅次監督)で映画本格デビュー。小林作品に『黒い河』『人間の條件』『からみ合い』『切腹』『怪談』『上意討ち—拝領妻始末—』『いのち・ぼうにふろう』『食卓のない家』。『用心棒』『影武者』『乱』(黒澤明)、『女が階段を上がる時』(成瀬巳喜男)など映画出演多数。七五年に妻・宮崎恭子とともに無名塾を設立。舞台出演で数々受賞、デビュー六〇年の二〇一五年に文化勲章を受章。

石濱朗……いしはま・あきら
俳優。一九三五年生まれ。五一年松竹映画『少年期』(木下惠介監督)でデビュー。以降、木下、野村芳太郎ら名監督と組む。出演作に『伊豆の踊子』(野村芳太郎)、『風立ちぬ』(島耕二)、『花のれん』(豊田四郎)など。小林作品に『息子の青春』『まごころ』『この広い空のどこかに』『人間の條件(第一部・第二部)』『切腹』。

ロック・ドメール(Rock Demers)
一九三三年生まれ。プロダクションLa Fêteの創立者、TALES FOR ALLのクリエーター。五〇年代より批評・上映活動を行い、五八年のモントリオール国際映画祭の創立に携わる。六三年にケベック・シネマテーク、六五年にFaroun Films、七七〜七九年にはThe Québec Film Instituteの設立にも関わる。カナダ国外との映画の共同製作にも広く貢献している。

武満徹……たけみつ・とおる
音楽家。一九三〇〜九六。作曲を清瀬保二に師事。五一年、湯浅譲二や秋山邦晴らと芸術グループ実験工房を結成。現代音楽の分野で先進的な活動を続ける一方、映画、舞台、ラジオ、テレビなど幅広いジャンルでの創作活動を行う。小林作品は『からみ合い』以降の全作品を手がけた。著書に『音、沈黙と測りあえるほどに』(新潮社)など。

橋本忍……はしもと・しのぶ
脚本家、監督、製作者。一九一八年生まれ。伊丹万作に師事。黒澤明との共同脚本『羅生門』で脚本家デビュー。五九年『私は貝になりたい』で監督デビュー。七三年に設立した橋本プロは『砂の器』(野村芳太郎)、『八甲田山』(森谷司郎)などを送り出す。主なシナリオ作品に『真昼の暗黒』(今井正)、『張込み』(野村芳太郎)、『日本のいちばん長い日』(岡本喜八)、『白い巨塔』(山本薩夫)など。著書に『複眼の映像——私と黒澤明』(文春文庫)など。小林監督に提供した脚本に『切腹』『上意討ち―拝領妻始末―』。

吉田剛……よしだ・たけし
シナリオ作家、映画監督。一九三五年生まれ。脚本参加した作品に『哀しい気分でジョーク』(瀬川昌治)、『伊能忠敬―子午線の夢』(小野田嘉幹)、監督作品に『復活の朝』。テレビドラマの脚本も多く手掛ける。著書に『人は大切なことも忘れてしまうから―松竹大船撮影所物語』(マガジンハウス)、『シナリオを書く――シナリオからの映画案内』(シナリオ作家協会)など。小林作品に『人間の條件』(第三部・第四部から『からみ合い』『切腹』『怪談』(以上助監督として)、『化石』(共同脚色)。

岡崎宏三……おかざき・こうぞう
撮影監督。一九一九〜二〇〇五。新興キネマ大泉撮影所に撮影助手として入社。四〇年『愛の記念日』(伊奈精一監督)で一本立ち。『六條ゆきやま紬』(松山善三)でブルーリボン撮影賞・NHK技術賞を受賞。『暖簾』(川島雄三)、『千曲川絶唱』(豊田四郎)、『太夫さんより　女体は哀しく』(稲垣浩)、『ねむの木の詩』(宮城まり子)のほか、市川崑、五社英雄などと組み多くの名作に関わる。小林作品は『日本の青春』『いのち・ぼうにふろう』『化石』『燃える秋』『食卓のない家』。

柴田康太郎……しばた・こうたろう
一九八五年生まれ。東京大学大学院人文社会系研究科博士課程在籍中。美学、音楽学、映画学。論文に「一九五〇〜六〇年代の日本映画におけるミュジック・コンクレート」(『美学芸術学研究』二〇一三)、「一九三〇年代後半の日本映画における「リアリズム」と深井史郎の映画音楽」(『美学』二〇一五)など。

丸山裕司……まるやま・ひろし
美術監督。一九四八年生まれ。六九年大映東京撮影所美術課入社。七五年『わが青春のとき』(森川時久監督)で木村威夫の助手に付く。助手や連名でクレジットされた木村との作品は二二を数える。映画、テレビでの作品多数。『祭りの準備』(黒木和雄)、『さらば愛しき人よ』(原田眞人)、『マリリンに逢いたい』(すずきじゅんいち)、『寝取られ宗介』(若松孝二)、『風のかたみ』(高山由紀子)、『カミハテ商店』(山本起也)、『日本の青空』(大澤豊)など。小林作品に『食卓のない家』。

岡田秀則……おかだ・ひでのり
東京国立近代美術館フィルムセンター主任研究員。一九六八年生まれ。東京大学教養学部卒。映画史。著書に『映画という《物体X》――フィルム・アーカイブの眼で見た映画』(立東舎)、『ドキュメンタリー映画は語る――作家インタビューの軌跡』(共著、未來社)、『岩波映画の1億フレーム』(共著、東京大学出版会)、『クリス・マルケル　遊動と闘争のシネアスト』(共著、森話社)など。

玉川薫……たまがわ・かおる
小樽文学館学芸員、館長。一九五三年生まれ。北海道大学文学部卒。企画展「小熊秀雄と池袋モンパルナス」「宮澤賢治　一通の復命書」「伊藤整の「日本文壇史」展」「鋼鉄の映画人　小林正樹展」「昭和歌謡全集・北海道編　流行歌に見る民衆史の深層」「小樽・札幌喫茶店物語」などを手がける。

大橋一章……おおはし・かつあき
美術史家。東洋美術史。早稲田大学名誉教授。一九四二年青島生まれ。早稲田大学文学部卒。博士(文学)。著書に『天寿国繡帳の研究』(吉川弘文館)、『図説敦煌――仏教美術の宝庫　莫高窟』(河出書房新社)、『奈良美術成立史論』(中央公論美術出版)、『會津八一』(中公叢書)など。

菅野昭正……かんの・あきまさ
文芸評論家、フランス文学者。東京大学名誉教授。二〇〇七年より世田谷文学館館長。一九三〇年生まれ。東京大学文学部仏文科卒。著書に『ステファヌ・マラルメ』(中央公論社、読売文学賞)、『永井荷風巡歴』(岩波書店)、『明日への回想』(筑摩書房)など。フランス文学の翻訳多数。日本芸術院会員。

木村陽子……きむら・ようこ
目白大学専任講師。一九七二年生まれ。早稲田大学大学院文学研究科博士課程修了。博士(文学)。日本文学・演劇映像学。著書に『日本近現代文学史』(共編著、華東理工大学出版社)、『安部公房とはだれか』(笠間書院)など。

想田和弘……そうだ・かずひろ
映画作家。一九七〇年生まれ。監督作品に『選挙』『精神』『Peace』『演劇1・2』『選挙2』『牡蠣工場』など。著書に『精神病とモザイク――タブーの世界にカメラを向ける』(中央法規出版)、『なぜ僕はドキュメンタリーを撮るのか』(講談社現代新書)、『演劇vs.映画――ドキュメンタリーは「虚構」を映せるか』(岩波書店)など。

劉文兵(Liu Wenbing)……りゅう・ぶんぺい
東京大学学術研究員、早稲田大学ほか非常勤講師。一九六七年中国山東省生まれ。東京大学大学院総合文化研究科博士課程修了。博士(学術)。日本映画研究。著書に『中国映画の熱狂的黄金期――改革開放時代における大衆文化のうねり』(岩波書店)、『日中映画交流史』(東京大学出版会)など。

スティーヴン・プリンス(Stephen Prince)
ヴァージニア工科大学教授。一九五五年生まれ。映画学。著書に*The Warrior's Camera: The Cinema of Akira Kurosawa*(Princeton University Press)など。小林正樹についての

著書を準備中。

クレモン・ロジェ(Clement Rauger)
映画祭プログラマー、ライター、映画研究者。パリ日本文化会館プログラマー。一九八八年パリ生まれ。戦前日本映画についての博士論文を執筆中。「*Nobody Magazine*」(日本)や「*La Furia Umana*」(伊)などに多く寄稿。著書に*Coffret l'âge d'Or du cinéma japonais 1935-1975*(Carlotta)。

クロード・R・ブルーアン(Claude R.Blouin)
日本映画研究者、エッセイスト、作家。一九四四年生まれ。著書に*Le chemin détourné: Essai sur Kobayashi et le cinéma japonais*(La-Sall:HurtubiseHMH)、*Le cinéma japonais et la condition humaine*(Presses de l'Université Laval)など。

冨田三起子……とみた・みきこ
R・ドメール、S・プリンス稿の翻訳を担当。

小林省太……こばやし・しょうた
一九五五年生まれ。東京大学文学部仏文学科卒。元日本経済新聞記者(パリ支局長、文化部長、論説委員など)。著書に『フランス女性はなぜ結婚しないで子どもを産むのか』(共著、勁草書房)など。小林正樹の甥(次兄珍彦の長男)。芸游会理事。本書ではC・ロジェ、C・R・ブルーアン稿の翻訳を担当。

増當竜也……ますとう・たつや
一九六四年生まれ。中央大学史学科卒。朝日ソノラマ、キネマ旬報編集部を経てフリーの映画文筆業。著書に『十五人の黒澤明—出演者が語る巨匠の横顔』(ぴあ)、『特撮映画美術監督　井上泰幸』(キネマ旬報社)など。キネマ旬報に「戯画日誌」、衛星劇場ガイド誌に「シネマde温故知新」、ネットのシネマズby松竹に「シネマニア共和国」などを連載中。本書ではフィルモグラフィのストーリー・解説執筆を担当。

関正喜……せき・まさき
一九五四年生まれ。慶應義塾大学文学部哲学科卒。北海道新聞記者を経てフリーランス。本書では小林インタビューの作成・編集のほか、木下惠介講演の書き起こし・構成、丸山裕司インタビュー・構成などを担当。

【謝辞】

本書制作にあたり、今日まで多大な御協力をいただきました皆様に心より厚く御礼申しあげます。

⦿個人

後藤良子 小林浄二 武田伸子 文谷万里子／杉崎栄吉 塩野吉男 伊東辰男 鈴木實 小松哲也 田村三作 藤井浩明 高野悦子 矢吹圭司／仲代達矢 マーティ・グロス 丹野喜久子 近藤悠子 濱地俊英 渡辺大助 大橋一章 金志虎 吉田剛 稲垣俊 杉山捷三 小塚昌弘 山内静夫 小田島一弘 村上幹次 武満浅香 岡崎良一 奥村三重子 川西肇 中村民雄 金勝浩一 平井宏侑 古山正 浦田和治 大橋富代 坂田一則 山田洋次 野上照代 中島丈博 大竹洋子 香川京子 野村のり子 大場正敏 岡島尚志 とちぎあきら 岡田秀則 藤井宏美 中川幹也 柳田裕之 崔春雄 竹野雅人 石井信彦 鈴木裕美 関口讓／庭山貴裕 小池智子 瀬川ゆき 喜嶋奈津代 湯浅健次郎 高岡信也 武藤斌 景山理 北條誠人／古賀重樹 島倉朝雄 二見屋良樹 立花珠樹 勝田友巳 福島申二

⦿団体・機関

松竹株式会社 東宝株式会社 ㈱仕事 無名塾 表現社 木下プロダクション 講談社／小樽市立文学館 世田谷文学館 新潟市會津八一記念館 鎌倉市川喜多映画記念館 東京国立近代美術館フィルムセンター 松竹大谷図書館 映画演劇文化協会 アオイスタジオ IMAGICA 日本映画監督協会 田中絹代ぶんか館(下関市立近代先人顕彰館) 松永文庫 那覇市歴史博物館 宮古島市立平良図書館 ユーロスペース シネ・ヌーヴォ 国際交流基金ソウル日本文化センター 韓国シネマテック協議会

❖敬称略・順不同

雲崗石窟にて 1977年

映画監督　小林正樹

二〇一六年一二月二二日　第一刷発行

編著者　**小笠原清**
　　　　梶山弘子

発行者　**岡本厚**

発行所　株式会社 **岩波書店**
〒一〇一-八〇〇二
東京都千代田区一ツ橋二-五-五
電話案内　〇三-五二一〇-四〇〇〇
http://www.iwanami.co.jp/

印刷　**精興社**

製本　**牧製本**

ブックデザイン　**鈴木一誌**
　　　　　　　　桜井雄一郎
　　　　　　　　山川昌悟

ISBN978-4-00-022295-2　Printed in Japan